일제강점기 **노동운동**에서
김영삼 정권기 **노동법**과 **노동운동**까지

일제강점기 노동운동에서 김영삼 정권기 노동법과 노동운동까지

초판 1쇄 발행 2022년 9월 8일

지은이	유혜경
펴낸이	윤관백
펴낸곳	선인

등 록	제5-77호(1998.11.4)
주 소	서울시 양천구 남부순환로 48길 1(신월동 163-1) 1층
전 화	02) 718-6252 / 6257
팩 스	02) 718-6253
E-mail	sunin72@chol.com

정가 55,000원
ISBN 979-11-6068-744-6 93910

· 잘못된 책은 바꿔 드립니다.
· www.suninbook.com

일제강점기 **노동운동**에서
김영삼 정권기 **노동법**과 **노동운동**까지

유혜경 지음

선인

"'소크라테스, 당신은 이곳을 떠나서 침묵을 지키며 조용히 살아갈 수 없겠소?' 그런데 이것이야말로 여러분을 설득시키기 매우 어려운 부분입니다. 침묵을 지키며 살아간다는 것은 신에 대한 불복종이 되기 때문에 조용히 있을 수 없다고 내가 아무리 말해도 여러분은 농담으로 받아 넘기고 나의 말을 믿지 않을 테니 말입니다. 그리고 나는 사람들에게 날마다 덕과 그 밖의 다른 일에 대하여 이야기하면서 나자신과 남을 살피는 것이 인간에게 가장 큰 선이요, 이와 같은 생활만이 인간에게 가장 보람 있는 것이라고 말하여도 여러분은 믿지 않을 것입니다"(플라톤, 『소크라테스의 변명』 중에서).

소크라테스는 침묵을 지키며 조용히 살 것을 요구하는 재판관들에게 침묵을 지키며 살아간다는 것은 신에 대한 불복종이 되기 때문에 그렇게 살 수 없다고 강변한다. 끝까지 진실과 정의를 전파하며 살아야겠다고 주장했다. 그리고 죽음을 받아들였다.

소크라테스는 죽음에 대하여 "죽음을 두려워하는 것은 지혜가 없으면서 있다고 생각하고 있기 때문입니다. 즉 죽음을 알지 못하면서 알고 있다고 생각하고 있기 때문입니다. 죽음이란 어떤 면에서 사람들에게 가장 큰 선(善)일지도 모릅니다. 그런데 그것을 죄악 가운데서 가장 큰 것이라고 믿고 있는 듯이 무서워합니다. 알지 못하면서 알고 있는 듯이 생각하는 것은 가장 비난을 받아 마땅한 무지(無知)가 아니겠습니까?"(플라톤, 『소크라테스의 변명』 중에서)라고 말했다.

우리들은 흔히 죽음을 실패라고 생각하고 형식적인 생명연장에만 연연하고 집착하곤 한다. 그러나 소크라테스는 "죽음이란 어떤 면에서 사람들에게 가장 큰 선(善)일지도 모른다"고 말하면서 죽음의 의미를 이해하지 못하는 아테네 시민들에게 무지(無知)에서 깨어나야 한다고 주장했다.

한편 소크라테스는 소크라테스를 죽음으로 몰고 간 아뉘토스, 밀레토스 그리고 그의 죽음에 찬성한 재판관들에게 다음과 같이 경고한다.

> "여러분은 내가 죽은 후에 곧 징벌을 받게 될 것입니다. 제우스에게 맹세하지만, 그것은 여러분이 나를 사형에 처한 것보다 훨씬 더 견디기 어려운 형벌일 것입니다. 여러분은 생활에 대한 간섭에서 벗어나기 위하여 이와 같은 일을 저질렀을 테지만 내 생각으로는 전혀 다른 결과가 될 것이기 때문입니다. 여러분을 간섭하는 사람은 더 많아질 것입니다. 지금까지는 내가 그들을 말리고 있었으므로 여러분은 그들을 모르고 있었습니다. 그들은 젊기 때문에 그만큼 다루기 힘들며, 여러분도 그만큼 괴로움을 받게 될 것입니다. 만일 여러분이 사람을 죽임으로써 여러분이 올바르게 살지 않는다는 비난을 막을 수 있다고 생각한다면 그것은 옳지 못한 생각이기 때문입니다"(플라톤, 『소크라테스의 변명』 중에서).

소크라테스는 소크라테스를 죽음으로 내몬 모든 부당한 세력들에 대하여 경고하면서 자신이 죽은 후 곧 징벌을 받게 될 것이며 그것은 자신을 사형에 처한 것보다 훨씬 더 견디기 어려운 형벌이 될 것이라고 경고하였다.

부정의하고 부당한 모든 일에 협력한 자, 타인의 자유와 권리를 침해하고 괴롭힌 자, 일체의 부당한 일에 협력한 자 모두에게 가혹한 징벌이 있을 것임을 경고하였던 것이다.

나는 죽음의 위험 아래서도 진실을 주장하고 외칠 것임을 끝내 주장하고, 죽음을 굳건히 받아들이면서 그를 죽음으로 내몬 일체의 세력에 대해 가혹한 형벌이 있을 것임을 경고한 소크라테스의 외침을 읽고 또 읽으면서 이 글을 적는다.

소크라테스는 마지막에 이런 말을 남긴다.

> "그러나 이제 우리는 떠날 시간이 되었습니다. 나는 이제부터 사형을 받기 위하여 그리고 여러분은 살기 위하여 … 그러나 우리 앞에 어느 쪽이 더 좋은 것이 기다리고 있는지, 신 외에 아무도 분명히 알지 못할 것입니다"(플라톤, 『소크라테스의 변명』 중에서).

죽음 앞에서도 너무도 당당한 소크라테스! 자신은 사형을 받기 위하여 일체의 부당한 세력은 살기 위하여 떠나지만 우리 앞에 어느 쪽이 더 좋은 것이 기다리고 있는지는 신 외에 아무도 분명히 알지 못한다는 그의 외침과 일체의 부당한 세력에 대한 경고는, 자신의 이익을 위하여 손쉽게 타인의 자유와 권리를 침해하고 타인을 죽음으로 내모는 행위를 손쉽게 하는 일체의 부당한 세력에 대해 강력한 메시지를 준다.

순간 절망과 위기감에 빠질 때마다 소크라테스의 진실에 대한 외침, 죽음에 대한 당당함, 일체의 부당한 세력에 대한 신의 가혹한 징벌이 예정되어 있다는 그의 경고는 나에게 큰 힘이 되어 주었다. 죽음 앞에 너무도 당당했던 소크라테스를 생각하면서 『일제강점기 노동운동에서 김영삼 정권기 노동법과 노동운동까지』를 쓰려고 마음먹었다.

이 글은 한국역사 속에서의 노동법과 노동운동에 관해 그동안 『노동법학』, 『경희법학』, 『사회법연구』지에 실렸던 나의 논문을 바탕으로 하여 쓰인 것이다. 8편의 나의 논문을 모아 『일제강점기 노동운동에서 김영삼 정권기 노동법과 노동운동까지』로 책을 만든 것이다.

8편의 논문은 ① 「일제시대의 노동운동과 노동운동의 성격」(『경희법학』 제56권 제4호, 2021) ② 「미군정 시기 노동운동과 노동법」(『노동법학』 제26호, 2008) ③ 「이승만 정권 시기의 노동운동과 노동법」(『노동법학』 제30호, 2009) ④ 「이승만 정권 후반기의 사회정치적 상황과 노동운동」(『경희법학』 제53권 제3호, 2018) ⑤ 「1960년대 박정희 정권 시대의 노동운동과 노동법」(『경희법학』 제54권 제2호, 2019) ⑥ 「1970년대 박정희 정권 시대의 노동운동과 노동법」(『사회법연구』 제46호, 2022) ⑦ 「1980년대 신군부 정권하에서의 노동법과 노동운동」(『경희법학』 제56권 제3호, 2021) ⑧ 「김영삼 정권 시대의 노동법과 노동운동」(『경희법학』 제57권 제2호, 2022)이다.

위에 쓰인 논문을 수정하지 않고 원문 그대로 수록하였고, 제주 4·3 항쟁을 「이승만 정권 시기의 노동운동과 노동법」에 보완했고, 「1980년대 신군부 정권하에서의 노동법과 노동운동」에서 사회정치적 배경을 부분적으로 보완했다.

한국역사 속에서 노동법과 노동운동을 쓰면서 부족하지만 한국역사 속의 굵직한 주제들에 관해 공부하면서 역사의 진실에 최대한 접근하려고 노력하였고, 역사의 진실에 바탕하여 각각의 시대의 노동법과 노동운동이 어떻게 전개되었는지를 분석하려고 하였다.

노동삼권의 성격에 대하여 생존권론이나 자유권론이 주장되지만 우리나라의 역사와 결합된 노동법과 노동운동을 검토하여 그 속에서 어떤 이론이 실제의 역사에 맞는 것인지를 규명하려는 연구는 부족했던 것 같다. 나는 한국사회에서 역사의 진실성을 바탕으로 한국역사 그리고 노동법과 노동운동을 결합하여 노동삼권의 실질적 성격이 어떠했는지 그 기초를 그려내고 싶었다.

박사학위를 2006년에 받았으니 2022년이면 박사학위를 받은 지 16년이 되었다. 순수한 마음에서 노동법 전문가가 되어 보고자 했고, 그렇게 노동법에 집중했다. 그러나 노동법을 공부해 나가는 과정은 가혹했던 것 같고, 박사학위를 받은 이후에도 참 가혹한 시간을 보냈다. 이제 나 자신의 노동법에 대한 애정과 헌신의 노력으로 할 수 있는 마지막의 일이 『일제강점기 노동운동에서 김영삼 정권기 노동법과 노동운동까지』라는 책을 쓰는 것이라고 생각했다.

나에게는 30살의 젊은 청년으로 서럽게 죽어갔던 큰오빠가 있다. 그는 "죽음을 피할 수 있는 순간에조차 죽어가는 것은 그 목적이 숭고하기 때문이다"란 글을 남기고, 따스한 미소를 지으며 이 세상과 결별했다. 나는 큰오빠가 이 세상과 마지막 결별했던 그 순간의 따스한 미소를 잊을 수가 없다. 나도 이 세상을 떠날 때 큰오빠처럼 그렇게 따스한 미소로 이 세상과 결별할 수 있길 바라며, 내가 큰오빠를 위해 해줄 수 있는 부분도 이것이 다 인지도 모르겠다. 부족하지만 이 책을 젊은 청년으로 이름 없이 죽어갔던 큰오빠를 위해 바치겠다. 그리고 노동법의 전문가가 되고 싶었던 순수한 마음속의 노동법에 대한 나의 애정도 여기까지가 나의 최선이었던 것 같다.

내가 좌절했을 때 희망을 안겨 준 『경희법학』에게 감사하고 그동안 나의 뒤에서 나를 지지해 주었던 모든 분들에게 감사한다. 그리고 나의 책을 출판해준 도서출판 선인에도 감사드린다.

2022년 9월 나의 작은 방에서
유혜경 씀

제1장
서 론

제1장
서론

영국의 역사학자인 카(Edward Hallett Carr)는 가치와 사실의 관계에 대하여 하나의 관점을 제시해 주고 있는데, 인간과 환경의 투쟁을 과장하여 사실과 가치를 부당하게 대립시키거나 부당하게 분리시키지 말아야 하고 역사에서의 진보는 사실과 가치의 상호의존과 상호작용을 통해서 성취된다고 하였다.[1]

'가치'와 '사실'은 상호의존되고 또한 상호작용한다는 그의 주장은 "가치는 사실에서 나온다"라는 명제와 "사실은 가치에서 나온다"라는 명제가 서로 대립하는 명제가 아니라 두 명제가 상호 작용하여 객관적인 역사가 이루어질 수 있다는 것을 말해준다.

먼저 "가치는 사실에서 나올 수 없다"란 말은 부분적으로는 진리이지만 부분적으로는 오류이다. 노예제, 인종차별, 아동노동의 착취는 한때는 모두 도덕과는 무관하거나 도덕적으로 훌륭한 것으로 인정되었지만[2] 오늘날의 사회에서는 노예제, 인종차별, 아동노동의 착취 등은 역

---

[1] E. H. 카(김택현 역), 『역사란 무엇인가』, 까치, 2002, 196쪽.

사적인 비도덕적 사실들의 확인과 연관 속에서 도덕적으로 비도덕적이고 부당한 것이라는 가치로서 확립되었다.

다음으로 "사실들은 가치에서 나올 수 없다"라는 말도 부분적으로는 진리이지만 역시 판단을 그르치게 할 수 있으며 그래서 수정이 필요한 말이다.[3] 우리가 사실을 알고자 할 때 우리가 제기하는 질문은 우리가 사실에 접근할 때 이용하는 범주, 즉 가치체계로서 그 가치체계에 의해 사실에 개입하여 그것의 필수적인 부분이 된다.[4]

이렇게 사실과 가치의 상호의존과 상호작용을 통해서 역사에서의 진보는 성취된다. 그렇다면 사실과 가치의 상호의존과 상호작용을 어떠한 과정을 통해 알 수 있으며 어떠한 과정을 통해 추구해 나갈 수 있는가가 문제된다. 역사는 단순한 과거지향이 아닌 현재를 보는 열쇠이고 미래를 방향 지우는 나침반과 같다고 생각된다.[5] 과거의 사물들은 단지 단순히 죽어 있는 것이 아니고 현재에 대한 이해 부족은 필연적으로 과거에 대한 무지 때문에 생겨난 것이며 반대로 현재에 대해 아무것도 알지 못하면서 과거를 이해할 수는 없다. 과거는 현재에 비추어질 때에만 이해될 수 있고, 또한 현재도 과거에 비추어 질 때에만 이해될 수 있는데, 이렇게 인간이 과거의 사회를 이해할 수 있도록 해주는 것 그리고 현재의 사회에 대한 인간의 지배력을 증대시키는 것이 역사의 이중적인 기능이다.[6]

역설적이게도 미래의 모습은 그 실마리를 찾기 위해 과거의 발전 과

---

[2] E. H. 카(김택현 역), 『역사란 무엇인가』, 까치, 2002, 195쪽.
[3] E. H. 카(김택현 역), 『역사란 무엇인가』, 까치, 2002, 196쪽.
[4] E. H. 카(김택현 역), 『역사란 무엇인가』, 까치, 2002, 196쪽.
[5] 유혜경, 『단체협약법의 이론적 기초에 관한 연구』, 경희대학교 대학원 박사학위논문, 2006, 6쪽.
[6] E. H. 카(김택현 역), 『역사란 무엇인가』, 까치, 2002, 195~196쪽.

정을 탐구하는 과정에서 떠오르고 혁신을 더 많이 기대하면 할수록 역사는 앞으로 일어날 것을 발견하는 데 필수적인 것이 된다.[7]

이 글은 '사실'과 '가치'가 상호의존하고 상호작용한다는 인식에 근거하여, 단결권의 성격론과 관련하여 그동안 소홀히 해왔던 '사실'을 고찰함으로써 우리나라의 노동운동이 어떤 사회경제적 배경하에서 어떠한 특수한 성격을 띠고 전개되었는지를 평가하고자 한다. 사실의 측면에서 노동운동의 특성을 평가함을 통해 단결권 등 노동삼권이 어떠한 본질을 가지고 있는가를 규명하려고 한다.

노동법학의 기본적 근거인 단결의 원리에 대한 성격 파악에서 우리는 지배적인 생존권의 논리를 발견하게 된다. 그러나 생존권은 인간다운 생활을 할 권리라는 초역사적 개념으로서 현실을 은폐하거나 부정하는 이데올로기 지향성을 가지고 있다는 점에서 한계적이다. 그러나 생존권이론의 가장 중요한 한계는 그것이 우리 사회에서의 '사실'에 맞지 않다는 것이다. 우리나라의 노동운동에 대한 사실을 검토해보면 단결권 등 노동삼권은 본질적으로 자유의 지향을 가지고 있다는 점에서 생존권이론은 검토되어야 한다.

우리나라의 경우 일제강점기의 노동운동은 반일민족해방운동의 연장선에서 폭력적, 정치적으로 전개되었다는 점, 해방 이후 미군정 시기에는 일제 식민지배의 잔재를 청산하고 자주독립국가를 수립하려는 의지로서 주요하게 노동운동이 전개된 점 그리고 산업화 과정의 중심을 이루는 1970년대, 1980년대는 군사독재 정권의 억압적, 폭력적 통제하에서 자유와 민주화를 위한 열정으로 노동운동이 전개된 점을 보았을 때, 단결권 등 노동삼권은 자유를 지향하는 본질적 성격을 보인다고 평가할 수 있다.

---

[7] 에릭 홉스봄(강성호 역), 『역사론』, 민음사, 2004, 44~45쪽.

이 글은 다음과 같이 구성되었다.

첫째, 일제강점기의 노동운동을 평가해보면, 일본제국주의에 의한 경제적 착취 속에서 노동운동이 '연대성', '폭력성', '정치성'을 띠면서 전개되었다는 점을 밝히면서 주요하게 1920년대, 1930년대의 주요 노동운동인 원산총파업, 신흥 장풍탄광 노동자파업, 평양고무공장 노동자파업이 어떠한 본질을 가지고 전개되었는가를 살펴보고자 했다.

둘째, 해방 이후 미군정 시기에서는 미군정기의 국가기구의 형성 과정이 '식민지관료기구의 부활', '경찰기구의 재편강화' 그리고 '극우적인 군부의 형성 과정'으로 이루어졌다는 점을 근거로 하여 자주독립국가를 염원하는 남한 내 민중의 요구가 전평 주도하의 1946년의 9월총파업과 10월항쟁, 1948년의 2·7파업 및 5·8총파업으로 전개된 것을 검토하고자 하였다.

셋째, 이승만 정권 전반기(단독정부 수립 후 1953년의 노동법 제정전후)에는 한국전쟁이라는 상황을 전후로 하여, 한국전쟁이 한 측면에서는 이승만 및 친일보수세력의 정치적 위기로서 평가되지만 다른 한편에서는 전쟁이라는 비상상황과 냉전에 기반한 반공이데올로기를 통해서 이승만 정권의 개인지배권력과 장기집권을 위한 발판이 되었던 상황을 평가하였다. 그리고 주요하게 철도노조의 합법화투쟁, 조선전업노조의 노조결성투쟁, 조선방직쟁의를 통해 쟁의의 해결 과정에서 이승만이 제3자로서 개입하여 노동조합활동의 본질인 '자주성'과 '민주성'을 훼손했다는 점 그리고 1953년의 노동법의 제정은 이승만 정권이 총체적인 체제위기감 속에서 체제이탈화되어 갈 가능성이 있는 노동대중을 포섭하려는 '체제안정화장치'로서 노동법을 입법하였음을 검토하고자 했다.

넷째, 이승만 정권 후반기는 이승만의 정치체제가 종식되는 원인을 미국의 대외원조체제의 변화를 통한 정치적 위기감, 기층운동세력의 진전, 미국의 대한반도 대외정책의 변화, 반민중적 폭력의 본질로 이해하면서 전평타도의 목적하에 우익반공투쟁의 도구로서 성립된 대한노총이 '비자주성'과 '비민주성'을 본질로 하고 있던 점 기타 이승만 정권 후반기의 노동운동이 조합주의적 노동운동의 성격을 보였던 점, 쟁의의 과정에서 사용자의 부당노동행위가 전형적으로 드러나고 사용자가 어용노조를 적극적으로 조직하여 권위적인 노사관계를 구축하려고 했던 점, 대한노총의 어용성에 대항하여 '전국노동조합협의회'를 결성해서 노조의 자주성을 표방하고 자주적 노동운동으로 발전했던 점 등을 평가하였다.

다섯째, 1960년대 박정희 정권 시기의 노동운동과 노동법에서는 박정희 정치체제의 본질을 평가했고, 1960년대 박정희 정권하의 노동정책은 조합주의적 통제방식을 본질로 한 것이 아니기에 1970년대의 억압과 통제를 본질로 한 일관된 흐름하의 노동정책이었음을 평가하였다. 즉, 박정희 정권은 1960년대 내내 노동조합의 상층부를 자신의 권력으로 포섭하려는 어떠한 시도도 없었다는 점, 초기의 산업별 노조체제도 순전히 예방적 차원의 통제의 시도였다는 점에서 박정희 정권의 통제를 '조합주의적 통제'로 평가할 수 없다는 점을 검토했다. 그리고 1960년대 박정희 정권은 다수의 노동운동에 대하여 행정관청이나 중앙정보부가 개입하여 쟁의를 종결시켰던 점으로부터 억압적, 통제적 노동정책을 수행하였음을 평가하였다.

여섯째, 1970년대 박정희 정권하에서의 노동운동과 노동법에서는 박정희 정권의 영구집권을 위한 유신체제의 폭력적 본질을 평가했고, 1970년대 박정희 정권의 경제성장에 대한 긍정적 평가가 우리 사회에 상당수 존재하지만 1970년대의 박정희 정권의 경제는 성장은 있으나 '자유를 지향한 발전'은 아니었다는 점을 지적하면서, 박정희 정권하의 노동정책은 노동운동에 대하여 안보적 차원으로 대응하여 상시 중앙정보부의 개입과 국가보위법하의 구속 등으로 점철된 억압적, 폭력적 노동통제정책이었음을 평가하였다.

일곱 번째, 1980년대 신군부 정권하에서의 노동법과 노동운동에서는 신군부 정권이 정권찬탈을 목적으로 공수부대를 국가폭력으로 동원시켜 광주시민을 희생양으로 삼아 5·18 학살극을 벌였다는 점, 삼청교육대사건에서 범죄의 증거가 없는 사람들을 끌고 가 재판도 없이 구금, 폭행을 가한 점, 언론통폐합을 통해 언론의 자유를 폭력적으로 제한한 점 등을 평가하여 신군부 정권이 살인적, 폭력적 정권이었음을 평가하였다. 그리고 살인적 폭력적 억압과 통제가 노동운동과 노동법의 영역에서 일관되게 작용해, 정화조치를 통해 노동조합활동에서 노동삼권을 제한한 점, 제3자 개입금지를 통한 사회적 연대와 단결의 제한, 기업별 노조체제로의 강요 등을 평가했다. 신군부 정권의 살인적, 폭력적 억압에 대항하여 노동운동은 경공업 중심의 여성노동운동에서 대기업 중심의 남성노동운동으로 그 줄기가 변한 점, 자기사용자에 대항한 경제적 요구투쟁에서 국가나 제3의 사용자에 대항한 정치투쟁이 강화된 점, 국가의 폭력적 통제에 대항하여 노동운동과 민중운동의 결합이 강화되었던 점, 노동자들이 노동운동에서 승리를 하고 승리에 대한 인식이 자신이 소속된 집단에 대한 긍정적 인식으로 발전하여 계급정체성을 강화시켰던 점을 특징적으로 검토하였다.

여덟 번째, 김영삼 정권 시기의 노동법과 노동운동에서는 김영삼 정권의 권력행사의 정당성을 평가하고 김영삼 정권의 노동정책과 주요 노동운동의 특징 등을 검토하였다. 김영삼 정권은 3당합당으로 창출되었기에 개혁에 어느 정도 한계가 있었지만 외세에 힘입어 정권을 창출했던 것도 아니고 군부쿠데타에 의해 집권한 것도 아닌 만큼 최초의 문민정부라는 점에서 권력형성의 정통성은 인정받을 만했다. 그러나 권력행사의 정당성 측면에서는 상당한 한계가 있었다. 김영삼 정권의 노동정책은 1987년의 민주화이행과 노동자대투쟁으로부터 권위주의적 노동체제가 해체, 권위주의적 노동체제를 재편하는 것으로 이루어져 자본의 논리에 부응한 '유연한 노사관계'를 위한 정책적 모색이 이루어졌다. 그러나 김영삼 정권의 신자유주의적 노동정책은 권위주의적 노동정책의 완전한 해체라기보다는 권위주의적 노동체제의 연장이라고 할 만큼 제한적이었는데, 이는 한국통신사건에서 확인된다. 한국통신 노동자들이 통신시장 개방반대, 대기업 위주의 통신산업 민영화 중지 등을 요구하자 김영삼 대통령은 "한국통신노조가 불법행위를 계속하여 정보통신업무를 방해하는 것은 국가전복의 저의가 있지 않고서는 생각할 수 없는 일"이라고 하여 노사문제에 대해 안보적 차원으로 대응했음을 알 수 있다.

김영삼 정권 시기 노동운동의 주요한 특징은 1996년 노동법개악 저지를 위한 전국적 총파업이 벌어졌고 이는 1950년 한국전쟁 이후 최초의 전국적 총파업이었으며 노동법개악에 반대한 것으로 정치적 요구를 목적으로 한 투쟁이었다. 이렇게 노동법 개악 저지를 위한 전국적 총파업은 개별사용자에 대항하여 투쟁한 것이 아니라 국가권력을 상대로 한 정치투쟁으로서 자유권을 지향하였음을 검토하였다.

이 글은 일제강점기의 노동운동으로부터 1990년대 김영삼 정권 시기의 노동법과 노동운동을 평가함을 통해 우리나라의 노동삼권이 '사실'의 측면에서 '자유권'을 지향했음을 검토하고자 한다.

제2장
일제강점기의 노동운동과
노동운동의 성격

일제강점기의 노동운동과 노동운동의 성격

제1절 일제강점기의 경제정책과 조선노동계급의 실태

1. 일제강점기의 경제정책

일본이 한국을 '합병'한 것은 1910년 8월 29일이고, 합병이란 한국의 국제법상의 인격자로서의 존재를 없애고, 본래 한국의 영토였던 토지를 일본의 영토로 하고 본래 한국의 국적을 소유했던 인민으로 하여금 일본국적을 소유토록 하는 것이다.[1]

일제는 조선을 합병한 후 조선에 조선총독부를 두고 위임된 범위 내에서 육해군을 통솔하고 일체의 정무를 통할토록 하였다. 일제 통치하의 조선 상태를 논하는 때는 동양척식주식회사를 무시할 수 없고, 그 외 일제는 회사령, 토지조사사업, 임야조사를 통해 조선의 토지와 자본을 수탈했다.

---

[1] 야마베 겐타로(이현희 역), 『일제강점하의 한국근대사』, 삼광출판사, 1998, 14쪽.

첫째, 동양척식주식회사의 설립을 통한 수탈인데, 회사설립의 표면적 취지는 "한국을 지도계발함으로써 조선민족으로 하여금 문명의 혜택을 받도록 하는 국제적 사명과 식산흥업(殖産興業)을 진흥함으로써 조선민족의 생활을 향상시킴과 동시에 국가재정의 자원을 배양한다"라는 것이다.[2] 그러나 조선총독부의 원재무 국장이 술회하고 있듯이 "동척(東拓)은 일반 은행과 같이는 예금을 하지 않는 금융기관인 것이다. 그래서 돈을 대출할 때는 저당을 잡는데 토지 이외는 없다. … 토지는 저당기한이 넘으면 모두 동척(東拓)의 것이 된다. 이것이 일종의 원한이 된다. 돈을 빌려주고 적지 않은 토지를 거둬들였다"라고 말하여 이런 짓을 해서 돈을 버는 것이 동척(東拓)의 진정한 목적이었음을 보여준다.[3]

한편 동척은 일본인으로부터 농업이민을 조선에 보내고 있었는데, 이민의 모집은 1910년부터 시작해서 해마다 모집되어 1926년까지 17회에 걸쳐 실시하여 9,096호의 농가가 조선에 몰려들었다. 이민의 목적에 대하여 동척은 식민지에서는 언젠가 민족적 자각이 생겨서 사회적 불안이 일어나기 때문에 식민지의 요소에는 모국의 이민을 넣어둘 필요가 있다고 하였다.[4]

둘째, 회사령의 공포와 그에 의한 수탈인데, 회사령은 1910년 조선총독부 제령 13호로 공포된 것으로 주요 조문은 다음과 같다.

제1조 회사의 설립은 조선총독의 허가를 받을 것.
제2조 조선 외에서 설립된 회사가 조선에 본점 또는 지점을 설치코
자 할 때는 조선총독의 허가를 받을 것.

2) 야마베 겐타로(이현희 역), 『일제강점하의 한국근대사』, 삼광출판사, 1998, 33쪽.
3) 야마베 겐타로(이현희 역), 『일제강점하의 한국근대사』, 삼광출판사, 1998, 34쪽.
4) 야마베 겐타로(이현희 역), 『일제강점하의 한국근대사』, 삼광출판사, 1998, 36쪽.

제3조 회사가 본령 또는 본령에 근거해서 발포하는 명령, 허가의
　　조건에 위반하던가, 또는 공공질서 선량의 풍속에 위반하는
　　행위를 했을 때는 조선총독은 사업의 정지, 금지, 지점의 패
　　쇄 또는 회사의 해산을 명할 수 있다.
제6조 부실한 신고를 해서 제1조 또는 제2조의 허가를 받았을 때에
　　는 조선총독은 그 허가를 취소할 수 있다.[5]

이 회사령의 영향은 조선에 본점을 둔 일본인기업과 조선인기업자의 수의 차이와 자본금의 차이에서 확인할 수 있는데, 민족자본억제의 목적을 가지고 있었다. 예를 들면 합병당시인 1911년에는 조선인이 설립한 회사는 27사였는데 6년 후인 1917년에 이르러서는 겨우 37사밖에 안 되어 10개 사가 늘어나는데 그쳤지만, 일본인이 설립한 회사는 1911년의 109사에서 1917년의 177사로 한꺼번에 68사가 늘어났다.[6] 자본금의 면에서 보면 그 격차는 더욱 심한데, 조선인 기업에서는 1911년의 공칭(公稱)자본금 7,395,000원, 불입자본금 2,742,355원이었던 것이 1917년에는 공칭자본금 11,518,140원 불입자본금 5,871,242원으로 되어 대체로 2배 정도밖에 증가되지 않았지만, 일본인 기업에서는 1911년 공칭자본금 1,051,550원 불입자본금 5,063,020원이었던 것이 1917년에는 공칭자본금 59,192,200원 불입자본금 38, 019,492원으로 일약 6배 가까이 증가되었다.[7]

회사령은 조선의 민족자본을 억제하려는 목적의 식민정책으로 조선의 자본가를 수적으로도 자본금으로도 억제시키려는 정책이었다.

셋째, 토지조사사업을 통해 일본인이 조선의 토지를 합법적으로 일

5) 야마베 겐타로(이현희 역), 『일제강점하의 한국근대사』, 삼광출판사, 1998, 36~37쪽.
6) 야마베 겐타로(이현희 역), 『일제강점하의 한국근대사』, 삼광출판사, 1998, 38~39쪽.
7) 야마베 겐타로(이현희 역), 『일제강점하의 한국근대사』, 삼광출판사, 1998, 39쪽.

본인의 손에 넣는 것을 보장해 주었다. 토지조사는 1910년 3월에 한국 정부가 시작했고 9월부터는 조선총독부가 이를 인계했다. 총독부에 따르면 "상공업이 아직 발달되지 않고 토지를 유일한 생산의 근원으로 삼고 있는 조선에서는 토지의 권리를 확실하게 해서 지세의 부담을 공평하게 함으로써 토지의 생산력을 증진토록 해야 하는 필요성이 특히 긴급하고 간절하다"라고 그 목적을 말하고 있다.[8]

토지조사령 제4조는 토지의 소유자는 조선총독이 정하는 기한 내에 그 주소, 씨명 또는 소유지의 명칭과 소재지 목자번호(目字番號), 사표 등급(四標等級), 지적결수(地積結數)를 임시 토지조사국에 신고할 것이라고 하여 신고(申告)에 의한 토지소유권을 인정하고 있다.

토지조사에 의해서 조선전토의 토지사유권이 확립되었지만 사유(私有)를 증명하지 못하여 국유지로 된 논, 밭과 호전은 26,800여 정보였고, 택지는 50정보였으며 역둔토(驛屯土)로서 국유지가 된 것은 1912년에 134,000여 정보(이것은 그 후에도 늘어남)였는데 이렇게 해서 경작자가 토지를 잃고 구관료의 토지수탈이 법적으로 공인되었다(조선농민의 몰락은 여기서 시작되었다고 말해도 타당했다).[9]

넷째, 임야조사를 통한 토지의 수탈이다. 총독부는 1918년 조선임야조사령을 공포했는데, 그 제3조에서 임야의 소유자는 도장관(道長官)이 정하는 기간 내에 씨명(氏名) 또는 명칭(名稱),주소 및 임야의 소재와 지적을 부윤(府尹) 또는 면장에게 신고할 것. 국유임야에 대해서는 조선총독이 정하는 연고가 있는 자는 전항의 규정에 준해 신고할 것. 이 경우에는 그 연고까지도 신고할 것. 전항의 규정에 의한 연고자가 없는 국유임야에 대해서는 보관관청인 조선총독이 정하는 바에 따라

---

8) 야마베 겐타로(이현희 역), 『일제강점하의 한국근대사』, 삼광출판사, 1998, 41쪽.
9) 야마베 겐타로(이현희 역), 『일제강점하의 한국근대사』, 삼광출판사, 1998, 44쪽.

제1항에 규정하는 사항을 부윤 또는 면장에게 통지할 것 이라고 하고
있다.[10]

신고주의에 따라 서증에 의한 계출(届出)로써 사유권을 확정했기 때
문에 이것을 하지 못한 토지가 국유림에 편입되었고 조림대부제도[11]
에 따라 총독부가 국유림에 편입한 임지를 일본인에게 대부하고 그 조
림이 성공한 후에 그 일본인에게 양여(讓與)됨으로써 합법적으로 사유
권이 불분명한 임야를 일본인 소유의 토지로 만들었다.[12]

이렇게 동양척식주식회사의 설립, 회사령, 토지조사사업, 임야조사
사업을 통해 일제총독부는 한국의 토지와 자본을 수탈하였고, 그에 기
반하여 일본자본의 축적을 이루어냈다.

한편 일제는 1910년대, 1920년대에 조선에 대한 식민지지배체제를
수립한 이후, 1929년의 대공황의 일본자본주의에의 파급 등 경제적 위
기를 극복하고 자본에 대한 새로운 이윤획득을 위해 1931년 만주에 대
한 무력침략을 감행했고 만주와 중국본토시장을 에워싼 미·일, 영·
일 간의 대립과 투쟁이 치열해지는 가운데 1937년 중국침략전을 개시,
제2차 세계대전으로 나아가게 된다.[13]

일제의 조선공업화정책은 우가키 총독의 조선공업화구상, 제1차 생
산력확충(1938~1941), 「군수회사법」과 '군수생산책임제'의 실시, '기업
정비정책'으로 나타난다.

---

10) 야마베 겐타로(이현희 역), 『일제강점하의 한국근대사』, 삼광출판사, 1998, 49쪽.
11) 조림대부제도란 삼림령 제7조에서 규정하고 있는데, "조선총독부는 조림을 위해 국유림
   의 대여를 받은 자에 대해 사업이 성공했을 때에 특히 그 삼림을 양여(讓與)할 수 있다"
   고 하고 있다. 조림대부제도란 결국 일본인에 의한 대여와 양여를 통해 수많은 임야를
   일본인의 소유로 만드는 것을 말한다.
12) 야마베 겐타로(이현희 역), 『일제강점하의 한국근대사』, 삼광출판사, 1998, 50쪽.
13) 유혜경, 『단체협약법의 이론적 기초에 관한 연구』, 경희대 대학원 박사학위논문, 2006,
   27쪽.

1) 우가키 총독의 조선공업화구상

우가키는 1931년 6월 조선총독에 부임하면서 농촌빈민문제를 해결하기 위해 '산미증식계획'을 중지하고, 「소작조정령」, 「조선농지령」, 「자작농창정계획」 등을 발표하는 것과 함께 농촌진흥운동을 벌여 농촌의 춘궁퇴치, 차금퇴치 등을 표방하면서 이와 함께 조선인소공업화를 동시다발로 추진하였다.[14)

그러나 우가키 총독의 조선공업화론은 다음의 문제가 있었다.

첫째, 우가키 총독의 조선공업화론은 당시 조선총독부의 식민통치에 가장 심각한 피해를 당한 빈농, 도시의 무산계급, 유랑화전민 등이 반제투쟁을 일으키자. 통치위기를 맞은 총독부가 소부르주아 양성론을 통해 이 위기를 막아보자는 것이었고, 둘째, 조선의 토착자본가들로 하여금 만주붐이나 조선인 기업설립붐을 유도하여 이들을 대륙침략의 첨병화하고 일반 농민에게는 만주 이민의 환상을 심어서 위기국면의 통치질서를 회복하려는 데 그 목적이 있었다.[15)

2) 1차 생산력확충계획

1939년 1월부터 일본에서 제1차 생산력확충계획이 추진되어 조선에서도 본격적인 계획산업의 확충이 추진되었다. 1차 생산력확충계획은 고노에 후미마로 내각 출범 직후 재정경제 3원칙에 근거한 것으로, 침략전쟁에 필요한 물자동원을 위하여 만주와 일본을 일체로 수급권을 형성하고 일본본토에 의존하던 엔블록의 수요를 규제하여, 블록 안에

---

14) 김인호, 『식민지 조선경제의 종말』, 서원신, 2000, 60쪽.
15) 김인호, 『식민지 조선경제의 종말』, 서원신, 2000, 60~61쪽.

서 계획적 증산으로 국제수지를 개선하고 유사시 필요한 물자를 자급하도록 한다는 것이었다.[16]

그러나 생산력확충계획은 식민통치의 성과를 과시하려는 총독부의 이해와 일본의 식민지생산기반에 대한 몰이해가 착종되면서 처음부터 조선의 공업현실과 동떨어진 허구적인 것으로 귀착될 가능성이 큰 공업화정책이었다.[17]

첫째, 생확계획은 조선경제의 현실로 담아낼 수 없는 과도한 것이었고 결국 목표를 달성하기 위해 조선인노동자에게 잔혹한 생산강제가 추진될 수밖에 없었다.[18] 제1차 생확계획(알루미늄)에서 보듯이 총독부는 일본기획원(3천 톤)조차 수긍할 수 없을 정도의 과도한 증산계획(2만 7,500톤)을 수립하고 결국 완성단계에는 기획원이 예상한 바의 2.5배에 달하는 7,500톤의 실적을 올렸던 것이다.[19]

둘째, 중일전쟁 시기 조선의 생확계획은 본격적인 중요물자의 공급을 위한 것이 아니라 중요 원자재의 대체품을 조선에서 증산하여 일본경제의 원자재 부담을 덜어주기 위한 것으로 엔블록 주변부적 공업을 증강하는 데 집중되고 있었다.[20]

셋째, 조선에서는 일본본토와 직접 연계를 갖는 철강, 알루미늄, 마그네슘 같은 기초소재물자의 증산이 추진되었을 뿐인데, 결국 수송산업이나 기계공작 산업의 확충은 미약했고 따라서 조선에서는 기계공업의 결여로 인해 외형적인 공업팽창에도 불구하고 내실 있는 공업의 발전이 저지되었다.[21]

16) 김인호, 『식민지 조선경제의 종말』, 서원신, 2000, 112~113쪽.
17) 김인호, 『식민지 조선경제의 종말』, 서원신, 2000, 119쪽.
18) 김인호, 『식민지 조선경제의 종말』, 서원신, 2000, 139쪽.
19) 김인호, 『식민지 조선경제의 종말』, 서원신, 2000, 139쪽.
20) 김인호, 『식민지 조선경제의 종말』, 서원신, 2000, 139쪽.

결국 조선에서의 생활계획은 일본본토와는 달리 기계공업의 기반이 결여된 지하자원의 초보가공이나 대체용품 증산을 축으로 증산을 추구할 수밖에 없는 본질적인 한계가 있었고 그것은 조선에서의 생활계획이 일본의 국제수지개선에 기여할 뿐 조선 내에서의 체계적인 군수공업화를 지향하는 것이 아니었음을 명백히 드러내는 것이었다.[22]

3)「군수회사법」과 '군수생산책임제'의 실시

「군수회사법」과 '군수생산책임제'는 태평양전쟁 후반기 일본이 전쟁 국면에서 수세로 몰리면서 제해권, 제공권의 재탈환을 획책하려는 '총력증산정책'의 연장에서 나온 것으로, 기존 민유, 민영형태 민간회사의 이윤독점주의를 제거하고 기업생산라인에 대한 국가통제를 실현하여 일본정부(총독부)의 증산명령을 단기간에 실현할 수 있도록 한 것이었다.[23]

첫째, 군수회사법은 단순한 물자의 수량적 증산에만 관계된 것이 아니라 기업정비, 현원징용과 같은 노동력분배나 기업구조의 재편성을 동반했고, 당시 조선에서 실시된 기업정비로 중요 공장 72개소와 광산 72개소 등 총 144개의 업체가 통폐합 되었으며 여기서 염출된 인원과 개인공장의 정비 등에서 염출된 약 9만에서 13만 명 정도의 노동자가 이들 중점산업에 동원되었다.[24]

둘째, 조선의 군수생산책임제는 군수회사법이 시행되기 전 초법적으로 실시된 것이었고 1944년 10월에 군수회사법이 실시되면서 비로소

21) 김인호, 『식민지 조선경제의 종말』, 서원신, 2000, 139쪽.
22) 김인호, 『식민지 조선경제의 종말』, 서원신, 2000, 140쪽.
23) 김인호, 『식민지 조선경제의 종말』, 서원신, 2000, 158~159쪽.
24) 김인호, 『식민지 조선경제의 종말』, 서원신, 2000, 159쪽.

법적 근거를 얻었으나 실시 과정에서 본토법체제를 무시한 관권이 지배했다는 점에서 철저한 조선공업에 대한 약탈과 지배를 강화하는 것이었다.

셋째, 군수회사법은 거의 모든 사업체를 군수회사함으로써 기업운영, 생산주체, 생산기구, 생산방식에 있어서 철저한 국가성의 확립에 목표를 두고 국가가 통제, 관리함으로써 단기에 총력증산을 획책한 것으로, 조선공업화에 대한 배려라기보다는 총독부에 의한 강권적 통제가 그 본질이었다.[25]

4) 기업정비정책

일본본토에서 본격적으로 기업정비가 추진됨에 따라 조선도 그에 상응하는 조치가 필요했고, 이에 따라 1943년 10월 26일 기업정비위원회 제1회 위원회가 개최되고 심의결과가 「기업정비기본요강」으로 입안되어 공포되었다. 이 요강에서 제시된 정비방침은 "전쟁수행에 필요한 부문은 확장하여 생산력을 높이고, 비군수산업, 공리적 또는 투기적으로 성장한 사업, 경영난에 처한 기업 등은 각종 요강으로 강력히 통, 폐합한다는 것"이었다.[26]

조선의 기업정비요강은 정비의 주체가 총독부 기업정리위원회가 주도하였다는 것, 정비기준은 특별히 '능률기준에 입각한 정비', '증산정책에 기여하는 정비'를 강조하였다는 것, 그 외 제2종 공업부문(군수, 중화학공업방면)의 확충과 중소상공업자의 정리가 특징적이었다.[27]

25) 김인호, 『식민지 조선경제의 종말』, 서원신, 2000, 160쪽.
26) 김인호, 『식민지 조선경제의 종말』, 서원신, 2000, 177~178쪽.
27) 김인호, 『식민지 조선경제의 종말』, 서원신, 2000, 178~179쪽.

기업정비정책의 결과는 업종별 전력수용가구의 추이를 검토해 보면 분명히 드러나는데(극히 영세한 업종을 제외하면 전력수용을 하지 않고는 공업생산이 불가능하다고 보기 때문), 전체적인 전력수용가구의 상황을 보면 1944년도에 업종별 전력수용호가 1943년에 비해 52.2%감소했고, 업종별로는 큰 감소가 없는 것으로 보아 조선의 기업정비는 일정 규모 이상의 업체에서는 그다지 영향을 준 것이 아님을 확인할 수 있으며, 특히 주목해야 할 것은 전력수용가구가 주로 '기타업체'에 집중되고 있었다는 것인데, 그 상황을 보면 1943년의 경우 7만 6,338호에 달했던 '기타업체'가 1944년에는 2만 7,808호로 4만 7,576호가 감소하여 감소율이 64%에 달했다는 것이다.[28]

'기타업체'가 구체적으로 의미하는 업종이 무엇인지는 기존의 관변자료나 통계로는 알 수 없으나 '기타업체' 총계가 농, 수, 축산, 광공업을 제외한 것이 분명한 것이라는 점에서 주로 상업과 개인영업체를 지칭하는 것으로 보이고, 그렇다면 1944년 이후의 기업정비는 주로 상업 및 개인영업체에 집중되었다는 것을 알 수 있다.[29]

즉, 기업정비정책에 의해 결정적으로 타격을 받았던 조선인자본은 의외로 공장공업보다는 개인업체 중심의 영세한 공업군이었고, 이렇게 광범한 개인기업군의 파탄은 해방 이후 극심한 물자결핍을 초래하여 국민의 생필품마저 외국에 의존토록 했으며 결국 말단 경제기구의 파탄은 공업국가로 발전하는 데 있어 자본재의 결핍 및 산업균형의 악화를 초래하였다.[30]

결론적으로 1910년 한일합방 이후 만주사변, 중일전쟁, 태평양전쟁

28) 김인호, 『식민지 조선경제의 종말』, 서원신, 2000, 196~197쪽.
29) 김인호, 『식민지 조선경제의 종말』, 서원신, 2000, 197쪽.
30) 김인호, 『식민지 조선경제의 종말』, 서원신, 2000, 217쪽.

단계를 거치고 1945년 8·15 해방이 될 때까지 일제의 전시공업화는 조선인의 삶의 질을 향상시키거나 조선경제의 내실 있는 발전을 촉진하기 위해 전개된 것이 아니라 침략전쟁의 일환으로서, 자본주의적 사회구성은 확고해졌지만 대외의존성은 더욱 강화되었고 조선 내 산업연관의 탈구성, 파행성이 강화되는 악영향을 남겼다.[31]

일본의 전시공업화의 문제는 구체적으로 다음과 같다.

첫째, 조선의 공업구조는 당시 일제가 침략전쟁과 연관된 공업만을 선별, 육성하는 정책을 시행한 결과 조선 내의 자립적인 산업연관을 가질 수 없었을 뿐만 아니라 토착의 수요, 공급력에 기반을 두지 못하고 엔블록이라고 하는 범일본제국 경제의 일부로서만 의미를 가지는 것이 되었다.[32]

둘째, 고도의 첨단산업이나 기계공작산업은 모두 일본본토에 있던 공장이 독점했고 조선에는 단순가공을 위주로 하는 초보적인 원자재를 생산하는 기업밖에 존재하지 않음으로 해서 조선공업의 불균형발전을 초래하였다(겉으로는 20억 원이 넘는 공업생산을 기록하면서도 조선에서 조립에서 완제품까지 생산하는 공장은 거의 없었고, 공업화의 핵심산업인 기계공작 산업의 자급률은 1940년도 현재 24.7%에 불과했다).[33]

셋째, 철저한 일본의존형 공업을 만들었기 때문에 8·15 해방 후 남겨진 일부의 공업시설도 무용지물로 만들만큼 조선인의 자체 힘에 의한 경영이나 기술은 거의 존재할 수 없었다. 즉, 설사 공업화의 양적 성장을 이룩하더라도 그 양적 성장이 다른 부분으로 파급되어짐으로써 진정한 의미의 '발전'을 이룩할 수 없었다.

31) 김인호, 『식민지 조선경제의 종말』, 서원신, 2000, 81쪽.
32) 김인호, 『식민지 조선경제의 종말』, 서원신, 2000, 78쪽.
33) 김인호, 『식민지 조선경제의 종말』, 서원신, 2000, 78쪽.

2. 일제강점기 조선 노동계급의 실태

1) 일반적인 조선 노동계급의 생활 실태

첫째, 노동시간은 보통 12시간을 초과했는데, 노동시간이 긴 방직 부분에서 일본인은 12시간 노동시간이 0.4%를 차지하는 것에 비하여 한국인의 경우는 82.2%를 차지하고 있었고, 전체적으로 일본인의 경우 12시간 이상의 노동이 0.3%였는데 한국인의 경우는 46.9%에 달하였다.[34]

둘째, 공장노동자의 평균임금을 비교해보면, 일본인노동자의 평균임금이 1원 16전인데 반하여 한국인 공장노동자는 총 평균임금이 58전이었으니(1929년) 일본인의 절반도 못되는 임금을 받고 있었던 것으로 보이고 대략 임금격차가 2배 이상이었으며 직공 50명 이하 소규모공장에서의 한국노동자의 노임은 이것보다 더 낮은 것으로 추측된다.[35]

한편 1920년대 초 조선에서의 의식주와 관련한 생계비의 조사를 보았을 때, 5명의 가족이 1월간 보통의 생활을 유지하려면 최저한도 108원 16전이 요구되었고 최하층의 생활을 유지하기 위해서 최저한도 51원 65전이 요구되었다 하는데, 그렇다면 1920년대 조선인노동자들이 1일 평균임금이 50전이었다면 1개월간 하루도 쉬지 못하고 노동을 해야 월 15원의 수입을 얻는다고 한다면, 조선인노동자들은 인간의 최하층의 생활도 유지할 수 없는 극단적인 상황이었음을 알 수 있다.[36]

셋째, 주거형태에서는 도시의 노동자들 중에서 자기 집을 소유하고

---

[34] 강동진, 「일제지배하의 노동자의 노동조건」, 『한국노동문제의 구조』, 광민사, 1978, 112~113쪽.

[35] 강동진, 「일제지배하의 노동자의 노동조건」, 『한국노동문제의 구조』, 광민사, 1978, 103~105쪽.

[36] 리종현, 「일제 강점하(1920년대) 조선노동계급의 생활실태」, 『북한학계의 1920, 30년대 노농운동연구』(김경일 편), 창작과 비평사, 1989, 91~92쪽.

있는 노동자들은 거의 없었고, 그들은 셋방, 행랑방, 토막집, 함바, 공장 합숙 등에서 거주하였다. 1920년대 당시 방 1칸에 부엌 1칸을 얻자면 기와집은 10원, 초가집은 6원을 내야만 했는데, 이와 같이 1개월에 집세를 6~10원씩 지불하고 생활을 유지해 나갈 수 있는 정도의 임금을 받는 조선인노동자들은 거의 없었고, 이러한 상태라면 조선인노동자 대다수는 부엌이 없는 단칸방을 빌리거나 그마저 집세를 지불할 만한 능력이 없는 노동자들은 셋방 대신 행랑방[37]을 얻어서 생활을 해야 했다.[38]

기타 다수의 노동자들은 일제 시기에 조선의 어느 도시 어느 마을에서나 볼 수 있는 토굴집에서 살거나 일제 시기 노동자들의 숙소 중 가장 가혹한 곳인 함바[39]에 감금되어서 생활했다.

2) 노동계급의 증대와 그 보충원인

자본의 증식을 위해서는 자본가로 하여금 자기의 존재조건인 프롤레타리아를 증가시키지 않으면 안 된다. 1930년대 노동계급의 수요는 급속히 증가되는데, 1934년 10월 10일 현재 1,023,191명이었다.

노동계급의 증대원인은 노동계급이 어떤 계급과 계층으로부터 보충되는가의 문제이다.

첫째, 1930년 초에 전 농가의 48.3%가 절량상태였으며 그것은 더욱

---

37) 행랑방이란 봉건 시기에 양반집에서 종(奴僕)이 거주하는 방을 말하는 것으로, 양반들은 자기의 행랑방을 노동자들에게 빌려주는 대신 그들의 가족들의 노동력을 착취하였다.
38) 리종현, 「일제 강점하(1920년대) 조선노동계급의 생활실태」, 『북한학계의 1920, 30년대 노농운동연구』(김경일 편), 창작과 비평사, 1989, 101쪽.
39) 함바는 그곳에 수용하는 노동자의 수에 따라 대소의 차이가 있으나 폭은 2.5미터 정도이며 높이는 1.9미터 정도 되는 곳으로, 100명 이상이 수용되어 집단적으로 숙식을 해결하는 곳으로, 함바는 일단 설치해놓고 공사가 철수할 때까지 내부청소를 하는 경우가 거의 없어 극히 비위생적이었으며 함바 부근에 변소를 설치하는 경우가 없어 함바 부근에서 용변을 보게 되어 함바 내부는 빈대, 벼룩, 이, 모기 등의 소굴로 되어 버렸다.

심해져 갔고 따라서 농촌에서의 계급분화는 급격히 촉진되었다. 이에 따라 농민들이 대량적으로 농촌으로부터 이탈되어 그들은 단순한 일용노동자로 막벌이꾼으로 되어 실업자군을 증대시켰다. 조선총독부의 국세조사에 의하면 국내 도시에 진출한 농촌인구만 하여도 1930년부터 1935년간에 약 30만 명에 달하며 또한 1935년부터 1940년간에는 약 110만 명으로 증가되었고, 이리하여 1930년대 전반기는 농촌에서 유리되어 도시로 진출한 농민의 수가 연평균 6만 명에 달하여 후반기에는 그것이 22만 명으로 격증되었다.[40]

둘째, 노동계급의 또 다른 보충원천은 수공업자, 소상인, 소기업가들이 심대한 경제공황과 일제 재벌들의 독점에 의하여 쇠퇴, 몰락됨으로써 산업예비군으로 전락되어 프롤레타리아의 대열로 흘러들어갔다.[41]

셋째, 1930년대에 와서 자본가들의 '산업합리화' 정책, 노동강도의 가일층의 강화 그리고 독점자본에 의한 자본의 축적 및 집중, 그의 기술적 구성의 제고에 따른 노동력의 상대적 감소로 '상대적 과잉인구'가 형성되고, 이 과잉인구가 있으므로 해서 자본가들은 산업예비군의 조성과 유지를 위한 아무런 대가도 지출할 필요가 없었을 뿐만 아니라 필요한 노동력을 언제 어디서나 헐값으로 얻을 수 있었다.[42]

넷째, 1929년~1939년간에 순소작농, 화전민, 농업고용노동자는 44만 6,469나 증가되었고 그리하여 1939년에 이 계층은 전체 농민계급의 58.4%에 달했는데, 이들이 농촌의 과잉인구가 되어 일제 자본가들의 노동착취의 기반이 되었다.

40) 리국순, 「1930년대 조선노동계급의 구성에 대하여」, 『북한학계의 1920, 30년대 노농운동 연구』(김경일 편), 창작과 비평사, 1989, 119쪽.
41) 리국순, 「1930년대 조선노동계급의 구성에 대하여」, 『북한학계의 1920, 30년대 노농운동 연구』(김경일 편), 창작과 비평사, 1989, 119쪽.
42) 리국순, 「1930년대 조선노동계급의 구성에 대하여」, 『북한학계의 1920, 30년대 노농운동 연구』(김경일 편), 창작과 비평사, 1989, 120쪽.

이렇게 농촌으로부터 이탈한 농민들, 수공업자, 소상인, 소기업자들의 몰락, 자본의 발달에 따른 상대적 과잉인구, 순소작농 및 화전민 등 농업에서의 과잉인구가 노동계급의 증대를 촉진했고, 노동자들은 기아와 실업의 위협 때문에 자본가의 어떠한 요구조건도 거부하지 못하고 최소한의 임금, 최대한의 노동시간을 강요받았다.

3) 고용형태와 노동계급의 구성

고용형태는 크게 세 가지로 구분할 수 있는데, 직공제, 일용노동제, 전시 강제징용이다.

첫째, 직공제는 일정한 직장과 직종이 고착되어 노동하는 자로, 일제는 일정한 정도이나마 체계적인 전문기술과 기능이 필요한 공장, 기계생산 부분 그리고 특수한 기술과 숙련을 요구하는 직종에 한하여 직공제를 실시하였다.[43] 일용노동자들도 대체로 직공으로 되기를 희망했지만 조선노동자들에게 직공으로 되는 혜택이 이루어지는 경우는 드물었다.

둘째, 일용노동제는 오늘은 여기에서 얼마 후에는 다른 데서 또한 한 직종으로부터 다른 직종으로 일자리를 찾아 부단히 유동하면서 노동하는 자를 말하는데, 이렇게 조선인노동자의 절대다수는 일용노동자로서 '막벌이꾼'이었다.[44] 일용노동제는 직공제보다 적은 임금을 지불하면서 더 많은 노동력을 짜낼 수 있고 각종 교묘한 방법으로 착취의 도를 강화할 수 있었으며 값싼 노동력의 유입을 계속 유지할 수 있으므로 해

---

[43] 리국순, 「1930년대 조선노동계급의 구성에 대하여」, 『북한학계의 1920, 30년대 노농운동 연구』(김경일 편), 창작과 비평사, 1989, 124쪽.

[44] 리국순, 「1930년대 조선노동계급의 구성에 대하여」, 『북한학계의 1920, 30년대 노농운동 연구』(김경일 편), 창작과 비평사, 1989, 125쪽.

서 자본가들에게 노동력을 더 쉽게 착취할 수 있는 노동계급이다.[45]

셋째, 전시 강제징용제는 일제가 조작한 '국민징용령'에 의하여 1939년도부터 조선에서 실시되었고 이것은 특정한 군수생산과 관련한 공사장에서의 강제노동이었다. 1930년대 말에 와서 일제가 징용제를 실시한 까닭은 군수생산의 증강과 군사시설의 급격한 확장을 위해 수요되는 노동력을 확보하여 노동자들을 군사적인 통제하에 두고 더 가혹하게 착취하는 데 있었다.[46] 강제징용자는 헌병, 경찰의 엄격한 감시와 잔혹한 학대가 지배하는 작업장에서 감금되어 무서운 노예노동을 강요받았고, 이들 강제징용이 노동계급구성에서 차지하는 비율은 일제가 제2차 세계대전에 적극 참여함으로써 더욱 확대된다.

제2절 1920년대 노동조직과 주요 노동운동

1. 1920년대의 노동조직

1) 조선노동공제회

조선노동공제회는 1919년 서울에서 박중화 등의 선진적인 지식인들이 주축이 되어 활동하고 있었던 조선 노동문제연구회를 모태로 한 것으로, 연구회활동을 기반으로 각계각층의 사회인사들을 포함한 합법적 조직운동을 노동자층에서 전개하기 위해 조선노동공제회를 창립하였

---

[45] 리국순, 「1930년대 조선노동계급의 구성에 대하여」, 『북한학계의 1920, 30년대 노농운동 연구』(김경일 편), 창작과 비평사, 1989, 125쪽.
[46] 리국순, 「1930년대 조선노동계급의 구성에 대하여」, 『북한학계의 1920, 30년대 노농운동 연구』(김경일 편), 창작과 비평사, 1989, 127쪽.

다.[47] 1920년 3월 16일 조선노동공제회 발기회를 조직하고 곧이어 4월 3일 서울 인사동의 명월관 지점에서 발기인총회를 개최하였다.

조선노동공제회는 정식화된 강령을 가지고 있지 않고, 조선노동공제회 기관지 『공제』 창간호(1920년 9월)에 경성 본회 회장의 명의로 실린 주지(主旨)에 의해 목적과 과제를 알 수 있다. 주지(主旨)에 의하면 조선노동공제회는 "우리 노동사회의 조직과 제도를 개선함이 최후의 이상"이나 이는 장래의 문제이고 당면하게는 "노동자교육, 경제, 위생 등 3문제"의 해결이 그의 과업이고 여기서 "교육은 노동자들의 인격, 능력, 품성향상이요, 경제는 회원들이 당하는 환난구제(患難救濟), 실업자들을 위한 직업소개의 설치 및 생산, 소비, 저축을 위한 편의시설의 설치, 운영이며 위생은 개인위생장려"라고 한다.[48]

조선노동공제회가 한 주요한 활동은 다음과 같다.

첫째, 조선노동공제회는 창립 당시 286명의 발기인과 678명의 회원으로 구성되어 있었지만, 노동자들을 한데 묶기 위한 조직사업에 노력을 기울여 1922년 3월 말까지 노동공제회가 전국에 설치한 지부의 수는 50여 단체에 달했다. 조선노동공제회를 결성할 당시의 발기인들이나 서울의 조선노동공제회 본부에서 일하는 간부들은 노동자가 아닌 지식인들이 대부분을 차지하고 있었지만, 전국 각지에 있는 지부회원들은 노동자가 다수를 차지하고 있어서 지부회원의 수가 늘어감에 따라 점차로 전국적인 노동자조직체로서의 의미를 가지게 되었다.[49]

둘째, 조선노동공제회는 전국 각지의 주요 도시들에서 지역과 직업

---

47) 김경일, 『한국노동운동사 2』, 지식마당, 2004, 93쪽.
48) 권의식, 「조선 노동운동 발전에서 조선노동공제회와 조선노동연맹회가 수행한 역할에 대하여」, 『북한학계의 1920, 30년대 노농운동연구』(김경일 편), 창작과 비평사, 1989, 144쪽.
49) 김경일, 『한국노동운동사 2』, 지식마당, 2004, 94~95쪽.

에 따라 다수의 노동조합들을 조직하기 위해서 활동함에 따라 서울에서 인쇄직공조합, 전차종업원조합, 이발직공조합, 양복직공조합, 자유노동조합 등이 노동공제회의 지도와 영향에 의해 조직되었고 지방에서는 지회산하에 다수의 노동조합이 조직되었다.[50]

셋째, 조선노동공제회는 노동자들의 동정파업에도 일정한 형태로 개입하였는데, 예컨대 서울본회는 1921년 6월 양복직공들의 동맹파업을 지도하였고 부산지회는 1921년 9월 운수노동자들과 부두노동자들의 대규모 동맹파업을 지도하였으며 감포(甘浦)지회는 1921년 2주 동안의 동맹파업을 단행하여 당시까지의 동맹파업사상 최장시간의 기록을 수립했다.[51]

넷째, 조선노동공제회는 노동자들의 의식을 계몽하고 노동문화를 보급하기 위해 노력하였다. 노동공제회가 주최한 강연회는 30여 차례에 달했고 잡지로서 『공제』를 발간하기 시작해서 제8호까지 발간했으며 전국 각지의 지회에서는 노동강습소나 노동야학 등을 설치하여 노동자들의 계몽을 위해 노력했다.[52]

다섯째, 조선노동공제회의 지식인들은 당시 농민의 대다수를 차지하고 있던 소작인들을 농업노동자로 보아 "소작인노동자"라는 개념하에 이들에 대한 조직화에 착수하여 농민운동의 발전에 기여하였다.[53]

그러나 조선노동공제회는 다음과 같은 한계점이 존재하였다.

첫째, 조선노동공제회의 발기인 총회에 참석한 인물이 주로 지식인과 도시 중산층이었고, 노동자들의 대부분도 주로 신문배달부, 인력거부, 지게꾼과 같은 자유노동자들이 다수를 차지하여 현대적인 산업프

---

50) 김경일, 『한국노동운동사 2』, 지식마당, 2004, 95쪽.
51) 김경일, 『한국노동운동사 2』, 지식마당, 2004, 95~96쪽.
52) 김경일, 『한국노동운동사 2』, 지식마당, 2004, 96쪽.
53) 김경일, 『한국노동운동사 2』, 지식마당, 2004, 95쪽.

롤레타리아트의 조직으로는 되지 못했다.[54]

둘째, 조선노동공제회의 실천활동은 자유노동자와 농민 속에서 진행되어 노동자의 임금인상이나 노동시간의 단축 등과 같은 노동조합의 성격과 관련된 활동보다는 상호부조와 계몽의 내용들에 주로 집중되었다. 이렇게 근검저축, 친목과 상호부조를 주요한 목적으로 한 초기적 형태의 노동운동조직이었지만 우리나라 역사상 처음으로 노동자의 기치를 사회의 전면에 내세운 최초의 전국적 노동조직이었다.[55]

2) 조선노동연맹회

조선노동공제회는 1922년 7월 이후에는 지방지회들이 활발히 노동운동을 전개하고 있던 반면, 중앙지도부는 상해자금 건이 문제가 되어 완전히 분열되어져버려 아무런 활동도 하지 못하게 되었고, 이런 상황에서 1922년 10월 14일 제5회 임시총회에서 윤덕병, 신백우파가 조선노동공제회를 해체하고 마르크스주의적 사회주의자들만의 노동단체로서 '조선노동연맹회'를 창립할 것을 주장하였다.[56] 이에 따라 1922년 10월 18일 장사동에 있는 동양염직회사 내의 공우협회 사무소에서 조선노동연맹회 창립총회를 열고 강령, 선언, 규칙을 통과시켰다.

조선노동연맹회는 사회주의자와 지식인이라고 하는 두 범주가 결합하여 "사회주의 지식인 노동자들만으로 조직된 우리나라 최초의 사회주의적 강령을 가진 노동단체"였다.[57] 조선노동연맹의 창립 때의 가맹

54) 권의식, 「조선 노동운동 발전에서 조선노동공제회와 조선노동연맹회가 수행한 역할에 대하여」, 『북한학계의 1920, 30년대 노동운동연구』(김경일 편), 창작과 비평사, 1989, 142쪽.
55) 김윤환, 『한국노동운동사 Ⅰ(일제하 편)』, 청사, 1982, 117쪽.
56) 신용하, 『한국 근대의 민족운동과 사회운동』, 문학과 지성사, 2001, 304쪽.

단체는 10개 단체로서 기존 노동공제회의 약 4분의 1에 불과했으며 회원수는 약 2만 명 정도로 추산되어 기존의 노동공제회 회원수의 약 3분의 1에 해당되는 것이었다.[58]

노동연맹회의 강령을 노동공제회의 목적과 비교해보면 다음과 같다.

첫째, 공제회는 "인권의 자유, 평등과 민족차별의 철폐, 식민지 교육의 지양"을 강조하여 민족주의적 성향을 강조했는데 연맹회 강령에서는 "신사회의 건설"을 제1조에 내세워 사회주의적 성격을 현저히 강조했고, 둘째, "노동자의 지식계발, 기술양성 진보"를 강조한 것은 노동공제회와 조선노동동맹이 동일하게 강조한 것으로 보이며 셋째, 공제회는 "노동자의 노예상태의 해방과 상호부조를 강조하여 민족주의적 강령의 성격을 제시하고 있는 데 반하여 연맹회의 강령에서는 "계급의식에 의한 일치단결"을 강조하여 사회주의적 강령의 성격을 뚜렷하게 제시하였다.[59]

조선노동연맹의 창립 과정에서 나타난 문제는 차금봉 등 노동자파가 노동공제회의 해체에 즉각 격렬하게 반대하여 조선노동공제회의 고수를 선언하였다는 것이다. 그 결과 노동연맹회의 창립을 주도한 윤덕병, 신백우 등 사회주의 지식인들은 노동공제회의 완전한 해체에 성공하지 못했으며 그래서 1922년 10월 18일 이후부터 노동운동계는 조선노동연맹회와 조선노동공제회의 양립시대를 맞이하게 된다.[60]

조직형태의 측면에서 조선노동연맹회를 평가해보면, 조선노동연맹회는 연맹조직에 있어서 소수파로 창립되어 소수파로 종결되었으며 연맹조직의 확대에 전혀 성공하지 못했다. 1924년 4월 20일 통일된 전

---

57) 김경일, 『한국노동운동사 2』, 지식마당, 2004, 98~99쪽.

58) 신용하, 『한국 근대의 민족운동과 사회운동』, 문학과 지성사, 2001, 306쪽.

59) 신용하, 『한국 근대의 민족운동과 사회운동』, 문학과 지성사, 2001, 308쪽.

60) 신용하, 『한국 근대의 민족운동과 사회운동』, 문학과 지성사, 2001, 309~310쪽.

국적 노농동맹체로서 조선노농총동맹이 성립되는데, 그때 조선노농총
동맹에 가입함으로서 해체된 조선노동연맹회의 가입단체는 5개 단체
에 불과해, 조선노농총동맹에 모두 172개 노동단체가 가입한 것을 평
가해보면 조선노동연맹회의 가입단체수 5개는 매우 적은 숫자였다.

　당시 식민지의 상황에서는 일본제국주의와 일제 자본가들이 압박
의 주체였으므로 노동운동도 각 파가 연합하여 대동단결해서 전국적
조직을 만들어, 전체 노동자계급이 단결해서 일제의 압박에 대항해야
하는 것이 우선적인 과제였다.[61] 즉, 식민지적 상황에서의 초기 노동
운동은 민족주의 노동단체와의 관계를 끊고 사회주의적 강령을 가진
노동단체들만의 소규모 노동연맹체를 조직하는 것이 중요한 것이 아
니라, 민족주의적 노동단체들과도 연합하고 다른 분파와도 연합하여
무엇보다도 전국적 노동연맹체를 유지, 발전시키는 것이 더 중요한 과
제였다.[62] 결국 반일제 민족해방투쟁에서는 일본제국주의에 반대하
는 모든 세력을 투쟁에 집결시키는 것이 중요하고, 따라서 일본 제국
주의에 대항하고 반대하는 모든 노동세력을 하나로 단결시키는 그런
전국적 노동조직이 필요했다. 조선노동연맹회는 하나의 사회주의적
분파로서 성립되었고 그 조직의 해체 또한 하나의 사회주의적 노동단
체로서의 해체에 불과했던 만큼, 조선노동연맹회는 그 조직적 한계가
분명했다.

　그럼에도 불구하고 조선노동연맹회가 활동했던 긍정적인 면은 다음
과 같다.

　첫째, 1923년의 경성고무 여자직공의 파업에서 노동연맹회의 지원활
동은 뛰어났으며[63], 이를 포함하여 서울지역에서 1922년 12월부터 1923

---

61) 신용하, 『한국 근대의 민족운동과 사회운동』, 문학과 지성사, 2001, 319쪽.
62) 신용하, 『한국 근대의 민족운동과 사회운동』, 문학과 지성사, 2001, 319쪽.

년 7월에 이르는 시기에 전개된 양말과 고무, 양복 노동자들의 파업을 지원하고 다수의 노동조합들을 함께 조직함으로써 이 시기 노동운동의 주도권을 장악하였다는 점이 특징적이다.[64]

둘째, 조선노동연맹회는 우리나라 최초로 노동절행사(5월 1일)를 조직하였다. 노동절기념행사는 3·1운동 직후부터 산발적으로 진행되어 왔지만 그것을 기념하는 파업시위와 강연회 등을 광범위하게 조직, 지도한 것은 조선노동연맹회로부터 시작되었다. 조선노동연맹회는 1923년 5월 1일에 서울지역 노동자들 전체의 휴업을 단행하고 장충단에서 육상경기회를 개최하기로 계획했지만, 일제의 금지로 육상경기회는 열리지 못했지만 다수의 노동자들이 휴업을 하고 1,500여 명의 노동자가 참여하는 강연회를 조직하기도 했다.

셋째, 조선노동연맹회는 노동사(勞動社)라는 조직을 발기하고 『노동자』라는 잡지를 발행할 것을 계획하지만 일제의 탄압으로 1924년 2월 1일자 창간호발행은 저지된다.

3) 조선노농총동맹

1924년 4월에 결성된 조선노농총동맹은 이 시기 급속하게 보급되고 있었던 사회주의 사상과 노동운동이나 사회운동에 관심을 가진 선진

---

63) 조선노동연맹회는 1923년 6~7월에 서울 고무여자직공의 자연발생적인 파업에 직면하여 이를 조직화하여 경성고무 여자 직공조합을 결성케 지도하였고 경성고무 여자직공조합을 조선노동연맹회에 가입케 지도하였다. 일제경찰은 고무 여직공의 동맹파업을 지도한 노동연맹회 간부 김남수, 김홍작을 구속, 심문하였으며 「고무여직공 동맹파업 전말서」를 인쇄, 배포한 윤덕병과 이준석을 검속하였다. 한편 경성고무 여자직공의 동맹파업 기간에 동정금을 모으는 등 지원투쟁을 조직하는 데 있어서도 많은 영향을 미쳤다(신용하, 『한국 근대의 민족운동과 사회운동』, 문학과 지성사, 2001, 326~331쪽 참고).

64) 김경일, 『한국노동운동사 2』, 지식마당, 2004, 100쪽.

적인 지식인과 노동운동가들의 노력에 영향을 받아 탄생하였다.

구체적으로 보면, 조선노농총동맹 결성의 움직임은 1923년 9월 13일에 전국노농단체로 조선노농총동맹을 창립하기 위한 준비단체로서 조선노농총동맹 준비위원회가 조직되면서 시작된다. 이 준비회는 일본에서 활동하다가 1923년 8월부터 국내에서 본격적인 활동을 시작한 사회주의 사상단체인 북성회(北星會) 계열에서 주도한 것이다.

북성회에 대하여 1921년 1월 서울에서 창립되어 활동하고 있었던 서울 청년회계열이 있고, 북성회계열과 서울 청년회계열이 노동운동의 헤게모니 장악을 위한 치열한 경쟁의 와중에서 조선노농총동맹은 성립한다.

서울 청년회계열은 1921년 9월 28일에 20여 개 노동단체가 참가한 가운데 조선노농대회준비회를 조직한다. 한편 북성회계열은 기존의 중앙중심주의를 지양하고 지방분권과 조직을 강화한다는 명분을 내세우고 있었고, 그리하여 1924년 3월 초순 전남 광주에서 전라도노농연맹을 조직한 다음 경상도와 전라도의 두 연합체의 가맹단체 90여 개 출석대표 150여 명의 운동가들이 대구에서 모여 남선노농동맹회 창립총회를 개최하였다.[65] 이 대회에서는 전국의 노농단체를 통일한 연합기관의 성립에 관한 교섭서를 조선노농대회와 조선노동연맹회의 두 단체에게 발송하는 한편, 교섭위원을 서울에 파견하기로 하였다.

그리고 북성회계열의 운동가들이 배제된 가운데 서울계의 주도아래 1924년 4월 15일에 서울에서 전조선노농대회가 개최되었는데(이 대회는 전국 83개의 노농단체대표 87명이 참가했다), 이 과정에서 노동단체들은 단순히 이들 사회주의 사상단체의 헤게모니 경쟁에서 들러리를 서는 것을 지양하였고, 그리하여 노농단체의 전국적 통일에 대한 대중

---

65) 김경일, 『한국노동운동사 2』, 지식마당, 2004, 147쪽.

적 요구가 밑바탕이 되어, 전조선노농대회에 참가했던 노동조합의 대표들로 하여금 "전 조선의 노동운동과 농민운동의 단체는 전국적 총동맹을 조직하자"라는 안건을 가결하게 되었다.[66] 따라서 남선노농동맹회의 대표를 참석시켜 이 대회를 '전조선노농총동맹 창립 준비위원회'로 하자는 제안이 가결되었다.

결국 노농대회준비회와 남선노농동맹회 그리고 조선노동연맹회 3개 연합체의 공동노력에 의해 1924년 4월 20일에 조선노농총동맹이 창립된 것이다. 3개 연합체에서 가입한 노동단체의 수는 남선노농동맹회 가입단체가 99개로 가장 많고, 다음이 조선노농대회 가입단체 54개, 그리고 조선노동연맹회 가입단체 5개, 기타 무소속이 14개로 모두 172개 단체에 달했다.[67] 노농총동맹이 성립한 후 기존의 모든 연맹체는 발전적으로 해체되었다.

조선노농총동맹의 강령은 "1. 오인은 노동계급을 해방하고 완전한 신사회를 실현할 것을 목적으로 함 1. 오인은 단체의 위력으로써 최후의 승리를 얻을 때까지 철저하게 자본계급과 투쟁할 것을 기함 1. 오인은 노동계급의 현하(現下) 생활에 비추어 각각 복리증진, 경제향상을 기함"을 표방하였다.[68]

이와 아울러 조선노농총동맹은 창립대회 이후 곧바로 임시대회를 소집해서 4개 항목의 결의안을 채택하는데 이는 다음과 같다. "1. 각 지방에 노동자단체를 조직하고 원조하며 각 지방노동자 상황을 조사할 것. 2. 노동운동의 근본정신과 배치되는 이류(異流)단체는 파괴할 것. 3. 강습소와 팸플릿 등으로 노동자의 계급의식을 현저히 높일 것. 4. 노

---

66) 김경일, 『한국노동운동사 2』, 지식마당, 2004, 147~148쪽.
67) 김경일, 『한국노동운동사 2』, 지식마당, 2004, 148쪽.
68) 김경일, 『한국노동운동사 2』, 지식마당, 2004, 148쪽.

동과 임금을 최저 1일 1원 이상, 노동시간은 8시간제로 할 것"이다.[69]

조선노농총동맹의 강령이나 결의안을 보면 조선노동공제회나 조선노동연맹회보다도 더 노동자들의 일상생활에서의 요구를 구체적으로 제시하고 있고(최저 1일 1원 이상, 노동시간은 8시간제 등) 또 전국의 노동자, 농민단체를 거의 총망라한 통일적 조직이었다는 점에서 조선노농총동맹의 성립은 조선노동운동의 커다란 진전이었다(당시 총동맹에 가입한 세포단체는 260여 개소, 회원총수는 53,000명이었다고 함).[70]

노농총동맹의 활동양상을 보면 다음과 같다.

"첫째, 노농총동맹이 직접 지도하여 해결한 파업사례들로 1924년 9월 초 서울에서 일어난 용산제등고무공장 노동자 200명의 파업, 1925년 2월에 경성 대동인쇄주식회사 노동자 150여 명의 파업, 그리고 1925년 1월부터 3월에 걸친 경성전기회사 500여 명의 파업이 있다.

둘째, 노농총동맹이 분리된 1927년 이후 전국에서 발생한 노동쟁의는 15,000여 건으로 전해인 1926년의 6,000건에 비해 그 숫자가 2배 이상을 기록했는데, 이는 노동총동맹의 직, 간접적인 영향하에 파업이 전개되었다고 보아야 할 것"이다.

그러나 노농총동맹은 몇 가지 한계점도 있었다.

첫째, 노농총동맹은 민족해방의 과업을 제기하지 못함으로써(식민지의 기본 과제인 민족문제의 해결과 계급문제의 해결을 동시에 해결하지 못함) 반제반봉건혁명의 객관적 요구를 명확히 반영하지 못했다.[71]

둘째, 노동단체와 농민단체의 연합체로 형성되어 사회혁명에서 다른 계급과 구분되는 프롤레타리아의 선도적 역할을 명확히 인식하지 못

---

69) 김경일, 『한국노동운동사 2』, 지식마당, 2004, 149쪽.
70) 김윤환, 『한국노동운동사 Ⅰ(일제하 편)』, 청사, 1982, 124~125쪽.
71) 김경일, 『한국노동운동사 2』, 지식마당, 2004, 151~152쪽.

했고 셋째, 일제의 가혹한 탄압 속에서 활동의 자유를 구속당하고 있었지만 활동의 합법성을 쟁취하기 위한 실천적인 강력한 투쟁을 조직하지 못했다.[72]

한편, 노농총동맹을 노동자, 농민 두 단체로 분리, 조직하자는 문제가[73] 1925년 가을 무렵부터 제기되어 1927년 9월 7일에 노동단체에서 찬성 98개 단체, 의사불명 4개 단체, 농민단체에서 찬성 128개 단체, 의사불명 4개 단체의 결과를 얻어, 절대다수에 의해 조선노농총동맹은 조선노동총동맹과 조선농민총동맹으로 분리, 결정되었다.

2. 1920년대 주요 노동운동

1) 1921년 부두노동자의 총파업

1920년대 부산은 우리나라의 중요한 산업 중심지의 하나일 뿐 아니라 오랜 역사를 가진 가장 큰 항구도시의 하나였는데, 1921년도에 부산항을 통과한 수출입총액은 6,400만 원으로써 전조선 항만을 통과하는 수출입 화물총액의 30~40%를 차지하고 있었고 부산에서는 화물운반작업에 종사하는 부두노동자들이 가장 많이 집중되어 있었다.[74] 1921년 부산에는 약 43,000명의 조선인 주민들이 거주하고 있었는데, 이 중에서 운수노동에 종사하는 부두노동자들의 수는 약 5,000여 명이었으며 가족들까지 합하면 약 25,000명에 달하여 부산 전체 노동자총수의 80%

---

72) 김경일, 『한국노동운동사 2』, 지식마당, 2004, 151쪽.
73) 노동자와 농민의 운동은 별개의 산업분야를 가지고 있는 이상 전국적 조직도 별개의 단일한 중앙기구가 필요하다는 인식.
74) 리종현, 「1921년 부산 부두노동자들의 총파업」, 『북한학계의 1920, 30년대 노농운동연구』(김경일 편), 창작과 비평사, 1989, 162쪽.

이상이 부두노동자들이었다.[75]

부산부두노동자들의 생활실태는 다음과 같다. 1920~1921년 전후 경제공황으로 인하여 실업을 당한 공장노동자들과 몰락한 빈농들이 일자리를 구하기 위하여 부산과 같은 대항만도시에 몰려들게 되어 이들이 부두노동에 종사하게 되는데, 1921년 9월총파업이 일어날 당시 그들의 취업상황을 보면 한 달에 15일간 노동을 하면 행운이었을 정도로 극도로 취업하기가 어려웠고 첫새벽부터 어두운 밤이 될 때까지 하루에 15~16시간의 노동을 해도 겨우 1원 미만의 임금밖에 받지 못하였으며 부산에는 약 3,000여 명의 짐꾼들이 있었는데, 그중에서 반수에 해당하는 약 1,500여 명은 집도 없고 부엌도 없어서 주로 주포(酒舖)에서 음식을 먹고 밤에는 주포에서 잠을 잤다고 한다.[76]

1921년 9월 부산부두노동자들의 총파업의 배경은 다음과 같다.

1921년도에 들어서 부산시내의 전체 운수업자들은 전후 경제공황에서 입은 손실을 노동자에게 전가시키기 위해 부두노동자들의 임금을 계속적으로 인하하였고(1921년 1월에 부두노동자들의 임금을 30% 인하 하였고 4월에 또다시 20%나 인하하였다.) 그럼에도 불구하고 9월에 다시 "각 운송업자 사이에는 물화의 거래가 한적하게 되어 이익 남는 것이 없으니 또 인부의 임금을 내릴 수밖에 없다"라는 의논이 전파되자 부산부두노동자들은 총파업을 전개하였던 것이다.[77]

9월 12일 부산부두의 석탄운반부 2,000여 명의 명의로 고용주들에게 보내는 파업선언서의 제출로부터 파업투쟁이 시작되었다. 부산부두노

75) 리종현, 「1921년 부산 부두노동자들의 총파업」, 『북한학계의 1920, 30년대 노농운동연구』(김경일 편), 창작과 비평사, 1989, 162~163쪽.
76) 리종현, 「1921년 부산 부두노동자들의 총파업」, 『북한학계의 1920, 30년대 노농운동연구』(김경일 편), 창작과 비평사, 1989, 163~164쪽.
77) 리종현, 「1921년 부산 부두노동자들의 총파업」, 『북한학계의 1920, 30년대 노농운동연구』(김경일 편), 창작과 비평사, 1989, 167쪽.

동자들은 임금을 최저한도 40% 이상 인상할 것을 요구했고 이에 대한 회답을 15일까지 달라고 요구했다. 그러나 고용주들은 이러한 회답요청에 대해 아무 회답을 주지 않았고 석탄운반부 2,000여 명은 9월 16일, 17일 2일간 파업을 단행하였다. 2일간의 파업을 계기로 하여 고용주들은 노동자들의 요구조건에 대하여 25일까지 회답을 주겠다고 하였지만 이는 시간적 여유를 얻어서 노동자들의 투쟁을 격파하려는 음모일 뿐이었다.

선진노동자들과 인테리들은 노동자들 사이에서 더욱 대규모로 파업투쟁을 조직했고 이러한 결과에 따라 상선 화물운반부, 연락선 화물운반부 및 기타 시내 각 운송점의 화물운반부들도 25일까지의 기한부로 임금 40~50% 인상을 공동적으로 요구하였다. 이리하여 부산시내의 전체 부두노동자 5,000여 명의 대열은 굳게 결속되고 투쟁의 기세는 더욱 고양되었다. 9월 26일 부산부두노동자 5,000여 명은 무조건 총파업을 선언하고 운반작업을 중지했고 이러한 결과로 부산항구에서의 운송작업은 완전히 마비상태에 빠진다.

그러자 고용주들과 그들을 비호하는 일제경찰 및 행정 당국과 각종 어용단체들은 파업을 파괴하기 위하여 위협, 공갈 및 직접적 탄압 등을 자행하였다. 일제경찰은 파업투쟁을 비밀리에 지도하던 파업지도부들을 체포, 구금함으로써 파업을 파탄시키려고 하였으나 파업노동자들은 핵심적 선진노동자들의 지도하에 계속적으로 완강한 투쟁을 했고 이러한 결과에 드디어 고용주들이 굴복하여 노동자대표들과의 정식담판을 제기하게 되었다.[78]

9월 29일 밤 정식담판을 하였고 고용주들이 다시금 노동자들의 파업

---

[78] 리종현, 「1921년 부산 부두노동자들의 총파업」, 『북한학계의 1920, 30년대 노농운동연구』(김경일 편), 창작과 비평사, 1989, 172~173쪽.

을 좌절시키려 하자 노동자대표들은 임금 40~50%의 인상을 승인하지 않으면 계속 투쟁할 것을 선언하고 담판을 중지하였다. 9월 30일 고용주들은 다시금 담판할 것을 제기했고 노동자들을 굴복시키려는 재시도가 있었지만 노동자대표들의 완강한 투쟁에 의해 고용주들의 획책은 좌절되고 결국, 부두노동자들은 임금 10~15% 인상이라는 요구조건을 성취하고 파업은 노동자들의 승리로 끝나게 된다. 이렇게 9월 16일 석탄운반부 2,000여 명의 파업투쟁으로 시작된 부산부두노동자들의 총파업은 9월 30일까지 15일간의 완강한 투쟁으로 승리를 쟁취하게 되었다.

부산부두노동자들의 총파업은 다음과 같은 의미를 가진다.

첫째, 한 개 도시의 동일한 부분의 전체 노동자들이 전체 고용주들을 반대하여 총파업을 단행한 것으로써, 부산부두노동자들의 총파업은 노동자들 간의 이해관계의 공통성을 명확히 인식한 계급적 각성이 높은 그러한 조건에서만 전개될 수 있는 총파업이었다.[79] 즉, 종래의 투쟁은 주로 부분적 파업의 특성을 가졌지만 부산부두노동자들의 총파업은 동일한 부분의 직종인 부두노동자들의 총파업이었다는 데 큰 의미가 있다.

둘째, 부두노동자들은 일반적으로 자유노동자들의 부류에 속하여서 혁명적 역량으로 평가할 때 집중성이나 생산면의 중요성에서 산업프롤레타리아보다는 못하다고 평가되어 지지만, 일본인자본가들 및 그를 비호하는 일본제국주의와의 투쟁에서는 적극적인 단결력을 발휘할 수 있고 투쟁력을 공고히 할 수 있다는 것을 보여주었다. 즉, 반제민족해방투쟁에서는 부두노동자들이 일본제국주의에 반대하는 세력으로서

[79] 리종현, 「1921년 부산 부두노동자들의 총파업」, 『북한학계의 1920, 30년대 노동운동연구』(김경일 편), 창작과 비평사, 1989, 175쪽.

중요한 투쟁력과 단결력을 보여줄 수 있다는 것이다.

셋째, 부산부두노동자들의 총파업이 경험이 되어 노동자들 자체의 조직의 필요성이 더욱 요구되었고 대중적 노동단체를 조직하기 위한 투쟁으로 나아가게 된다.[80] 이러한 결과에 따라 1922년 1월에 부산노동연맹회와 부산노동회가 조직되었다. 부산부두노동자들의 총파업은 자연발생적인 파업은 아니었고 노동야학교의 교사와 선진적 지식인들이 노동자들을 계몽하고 선언서를 작성하는 등 영향을 미쳤지만 한계성이 있었다.[81] 따라서 노동운동을 지도할 조직체의 필요성을 느끼게 하였고 이의 결과에 따라 대중적 노동단체들이 결성되게 되었다.

2) 1925년 서울전차 승무원의 노동운동

경전 승무원파업은 금주 저축장려금 횡령사건에서 발단이 되었다. 금주저축 장려회(금주회)는 1920년 회사가 주관하여 전차과의 차장과 운전수를 비롯한 500여 명의 승무원들이 술을 끊고 한 사람당 일정액의 기금을 모아 필수품의 공동구입과 환난상구를 목적으로 조직한 것인데, 노동자의 자발적 의사보다는 회사에 의해 조직되어서 승무원이면 누구나 의무적으로 가입해야 하는 것이었다.[82]

1925년 1월 20일 금주회 총무인 임일근이 금주회의 기금을 횡령하고 도주해버린 사건이 발생하는데, 그동안 전차과의 소수 간부들이 금주회기금을 독점 관리하여 왔기 때문에 회가 결성된 이래 조성된 수만

---

80) 리종현, 「1921년 부산 부두노동자들의 총파업」, 『북한학계의 1920, 30년대 노농운동연구』(김경일 편), 창작과 비평사, 1989, 176쪽.
81) 김경일, 『한국노동운동사 2』, 지식마당, 2004, 109~110쪽; 김윤환, 『한국노동운동사 Ⅰ(일제하 편)』, 청사, 1982, 101쪽.
82) 김경일, 『한국 근대 노동사와 노동운동』, 문학과지성사, 2004, 265쪽.

원의 기금이 유용될 수 있는 여지가 있었고 이에 대하여 승무원들은 두 가지의 태도로 대립되었다.[83] 1월 27일 저녁 운전수대표 10명과 차장대표 10명이 대표자회의를 개최하여 이번 문제를 계기로 하여 여러 해 동안 현안이 되어 왔던 요구사항을 관철하려는 의견이 논의되었다. 1925년의 1월의 서울전차 승무원들의 파업은 크게 세 시기로 구분할 수 있다.

제1단계는 금주저축 장려금 횡령사건을 계기로 수년 동안 누적되어 왔던 문제점에 대하여 회사 측에 요구조건을 제시하여 14개 요구조건을 요구하면서 회사 측과 협상해 나가는 시기이다.[84]

회사 측은 협상을 통해 시간을 끌면서 승무원들을 추가로 모집하고 승무원대표들을 돈으로 매수, 회유하는 작전을 구사하였고 노동자대표들은 파업을 후원하기 위한 연합후원회를 조직하여 대표들의 협상을 측면지원하고 필요한 구체적인 조사활동들을 해나갔다.

제2단계는 2월 8일 12시에서 새벽 2시까지 운수동우회 임시총회를 개최하고 금주저축금의 배당금문제와 신원보증금문제, 과태금문제, 전차내 분실물경매수입 등 5개 조항을 회사 측에 질문하기로 하고 교섭위원 9인을 선정하여 전차의 운행을 중지함으로써 1차 파업이 실행된 단계였다. 회사 측과의 교섭은 실패로 들어갔고 회사 측의 횡포를 성토하기 위한 종업원대회 역시 금지되었으며 노동자들은 단체행동의

---

[83] 하나의 의견은 임일근 개인에게만 이번 사건의 책임을 물을 수는 없으며 회사를 대변하는 금주회간부들도 공동책임이 있으므로 회사에서 책임지고 변상을 해야 하며 나아가서 회사에게 근본적인 요구조건을 제출하자는 입장이고, 다른 하나는 회사와 경찰에서 이 사건을 조사 중이니 시간을 두고 회사의 태도를 보아가면서 조치를 기다려보자는 입장이었다(김경일, 『한국 근대 노동사와 노동운동』, 문학과지성사, 2004, 268쪽).

[84] 14개 요구조건은 현재의 승무원을 용원(傭員)으로 대우하지 말고 고원(雇員)으로 승격할 것, 출근시간은 8시간제로 하여 급료는 일급으로 변경할 것, 전차의 브레이크를 개량하여 줄 것, 공휴일을 변경할 것, 출근시간을 개정할 것, 금주저축 장려금의 책임을 회사에서 부담할 것 등 14개이다.

길을 봉쇄당했다. 파업이 막바지에 다다라 노동자들은 개인적 차원으로 저항하여 결근자가 103명에 달하였지만 1차 파업은 패배로 끝났다.

제3단계는 제1차 파업이 귀결된 지 1주일이 지나 2월 20일 경전지도부에서 재차 파업을 계획했는데, 이 두 번째 파업의 직접적인 원인은 노동자들이 합법적으로 조직한 운수동우회의 집회를 경찰이 여러 차례 금지하였고 이에 대한 분노가 3월 4일에 동맹파업으로 나타난 것이었다. 파업이 발발하자 회사 측은 해고와 협박으로 파업단을 와해시키려 하였고 경찰은 신속한 개입을 통해 탄압했으며 다수의 노동자들이 검거되었다. 결국 회사 측과 경찰의 집요한 탄압에 의하여 2차 파업 역시 와해되었고 운수동우회를 중심으로 끝까지 버텨오던 승무원들은 자포자기에 빠져 사표제출이라는 극단적인 방법을 택하기도 하였다.

1925년의 경전승무원들의 파업은 다음의 의미를 가진다.

첫째, 1929년의 원산총파업, 1930년의 신흥 장풍탄광 노동자들의 파업, 그리고 같은 해의 평양고무공장 노동자들의 총파업처럼 전투적이고 혁명적인 진출양상은 보이지 못했지만, 서울교통의 동맥을 담당하고 있었던 전형적인 대규모 독점기업인 경전에서 전개되었던 운동이라는 점에서 중요한 의의가 있었다.

둘째, 투쟁 과정에서 금주저축장려금 문제를 노동조건 개선을 위한 파업투쟁으로 연결시키고 노동자들에 의한 자발적 조직을 결성했다는 점(운수동우회)은 전반적인 근로조건 개선으로 노동자들을 집결시킨 긍정적인 성과였다.[85]

셋째, 그럼에도 불구하고 노동자대표들이 회사 측과의 협상에 지나치게 의존하여 노동자들을 직접적인 행동으로 즉각 연결시켜 내지 못한 것은 노동자들의 결속이 쉽게 와해되는 결과를 낳았다.

---

[85] 김경일, 『한국노동운동사 2』, 지식마당, 2004, 2002쪽.

3) 1925년 인쇄노동자들의 파업

서울과 평양과 부산에서 1925년 인쇄노동자들이 동맹파업을 전개하였다.

먼저 서울에서 대동인쇄소 노동자들이 1925년 2월과 8월 두 차례에 걸쳐 파업을 단행했다. 2월의 투쟁은 직공취체규칙이나 성적고사 등과 같은 노동자통제제도를 폐지하라는 요구에서 동맹파업이 일어났다. 이 파업에서 회사 측은 노동자들의 요구를 무시하고 다른 인쇄소 문선공을 임시 고용하여 작업하게 하는 등 대처했지만 파업단은 신직공에게 작업을 거부할 것을 설득하고 노농총동맹의 지원을 확립하는 등의 대응을 하였으며, 한편 서울인쇄직공조합의 중재에 의한 합의 등을 통해 인공조합의 지원 아래 파업에 참가하지 않은 다른 부서 노동자들의 지지를 끌어냄으로서 노동자들에게 투지와 용기를 보여 주었다.

다시 8월의 파업은 회사 측이 2월 파업에서 합의된 사항을 이행하지 않아 발생했는데, 8월 6일에 노동자들은 회사 측에 진정서를 제출하고 회사 측이 이에 가담한 노동자들을 해고하자 문선부의 40여 인쇄노동자들이 공휴일 급료지급, 견습생의 임금지불, 성적제도의 철폐 등 7개 요구조건을 내걸고 다시 동맹파업을 단행했다.

8월파업은 2월 파업 때와 달리 공장안의 모든 노동자들을 파업전선으로 끌어들이지 못했다는 점, 파업의 시기 선택도 부적절했으며 인공조합이나 인공청년동맹이 회사와의 교섭이나 중재라는 협상에만 의존했던 점도 중요한 패배의 원인이었다.[86]

다음으로, 평양에서는 1925년 2월 26일 평양 인쇄직공조합의 조합원 100여 명이 13개의 요구조건을 결의하여 공장주에게 보냄으로써 파업

---

86) 김경일, 『한국 근대 노동사와 노동운동』, 문학과지성사, 2004, 243쪽.

이 일어났다. 그런데 13개의 요구조건이 단체교섭권의 확립, 8시간 노동제의 실시, 임금인상, 야업철폐, 작업 중 부상과 질병에 대한 보장, 노동조건의 개선 등 매우 수준 높은 요구사항이었고, 특히 단체교섭권의 확립은 직업별 노동조합이 일정 지역 내에서 실질적으로 기능하기 위해서 필수적으로 요구되는 사항으로서 서울을 비롯한 다른 지역들에서 이러한 요구는 거의 제기되지 않았다는 점에서 매우 선진적인 요구조건을 내건 파업투쟁의 하나였다.[87]

인쇄공노동자들은 파업단본부에 모여 감시대를 조직, 편성하여 파업을 적극적으로 전개했고 평양시내의 각 사상단체들은 파업후원회를 조직하였으며 기업주들의 횡포를 성토, 성토문을 배포하는 등의 적극적 투쟁을 했다. 이에 대하여 일본인공장주들을 비롯한 자본가 측의 집요한 방해와 일제경찰의 가혹한 탄압이 있었다. 결국 평양의 인쇄노동자들은 1개월에 걸친 강인한 투쟁을 벌였지만 파업이 장기화됨에 따라 단결을 유지하기가 어렵게 되었다.

세 번째로 부산인쇄노동자들의 파업이 있었다. 1925년 11월에 인쇄직공친목회가 인쇄직공조합으로 개칭되었으며 이를 계기로 9시간제 실시, 야업을 철폐할 것, 최저임금을 60전으로 하여 3할을 증가할 것, 20일 이상 출근자에게는 공휴일을 줄 것 등을 요구하며 동맹파업에 들어갔다. 부산인쇄직공조합은 부산의 노동계에서 모범단체일뿐만 아니라 조선에서도 뛰어난 노동단체의 하나로서 평을 받고 있었는데, 이들의 1달여에 걸친 투쟁은 강고한 단결력이 있었지만 패배하고 말았다.

1925년의 인쇄공들의 파업은 다음과 같은 의미가 있다.

첫째, 한 곳에서 파업이 일어나면 곧 각지에서 열렬한 성원과 격려전문을 보내고 경우에 따라서는 동맹파업까지 단행하는 등 단결과 상호

87) 김경일, 『한국노동운동사 2』, 지식마당, 2004, 208쪽.

원조 및 투쟁의 강도에서 인쇄노동자만큼 적극적인 경우는 드문 일이었다. 이러한 인쇄공노동조합의 상호원조와 연대는 단결력의 공고화로 확인된다.

둘째, 이 시기 인쇄노동자들은 단결과 연대 및 상호원조를 기반으로 하여 지역노동조합을 중심으로 조직적 투쟁을 조직하여 지역적 대중조직의 확립과 실현이라는 결과를 이끌어 냈다.[88]

셋째, 단체교섭권의 획득, 8시간 노동제의 실시, 야업철폐, 해고수당의 지급, 질병과 재해에 대한 보상 등 수준 높은 요구조건을 제기하였고 그 요구들이 임금인상과 같은 직접적인 경제적 요구에서 나아가 특징적으로 단체교섭권의 실시와 같은 정치적 요구로 발전하고 있었으며 따라서 투쟁의 규모나 전투성, 지속성 등에서 어느 부분보다 선진적인 투쟁을 전개하였다.[89]

4) 1926년의 목포제유공 노동자파업

목포제유직공 노동조합에서는 1926년 1월 15일 임시총회를 열고 임금인상과 노동시간 단축(1일 12시간을 10시간으로 단축)을 요구하면서 170여 명이 파업에 돌입하였고, 회사 측은 파업직공을 해고하고 해고된 노동자들을 채용하지 말라는 방침을 각 공장에 알리는 등 강경히 대응하였다.[90] 이에 대응하여 목포자유노동조합, 목포인쇄직공 친목회, 목포목공조합 등을 비롯하여 많은 단체와 개인들이 파업노동자들을 적극적으로 지지, 후원하였다.

---

88) 김경일, 『한국 근대 노동사와 노동운동』, 문학과지성사, 2004, 258쪽.
89) 김경일, 『한국 근대 노동사와 노동운동』, 문학과지성사, 2004, 258~259쪽.
90) 김윤환, 『한국노동운동사 Ⅰ(일제하 편)』, 청사, 1982, 157쪽.

회사 측은 새로이 노동자들을 모집하려고 계속 시도했고 이러한 대응이 실패하자 다음에는 광주, 이리 방면에서 노동자들을 모집하여 작업을 시키려 하였다. 한편 파업단은 새로이 직공을 모집하려는 회사 측을 막으려고 노력했고 파업이 장기화되자 파업단은 행상대를 조직하여 회원들의 생활보장에 노력하였다. 회사 측은 파업으로 막대한 손실을 보면서도 파업결과가 다른 공장노동자들에게 미칠 영향을 고려하여 노동자들의 기세를 꺾고자 했다.

하루 벌어 하루 먹는 노동자들의 생활은 비참했고 사태가 이렇게 되자 파업노동자들은 파업한 지 2개월 만인 3월 17일 20여 명으로 결사대를 조직하여 공장을 습격하고 사무실과 기계를 전부 때려 부수며 거기에서 일하고 있던 일부 이탈노동자들을 구타하는 등 직접적인 폭력적인 행동을 했다.[91] 그러나 70여 일에 걸친 장기간 동안 계속된 목포제유공의 파업은 일제경찰과 자본가 측의 탄압적인 강경책으로 인하여 불행한 파괴와 검거로서 종식된다.

목포제유공의 장기간의 파업과 결사대를 통한 공장습격은 노동쟁의가 평화적으로 해결되지 못할 경우, 일제의 잔혹한 식민지 착취와 폭력적 탄압하에서는 폭력적인 사태로 나아갈 수밖에 없음을 보여주었다.[92] 즉, 잔혹하고도 폭력적인 일제식민 통치하에서는 근로조건 개선 투쟁이라는 것이 일제에 반대하는 폭력적 투쟁으로 발전할 수밖에 없었다.

5) 1927년의 영흥흑연광산 노동자파업

함남 영흥군의 흑연광산 노동자파업은 1927년 9월 산하 광업의 일본

91) 김윤환, 『한국노동운동사 Ⅰ(일제하 편)』, 청사, 1982, 159쪽.
92) 김윤환, 『한국노동운동사 Ⅰ(일제하 편)』, 청사, 1982, 157쪽.

인 기사들이 조선인 우차부를 구타해 중상을 입힌 사건에서 일어났다.[93] 뒤이어 1928년 10월 21일에는 영흥광업소의 흑연광 광부 220명은 임금인상과 노동시간단축을 요구하며 파업을 단행하였고, 동년 11월 20일 경에는 영흥에서 5리 떨어져 있는 흑석령(黑石領)의 광부 100여 명은 동일한 요구조건을 회사 당국에 제출하고 파업에 돌입하였다.[94]

영흥경찰서에서는 요구서에 서명, 날인한 3명의 대표자를 검속, 감금하는 한편 노동자들의 집회를 일체 금지하고 먼 외지(外地)에 가서 27명의 인부를 모집하여 작업케 하는 등 파업을 막았다. 이에 대하여 광부들은 "유인된 인부들을 타도하자"라는 결의로 대응하였다.

11월 30일에는 흑연광부 파업에 대한 동정과 무리한 구속을 당하고 있는 동맹간부의 석방을 요구하는 표어를 내걸고, 영흥인쇄공조합과 운수노동조합, 전(全) 영흥 우차부조합 등에서 총인원 500여 명의 노동자들이 총파업을 선언하고 일제히 파업을 단행, 전 영흥산업이 중지상태가 되었고 그 파업의 기세가 매우 험악해져 살기가 감돌았다.[95]

그리고 12월 2일 영흥노동동맹에서는 긴급중앙집행위원회를 열고 파업 중 구속된 노동자들의 무조건 석방과 총 동정파업을 결의, 일체의 책임이 회사 측에 있음을 선전하였다.[96] 한편 12월 2일부터 영흥읍내 각처에 산재하는 9개 전기공장노동자도 광부파업에 동정하여 파업에 참가하였고, 12월 4일에는 영흥 양조조합의 양조공 전원과 영흥 곡물무역상조합 노동자 200여 명까지 동정파업에 돌입하였다.[97]

이로써 영흥읍내의 전체 노동자 총파업으로 발전되었고 고주(雇主)

93) 김경일, 『한국노동운동사 2』, 지식마당, 2004, 215쪽.
94) 김윤환, 『학국노동운동사 Ⅰ(일제하 편)』, 청사, 1982, 159쪽.
95) 김윤환, 『한국노동운동사 Ⅰ(일제하 편)』, 청사, 1982, 160쪽.
96) 김윤환, 『한국노동운동사 Ⅰ(일제하 편)』, 청사, 1982, 161쪽.
97) 김윤환, 『한국노동운동사 Ⅰ(일제하 편)』, 청사, 1982, 161쪽.

들은 이 동정파업이 비록 자기들에게 피해를 끼치나 노동자의 처지로 보아서는 정당하다고 인정하여 영흥 곡물조합대표, 영흥 양조조합대표, 파업노동자가 모두 모여 토의한 결과 흑연광부 동맹파업 해결과 피검속 노동간부의 석방으로 해결할 것을 결의하였다.[98]

이렇게 되자 일제경찰도 일방적인 탄압만으로는 사건의 해결이 어렵다는 것을 깨닫고 중재를 하여 노동자들을 회유하였고, 결국 임금인상문제는 노동자들에게 10전 올려주도록 하고 검거된 노동자들을 무조건 석방하기로 함으로써 3개월 동안이나 끌어온 파업을 종식시켰다.

영흥광부 노동자들의 파업은 한 지역의 노동자들이 총망라된 총파업이라는 점에서 식민지 시기 노동운동에서 가장 전형적이고 실질적인 총파업으로서, 1921년의 부산부두노동자들의 총파업이 조선최초의 총파업이었다고 말해지지만 부두노동자들의 파업은 지역 내의 일반노동자가 모두 참여한 파업이 아니었던 점에서, 영흥 노동자파업이 순전한 지역총파업으로서 최초였다고 평가된다.[99]

6) 1929년의 원산총파업

원산총파업은 1928년 9월 원산 교외에 있는 라이징 썬 석유회사 문평유조소 노동자들의 파업이 발단이 되었다. 라이징 썬 석유회사는 영국의 석유독점체로서 일제의 북조선개발과 관련하여 이 지방의 석유시장을 독점할 목적으로 일제와의 긴밀한 결탁하에 1927년 봄부터 유조소의 조업을 개시하였다.[100] 문평유조소에는 영국사람 관리자가 있

---

98) 김윤환, 『한국노동운동사 Ⅰ(일제하 편)』, 청사, 1982, 161쪽.

99) 김경일, 『한국노동운동사 2』, 지식마당, 2004, 216~217쪽.

100) 윤형빈, 「1929년 원산노동자들의 총파업과 그 교훈」, 『북한학계의 1920, 30년대 노농운동연구』(김경일 편), 창작과 비평사, 1989, 182쪽.

었을 뿐이고 지배인 이하 주요 간부는 일본인이었는데, 이들은 조선노동자들을 혹사시켰을 뿐만 아니라 참을 수 없는 민족적 멸시와 모욕을 가했고 그중 현장감독 고마다는 매우 포악한 놈으로 노동자들을 마구 구타하였다.[101]

노동자들은 이에 대해 심각한 불만과 원한을 품고 있었고 1928년 9월 8일 고마다가 또다시 조선인 유조공을 구타하자 노동자들이 들고 일어나 항의투쟁을 전개하였다. 파업이 발생하자 회사 측은 3개월 후에 해결할 것을 약속했는데, 이 과정에서 노동자들은 문평제유노조를 조직하고 원산노동연합회(원산노련)에 가입하는 한편 약속한 3개월이 지나자 회사 측에 해결을 촉구하였다. 그러나 회사 측은 이를 무시하고 책임회피와 기만으로 일관하였다. 노련에서는 문평제유 회사의 화물은 취급하지 않는다는 결의를 하고 화물취급을 거부했고 이에 대해 자본가 측은 노동자들을 일방적으로 해고하는 한편 노련의 존재를 무시하였다. 노련은 총파업과 동시에 자본가의 역선전에 대항하는 성명서를 배포하고 소속 노동자의 폭동을 경계하면서 규찰대를 조직하여 회사 측의 노동자모집을 저지하였다. 이에 대응하여 파업기금이 각지로부터 속속 도착했고 각지의 노동조합이나 노동연맹으로부터 위문단과 조사단이 속속 원산에 도착하는 등 지지를 받았다.

한편 노동계급의 단결된 행동을 아니꼽게 여겨오던 원산의 일제자본가들은 상업회의소를 중심으로 이 기회에 노련을 없애버리고 일본인을 지도역량으로 하는 어용노동단체를 조직하려고 기도, 어용노조인 함남노동회를 결성했다. 그리고 해고전술로서 노동자들과 그 가족들을 기아에 몰아넣으며 일제의 관권으로 노련과 노동자들을 탄압하며

---

101) 윤형빈, 「1929년 원산노동자들의 총파업과 그 교훈」, 『북한학계의 1920, 30년대 노농운동연구』(김경일 편), 창작과 비평사, 1989, 182쪽.

실업자를 모집하여 파업투쟁을 결정적으로 파괴하려고 획책하였다.[102]

2월 중순부터 파업단의 식량이 떨어지고 엄동설한에 일자리를 잃은 노동자들의 생활은 말할 수 없이 곤란해졌다. 이러한 과정에서 지금까지 원산상의와 보조를 같이 해온 조선인자본가들이 더 이상 사태의 원만한 해결을 기대할 수 없다고 하여 노련의 요구조건을 승인하고 노동자들의 복업을 요구하였다.[103] 이리하여 노련 측은 긴급위원회를 열어 고주가 조선인인 객주조합을 비롯한 각 상회와 상점에 소속된 노동자 240명에게 복업하도록 명령했다. 그런데 이 와중에서 4월 초순 돌연 노동자 10여 명이 곤봉과 돌을 들고 함남노동회를 습격하여 전화줄을 끊고 간부와 회원을 난타한 사건이 발생했고 이러한 폭력사태 이후 원산에는 무장경관과 기마 헌병이 증파되어 수색과 검거의 선풍이 불어 닥치는 공포분위기가 조성되어 전시상태와 흡사하게 되었다.[104]

원산총파업으로 항구도시 원산의 산업과 운수는 물론 무역과 상업 활동은 완전히 마비상태에 빠졌고 무역상과 도매상들 중에서 파산자가 속출하였으며 주로 노동자를 고객으로 하던 중소상인들 중에서는 폐업하고 원산을 떠나지 않으면 안 될 형편에 이른 자가 많았다.[105] 그리고 원산노동자들에 대한 지원은 비록 자연발생성을 완전히 극복하지 못하였으나 그것이 조선해방의 주되는 대상인 일제의 간섭과 탄압을 받으면서 일제를 반대하여 진행되어 13개 도, 53개 지방을 포괄하는 전국적으로 광범한 계층 인민들이 참가하고 있었다는 의미에서 전국

102) 윤형빈, 「1929년 원산노동자들의 총파업과 그 교훈」, 『북한학계의 1920, 30년대 노농운동연구』(김경일 편), 창작과 비평사, 1989, 185쪽.
103) 김경일, 『한국노동운동사 2』, 지식마당, 2004, 222쪽.
104) 김경일, 『한국노동운동사 2』, 지식마당, 2004, 222~223쪽.
105) 윤형빈, 「1929년 원산노동자들의 총파업과 그 교훈」, 『북한학계의 1920, 30년대 노농운동연구』(김경일 편), 창작과 비평사, 1989, 189쪽.

적, 전 인민적 성격을 띠는 운동이었다.[106]

그러나 원산총파업은 일제가 대륙침략과 태평양전쟁을 준비, 감행하기 위한 노동계급에 대한 일대 결전이었지만, 이러한 인식이 부족하였던 노련은 적절한 대응을 하지 못해 결과적으로 패배하고 말았으며 이후에 노동운동을 비롯한 사회운동은 비합법운동의 영역으로 옮겨가게 되었다.

원산총파업이 남긴 교훈은 다음과 같다.

첫째, 식민지의 노동운동은 반제민족해방투쟁의 일환으로 일제의 식민통치를 반대하고 민족해방을 쟁취하는 것만이 식민지에서 노동자들의 정당한 권익을 찾을 수 있다는 교훈을 남겨주었다.[107]

둘째, 우리나라의 노동계급이 이 시기에 이르러 일제의 식민지적 파쇼화 정책이 일층 강화되는 조건에서, 평화적 파업만으로서는 투쟁의 성격과 전망을 기대할 수 없다는 것을 인식하고 보다 적극적인 투쟁에로 넘어가고 있으며 비록 그것이 자연발생적이고 분산적이기는 하나 폭력투쟁으로의 이행을 실천하는 것이었다.[108] 원산총파업에서 규찰대의 조직과 활동은 이러한 폭력투쟁으로의 이행이 요구되고 이러한 경험이 이미 노동자들에게 축적되어지는 과정이라고 평가된다.

셋째, 원산총파업은 우리나라 노동운동사상 유례없이 강력한 조직적 단결성을 보여준 파업이었고 그것은 결코 하루아침에 몇 사람의 선동으로 이루어진 것이 아니었으며 원산노련의 물질적 기초하에 가능하였다.[109] 원산노련은 1925년부터 1928년까지의 사이에 무려 26건의 노

---

106) 윤형빈, 「1929년 원산노동자들의 총파업과 그 교훈」, 『북한학계의 1920, 30년대 노농운동연구』(김경일 편), 창작과 비평사, 1989, 191쪽.
107) 김경일, 『한국노동운동사 2』, 지식마당, 2004, 224쪽.
108) 윤형빈, 「1929년 원산노동자들의 총파업과 그 교훈」, 『북한학계의 1920, 30년대 노농운동연구』(김경일 편), 창작과 비평사, 1989, 202쪽.

동쟁의를 적극적으로 조직, 지도함으로써 거의 모든 쟁의를 노동자들에게 이익이 되도록 해결한 실적이 있으며 노동자들에게 굳은 단결만이 노동자들의 노동조건개선을 위한 효과적인 무기라는 것을 인식시켰다.[110] 원산의 노동자들은 서로 앞을 다투어 원산노련의 세포조직의 일원이 되려 하였고 일단 회원이 된 사람은 조직의 명령을 충실히 이행하였으며 이와 같은 조직적 단결력이 있었기에 4개월에 걸친 오랜 시간동안 일사불란한 투쟁력을 발휘할 수 있었다.[111]

넷째, 총파업의 진행 과정에서 각 계급과 계층의 정치적 동향과 입장이 명백히 드러났는바, 지주, 예속자본가, 민족반역자, 친일주구를 제외한 농민, 소부르주아, 양식적 민족부르주아 등 광범한 인민대중에 의한 반일 민족통일전선운동의 조직적 전개를 위한 객관적 조건이 성숙되고 있다는 것을 보여주었다.[112]

다섯째, 원산총파업은 이후 1930년대의 신흥탄광노동자들의 폭동적 진출에 뒤이어 평양고무공장 노동자들의 총파업을 비롯하여 전국각지에서 노동자들의 파업에 많은 영향을 주었다.

3. 1920년대의 주요 노동운동의 특징

1) 전국적 노동자조직의 출현

1920년대 초기에 이르기 전까지는 노동자들의 전국적 유대를 갖기

---

[109] 김윤환, 『한국노동운동사 Ⅰ(일제하 편)』, 청사, 1982, 172쪽.
[110] 김윤환, 『한국노동운동사 Ⅰ(일제하 편)』, 청사, 1982, 173쪽.
[111] 김윤환, 『한국노동운동사 Ⅰ(일제하 편)』, 청사, 1982, 173쪽.
[112] 윤형빈, 「1929년 원산노동자들의 총파업과 그 교훈」, 『북한학계의 1920, 30년대 노농운동연구』(김경일 편), 창작과 비평사, 1989, 202쪽.

위한 구체적 노력이 없었다. 1920년 3월 16일 조선노동공제회가 발기되어 전국적인 노동자단체를 구성하려는 시도로 나타났고 1922년 10월에 결성된 조선노동연맹회가 그 뜻을 이어 이를 추진하였으나 조선노동연맹회가 "사회주의 지식인 노동자들만으로 조직된 우리나라 최초의 사회주의적 강령을 가진 노동단체"였지만, 사회주의적 사상을 가진 소수파로 창립되고 소수파로 그 조직이 해체되는 등 혼란에 빠져 있다가 1924년 4월에 이르러 조선노농총동맹을 결성하게 되어 이것으로 조선노동자들은 전국적으로 단일한 노동자조직을 가지게 되었다.[113]

조선노동운동사상 전국적 노동자조직의 대두는 중대한 의의를 가진다. 전국적 노동자조직이 결성되기 이전의 노동운동은 자연발생적 성격을 띠고 전개됨으로써 노동운동의 발전에 한계가 있었지만, 노동공제회를 비롯한 조선노농총동맹이라는 전국적 조직의 결성으로 인하여 노동운동은 자연발생적 성격을 지양하고 노동운동의 결과물이 전국적 조직으로 구체화됨으로써 노동운동의 확대, 발전뿐만 아니라 반일민족해방운동의 확대에도 기여하게 된다.

조선노동공제회가 전국 각지의 주요 도시들에서 지역과 직업에 따라 다수의 노동조합을 조직하기 위해서 활동함에 따라 서울의 인쇄직공조합, 전차종업원조합, 이발직공조합, 자유노동조합 등이 노동공제회의 지도와 역량에 의해 조직되었다는 점, 조선노동연맹회가 1923년에 경성고무 여자직공의 파업에서 뛰어난 지원활동을 하고 기타 서울지역에서 1922년 12월부터 1923년 7월에 이르는 시기에 양말과 고무, 양복 노동자들의 파업을 지원하고 다수의 노동조합을 조직한 점, 조선노농총동맹이 1924년 9월 초 서울에서 일어난 용산제등고무공장 노동자 200여 명의 파업, 1925년의 2월의 경성 대동인쇄노동자 150여 명의

---

113) 김윤환, 『한국노동운동사 Ⅰ(일제하 편)』, 청사, 1982, 126쪽.

파업 그리고 1925년1월부터 3월에 경성전기회사 500여 명의 파업을 직접 지도했던 점 등 전국적 노동자조직이 노동운동을 지도함으로써 노동운동의 자연발생적 한계점을 극복하고 노동운동이 확대, 발전하였을 뿐만 아니라 조직적 결과물을 전국적 조직으로 구축하여 반일민족해방운동으로 결합, 발전하게 되었다.

2) 노동자조직의 성격 발전

1910년대 이전 또는 1920년대 초기의 단체들은 그 명칭이 보여주는 바와 같이 계, 친목회, 공제회 등 다분히 친목적인 상호부조의 단체였는데, 그 후 점차 그 조직의 성격을 환난상구(患難相救)의 친목단체로부터 노동자들의 단결에 의하여 공동의 경제적 이익을 쟁취하려는 투쟁적인 경제단체로 발전시켰다.[114]

구체적으로 보면 다음과 같다.

조선노동공제회는 그 조직의 주요 목표를 노동자교육, 경제, 위생의 3가지 문제로 보고 그를 해결하기 위해 "교육은 노동자들의 인격, 능력, 품성향상이요, 경제는 회원들이 당하는 환난구제(患難救濟), 실업자들을 위한 직업소개의 설치 및 생산, 소비, 저축을 위한 편의시설의 설치, 운영이며 위생은 개인위생 장려"라고 했다. 즉, 조선노동공제회는 노동자들의 상호부조, 환난구제(患難救濟)를 목적으로 단체를 조직하는 것이 필요하다고 했다.

이에 대하여 조선노동연맹회의 강령과 선언문을 보면 "신사회의 건설"을 주장하고 "계급의식에 의한 일치단결"을 강조하여 사회주의적 강령을 뚜렷이 제시하면서 노동자계급의 이해에 주목하여 노동자의 단

[114] 김윤환, 『한국노동운동사 I (일제하 편)』, 청사, 1982, 127~128쪽.

결을 주장하고 있다.

그리고 조선노농총동맹의 강령에서는 "신사회를 실현할 것을 목적", "최후의 승리를 얻을 때까지 자본가계급과 투쟁할 것", "각각의 복리증진, 경제향상을 기함"을 제기함으로써 명확하게 노동계급의 해방을 위해서는 자본가계급과 투쟁해야 하고 그러기 위해서 노동자들의 단결이 요구된다는 것을 분명히 하였다. 그리고 조선노농총동맹의 임시대회에서의 4개 항목에서는 "노동자 임금을 최저 1일 1원 이상", "노동시간은 8시간제로 할 것"을 주장하여 조선노동공제회나 조선노동연맹회에서 보지 못했던 노동자들의 생활향상을 위한 구체적인 목표를 내세우고 있다.115)

이렇게 조선노동공제회에서 상호부조, 환난구제(患難救濟)라는 목표를 내세운 것에서 발전하여 조선노농총동맹에서는 "노동계급의 해방"과 "신사회건설"을 주요 목적으로 내세우는 것으로 되었고, 특히 "구체적인 노동자의 생활이익을 확보"해야 한다고 주장하였다. 결국 그 조직의 성격이 단순한 환난상구(患難相救)의 친목적 단체로부터 노동계급과 대립되는 자본가계급과 투쟁하고 노동자들의 단결에 의해 공동의 경제적 이익을 쟁취하려는 투쟁적인 경제단체로 그 성격이 변화, 발전되었다.

3) 노동운동과 민족해방운동의 결합

노동운동은 일반적으로 결국 임금노동자들의 처지를 개선하기 위한 노력으로 귀착하지만, 이러한 노력을 저해하는 요인 속에 비경제적인 요소가 존재하는 경우에는 노동운동이 결코 단순한 계몽운동이나 경

115) 김윤환, 『한국노동운동사 Ⅰ(일제하 편)』, 청사, 1982, 127쪽.

제투쟁의 영역에 머무를 수 없게 된다.[116]

일제는 1925년 치안유지법을 공포한 이래 노동자의 입장을 노골적으로 탄압하는 편파적 태도를 취하게 되고 따라서 노동운동은 단순한 경제투쟁을 넘어 일제를 반대하는 반일 민족해방투쟁의 일환으로 변화되지 않을 수 없었다.[117] 노동자들이 임금인하에 반대하고 노동시간의 단축을 위해 노력할 때, 그들의 조건이 노동자와 그 기업체의 자본가와의 타협으로 이루어지는 것이 아니라 자본가를 옹호하는 입장에서 거대한 권력기구를 이용하는 일본제국주의 식민지 통치자와의 대결에 의해서 결정되어 진다는 사실을 체험할 때, 노동자들은 민족해방 없이는 결코 자기들의 처지나 근로조건이 근본적으로 개선될 수 없다는 사실을 깨닫지 않을 수 없다.[118] 따라서 식민지하의 노동운동은 반제민족해방운동으로 발전하지 않을 수 없는 역사적 필연성을 내포하게 된다.[119]

1929년의 원산총파업이 일본의 총자본과 이를 비호하는 일제식민권력에 대항하는 노동자들의 전면투쟁으로 발전한 것은 식민지에 있어서 노동운동은 반일민족해방투쟁의 일환으로 일제의 식민통치를 반대하고 민족해방을 이루어내는 것만이 식민지에서 노동자들이 근로조건의 개선 및 자신의 정당한 권익을 찾을 수 있는 것임을 일깨워 준 것이었다.

이렇게 식민지에서 노동운동은 필연적으로 반일민족해방투쟁으로 발전할 수밖에 없는 필연성을 내포하고 있고, 원산총파업은 그 구체적 실례가 되었으며, 식민지의 노동운동과 반일민족해방운동의 필연적 관

116) 김윤환, 『한국노동운동사 Ⅰ(일제하 편)』, 청사, 1982, 210쪽.
117) 김윤환, 『한국노동운동사 Ⅰ(일제하 편)』, 청사, 1982, 211쪽.
118) 김윤환, 『한국노동운동사 Ⅰ(일제하 편)』, 청사, 1982, 211쪽.
119) 김윤환, 『한국노동운동사 Ⅰ(일제하 편)』, 청사, 1982, 211쪽.

련성은 1930년대 노동운동에서 일제자본가뿐만 아니라 일본 식민권력에 대항한 폭력적 투쟁으로 발전하게 된다.

제3절 1930년대 비합법적 노동운동과 주요 노동운동

1. 1930년대 비합법적 노동운동

1930년대를 중심으로 한 전시체제 아래 일제의 파시스트 노동정책을 배경으로 하여 노동운동은 합법의 영역에서 비합법 영역의 운동형태로 변화했다. 1930년대 이후 전시체제로의 이행을 배경으로 하여 일제 식민권력의 탄압이 계속되었고 노동자들의 파업은 말할 것도 없고 합법적인 노동운동단체들의 존속 자체도 불가능하게 되었다. 이러한 배경아래서 노동운동은 비합법적 방식에 의한 지하활동으로 들어가게 되었고 혁명적 노동조합운동은 보통 이 비합법 시기의 노동운동의 조류를 일컫는 말로 이해된다.

일제의 발표에 따르면 1931년부터 1935년의 사이에 혁명적 노동조합 운동으로 검거된 건수는 70여 건에 달하고 투옥된 운동가의 수는 1,759명에 이르는 것으로 보인다.[120]

이 시기의 혁명적 노동조합 운동을 대표하는 것으로는 함남의 흥남일대를 중심으로 1930년 말부터 1935년까지 4차에 걸쳐 전개된 태평양 노동조합 운동, 서울을 중심으로 1933년에서 1936년에 걸친 이재유(李載裕)그룹의 운동, 원산지방을 중심으로 1936년에서 1938년 사이에 활동한 혁명적 노동조합 운동 등을 들 수 있다.

---

[120] 김경일, 『한국노동운동사 2』, 지식마당, 2004, 269쪽.

1) 흥남의 태평양 노동조합운동

태평양 노동조합은 태평양 연안을 둘러싸고 미국, 영국, 일본 등의 서구 제국주의 세력과 소련을 지지, 옹호하는 사회주의 진영 사이에 조성된 첨예한 대립을 배경으로, 사회주의 진영의 주도에 의해 태평양연안에 위치한 여러 나라들의 노동운동에 대한 지도를 목적으로 하여 1927년 5월 중국의 한구(漢口)에서 창립대회를 가짐으로써 성립되었다.[121]

태평양 노동조합은 조선에서 노동운동의 중심지로 흥남의 조선 질소비료주식회사에 주목하였고, 태평양 노동조합이 이 지역에 주목하기 이전부터 조선 내의 많은 노동운동가들이 이 지역에서 활동하고 있었는데, 이들 노동운동가들 중 정달헌, 주영하 등의 연구회 뷰로가 태평양 노동조합 운동과 직접적으로 관련을 맺는다.

연구회 뷰로는 1931년 1월에 '좌익노동조합 결성 준비위원회'로 발전되고, 이 위원회는 태평양 노동조합 계열이 지도하는 초기 단계에서 흥남지역의 중앙위원회를 중심으로 전국적 차원에 걸친 조직을 결성하려고 하였지만 대중적 기반 없이 운동자들의 연결을 통해 전국조직을 지향했다는 점에서 당재건운동과 비슷한 한계를 보였다.[122] 그리고 활동내용에서 볼 때 노동현장에서 노동자들을 결집하기 위한 구체적 활동보다는 공장 내에서 독서회를 조직하여 교양과 학습을 한다든지, 공장의 상황과 노동운동의 정세를 조사하는 정도의 차원에 머물렀다. 이 운동은 4차례의 태평양 노동조합 운동으로 전개되는데, 2차 태평양 노동조합 활동이 가장 활발한 운동양상을 보였다.

2차 태평양 노동조합운동은 1932년 2월 프로핀테른 블라디보스토크

121) 김경일, 『한국노동운동사 2』, 지식마당, 2004, 270쪽.
122) 김경일, 『한국노동운동사 2』, 지식마당, 2004, 273쪽.

연락부에서 김원묵과 박세영이 파견되어 오고 이에 따라 장회건이 3월 중순에 자신의 사업을 이들에게 인계하면서 본격화된다. 2차 태평양 노동조합운동은 첫째, 인텔리층을 배제하고 노동자들만으로 산별 세포반을 조직하려고 노력하는 한편 조직의 범위를 인근지역으로 확대하여 함흥자유노동조합이나 엠엘계의 흥남적색 노동조합 등과도 일정한 형태의 연계를 유지했고 둘째, 활동지역도 흥남과 함흥뿐만 아니라 인근의 원산과 덕원, 신흥, 퇴조면으로 비교적 넓은 범위에 걸쳐 있었으며 셋째, 노동자뿐만 아니라 학생운동이나 농민운동 등의 부문운동과도 밀접한 관련을 지니고 운동을 전개하였고 넷째, 기관지나 출판물의 간행활동, 독서회의 조직과 활동도 비교적 넓은 범위에 걸쳐져 진행되었다.[123]

1932년 10월 모스크바 동방노력자대학을 졸업한 임민호, 고경인에 의해 태평양 노동조합운동은 재개되고, 이들은 흥남좌익의 기관지인 『노동자신문』을 계승하는 『뉴스』를 발간하고 흥남의 조선 질소비료공장과 함흥의 평양제사 등에서 조직활동을 하면서 교양과 선전사업에 노력을 경주하는 등의 활동을 했다.[124] 1933년 3월에 3·1운동 14주년 기념투쟁을 준비하는 과정에서 일제경찰에 의해 활동가들이 체포되어 제3차 태평양 노동조합운동은 마감한다.

그 후 1934년 11월 프로핀테른 동양부에서 파견한 이경덕이 흥남에 잠입하여 조선질소비료공장을 중심으로 적색노조를 조직하는 등의 운동을 하다 일제경찰에 의해 체포, 검거되어 제4차 태평양 노동조합운동도 마감하게 된다.

123) 김경일, 『한국노동운동사 2』, 지식마당, 2004, 275~276쪽.
124) 김경일, 『한국노동운동사 2』, 지식마당, 2004, 276~277쪽.

2) 서울에서 이재유(李載裕)그룹의 운동

서울에서 이재유를 중심으로 한 혁명적 노동조합운동은 1932년 말부터 1936년 말까지 4년 동안 지속되었는데, 공장을 중심으로 한 노동자 대중의 조직화와 아울러 그것을 통하여 궁극적으로 조선공산당의 재건을 지향했다는 점에서 이 시기의 다른 운동과 동일하지만, 이재유그룹의 운동은 다른 몇 가지 특징적인 성격을 가지고 있다.

첫째, 당시 대부분의 공산주의자들이 민족주의의 현실적인 무능력과 한계를 지적하고 그것을 민족개량주의로 매도하면서 계급주의에만 매몰되어 있었던 반면에, 이재유그룹은 일본 제국주의의 민족정책에 대하여 강력하게 비판하면서 민족혁명의 관점을 일관되게 유지했다는 것이다.[125] 그리하여 1935년 이후 코민테른 7차 대회방침에 영향을 받아 경성준비그룹 시기에는 일제의 전쟁준비와 파쇼적 통치로 인하여 민족구성원 대다수가 고통을 받고 불만을 가지고 있다는 점에서, 제국주의와 파시즘에 맞서서 승리하기 위해서는 그로 인해 고통받는 모든 사람들을 투쟁에 동원시켜야 한다고 주장하였다(즉, 민족부르주아를 일제의 '충복'으로 보아서 일본제국주의자 및 봉건 토착자와 함께 타도해야 할 대상으로 보던 기존의 관점을 변경시켜야 한다고 주장하였다).[126]

둘째, 코민테른으로 대표되는 국제노선을 무비판적으로 추종하거나 교조적이고 경직된 이론을 고수하려는 경향 또는 주체적으로 운동방침을 세우지 못하고 외부의 권위에 의거하는 태도에 대해서 비판적이었다.[127]

---

[125] 김경일, 『한국노동운동사 2』, 지식마당, 2004, 278쪽.
[126] 이애숙, 「이재유그룹의 당재건운동(1933~1936년)」, 『일제하 사회주의운동사』, 한길사, 1991, 166~167쪽.
[127] 김경일, 『한국노동운동사 2』, 지식마당, 2004, 278쪽.

셋째, 대중적 기반 없이 소수의 운동가들이 조직을 결성하여 일거에 혁명을 달성한다는 관념적 목표에서 노동대중 앞에 군림하면서 이들을 단순히 '획득'의 대상으로 보는 행태를 극복하고자 노력하였다.[128) 즉, 노동대중의 자발성과 주체성을 강조했는데, 이러한 태도가 조직적 측면에서 '트로이카방식'이라고 하는 독창적인 조직방법을 고안해 낸 것이었다. 트로이카방식이란 마치 세 마리의 말이 자유롭게 마차를 끄는 것과 같이 회원 전부가 각각 자유로이 선전하고 또 투쟁을 하자는 운동방식인 것이다.[129)

이재유에 의하면 트로이카운동이란 다음과 같다.

> "과거의 운동경험과 같이 쓸데없이 조직을 남발할 것이 아니라 우선 노동대중의 불평불만이 있는 곳에서 공산사상의 선전선동을 하여 대중을 얻어 상당한 그룹이 결성된 때에 비로소 조직을 가져야 할 것이다. ⋯ 종래와 같이 사람을 지도한다거나 지도를 받는다거나 하는 것이 아니라 지도함과 동시에 자신도 지도되는 것에서 공산주의자로서의 제1보를 내딛어 스스로 최하층의 노동자들과 교유하면서 대중층에서 동지를 얻어 서서히 상부조직으로 전개하려고 한 것이 나의 근본방침이었다."[130)

이러한 점에서 이재유가 말하는 트로이카방식이란 "노동대중을 지도의 대상으로 바라보지 않고, 자신이 노동대중 속으로 들어가 노동대중을 통해 지도를 받고 지도하면서 아래로부터 위로 향하는 조직을 만드는 것이다"라고 할 수 있다.

이재유그룹의 활동은 세 시기로 구분된다.

128) 김경일, 『한국노동운동사 2』, 지식마당, 2004, 278쪽.
129) 김경일, 『이재유 나의 시대 나의 혁명』, 푸른역사, 2007, 64쪽.
130) 김경일, 『이재유 나의 시대 나의 혁명』, 푸른역사, 2007, 64쪽.

제1기는 경성트로이카 운동 시기로 1934년 1월 무렵까지 지속되었다. 첫 번째 시기의 노동운동은 일정 지역의 공장에서 노동자를 획득하여 독서회나 토론회 등으로 지도하는 교양활동으로부터 출발했는데, 이를 통해 의식의 고양을 꾀하는 한편 파업과 같은 대중투쟁을 통하여 노동자를 획득했다.131) 즉, 각 공장이나 직장에 3~5인의 노동자에 의한 공장반 혹은 공장그룹을 만들고 이를 지역적으로 통제하는 한편 산업별원칙에 따라 전국조직을 결성하는 것이었다.132)

제2기는 경찰에 검거된 이재유가 1934년 4월 서대문경찰서에서 탈출하여 1935년 1월까지 활동한 시기이다. 이 시기의 운동은 대중적 기반이라는 점에서 앞 시기의 운동에 비해 상대적으로 빈약한 활동을 벌인 시기이다. 활동의 주요한 내용은 공장이나 운동대상에 대한 조사활동, 앞 시기의 운동에 대한 의견교환과 평가, 운동이론이나 방침을 둘러싼 토론 및 협의, 운동자의 획득과 이들 사이의 연락 및 연계의 유지 등이었다.133)

제3기는 이재유가 경찰에 검거되었던 1936년 12월 말까지의 거의 2년 동안의 활동이다. 이 시기의 노동운동은 1935년 8월의 코민테른 제7회 대회에서 채택된 반제반파쇼 인민전선개념을 수용하였음에도 불구하고 정권형태로서 노농소비에트 정부를 수립해야 한다고 주장하여 다른 혁명적 노동운동과 다르지 않았는데, 즉 민족부르주아지까지를 포함한 반제민족통일전선을 주장하지는 않았다.134) 이것은 실제 운동과정에서 배태된 것 이라기보다는 국제공산주의 운동의 일환으로서 수용되어진 것으로 보인다. 그 외 이 시기의 노동운동은 기관지 『적기』

131) 김경일, 『한국노동운동사 2』, 지식마당, 2004, 281쪽.
132) 김경일, 『한국노동운동사 2』, 지식마당, 2004, 281쪽.
133) 김경일, 『한국노동운동사 2』, 지식마당, 2004, 283쪽.
134) 김경일, 『한국노동운동사 2』, 지식마당, 2004, 284~285쪽.

를 발행하여 선진노동자들에게 배포했고, 이와 더불어 신문배달부나 가두분자 등의 자유노동자층을 대상으로 활동했다.

3) 원산의 혁명적 노동조합운동

원산의 혁명적 노동조합운동에서 주목되는 것은 1936년 10월 무렵부터 1938년 10월에 이르기까지의 2년에 걸친 운동이다. 원산총파업 이래 이 지역에서 활동하다가 제1차 태로운동에 관련되어 5년 동안 복역하고 출옥한 이주하를 매개로 최용달, 이강국 등의 인텔리 출신 공산주의자들의 도움을 얻어, 방용필 등 원산지역의 노동자들은 주도하여 혁명적 노동조합운동과 민족해방통일전선운동을 전개하였다.

원산의 혁명적 노동조합운동은 주요하게 '정치노선의 변화 과정'과 반일노동자 대중조직인 '철우회의 조직활동'으로 평가할 수 있다.

첫째, 원산에서의 혁명적 노동조합운동은 일본제국주의의 중국침략과 전시체제로의 이행을 계기로 변화를 경험했는데, 민족부르주아지에 대한 태도가 주요하게 변화하였다. 즉, 1935년 코민테른 제7차 대회에서 반제통일전선, 반파쇼인민전선 운동방침이 채택된 것을 배경으로 항일민족통일전선전술을 수용하여 노동자층에 한정하지 않고 광범한 반일대중을 대상으로 활동의 범위를 넓히려고 하였던 것이다.[135] 민족부르주아지 전체를 일제에 매수된 것으로 보아 정치적으로는 민족개량주의, 경제적으로는 매판부르주아지로 배척하는 입장에서 벗어나, 민족부르주아지를 애국과 매판세력의 두 범주로 구분하고 애국세력을 포용하는 전 인민의 통일전선으로 조직할 것을 주장하였다.[136]

---

135) 김경일, 『한국노동운동사 2』, 지식마당, 2004, 290~291쪽.
136) 김경일, 『한국노동운동사 2』, 지식마당, 2004, 291쪽.

둘째, 조직방침에서의 변화이다. 반제통일전선을 위한 활동의 일환으로 혁명적 노동조합의 건설과 병행하여 반합법의 노동자대중조직(철우회)을 결성하는 것이 타당한가의 문제이다.

철우회결성론의 논리는 군수품과 군대를 수송하는 철도는 일본제국주의의 주요한 동맥이므로, 중. 일전쟁의 개시 이래 일제의 침략전쟁이 확대일로에 있는 현 정세하에서 철도에 있어서 일본제국주의에 반대하는 '노동자대중의 민주주의 기관으로서 철우회'와 같은 반일노동자 대중단체가 필요하다는 입장이다.[137]

이에 대하여 철우회결성론 반대론은 "철우회가 노동자대중의 일상생활문제, 투쟁위원회, 스포츠문화활동의 지도에 나선다면 적색노조의 분회는 무엇을 하라는 것인가?"라고 반문하면서 결국 혁명적 노동조합을 그 대용물인 철우회로 해소할 수 없다는 입장이다.[138]

결국 철우회의 결성문제는 코민테른의 인민전선전술을 일정한 형태로 실현한 것으로써 혁명적 노동조합을 반일대중조직으로 해소한다기보다는 두 조직을 병행하여 발전시키자는 불완전한 형태로의 결론으로 귀결되었다.[139]

원산의 혁명적 노동조합운동의 주요한 활동은 다음과 같다.

첫째, 1937년 1월에 원산철도사무소가 합리화를 명분으로 철도국의 시간을 개정하려 하자 혁명적 노동조합은 이에 반대하여 투쟁하였던 노동자들의 파업을 지도(승급 요구와 노동강도의 완화 요구)하여 노동자들의 일상적 경제투쟁에 대한 지도를 통해 궁극적으로 반제민족해

---

137) 임경석, 「원산지역의 혁명적 노동조합」, 『일제하 사회주의운동사』, 한길사, 1991, 339~340쪽.
138) 임경석, 「원산지역의 혁명적 노동조합」, 『일제하 사회주의운동사』, 한길사, 1991, 340~341쪽.
139) 김경일, 『한국노동운동사 2』, 지식마당, 2004, 292쪽.

방투쟁의 일환으로 발전시켰다.[140]

둘째, 식민지해방의 결정적 시기가 오게 되면 조선의 노동자계급은 각계각층의 반일역량을 동원하여 즉각적인 무장봉기에 나서야 한다고 주장하였다. 즉, 공장 내에서의 임금인상이나 근로시간의 단축이라는 일상적 요구투쟁은 제국주의 전쟁에 반대하는 반일민족해방투쟁으로 전화되어야 하고, 따라서 노동자대중은 반일민족해방투쟁을 위한 무장투쟁으로 적극적으로 나서야 한다고 주장하였다.[141] 이 그룹의 활동은 1938년 7월 철우회결성 직후 조직이 확대되어 가는 과정에서 일제경찰에 단서가 잡혀 110여 명이 체포, 구금됨으로써 결정적 타격을 받게 된다.

2. 1930년대 주요 노동운동

1) 신흥 장풍탄광 노동자파업

함경남도 신흥군에 있는 장풍탄광은 함경남도에서 가장 큰 탄광가운데 하나였는데, 여기에는 500~600명의 노동자들이 일하고 있었으며 그중에서 약 200~300명은 산업프롤레타리아였고 나머지 200~300명은 이 지방의 주민들로 구성된 일용노동자였다.[142]

광산에서의 노동조건은 대단히 불리했으며 노동자들은 수공업적 방식으로 탄광의 굴진작업과 채탄작업을 진행하였고 탄광에서 갱도가 허물어지거나 폭발되거나 침수되어 인명을 빼앗아가는 것은 일반적인 현

[140] 김경일, 『한국노동운동사 2』, 지식마당, 2004, 292~293쪽.
[141] 김경일, 『한국노동운동사 2』, 지식마당, 2004, 293쪽.
[142] 한영해, 「1930년 신흥탄광 노동자들의 전투적 폭동에 대하여」, 『북한학계의 1920, 30년대 노농운동연구』(김경일 편), 창작과 비평사, 1989, 216쪽.

실이었다.[143] 노동자들은 새벽부터 저녁 늦게까지 12시간 이상의 지하노동을 하였고 이 노예적 노동의 대가로 받는 임금은 불과 60~80전에 지나지 아니하였으며 이 보잘 것 없는 임금마저 기업주는 벌금제의 실시, 강제 저금제의 실시, 전표제 임금지불제의 실시 등으로 약탈하였다.[144]

이와 같은 고용주의 무자비한 착취와 비인간적 학대를 반대하여 노동자들은 1930년 5월 2일의 공휴일을 이용하여 자신들의 연중행사인 동생계(同生契) 놀이를 명목으로 하여 5·1절을 기념하는 동시에 독자적인 노동조합을 설립할 것을 계획하였다.[145] 그러나 회사 측의 방해로 노동조합설립은 일단 중지되었는데, 이를 계기로 노동자들은 사전준비를 거쳐 200여 명 지주(支柱)노동자들이 12개의 요구조건을 내걸고 파업을 선언하여 파업만세를 외치면서 시위행진을 단행하였다.[146]

여기서 노동자들의 일련의 경제적인 요구조건들과 함께 가장 중요한 요구는 "노동조합 조직운동에 간섭하지 말 것"이었는데, 이러한 요구는 노동자들의 전투적 적극성을 말해주는 것으로써 노동자들의 계급적 동맹조직인 노동조합의 조직과 그의 유지라고 하는 것이 무엇보다 중요하다는 정치적 성격을 표방하는 것이었다.[147]

파업을 선언하자 곧 노동자들은 공개적으로 파업위원회를 조직하였으며 그의 지도하에 파업의 규모를 확대하고 파업깨기꾼의 음모를 방지하기 위한 활동을 하는 등 파업을 확대시켜 나갔다. 파업이 갈수록

---

[143] 한영해, 「1930년 신흥탄광 노동자들의 전투적 폭동에 대하여」, 『북한학계의 1920, 30년대 노농운동연구』(김경일 편), 창작과 비평사, 1989, 216쪽.

[144] 한영해, 「1930년 신흥탄광 노동자들의 전투적 폭동에 대하여」, 『북한학계의 1920, 30년대 노농운동연구』(김경일 편), 창작과 비평사, 1989, 216쪽.

[145] 김경일, 『한국노동운동사 2』, 지식마당, 2004, 323쪽.

[146] 김경일, 『한국노동운동사 2』, 지식마당, 2004, 324쪽.

[147] 한영해, 「1930년 신흥탄광 노동자들의 전투적 폭동에 대하여」, 『북한학계의 1920, 30년대 노농운동연구』(김경일 편), 창작과 비평사, 1989, 219쪽.

확대되자 기업주뿐만 아니라 일제식민통치자들은 당황해서 5월 8일 함흥으로부터 100여 명의 경관과 경방단원들을 장풍탄광에 파견하여 무력적 위협으로 파업을 파괴시키려고 하였다.[148]

이러한 배경아래서 회사 측과 노동자들 사이에 제1차 담판이 5월 8일 진행되었다. 제1차 담판은 결렬되었고 제2차 담판이 이어졌으나 이것도 결렬되었다. 이 담판에서 회사 측은 노동자들의 요구조건에 대한 회답을 주겠다면서 노동자들에게 징수한 강제 저금, 적립금, 미지불임금을 찾아가라고 했는데, 노동자들은 이 제안을 거절했다. 그 거절이유에 대해 선진노동자인 이하윤이 그 거절 이유를 다음과 같이 말한다. "우리는 이 제의를 단연 거절하였던 것이다. 그것은 왜냐하면 우리 파업의 중요한 목적은 약간의 임금인상이나 노동시간 단축 등 순전히 경제적 이해관계만 있는 것이 아니라 그보다 독자적 노동조합을 창건하여, 놈들에 대한 타격을 어떻게 하면 더 많이 줄 것인가 하는 데 있었다."[149] 이것은 장풍탄광 노동자파업이 애초부터 경제적 요구투쟁보다는 노동조합의 건설이라는 정치적 성격에 그 초점이 있었음을 보여준다.

신흥 장풍탄광 노동자들의 파업위원회를 통한 선전과 파업은 지속되었고, 그들의 투쟁을 지지하며 고무, 격려하는 운동이 각지 근로자들 가운데서 전개되어 함흥, 원산, 홍원, 영흥 등지 노동자들의 대표가 와서 파업노동자들을 격려했으며 농민대중들도 투쟁을 지지, 성원하였다. 그러자 기업주들은 이러한 기세에 놀라 '노동조합의 조직' 등 일련의 주요한 요구조건을 승인하는 데 동의하였고 5월 13일로써 파업은 중지되었다.

148) 한영해, 「1930년 신흥탄광 노동자들의 전투적 폭동에 대하여」, 『북한학계의 1920, 30년대 노농운동연구』(김경일 편), 창작과 비평사, 1989, 219쪽.
149) 한영해, 「1930년 신흥탄광 노동자들의 전투적 폭동에 대하여」, 『북한학계의 1920, 30년대 노농운동연구』(김경일 편), 창작과 비평사, 1989, 220쪽.

그러나 노동조합의 성과적 조직진행을 본 기업주는 다시금 당황하여 "노동조합 가입 서약자 수가 전체 탄광노동자의 과반수로써 구성되지 못하였기 때문에 이는 탄광의 전체 노동자대중의 이익을 대표하는 단체로서 인정할 수 없다"라고 말함으로써 노동조합의 창건을 승인하려 하지 않았고150), 노동조합 창건을 위해 주도적인 역할을 한 이인섭이외 10명의 핵심적 선진노동자들을 해고시켰다.151)

이렇게 기업주 측의 난폭한 배신행위로 인하여 노동자들은 격분하였고 그들은 일제 식민지 약탈 자본가들에게 주는 타격의 수단은 폭력적 투쟁이라고 판단하면서 전투적 진출에로 궐기할 것을 토의하고 행동으로 나아갔다.

폭동에서 탄광사무소 습격조, 단야 공장습격조, 권양장 습격소, 발전소 습격조, 기관 거부장 습격소, 갱내 습격조, 반동분자 처단조 등 7개 습격조와 3개의 감시조가 조직되었으며 봉기의 날은 6월 22일 새벽 1시로 결정되었고, 이리하여 탄광의 일체의 시설들과 사무소는 노동자들의 함마, 도끼, 괭이, 삽, 곤봉, 돌 등에 의하여 여지없이 파괴당했다.152)

신흥 장풍탄광노동자들의 폭동으로 회사 측은 수십만 원 이상의 손실을 보고 2~3개월 동안은 도저히 작업을 할 수 없는 상태가 되었으며 노동자 측은 주모자 이인섭 등 용케 도망한 사람도 있었으나 수십 명이 재판에 회부되었다.153)

---

150) "여자노동자들과 18세 미만 소년노동자들은 노동자로서 인정할 수 없고, 따라서 이들을 제외하면 노동조합 가입 서약자가 불과 300명 내외밖에 되지 않아 노동조합을 결성할 수 없다"라고 기업주는 주장하였다.
151) 한영해, 「1930년 신흥탄광 노동자들의 전투적 폭동에 대하여」, 『북한학계의 1920, 30년대 노농운동연구』(김경일 편), 창작과 비평사, 1989, 222~223쪽.
152) 한영해, 「1930년 신흥탄광 노동자들의 전투적 폭동에 대하여」, 『북한학계의 1920, 30년대 노농운동연구』(김경일 편), 창작과 비평사, 1989, 224쪽.
153) 김윤환, 『한국노동운동사 I(일제하 편)』, 청사, 1982, 259쪽.

그 후 신흥 장풍탄광노동자들의 혁명적 폭동의 영향은 점차 전국적 규모에까지 확대되어 9월에는 조선방직주식회사 부산공장에서 2,000여 명 남녀노동자들이 파업과 폭동계획에 참여했고, 11월에는 함북도 부령 요네야마(米山)광업소에서 300여 명 광산노동자들의 파업과 전투적 시위가 있었으며 '남조선 철도 공사장'에서의 1,000여 명 노동자들의 대중적 파업 등 노동계급의 전국적 진출은 계속 이어져 공장, 광산, 철도 등 기업소를 휩쓸었다.154)

그리고 신흥 장풍탄광노동자들의 혁명적 진출은 광범한 농민대중에게도 커다란 영향을 주어 '소작쟁의' 형태를 통한 농민들의 반일제 반봉건적 투쟁과 함께 일제 식민지 약탈통치자들에 반대하는 폭력적 투쟁이 새로운 규모에서 전개되었다.155)

신흥 장풍탄광 노동자들의 폭동은 다음과 같은 의미를 가진다.

첫째, 조선 노동계급의 일제 식민지 약탈자들과의 성과적 투쟁은 종래에 있어서와 같이 파업투쟁의 형태만으로는 보장될 수 없으며 일제의 파쇼적 공세에 상응하는 보다 전투적이며 적극적 투쟁형태에 의거해야 한다는 사상을 공유하기 시작했다.156) 이것은 이 시기 함경남도를 중심으로 하여 조성된 파업투쟁 형편에 대하여 함경남도 헌병대 대장이 1930년 6월 조선 주둔 헌병사령부에 보낸 비밀보고에서 확인되는데, 그는 "…그런데 이들 노동쟁의의 원인은 대우개선, 임금인상은 부차적인 요구로 되고, 벌써 노동쟁의의 범위를 벗어나 파괴적 행위로 되고 있다"라고 보고하였다.157)

---

154) 한영해, 「1930년 신흥탄광 노동자들의 전투적 폭동에 대하여」, 『북한학계의 1920, 30년대 노농운동연구』(김경일 편), 창작과 비평사, 1989, 229쪽.

155) 한영해, 「1930년 신흥탄광 노동자들의 전투적 폭동에 대하여」, 『북한학계의 1920, 30년대 노농운동연구』(김경일 편), 창작과 비평사, 1989, 229~230쪽.

156) 한영해, 「1930년 신흥탄광 노동자들의 전투적 폭동에 대하여」, 『북한학계의 1920, 30년대 노농운동연구』(김경일 편), 창작과 비평사, 1989, 226쪽.

둘째, 조선 노동계급의 선진적 혁명역량을 남김없이 시위함으로써 노동계급만이 우리나라의 반일 민족해방투쟁에 있어서 가장 철저한 계급역량을 갖추었다는 것을 확인시켜 주었다.158)

2) 평양의 고무공장 노동자파업

1929년의 원산노동자들의 총파업, 1930년 5~6월 사이의 신흥 장풍탄광 노동자들의 파업투쟁에 뒤이어 일어난 평양 고무공장 노동자들의 파업은 커다란 폭력적 파업투쟁이었다.

조선고무공업에서 평양고무공업이 차지하는 비중은 생산량에서 보나 또한 노동자의 집중상태로 보나 큰 비중을 점하고 있었다.159) 조선의 고무공장에서 평양이 서울이나 부산 등 다른 지방보다 빈번한 파업 발생건수를 기록하고 있는데, 이와 관련하여 평양에서의 공장수의 변동률을 보면 서울보다는 다소 늦게 1922년 무렵부터 발전하기 시작하여 1928년에는 적어도 8개의 공장이 있었던 것으로 추정되고 1933년에는 18개 공장으로 증대되었다가 1936년에는 3개소가 줄어들어 15개소가 있었다.160)

그런데 평양이 서울보다 더 적은 수의 공장이 있었음에도 불구하고 서울과 비교할 수 없을 정도로 평양에서 지속적이고 격렬하게 파업이 전개된 이유가 무엇인지가 문제된다(특히 1930년의 평양고무공장의 파

157) 한영해, 「1930년 신흥탄광 노동자들의 전투적 폭동에 대하여」, 『북한학계의 1920, 30년대 노농운동연구』(김경일 편), 창작과 비평사, 1989, 232쪽.

158) 한영해, 「1930년 신흥탄광 노동자들의 전투적 폭동에 대하여」, 『북한학계의 1920, 30년대 노농운동연구』(김경일 편), 창작과 비평사, 1989, 226쪽.

159) 송지영, 「1930년대 평양고무공장 노동자들의 총파업」, 『북한학계의 1920, 30년대 노동운동연구』(김경일 편), 창작과 비평사, 1989, 237쪽.

160) 김경일, 『한국 근대 노동사와 노동운동』, 문학과지성사, 2004, 120쪽.

업은 그 파업의 폭력성과 다른 파업에 미친 영향 측면에서 특징적이었다). 이에 대해서는 첫째, 평양지역의 고무공장은 거의 전부가 조선인에 의한 경영이었고 공장주들은 원료구입이나 자본의 조달 등에서 일본인에 비해 상대적으로 불리한 조건에 놓여 있었기 때문에 이 불리함을 임금인하를 통해 보충하려고 하였다는 것[161] 둘째, 노동자의 주체적 조건은 도시 내의 일정 지역에 공장이 밀집해 있어서 자신들의 조건이나 처지에 대한 인식에 기반하여 공동의 계급의식이 형성될 가능성이 높았고 셋째, 이 지역에서는 일찍부터 노동단체를 비롯한 사회단체들이 활발하게 활동을 하였기에 이러한 기반으로 평양직공조합이 노동자들의 교양을 담당하여 적극적으로 활동하고 있었기 때문이었다.[162]

1930년 8월 평양 고무공장 노동자들의 총파업은 그해 5월의 일본인이 경영하는 구전(久田)공장에서 발단이 되었다. 이 공장의 여공 92명은 임금인하와 보증금제도 및 불량품에 대한 벌금제도에 반대하여 동맹파업을 하였는데, 공장주 측의 완강한 반대에 부딪혀 자신의 요구조건을 관철시키지 못하고 있었다.[163]

평양고무공장의 파업에서 가장 중요한 요구는 임금인하 반대와 벌금제도에 대한 반대였는데, 당시 조선일보에는 1930년 5월에 있은 평양 구전(久田)고무공장 파업 당시 이 공장의 불량품에 대한 벌금제도에 대해 다음과 같이 전하고 있었다. "불량품에 대한 벌금제도는 '누진법'이어서 처음 켤레는 5전, 둘째 번 켤레는 10전, 세 번째 켤레는 45전이었고, 이 공장에서 파업이 일어나기 전 7~8개월간에는 검사원이 하루에 한 사람 앞에 6켤레씩이나 불량품을 내어 벌금을 제하면 월급이 거

---

161) 김경일, 『한국 근대 노동사와 노동운동』, 문학과지성사, 2004, 120쪽.
162) 김경일, 『한국 근대 노동사와 노동운동』, 문학과지성사, 2004, 120~121쪽.
163) 김경일, 『한국노동운동사 2』, 지식마당, 2004, 328쪽.

의 남지 않았으며 심지어 벌금이 임금보다 10전, 12전이 많은 때도 있다"라고 하였다.[164]

이렇게 임금인하와 불량품에 대한 벌금제도처럼 노동자들에 대한 착취가 강화되자 노동자들은 7월 하순에 정창(正昌)공장 파업이 해결을 보지 못한 상태에서 지역 내 공장주들이 공동으로 임금인하 결정을 하게 되자[165] 평양고무공장의 전 노동자들이 총파업을 단행하게 되었다. 임금인하에 대한 평양고무공장주들의 선포가 있은 8월 1일에 평양고무직공조합에서는 긴급 집행위원회를 소집하고, 7일 오후 1시에는 백선행기념관에서 고무공장노동자 대표가 모여 공장주들의 정체를 폭로하였으며 10일에는 전체 파업노동자들의 대회를 개최하여 파업단의 20개 요구조건을 결의, 이를 관철할 때까지 일치단결하여 투쟁할 것을 맹세하였다.

한편, 8월 10일 파업노동자들의 대회결정이 발표된 후 월급노동자들인 기계공 300여 명이 제화공들의 파업을 지지하여 그들도 파업을 개시했고, 12일에는 기계공들의 대회를 열어 직공 측이 승리하기 전까지는 취업하지 않을 것을 결의하였다. 기계공들은 노동계급의 공통적인 이익을 위하여 파업을 단행했고 이러한 파업의 기세는 앙양되어 산십조(山十組)제사공장 노동자들이 동정파업을 했으며 평양연초 공장에서도 동정파업을 했고 청년단체도 고무공장 노동자들의 파업을 적극지지할 것을 결정하였다.

공장주들은 8월 13일에 다시 파업단에게 8월 14일까지 정식으로 취

164) 송지영, 「1930년대 평양고무공장 노동자들의 총파업」, 『북한학계의 1920, 30년대 노농운동연구』(김경일 편), 창작과 비평사, 1989, 240쪽.
165) 평양 고무공장 기업가들은 1930년 5월 23일 전조선 고무공업자대회를 열고 조성된 '불경기'의 하중을 노동자들에게 부과하여 노임 1할 감하를 결의했고 7월 15일에는 벌써 서울에 있는 각 고무공장에서 자본가들이 이 결정을 발표하였다.

업하지 않으면 해고하고 신직공을 모집하겠다고 위협했으며 14일 아침에는 예정대로 평양고무공장에서 취업의 사이렌이 울렸지만 10개의 공장 중 6개의 공장에 14명이 출근했을 따름이었다.[166) 당시 조선일보에는 8월 15일에는 한 사람도 출근하지 않았다고 보도하였다.

이렇게 공장주들의 신직공모집과 조업개시의 계획이 완전히 파탄되자 공장주들은 파업단 대표들과의 회견을 요청하였다. 그리하여 노동자들은 8월 17일에 대회를 열고 전권위원 12명을 선정하여 그들에게 문제의 해결을 일임하기로 하였다. 그러나 전권위원들은 자본가들에게 굴복하였고 결국 파업노동자들은 그들 전권위원들을 불신임 결의했으며 일본경찰의 조정안도 거부하였다.

그 후 자본가들을 반대하는 투쟁은 일제경찰과의 직접적인 충돌에로 넘어갔고 파업노동자들은 파업지도부에 있던 기회주의적 분자들을 대열에서 축출, 파업본부를 평양 노동연맹 본부로부터 다른 곳으로 옮기고 8월 20일 이후 평양고무공장 노동자들의 파업투쟁은 새로운 투쟁단계로(파업의 폭동화) 넘어가게 된다.

파업노동자들은 8월 23일부터 공장습격과 폭동에로 진출하였다. 그들이 폭동으로 나아간 직접적인 원인은 공장주들이 일본경찰의 비호 아래 노동자들의 요구를 무시하고 신직공을 모집하여 조업을 개시한 것에 대해 분노감을 느꼈다는 것 그리고 몇몇 기계공들과 낙후한 층의 노동자들이 동지들의 이익을 배반하고 일제의 탄압과 공장주들의 꾐에 빠져 승리에 대한 자신감을 잃고 취업한 것에 대한 분노감 때문이었다.[167)

---

166) 송지영, 「1930년대 평양고무공장 노동자들의 총파업」, 『북한학계의 1920, 30년대 노농운동연구』(김경일 편), 창작과 비평사, 1989, 245쪽.
167) 송지영, 「1930년대 평양고무공장 노동자들의 총파업」, 『북한학계의 1920, 30년대 노농운동연구』(김경일 편), 창작과 비평사, 1989, 249쪽.

8월 23일 오후 1,000여 명의 노동자들은 시위 끝에 정창, 내덕, 서경 등 공장을 습격하였고 기마경찰들과 충돌하여 희생자를 내기 시작했으며 이것을 발단으로 그날 저녁에 또다시 구전, 세창공장들을 습격하여 일제 경찰과의 충돌은 계속되었다.[168] 폭동의 양상은 8월 29일까지 습격 연 횟수는 16차이며 습격 인원수는 5,000여 명 정도였으며 8월 26일까지 일제 경찰에게 검속당한 인원은 63명이었다.[169] 이렇게 평영고무공장 노동자들의 폭동은 일제경찰과의 직접적인 충돌이었고, 일제경찰의 강력한 진압과 검거선풍에 의하여 파업의 기세가 급격히 약화되면서 파업은 종식되고 말았다.

조선일보 1930년 8월 27일의 신문에 의하면 "평양 고무공장의 파업 직공의 소란이 더욱 맹렬하여짐에 따라 평양경찰서의 경계도 극히 엄중하여졌으나 파업 직공들의 소동은 그칠 사이가 없어 전 평양의 인심은 소란…"이라고 당시의 상황을 평가했다.[170]

평양 고무공장 노동자들의 폭동투쟁이 가지는 의미는 다음과 같다.

첫째, 외부로부터의 어떠한 도움도 거의 없이 자본가와 일제에 맞서 강렬하고 지속적으로 투쟁을 벌였다는 점에서 커다란 의의가 있고 그 투쟁의 성격이 일제와 일제자본에게 기생하는 자본가들을 저주하고 노동계급의 해방과 자유를 선전하였다는 점에서 정치적 성격과 폭력적 성격을 띠고 있었다.[171]

---

168) 송지영, 「1930년대 평양고무공장 노동자들의 총파업」, 『북한학계의 1920, 30년대 노농운동연구』(김경일 편), 창작과 비평사, 1989, 249~250쪽.
169) 송지영, 「1930년대 평양고무공장 노동자들의 총파업」, 『북한학계의 1920, 30년대 노농운동연구』(김경일 편), 창작과 비평사, 1989, 250쪽.
170) 송지영, 「1930년대 평양고무공장 노동자들의 총파업」, 『북한학계의 1920, 30년대 노농운동연구』(김경일 편), 창작과 비평사, 1989, 250쪽.
171) 송지영, 「1930년대 평양고무공장 노동자들의 총파업」, 『북한학계의 1920, 30년대 노농운동연구』(김경일 편), 창작과 비평사, 1989, 235쪽.

둘째, 경찰은 강압적인 방법으로 파업을 진압하고 다수의 노동자들을 검거하였지만 그 결과 다음해인 1931년에 가서 각 고무공장에서 계속적으로 파업이 발생했고 그 후에도 1933년과 1935년에 연이어 고무공장들에서 파업이 발생하여 노동자들의 파업이 반제민족해방투쟁으로서 전진되어가는 양상으로 되었다. 즉, 1931년 5월의 평원고무공장 직공들의 파업, 7월의 세창고무공장의 파업, 8월의 대동고무공장 파업, 대성고무공장 파업, 금강고무공장의 파업 등 평양부 내의 각 고무공장에서 파업이 끊일 사이가 없었으며 평원고무공장 및 세창고무공장의 파업에서는 공장습격이 뒤따르는 등 폭력투쟁이 계속되어, 평양 고무공장 노동자들의 파업이 반제민족해방투쟁에 많은 영향을 미쳤다고 평가된다.[172]

3. 1930년대 주요 노동운동의 특징

1) 노동쟁의의 폭력화

일제강점기 조선노동자들은 노동시간은 보통 12시간을 초과했고 임금은 일본인노동자의 절반도 못되는 평균임금 58전이었으며 1개월간 하루도 쉬지 않고 노동을 해야 월 15원의 수입을 얻었다. 따라서 최하층의 생계비의 4분의 1밖에 되지 못하는 생활비로는 최소한의 생활도 유지하지 못하는 인간 이하의 동물적 생활을 강요당해야 했다.

노동자들의 비인간적인 조건을 개선하기 위한 노동자들의 투쟁에 대해 일제는 무자비하게 탄압하고 검거, 투옥으로 일관하였다. 노동자들은 비인간적인 조건을 개선하기 위해 투쟁했고 일제의 식민지배 통

---

[172] 김윤환, 『한국노동운동사 Ⅰ(일제하 편)』, 청사, 1982, 265쪽.

치하에서 노동자들은 일제자본가와 투쟁할 뿐만 아니라 일제자본가를 비호하는 식민권력과 대립될 수밖에 없었다. 따라서 노동자들의 투쟁은 폭력투쟁으로 발전해 갈 수밖에 없었다. 노동쟁의가 폭력투쟁으로 전화했던 예는 너무나도 많았다. 그 대표적인 예가 신흥 장풍탄광 노동자파업과 평양의 고무공장 노동자파업이다.

신흥 장풍탄광 노동자파업은 애초에 경제적 요구투쟁보다는 노동조합의 건설이라는 정치적 성격에 초점이 있었고, 기업주 측이 노동조합 창건을 위해 주도적인 역할을 한 핵심 노동자들을 해고하고, 노동조합을 노동자대중의 이익을 대표하는 단체로서 인정하지 않는 등 배신행위를 하자, 노동자들은 탄광의 일체의 시설과 사무소를 폭력적으로 파괴했다.

그리고 평양의 고무공장 노동자의 파업에서는 평양지역 공장주들의 임금인하 결정에 반대하여 투쟁하였고, 평양지역의 다른 공장들의 동정파업으로 파업은 확대되면서 자본가들과 이들을 비호하는 식민경찰과의 직접적인 충돌로 발전되어 갔다. 그리하여 폭동의 양상이 습격 연회수가 16차이며 습격인원수가 5,000여 명 정도일 만큼 폭력투쟁의 힘은 격렬했다.

이렇게 신흥 장풍탄광 노동자들의 파업이나 평양의 고무공장 노동자들의 파업은 노동자들의 일상투쟁에서 나아가 자본가와 이를 비호하는 식민권력에 대항한 무력폭력투쟁으로 발전하게 되었다.

그 외 1931년 6월 경성방직 공장 400여 노동자들의 파업과 공장점거, 전북 김제노동자 600여 명의 경찰서습격, 1932년 1월 함북 웅기 하천공장 200여 노동자들의 폭동과 식량창고습격, 그리고 전남포 삼성정미소 130여 여공들의 파업과 공장점거, 동년 5월 인천 조선성냥공장 400여 노동자들의 파업과 공장점거, 1933년 1월 진해 동양제사공장 여공들의 파업과 농성시위, 동년 9월 평북 정주유기 직공들의 청원노조원 450명의 파업과 폭동, 동년 5월의 부산조선방직 공장 400여 노동자들의 파업과 폭동 등 이 시기에 일어난 대부분의 파업들이 일상적인 투쟁에 머무르지 않고 폭력적 사태를 야기했다.[173)

2) 노동운동의 좌경 비합법 조직화

노동운동이 합법적으로 허용되어 노동단체의 조직과 노동쟁의의 진행이 평화적으로 가능한 시기에는 노동운동이 굳이 공산주의의 폭력적 혁명이론을 도입해야 할 이유는 없지만, 1930년대에 들어와서 일제의 탄압이 강화되어 노동자들의 일상생활에서의 요구가 관철되어지지 않고 더구나 식민경찰과 치열하게 대립하게 되자, 노동자들은 좌익적색 노동조합에 가담하는 것이 유일한 투쟁방법이라는 것을 깨닫는다.[174)

특히, 1930년에 이르러 코민테른은 "조선공산당을 파괴한 것은 파벌투쟁으로서 이 파벌투쟁은 조선공산당이 인텔리겐치아를 중심으로 조직된 데 기인하므로 앞으로는 노동자를 중심으로 당을 조직해야 한다"고 지적하고 있었다.[175) 그와 같은 방향에서의 조선공산당의 재건추진운동은 공산주의자들에게 노동자들 속에서 좌익적색 노동조합을 추진하는 일에 집중하게 하여 식민지 조선에서는 공산주의자들과 노동자들의 노동운동이 결합되는 양상으로 되고 노동운동은 더욱 좌경화되고 비합법화되어 갔다.

결국 일제의 가혹한 탄압하에서 자신의 정당한 권익을 위해 싸우는

173) 김윤환, 『한국노동운동사 Ⅰ(일제하 편)』, 청사, 1982, 298쪽.
174) 김윤환, 『한국노동운동사 Ⅰ(일제하 편)』, 청사, 1982, 299쪽.
175) 김윤환, 『한국노동운동사 Ⅰ(일제하 편)』, 청사, 1982, 298쪽.

일은 좌익적색 노동조합운동에 가담하는 길 이외에 다른 길이 없고 따라서 이 시기 노동운동이 좌경 비합법 조직의 형태를 취했던 것으로 볼 수 있다.[176]

3) 항일무장투쟁의 진출

정당하게 제기된 노동쟁의가 무력으로 탄압되고 합법적 또는 비합법적 노동자조직이 가혹한 고문과 체포, 투옥의 대상으로 되는 조건하에서는 노동자들은 강압과 일본제국주의에 대항하여 자기의 생존권을 위해 싸울 수밖에 없었고, 그 방법은 당연히 일본제국주의에 대항한 무장투쟁이었다.[177] 이 시기 만주에 있어서는 중국인 및 조선인들의 항일무장투쟁이 광범위하게 전개되었는데, 조선인들은 주로 남동만주 일대를 근거로 하여 한만 국경지대에서 활약하면서 조선 내의 청진, 흥남, 함흥, 원산, 신의주, 평양 등지의 노동자들과 유대를 맺으며 무장투쟁을 전개했고, 특히 함경도 일대에서는 좌익적색 노조운동과 국경지대의 무장투쟁은 밀접하게 연결되어 있었다.[178]

이 시기와 1940년대의 노동자들의 투쟁은 태업, 집단도주 및 기계파괴 등의 투쟁과 함께 반일·반전 성격을 다분히 내포하고 있었고 이러한 투쟁은 일제의 군수물자 생산에 상당한 타격을 주었으며 일제의 침략전쟁의 수행을 막는 데도 적극적으로 기여하였다.[179]

이렇게 1930년대는 조선노동운동이 공산주의자들의 좌익적색 노동조합운동과 연결되어 항일무장투쟁으로 진출하는 특징을 보였다.

---

176) 김윤환, 『한국노동운동사 Ⅰ(일제하 편)』, 청사, 1982, 300쪽.
177) 김윤환, 『한국노동운동사 Ⅰ(일제하 편)』, 청사, 1982, 300쪽.
178) 김윤환, 『한국노동운동사 Ⅰ(일제하 편)』, 청사, 1982, 301쪽.
179) 강현욱, 『항일무장투쟁시기 로동운동』, 조선로동당출판사, 1964, 144~145쪽.

제4절 소결

일제는 1910년 8월 29일 조선을 합병하고 동양척식주식회사의 설립, 회사령, 토지조사사업, 임야조사사업을 통해 조선의 토지와 자본을 수탈하고 그에 기반하여 일본자본의 축적을 이루어냈다. 그리고 만주사변, 중일전쟁, 태평양전쟁 단계를 거치고 1945년 8·15 해방이 될 때까지 전시공업화정책을 수행했는데, 일제의 전시공업화는 조선인의 삶의 질을 향상시키거나 조선경제의 내실 있는 발전을 촉진하기 위해 전개된 것이 아니라 침략전쟁의 일환으로서 이루어진 것이었다. 그 기간 동안 조선경제는 자본주의적 사회구성은 확고해졌지만, 대외의존성은 더욱 강화되었고 조선 내 산업연관은 무너지고 파행성은 더욱 강화되는 양상을 보였다.

즉, 조선의 공업구조는 당시 일제가 침략전쟁과 연관된 공업만을 선별, 육성하는 정책을 시행한 결과 조선 내의 자립적인 산업연관을 가질수 없었을 뿐만 아니라 토착의 수요, 공급력에 기반을 두지 못하고 엔블록이라고 하는 범일본제국 경제의 일부로서만 의미를 가지는 것이었다.

일제의 식민지정책과 전시공업화 정책하에서 조선 노동계급의 생활실태는 다음과 같다. 노동시간은 보통 12시간을 초과했고 공장노동자의 평균임금은 58전으로서 일본인의 평균임금인 1원 16전의 절반도 못되는 수준이었다. 그렇다면 조선노동자는 1월간 하루도 쉬지 않고 노동을 해야 겨우 월 15원의 수입을 얻게 되고, 1920년대 초 조선에서의 의식주와 관련한 생계비의 조사를 보았을 때 최하층의 생활을 유지하기 위해 최저한도 51원 65전이 요구되었는데, 월 15원의 수입으로는 최하층의 생활도 유지할 수 없는 것이었다. 이렇게 일제강점기 식민지

정책하의 불균형적이고 파행적인 경제 상태하에서 조선노동자들은 억압적인 노동생활을 해야 했다.

1920년대 주요 노동운동의 특징을 살펴보면 다음과 같다.

첫째, 1920년대 초기에 이르기 전까지 노동자들의 전국적 유대를 갖기 위한 구체적 노력이 없었지만 1920년대에 들어 와서 1920년 3월 16일 조선노동공제회가 성립되었고, 1922년 10월에는 조선노동연맹회가 성립되었으며 1924년 4월에 이르러 조선노농총동맹이 결성되게 되어 조선노동자들은 전국적으로 단일한 노동자조직을 가지게 되었다.

전국적 노동자조직이 결성되기 이전의 노동운동은 자연발생적 성격을 띠고 전개됨으로써 한계가 있었지만 전국적 조직의 결성으로 인하여 노동운동은 자연발생적 성격을 지양하고 노동운동의 결과물이 전국적 조직으로 구체화됨으로써 노동운동의 확대, 발전뿐만 아니라 반일민족해방운동의 확대에도 기여하게 된다.

둘째, 노동자조직의 성격이 단순한 친목단체로부터 발전하여 노동자계급의 단결과 공동의 경제적 이익을 위한 투쟁적인 경제단체로 발전하게 되었다.

조선노동공제회는 노동자들의 상호부조, 환난구제(患難救濟)를 목적으로 하는 단체였고, 조선노동연맹회는 비록 사회주의 지식인 분파로서 한계가 있었지만, 조선노동공제회보다는 노동계급의 이해와 노동자의 단결을 주장하였으며, 조선노농총동맹은 "노동계급의 해방과 신사회의 건설"을 주요 목표로 내세웠을 뿐만 아니라 "노동자 임금을 최저 1일 1원 이상", "노동시간은 8시간제로 할 것"을 주장하여 구체적인 노동자의 생활이익을 확보해야 한다고 주장하였다.

셋째, 노동운동이 임금노동자들의 처지를 개선하기 위한 일상투쟁에서 벗어난 반일민족해방투쟁으로 변화하기 시작했다. 노동자들은 그들의 근로조건이 개별 기업가와의 타협에 의해 결정되어 지는 것이 아니라, 자본가를 옹호하는 거대한 권력기구인 일본제국주의 식민 통치자들과의 대결에 의해 결정되어 진다는 사실을 인식할 때, 그들은 민족해방 없이는 결코 그들의 처지나 근로조건이 개선될 수 없다는 사실을 자각하게 된다.

즉, 일제 식민통치체제에 의해 근본적으로 노동자들의 삶이 위협받을 때, 노동자들은 그들의 권익을 확보하기 위해서는 개별 자본가와 대립하는 것에서 나아가 일제 식민통치 자체에 대항하는 반일민족해방투쟁으로 나서지 않으면 안 된다는 것을 깨닫게 된다. 따라서 식민통치체제하에서는 노동운동의 발전은 필연적으로 반일민족해방운동으로 나아가게 된다.

1929년의 원산총파업은 원산교외에 있는 라이징 썬 석유회사 문평유조소 노동자들의 파업이 발단이 되었지만, 원산의 총자본과 식민지권력기구에 대항한 노동자들의 총체적 투쟁으로 확산된 점, 13개도, 53개 지방을 포괄하는 광범한 인민계층의 참가로 이어져서 전국적, 전 인민적 투쟁으로 나아간 점, 자연발생적이고 분산적인 투쟁에서 나아가 폭력투쟁으로 발전한 점 등에서 볼 때, 식민지의 노동운동은 반제민족해방투쟁의 일환으로서 일제의 식민통치를 반대하고 민족해방을 쟁취하는 것만이 식민지에서 노동자들이 정당한 권익을 찾을 수 있다는 것을 알려주었다.

그리고 1930년대 주요 노동운동의 특징은 다음과 같다.

첫째, 노동자들은 비인간적인 조건을 개선하기 위해서 투쟁했을 뿐만 아니라 식민통치권력과도 투쟁해 감에 따라 노동자들의 투쟁은 폭력투쟁으로 발전해 나가게 된다.

정당한 권리를 확보하기 위한 노동자들의 투쟁이 경찰력에 의해 탄압될 때 노동자들의 투쟁은 폭력투쟁으로 나아가게 된다. 그리고 노동자들의 정당한 권익을 억압, 탄압하는 데 식민지통치권력이 적극적으로 개입하게 되면 이는 자본가들에 대한 대항에서 나아가 억압의 근원이라 할 수 있는 식민지통치권력과의 대립으로 나타나고 그것은 식민지 통치체계 전반에 대한 무력투쟁으로 발전하게 된다.

1930년대의 신흥 장풍탄광 노동자들의 파업이나 평양의 고무공장 노동자들의 파업은 노동자들의 요구(노동조합 설립요구나 임금인하 결정에 대한 반대)에 대하여, 이를 자본가와 자본가를 옹호하는 경찰이 나서서 탄압하자 폭력투쟁으로 변화해 자본시설 뿐만 아니라 사무소까지 습격, 파괴하는 양상으로 나타났다. 이는 식민지에서의 노동운동은 노동자들을 억압, 탄압하는 일체의 식민통치세력(자본가, 자본가를 옹호하는 식민통치권력, 경찰력)에 대한 폭력투쟁으로 필연적으로 발전하게 됨을 보여주는 것이다.

둘째, 1930년대에 들어와서 일제의 탄압이 강화되어 노동자들의 일상생활에서의 요구가 관철되어지지 않고 더구나 식민경찰과 치열하게 대립되어 가자, 노동자들은 좌익적색 노동조합에 가담하여 노동운동이 전반적으로 좌익 비합법 조직으로 나아가게 되었다.

혁명적 노동조합운동 중 특히 서울의 이재유(李載裕)그룹의 운동은 노동대중의 자발성과 주체성을 강조하여 트로이카방식의 운동논리를 구축한다. 트로이카 방식이란 세 마리의 말이 자유롭게 마차를 끄는 것과 같이 회원전부가 각각 자유로이 선전하고 또 투쟁을 하려는 운동방식이다. 이재유는 "종래와 같이 사람을 지도한다거나 지도를 받는다거나를 모두 극복하고 스스로 최하층의 노동자들과 교유하면서 대중 층에서 동지를 얻어 서서히 상부조직으로 전개해 나가야 한다"라고 했다.

이렇게 혁명적 노동조합운동은 공장 내에서 노동자를 획득하고 이들 노동자들을 독서회나 토론회 등으로 지도, 교양하여 공장그룹으로 만들고 이들을 지역적으로, 산업적으로 조직화하는 방식으로 비합법 노동운동을 전개해 나갔다. 이들 혁명적 노동조합운동과 노동자들의 파업이 명확하게 어떻게 관계를 맺는지는 확인되지 않지만, 이들 혁명적 노동조합운동에 영향을 받아 다수의 파업이 지도됨으로써 노동조합이 조직되고 그 노동조합의 파업이 지역, 산업 내의 동맹파업이나 동정파업으로 영향을 미쳐 반일민족해방 투쟁으로 발전하는 양상을 보였던 것으로 보인다.

셋째, 노동자들의 투쟁이 항일무장투쟁과 결합되어 항일무장투쟁으로서 진출했다. 정당하게 제기된 노동쟁의가 무력으로 탄압되고 합법적 또는 비합법적 노동자조직이 일제경찰에 의해 가혹하게 체포, 고문, 투옥의 대상이 되는 조건하에서 노동자들은 자기의 정당한 권익을 확보하기 위해선 자본가뿐만 아니라 식민통치를 지배하는 경찰권력과 싸울 수밖에 없었고, 그 방법은 무장투쟁으로서의 대결이었다.

결론적으로 일제강점기의 노동운동의 성격에 대해 요약하면, 일제강점기 조선노동자들의 투쟁은 일제 경찰의 가혹한 탄압을 받는 식민통치하에서는 반제항일투쟁으로서의 성격을 지닐 수밖에 없었다는 것이다.[180] 즉, 식민지 통치하에서는 노동자들이 자신의 권익을 실현하기 위한 투쟁에 있어서, 민족해방 없이는 결코 자기들의 처지나 근로조건이 근본적으로 개선될 수 없다는 인식을 하게 되고, 따라서 필연적으로 노동투쟁은 항일민족해방투쟁으로 발전되어 가며 민족해방투쟁과 결합될 수밖에 없다는 것이다.

그런데 여기서 노동투쟁의 민족해방투쟁과의 필연적 관련성 속에서 정치투쟁이라는 본질적 속성을 발견하게 되고, 그 정치투쟁은 자유의 지향을 내포한다. 그렇다면 노동운동의 독자성을 부정하고 일제의 통치에 대항하는 민족운동이었다고 보는 것은 올바른 입장일까?

---

180) 김경일, 『한국노동운동사 2』, 지식마당, 2004, 436쪽.

경제투쟁과 정치투쟁의 상관관계는 식민지 조선과 서구의 자유주의 국가와는 서로 상이하게 바라보아야 한다. 식민지 조선에 있어서 경제적 조합주의와 정치적 조합주의는 전형적이라고 말해지는 서구의 맥락과는 다른 의미를 내포한다. 즉, 식민지 조선에 있어서는 경제조합주의라고 하더라도 식민지의 민족차별이나 민족의식으로부터 완전히 자유로운 상태에서 미국이나 영국과 같이 순전한 경제적 실리만을 추구할 수는 없으며, 동시에 정치조합주의라고 해서 식민지의 비참한 현실의 노동자들의 요구를 돌보지 않고서는 대의에 대한 노동자들의 지지나 동조를 이끌어 낼 수 없다.[181]

중요한 것은 반일 민족해방투쟁이라는 정치적 본질에서 식민지 조선의 특성이 이해되는 것이라고 생각된다. 식민지 조선에 있어 노동운동의 독자성이란 식민지 조선의 노동계급의 현실과 그에 기반한 공동의 계급적 이해가 고려되어야 한다는 것이고, 그러했을 때 식민지 조선에서는 노동자들의 이중의 착취(자본가들의 착취와 일제의 민족착취)를 중요하게 바라보아야 한다고 생각한다. 결국 식민지 통치하에서 노동투쟁은 반일 민족해방투쟁으로서 정치적 본질을 가지지만, 그러한 정치적 지향은 식민지 조선의 특성(이중의 착취에 근거한 고통)에 근거해서 경제투쟁과 결합되어 진다고 생각된다.

한편 일제강점기의 노동규범에 대해 평가하면, 일제강점기에 노동에 관한 규범은 존재하지 않고, 단지 일제는 노동운동과 관련하여 관련자들을 치안유지법으로 대응했다. 치안유지법은 일제 강점기 때 항일운동을 탄압하기 위해 만들어진 법으로서, 조선의 안정적 식민통치를 바라는 조선총독부의 의지와 조선을 사회주의 사상의 완충지대로 설정하려는 일본의 뜻에 의해 실시되었다. 치안유지법은 1925년 4월 일본

---

181) 김경일, 『한국노동운동사 2』, 지식마당, 2004, 457쪽.

법률 제46호로 공포되었고, 이 법으로 1935년까지 1,659건에 1만 7,713명이 검거되었는데, 이 중에는 무분별한 검찰권의 남용으로 검거된 사람이 많았고, 수많은 독립운동가 및 노동운동가들이 치안유지법의 적용으로 검거, 투옥되었다.

제3장
미군정(美軍政) 시기의
노동법과 노동운동

미군정(美軍政) 시기의 노동법과 노동운동

제1절 미군정기의 권력구조와 정치 상황

한 사회의 상부구조(정치권력, 법, 이데올로기 등)는 그 사회의 하부구조인 생산력과 생산관계의 토대하에서 결정되지만 역으로 상부구조는 하부구조에 지속적인 영향·통제 등을 통해서 경제구조에 반작용을 가함으로써 그 사회의 하부구조를 상부구조의 핵심인 정치권력이 원하는 방향으로 통제하기도 한다.[1] 더 나아가 현대사회는 단순히 공격적이고 착취적이기만 하거나 압도적으로 우세한 힘을 보유한 지배계급에 의해서 지배되고 있는 것만이 아니라 자신에 반대하려는 세력들조차 그 자신의 내부로 흡수하여 포섭해버리는 능력까지를 획득하고 있다.[2]

---

[1] 알렉스 캘리니코스(정성진·정진상 역),『칼맑스의 혁명적 사상』, 책갈피, 2007, 141쪽.
[2] 리암 오설리반(황주홍 역),「현대의 사상가들: 현재에 대한 비판자들: 허버트 마르쿠제, 한나 아렌트」,『서양정치사상』, 문학과지성사, 1995, 283쪽.

이렇듯 한 사회의 정치권력은 자신의 정치권력의 이해에 맞게 그 사회전체를 통제·흡수하는 적극적인 반작용도 하기 때문에 한 사회의 상부구조로서 또 하나의 중심 역할을 하는 법은 결코 현존하고 있는 정치권력의 속성과 무관할 수 없다. 따라서 우리나라의 노동법의 역사를 탐구하는 논의선상에서 그 사회의 정치권력의 탄생과 성격을 점검하는 것은 필수적으로 연결해 내야 할 작업이다.

이러한 생각의 전제하에서 미군정 시기의 정치권력의 구조와 정치상황이 '미군정 시기의 노동운동과 노동법'에 관한 평가에서 그 기초적 전제가 되어야 하는 구체적 이유는 다음과 같다.

첫째, 1945년 8월 15일 일제패망 이후의 한반도의 상황은 일제 식민지체제의 몰락에 따른 새로운 국가정치체제가 결정되어지는 긴박한 상황이었고, 이런 시기에 미군정의 남한 내의 점령과 그의 점령정책 등은 미래의 '국가정치체제결정'에 중대한 영향력을 발휘했다. 따라서 미군정이 목적하는 바 미국의 이해실현에 합당한 남한 내의 지배세력구축의 과정이나 '친일반공우익세력'을 지배세력으로 구축한 결과를 파악하는 작업은 중요하다.

둘째, 1945년 8월 15일 이후의 상황을 주로 좌·우 이데올로기의 극심한 대립으로만 형태적으로 파악하여 노동운동의 측면에서 '조합활동의 정치성' 문제를 주요하게 문제 삼아서 노동조합의 정체성 내지 본질 문제를 '정치성' 유무의 문제로 결론을 내리는 오류가 존재한다. 그리하여 당시 전국적 노동자조직 형태를 띠고 등장한 조선노동조합전국평의회(전평)를 정치단체로서 본질 규정하여 노동조합에서 배제하려고 하였지만, 당시의 8·15 이후의 정국은 식민지지배체제하에서의 왜곡된 구조를 청산하지 못한 상황에서 그 식민지배체제의 해체와 친일파척결 등의 정치적 투쟁이 중요하게 제기될 수밖에 없었고, 더구나 미래의 정치체제가 결정되어질 상황으로서 임시정부 수립 요구 등의 정치투쟁이 긴박하게 전개될 수밖에 없었던 상황이었다는 점에서 '정치투쟁'은 당연하고도 필연적인 것이었다.

결론적으로 8·15 이후의 한반도의 정국은 미군정의 남한 내에서의 그들의 완전한 주도권 장악이라는 목표하에서의 '친일반공우익세력의 형성' 및 '일체의 좌익배제 및 전평배제전략'으로 요약될 수 있는 바, 미군정의 이해에 가장 잘 들어맞는 친일반공우익세력의 남한 내에서의 권력장악 과정과 남한만의 단독정부 수립 추진 과정은 미군정 시기 노동운동과 노동정책에서 전제적으로 평가되어야 할 중요한 사안이다. 이러한 전제하에서만이 당시 미군정의 전평배제전략이나 남한 노동대중의 노동조합활동에서의 적극적인 정치투쟁적 성격을 이해할 수 있기 때문이다.

1. 미군정기의 국가기구 형성

1) 미군정과 행정관료기구

남한에서 미점령권력의 효력은 1945년 9월 9일 조선총독이 태평양방면 미육군총사령관 맥아더(Douglas MacArthur)의 대리인인 남조선 주둔 미군사령관 하지(John Reed Hodge) 중장에게 항복한 그 시각부터 시작된 것으로 볼 수 있는데, 맥아더는 이날 「조선 인민에게 고함」이란 포고 제1호, 제2호, 제3호를 발표하였고 맥아더의 포고 제1호는 38도 이남의 모든 통치권과 행정권이 맥아더사령부의 군정하에서 시행된다는 것을 밝혔다.[3] 따라서 인민공화국[4]이 불법단체가 되었던 것은 물론

---

3) 안진, 『미군정과 한국의 민주주의』, 한울, 2005, 156쪽.

중경에 있는 대한민국임시정부조차도 주권을 행사할 수 없어서 미군 사령부만이 남한지역 내에서 배타적이고 유일한 주권체가 되었다.[5]

이렇게 남한 내의 유일한 주권체가 된 미주둔군에게 핵심적인 문제는 점령권력의 지위를 확보한 미군정이 권력기구들을 어떻게 구성할 것인가였다. 미군정의 통치기구 재편성의 기본 원칙은 주둔군사령관의 통제가 용이한 '중앙집권화'였고 따라서 그들에게 있어 일제식민지 통치기구는 그들의 목적상 가장 적합한 것이었기에, 미군정행정기구는 1945년 10월 15일 총독부기구를 조직적 자원으로 철저히 활용·재편함으로써 만들어졌다.[6] 즉, 미군정행정기구는 일제식민지 통치기구를 더욱 중앙집권화된 형태로 재편했을 뿐만 아니라 행정관료들을 구식민지 관료들과 한민당계 극우세력으로 충원했다.

미군정장관의 관료충원 방식은 첫째, 영어구사력이 있고 교육 수준이 높을 뿐만 아니라 미국의 자유주의이념을 옹호하는 친미적 성향을 가지는 인물이어야 했고 둘째, 공산주의와 관계있는 한국인들을 배제했으며 셋째, 공개채용 방식에 의한 충원이 아닌 추천에 의한 임명으로의 충원이었다.[7] 이러한 관료 충원 방식의 결과, 일제 시기 독립운동을 했던 대다수의 민족해방운동과 관련된 독립운동가들이 좌익성향으로

---

4) 인민공화국은 미군의 진주에 앞서 좌익세력 주도권 아래 국내 정치세력의 통일전선체 정부를 수립·연합국의 인정을 받으려는 목적하에 1945년 9월 6일 선포된 것으로서, 조선인민공화국의 정강은 "첫째, 정치적·경제적으로 완전한 자주적 독립국가의 건설을 기함. 둘째, 일본제국주의와 봉건적 잔재세력을 일소하고 전 민족의 정치적·경제적·사회적 기본 요구를 실현할 수 있는 진정한 민주주의에 충실함을 기함. 셋째, 노동자·농민 기타 일체 대중생활의 급진적 향상을. 기함 넷째, 세계민주주의제국의 일원으로서 상호 제휴하며 세계평화의 확보를 기함"이었다(강만길, 『고쳐 쓴 한국현대사』, 창작과 비평사, 2005, 257~258쪽).

5) 안진, 『미군정과 한국의 민주주의』, 한울, 2005, 156쪽.

6) 안진, 『미군정과 한국의 민주주의』, 한울, 2005, 157쪽.

7) 안진, 『미군정과 한국의 민주주의』, 한울, 2005, 164~166쪽.

파악되어 관료충원에서 배제되었고 결과적으로 일제 총독부의 친일관료들이 대거 등장했다.

미군정하의 행정관료들은 지주층과 친일관료집단을 중심으로 한 구미유학파들을 망라하고 있었고 이는 지주, 친일집단, 일제 시기 관료층들을 기반으로 하고 있는 한민당과 이승만의 진출로 나타났다.[8]

2) 미군정과 군정경찰

군정경찰은 가장 먼저 재편된 국가기구로서 1945년 8월 15일을 전후하여 주요하게 국내 질서 유지에 기여한 '건국준비위원회'[9] 산하의 자생적 치안단체들을 해체시키고 일제식민지 경찰기구를 활용하면서 주요하게 조직되었다.

미군정에 의한 군정경찰의 충원 방식을 살펴보면 다음과 같다. 먼저,

---

8) 안진, 『미군정과 한국의 민주주의』, 한울, 2005, 178쪽.
9) 건국준비위원회는 일제가 패망하기 직전 일본인들이 해를 입지 않고 떠날 수 있기 위해 법과 질서를 유지해 줄 수 있는 임시행정부가 필요로 되었고 그에 따라 이러한 일을 맡아나갈 인물에 접근·여운형이 이 제안을 받아들여 여운형을 중심으로 조직된 기구이다.
건국준비위원회는 강령으로 첫째, 완전한 독립국가의 건설을 기함 둘째, 전체민족의 정치적·사회적 기본 요구를 실현할 수 있는 민주주의 정권의 수립을 기함 셋째, 일시적 과도기에 있어서 국내질서를 자주적으로 유지하여 대중생활의 확보를 기함 등을 내세웠다(강만길, 『고쳐 쓴 한국현대사』, 창작과 비평사, 2005, 255쪽). 그리고 건국준비위원회의 정치적 성격은 세 가지로 집약될 수 있다. 첫째, 합작을 거부한 소극적 우파세력 일부를 제외하고는 좌우의 정치세력을 총망라한 조직체였다는 것 둘째, 그 구성에 있어서 극좌세력과 극우세력을 모두 포함하고 있으면서도 그 중심세력은 중간노선계열이었는데, 이러한 특징은 극좌와 극우의 양 세력을 수용하여 그들의 이데올로기를 수렴할 수 있는 가능성을 높이는 조직이었다는 것 셋째, 건국준비위원회는 당시의 배타적인 정치세력 간의 합작을 통해 통일전선의 결성을 도모하였고 따라서 각 정치세력의 이데올로기를 수렴하여 통일정부 수립을 기초할 가능성이 높은 조직체였다는 것이다(홍인숙, 「건국준비위원회의 조직과 활동」, 『해방전후사의 인식 2』, 한길사, 2006, 104~105쪽).

미군정 측의 군정경찰 '수뇌부'의 충원 방식을 살펴보면, 주한 미점령군 사령관 하지 중장의 고문이었던 윌리암스 대령이 한민당 수석총무인 송진우를 비롯한 원세훈, 조병옥 등 한민당수뇌부와 요담하여 반공사상에 철저한 인물을 추천해 줄 것을 부탁하였고 이에 송진우는 한민당의 총무로 활동 중이던 조병옥을 추천하였으며 결국 조병옥은 1946년 1월 4일 군정 경무국장으로 정식발령을 받고서 그 이후 군정경찰의 조직·간부충원을 주도해 나간다.[10] 한편 조병옥과 함께 군정경찰 수뇌부인 장택상이 1946년 1월 16일 수도경찰청장에 임명되는데 그도 한민당요원으로서 수도경찰의 조직과 활동을 주도해 나간다.

다음으로, 경찰기구 수뇌부산하 '주요 간부직'의 충원 방식 문제인데, 조병옥과 장택상이 군정경찰의 수뇌부에 임명된 이후 그들에 의해 경찰기구 산하 주요 간부직이 충원되어졌고 그 결과는 경위급 이상의 간부 1,157명 가운데 82%인 949명이 일제치하 총독부 경찰 출신이었다.[11]

결국 군정관료기구의 요직들과 마찬가지로 군정경찰도 한민당계 인물들에 의해 장악되었는데, 이는 한편에서 미군정이 남한 내에서의 미국의 완전한 주도권 장악을 위해 응집력 강하고 좌익에 철저히 대항할 만한 세력을 요구하면서 기존의 식민지경찰구조와 한국인 경찰관들을 재활용하고자 했던 의도와 다른 한편 일제에 봉사한 한국인경찰관들과 친일보수집단의 생존욕구(그들은 친일파를 추방하거나 처벌하려는 일체의 정치집단이 권력을 장악하지 못하도록 막아야 했다)가 결합되어 나타난 결과였다.[12] 이들 군정경찰은 이후 치안유지 차원을 뛰어넘어 1946년의 10월항쟁을 성공적으로 진압하는 등 남한 내의 저항운

---

[10] 안진, 『미군정과 한국의 민주주의』, 한울, 2005, 188쪽.
[11] 안진, 『미군정과 한국의 민주주의』, 한울, 2005, 190쪽.
[12] 브루스 커밍스(김주환 역), 『한국전쟁의 기원(상)』, 청사, 1986, 275쪽.

동을 와해시키는 데 적극적으로 기여 했다.

군정경찰의 조직이나 충원 방식을 고려하여 군정경찰의 특성을 정리하면 다음과 같다.

첫째, 군정경찰은 군정 통치기구 가운데 최대의 물리적 강제력을 갖는 국가기구로서 수동적인 치안유지의 차원을 뛰어넘어 좌익세력을 철저히 배제하고 탄압하는 적극적·능동적 기능을 수행하였다.[13] 둘째, 해방 후 전국적으로 조직된 자생적인 치안단체를 흡수하는 방식이 아닌 오히려 그것을 해체할 뿐만 아니라 식민지 경찰기구를 자원으로 활용하면서 성립됨으로써 철저한 하향식의 조직특성을 보였다.[14] 셋째, 군정경찰의 수뇌부가 주로 친일·보수우익의 한민당계 요인들로 형성됨으로써 친일·보수우익세력의 '정치적 이해'의 실현에 긴밀하게 반응하면서 그들의 활동을 전개해 나갔다.[15]

3) 미군정과 조선국방경비대

미군정이 미군정 초기부터 국방경비대 창설을 서두르게 된 배경은 남한의 내부 혁명세력을 견제하기 위한 목적 때문이었다.[16] 이러한 계획을 실행에 옮겨 국방경비대를 창설하게 된 직접적인 동기는 1945년 10월 15일 발생한 남원사건으로, 이 사건은 군정경찰과 미전술부대가 남원의 인민위원회 및 국군준비대와 충돌함으로써 빚어진 사건인데, 이 사건 발생 후에 경무국 초대차장인 아고(Reamer T. Argo) 대령은 전북경찰국장 김응조와 만나 경찰을 지원할 경찰예비대의 창설을 제안

---

13) 안진, 『미군정과 한국의 민주주의』, 한울, 2005, 200~201쪽.
14) 안진, 『미군정과 한국의 민주주의』, 한울, 2005, 200~201쪽.
15) 안진, 『미군정과 한국의 민주주의』, 한울, 2005, 200~201쪽.
16) 안진, 『미군정과 한국의 민주주의』, 한울, 2005, 215쪽.

했다고 한다.[17]

이에 따라 1945년 10월 31일 군정청 경무국장이자 점령군 사령부의 헌병사령관인 쉬크(Lawrence E. Schick) 준장에 의해 군대 창설이 건의되었으며 11월 10일 쉬크 준장을 책임자로 하여 연구장교단을 편성·군대창설안이 작성된다.[18] 이후 미점령 사령부와 군정 당국의 군대창설계획이 진행되지만 맥아더 사령부와 미본국합동본부의 반대[19]가 있었고 그에 따라서 대안으로 미국합참본부가 1945년 12월 20일 하지 사령관에게 수정안을 보내어 군대창설 대신 소규모의 '경찰보조기구'를 창설하도록 하였으며, 이에 따라 새 국방사령관에 참페니(Arthur S. Champeny) 대령의 임명, 그의 국방사령부 고문인 이응준에 의한 뱀부계획(Bamboo Plan)의 수립을 통해 1946년 1월 15일 경기도 태릉에 제1연대를 창설하는 것을 필두로 하여 조선국방경비대가 조직된다.[20]

중요하게 고려해야 할 것은 '미군정기의 행정관료기구, 경찰기구와 마찬가지로 조선국방경비대의 충원이 어떻게 이루어졌는가'이다. 결과적으로 국방경비대의 간부충원은 거의 일본군과 만주군 출신자들에 의해 이루어졌다.

이렇게 된 주요한 원인은 첫째, 미군정이 국방경비대의 간부요원과 통역관을 양성하기 위해 실시된 '군사영어학교'에 좌익계 군사단체인 '국군준비대'와 '학병동맹'은 참여를 거부했고 광복군은 임시정부의 정통성을 주장하여 응시를 거부함으로써(그들은 친일파와 함께 참가할

수 없다고 주장했다) 군사영어학교의 입교자들은 대부분이 일본군·만주군 출신자들로 구성되어지게 되었기 때문이다.[21] 둘째, 국방사령부의 한국인 고문으로는 일본군 출신 이응준과 만주군 출신 원용덕이 발탁되었는데 이들이 군사영어학교에 일본군과 만주군 경력자들을 대거 추천했기 때문이다.[22]

따라서 국방경비대의 간부충원 방식을 고려한 국방경비대의 특징을 정리한다면 다음과 같다. 첫째, 국방경비대는 남한의 혁명세력을 진압하기 위한 주요한 목적에서 조직되었고 이러한 국방경비대가 이후 한국 군대조직의 기초가 되었다. 둘째, 해방 직후 사설군사 단체로는 '좌익계군사단체', '광복군계군사단체', '우익계군사단체'가 존재하였는데, 그중 좌익계 군사단체인 '국군준비대'는 그 조직력과 인원에 있어서 그 규모가 크고 강력하였지만[23] 미점령정책의 본질상 용납될 수 없었기 때문에 창군 과정에서 철저히 배제되었고 이러한 결과는 국방경비대의 하향적 조직특성이나 다수의 기층대중과 유리된 조직적 특성으로 나타난다.[24] 셋째, 국방경비대 간부충원이 일본군·만주군계열의 군 출신자들에 의해 이루어지면서 일본군 출신의 장교들을 한국군의 주

---

[21] 안진, 『미군정과 한국의 민주주의』, 한울, 2005, 219~220쪽.

[22] 안진, 『미군정과 한국의 민주주의』, 한울, 2005, 221쪽.

[23] 국군준비대는 '인민공화국의 결사대'임을 자처하면서 진정한 해방군이 되려면 친일파와 민족반역자를 철저히 제거해야 하며 일부의 특권 계급을 위한 파쇼군대가 아니라 전 근로계급과 민족을 위한 군대가 되어야 한다고 주장했다(안진, 「미군정기의 국가기구의 형성과 성격」, 『해방전후사의 인식 3』, 한길사, 2006, 187쪽). 이들 단체는 자생적인 사설군사단체로서 그 규모가 크고 강력했지만 오히려 미군정에 의해서 해체되어 가는 과정을 밟았는데 그 진정한 이유는 '자생성' 그 자체보다는 좌익성향의 조직으로 규정받은 것에 의해서였다고 생각된다. 왜냐하면 우익계열의 많은 반공청년조직 등은 미군정에 의해 옹호되었으며 미군정에 의한 좌익세력조직의 탄압에 거의 대부분 미군정과 함께 동등한 역할을 수행하였기 때문이다.

[24] 안진, 「미군정기의 국가기구의 형성과 성격」, 『해방전후사의 인식 3』, 한길사, 2006, 189쪽.

력으로 전환시킨 것과 동일한 결과가 되었다.[25]

2. '모스크바삼상회의 결정'을 통한 신탁통치논쟁

모스크바삼상회의 결정에 대한 『동아일보』의 보도가 "미국은 신탁통치를 반대하고 소련은 신탁통치를 찬성한다"라고 오보됨으로서 1945년 8·15 이후의 정국은 신탁통치논쟁을 통한 심각한 좌익·우익세력 간의 싸움으로 번진다. 따라서 8·15 이후의 미군정기를 이해하기 위해서는 모스크바 삼상회의의 결정을 정확히 이해해야 하고 '신탁통치'에 대한 실질적인 미국과 소련의 태도 나아가 좌익세력과 우익세력의 모스크바 삼상회의 결정에 대한 태도를 이해해야 한다.

1945년 12월 16일 미·영·소 3개국 외상은 모스크바에서 회의를 가졌고 12월 27일 조약문서에 서명한 후 내용은 모스크바 시간으로 12월 28일 오전 6시에 발표하였다. 모스크바 결정의 중심 내용은 '조선임시정부의 수립'이었고 그것도 민주적 원칙에 바탕을 둔 발전을 이룩하고 일본지배로 인한 참담한 결과를 제거하기 위해 임시민주정부를 수립한다는 것으로 탁치결정 그 자체가 중심 내용은 아니었다.[26] 오히려 신탁통치에 관한 내용은 임시정부를 구성하는 내용의 일부분으로서 조선임시민주정부와 협의를 거쳐 작성하게 되었으며 4개국의 공동심

---

[25] 브루스 커밍스(김주환 역), 『한국전쟁의 기원(상)』, 청사, 1986, 296쪽.

[26] 모스크바 삼상회의 조약문서에서 한국에 관한 부분 중 가장 핵심적인 '임시정부 수립'에 관한 부분만 인용하면 다음과 같다. "조선을 독립국가로 재건하고 또한 민주적 원칙에 바탕을 둔 발전을 이룩할 수 있는 여건의 창출을 위하여, 그리고 장기간의 일본지배로 인한 참담한 결과를 가능한 빨리 제거하기 위해 조선의 산업과 교통 및 농업 그리고 조선인이 민족문화와 발전에 필요한 모든 조치를 취할 임시적인 조선민주정부를 수립할 것이다"(원문 내용은 윤해동, 「신탁통치 반대운동은 분단, 단정노선」, 『바로 잡아야 할 우리역사 37장면 1』, 역사비평사, 2004, 164쪽).

의를 거치게 되어 있어서 협의여하에 따라 신탁통치를 실시하지 않을 수도 있다는 해석이 가능하거나 시기도 5년 이내로 단축될 가능성이 있는 것으로써 이해할 수 있다.[27]

그러나 『동아일보』의 명백한 왜곡보도가 모스크바 삼상회담(1945년 12월 16~27일)이 진행 중이던 1945년 12월 27일자를 통해 이루어지면서 ('소련은 신탁통치주장', '미국은 즉시 독립주장', '소련의 구실은 38선 분할점령'이라고 함) 미국이 즉시 독립을 주장하고 소련이 신탁통치를 주장하였다고 함으로써 반소논리의 전형을 보여주었고 모스크바 삼상회담의 내용을 '신탁통치안'으로 국한시켜 보도하는 등 삼상회담의 결정의 요체가 '조선임시정부의 수립'이었다는 것을 왜곡시키게 되었다.[28]

신탁통치안은 오히려 미국의 구상이었으며 1943년 카이로회담 이전에 이미 식민지에서 독립될 지역의 전후처리 방침으로 부상하고 있었고 이것을 1942년 루스벨트가 정책대안으로 채택하였는데, 루스벨트는 아시아에서 해방된 국가는 자치능력이 부족하므로 '교육을 통한 준비기'를 거쳐 독립이 달성되어야 한다는 관점을 견지하고 있었다.[29] 신탁통치안의 일방적 주도자인 루스벨트가 1945년 4월 사망한 이후 취임한 트루먼도 1945년 5월 홉킨스를 특사로 파견하여 소련과 회담을 벌였는데 여기에서도 한국에 대한 신탁통치를 확인하였다.

제2차 세계대전 참전 이후 초강대국으로 부상하고 있던 미국은 자신의 세력팽창 가능지역인 태평양에서 소련과 중국을 견제함으로써 일국의 독점을 방지하고 자국의 이익을 확보하기 위한 조처로 신탁통치

---

27) 윤해동, 「신탁통치 반대운동은 분단, 단정노선」, 『바로 잡아야 할 우리역사 37장면 1』, 역사비평사, 2004, 165쪽.
28) 윤해동, 「신탁통치 반대운동은 분단, 단정노선」, 『바로 잡아야 할 우리역사 37장면 1』, 역사비평사, 2004, 160쪽.
29) 윤해동, 「신탁통치 반대운동은 분단, 단정노선」, 『바로 잡아야 할 우리역사 37장면 1』, 역사비평사, 2004, 162쪽.

안을 구상하고 있었고 이때까지도 소련은 한국에 대하여 별다른 요구를 하지 않고 있었으며 신탁통치 실시 자체에 대해 반대하지 않는 대신 실시 기간이 짧을수록 좋다는 소극적인 자세였다.[30]

결국 『동아일보』의 왜곡보도는 일반인들에게 신탁통치는 독립과 대치되는 개념이라는 논리를 갖게 하여서 신탁통치찬성은 매국의 길이요 민족분열의 길이며 신탁통치반대는 자주독립의 길이요 민족통일의 길이라는 환상을 심어 주었다.[31]

모스크바 결정은 한국문제의 유일한 해결방안이었기 때문에 신중하게 대처할 필요가 있었으나 중경임시정부 측은 귀국하기 전부터 자신들이 과도정부의 역할을 맡아야 한다고 생각했고, 한민당 등 국내 우익은 좌익의 인민공화국에 대항하여 자신의 친일적 색체를 감추기 위하여 중경임정을 적극 지지했으며 공산당에서는 한민당ー이승만 세력을 친일파로 보아 공격하면서 모스크바회의 결정을 지지하는 등 각 정파 간의 심각한 대립으로 나타났다.[32]

공산당 측이 모스크바결정을 지지하고 나선 것은 첫째, 연합국(특히 소련)이 한국한테 해로운 결정을 했을 리 없다는 것 둘째, 지금 한국에서는 연합국의 도움이 필요하고 카이로회담에서 적당한 시기에 독립을 주겠다고 약속한 것이 최장 5개년 이내로 확정된 것이기 때문에, 우리의 노력여하에 따라서는 5년 이내에도 독립이 올 수 있다고 하는 것인데, 이런 그들의 태도를 보면 공산당의 입장을 '찬탁'이라고 부르기보다는 '모스크바결정 지지세력'이라고 부르는 것이 옳다.[33]

30) 윤해동, 「신탁통치 반대운동은 분단, 단정노선」, 『바로 잡아야 할 우리역사 37장면 1』, 역사비평사, 2004, 163쪽.
31) 윤해동, 「신탁통치 반대운동은 분단, 단정노선」, 『바로 잡아야 할 우리역사 37장면 1』, 역사비평사, 2004, 160쪽.
32) 서중석, 「우익의 반탁주장과 좌익의 모스크바삼상회의 결정지지」, 『논쟁으로 본 한국사회 100년』, 역사비평사, 2007, 167쪽.

어쨌든 친일파들은 반공투쟁에 반탁투쟁을 결합하여 적극적인 반탁투쟁을 전개함으로써 민족반역자의 이미지에서 벗어나 애국자로 행세할 수 있었고 반탁운동의 지도자들은 임시정부를 구성하기 위해 활동하던 미소공위를 파괴하고자 하였으며 임시정부가 구성되기도 전에 신탁통치반대운동을 전개하여 한반도 문제 해결을 위한 유일한 국제합의였던 모스크바삼상회담 결정은 파괴되게 된다.[34]

이 당시의 미군정의 태도는 실제 신탁통치를 포기하고 반공적인 남한만의 창출을 위해 적극 행동하는 것으로 나타났고[35] 결국 미국은 적극적인 행동을 진척시켰으며 그것이 신탁통치의 포기, 남한만의 단독정부 수립으로 이어진다.

3. 5·10 남한 단독선거와 남한 단독정부 수립

미소공위가 휴회되자 남한에서는 테러와 반소반공 분위기가 높아지는 상황이었고 지방을 돌고 있던 이승만은 1946년 6월 3일 정읍에서 "지금은 남조선만이라도 정부가 수립되기를 고대"한다고 말함으로써 남한에서 단독정부를 수립할 의도를 공개적으로 나타냈다.[36]

한편 미국은 미소공위가 휴회된 9월 소련에 한국문제를 유엔에 넘기자고 제안하는데, 이는 미국이 소련과 한 약속을 어기고 남한만의 단독정부를 세우려 하는 목적을 드러낸 것으로서 국제적인 비난을 살만한

---

33) 서중석, 「우익의 반탁주장과 좌익의 모스크바삼상회의 결정지지」, 『논쟁으로 본 한국사회 100년』, 역사비평사, 2007, 168쪽.

34) 윤해동, 「신탁통치 반대운동은 분단, 단정노선」, 『바로 잡아야 할 우리역사 37장면 1』, 역사비평사, 2004, 161쪽.

35) 브루스 커밍스(김동노 외 역), 『브루스 커밍스의 한국현대사』, 창작과 비평사, 2002, 281~282쪽.

36) 역사학연구소, 『강좌 한국근현대사』, 풀빛, 2003, 254쪽.

일이었기 때문에 이를 회피하려고 유엔을 이용하려는 것이었고, 이에 대해 소련은 즉각적으로 반대의사를 표시했다.[37]

하지만 미국의 영향권 아래 있던 유엔은 1947년 11월 14일 인구비례에 따른 남북한총선거를 실시하기로 결정하였고 선거를 감시하려고 미국이 지명한 7개국으로 유엔한국임시위원단(UNTCOK: 유엔한위)을 만들었으며, 1948년 1월 8일 유엔한위가 남한에는 들어왔으나 소련과 북한은 거부하였고 결국 유엔은 남한만의 단독선거를 인정하게 된다.[38] 이러한 유엔의 결정에 대하여는 유엔한위 안에서도 비판되었는데 이 결정이 한국을 영원히 분단시키는 것이 될 뿐만 아니라 남한의 정치분위기 마저 선거를 자유롭게 치를 만한 상황이 못 되기 때문에 유엔한위의 활동을 끝내야 한다는 주장도 있었다.[39]

남한만의 단독선거실시에 대하여 이승만과 한민당의 극우세력만이 단독선거를 찬성하였고 그 외의 모든 정치세력은 남한만의 단독선거가 민족을 분열시키는 것으로 분단을 초래할 것이라고 주장하여 완강히 반대하였다. 단정수립 반대투쟁에는 남로당과 전평(조선노동조합전국평의회)이 주도적으로 참여하여 2·7파업 및 5·8총파업을 실행하였고 1948년 4월 3일에 제주도 4·3항쟁이 발생하기도 하였다. 특히나 대한민국임시정부 추대운동을 벌이면서 적극적인 반탁투쟁에 앞장섰던 김구도 남한만의 단독선거진행에 반대하여 김규식과 남북협상을 제안해서 김구, 김규식, 김일성, 김두봉의 4인 요인회담을 중심으로 하여 '공동성명서'를 발표했다. 공동성명서의 내용은 "첫째, 미소 양군의 즉시 철군 요구. 둘째, 북은 외군이 철수해도 내전이 일어나지 않을 것

---

37) 역사학연구소, 『강좌 한국근현대사』, 풀빛, 2003, 262쪽.
38) 역사학연구소, 『강좌 한국근현대사』, 풀빛, 2003, 262쪽.
39) 역사학연구소, 『강좌 한국근현대사』, 풀빛, 2003, 262쪽.

을 다짐함. 셋째, 통일정부 수립의 방안으로서 전조선정치회의를 소집해서 임시정부를 수립하고 이 정부가 보통선거에 의해 입법기관선거를 실시, 헌법을 제정해 통일정부를 수립함. 넷째, 남의 단독선거·단독정부 수립을 반대함"이었다.[40]

그러나 극우세력을 뺀 모든 정당과 민중들이 단독선거를 반대했는데도 미군정은 5·10 단독선거를 밀고 나가 결국 실시되었고, 김구, 김규식이 참여하지 않고 좌익세력에 대한 미군정의 극력한 탄압 속에서 좌익세력이 배제된 상태에서 선거가 진행되어 무소속 85석, 이승만의 독촉국민회가 54석, 한민당이 29석, 대동청년단이 12석, 민족청년단이 6석을 차지하였다.[41]

제헌국회는 헌법을 만들고 이승만을 초대 대통령으로 뽑아서 대한민국정부가 세워졌고(1948년 8월 15일) 대한민국정부가 수립되자 북한도 8월 25일에 최고인민회의 대의원선거를 거쳐 9월 9일 조선민주주의인민공화국을 수립하게 된다.[42]

김구나 김규식세력까지도 배제한 채 극우세력만이 참가한 단독정부는 대다수 민중의 민족적 열망이었던 친일파를 척결하기는커녕 철저한 일제친일세력이 오히려 중심이 된 정부였으며 다수의 농민과 대중들이 가장 중요하게 바라고 있던 '토지개혁'에 무관심 한 채 지주 및 친일파들의 이익만을 보장해주려는 데 주된 이해가 있었기 때문에, 남한에 단독정부가 들어선 것은 자주적 독립국가건설이라는 민족적 과제와 일제로부터 축적되어 온 경제적 수탈구조를 철폐하려는 민중의 과제가 실패로 돌아갔음을 의미했다.[43]

40) 서중석, 『이승만과 제1공화국』, 역사비평사, 2007, 26~27쪽.
41) 역사학연구소, 『강좌 한국근현대사』, 풀빛, 2003, 265쪽.
42) 역사학연구소, 『강좌 한국근현대사』, 풀빛, 2003, 265쪽.
43) 역사학연구소, 『강좌 한국근현대사』, 풀빛, 2003, 265~266쪽.

제2절 조선노동조합전국평의회와 대한독립촉성노동총연맹

1945년 8월 15일 일본패전 이후 1948년 8월 15일의 대한민국정부 수립기까지의 노동운동의 전개를 고찰할 때 가장 중요한 것은 당시 전국적 노동조합조직으로 존재하였던 조선노동조합전국평의회(이하 '전평'이라 함)의 출범과 활동이다. 따라서 전평의 결성, 행동강령, 조직의 성격, 주요한 활동 등을 알아볼 것이며 아울러 전평에 대응하여 전평을 타도하기 위해 조직된 친일우익세력의 조직인 대한독립촉성노동총연맹(이하 '대한노총'이라 함)의 조직, 강령, 성격 및 이들 양 조직에 대한 미군정의 태도를 평가해 보겠다.

1. 전평의 결성, 강령, 성격, 주요 활동

1) 전평의 결성

전평은 1945년 8·15 직후인 9월 25일 경성토건노동조합사무실에서 사업장별 조합대표들이 회동하여 '조선노동조합전국평의회(가칭) 준비위원회'를 발족시킴으로써 시작되었다. 따라서 전평은 그 조직결성 과정으로 볼 때 산업별노동조합이 결성된 후 이들 산업별조합을 모체로 결성된 것이 아니라 개별 사업장노조의 대표가 주축이 되어 전평결성을 결정함으로써 전평결성을 위한 준비모임이 거꾸로 산업별노동조합과 전평의 출범을 실현시킨 계기가 되었다.[44]

전평이 공식 출범한 것은 1945년 11월 15일로서 1945년 11월 5일과

---

[44] 박영기·김정한, 『한국노동운동사 3: 미군정기의 노동관계와 노동운동(1945~1948)』, 지식마당, 2004, 430쪽.

6일에 걸쳐 서울에 있는 중앙극장에서 창립대회가 개최되어 결성되었는데, 창립대회에는 북조선 지역을 포함한 전국 40여 개 지역에서 1,194개의 지부, 약 50여만 명의 조직노동자를 대표하는 505명의 대의원이 참석하였다. 전평의 출범은 남북조선의 모든 노동자[45]가 직업적 연대를 기반으로 '전국적인 결집'을 실현시킨 하나의 성과였으며 산별노동조합과 이를 기반으로 하는 전평이라는 노동조합연합체의 출현은 한국노동운동사상 크게 평가될 획기적인 사건이었다.[46]

2) 전평의 선언문과 행동강령

선언문의 주요 내용을 보면 "그간 주요 산업도시에서 전개된 노동조합운동은 모두 자연발생적, 지역적, 수공업적, 혼합형 조직체계를 벗어

---

[45] 우리나라 근로기준법에서는 근로기준법상의 최저한의 근로조건의 보호를 받는 대상자를 근로자로 규정하여 근기법 제2조 제1항 1호에서 "근로자란 직업의 종류와 관계없이 임금을 목적으로 사업이나 사업장에 근로를 제공하는 자를 말한다"라고 하고 있다. 또한 노동조합및노동관계조정법에서는 단결권의 주체자를 정하는 의미에서 그 대상범위를 근로자로 규정하여 제2조 제1호에서 "근로자라 함은 직업의 종류를 불문하고 임금, 급료, 기타 이에 준하는 수입에 의하여 생활하는 자를 말한다"라고 하고 있다. 따라서 노동법상 '노동자'라는 개념은 찾아볼 수 없다. 그러나 1945년 8·15 이후 미군정 시기는 대한민국의 노동법이 제정되기 이전이기 때문에 법률상의 '근로자' 개념을 고집할 필요가 없기 때문에 노동자라는 개념을 사용하였다.
하지만 일본의 노동기준법에서 "노동자란 직업의 종류를 묻지 않고 사업 또는 사무소에서 사용되어지는 자로 임금을 지불받는 자이다"라고 하고 있어서, 우리나라의 근기법과 동일하게 규정되어 있지만 '노동자'란 개념을 사용하고 있다는 것과 일본 노동조합법상 "노동자란 직업의 종류를 불문하고 임금, 급료, 기타 이것에 준하는 수입에 의해서 생활하는 자이다"라고 하여서 마찬가지로 우리나라 노조법과 동일하게 규정되고 있지만 '노동자'란 개념을 사용하고 있다.
따라서 언어학적 의미에서 근로(勤勞)와 노동(勞動)이 구별될 수 없다는 것과 일본이나 우리나라나 모두 노동자나 근로자란 '종속노동의 주체자를 결정하는 개념'이란 측면에서 근로자와 노동자란 개념을 구별할 필요는 없다고 생각한다.
[46] 박영기·김정한, 『한국노동운동사 3: 미군정기의 노동관계와 노동운동(1945~1948)』, 지식마당, 2004, 431쪽.

나지 못한 조합운동이었다. 따라서 우리는 주요 산업 부분마다 단일 노동조합 중심으로 전평 회원조직을 결성하고, 민주주의적 중앙집권의 힘을 기반으로 자체적 조직역량을 강화하여 참된 대중에 기반을 둘 수 있도록 모든 힘을 집중하지 않으면 아니 된다"라고 하고 있다.[47] 또한 "만약 노동운동을 노동자의 당면한 경제적 이익추구를 위한 투쟁에 국한시켜 이에 만족하고 정치적 투쟁을 무시하고 억제한다면, 이는 곧 조합주의적 오류를 범하는 것이며 이와 반대로 노동자의 일상적 이익을 위한 투쟁은 외면한 채 정치적 투쟁만을 저돌적으로 고집한다면 이 또한 대중과 유리된 좌익 소아병적 경향이 아닐 수 없으므로 우리는 이 모든 경향을 반드시 극복해야만 한다"라고 하고 있다.[48]

결국 전평은 경제적 이익추구를 위한 투쟁에만 국한시키는 조합주의적 오류를 극복해야 할 뿐만 아니라 대중과 유리되는 좌익소아병적 투쟁도 모두 극복함을 통해서 경제투쟁과 정치투쟁의 결합을 실현하려 하고 있었다.

일반 행동 강령은 노동자의 생활을 보장하기 위한 최저임금제의 확립, 8시간 노동제의 실현, 성·연령·인종에 구애받지 않는 동일노동에 대한 동일임금지급, 주2일 휴일제와 연간 1개월의 유급휴가 실시, 여성 노동자를 위한 출산 전후 2개월간 유급휴가실시, 유해·위험한 작업의 경우 7시간 노동제 실시, 14세 미만 유년(연소)노동자 고용금지, 일본제국주의자·민족반역자·친일파 소유의 모든 기업을 공장위원회(관리위원회)에 보유·관리하기 위한 권리쟁취, 언론·출판·집회·결사·파업 및 시위의 자유보장, 농민운동에 대한 절대적 지지와 조선인민공화

47) 박영기·김정한, 『한국노동운동사 3: 미군정기의 노동관계와 노동운동(1945~1948)』, 지식마당, 2004, 435~436쪽.
48) 박영기·김정한, 『한국노동운동사 3: 미군정기의 노동관계와 노동운동(1945~1948)』, 지식마당, 2004, 435~436쪽.

국 지지, 조선자주독립과 세계노동자계급 단결 만세 등이다.[49]

일반 행동강령의 내용을 보면 노동자의 일상적 이익과 관련된 임금, 근로시간, 휴가 등에 대한 요구뿐만 아니라 당시의 조선 내의 정치적 상황에 따라 요구되는 일본제국주의자 및 친일파 청산, 집회·결사의 자유보장, 조선인민공화국에 대한 지지라는 '정치적 요구'까지도 폭넓게 망라하고 있다는 것을 알 수 있고 이는 전평이 일제강점기의 민족해방운동의 일환으로서 전개되어 왔던 노동운동을 계승하여 출현되었다고 평가할 수 있다. 이렇게 경제적 요구 기타 정치적 요구를 전평이 폭넓게 포괄하고 있는 것을 볼 때 전평은 친일우익세력에 의해 급조된 대한노총이 노동자들의 경제적 이해와 관련된 요구를 하나의 행동강령으로도 제출해 내지 못했던 것과 대조된다.

3) 전평의 주요 지도층의 성격

전평의 주요 지도층은 조선공산당 계보 중 박헌영의 재건파 계열에 속해 있으며 부르주아 민주주의 혁명, 사회주의 혁명이라는 2단계 혁명을 전략목표로 하는 혁명적 노동조합주의를 선호하였고 주된 활동형태는 노동자공장관리, 1947년 3월총파업, 1948년 2월과 5월총파업이다.[50]

박헌영은 조선공산당재건위원회를 조직하면서 "현 정세와 우리의 임무"라는 테제를 정식으로 제기해 잠정적인 정치노선으로 통과시켰는데 이를 '8월테제'라 한다. 8월테제에서 주장하고 있는 부르주아민주주의

---

49) 박영기·김정한, 『한국노동운동사 3: 미군정기의 노동관계와 노동운동(1945~1948)』, 지식마당, 2004, 436~437쪽.

50) 박영기·김정한, 『한국노동운동사 3: 미군정기의 노동관계와 노동운동(1945~1948)』, 지식마당, 2004, 434쪽.

혁명의 내용을 통해 전평주류파의 당시 조선에 대한 객관적 정세 파악을 확인할 수 있는데, 그들은 조선의 객관적 정세를 부르주아민주주의 혁명단계라고 파악하고 노동자, 농민의 민주주의 독재 정권의 수립과 프롤레타리아 헤게모니 확립의 문제 해결을 위해 민족적 통일전선의 실현을 주장하고 있었다.[51]

전평의 주요 지도층의 성격과 관련되어 문제되는 것은 '전평과 공산당의 관계'이다. 미군정 고위층은 전평이 공산당에 의해 지배되고 있다는 견해를 강하게 주장하였지만 1946년 6월 노동자문위원단[52] 한국소위는 전평에 대해 일부 조합원이 당원이고 전평에 대한 공산당의 영향을 부인할 수 없지만 전평은 단순한 노동운동조직이므로 전평을 중심으로 노조활동을 활성화시킬 것을 권고하였다.[53]

이렇게 노동자문위원단 한국소위의 견해처럼 전평을 공산당의 영향을 받지만 일차적으로 '단순한 대중조직으로서의 노동운동조직'으로 평가했던 것을 근거로 하여 생각해 보면, 전평을 공산당 자체의 당조직과 같은 정치조직으로 규정하고 전평의 '노동조합성'을 부정하려고 하는 많은 극단적인 견해는 문제가 있다.

4) 전평의 운동

전평이 전개한 경제투쟁에는 해산수당요구투쟁, 공장관리운동, 경영참여운동, 산업건설협력방침이 존재했다. 이와 같은 경제투쟁이 전평

---

51) 김남식, 「박헌영과 8월테제」, 『해방전후사의 인식 2』, 한길사, 2006, 152쪽.
52) 노동자문위원단은 동경주재 연합군 최고사령부(SCAP)의 요청에 따라 일본과 한국에서 노동정책자문을 위해 만들어졌고 그중에서 한국소위는 1946년 6월 2일에서 13일까지 노사관계, 임금정책, 고용정책 및 노동보호입법, 사회보험, 노무행정기구, 노동정책 등에 관해 조사활동을 벌였으며 『노동사정조사보고서』를 작성하였다.
53) 정용욱, 『미군정 자료연구』, 선인, 2004, 252쪽.

주도하에 얼마나 심도 깊게 전개되었는가를 평가할 수 없는 것은 한계이다. 다만 여기서는 제한된 범위에서나마 이런 운동이 일어나게 된 배경과 그 정당성 측면에서 평가해보려는 것이다. 전평이 전개한 이들 경제투쟁은 당시 남한 노동대중의 자발적 요구를 전평이 대부분 행동방침으로 공식화함으로써 전개되었다는 점과 일제식민지시대의 수탈구조는 식민지배권력 대 피식민노동대중의 수탈구조의 성격을 띠면서 단순한 자본 대 노동구조를 뛰어넘는 전 민족적인 심각한 수탈의 양상을 띠었기 때문에, 이러한 수탈에 대한 대응으로서의 노동대중의 요구는 대부분 정당하고도 타당한 것이었다는 점을 주목하고자 한다.

(1) 해산수당요구투쟁

해산수당지급요구는 전평이 처음으로 주장하여 추진된 행동방침이기보다는 8·15 이후의 조업이 중단 또는 폐쇄된 공장과 사업장에서 노동자들이 살아남기 위해 행한 자발적 요구를 전평이 후일 공식화해서 전개한 것이다.[54] 해방 직후 일본기업인이나 관리자들이 사업장에서 사실상 추방되고 공장운영도 불확실하게 되자 노동자들이 그간의 강제저축 등을 통해 체불된 임금, 퇴직금 및 상여금을 지급하도록 요구하였고 그것이 해산수당 요구의 시발이다.[55]

전평은 지난 36년간 일본제국주의가 수탈해간 것을 되돌려 받는다는 의미에서 가능한 한 많은 금액의 해직수당을 요구할 수 있고 그러한 요구는 정당하기 때문에 공식적인 행동방침으로서 해산수당을 요

---

54) 박영기·김정한,『한국노동운동사 3: 미군정기의 노동관계와 노동운동(1945~1948)』, 지식마당, 2004, 441쪽.
55) 박영기·김정한,『한국노동운동사 3: 미군정기의 노동관계와 노동운동(1945~1948)』, 지식마당, 2004, 442쪽.

구했다.56) 그러나 미군정은 공장주에 대한 이러한 지급요구를 불법57)
으로 규정하고 상여금 등의 지불 요구를 모두 거부하는 입장의 태도를
취하여 전평과 갈등을 일으켰다.58)

해산수당 요구는 기업해산과 나아가 노동자조직의 해산을 요구하는
것으로써 고용관계의 종식을 요구하는 것이기에 자기 부정의 요구로
서 문제가 있기 때문에 전평 스스로도 이에 대한 보완책(지급된 해산
수당을 기금으로 한시적으로 공장을 운영하는 방침 등)을 제시하기도
한다.59) 그런데 해산수당요구투쟁이 요구되었던 배경을 고려할 때 그
것이 '고용관계의 종식'을 방향으로 하는 것이 아닌 실질적으로 기업의
활동이 종식되어 가는 상황(일제식민 지배층의 공장관리 방치나 공
장·원자재 파괴 등)에서 그 동안의 식민지수탈에 대한 보상을 요구하
는 것으로서 평가한다면, 이 운동은 식민지적 수탈에 대한 '보상으로서
의 수당 요구'인 점에서 정당하다고 생각된다.

일제식민지시대 1929년, 1930년, 1931년의 임금상태를 조사한 자료를
볼 때, 1929년에 일본인 남자 성인공의 일일임금은 2.32원임에 비해 한

---

56) 박영기·김정한, 『한국노동운동사 3: 미군정기의 노동관계와 노동운동(1945~1948)』, 지
식마당, 2004, 442쪽.

57) 미군정 당국에서는 해산수당 요구에 대해 다음과 같이 지시했다고 한다. "노동자나
노조의 특별상여금지급 요구가 퇴직상여금으로 호도되는 경우가 적지 않은데 조합의
이 같은 상여금지급요구는 응하지 말고 노동자가 해고될 경우에 한하여 퇴직금을 지급할
것 … 적지 않은 공장주가 협박과 위협 때문에 노동자에게 막대한 금액의 상여금을 지불
하는 경우가 있으나 이 같은 요구는 불법이므로 차후 상여금 지불 요구를 모두 거부할
것"(박영기·김정한, 『한국노동운동사 3: 미군정기의 노동관계와 노동운동(1945~1948)』,
지식마당, 2004, 443쪽).
위의 미군정 당국의 지시를 살펴보면 미군정은 해고나 퇴직 시에만 제한적으로 상여금
을 주는 것을 허용했던 것으로 보인다.

58) 박영기·김정한, 『한국노동운동사 3: 미군정기의 노동관계와 노동운동(1945~1948)』, 지
식마당, 2004, 443쪽.

59) 박영기·김정한, 『한국노동운동사 3: 미군정기의 노동관계와 노동운동(1945~1948)』, 지
식마당, 2004, 442쪽.

국인남자 성인공의 일일임금은 1.01원이었고, 1931년에는 일본인남자 성인공의 경우 1.93원이었고 이에 비해 한국인남자 성인공은 0.92원으로 대략 일본인성인남자와 한국인성인남자의 임금격차가 2배 이상이었으며 여성성인노동자의 임금차별을 고려해 본다면(대략 남성 성인노동자의 1/2 수준의 임금이었음) 한국 여성 성인노동자의 경우 일본 성인남성노동자의 1/4 수준에 해당하는 임금을 받고 있었다.[60] 이러한 식민지수탈구조하에서 노동력을 착취당하면서 세궁민(細窮民: 노동을 원하면서도 일자리가 없어서 거리를 방황하지 않을 수 없었던 실업자를 지칭함)으로 전락당할 수밖에 없었던 노동대중의 상황을 고려한다면, 일제 패망 후 일제의 수탈에 대한 보상의 요구는 당연하다고 평가된다. 문제는 그러한 요구를 얼마나 어느 수준에서 받아들이면서 조정해낼 것인가이지 그러한 요구를 전면 부정함으로써 해결될 수 있는 문제는 아니었다고 생각된다.

(2) 노동자 공장관리운동

8·15 이후 노동자들은 일본인 사업체에 대한 접수운동과 함께 이들 업체에서 노동자자주관리 운동을 전개한다. 공장자주관리운동은 일본인뿐만 아니라 친일조선인 사업체에서도 이루어져서 화신백화점, 경성방직 및 조선비행기 등(이들 회사들의 사용자는 대표적인 친일파로 분류된다)에서도 전개된다. 그래서 1945년 11월 4일 현재 16개 산별노조 관할하 728개 사업장에 공장관리위원회가 구성되었으며 이들 공장관리위원회가 구성된 사업체에서 작업하는 노동자의 수는 무려 9만 명에 이르렀다고 한다.

---

60) 강동진, 「일제지배하의 노동자의 노동조건」, 『한국노동문제의 구조』, 광민사, 1978, 105~106쪽.

그런데 이러한 공장관리운동은 미군정의 규제대상이 되었는데, 그 이유는 이 운동을 주로 좌익계열이 주도하였다는 점과 이 같은 유형의 노동자자주관리운동이 시장경제질서의 기반이 되는 자유로운 기업활동, 즉 자본 대 노동의 기본 구조를 근본적으로 부정하는 운동으로서 파악되어졌던 점 때문이다.[61] 그러나 노동자의 공장관리운동은 일본인이 생산설비를 파괴하는 것을 예방하고 이들이 원료나 자재를 투매하는 것을 방지하여 조업을 보장하며 조선경제의 토대가 되는 기간시설을 보호함으로써 생산을 지속시키기 위한 노력으로 전개되었기에 이러한 운동을 '자본주의 질서 파괴'로 보는 미군정의 태도는 당시 조선의 상황을 전혀 이해하지 못하는 형식적 자본주의체제의 옹호였다고 생각된다.

노동법제하에서 생산관리는 근로자 스스로 기업경영을 담당하는 행위로서 사용자의 지배·간섭을 전면 배제하여 사유재산제도의 근본을 부정하는 것으로 평가되어 쟁의행위의 방법상 그 정당성이 일반적으로 부정된다. 그러나 사용자의 악의적인 생산태업에 대응하여 기존 생산방침의 범위 내에서 평상시 행해지던 근로를 계속하는 경우는 그 정당성이 상실될 수 없고, 이런 예외적 상황이 그 정당성 측면에서 고려되어진다면 일제패망 후 일제의 사용자 등이 기업시설을 일방적으로 방치·훼손·파괴까지 행하는 비정상적인 상황하에서는 노동자들이 스스로의 생존을 위해 '공장자주관리운동'을 전개하는 것은 지극히 정당한 것으로 보아야 한다. 전평은 노동자의 자주관리운동을 노동자계급의 가장 공명정대한 주장이라고 보아 정식노동운동방침으로 수용하였고 그런 만큼 미군정과의 갈등이 유발되었다.

---

61) 박영기·김정한, 『한국노동운동사 3: 미군정기의 노동관계와 노동운동(1945~1948)』, 지식마당, 2004, 444쪽.

(3) 노동자의 경영참여운동

노동자의 경영참여운동은 당시의 사회환경하에서 조합이 시도한 일종의 타협적 성격의 운동으로서 사용자에게 임금인상과 근로조건의 개선, 무엇을 생산하고 생산된 제품을 어디에서 얼마에 판매할 것인지, 생산조직과 생산방법 등 경영 전반에 대한 사항을 조합과 협의할 것을 제의하고 이를 관철하기 위한 활동이다.[62]

그러나 미군정 관리 기업하에서 이러한 노동자 측의 요구는 모두 거부되었다. 그 이유는 고용조건과 관계없는 조합의 요구를 배제함으로써 모든 조합활동을 철저한 경제적 조합주의(경제적 조합주의란 일반적으로 노동조합을 중심으로 굳게 단결하여 직접적인 근로조건 기타 근로자의 대우 등을 노동자에게 유리하게 전개시키는 것에만 국한하여 노동운동을 전개하는 것을 말한다)[63]로 유도하고 특히나 경영권을

---

[62] 박영기 · 김정한, 『한국노동운동사 3: 미군정기의 노동관계와 노동운동(1945~1948)』, 지식마당, 2004, 449쪽.

[63] 김낙중, 『한국노동운동사(해방후 편)』, 청사, 1982, 25쪽.
이 책에서 김낙중은 『조합주의적 노동운동이란 노동자들이 노동조합을 중심으로 굳게 단결하기만 하면 노동력상품의 거래조건은 노동자에게 유리하게 할 수 있으며 그렇게 하면 노동자들이 생산수단을 소유하지 못하는 데서 오는 불이익은 모두 해결될 수 있다는 신념에 기초한 것이다. 그러나 실업자가 범람하고 기업들이 치열한 경쟁에서 다수가 도산(倒産)하는 사회 · 경제적 조건하에서는 노동조합에 의한 강력한 거래력(去來力)만으로는 노동문제가 해결될 수 없다는 현실에 부닥치게 되고 그러했을 때 자본주의에 대한 수정이나 변혁이 요청되고 그 결과 노동운동도 수정자본주의적 노동운동의 대두가 불가피하게 된다』라고 말하고 있다(김낙중, 『한국노동운동사(해방후 편)』, 청사, 1982, 25~26쪽).
결국 김낙중의 견해에 의하면 조합주의적 노동운동이나 경제적 조합주의란 자본의 소유관계를 부정하지 않는 한도 내에서의 노동운동으로 보고 이러한 운동을 '수정자본주의적 노동운동'과 '사회주의적 노동운동'과 구별하고 있지만, 실질적으로 경제적 조합주의운동을 강조하는 입장을 평가해보면 그들은 광범위한 사용자의 독자적인 경영권을 강조하면서 노동운동의 대상을 경제적인 부분이면서도 가장 직접적인 근로조건과 관계된 부분으로 그 범위를 최소화하고 있다는 점이 주요한 특징으로 나타나기 때문에 김낙중의 견해에 따른 구별도 정확하진 못한 것 같다.
필자는 경제적 조합주의를 주장하는 이들이 공통적으로 보이는 주요한 속성에 주목하여 '독자적인 경영권의 강조, 근로조건에 직접 관련된 사항만을 노동운동의 대상으로 파악하는 주의이다'라고 정의하고 싶다.

기업인의 권한이며 영역임을 명시함으로써 시장경제질서를 조성하려는 것이 당시 미군정 노동정책의 핵심이었기 때문이다.[64]

노동자의 경영참여를 부정하는 미군정의 노동정책은 노동부가 각 지방노동행정 담당관에게 시달한 공문에서도 확인되는데 1947년 5월 29일 노문(勞文) 제184호 「노동조합운동의 지도에 관한 건」의 지시문 중 제4항에 "노동조합 또는 조합원의 다음과 같은 행위는 그 권한 이외의 것임을 이해할 것 첫째, 기업주 또는 정당한 대표 혹은 그 대리인의 기업경영의 정당한 권리행사를 간섭, 억압 또는 강제하는 행위, 특히 피고용인의 채용, 해고 등 인사권은 기업경영권의 일부로 노동조합이 이에 간섭하지 못하도록 할 것"으로 규정하고 있다.[65]

현대 자본주의 사회에서 종속노동의 양상은 개별사용자에 대한 종속노동을 뛰어넘어 국가가 노동시장에 노동입법이나 노동정책 등으로 적극 개입함으로써 오히려 종속노동이 유지·강화되고 있다. 따라서 종속노동의 문제점을 인식하고 종속노동의 폐해를 극복하기 위하여 등장한 노동법의 이념상 노동관계에서 제기되는 요구나 투쟁 등은 근로자의 종속노동의 지위에 영향을 주는 제반 문제로 확대될 수밖에 없다. 따라서 노동대중의 요구는 근로조건 및 근로자의 대우에 관한 개선뿐만 아니라 근로조건과 직·간접으로 관련되는 모든 요구로 확대되고 특정 시기에는 정치투쟁 자체도 허용되는 것으로 보아야 하기 때문에 경영참여운동은 그 목적상 정당하다. 따라서 전평이 실시한 '경영참여운동'을 자본가의 경영권을 전면적·근본적으로 침해하는 것으로 바라본 미군정의 태도는 문제가 있다.

---

64) 박영기·김정한, 『한국노동운동사 3: 미군정기의 노동관계와 노동운동(1945~1948)』, 지식마당, 2004, 450쪽.
65) 박영기·김정한, 『한국노동운동사 3: 미군정기의 노동관계와 노동운동(1945~1948)』, 지식마당, 2004, 451쪽.

(4) 산업건설협력방침

노동자 공장자주관리운동이나 노동자의 경영참여 요구는 군정노동
정책과 처음부터 갈등의 원인이 되었지만 전평에서 전개한 산업건설
운동은 산업재건을 중시하던 미군정의 경제사회정책에 부합되는 운동
이다.[66] 전평은 산업건설을 적극 지원하기 위한 일련의 행동지침을 채
택하였는데 그중 중요한 내용은 첫째, 파업은 수단이지 목적이 아니기
에 양심적이고 건전한 생산업체에서는 파업이 아니라 생산에 적극 협
력해야 함 둘째, 조선의 자주독립을 지원하는 미소 양국군에 대하여 적
극 협력함 셋째, 비양심적 악덕 모리배를 박멸하고 양심적인 민족자본
가와 협력하여 불황을 타개함이다.[67]

이와 같은 전평의 운동방침에 대하여 전평조직의 성격을 분석한 미
군정의 한 기록은 전평이 전체적으로는 좌익이지만 민주적 원리가 실
천 및 유지되고 있는 점을 감안하면 전평이 "당노선(party-line)의 조직
은 결코 아니다"라고 분석하고 있는데,[68] 이것은 전평을 좌익의 당정치
조직과 동일하게 파악하여 노동조합의 정체성을 부정하는 많은 비판
적 의견이 타당하지 않다는 것을 보여준다.

또한 전평은 오히려 산업건설을 위한 일련의 행동방침에서 "조선의
자주 독립을 지원하는 미소 양국군에 대하여 적극 협력함"이라고 한 것
처럼 미군정을 초기에는 적대시하지 않은 것으로 보인다. 오히려 1946
년 5월 동양방적쟁의 후 미군정이 보여준 전면적인 전평 부정 및 1946

---

66) 박영기 · 김정한, 『한국노동운동사 3: 미군정기의 노동관계와 노동운동(1945~1948)』, 지
   식마당, 2004, 452쪽.
67) 박영기 · 김정한, 『한국노동운동사 3: 미군정기의 노동관계와 노동운동(1945~1948)』, 지
   식마당, 2004, 452쪽.
68) 박영기 · 김정한, 『한국노동운동사 3: 미군정기의 노동관계와 노동운동(1945~1948)』, 지
   식마당, 2004, 453쪽.

년 9월총파업 투쟁에서의 전평탄압의 노골화로부터 미군정에 대하여 적대적인 태도로 그 방침을 변경한 것이라고 보인다.

2. 대한노총의 설립, 강령, 성격

1) 대한노총의 설립배경

대한노총의 설립은 대한독립촉성전국청년연맹(이하 '독청'이라 함)의 활동을 통해 성립되었기 때문에 대한노총의 성립과 그 성격을 이해하기 위해서는 독청의 성립배경과 성격을 이해하지 않으면 안 된다. 독청은 1945년 12월 21일 좌익청년단체 통합체인 '조선민주청년동맹'이 결성되자 이에 대응하기 위해 우익정치세력이 주도하여 결성된 조직으로서 특히 '신탁통치' 문제로 국론이 양분되자 반탁운동을 전개하기 위해 결성한 우익 정치세력단체인데 독청의 강령은 당시 8·15 이후 전 민족적 요구였던 일제와 그 잔존세력인 친일파척결 등의 구체적 요구가 결여된 추상적이고도 모호한 자주독립, 민족공생에 근거한 민주정권 등이었다.[69]

대한노총 창립의 기초적 상황은 당시 군정청광고국 노동과 직원이며 후일 군정의 초대 노동부차장을 역임한 박택의 증언에서 엿볼 수 있는데, 박택은 당시 독청 청년부장이며 공장을 운영하던 기업인 김구(金龜)로부터 1946년 정월 전평에 대항하여 우익사상을 지닌 사람도 노동조합운동을 할 수 있는가에 대해 문의를 받았다.[70] 이에 우익세력에 의한 조합결성을 적극 찬성했던 박택은 김구(金龜)에게 조합결성을 권

69) 박영기·김정한, 『한국노동운동사 3: 미군정기의 노동관계와 노동운동(1945~1948)』, 지식마당, 2004, 455~456쪽.
70) 박영기·김정한, 『한국노동운동사 3: 미군정기의 노동관계와 노동운동(1945~1948)』, 지식마당, 2004, 459쪽.

장했고 노조결성방법과 노조가 반드시 갖추어야 할 요건의 설명 기타 필요한 자료를 주었다.[71]

그런데 중요한 문제는 이 당시 김구(金龜)는 경영자이고 노동자들이 공장자주관리운동의 일환으로 공장접수를 시도하자 이에 대한 대응을 하기 위해 박택을 만난 것으로써, 사실상 김구(金龜)는 노동자의 이해나 이익과 상반되는 경영자로서 사용자였던 점에서 노동조합의 요건 충족과 상반되고, 그런 만큼 대한노총의 노동조합성에 관한 정체성의 문제가 제기된다.[72]

어쨌든 이러한 배경하에 1946년 3월 10일 서울 시천교당(侍天敎堂)에서 우익 민족진영 지도자(김구, 안재홍, 조소앙 등)의 참석 아래 대한노총이 창립되었고 독청 출신 홍윤옥을 위원장으로, 이일청, 김구(金龜), 이찬우를 부위원장으로 선출하였다.[73] 1945년 12월의 독청결성은 대한노총결성의 예고였고 당시의 정치적 상황은 반탁운동이 확산되는 과정이었기 때문에 1946년 2월 1일 출범한 '비상국민회의'와 '반신탁통치 제 세력 통일전선'의 등장은 대한노총의 결성 시기를 앞당기는 역할을 하였다.[74]

2) 대한노총의 선언문과 강령

대한노총 선언문의 주요 내용은 '민주정치하에 균등사회'를 건립하

71) 박영기 · 김정한, 『한국노동운동사 3: 미군정기의 노동관계와 노동운동(1945~1948)』, 지식마당, 2004, 459쪽.
72) 박영기 · 김정한, 『한국노동운동사 3: 미군정기의 노동관계와 노동운동(1945~1948)』, 지식마당, 2004, 460쪽.
73) 박영기 · 김정한, 『한국노동운동사 3: 미군정기의 노동관계와 노동운동(1945~1948)』, 지식마당, 2004, 460쪽.
74) 박영기 · 김정한, 『한국노동운동사 3: 미군정기의 노동관계와 노동운동(1945~1948)』, 지식마당, 2004, 459쪽.

는 것이었고 강령은 "민주주의와 신민주주의(新民主主義)의 원칙에 따라 건국에 이바지 함, 완전독립과 건국을 위해 자유노동과 총력을 발휘하여 헌신 함, 심신을 연마하여 진실한 노동자로서 국제 수준의 질적 향상을 도모함, 혈한불석(血汗不惜: 피와 땀을 아끼지 않음)으로 노자(勞資)간 친선에 이바지 함, 전국노동조합의 통일을 이룩함"이다.[75]

대한노총은 노동조합의 목적이 근로조건의 유지개선 및 노동자의 지위향상이라고 했을 때 근로조건의 유지개선이라는 구체적 요구를 전혀 제기하고 있지 못하고 있고 전평이 전반적으로 좌익세력에 영향받는 노동조합일지라도 일제 시기 동안 줄곧 노동에서 제기되어 온 8시간 노동제의 요구, 최저임금제의 확립, 유급휴가의 실시, 14세 미만 유년(연소)노동자 고용금지 등의 구체적인 요구들을 강령으로 구체화시키고 있는 점과도 구별된다.

3) 대한노총의 성격

대한노총의 성격은 2차대전 종전 후 일본의 새로운 노동정책을 강구하기 위해 1946년 6월 일본에 파견된 미국의 노동문제전문가(미국 전시노동위원회위원) 중 서울을 방문한 일부 위원이 당시 대한노총 최고 지도층이었던 홍윤옥과 김구(金龜) 등과 면담한 후 대한노총을 분석한 기록문서에서 단적으로 확인된다. 그 문서의 주요 내용은 다음과 같다.

"첫째, 대한노총에서는 회원 노동조합이 경영 측과 단체협약을 체결하는 것을 부적절한 처사라고 보고 있음. 둘째, 조선이 독립되면 대한노총도 해체될 것이라고 판단하고 있음. 셋째, 대한노총에서는 임금,

---

75) 박영기 · 김정한, 『한국노동운동사 3: 미군정기의 노동관계와 노동운동(1945~1948)』, 지식마당, 2004, 460~461쪽.

작업시간, 또는 그 밖의 노동조건개선과 연관된 정책을 수립하거나 강구한 일이 없음. 넷째, 대한노총이나 그 하부조직(local unions) 대표가 경영 측과 임금이나 고용조건에 관해 협의한 일도 없고 임금인상을 원하지도 않으며 이 시점에서 노동자들이 경영 측에 임금인상을 요구하는 것 자체가 부당한 일이라고 생각하고 있음. 다섯째, 대한노총 또는 지부 간부일 경우 작업일, 주당 작업시간, 그 밖의 노동조건에 관하여 지금까지 경영 측과 토의한 일이 없고 원칙적으로 일당 노동시간이나 주당 작업시간을 제한하여서도 아니 되며 필요할 경우 하루 24시간이라도 노동해야 한다고 하거나 나아가 현 임금 수준이 전체적으로 생계비를 충당하는 데 충분하다고 판단하고 있음"이라고 분석했다.[76]

이 같은 '반노동조합주의적 성격'을 이유로 미국의 노동문제전문가는 대한노총을 더 이상 활동하지 못하도록 금지시킬 것을 미군정 당국에게 요구했는데, 이는 결국 대한노총이 '우익세력의 급조된 반조합주의적 정치단체'였음을 밝힌 것이다.[77]

3. 전평과 대한노총에 대한 미군정의 태도

미군정청 노동부는 전평을 좌익정치집단에 의해 통제되는 집단으로, 그리고 대한노총을 극우집단(extreme rightist groups)이 구성한 정치조직으로 파악하고 있었는데, 이는 미군정에게 두 집단이 모두 정치적인 성격이 강한 조직으로 파악되고 있었던 것을 보여준다.[78] 그러나 전평

---

76) 박영기·김정한, 『한국노동운동사 3: 미군정기의 노동관계와 노동운동(1945~1948)』, 지식마당, 2004, 462~463쪽.
77) 박영기·김정한, 『한국노동운동사 3: 미군정기의 노동관계와 노동운동(1945~1948)』, 지식마당, 2004, 463쪽.
78) 조순경·이숙진, 『냉전체제와 생산의 정치: 미군정기의 노동정책과 노동운동』, 이화여자대학교출판부, 1995, 118쪽.

과 대한노총을 모두 똑같은 정치집단으로서 동등하게 평가하려고 했던 것인가를 살펴보면 전혀 그러하지 않았다. 오히려 전평은 미군정으로부터 실제로 극심하게 탄압받았지만 대한노총은 미군정에 의해서 체계적으로 육성되었다는 느낌까지도 받게 된다.

그렇다면 전평을 탄압했던 미군정의 실제 의도는 무엇일가가 문제된다. 전평에 대한 미군정의 태도에 대해서는 한편으로 미군정의 좌익세력에 대한 탄압의 와중에서 전평이 그들이 갖고 있는 '특정한 정치적인 성향(좌익성)'에 의해 미군정 당국에 의해 탄압받았다는 입장과 다른 한편으로 미군정 당국이 의도하는 '노동조합주의의 실현'에서 벗어났기 때문에 전평이 탄압받았다는 입장으로 나뉘진다.

전평이 그들이 내세우는 특정 정치적인 성향, 즉 좌익세력으로 규정됨으로부터 탄압받았다는 입장(9월총파업 음모설)은 다음을 근거로 든다. 첫째, 미군정이 1946년 9월에 철도쟁의가 일어났을 때, 철도노조를 교섭상대로 인정하지 않음으로써 스트라이크를 유발하고 전평을 철저하게 탄압함과 함께 '스토깨기'로서 대한노총을 내세워서 전평을 완전히 배제하는 절호의 기회로 삼았던 것과 둘째, 이는 1946년 9월 철도쟁의 이전에 일어난 동양방적쟁의(1946년 5월 발생)에서의 노동국의 약속배반으로부터 이어지는 고도로 의식적인 전평궤멸의 미군정 음모였다는 것이다.[79]

이에 대해 상반되는 입장은 미군정의 진정한 의도는 전평탄압에 있었다기보다 노동조합주의적 노동운동의 틀 안에 전평을 묶어 두려는 것이었고 그러한 대응의 와중에서 미군정은 조합주의적 노동운동의 싹을 대한노총에서 찾게 되었다는 것이다.[80]

[79] 金三洙, 『韓国資本主義国家の成立過程(1945~53年): 政治体制, 労働運動, 労働政策』, 東京大學出版会, 1993, 75~76쪽.

9월총파업 음모설에 대해서 반대견해는 다음과 같이 비판하고 있다. 첫째, 미군정이 9월총파업에 대한 예지와 그에 대한 준비를 시행하고 있었다는 점에 대한 근거가 희박한 점 둘째, 9월총파업 음모설은 1946년 8월 말의 시점에서 쓰인 미군정공보부의 보고를 중요한 근거로 활용하고 있는데, 그 주요한 내용은 "만일 노총이 계속 리더십이 결여되고 경영 측과의 교섭적 지위를 확보하는 데에 하나의 시험케이스를 시도하지 않으면 노총은 조선의 노동자로부터 실질적 지위를 유지 내지 획득하는 것이 불가능 할 것이다"라는 내용이지만, 이 내용은 미군정의 '대한노총 지지와 동시에 전평을 제거할 방법에 대한 논의지침'이기보다는 '일반적인 두 개의 노동조직에 대한 평가에 기초한 분석'으로 보아야 한다는 점을 그 이유로 든다.[81]

그러나 미군정이 9월총파업에 대한 예지와 그에 대한 준비를 시행하고 있었다는 점에 대한 근거가 명확하지 않은 것은 사실이지만 미군정공보부의 보고를 막연한 '일반적인 두 개의 노동조직에 대한 평가에 기초한 분석'으로만 평가할 수는 없다. 왜냐하면 1946년 5월에 일어났던 동양방적쟁의 시 미군정은 타협의 결과 나온 '동양방적쟁의의 타협방안'을 전면 뒤집어서 실행하지 않음으로써 동양방적쟁의를 이끈 전평을 전면적으로 부정하였고, 또한 1946년 9월파업(철도쟁의)시 철도경성공장 노동자들의 식량지급 등의 요구에 대해 경찰과 우익청년단체들을 동원하여 파업가담자를 연행·제압함으로서 사실상 철도국경성공장의 전평조직을 실질적으로 와해시켰기 때문에 미군정의 전평과 대한노총에 대한 태도는 전평에 대한 탄압·배제의 관점에서 이해될

---

80) 조순경·이숙진, 『냉전체제와 생산의 정치: 미군정기의 노동정책과 노동운동』, 이화여자대학교출판부, 1995, 127쪽.
81) 조순경·이숙진, 『냉전체제와 생산의 정치: 미군정기의 노동정책과 노동운동』, 이화여자대학교출판부, 1995, 122~123쪽.

수밖에 없다.[82] 그러하다면 9월총파업 음모설에 대한 반대견해처럼 미군정공보부의 보고를 '일반적인 두 개의 노동조직에 대한 평가'로서 안이하게 해석하는 것은 문제가 있다.

미군정의 9월총파업 음모설은 그 음모설을 확신할 수 없다하더라도 미군정이 전평에 대한 고도의 적대적 인식 속에서 전평을 궤멸시키려고 했던 의도가 있었다는 것만큼은 존재하였다고 보인다. 그 이유는 다음과 같다.

첫째, 미군정이 주장하는 일체의 정치투쟁을 전면 배제한 완전무결한 경제투쟁적 노동조합주의는 오늘날의 노동운동이론에서도 타당하지 않으며[83] 더구나 당시 조선의 상황에서는 일제식민지지배하에서 고도의 억압과 착취가 진행되었고 그러한 일제와의 반제투쟁 속에서 노동운동이 발전해온 사실에서 볼 때, 당연히 노동조합운동이 민족해방이나 자주독립국가 실현의 운동과 결합될 수밖에 없었고 따라서 '정치적 성격'을 띨 수밖에 없었음을 이해해야 한다. 나아가서 미래의 국가정치체제가 결정되어질 8·15 이후의 긴박한 정치 정세하에서는 노동운동이 그 동안의 압제적 요소인 일제잔재 및 친일파 청산요구, 임시정부 수립을 통한 자주독립국가수립의 요구, 통일된 민족국가수립의 요구 등 정치투쟁과 긴밀하게 결합될 수밖에 없었다. 따라서 노동조합이 일반적으로 근로조건의 유지·개선을 통한 노동자의 경제적·사회

[82] 뒤의 미군정기 노동운동에서 '동양방적공사쟁의'와 '9월총파업' 참고.

[83] 노동자·노동조합의 정치투쟁에 찬성하는 입장에서 주요하게 제시하는 이유는 첫째, 노동자의 정치참여는 민주주의 사회에서 반드시 인정되는 노동자의 기본권에 속하기 때문에 허용되어야 하고 둘째, 정치와 경제가 밀접하게 결합되어 있는 현대 자본주의, 즉 국가독점자본주의의 사회에서는 경제영역에서의 활동만으로는 노동자의 임금인상 및 노동조건 개선은 물론 물가·세금·교육·환경 등 생활여건 개선을 실현하는 데에 명백한 한계가 있기에 정치투쟁이 당연히 인정되어야 한다고 한다(정영태, 「노동자의 정치참여 논쟁」, 『논쟁으로 본 한국사회 100년』, 역사비평사, 2007, 391쪽).

적 지위향상에 그 목적이 있다 하더라도 그러한 경제적 요구투쟁과 더불어 긴박하고도 중요하게 요구되는 정치투쟁이 결합되는 방향으로서 노동조합활동이 전개되는 것은 필연적이고도 당연했다고 이해해야 한다.

둘째, 대한노총에 대한 성격을 분석해보면 미군정의 의도는 보다 더 정확히 드러난다. 대한노총은 탄생 과정과 그 성격에서 볼 때 오로지 전평에 대립하고 전평을 타도하기 위해 등장한 고도의 우익정치단체였을 뿐이다. 노동자의 지위를 개선하고자 하는 일체의 요구를 전혀 갖지 않았었던 창립 당시의 강령의 한계, 지도부인 김구(金龜)가 사용자의 지위를 갖고 있었던 점, 그리고 창립 당시 군정청 광공국 노동자 직원이며 후일 군정의 초대 노동부차장을 역임한 박택이 우익인사에 의한 조합결성을 김구(金龜)에게 적극 권장하고 이를 도와준 상황에서 대한노총이 창립되었다는 사실에서도 이는 명백하다.[84]

만약 '정치성' 그 자체가 문제였다면 그래서 '노동조합주의의 실현'을 미군정이 진정 목적하였다면 그 대상은 오히려 대한노총이었어야 했다.

셋째, 전평이 좌익이 주도하는 노동조합이라는 사실에서부터 1945년 8·15 이전의 역사적 사실을 사상한 채 8·15 이후의 제한된 시간의 범위에서만 우익의 정치단체였던 대한노총과 동등하게 평가할 수 없다. 이것은 8·15 이후 인민공화국이 좌익에 의해 주도되었던 것과 똑같이 이해되어질 수 있는데, 그들은 대부분 일제강점기에 목숨을 내걸고 일제와 싸워왔던 활동가들이었다는 점이다. '똑같이' 정치적이었다는 식의 단순한 비교는 구체적인 역사를 배제하는 오류를 드러내는 것이다. 인민공화국도 전평도 당시 광범한 대중들의 지지 속에서 등장하였고 대중의 신뢰를 받았던 사실은 중요하고, 그러하기에 전평은 대한노총

---

84) 박영기·김정한,『한국노동운동사 3: 미군정기의 노동관계와 노동운동(1945~1948)』, 지식마당, 2004, 459쪽.

과 구별된다.

넷째, 미군정의 의도는 하지 장군의 첫 석 달간의 점령에 관한 주목할 만한 보고서의 요약에서 나타난다. "미국의 한국점령은 정치·경제적 나락의 벼랑에까지 이르고 있음이 확실한데 이런 표류를 멈추기 위해서는 매우 가까운 장래에 국제적인 차원에서의 적극적인 행동이나 남한에서의 완전한 주도권 장악이 필수 불가결하다"[85]는 이 글은 미군정의 이해가 주요하게 드러난다. 미군정은 한국의 개혁이나 미래에 대한 국민들의 정당한 요구에 주목했던 것이 아니라 한반도에서의 그들의 확고한 지위를 위한 확실한 주도권 장악이 필요했고 그를 위해 모든 것을 제치고 친일우익세력과 손을 잡았던 것이며, 결국 이승만-한민당과의 결속, 조선인민공화국의 해체, 전평의 몰락, 대한노총에 대한 옹호, 남한만의 단독정부 수립은 당연한 귀결이었다.

제3절 미군정기의 노동운동

1. 동양방적공사 인천공장 노동쟁의

일본인 소유였던 동양방적공사는 군정실시와 함께 귀속업체로 구분되어 소유권은 물론 그 운영도 미군정이 직접 전담한 이른바 군정관리업체였고 동양방적 인천공장의 노동자들은 전평섬유노조동양방적 인천공장분회를 결성하였는데 이 조직은 당시 인천지역 내 대표적인 전평 산하 조직이었다.[86]

---

85) 브루스 커밍스(김동노 외 역), 『브루스 커밍스의 한국현대사』, 창작과 비평사, 2002, 280~281쪽.

동양방적노동쟁의는 노동자들이 1946년 5월 노동절행사에 참가하기 위해 집단적으로 결근하자 이에 대신하여 회사에서 휴일인 5월 5일에 대체근무할 것을 지시하고 노동자들이 이에 불복하여 제기된 노동쟁의인데, 회사에서는 조합이 태업을 주도하였다는 이유로 조합임원을 경찰에 고발하였고 뒤이어 경찰에서는 이들을 연행함으로써 분쟁이 확산되었다.[87] 그런데 회사에서는 종업원에게 전평을 탈퇴하고 대한노총에 가입할 것을 요구했고 그 후 핵심조합임원을 해고하자 이 같은 분쟁은 정식 노동쟁의로 확산된다.[88] 그러나 다시 국면이 전환되어 군정 측에서 타협책[89]을 제시하여 전평도 이에 합의하였지만 결국 이러한 타협안이 군정 측에 의해 실행되지 않았고 전평은 군정이 제시하는 쟁의 조절절차를 전적으로 불신·파업 등의 초강경 노선으로 선회하게 된다.[90]

왜 동방쟁의에서 미군정은 타협방안을 이행하지 않았을까? 동방쟁의의 타협방안은 해고된 노동자의 구제 및 전평조직의 대표성을 인정하는 전제하에서 나온 것이었지만 결국 이것이 이행되지 아니하고 해고무효의 기각, 회사 내에서 새로 결성된 대한노총을 회사 내 모든 종

86) 박영기·김정한,『한국노동운동사 3: 미군정기의 노동관계와 노동운동(1945~1948)』, 지식마당, 2004, 546쪽.
87) 박영기·김정한,『한국노동운동사 3: 미군정기의 노동관계와 노동운동(1945~1948)』, 지식마당, 2004, 620쪽.
88) 박영기·김정한,『한국노동운동사 3: 미군정기의 노동관계와 노동운동(1945~1948)』, 지식마당, 2004, 620쪽.
89) 조합활동을 사실상 부정하던 지금까지의 조합활동규제정책에서 벗어나 경제적 조합주의를 수용, 자유로운 노사교섭을 적극 권장하는 노동정책을 표명하였고 따라서 조합활동을 이유로 해고된 노동자문제를 중앙노동조정위원회의 심의를 거쳐 이를 구제하고 조합 측에서 제시한 그 밖의 요구는 단체교섭을 통해 해결하기로 하였다(박영기·김정한,『한국노동운동사 3: 미군정기의 노동관계와 노동운동(1945~1948)』, 지식마당, 2004, 620~621쪽).
90) 박영기·김정한,『한국노동운동사 3: 미군정기의 노동관계와 노동운동(1945~1948)』, 지식마당, 2004, 621쪽.

업원을 대표하는 합법적인 조직으로 승인하는 행위를 함으로서 전평을 전면 부정하는 것으로 되었다. 이러한 태도는 미군정하에서 당시 새로이 제정된 법령 제97호가 결국은 전평을 배제하고 대한노총을 지원하기 위해 마련된 것임을 확인하게 해 준다.[91]

2. 9월총파업과 10월항쟁

전평의 1946년 9월총파업은 철도국경성공장의 노동자들이 식량을 확보하기 위해 군정에 식량지급을 요구하자 군정 당국에서는 조합명의의 문서는 접수할 수 없다는 이유로 조합에 이를 반송한 것이 발단이 되어 일어난 노동쟁의이다.[92] 생존을 보장받기 위한 조합의 이 같은 제의에 대해 군정 당국이 계속 무성의하게 대응하자 이에 격분한 철도노동자들은 파업을 강행하게 되었고 전평지도부에서도 '남조선총파업회원투쟁위원회'를 결성하는 등 이들 철도노동자의 파업을 적극 지원하기 시작하였으며 사태가 특히 전국적으로 확산되자 군정에서는 경찰과 우익청년단체들을 동원하여 파업참가자를 연행·제압하였고 그에 따라 서울지역에서의 파업은 진정되기 시작하였다.[93] 그러나 전평 산하의 노동조합이 동정파업을 결행하고 일부 시민들도 가세하게 됨으로써 9월총파업은 이른바 10월항쟁으로 이어지게 되었고 따라서 9월총파업은 단순한 고용조건이나 생활 수준을 개선하기 위한 통상적 의미의 파업과는 그 맥을 달리하는 쟁의행위로서 평가된다.[94]

---

91) 박영기·김정한,『한국노동운동사 3: 미군정기의 노동관계와 노동운동(1945~1948)』, 지식마당, 2004, 552쪽.
92) 박영기·김정한,『한국노동운동사 3: 미군정기의 노동관계와 노동운동(1945~1948)』, 지식마당, 2004, 621쪽.
93) 박영기·김정한,『한국노동운동사 3: 미군정기의 노동관계와 노동운동(1945~1948)』, 지식마당, 2004, 621쪽.

특히나 지방에서 발생한 농민소요가 경찰서습격, 군정 내 친일조선인 협력자 등에 대한 집중적인 습격, 파괴 등으로 나타난 사실을 볼 때, 9월총파업과 10월항쟁은 친일파 청산, 민주적인 노동법의 제정 요구, 토지개혁 등 자주민주국가 수립을 요구한 민중의 열망을 외면한 친일보수세력 그리고 친일보수세력과 결합한 미군정에 대한 저항이었음을 알 수 있다.[95]

9월총파업과 10월 민중봉기가 미군정과 우익세력에 의해 철저히 진압된 후 그간 생산현장에서 계속 이어져 오던 전평과 대한노총 간의 대립과 경쟁은 좌익계열 노동운동가들의 검거·투옥(전평에 의하면 그 숫자는 무려 30,000명에 이른다) 속에서 끝이 나고 대한노총이 노동운동의 주도권을 장악하게 된다.[96]

3. 3월총파업

1947년 3월총파업은 전평 산하 '교통노조공동투쟁위원회'가 주동이

94) 박영기·김정한, 『한국노동운동사 3: 미군정기의 노동관계와 노동운동(1945~1948)』, 지식마당, 2004, 621~622쪽.

95) 브루스 커밍스는 미군정사가 9월총파업과 10월항쟁의 원인을 '공산당의 조종'이라고 파악하고 있지만 9월총파업이 10월항쟁으로 확산된 것은 농민들을 중심으로 한 전 민중적 분노가 원인이 되었기 때문이라고 주장한다(브루스 커밍스(김자동 역), 『한국전쟁의 기원』, 일월서각, 2001, 463쪽).

96) 박영기·김정한, 『한국노동운동사 3: 미군정기의 노동관계와 노동운동(1945~1948)』, 지식마당, 2004, 622쪽.
9월총파업이 일어났던 경성전기파업 이후의 상황은 대한노총이 노동운동의 주도권을 장악하게 되는 상황을 잘 보여준다. 1946년 11월 22일 경성전기 내에는 새로운 노동조합이 결성되는데(경성자치노동조합) 이 자치노조는 당시 중간노선을 취한 '전국노농총연맹'에 가담하고 있었고 1947년 4월 단체교섭권을 갖기 위한 선거에서 승리하기 위해 그때까지 거의 세력이 없었던 대한노총과 합병하였으며 대한노총인가 아니면 무노조(no union)인가의 선택결정을 통해 대한노총이 86%의 투표 지지를 얻어서 경성전기유일의 단체교섭기구로 인정된다(조순경·이숙진, 『냉전체제와 생산의 정치: 미군정기의 노동정책과 노동운동』, 이화여자대학교출판부, 1995, 124쪽).

되어 구속된 전평간부의 석방 등을 요구하며 전국 모든 산하조직에 24시간 시한부파업을 감행할 것을 지시함으로써 일어난 파업으로 1946년 9월에 강행되었던 총파업에 비해 파업참여 노동자나 조업중단 사업체 수 등 모두에서 상대적으로 규모가 작은 파업이었지만 파업으로 인한 사회적 혼란은 오히려 극심하였던 것으로 파악된다.[97]

예상하지 못했던 상황 속에서 전개되었던 9월총파업과는 달리 3월총파업의 경우 군정 당국이 파업을 예상하고 이에 체계적으로 대응함으로써 조업 중단 시도는 대부분 사전에 저지되었고(『동아일보』에 의하면 파업으로 인해 검거된 가담자수는 전국적으로 2,000여 명에 이른다) 파업으로 인한 소요도 비교적 빨리 진압되었다.[98]

4. 2·7 및 5·8총파업

1948년 2·7파업 및 5·8총파업은 남조선에 단독정부를 수립하려는 미군정의 대 조선정책에 정면으로 반대하기 위해 전 조직을 동원하여 전평에서 최후의 반격을 시도한 본질적인 정치파업이다. 2·7파업은 남조선에 단독정부를 수립하기 위한 총선준비를 위해 국제연합 한국위원단이 방한하는 것을 반대하여 1948년 2월 7일 전평이 감행한 정치목적의 파업으로 9월총파업이나 3월총파업과는 달리 처음부터 정치적 요구로 일관된 파업이었다.[99]

그리고 5·8총파업은 국제연합(UN)총회의 결의에 따라 남조선에 단

---

[97] 박영기·김정한, 『한국노동운동사 3: 미군정기의 노동관계와 노동운동(1945~1948)』, 지식마당, 2004, 622쪽.
[98] 박영기·김정한, 『한국노동운동사 3: 미군정기의 노동관계와 노동운동(1945~1948)』, 지식마당, 2004, 622~623쪽.
[99] 9월총파업은 경제적 파업에서 시작되어 정치파업으로 전환된 파업이고 3월파업은 경제적 요구와 정치적 주장이 동시에 주장된 파업이다.

독정부를 수립하기 위한 5·10총선거를 반대하기 위해 강행한 파업으로 전평에서는 잔존조직을 총동원하여 단독정부 수립을 저지하기 위해 최종적인 집단투쟁을 강행하였고 5·8총파업은 2·7파업의 경우와 같이 파업 즉시 모두 진압되었으며 전평은 5·8총파업 이후 사실상 거의 그 조직이 와해되어 대한노총이 남조선 모든 노동자를 대표하는 유일한 노동조직으로 자리 잡게 된다.[100]

제4절 미군정기의 노동법

미군이 남한을 점령할 당시에는 구체화된 노동정책은 가지고 있지 않았고 다만 해방 직후 확실히 일기 시작한 노동자들의 단체행동에 대해 군정은 일정한 대책을 취하지 않을 수 없었기 때문에 몇몇 법령과 지침을 내렸다. 여기에서는 단결권 및 단결활동상의 태도에서 가장 중요하게 미군정의 노동정책을 확인할 수 있는 군정법령 제19호 제2조 「노무의 보호」와 군정법령 제97호 「노동문제에 관한 공공정책(公共政策) 및 노동부설치」에 관한 규정을 주요하게 살펴보겠다.

1. 법령 제19호 제2조 「노무의 보호」

해방 후 계속된 사회경제적 혼란, 노동관계의 악화, 특히 빈번하게 발생하는 노동쟁의에 대응하여 미군정에서는 1945년 10월 30일 노동정책의 틀을 규정한 법령 제19호를 중대방송이라는 형식으로 공포하였

---

100) 박영기·김정한, 『한국노동운동사 3: 미군정기의 노동관계와 노동운동(1945~1948)』, 지식마당, 2004, 622~623쪽.

다. 당시의 사회적 및 경제적 혼란을 이용하여 어떠한 단체는 한국국민의 부(富)를 독점할 목적으로 근로자가 직장에 돌아와 근로하는 것을 방해하였던 관계로 동 법령 제2조 「노무의 보호」로서 이 문제를 해결하려는 것이었다.[101]

군정법령 제19호 제2조의 주요한 내용은 "첫째, 개인이나 집단으로서 직업을 순수(順受)하고 방해 없이 근무하는 권리는 이를 존중하고 보호할 것이고 이런 권리를 방해하는 것은 불법이라는 것 둘째, 공업생산의 중지 또는 감축을 방지함은 조선 군정청에서 민중생활상 필요불가결한 일이라는 것 셋째, 이 목적을 위하여 약속과 조건에 대하여 발생하는 쟁의는 군정청에 설치된 '조정위원회'에서 해결할 것이니 그 결정은 최후적이요 구속적이며 그 사건이 노동조정위원회에 제출되어 해결될 때까지 생산을 계속하여야 할 것이다"였다.[102]

군정법령 제19호 제2조에 대한 성격논쟁에서는 군정법령 제19호 제2조를 실질적인 '스트라이크의 금지법'이었다고 보는 견해와 '사실상의 단결금지정책'이었다고 보는 견해로 나뉜다. 실질적인 스트라이크금지법이었다고 보는 견해는 제2조 후단에서 모든 쟁의를 조정, 특히 강제중재에 회부하도록 규정하여 일체의 쟁의행위가 사실상 금지되었기 때문에 군정 초기의 노동정책은 '소극적으로 조합의 결성은 용인하였으나 노동쟁의는 억압하는 체제', 즉 '노동조합용인, 노동쟁의억압체제'였다고 주장한다.[103]

이에 대해 사실상의 단결금지정책이었다고 보는 견해는 다음의 두

---

101) 홍영표, 『노동법론』, 법문사, 1962, 66쪽.
102) 조순경・이숙진, 『냉전체제와 생산의 정치: 미군정기의 노동정책과 노동운동』, 이화여자대학교출판부, 1995, 87쪽.
103) 박영기・김정한, 『한국노동운동사 3: 미군정기의 노동관계와 노동운동(1945~1948)』, 지식마당, 2004, 263~264쪽.

가지를 주장한다. 첫째, '조정제도'에 의해 각 개인의 총화로서의 단결에 의한 파업조차 논리적으로 금지하고 있기 때문에 이는 단결의 방임보다도 낮은 단계의 노동정책으로서 노동조합 그것 자체를 불법화하지 않는 정도에서 모든 노조활동을 금지시키는 '사실상의 단결금지' 정책체계였다는 것이다.[104] 둘째, 1945년 10월 30일 군정법령 제19호 제2조가 공포된 이후 1946년 5월 6일 발표된 군정법령 제19호에 대한 '사법부의 해석'이 본질적으로 단결금지를 표방하고 있다는 것이다. 그 해석에서는 "비상조치로서 노동자는 법령 제19호 제2조로 하여금 노동쟁의를 진행시키고 또한 노동조합주의의 인정된 방법을 이용할 특권을 탈실(奪失)했다"고 못 박고 있는 만큼 이는 '노동조합일반의 활동을 금지'시킨 것으로서 '사실상 단결금지정책'이었다고 주장한다.[105]

법령 제19호 제2조는 중요하게 군정청에 설치된 '조정위원회'를 통한 노동관계문제의 해결을 강제하고 있기에 이는 단순한 '노조활동방임' 차원이 아닌 국가권력에 의한 노조활동일반에 대한 개입강제로서의 성격을 갖는 것이고 따라서 사실상의 단결금지정책으로 이해되어야 한다. 그리고 법령 제19호 제2조에 대한 당시 사법부의 해석이 법령 자체의 형식적 규정이나 노동행정기구의 내부방침보다 본질적 의미를 갖기에 사법부의 해석을 통해 볼 때, '비상조치로 인해 노동조합주의의 인정된 방법을 이용할 특권이 빼앗겨져서 그 권리를 잃는 것'이라고 하고 있는 만큼, 이는 사실상 노조의 일반적인 활동을 금지한 것으로서의 '사실상 단결금지정책'이라고 평가해야 한다.

---

104) 金三洙, 『韓国資本主義国家の成立過程(1945~53年): 政治体制, 労働運動, 労働政策』, 東京大學出版会, 1993, 45쪽.
105) 金三洙, 『韓国資本主義国家の成立過程(1945~53年): 政治体制, 労働運動, 労働政策』, 東京大學出版会, 1993, 45쪽.

2. 법령 제97호

미군정은 1946년 7월 12일 새로운 노동정책으로서 시장경제질서의 조성을 위함과 동시에 '비상시국'이라는 명분을 내세워 지금까지 계속되어 온 조합활동과 노동쟁의를 금지하는 입장에서 벗어나 '민주노동조합을 적극 육성한다'라는 방침을 예고하였고 이어 7월 13일 법령 제97호를 발표하였다.[106] 새로운 노동정책을 규정한 법령 제97호는 모든 권고내용을 단 4개 조문에 요약하여 규정함으로서 법령이라기보다는 형식상 한시적 대응책을 정리한 비망록과 같은 모습을 띠고 있고 제1조 정책선포, 제2조 노동행정기구의 확충, 제3조 노동관계에 관한 감독권한, 제4조 처벌규정 등을 규정하고 있다. 법령 제97호의 가장 중요한 조항은 제1조 「정책선포」이고 그 내용은 다음과 같다.

"제1항은 민주적 노동단체의 육성을 지원한다. 제2항은 모든 노동자는 사용자나 그 대리인의 간섭을 받지 않고 자유적인 단체를 결성하고 이에 가입하거나 노동조합연합회를 조직 또는 가입하여 타 노동조합을 지원하거나 타 노동조합으로부터 지원을 받을 권리가 있으며 고용조건을 고용계약기관과 협의할 목적으로 스스로 선출한 대표자를 지명할 권리가 있다. 제3항은 사용자와 노동조합 간에 체결되는 임금, 노동시간, 그 밖의 고용조건이나 노사 간의 평화적 교섭은 이를 권장한다"이다.

법령 제97호는 이전의 법령 제19호 제2조와 다르게 '민주적 노동단체

---

[106] 이러한 새 정책의 배경은 좌우합작운동이라는 당시의 정치 상황과 무관하지 않았던 것으로 보인다. 좌우합작회담이 7월 25일 개최될 수 있었던 이유 중 하나는 좌측대표의 요구인 '노동조합억압정책'에 대한 시정을 군정이 약속하여 성사되었다 한다(박영기·김정한, 『한국노동운동사 3: 미군정기의 노동관계와 노동운동(1945~1948)』, 지식마당, 2004, 381쪽).

의 육성을 지원한다'라고 하여 노동조합의 인정을 실제화하고 있고 '고용조건이나 노사 간의 평화적 교섭은 이를 권장한다'라고 하여 노동조합활동 기타 단체교섭권을 보장함으로써 진전된 모습을 보인다.

법령 제97호 제1조의 규정은 미국의 전국노동관계법(National Labor Relations: 일명 와그너법(1935년 제정))의 제7조를 거의 그대로 이전하고 있는 것이 특징이다.[107] 좀 더 상세히 보면 우선 제1조의 규정은 적어도 사용자의 부당노동행위금지규정이나 단위교섭제 기타 배타적 교섭대표제가 미군정에 의해 정책수단으로 인정되어져 있던 것임에 틀림없고, 한편 제7조 규정과는 달리 '단체행동을 할 수 있는 권리'는 빠져 있는데 이 점은 단체행동권을 법인하려고 하지 않는 미군정의 입장을 단적으로 보여주는 것으로 평가된다.[108]

전평은 제1조 제2항에 규정된 '자율적 노동단체'란 사용자로부터의 자립이기보다는 '외부세력'으로부터의 자유를 상정하고 기존 조직에 대항할 수 있는 새로운 조직, 결국 전평에 대항하는 새로운 노동단체의 육성을 상정한 것이기 때문에 법령 제97호는 전평의 정상적인 조합활동을 방해하고 노동자의 대열을 분열시키는 데 주요한 목적이 있는 것이라고 신랄하게 비판하였다.[109] 사실상 이 법령이 공포된 후부터 노동조합의 조직이 증대되어 동일 사업장 내에 2개 내지 3개의 노동조합이 존재하는 현상이 속출하는 문제도 있었다고 한다. 어쨌든 이 법령의 공포로 노동문제에 관한 기본 정책이 법적으로 확립되어 단결권 및 노사 간의 집단적 교섭 기타 단결활동이 합법화되었던 것으로 평가된다.[110]

---

107) 金三洙,『韓国資本主義国家の成立過程(1945~53年): 政治体制, 労働運動, 労働政策』, 東京大學出版会, 1993, 68쪽.

108) 金三洙,『韓国資本主義国家の成立過程(1945~53年): 政治体制, 労働運動, 労働政策』, 東京大學出版会, 1993, 68쪽.

109) 박영기·김정한,『한국노동운동사 3: 미군정기의 노동관계와 노동운동(1945~1948)』, 지식마당, 2004, 383쪽.

3. 개별적 근로관계에서의 법령

첫째, 임금관련법으로서 1945년 10월 10일 공포된 법령 제14호 「일반
노동임금」이 있는데, 이 법은 미군정에서 제정한 근로기준에 관한 최
초의 법으로서 숙련정도에 따라 기본적인 임금의 틀을 제시하고 성·
연령·직위에 따라 사용자가 임금을 차등지급 할 수 있도록 허용하는
등의 규정을 제시하고 있었지만 물가가 계속 폭등함에 따라 그 효력을
두 달도 발휘하지 못하고 폐지되었다.[111]

둘째, 고용관련법규로서 1946년 9월 18일 미성년자를 보호하기 위해
법령 제112호 「아동노동보호법」을 제정·공포하여 14세 미만 아동의
고용에 대한 제한, 아동노동에 대한 최고노동시간 등을 규제하였지만
해방 후의 어려운 경제 여건상 그대로 실시하기가 어려워 그 적용을
5개월간 유보하여 단계적으로 실시하기로 하였고 이후 법을 집행하기
위한 행정상의 준비 부족으로 법실시가 사실상 불가능하게 되었고 법령
제112호의 일시정지가 공포되었으며 다시금 남조선과도정부 입법의원
에서 이 법령을 완화해서 「아동노동법」으로 대체하여 제정한다. 그러나
전력부족에 따른 비상사태로 인해 행정명령 제10호 「노동관련법규의
임시정지」가 공포됨으로써 최고노동시간, 아동노동법상의 일부 규정은
그 효력이 정지되어 사실상 유명무실한 노동법으로 남게 된다.

셋째, 기타 노동시간 관련 법규로 1946년 11월 17일 법령 제121호로
최고노동시간이 마련되어 최고노동시간을 주당 48시간, 최대잔업허용
시간을 주당 최대 12시간으로 제한하고 연장근로 시 할증임금을 지급

---

110) 하경효, 「한국노동법제에 관한 사적 고찰」, 고려대학교대학원 석사학위논문, 1976,
　　27쪽.
111) 박영기·김정한, 『한국노동운동사 3: 미군정기의 노동관계와 노동운동(1945~1948)』,
　　지식마당, 2004, 282~283쪽.

하도록 여러 가지 제한을 했지만 이 규정도 같은 행정명령 제10호에 의해 효력이 정지되어서 사문화되어 버렸다.

결국 8·15 이후 전개된 정치·사회적 혼란·취약한 경제 여건을 감안할 때 이들 개별적 근로관계법령은 현실과 괴리되는 내용이 많았고, 사용자들도 이들 법령을 준수하지 않았으며, 미군정의 법령 강행 의지도 없었기에 사문화되어 버려서 노동자들은 심각하게 부당한 처우를 받아야만 했다.[112]

제5절 소결

미군정기의 권력구조와 정치 상황, 노동운동, 노동법의 전제하에 당시의 노동조직인 전평과 대한노총을 중요하게 고려하여서 평가한다면 미군정기의 노동관계는 다음의 세 가지로 평가할 수 있다.

첫째, 미군정기의 노동관계는 '미군정의 전평궤멸화'라고 평가 할 수 있다. 특정 입장은 미군정의 전평에 대한 태도를 노동조합의 성격상 '정치성'을 배제하려는 '노동조합주의 그 자체의 실현'을 목적한 것이라고 주장하고 있지만 그 입장은 앞서 이야기된 것처럼 타당하지 않다. 우리나라는 일제식민지 치하에서 자유를 향한 민족해방투쟁과 긴밀하게 결합되어 노동운동이 전개되어 왔고 미래의 국가정치제제가 형성되어질 긴박한 상황에서 일제잔재 및 친일파청산 등을 요구하는 정치투쟁이 노동조합활동 속에서 긴밀하게 결합될 수밖에 없었다는 점에서 노동운동의 정치투쟁적 성격은 필요하고도 당연한 것이었다. 따라

112) 박영기·김정한, 『한국노동운동사 3: 미군정기의 노동관계와 노동운동(1945~1948)』, 지식마당, 2004, 300쪽.

서 일체의 정치성을 배제한 '노동조합주의'는 문제가 있고, 설령 노동조합의 정체성 문제에서 정치성 배제의 목적을 받아들인다고 해도 '정치성' 그 자체가 문제라면 노동조합조직에서 배제되어야 했을 대상은 오히려 대한노총이었어야 했다. 따라서 전평에 대한 미군정의 태도는 조합주의 그 자체의 실현이 아닌 남한 내에서 미국의 완전한 주도권 장악을 목적한 '전평궤멸화'라고 이해해야 한다.

둘째, 미군정기의 노동관계는 미군정에 의한 '대한노총의 적극적 육성'이었다고 평가할 수 있다. 미군정은 남한 내에서의 미국의 완전한 주도권 장악을 위해 조선 내의 기층 대중들의 지지를 받는 일체의 세력을 인정하지 않았고 이는 8·15 이후 일제잔재 및 친일파척결을 통해 전 민족의 정치적·경제적·사회적 기본 요구를 실현하려 했던 조선인민공화국을 부정하였던 것과 기층 노동자대중의 지지를 받고 아래로부터 조직된 전평을 부정하였던 것에서 단적으로 드러난다. 결국 미국의 남한 내에서의 완전한 주도권 형성을 위해 미군정은 친일파-이승만과 결탁했고 우익반공세력의 정치단체인 대한노총을 육성했던 것이다.

셋째, 미군정기의 노동관계는 일제강점기 자유를 향한 민족해방투쟁과 결합되어 전개되고 축적되어 온 노동운동의 단절화라고 평가할 수 있다. 일제통치시대에는 식민지정책의 강행으로 인하여 근대사회의 노사관계가 형성되기 어려웠지만[113] 그렇다고 해서 일제강점기의 노동운동이 존재하지 않았던 것처럼 판단하는 것은 오류이기에 일제강점기의 노동운동은 근대사회의 노동관계와 연결시키는 방향하에서 노동운동과 노동법의 역사 안으로 포섭되어야 한다.

---

[113] 하경효, 「한국노동법제에 관한 사적 고찰」, 고려대학교대학원 석사학위논문, 1976, 12쪽.

1920년대의 '조선노동공제회', '조선노동연맹회', '조선노동총동맹'과 같은 노동조직이 존재하였던 점, 1920년대 후반에 4개월 이상이라는 장구한 투쟁을 계속한 원산총파업과 같은 노동쟁의가 존재하였던 점 나아가 1930년대에 일제의 폭압적인 탄압에 의해 비록 비합법화되었지만 지하에서 활동을 전개하였던 '흥남의 태평양노동조합운동', '서울에서의 이재유그룹의 운동', '원산의 혁명적 노동조합운동' 등이 존재하였음을 고려해 볼 때, 이러한 일제강점기의 고난에 찬 노동운동은 8·15 이후의 전평조직의 탄생과 그의 활동과 무관하지 않다. 그러나 이렇게 일제 시기부터 축적된 노동운동은 미군정에 의한 전평의 궤멸화 속에서 심각하게 단절된다.

한편 노동조합과 '정치성'과의 관계에서 짚고 넘어가야 할 것은 노동조합의 정체성 판단에서 일체의 정치성을 부정하려는 오류가 아직도 팽배하다는 것이다. 어떤 조직도 정치성과 무관한 조직은 존재하지 않으며 노동자들의 노동조합은 여러 가지 압제적 권력에 의해 가장 기층에서 억압받기 때문에 특정 시기에는 다른 조직보다 더욱 정치적일 수 있다.

노동조합의 본질상 주요한 문제는 오히려 '정치성'에 있다기보다는 그 정치성이 기층 노동자대중의 자발적 의사에 의한 '자주적 정치성'을 가지는 가이다. 즉, 노동조합의 정체성문제는 '자주성' 그리고 '민주성'과 관련된 것이지 목표 실현을 위한 경제체제 선택으로서 기존 체제하의 근로조건 개선인가 아니면 체제개혁을 통한 근로조건 개선인가 하는 문제와는 무관하다.[114] 결국 전평과 달리 대한노총은 '자주성을 상실한 정치적 단체'였다는 것이 문제의 핵심이다.

---

[114] 송종래 외, 『한국노동운동사 4: 정부수립기의 노동운동(1948~1961)』, 지식마당, 2004, 273쪽.

덧붙여서 미군정 시기의 노동법에서 거론된 몇 가지의 노동관계법령에 대해서 평가하고자 한다. 미군정기는 과도기적 성격을 지니고 있기 때문에 민주적 노사관계 내지 노동운동의 정립을 위한 명확하고도 철저한 법제(法制)의 마련까지를 미군정에 기대하기는 매우 어려운 실정이라고 평가하는 시각[115]도 있지만 노동법의 의의가 자본주의체제의 모순을 극복하고 자본주의체제의 유지 및 건전화를 위한 '안전판'으로서의 기능에 있을 때, 미군정은 당시의 남한의 노동대중들의 적극적 요구를 해결해 나가고 체제내화할 시스템으로서의 최소한의 근로조건 기준의 확보 및 단결권의 실질적 용인 나아가 일정 부분에서의 단체행동권의 보장을 해야 했다고 생각한다. 미군정 시기에 마련된 법령 제19호는 사실상 '실질적인 단결금지 정책'이었고 법령 제97호는 단결권 및 단체교섭권 기타 제반 단결활동을 합법화시킨 것으로서 형식적으로는 법령 제19호보다 발전된 새로운 노동정책이었지만 실질적으로는 '전평궤멸하의 대한노총에게만 인정되는 허구적인 법'이었다. 미군정의 전평궤멸화와 무대책적 노동정책이 당시의 노동대중을 더욱 폭력화시켰던 것은 아닐까?

끝으로 미군정 시기 남한 내에서 미국의 완전한 주도권 장악을 목적으로 한 '전평궤멸화'라는 노동정책하에서, 노동운동은 자주독립국가를 수립하려는 요구로서 자유권의 본질을 띠고 전개되었음을 밝히고자 한다.

1946년 9월총파업과 10월항쟁은 친일파청산, 민주적인 노동법의 제정요구, 토지개혁 등 자주 민주국가수립을 요구한 민중의 열망을 외면한 친일보수세력 그리고 친일보수세력과 결합한 미군정에 대한 저항

---

115) 하경효, 「한국노동법제에 관한 사적 고찰」, 고려대학교대학원 석사학위논문, 1976, 34쪽.

이었다. 즉, 9월총파업은 단순한 고용조건이나 생활 수준을 개선하기 위한 통상적 의미의 파업과는 그 맥을 달리하는 쟁의행위였다.

그리고 1948년 2·7파업 및 5·8총파업은 남조선에 단독정부를 수립하려는 미군정의 대 조선정책에 정면으로 반대하기 위해 전 조직을 동원하여 전평에서 최후의 반격을 시도한 정치파업이었다. 이렇게 9월총파업 및 2·7파업과 5·8총파업은 개별 사용자에 대항한 근로조건 개선이나 생활 수준을 향상시키기 위한 투쟁이 아니라 직접적인 정치적 목적(친일파 청산 및 남한만의 단독정부 수립에 대한 반대)을 요구하는 투쟁으로서 미군정과 친일보수세력과 대립하였던 것이다.

따라서 일제강점기 노동투쟁이 항일 민족해방투쟁으로 발전하여 식민통치권력과 대립하는 자유권으로서의 본질을 분명히 했던 것처럼, 8·15 해방 이후 미군정 시기의 노동투쟁은 친일파척결 및 자주독립국가 수립이라는 투쟁으로서 전국적 총파업으로 확대되어 자유권으로서의 성격을 분명히 하였다. 그러나 미군정의 '전평궤멸화'라는 노동정책의 결과 일제강점기 자유를 향한 민족해방투쟁과 결합되어 축적, 발전되어 온 노동운동은 단절되고 말았다.

제4장

이승만 정권 시기의 노동법과 노동운동

단독정부 수립 후 1953년 노동법제정 전후의 상황을 중심으로

이승만 정권 시기의 노동법과 노동운동

단독정부 수립 후 1953년 노동법 제정 전후의 상황을 중심으로

제1절 1950년 한국전쟁을 전후로 한 사회적 배경

북한체제의 성립과 공격 앞에서 이승만과 한민당은 연합했지만 1948년 남한만의 단독정부가 수립되자 마치 외부로부터의 압력이 증가하면 내부의 갈등을 봉합시키고 반대로 외부압력이 소멸하면 내부 갈등이 증폭된다는 말처럼 그들은 대립하게 된다.[1] 그리고 1950년 전 의회는 압도적으로 반이승만-야당세력의 지배하에 있었고 그러한 의회에서의 힘의 배분관계는 한국전쟁에도 불구하고 계속된다.[2]

그러나 한국전쟁에도 불구하고 의회가 어떻게 반 이승만세력의 장악하에 있을 수 있었을까를 생각해볼 때, 그 중요한 이유는 전쟁을 경과하면서 나타난 이승만체제의 가공할 만한 민중탄압과 권위주의 때

---

[1] 박명림, 「한국전쟁과 한국정치의 변화」, 『한국전쟁과 사회구조의 변화』, 백산서당, 2002, 77쪽.
[2] 박명림, 「한국전쟁과 한국정치의 변화」, 『한국전쟁과 사회구조의 변화』, 백산서당, 2002, 78쪽.

문이라고 생각된다.[3] 여기서는 하나의 방향으로 이승만 정권의 성격과 속성을 명백하게 밝혀주는 남한만의 단독정부 수립을 반대하고 통일된 독립국가를 열망한 제주 4·3항쟁, 반민특위의 좌절, 남한에서 실시된 농지개혁의 한계를 알아보고, 다른 한 방향으로 1950년 한국전쟁 과정 중에 발생한 조직적, 폭력적 인권탄압의 심각한 사례로서 평가되는 '국민방위군사건'과 '거창양민학살사건'에 대한 평가를 하여 한국전쟁전후의 배경을 평가해보고자 한다.

1. 제주 4·3항쟁

1) 항쟁의 배경

제주도의 경우도 건준의 발전적 해소로 인민위원회가 결성되었다. 도 인민위원회는 1945년 9월 22일 제주농업학교에서 조직되었다. 이날 결성식에서는 전체 도민의 역량을 결집하여 "자주 통일 독립과 민족의 완전한 해방을 위한 투쟁, 일제 잔재세력과 국제파시스트 주구들의 청산을 통해 민족의 민주주의 발전에 기여"한다는 기본 정책노선이 채택되었다.[4] 제주도 인민위원회는 통일전선적 조직체로서 당원뿐만 아니라 지역의 유지, 명망가, 심지어는 전직 일제 관료들까지 포용한 다양한 성분의 인물들로 구성되어 있었고, 하지만 인민위원회를 실질적으로 이끌고 나갔던 세력은 조공이었다.

조공 제주도당은 1931년 5월 강창보, 이익우, 오대진, 김한정 등에 의

---

3) 박명림, 「한국전쟁과 한국정치의 변화」, 『한국전쟁과 사회구조의 변화』, 백산서당, 2002, 78쪽.
4) 양정심, 『제주 4·3 항쟁(저항과 아픔의 역사)』, 선인, 2018, 29쪽.

해 조직되었다가 1932년 '해녀사건'으로 일경에 의해 적발되어 해체되었던 재건 조선공산당 제주도 야체이카의 후신이다. 제주 야체이카는 1931년 5월 경성모임에서 "현재 조선공산당은 존재하여 있지 아니하나 장래 재건이 되면 정식으로 연락을 취할 것"을 전제로 당의 세포를 결성하고 아울러 당 규율 및 입당자격을 정했다. 각 지역의 당세포가 8·15 후 당의 재건에 어떻게 활용되었는지는 검증이 필요하지만, 인민위원회, 당의 외각 조직인 청년동맹 등 각종 단체가 해방을 맞아 신속히 결성될 수 있었던 데는 이 조직의 영향이 컸던 것으로 보인다.[5]

제주 인민위원회는 정치적 활동뿐만 아니라 일상적 삶과 직접적으로 연관된 활동도 같이함으로써 주민들의 전폭적 지지를 얻을 수 있었다. 우선 인민위원회 산하에 소비조합을 두어 공산품, 생활필수품을 주민들에게 공급하거나 일부 마을에서는 거리청소 및 도로정리, 체육대회와 연예대회 등을 주관하고 축산 및 일반 농사법에 대한 교육을 실시하기도 했으며 대정면 인민위는 대정중학원을 개설하여 자치적으로 교육사업에도 적극 참여했다.[6]

미군정은 1946년 8월 1일 제주도를 도(道)로 승격시키면서 경찰기구와 경비대를 신설했고(제주 감찰청의 신설과 조선경비대 제9연대의 신설) 우익의 입지를 넓혀 주었으며[7] 이것으로써 인민위원회와 충돌은 예고되었다.

이 시기 인민위원회로 대변되는 제주도 좌익세력의 주요 활동은 '모스크바 삼상회의 지지'와 '남조선 과도 입법의원 선거투쟁'이었다. 제주

---

5) 양정심, 『제주 4·3 항쟁(저항과 아픔의 역사)』, 선인, 2018, 33쪽.

6) 양정심, 『제주 4·3 항쟁(저항과 아픔의 역사)』, 선인, 2018, 36쪽.

7) 우익정당 및 청년단체로 도제 실시 이전에 1945년 12월 26일 결성된 조선 독립촉성 중앙 협의회 제주도 지부와 1946년 3월에 조직된 대한독립 촉성 전국청년 총연맹 제주도 지회가 있고 도내 우익단체는 도 승격 결정 시점을 전후하여 활발한 조직화를 보였다.

도 인민위원회는 '10월 인민항쟁'에는 동참하지 않고 오히려 그해 10월 말에 있었던 남조선 과도 입법의원 선거에 참여했고, 1946년 10월 말 입법의원 선거를 군정 연장의 음모이자 남조선 단정수립 기도라는 이유로 중앙의 좌익세력이 전면적으로 거부했음에도 불구하고 제주도의 경우는 참여를 결정했고 2명의 좌익계 인물을 당선시켰다. 이는 당시 제주도당의 수준을 반영하는 것이기도 하지만 조공 제주도당이 중앙 당과의 관계에서 일정 정도 자율성을 가지고 있음을 보여주는 것이었으며 이러한 관계는 4·3 봉기 때까지 지속되었다.[8]

남로당 제주도당은 1946년 11월 23일 중앙에서 공산당, 인민당, 신민당 등 3개 좌익정당의 통합으로 '남조선 노동당'이 결성됨에 따라 조공 제주도당이 '남로당 전남도당부 제주도위원회'로 개편되면서 조직되었다. 1947년에 이르러 남로당은 대중투쟁의 핵심과제를 미, 소 공동위원회의 재개 촉구에 두고 이를 추진해가면서, 제28주년 3·1절이 다가오자(3·1절을 미, 소 공위의 재개투쟁과 결부시킴) 기념대회를 대대적으로 개최할 것을 결정했다.[9]

그러나 제주도 군정과 경찰은 시위는 절대 불허한다는 방침 등 4가지 사항을 발포함으로써 3·1절 기념행사를 사실상 허용하지 않았고, 이러한 과정에서 6명의 민간인이 경찰의 총격에 의해 사망, 8명이 부상을 당하게 되자, 제주도당은 3·1 사건의 강력한 대응책으로 평화적인 항의의 수단으로서 전도총파업을 전개하여 3월 10일에 총파업에 들어가게 된다.

총파업은 조직적으로 전개되어 3월 11일 제주읍에서는 관공서, 학교 단체 등 파업단체 대표자들이 파업의 효과적인 실효를 거두기 위해 연

---

8) 양정심, 『제주 4·3 항쟁(저항과 아픔의 역사)』, 선인, 2018, 49~51쪽.
9) 양정심, 『제주 4·3 항쟁(저항과 아픔의 역사)』, 선인, 2018, 58쪽.

합전선을 펴기도 하고 제주읍 공동투쟁위원회를 구성하였으며 공동투쟁위는 제주읍뿐만 아니라 각 면에서도 조직되어 제주도 전역에 강력한 투쟁태세가 갖추어졌다.[10]

미군정과 경찰은 총파업의 원인과 배경을 무시한 채 남로당의 선동에 의해 조장되었다고 파악하면서 무차별적인 검거와 탄압으로 총파업을 분쇄했다. 그리고 총파업 분쇄 직후 미군정은 집중적인 우익 강화정책에 들어갔고 이 시점에서 제주도민들의 미군정, 경찰, 육지 출신 관료, 서청에 대한 인식은 불만의 정도를 넘어서 적개심으로 표현될 정도였다. 특히 제주도민들의 분노를 가중시킨 것은 육지 출신 경찰과 서북청년회의 테러와 만행이었다.[11] 서청은 제주도를 '한국의 모스크바'로 부르면서 제주도민에게 무자비한 폭력을 휘둘렀는데, 서청을 비롯한 우익청년단은 부락 내에서 지하화한 남로당세포와 외곽단체에 대한 대항세력으로 기능하면서 미군정과 경찰에 의해 적극적으로 비호받고 대서있었다.[12]

미군정 보고서는 "1947년 3월 1일 경찰이 제주읍에서 좌익 3·1절 행사 참가자무리를 습격하여 몇 사람을 죽이기 전까지는 제주섬에서 공산주의자에 부화뇌동하여 일어난 소요는 상대적으로 적은 편이었다"고 파악했으나 3·1 사건 이후 1947년 중반을 넘어서면서 제주도민의 반미의식은 상당한 심각한 수위에 이르렀다고 파악했다. 3·1 사건 이후 미군정의 집중적인 우익강화정책이 있었고 그에 따른 경찰부대와 서청 등 극우단체의 테러와 탄압은 미군정에 대한 적대적 의식을 고조시켰다. 3·1 사건 후 강경 진압에 대한 항의의 표시로 사표를 제출한 초

---

10) 양정심, 『제주 4·3 항쟁(저항과 아픔의 역사)』, 선인, 2018, 64쪽.
11) 양정심, 『제주 4·3 항쟁(저항과 아픔의 역사)』, 선인, 2018, 70쪽.
12) 양정심, 『제주 4·3 항쟁(저항과 아픔의 역사)』, 선인, 2018, 71쪽.

대지사 박경훈의 사표수리 후 극우파인 유해진으로 전격 교체되자, 미군정은 유해진 지사에 대한 특별감찰을 실시했다. 그 보고서에는 "유해진이 지사의 독단으로 인사문제를 좌지우지하고 독재적인 방법으로 정치이념을 통제함으로써 좌익세력의 숫자와 동조자를 증가시켰다"고 보고하고 있고, 제주도 민정장관 베로스 중령의 참모인 법무관 사무엘 스티븐슨 대위도 "유지사가 한민당이나 독촉의 의견과 다른 인사를 좌익분자로 분류하는 극우의 슬로건을 채택하고 있다"고 말하여 극우단체의 테러와 경찰의 좌익탄압이 제주도민들을 좌익으로 기울도록 하고 있다고 분석했다.[13]

결국 당의 존립을 가능하게 하고 통일을 이룩하기 위해 5·10단독선거를 저지하고자 하는 남로당 제주도당과 1947년 3·1 사건 이후 지속된 미군정과 경찰, 우익청년단의 탄압 한가운데 있는 일반 제주도민의 처지가 맞물리면서 4·3항쟁은 시작되었다. [14]

2) 항쟁

제주 4·3항쟁은 1948년 4월 3일 새벽 2시, 한라산과 주위의 각 오름들에서 일제히 봉화가 오르면서 시작되었다. 1,500여 명(무장 500명, 비무장 1,000명)의 인민자위대는 도내 24개 지서 가운데서 제1구 경찰서 관내 화북, 삼양, 조천, 세화, 외도, 신엄, 애월, 한림지서와 제2구 경찰서 관내 남원, 성산포, 대정지서 등 11개 지서와 서북청년기숙사, 국민회, 독촉, 대동청년단 사무소 등을 습격했다.

항쟁의 목적은 유격대가 도민에게 보내는 호소문에 잘 나타나있다.

13) 양정심, 『제주 4·3 항쟁(저항과 아픔의 역사)』, 선인, 2018, 75~76쪽.
14) 양정심, 『제주 4·3 항쟁(저항과 아픔의 역사)』, 선인, 2018, 82쪽.

"시민 동포들이여! 경애하는 부모, 형제들이여! '4 · 3' 오늘은 당신들의 아들, 딸, 동생이 무기를 들고 일어났습니다. 매국 단선단정을 반대하고 조국의 통일독립과 완전한 민족해방을 위하여! 당신들의 고난과 불행을 강요하는 미제 식인종과 주구들의 학살만행을 제거하기 위하여! 오늘 당신님들의 뼈에 사무친 원한을 풀기 위하여 싸우는 우리들을 보위하고 우리와 함께 조국과 인민의 부르는 길에 궐기하여야 하겠습니다."15)

　항쟁세력은 항쟁이 경찰과 우익청년단의 탄압에 저항하는 자위적 투쟁임을 밝히는 동시에 단선저지를 통한 조국의 통일독립쟁취, 그리고 반미구국투쟁이라는 항쟁의 목적을 분명히 드러내고 있다.16) 4 · 3 봉기는 38선 이남 지역만의 단독선거를 저지하려던 남로당의 운동이 발전된 형태로 나타난 것이긴 하지만 남로당 중앙과의 협의를 거치지 않은 채 제주도당의 독자적인 결정에 의해 이루어졌다. 이 시기 남로당 중앙은 현 시기에 38선 이남 지역의 전 지구당은 선거반대투쟁을 보다 신중하게 전개하라는 지시를 내렸고, 곧이어 북측에서는 38선 이남 지역의 정치지도자들에게 평양 연석회의에 참석해 달라고 초청했다. 그러한 일련의 상황 전개로 보아 남로당 중앙은 선거반대투쟁을 더욱더 중앙의 통제 아래에서 신중하게 수행하려 했음을 고려할 때 4 · 3 항쟁은 제주도당의 독자적인 결정에 따른 것이라고 이해할 수 있다.17)
　유격대의 초기 공격은 도내의 행정과 치안이 마비될 정도로 성공적이었고 4월 9일 마감된 선거인 등록 또한 전국적으로 91.7%의 등록률을 보인 반면 제주도는 64.9%로 등록률이 가장 낮았다. 그 결과 과반수

---

15) 양정심, 『제주 4 · 3 항쟁(저항과 아픔의 역사)』, 선인, 2018, 87쪽.
16) 양정심, 『제주 4 · 3 항쟁(저항과 아픔의 역사)』, 선인, 2018, 87쪽.
17) 양정심, 『제주 4 · 3 항쟁(저항과 아픔의 역사)』, 선인, 2018, 91쪽.

제4장 이승만 정권 시기의 노동법과 노동운동　165

에도 못 미치는 북제주군의 선거결과에 대해 제주도선거위원과 국회 선거위원회에서는 선거의 무효화를 건의했고 이에 대해 딘 군정장관은 5월 24일자로 북제주군의 선거무효화를 선언했다. 결국 제주도의 3개의 선거구 중 2개의 선거구가 파탄된 것으로 되어, 6월 23로 연기된 선거는 유격대의 강력한 투쟁과 도민들의 거부투쟁으로 끝내 치러지지 못함으로써 제주도는 5·10단선을 저지한 유일한 지역이 되었다.[18]

나아가 5·10단독선거 반대에서 정치적 투쟁을 보여준 유격대와 일반 제주도민의 연대는 항쟁의 정당성을 보여주고 있다. 마을의 자위대, 여맹 등 각 부락에 남아 있던 조직을 중심으로 이루어진 대중투쟁은 봉화를 올리거나 삐라를 뿌리는 선전활동과 식량보급, 은신처를 제공하는 등 유격대를 여러 방면으로 지원했고, 중산간 마을들에서는 가족들 중 한 사람씩은 이러한 일에 관계를 하지 않은 주민이 없다고 할 정도로 유격대와 일반 제주도민은 연대하였던 것으로 알려졌다.

이렇게 1947년 3·1절의 발포사건 이후 미군정과 산하 경찰의 압박이 강화되고 육지 출신 경찰과 서북청년단원들이 대거 섬으로 들어오면서 고조되기 시작한 긴장은 제주도민의 집단적 감정을 연대감으로 변모시켰다. 5·10단선이 다가오자 남로당 제주도당은 무장투쟁을 일으켜 자체로 인민유격대를 조직하고 유격근거지를 설치했으며 투쟁에 필요한 모든 것을 해결하면서 5·10선거반대와 보급투쟁이라는 목적을 조직화해 냈다.

그러나 10월부터 시작되는 군, 경 토벌대의 초토화작전으로 유격대와 일반 주민들의 연대는 무너지기 시작했다. 정세가 불리해지자 1948년 가을 마을에 남아 있던 모든 조직이 마을 단위 투쟁위원회로 편제되면서 자위대, 여맹, 민애청 등 기존의 조직들은 사실상 해체되었으며

---

18) 양정심, 『제주 4·3 항쟁(저항과 아픔의 역사)』, 선인, 2018, 103쪽.

이때부터는 면, 리 투쟁위원회 단위로 활동함에 따라 부락 내에 남아있던 조직원들이 대부분 입산하게 되었다.[19] 이렇게 유격대와 일반 대중을 연결해주는 매개체역할을 했던 이들이 입산한 것은 초토화 작전으로 인한 결과였으나 이것은 일반 주민과의 유대의 약화를 초래해 유격대가 고립되는 결과를 낳았다. 1949년 중반에 이르면 산에 남은 유격대원들도 생존을 위해 도피생활로 들어가게 되었고 무장투쟁은 사실상 종결된다.

제주도민은 제주도를 단독선거를 저지한 유일한 지역으로 만들었고 열악한 상황 속에서조차 항쟁은 1년여간이나 지속될 수 있었다. 이는 제주도민이 두 쪽이 아닌 통일국가수립을 원했고, 이 점에서 좌익의 단선반대투쟁에 동의할 수 있었던 것이다. 결국 제주 4·3항쟁은 통일정부를 원했던 민중의 의지를 대변했다는 점에서 그 의미가 있다고 보인다.

3) 학살

제주에 대한 미군정의 인식이 어떠했는지는 당시 군정장관이었던 안재홍의 글에서 짐작할 수 있다.

> "1948년 5월 초 나는 경무부장 조병옥, 국방경비대 사령관 송호성 등과 함께 미군정장관인 딘을 따라 비행기 편으로 제주도에 갔던 일이 있다. 그것은 1948년 4·3 봉기 이래 날로 높아가는 제주도 인민항쟁을 진압하기 위해서였다. … 우리 일행이 서울에 돌아왔을 때다. 당시 미 군사고문단장인 로버츠는 경무부장 조병옥과 국방경비대 사령관 송호성을 따로 불러놓고 '미국은 군사상으로 필요했기 때문에

19) 양정심, 『제주 4·3 항쟁(저항과 아픔의 역사)』, 선인, 2018, 108~109쪽.

제주도 모슬포에다가 비행기지를 만들어 놓았다. 미국은 제주도가 필
요하지 제주도민은 필요치 않다. 제주도민을 다 죽이더라도 제주도는
확보해야 한다'고 지시했다."[20]

　미군정에 있어서 제주도는 자국의 이해에 필요한 군사기지였을 뿐
이지 그 지역에 살고 있는 사람들은 배려의 대상이 아니었다. 이와 같
은 미군지휘부의 인식으로 볼 때 제주에서의 강경진압은 당연한 것이
었으며 1948년 4월 3일의 무력투쟁에 대해 평화협상에 나섰던 김익렬
중령을 해임하고 박진경 중령을 임명함으로써 강력한 토벌작전을 채
택했던 것이다.

　미군의 역할은 대한민국 정부가 출범한 이후에도 계속 되었는데, 한
국군에 대한 미군의 작전통제권은 군사고문단을 통해 제주진압 작전
에 투영되었고, 미군정은 이후에 벌어진 군경토벌대의 무차별적인 민
간인학살을 방조했다.

　한편 이승만 정권의 4·3항쟁에 대한 인식을 알기 위해서는 우선적
으로 미군정 경무부장으로서 4·3 발발 직후부터 진압작전에 깊이 연
루되어 있었던 조병옥의 태도를 보면 알 수 있다. 6월 23일의 담화는
4·3항쟁에 대한 조병옥의 인식을 보여준다.

　"제주도 소요의 근본원인은 조선의 소련연방화 내지 위성국화를 기
도하는 공산당의 남조선 파괴공작이 강행될 그 일단으로 총선거 방해
공작에 불과한 것이다. 그 유래가 요원하고 규모에 있어 방대하고 치
밀하리만큼 북조선을 그 세력하에 두고 남조선을 규시하는 소련이 그
야심과 정책을 포기하지 않는 한 여사한 폭동은 제주도에 국한되지
않고 남조선 일대에 전파 만연될 것으로 당분간 남조선에는 정상적

20) 양정심, 『제주 4·3 항쟁(저항과 아픔의 역사)』, 선인, 2018, 129쪽.

치안의 복구를 기대할 수 없는 사정이다. 그러므로 치안수습책은 법을 무시하고 살인, 방화 등 파괴만행에 전념하여 정부를 전복하고 독립을 방해하는 자는 엄중 처단하고 무지몽매로 인하여 부화뇌동한 자는 선무, 선도하는 방침 외는 없다."[21)

조병옥은 4·3 봉기를 공산당의 음모로 몰아갔을 뿐 아니라 제주도를 진압하지 않으면 남한의 안보가 위험하다는 식으로 과장함으로써 제주도를 빨갱이 섬으로 인식했고 이승만은 1948년 11월 17일 제주도에 계엄령을 선포함으로써 마구잡이로 제주도민을 학살하는 길을 열어주었다.

그런데 계엄령은 집행 과정뿐만 아니라 그 자체로도 탈법적인 성격을 갖고 있었는데, 이 명령의 토대가 되는 계엄법이 계엄령이 발동된 지 일 년 후인 1949년 11월 24일 이후에야 제정되었기에 계엄령은 불법적인 것이었다.

미군정 및 이승만 정권은 빨갱이 인식과 일체의 좌익을 배제하려는 태도하에서 제주도민을 학살했다. 학살에 가담한 서청 또한 '빨갱이 섬멸'이라는 인식하에 참혹한 폭력을 행사했으며 빨갱이 인식이 애국심으로 둔갑하여 학살의 면죄부를 주었다. 그러나 서청과 경찰의 행동은 애국심과 거리가 멀었다. 서청과 경찰은 공적인 규율 속에서 작전을 수행하기보다는 재산 갈취나 개인적 복수가 학살의 동기가 되기도 했으며 심지어 재미로 사람을 죽이는 유희적 측면을 드러내기도 했다. 일단 빨갱이로 지목되면 어떤 만행을 저질러도 용납되는 것으로서, 4·3 학살 당시의 빨갱이 사냥은 유태인 말살과 동일한 것으로 특정인종에 대한 증오에서 발단한 테러리즘의 조직적인 행동과 다를 바 없었다.[22)

21) 양정심, 『제주 4·3 항쟁(저항과 아픔의 역사)』, 선인, 2018, 151~152쪽.
22) 양정심, 『제주 4·3 항쟁(저항과 아픔의 역사)』, 선인, 2018, 200쪽.

4·3항쟁 발발 이후 군경토벌대의 초토화작전은 1948년 10월 하순부터 1949년 3월까지의 시기에 집중되었는데, 주한 미군사령부 G-2는 1948년 한 해 동안 14,000~15,000여 명의 제주도민이 희생된 것으로 추정했다. 이들 가운데 최소한 80%가 보안군에 의해 희생되었으며 주택의 3분의 1이 파괴되었고, 전체 도민의 4분의 1에 해당하는 마을이 소개되어 해안마을로 이주하였다.[23] 제주도 경찰국이 한라산 금족지역을 개방한 것은 1954년 9월 21일이었고, 토벌대와 유격대가 모두 가해자였지만 통계가 보여주듯이 대부분의 학살은 토벌대에 의해 저질러졌다.

중요한 것은 희생자 대부분이 민간인이었다는 점, 학살된 자가 급증한 시점이 유격대의 저항이 증가한 때가 아니라 오히려 양측 간의 교전이 소강상태에 접어든 이후 시점이었다는 것인데, 이는 희생이 저항의 강도가 아니라 국가폭력의 강도와 비례하여 이루어졌다는 것을 보여주었다.[24]

결국 4·3항쟁은 이승만이 이승만 반대세력들을 무력화시키기 위해 도모한 국내 평정의 마지막 단계에서 발생된 의도된 학살이었다고 평가할 수 있다.[25]

학살의 잔혹성을 보여주는 예는 다음과 같다.

"1949년 2월 4일은 제주읍 용강리를 뒤흔든 악몽의 날, 신새벽에 난데없는 군인들이 들이닥쳤고, 주민들은 우왕좌왕 도망치기 시작했다. 그러나 무차별 총살을 피할 수는 없었다. 미처 도망치지 못한 노약자와 부녀자가 맥없이 쓰러졌다. 이날 희생된 주민만 105명이었다.

---

[23] 양정심, 『제주 4·3 항쟁(저항과 아픔의 역사)』, 선인, 2018, 170쪽.
[24] 양정심, 『제주 4·3 항쟁(저항과 아픔의 역사)』, 선인, 2018, 178쪽.
[25] 양정심, 『제주 4·3 항쟁(저항과 아픔의 역사)』, 선인, 2018, 178쪽.

일제강점기 노동운동에서 김영삼 정권기 노동법과 노동운동까지

'걸어 다니거나 기어 다니는 것은 살려두지 않았다', '세 살 네 살 난 아이가 기어서 도망가는 것도 쏘았다. 이 밭에도 저 밭에도 냇가에도 죽은 사람뿐이었다.' 용강마을 한 생존자는 너무 끔찍해 떠올 리기 어렵지만 '올레 마당에 있는 큰 나무에 묶어서 엄마는 죽여 버리고 두 살 난 아기는 감나무 기둥에 묶어가지고 막 이렇게 죽여버리는 것을 똑똑히 봤다'고 했다".[26]

4) 제주 4·3항쟁의 의의

남로당 제주도당은 단독정부가 수립된다면 당이 존립할 수 있는 기반 자체가 없어질 수 있으므로, 당의 활동공간을 확보하고 단독선거를 저지하기 위한 투쟁전술을 선택했으며 이에 따라 인민유격대를 조직하고 1948년 4월 3일 무장봉기를 일으켰다.[27] 이런 제주도당의 결정은 일반 제주도민의 지지투쟁과 결합되었다. 5·10반대투쟁에서 단선을 저지하기 위해 선거가 실시되기 전부터 중산간 마을 주민들은 집단적으로 산에 올랐으며, 결국 제주에서의 단독선거는 실패로 돌아가 제주는 단선을 저지한 유일한 지역으로 한국현대사에 기록될 만큼 그 정당성을 확보하고 있다.[28]

제주도민은 그들의 문화 속에서 그리고 좌익세력과의 유기적인 결합 속에서 당시의 정세를 해석하고 판단하였고 그에 기반해서 섬 전체를 뒤흔들 봉기를 일으킨 것이었다. 4·3항쟁은 제주도민이 단독정부 수립에 반대하고 통일된 독립국가를 이루려는 도덕적 확신과 공동체적 기반 위에서 이루어진 근거 있는 행동이었다. 결국 제주도민은 통

---

26) 허영선, 『제주 4·3을 묻는 너에게』, 서해문집, 2020, 191~192쪽.
27) 양정심, 『제주 4·3 항쟁(저항과 아픔의 역사)』, 선인, 2018, 251쪽.
28) 양정심, 『제주 4·3 항쟁(저항과 아픔의 역사)』, 선인, 2018, 251쪽.

일독립국가를 수립하려는 의지하에 남한만의 단독선거를 반대하고 남
로당의 무장투쟁과 결합하였기에 제주 4·3은 양민학살 사건 이상의
적극적인 의미로서 '항쟁'으로 이해해야 한다.

2. 반민족행위특별조사위원회(반민특위)의 좌절

친일파처리 문제는 일제 시기 반민족행위를 저지른 자를 처벌하여
민족의 기강을 바로 세우고 사회정의를 확립하는 데서 끝나는 것이 아
니라 8·15 후 지금까지의 민족문제, 사회문제의 근원에 닿아 있는 만
큼 중요한 문제이다.[29)]

국회는 「특별조례」를 토대로 「반민족행위처벌법」(이하 '「반민법」'이
라 함)을 제정하였고 이는 친일파처벌의 인식하에 정부 수립을 전후해
서 공무원의 임용부터 「반민법」을 적용시켜 정부 내 반민족행위자들
의 반발을 봉쇄해야 한다는 인식에서 비롯하였다.[30)]

「반민법」은 반민족행위자의 범위 및 처벌규정, 특별조사위원회의
구성과 활동, 특별재판부 구성 등으로 구성되었다. 「반민법」이 법률로
공포되자 반민족행위특별조사위원회(이하 '반민특위'라 함) 구성이 서
둘러졌고 반민특위는 반민족행위 특별조사기관 조직법안이 국회에서
제출·통과되어, 1948년 12월 23일까지 중앙에 중앙사무국, 각 도 조사
부에 사무분국을 설치하고 특별재판관 15인과 특별검찰관 9인 그리고
중앙사무국의 조사관과 서기관을 임명함으로써 그 조직을 갖추게 되
었다.[31)]

---

29) 허종, 『반민특위의 조직과 활동』, 선인, 2003, 377쪽.
30) 허종, 『반민특위의 조직과 활동』, 선인, 2003, 371쪽.
31) 정운현 엮음, 『증언 반민특위: 잃어버린 기억의 보고서』, 삼인, 1999, 16쪽.

이승만은 8·15 후 그의 허약한 국내 기반을 친일세력과 결합함으로
서 극복하려 했기 때문에 애초에 친일파 처리를 반대하는 입장이었고
단독정부 수립 후 관리에게 행한 최초의 훈시에서 "친일파처리가 이루
어질 시기가 아니라며 동요하지 말 것"을 주문하면서 친일파처리를 반
대하는 확고한 입장을 보인다.[32]

이러한 이승만의 지원하에 친일관리들이 수세적 자세에서 공세적
자세로 전환하였고 이후 반민특위 관계자 암살음모사건[33], 반민특위
사무실 습격사건[34] 등을 일으켜서 결국에는 반민특위가 좌절되는 결
과가 초래되었다.[35] 반민특위의 좌절은 친일파 처단의 실패를 가져왔
고, 결국 그것의 궁극적 원인은 남한에서의 친일파의 권력구조화와 그
를 기반으로 한 이승만 정권의 성격 그 자체에 기인했던 것이었다.[36]

---

32) 허종, 『반민특위의 조직과 활동』, 선인, 2003, 329~330쪽.

33) 강원도지부 사무실에서 발생한 사건이다. 반민특위 강원도지부 조사부장인 김우종은
신변보호를 위해 김영택이라는 경찰관을 채용했는데, 그가 지역 내의 반민자에게 세뇌
당하여 김우종 조사부장을 암살하려 해서(김영택은 총기를 분해하는 체하다가 방아쇠
를 당겨 총탄이 김 조사부장의 가슴을 스쳐 부상을 입힌다) 김 조사부장이 부상을 입은
사건으로, 추후 그 암살의도가 밝혀진다(정운현 엮음, 『증언 반민특위: 잃어버린 기억의
보고서』, 삼인, 1999, 20~21쪽).

34) 일명 6월 6일 사건이라 한다. 1949년 6월 5일 중부서장 윤기병, 종로서장 윤명운, 보안과
장 이계무 등이 "실력으로 반민특위 특경대를 해산시키자"는 뜻을 모으고 이를 시경국
장 김태선을 통해서 내무차관 장경근의 허락을 얻어(여기서 장경근은 6·6사건에 대해
이승만의 사전 양해가 있었음을 암시한다) 실행한 사건이다(정운현 엮음, 『증언 반민특
위: 잃어버린 기억의 보고서』, 삼인, 1999, 22~23쪽).
이 사건의 행동책임자는 특위 관할서장인 윤기병이었는데, 그는 장탄한 권총을 꺼내
들고서 출근하는 특위요원 35명을 쓰리쿼터에 강제로 태워서 중부경찰서에 감금시키
고 심한 가혹행위를 했다(정운현 엮음, 『증언 반민특위: 잃어버린 기억의 보고서』, 삼인,
1999, 23쪽). 그리고 이러한 경찰의 반민특위에 대한 테러는 서울뿐만 아니라 지방에서
도 자행되었다. 이는 이승만 정권하의 경찰 대부분이 일제치하 경찰 출신이었고 이승만
이 그러한 친일경찰세력을 기반으로 했던 당연한 결과였다.

35) 허종, 『반민특위의 조직과 활동』, 선인, 2003, 329~330쪽.

36) 허종, 『반민특위의 조직과 활동』, 선인, 2003, 374쪽.

3. 농지개혁의 실시와 평가

8·15 후 전 국민의 77%가 농업에 종사하고 있었기 때문에 토지문제의 합리적 해결은 한국사회가 짊어진 최대의 과제였고 각 정치세력 간의 대립이나 정권수립을 둘러싼 대립도 결국은 토지문제 해결에 대한 대책을 둘러싼 대립으로 나타났다.[37]

남한 농민들의 토지개혁투쟁을 통해 보면, '전국농민조합총연맹(전농)'은 1946년 5월의 전농확대위원회에서 북한의 토지개혁에 대해 북한의 토지개혁이 농민의 요구를 가장 절실히 들어준 적합한 방법으로서의 해결이었다고 평가하고 "남한의 주객관적 조건은 북한과 달리 토지개혁을 바로 실시할 수 없으나 토지문제의 평민적 해결을 위하여 일본제국주의자, 친일파, 민족반역자뿐만 아니라 5정보 이상 소유하는 자경하지 않은 지주의 모든 소작지의 몰수와 고농(雇農), 토지가 없거나적은 농민에 대한 무상분배"를 주장하였다.[38]

또한 단독정부 수립 후에 발발한 '여순반란사건' 과정의 '여수인민대회'에서 결정된 6개 항목 안에는 "무상몰수, 무상분배의 토지개혁을 실시한다"는 내용이 포함되어 있었다.[39]

이러한 상황을 평가해보면 토지문제의 합리적 해결은 8·15 후 한국사회의 중요한 과제였음을 알 수 있다.

토지개혁을 둘러싼 이러한 농민투쟁 및 저항에 대처해서 미군정과친일·보수집단을 기반으로 하는 이승만 정권은 유상몰수·유상분배의 부르주아식 방식의 농지개혁이라도 진행시켜서 농민의 투쟁력을

37) 장상환, 「농지개혁과 농민」, 『한국사시민강좌』 제6집, 일조각, 1990, 115쪽.
38) 장상환, 「농지개혁과 농민」, 『한국사시민강좌』 제6집, 일조각, 1990, 118~119쪽.
39) 장상환, 「농지개혁과 농민」, 『한국사시민강좌』 제6집, 일조각, 1990, 120쪽.

약화시키고 농민들을 변혁세력으로부터 분리시키려고 시도할 수밖에 없었다.[40]

그리하여 미군정은 1948년 3월 22일 5·10총선에 대한 농민들의 지지·획득을 위해 신한공사가 가지고 있던 구일본인소유농지(귀속농지) 24만 5천 5백 54정보를 분배[41]하였고 1950년 3월 10일 농지개혁법이 공포되어 1950년 4월에 급속히 농지개혁이 실시된다.[42] 8·15 후 많은 지연 과정에도 불구하고 농지개혁이 1950년 6·25 직전에 급속히 실시된 것은 미국과 한국정부가 북한에 의한 전쟁 개시 조짐을 예상하고 이에 대처한 것으로 추측된다.[43]

농지개혁으로 실제로 분배된 면적은 1965년 통계에 의하면 55만 정보였고 분배를 받은 농가수는 180만 호로 이것은 1945년 현재 소작지의 38%, 1949년 분배대상면적의 66%에 불과한 미비한 것이었다.[44]

결국 1945년 소작지가운데 약 90만 정보가 분배에서 누락된 것으로 평가되고 이렇게 분배에서 누락된 부분이 어떻게 되었는가가 농지개혁의 평가 시 중요한 문제로 된다.[45]

분배에서 누락된 소작지의 일부는 지주자작지로 위장되어 은폐된 소작지로 잔존하거나 미완성 개간 및 간척지로 되어 분배에서 누락되기도 하였지만 대부분은 지주들이 소작지를 소작인에게 사전 방매해서 자작지로 되었던 것으로 보이고, 그러한 만큼 농지개혁은 많은 한계가 존재하였다.[46]

---

40) 장상환, 「농지개혁과 농민」, 『한국사시민강좌』 제6집, 일조각, 1990, 120쪽.
41) 분배방법은 분배받은 농민들이 평년작 생산물의 3배를 15년간 분할상환하는 것이었다고 한다(장상환, 「농지개혁과 농민」, 『한국사시민강좌』 제6집, 일조각, 1990, 123쪽).
42) 장상환, 「농지개혁과 농민」, 『한국사시민강좌』 제6집, 일조각, 1990, 123~124쪽.
43) 장상환, 「농지개혁과 농민」, 『한국사시민강좌』 제6집, 일조각, 1990, 124쪽.
44) 장상환, 「농지개혁과 농민」, 『한국사시민강좌』 제6집, 일조각, 1990, 125쪽.
45) 장상환, 「농지개혁과 농민」, 『한국사시민강좌』 제6집, 일조각, 1990, 125쪽.

농지대가의 상환은 평년작 주 작물생산량의 1.5배를 5년간 정부에 분할상환하는 것이었고 매수농지에 대한 보상은 주 작물 평균생산량의 1.5배를 기록한 지가증권을 교부해서 1951~1955년까지 매년 정부매상가격으로 계산·매년 현금으로 5년간 균등분할 지급하는 것으로 하였다.[47]

농지개혁의 역사적 의의에 대해서는 다음의 두 가지 입장이 존재한다.

첫째, 농지개혁이 구 지주계급에 의해서 주도된 것으로서 8·15 직후 144만 정보의 소작지 가운데 55만 정보만 분배되고 90만 정보가 누락된 만큼, 기존의 소작제도를 잔존·부활시키는 허구적인 지주제개혁이었다라고 주장하는 입장이다.[48]

둘째, 토지소유 변화 실태에 대한 정확한 통계는 없지만 1960년의 농업국세조사(센서스)에 의하면 소작지율은 11.9%이고 이는 8·15 당시의 소작지율 63.4%, 1949년의 소작지율 40.1%에 비해 현저히 낮아졌다는 사실로서[49] 8·15 이후 농민을 비롯한 변혁세력의 반봉건투쟁이 자본주의체제의 변혁으로까지 나아갈 가능성을 예방한 부르주아적 개혁이었다고 긍정적으로 평가하는 입장이다.[50]

1945년 8·15 이후 바로 농지개혁이 이루지지 않고 상당히 지체되다가 1950년 6·25 직전에야 비로소 급속히 실시되어 상당한 소작지가 과수원, 뽕밭 등으로 지목변경되거나 간척지로 되어 누락되거나 지주들의 사전 방매행위로서 소작지에서 누락되는 등 약 90만 정보가 분배에

46) 장상환, 「농지개혁과 농민」, 『한국사시민강좌』 제6집, 일조각, 1990, 126쪽.
47) 장상환, 「농지개혁과 농민」, 『한국사시민강좌』 제6집, 일조각, 1990, 128, 130쪽.
48) 장상환, 「농지개혁과 농민」, 『한국사시민강좌』 제6집, 일조각, 1990, 132쪽.
49) 장상환, 「농지개혁과 농민」, 『한국사시민강좌』 제6집, 일조각, 1990, 135쪽.
50) 장상환, 「농지개혁과 농민」, 『한국사시민강좌』 제6집, 일조각, 1990, 137쪽.

서 누락되었다면 이는 당시의 농민들의 요구에 상당히 부합되지 못하는 것이었고 그러한 한 한계가 있었음을 부인할 수 없다고 생각한다.

4. 국민방위군사건

한국전쟁 시 북한인민군의 일방적 우세가 유엔군의 참전으로 역전되다가 다시금 중국군이 참전함으로써 한국군이 서울에서 철수(1·4후퇴)할 수밖에 없었던 상황 아래에서, 이승만은 1950년 12월 15일 「국민방위군설치법안」을 국회에 상정, 12월 10일 국회를 통과한 그 법안을 즉시 공포한다.[51]

이 법안의 주요 내용은 군경과 공무원이 아닌 만 17세 이상 40세 이하 장정은 제2국민병에 편입하고 제2국민병 중 학생을 제외한 자는 지원에 의해 국민방위군에 편입시키며 육군참모총장은 국방장관의 지시를 받아 국민방위군을 지휘·감독한다는 것이다.[52]

이승만 정권은 북한에 밀려 후퇴할 당시 젊은 남자들을 의용군으로 빼앗겼던 전쟁 초기의 경험을 되풀이하지 않으려고 수십만 명에 이르는 청장년들을 남쪽으로 후송하려는 계획을 세웠고 그것이 국민방위군이다.[53]

12월 17일 서울에서 첫 남하부대를 편성해 후송업무에 들어간 방위군사령부는 경기, 강원, 충청, 전라 일대에 걸쳐서 부대를 편성하였고 경남북일대에 설치한 교육대를 향해 도보행군에 들어가지만, 예산이나 장비지원 없이 강행된 행군이었던 데다가 정부가 급하게 마련해준 양

---

51) 한국정치연구회, 『키워드로 읽는 한국현대사』, 이매진, 2007, 189쪽.
52) 한국정치연구회, 『키워드로 읽는 한국현대사』, 이매진, 2007, 189쪽.
53) 한국정치연구회, 『키워드로 읽는 한국현대사』, 이매진, 2007, 189쪽.

곡권(인솔책임자가 남하하면서 현지의 군수나 서장에게 급식을 요청할 수 있는 권리)마저도 전시의 급박한 상황하에서 협조가 불가능해져 동상자, 낙오자, 아사자가 속출했고 결국 이 대열은 '죽음의 행진'이 되어버렸다.[54] 이러한 상황에 이른 것은 당시 1월·2월·3월분의 예산총액이 209억 원이었지만 실제 집행된 예산이 130억 원뿐으로 국민방위군간부의 예산횡령이 주요한 원인이었다. 그러나 당시의 관찰자들에 의하면 국민방위군사건은 단지 정부의 준비 부족이나 방위군간부의 단순한 예산횡령 때문에 일어난 것이 아니라 당시 국방부장관이었던 신성모가 이승만 이후를 노려 자기의 정치적 지지세력을 육성하기 위해 대한청년단 출신들이 많이 포진해 있는 신정동지회라는 단체를 후원하기 위해 예산을 빼돌리는 과정에서 발생했다고 한다.[55]

국민방위군의 참혹한 실상에 대한 소문이 퍼지고 결국 국회진상조사단이 활동을 시작했고 국방장관 신성모는 사건을 은폐하려고 했지만 사건을 은폐·축소하려한 신성모가 경질된다. 그 후 5월 8일 국회에서 국민방위군사건 진상규명과 군법회의 재심을 요구하는 결의문이 채택되어지고 헌병사령부의 재조사 끝에 6월 15일 모두 11명이 체포되어 사령관 김윤균, 부사령관 윤익헌, 재무실장 강석한, 조달과장 박창원, 보급과장 박기환 5명에 대한 사형이 선고되어 국민방위군사건은 매듭지어진다.[56]

국민방위군은 군대이지만 명부도 없고 군번도 없고 무기도 없고 군복도 없는 부대로서 9만 명가량의 군인이 동사, 아사, 병사한 조직적·반인권적 사건이었다.[57]

---

54) 한국정치연구회, 『키워드로 읽는 한국현대사』, 이매진, 2007, 190쪽.
55) 한홍구, 『대한민국 史 2』, 한겨레출판, 2006, 184쪽.
56) 한국정치연구회, 『키워드로 읽는 한국현대사』, 이매진, 2007, 193쪽.
57) 한홍구, 『대한민국 史 2』, 한겨레출판, 2006, 181~182쪽.

5. 거창양민학살

거창양민학살사건은 1951년 2월 산세가 험해서 작전을 수행하기가 쉽지 않았던 지리산 자락 거창군 신원면 일대에서 일선지휘관이 일반 민간주민들을 공비와 내통한다는 이유로 그 지역주민 대부분을 집단 학살한 사건이다.[58]

지역주민들의 증언에 의하면 2월 9일 거창읍에서 신원면으로 들어가는 초입에 있는 마을인 덕산리주민 80여 명이 청연골에서, 다음날인 2월 10일에는 와룡리 · 대현리 · 중유리 주민 1백 명이 탄량골에서 학살되었으며 2월 11일에는 그 전부터 신원국민학교에 집결해 놓았던 신원면 일대 주민가운데 5백여 명이 학살되었다고 한다.[59] 그리고 2월 9일에서 11일 사이에 학살된 신원면 일대 주민 중 반 이상이 노인과 어린이였다고 하는 데, 과연 젖먹이 및 어린이들이 통비행위를 할 수 있는 인지능력을 갖고 있다고 볼 수 있는지 의문이며 이는 결국 거창양민학살사건이 국민을 보호해야 할 의무를 갖는 국가에 의한 조직적인 학살이었음을 보여주는 것이다.[60]

거창사건이 폭로되어 국회진상조사단이 현장조사를 위해 방문하려 했을 때 국군은 경남지구 계엄민사부장인 김종원 대령의 주도로 현장방문을 하려던 국회조사단에게 공비로 위장한 군대를 매복시켜 집중적인 총격을 가함으로써 조사를 방해했고[61] 거창양민학살사건은 지금

---

58) 한국정치연구회, 『키워드로 읽는 한국현대사』, 이매진, 2007, 185쪽.
59) 한국정치연구회, 『키워드로 읽는 한국현대사』, 이매진, 2007, 186쪽.
60) 박명림, 「한국전쟁과 한국정치의 변화」, 『한국전쟁과 사회구조의 변화』, 백산서당, 2002, 67쪽.
61) 박명림, 「한국전쟁과 한국정치의 변화」, 『한국전쟁과 사회구조의 변화』, 백산서당, 2002, 68쪽.

까지도 학살당한 주민의 인권회복과 국가의 학살의 책임을 둘러싼 문제가 해결되지 않고 있다.

6. 검토

1950년 한국전쟁 전후를 중심으로 한 이승만 정권의 성격을 평가해 본다면 다음과 같다. 첫째, 제주 4·3항쟁에서 제주도민의 단독선거, 단독정부 수립에 대한 반대와 통일된 독립국가를 이루려는 열망을 '빨갱이 싹쓸이'라는 이데올로기하에 폭력적으로 탄압하고 더 나아가서 좌도 아니고 우도 아닌 민간인을 무차별 학살함을 통해 미군정과 이승만 정권은 자신의 반대세력을 제거함으로써 지배체제를 구축했다. 둘째. 일제식민지 시대의 청산의 문제로서 가장 중요하게 제기되었던 친일파척결 및 토지개혁의 문제가 반민특위의 좌절과 한계적인 농지개혁의 실시로 상당히 좌절되었다.

셋째, 국민방위군사건이나 거창양민학살사건을 통해 이승만 정권은 반인권적인 조직화된 민에 대한 폭력적 행위를 자행하였다.

이승만은 자신의 권력장악을 위해 이후 압력에 의해 대통령직선제를 주요 내용으로 하는 발췌개헌을 통과시키고 사사오입개헌 등의 반민주적 행동을 전개하지만 사실 이승만 정권에 있어서 핵심적인 사건은 '빨갱이 싹쓸이'라는 극우 반공 이념하의 제주도 4·3 학살과 '국민방위군사건'과 '거창양민학살사건'에서의 국가폭력이었다.

특히, 거창양민학살사건 관계자의 "독재 정권을 부르짖는데 최초의 상대가 거창사건이었다. …그 당시 시골에서도 신성모하고 그 일당들이 왜 파면당했나, 경찰이나 관계기관에게 그 이야기만 하면 쑥 들어갑니다"라는 증언내용[62]을 보면 국가폭력의 심각성을 알 수 있다.

결국 이렇게 일체의 좌익세력을 배제하는 '빨갱이 싹쓸이'라는 국가

폭력하에 제주도민을 희생시켜 이승만은 남한만의 단독정부를 수립했고 거창양민 학살 등을 통해 국가에 의한 조직적인 학살행위를 함으로써 극우적인 폭력적 국가권력체계를 공고히 구축하였다. 이런 상황하에서 1950년 한국전쟁을 전후로 한 상황에서도 반이승만 세력은 집결해 나갔다. 하지만 1950년 한국전쟁은 전쟁이라는 비상상황과 강력한 반공 이데올로기를 통해서 이승만의 취약한 권력기반을 강화시켜준 배경이 되었고 결국 이승만을 구해주고 남한의 지배집단을 위기에서 구해주었으며 이 전쟁을 통해 형성된 국가는 반공주의의 신성함을 과시하면서 또한 너무나 많은 희생양을 만들면서 이승만지배체제를 형성하였다.[63]

제2절 이승만의 권력형성 과정

미군정의 지지와 한민당과의 결속을 통해 탄생한 이승만 정권은 남한 내의 다수의 농민, 노동자 등에 의해 많은 지지를 받고 있지 못했고 반공주의이념 이외에 특수한 정치적 이념도 부재하였으며 특히 이승만 집권 후 한민당과의 결속도 이승만 개인의 두령국가 지향[64] 속에서 깨어져 나간다. 따라서 이승만은 그 자신만의 1인 권력을 구축하기 위하여 다양한 행동을 해나간다.

그의 권력형성 과정에서 특징적인 정치행태로서 보이는 일민주의 이념, 자유당의 창당, 발췌개헌을 중심으로 알아보고 그 다음 미약한 자신의 지지기반을 극복하기 위해 주요한 시기마다 적극적으로 국민들

62) 한인섭, 『거창은 말한다』, 경인문화사, 2007, 199쪽.
63) 김동춘, 『전쟁과 사회(우리에게 한국전쟁은 무엇이었나)』, 돌베게, 2006, 399쪽.
64) 서중석, 『이승만과 제1공화국』, 역사비평사, 2007, 57쪽.

을 동원했던 그의 대중동원의 정치에 대한 성격을 분석해 보고자 한다.

1. 이승만의 권력형성의 내용

1) 일민주의의 이념

이승만은 국회 내에서 민국당[65] 세력이 점차 조직화되자 이를 경계하기 위해 일민주의를 국민운동의 지도이념으로 발전시켜 확산시킨다. 일민주의의 내용은 이승만의 저작인 『일민주의 개술』에 그 기본 틀이 마련되어 있는데, 일민주의의 기본 방침이라고 할 수 있는 4대강령은 "1. 경제상으로는 빈곤한 인민의 생활정도를 높여 부요하게 하여 누구나 동일한 복리를 누리게 할 것. 1. 정치상으로는 다대수 민중의 지위를 높여 누구나 상등계급의 대우를 받게 되도록 할 것. 1. 지역의 도별을 타파해서 동서남북을 물론하고 대한민국은 다 한민족임을 표명할 것. 1. 남녀동등의 주의를 실천해서 우리의 회복안위의 책임을 삼천만이 동일히 분담케 할 것"이다.[66]

일민주의의 특징은 첫째, '하나임'과 '통합'을 반복적으로 강조하고 있다는 것이고 둘째, '일민'이나 '하나'는 강제성을 내포하는 것이라는 것이다.[67] 그러나 일민주의는 일관된 사상이라고 볼 수 없고 단지 새

---

[65] 한민당은 미군정 초기인 1945년 4월 16일 결성되어 대한민국정부 수립 후까지 존속했고 그 이후 1949년 2월 10일에 발전적으로 해체되어 민국당으로 개편된다. 민국당은 그 후 원내야당으로 활동하다가 역시 해체되어 1955년 9월 28일 민주당으로 개편된다.

[66] 김수자, 『이승만의 집권초기 권력기반 연구』, 경인문화사, 2005, 50~51쪽.

[67] 김수자, 『이승만의 집권초기 권력기반 연구』, 경인문화사, 2005, 51~52쪽. 다음의 글에서 이를 확인할 수 있다. "하나가 미처 되지 못한 바 있으면 하나를 만들어야 하고 하나를 만드는 데에 장애가 있으면 이를 제거해야 한다"(김수자, 『이승만의 집권초기 권력기반 연구』, 경인문화사, 2005, 51~52쪽).

정부 수립이라는 특별한 시기에 공산주의나 김구, 김규식의 민족주의에 대항하기 위해서 임시대응책으로서 나온 '전체주의' 논리가 전제된 위험한 이데올로기일 뿐이다.[68]

2) 자유당의 결성과 그 특징

1950년 6월 25일 한국전쟁이 발생하였으나 이승만은 하루아침에 수도서울을 빼앗기고 자기만 몰래 피신하는 행위 등을 보이면서 전쟁대처능력에 대해 국민에게 신뢰를 주지 못하였고 전쟁기간 동안에는 국민방위군사건이나 거창양민학살사건 등의 실책을 통해 민심을 잃었다. 그리하여 국회 내에 반이승만 분위기가 거세어졌다.

이승만은 이러한 국회 내의 반이승만세력을 견제하고 재집권을 하기 위한 방안으로서 국민직선제개헌을 추진하기 위하여 1951년 8·15일 기념사를 통해 '헌법개정안에 대한 내용'과 함께 '신당조직에 관한 담화'를 발표한다.[69] 그 담화에서 이승만은 신당이 대부분 노동자, 농민 등 근로대중으로 조직되어야 하고 민간단체인 경우 개인자격으로 가입하는 것을 허락한다는 등 구체적 방안을 제시했다.[70]

그리하여 1951년 12월 23일 두 개의 자유당이 탄생한다. 국회 안에서는 원내자유당이 결성되었고 국회 밖에서는 대한국민회, 대한노동조합총연맹, 대한농민조합총연맹, 대한부인회, 대한청년단 5개의 어용단체가 중심이 되어 원외자유당을 결성하였다.

자유당은 애초에 이승만을 대통령에 재선시키려는 목적하에 만들어

68) 서중석, 『이승만과 제1공화국』, 역사비평사, 2007, 55쪽.
69) 김수자, 『이승만의 집권초기 권력기반 연구』, 경인문화사, 2005, 172~173쪽.
70) 서중석, 『이승만과 제1공화국』, 역사비평사, 2007, 98쪽.

진 정당으로서 대중적 기반을 갖지 못한 관변사회조직과 경찰조직을 동원하여 만든 관제정당으로서의 본질을 가지고 있었다.[71]

자유당의 조직기반을 평가하면 다음과 같다. 첫째, 초기의 자유당은 자유당원의 자유당이 아닌 족청파의 자유당으로서 이범석의 족청의 기본 조직이 이용되어 조직됨으로써 위로부터 최말단에 이르기까지 족청의 이념과 강령에 따른 잘 훈련된 청년계 인사들이었을뿐 자유당이 추구하는 이념이나 조직과는 거리가 먼 조직이었다.[72]

둘째, 자유당은 대한국민회, 대한청년단, 대한노동조합총연맹, 농민조합총연맹, 대한부인회 5개 사회단체가 적극 가담함으로써 조직되었는데, 이는 이들 사회단체를 기간단체로 편입시킴으로써 수백만에 달하는 그들 회원을 자유당의 하부조직으로 이용하기 위한 것이었다.[73]

특히나 근로대중들의 사회적 지위 향상에 주요한 목적이 있는 대한노동조합총연맹(대한노총)과 같은 노동단체를 정치도구화한 것은 노동단체의 상층간부들을 개인적 이익을 목적으로 한 권력투쟁에 집중하게 함을 통해 궁극적으로 근로자들의 단결력을 상실시키는 결과로 되었다.

셋째, 자유당의 주요한 구성원은 반탁투쟁 과정에서 막강한 조직력을 과시해온 식민지시대 일제와 타협관계를 갖고 있었던 보수적 반공세력, 친일인사, 총독부의 고등계형사까지를 포괄한 조직이었다.[74]

그러나 이승만이 대통령직선제로의 헌법개정을 지지해 줄 자신의 정치적 기반을 확보하기 위하여 자유당을 창당했지만, 1952년 1월 18일 정부가 제출한 대통령직선제와 양원제를 골자로 하는 개헌안은 재석의원 163명 중 찬성 19표, 반대 142표, 기권 1표로 압도적인 반대하에

---

71) 역사학연구소, 『함께보는 한국근현대사』, 서해문집, 2004, 317쪽.
72) 윤용희, 「자유당의 기구와 역할」, 『한국현대정치론 I』, 도서출판 오름, 2000, 298쪽.
73) 윤용희, 「자유당의 기구와 역할」, 『한국현대정치론 I』, 도서출판 오름, 2000, 299쪽.
74) 윤용희, 「자유당의 기구와 역할」, 『한국현대정치론 I』, 도서출판 오름, 2000, 301쪽.

부결된다.[75) 결국 이승만의 자유당 창당 시의 의도대로 그 결과가 나타나지는 않았다.

3) 발췌개헌

대통령직선제개헌안이 부결되자 이승만은 "하늘아래 처음보는 국회"라고 비난하면서 원외자유당산하 대한국민회, 대한노동총연맹, 대한농민총연맹, 대한부인회, 대한청년단을 중심으로 개헌안 부결 반대 민중대회와 국회의원 소환운동 등을 적극적으로 전개한다.[76)

이에 대해 국회에서는 이승만에게 질의서를 통해 헌법규정에도 없는 소환운동은 헌법을 짓밟는 위헌적 처사라고 주장하였고 헌법을 보호하기 위한 결사항쟁을 결의하였으며 내각제 개헌운동도 추진하여 나아간다.[77)

직선제개헌을 위한 대대적인 민의동원운동이 전개되고 기간조직을 비롯한 18개 관변단체가 민중자결단을 결성해 반민족국회의원 성토대회, 반민주국회의원규탄 국민대회, 민족자결선포대회 등을 잇달아 개최하자 이승만은 5월 24일 시위소동과 정국불안을 수습한다는 이유로 이범석을 내무부장관에, 족청계 홍범희를 내무차관에 임명하는 등 원외자유당 인물들에게 전국행정조직과 경찰조직을 맡겼다.[78) 그리고 1952년 5월 26일 자정을 기해 부산을 포함한 23개 시, 군에 비상계엄을 선포했고 계엄령이 선포된 26일 아침 의원 47명을 태운 국회통근버스를 국제공산당의 비밀공작비로 정부혁신전국지도위를 구성했다는 이

75) 김수자, 『이승만의 집권초기 권력기반 연구』, 경인문화사, 2005, 177쪽.
76) 한국정치연구회, 『키워드로 읽는 한국현대사』, 이매진, 2007, 206쪽.
77) 한국정치연구회, 『키워드로 읽는 한국현대사』, 이매진, 2007, 207쪽.
78) 한국정치연구회, 『키워드로 읽는 한국현대사』, 이매진, 2007, 210쪽.

유로 하여 헌병대본부로 견인한다.[79] 6월 2일에는 이승만이 국무총리를 통해 24시간 이내에 직선제개헌안이 통과되지 않으면 국회를 해산하겠다는 최후통첩을 발하라고 명하기도 했다.[80]

그 후 1952년 6월 20일 국회 내 장택상을 중심으로 결집한 일종의 친목단체라 할 수 있는 신라회를 중심으로 해서 준비해 오던 발췌개헌안이 제출된다.[81] 발췌개헌안은 정부와 국회에서 각각 제출한 양 개헌안을 발췌·종합한 것으로서 그 주요 내용은 "① 대통령직선제, ② 상하양원제, ③ 국무총리의 요청에 의한 국무위원의 임명과 면직, ④ 국무위원에 대한 국회의 불신임결의(단, 국무위원 조직완료 또는 총선직후의 신임결의로부터 1년 이내는 할 수 없고 재적 3분의 2 이상 찬성결의는 언제든지 할 수 있음)의 4원칙을 토대로 기초한 것이다.[82]

그런데 개헌안의 의결정족수에 필요한 의원의 수는 123명이었지만 6월 20일에는 단지 86명의 의원만이 출석하였다. 내무부장관 이범석과 원용덕 장군은 7월 5일까지는 여하한 수단을 써서라도 실종 의원 전원을 국회에 등원케 한다는 내용의 포고문을 7월 3일 발표하였고, 동시에 경찰과 계엄군을 동원한 끊임없는 수색이 시작되어 거의 모든 의원들이 국회에 등원하지 않을 수 없었으며 심지어 국제공산당 혐의로 체포되었던 의원들조차 국회에 호송됨으로써 구속의원들도 등원하게 되었다.[83]

더욱이 의원들의 탈출 방지와 반대의원들에게 체념감을 주기 위한 목적으로서 국회가 이승만 대통령의 전위조직단체에 완전 포위되는

79) 한국정치연구회, 『키워드로 읽는 한국현대사』, 이매진, 2007, 210쪽.
80) 한국정치연구회, 『키워드로 읽는 한국현대사』, 이매진, 2007, 211쪽.
81) 김수자, 『이승만의 집권초기 권력기반 연구』, 경인문화사, 2005, 182~183쪽.
82) 김수자, 『이승만의 집권초기 권력기반 연구』, 경인문화사, 2005, 183쪽.
83) 윤용희, 「자유당의 기구와 역할」, 『한국현대정치론 I』, 도서출판 오름, 2000, 323쪽.

상황에까지 이르렀다.[84]

결국 1952년 7월 4일 야간회의에서 발췌개헌안을 중심으로 기립으로 표결이 이루어져 찬성 163명, 반대 0명, 기권 3명이라는 표결에 의하여 대통령직선제개헌안이 통과되었다.

이후 이승만은 대통령직선제개헌에 기반하여 대통령으로 당선되었고 당선 이후 다시금 이승만 개인 1인의 권력강화를 위해 자유당에서 세력을 확대해가고 있는 이범석의 족청계열을 경계 · 그를 축출해 내고 1954년 사사오입개헌[85]을 통과시켜 장기집권의 틀을 마련해 나간다.[86]

2. 대한국민회를 통한 대중동원의 정치

대한국민회는 미군정기 때의 '대한독립촉성국민회'(이하 '독촉'이라 함)가 1948년 명칭이 변경되어 대한국민회가 되었기에 이승만의 대중동원의 정치에서 주된 역할을 했던 대한국민회의 성격과 그 역할을 이해하기 위해서는 '독촉'의 결성과 그 역할을 알아볼 필요가 있다.

1) 미군정기 '독촉'의 결성과 역할

미군정기에 독촉은 전국적 조직망을 가지고 있었던 우익연합으로서

---

84) 윤용희, 「자유당의 기구와 역할」, 『한국현대정치론 I 』, 도서출판 오름, 2000, 323쪽.
85) 사사오입개헌(四捨五入改憲)이란 이승만의 장기집권을 목적으로 한 개헌안(주요 내용은 초대 대통령에 한해 3선제한조항을 철폐하는 내용의 개헌안이다)에 대해서 실시된 투표결과에서 개헌선인 136명의 개헌선이 확보되지 못하고 찬성이 135표가 나오자 부결되었지만, 국회의원 재적 203명의 3분의 2는 135.333…으로 사사오입의 수학적 원리에 의해 그 근사치인 135명이 3분의 2에 해당된다는 이승만의 주장에 의해 부결선언을 반복, 결국 개헌안이 통과된 것을 말한다.
86) 김수자, 『이승만의 집권초기 권력기반 연구』, 경인문화사, 2005, 184쪽.

이승만은 자신의 취약한 국내 정치기반을 확보하기 위한 방편으로 독촉결성에 기여했고 독촉을 적극 활용하여 남한에서 가장 강력한 지도자로 자리 잡았을 뿐만 아니라 남한 단독정부 수립에서도 이 단체를 적극 활용하였다.[87]

이승만은 1945년 10월 16일 해외독립운동세력들 중 제일 먼저 귀국하였는데 10월 17일 기자회견과 라디오방송을 통해서 "모든 정당과 당파가 협동하여 우리 조선의 완전무결한 자주독립을 찾는 것이 나의 희망하는 바입니다. … 미국인들이 우리에게 한번 기회를 주어보자는 것이니 우리가 이때에 사감과 사리를 버리고 합심협력하여 회복을 주장하면 잘될 수 있다는 것을 나는 확신하는 바입니다"라고 말함으로써 독립국가건설을 위해 모든 정당단체가 하나로 뭉쳐야 함을 강조하였다.[88] 그리고 10월 23일 대략 200여 명이 되는 각 정당, 문화단체대표들을 만나 건국과 관련된 의견을 교환하면서 다시금 주의, 주장을 초월한 하나로의 합침을 강조하고 더 나아가서 민의나 여론을 대표할 수 있는 기관의 설립필요성을 강조하면서 8·15 이후 남한에 상당한 영향력을 가지고 있었던 '건국준비위원회'와 '인민공화국'을 견제하였다.[89]

이 날 각 단체의 대표들의 모임에서 독촉중앙협의회를 결성하기로 합의했고 이때 이승만이 회장으로 지명되었다. 독촉중앙협의회가 결성된 배경은 다음과 같다.

첫째, 이승만, 송진우, 여운형, 박헌영 등의 좌우익 주요 지도자들이 통일전선이나 좌우통합에 대해 합의하고 있었으며 8·15 이후에는 독립국가건설을 둘러싸고 통일전선운동이 활발하게 진행되고 있었기 때문이다.[90]

---

87) 김수자, 『이승만의 집권초기 권력기반 연구』, 경인문화사, 2005, 57쪽.
88) 김수자, 『이승만의 집권초기 권력기반 연구』, 경인문화사, 2005, 58~59쪽.
89) 김수자, 『이승만의 집권초기 권력기반 연구』, 경인문화사, 2005, 60쪽.
90) 김수자, 『이승만의 집권초기 권력기반 연구』, 경인문화사, 2005, 60쪽.

둘째, 미군정은 정부 수립 전까지 지도자들로 구성된 민의 대표기관, 민의의 전달기관을 만들려했고 특히나 우익의 대중단체를 필요로 했으며 그러한 목적에 이승만이 잘 부합되었다.[91]

셋째, 이승만은 좌익이나 한민당 등에 비해 상대적으로 약한 자신의 국내 기반을 극복하고 자신의 세력을 만들어 낼 필요가 있었기 때문에 기존의 정치 · 문화단체들을 하나로 통합한 거대단체나 조직의 지도자가 되어야만 했다.[92]

그러나 좌익세력의 이탈과 임시정부를 비롯한 일부 우익세력들의 소극적 태도(임시정부계열은 이승만을 중심으로 조직되는 독촉중앙협의회에 참여하기보다는 독자적으로 해방정국을 주도해 나가고자 했다)로 인해 독촉중앙협의회는 남한 내의 모든 정치세력의 통합체라기보다는 이승만주도하의 우익만의 조직체가 된다.[93] 초기에 이승만과 독촉중앙협의회는 임시정부 측의 비상정치회의와 연대하여 우익세력의 주도권을 확실히 하고자 했지만 그러한 의도대로 될 수 없었고 1946년 6월까지 독촉은 주로 김구 주도하에 있었다.[94] 그러나 1946년 6월 이후 이승만의 지방순회를 계기로 독촉은 남한 내에서 실질적으로 정치적 힘이 있는 단체가 될 수 있었고 나아가서 이승만으로서는 해방정국에서 주도권을 장악할 수 있게 되었다.[95]

이승만이 독촉을 장악하고 독촉을 통해 정치적 기반을 마련할 수 있었던 주요한 원인은 무엇인가 생각해 보면 첫째, 한반도 내 '임시적인 조선민주정부 수립'[96]을 목적으로 한 제2차 미소공위의 결렬로 이승만

---

91) 김수자, 『이승만의 집권초기 권력기반 연구』, 경인문화사, 2005, 62쪽.
92) 김수자, 『이승만의 집권초기 권력기반 연구』, 경인문화사, 2005, 62~63쪽.
93) 김수자, 『이승만의 집권초기 권력기반 연구』, 경인문화사, 2005, 66쪽.
94) 김수자, 『이승만의 집권초기 권력기반 연구』, 경인문화사, 2005, 69~70쪽.
95) 김수자, 『이승만의 집권초기 권력기반 연구』, 경인문화사, 2005, 74쪽.

이 가장 정치적 힘을 얻었기 때문이고[97] 둘째, 1946년 6월부터 이승만이 지방순회[98]를 통해 지방지부조직화에 결정적인 기여를 함으로써 주도권을 굳혀 나갔기 때문이다.

결국, 1946년 6월 3일 이승만의 단독정부 수립을 주장하는 정읍 발언 이후 독촉은 이승만의 단독정부노선을 추종했고 단독정부 수립을 위한 적극적인 활동을 하게 된다.[99] 독촉을 중심으로 각도에 설치된 총선거대책위원회는 UN총회에 자신들의 뜻을 전하기 위해 1947년 10월 15일까지 서울 및 각 지방에서 국민대회를 개최하였고 이런 국민대회에는 독촉 자체만이 아닌 그 산하 단체들이 가세하여서 단독정부 수립에 대한 국민의 지지와 힘을 보여주었다.[100]

독촉은 결과적으로 미약한 국내 기반을 가지고 있던 이승만에게 있어서 권력획득의 중요한 수단이 되었고 단독정부 수립 과정에서 그 조직에 기반하여 각종의 국민대회를 조직하는 등 적극적인 활동을 통해 이승만의 집권 기반이 되었다.

2) 1948~1950년 대한국민회의 성격과 활동

이승만은 집권 초기에 독촉을 중심으로 결성되는 신당 결성에 관하여 소극적인 태도를 보였다. 그 이유는 다음과 같다. 첫째, 독촉이 가지

---

96) 모스크바삼상회의에서의 주요 결정은 한반도에서의 신탁통치가 아닌 '임시적인 조선 민주정부의 수립'이었다(윤해동, 「신탁통치반대운동은 분단·단정노선」, 『바로잡아야 할 우리역사37장면 1』, 역사비평사, 2004, 164쪽).

97) 김수자, 『이승만의 집권초기 권력기반 연구』, 경인문화사, 2005, 80쪽.

98) 이승만은 1946년 6월 3일 정읍에서 "지금은 남조선만이라도 정부가 수립되기를 고대"한다고 말함으로써 남한만의 단독정부 수립 의도를 공개화하였고 그 이후 단독정부 수립의 목적하에 활동해 나간다.

99) 김수자, 『이승만의 집권초기 권력기반 연구』, 경인문화사, 2005, 80쪽.

100) 김수자, 『이승만의 집권초기 권력기반 연구』, 경인문화사, 2005, 86~87쪽.

는 전국적인 조직규모와 효용성을 고려해 볼 때 독촉이 가지고 있는 전국적인 규모의 조직력을 그대로 유지시키는 것이 이승만 자신의 전국민적 위상 존립에 기여할 수 있기 때문이었다.[101]

둘째, 1948년 말부터 1949년 초에 한민당과 국민당의 합동으로 이루어진 민국당이 결성되자 이승만은 거대 여당에 의한 정치운동보다는 우선 독촉을 중심으로 국민운동을 전개하고자 했기 때문이다.[102]

셋째, 1948년 10월 발생한 여순사건으로 인해 이승만은 독촉의 운동 내용과 목적을 재정비하여 운동의 방향을 반공사상전개, 반공국민단체 조직, 반공사회실천 등 '반공활동 강조'로 전환하였고 따라서 반공사상을 강화시켜줄 국민운동단체가 필요하였기에 독촉이 국민운동단체로 존속하길 바랐다.[103]

1948년 독촉은 명칭을 대한국민회로 바꾸었고 운동의 방향을 '관민 일체의 국민운동전개'로 정한다. 이승만은 중앙 및 지방 그리고 관민구별 없이 모든 국민이 대한국민회 회원이 되어야 한다고 성명을 발표하였으며 운동의 목표를 '통일운동'으로 설정하였다.

그리고 대한국민회는 1949년 2월 관민합작운동의 실천 방안으로서 5개의 당면 정책을 발표하였는데 "국민운동은 남녀와 노소, 빈부와 관민, 당파와 계급의 구별 없이 전 민족이 한데 뭉쳐 힘차게 나아가는 시대성을 가진 역사적 운동이다"라고 한 부분이나 "개인 중심이나 어떠한 파벌성을 배제하고 진정한 국민의 국민회가 되어야 한다"라고 한 부분을 통해서 볼 때, 이승만이 주장한 '일민주의'의 내용과 유사한 것을 알 수 있다.[104]

---

101) 김수자, 『이승만의 집권초기 권력기반 연구』, 경인문화사, 2005, 94쪽.
102) 김수자, 『이승만의 집권초기 권력기반 연구』, 경인문화사, 2005, 94쪽.
103) 김수자, 『이승만의 집권초기 권력기반 연구』, 경인문화사, 2005, 94~95쪽.
104) 김수자, 『이승만의 집권초기 권력기반 연구』, 경인문화사, 2005, 97쪽.

반관반민단체로 전환된 국민회가 했던 주요한 활동은 대표적으로 1949년 6월 소장파 의원들이 미군철수를 주장하자 전국 각지에서 '국토방위강화 국민대회'를 개최하여 미군철수 절대 불가를 주장한 이승만을 지지한 것과 1950년대 초 민국당이 내각제개헌을 국회에 상정하자 '개헌안반대 국민대회'를 열어 이승만을 지지한 것이 있다.[105]

결국 이승만은 국민회를 통해서 그 자신의 1인 지배체제의 기본 이념인 '일민주의'를 보급하려 했고 더 나아가 그것을 통해 반공사상을 전개시킴으로써 자신의 권력 기반을 강화하려 했다.[106]

3) 1951년~1953년까지의 국민동원

1대1이승만은 국회와의 대립이 가장 심했던 시기인 1949년 말에서 1952년까지 국민회를 비롯한 대중단체를 통해 민의라는 이름으로 국민을 동원하여 그의 집권을 도모하였다.[107]

대표적인 국민동원 사례는 다음의 세 가지이다.

첫째, 1952년 1월 정부제출 직선제개헌안이 143 대 19로 부결되자 국민회와 청년단을 중심으로 대중단체들이 연합하여 개헌안 요구를 전개한 경우 둘째, 1952년 5월 내각책임제 개헌반대 투쟁위를 결성하여 대통령의 국민투표제 실시를 반대하는 원내자유당·민국당 의원들에게 압력을 가하고 '국회의원소환운동' 및 '개헌안 부결반대 민중대회'를 전개한 경우이다.[108]

셋째, 국민대회 등을 통해 1952년 7월 대통령직선제를 골자로 하는

---

105) 김수자, 『이승만의 집권초기 권력기반 연구』, 경인문화사, 2005, 104~105쪽.
106) 김수자, 『이승만의 집권초기 권력기반 연구』, 경인문화사, 2005, 97쪽.
107) 김수자, 『이승만의 집권초기 권력기반 연구』, 경인문화사, 2005, 110쪽.
108) 김수자, 『이승만의 집권초기 권력기반 연구』, 경인문화사, 2005, 111쪽.

192 일제강점기 노동운동에서 김영삼 정권기 노동법과 노동운동까지

발췌개헌안을 통과시킨 후 제2대 대통령선거일이 가까워지자 갑자기 대통령에 입후보할 의사가 없다고 하여, 국민들에 의해 '이승만 대통령의 출마'를 요구하는 데모로서 국민대회가 이루어진 경우이다.[109]

이승만 정권 시기 정치적 위기가 있을 때마다 적절하게 동원되는 국민대회 등이 이루어진 것을 볼 때, 이승만은 정치적 난관이 있을 때 마다 그 난관을 극복하고 자신의 위상을 높이기 위해 더 나아가서 그의 1인지배권력과 장기집권을 도모하기 위해 국민회와 같은 대중단체를 적극 이용했음을 알 수 있다.

결국 이승만은 그의 1인지배권력을 형성하는 데 적극적으로 국민회와 같은 대중단체를 이용하였고 그것이 그의 권력 형성의 주요한 한 방법이었다.

제3절 이승만의 노동정책과 주요 노동운동: 단독정부 수립 후에서 1953년 노동입법까지

1945년 8월 15일 이후 남한 내에 존재하던 노동조합조직으로서는 조선노동조합전국평의회(이하 '전평'이라 함)와 대한독립촉성노동총동맹(이하 '대한노총'이라 함)이 있었다.

전평은 대한노총보다 먼저 조직되고 광범위한 기층 노동자들의 지지를 받았지만, 미군정의 '미국의 한반도 내에서의 완전한 주도권 장악'이라는 목적하에서 전개된 '전평궤멸화' 정책 속에서 존립의 근거를 상실하고 만다.[110] 따라서 단독정부 수립 이후에는 사실상 대한노총만이 남게 된다.

---

109) 김수자, 『이승만의 집권초기 권력기반 연구』, 경인문화사, 2005, 114쪽.
110) 유혜경, 「미군정(美軍政)시기 노동운동과 노동법」, 『노동법학』 제26호, 한국노동법학회, 2008, 296쪽.

그러나 대한노총은 탄생 과정부터 문제가 있었던 조직으로 오로지 전평에 대립하고 전평을 타도하기 위해 등장한 고도의 우익정치단체로서의 한계를 갖는다.[111] 노동자의 지위를 개선하고자 하는 일체의 요구를 갖지 못했던 창립 당시의 강령상의 한계점, 지도부인 김구(金龜)가 사용자의 지위를 갖고 있었던 점, 창립 당시 군정청광고국 노동자직원이고 후일 군정의 초대 노동부차장을 역임한 박택이 우익인사에 의한 조합결성을 김구(金龜)에게 적극 권장함으로써 대한노총이 창립되었다는 점을 통해 볼 때 대한노총의 한계는 명백하다.[112] 그리고 이러한 대한노총의 한계는 '정치성'의 문제이기보다는 '비자주적인 어용성'에 본질적인 문제가 있다.

여기서는 대한노총[113]이 정부 수립 이후 어떻게 활동해 나가는가, 이승만 정권과는 어떠한 관계를 형성시켜 나가는가를 평가함으로서 대한노총의 성격을 정리해 보고자 한다. 이를 위해 대한노총 상층부 조직과 이승만과의 관계 및 1953년 노동법이 입법되기까지의 주요한 노동운동에 대해 이승만이 어떻게 개입하여 가는가를 초점으로 분석하고자 한다.

1. 대한노총 중앙조직과 이승만

1) 3월파와 4월파의 대립

1946년 9월총파업 이후 대한노총은 전진한체제가 들어서게 되었고

---

111) 유혜경, 「미군정(美軍政)시기 노동운동과 노동법」, 『노동법학』 제26호, 한국노동법학회, 2008, 285쪽.
112) 유혜경, 「미군정(美軍政)시기 노동운동과 노동법」, 『노동법학』 제26호, 한국노동법학회, 2008, 285쪽.
113) 정부 수립 후 '대한독립촉성노동총연맹'을 '대한노동총연맹'으로 개정한다.

이후 일관되게 대한노총은 이승만을 지지하였으며 이승만의 단독정부 수립에 적극적인 활동을 하게 된다.[114]

그러나 대한민국정부 수립 후 대한노총은 곧 내부 갈등을 일으킨다. 정부 수립 이후 김구(金龜)는 전진한세력에 대항하여 헤게모니를 장악하기 위해서 유기태와 연합하였고, 1949년 3월 전국대의원대회를 앞두고 전진한에 대항한 단일전선을 형성하였으며 결국 유기태가 위원장에 당선되었다.[115] 그러자 전진한파는 이 대회에 참석한 대의원 중에는 무자격자가 많으므로 무효라고 주장하였고 다시 전진한 명의로 전국대의원대회를 소집하여(4월대회라고 함) 대한노총위원장으로 전진한을 선출한다.[116]

이렇게 하여 대한노총은 2인의 위원장이 존재하는 상황이 연출되었고 3월파와 4월파 간의 파벌투쟁이 격화되어 당시 철도노조가 교통부를 상대로 투쟁하던 당시 '현업원조합조직책동'에 대응하지 못했고 조선전업노동자들의 노동조합결성을 위한 투쟁에까지 악영향을 끼치게 되었다.[117]

3월파와 4월파 간의 대립적 상황에서 이승만은 전진한 중심의 4월파를 배제하고 유기태 중심의 3월파를 지지한다.[118] 그 이유는 전진한이 1948년 5·10선거에 당선되어 제헌의원을 지냈고 미군정 시기에는 대한노총의 반전평 및 반공활동 등을 배경으로 해서 초대 사회부장관을

114) 임송자, 「1950년대 노동조직과 이승만·자유당권력과의 관계」, 『한국사학보』 제30호, 2008, 159쪽.
115) 임송자, 「1950년대 노동조직과 이승만·자유당권력과의 관계」, 『한국사학보』 제30호, 2008, 159~160쪽.
116) 김낙중, 『한국노동운동사(해방후 편)』, 청사, 1982, 118쪽.
117) 김낙중, 『한국노동운동사(해방후 편)』, 청사, 1982, 118~119쪽.
118) 임송자, 「1950년대 노동조직과 이승만·자유당권력과의 관계」, 『한국사학보』 제30호, 2008, 160쪽.

지내기도 하는 등 이승만과 결합된 인물이었지만, 그 후 1950년 2월 국회 내 반이승만세력에 의해 추진된 내각책임제 개헌을 반대하지도 않았고 자유당 결성 과정에서도 원외자유당에 속하지 않아서 이승만에게는 충성스런 인물이 되지 못했기 때문이다.[119]

그러다 1949년 7월 19일 이승만이 직접 양파를 조정한 끝에 위원장제를 개정하여 최고위원제로 하고 양파에서 각각 5명씩의 최고위원을 선출하고 합동을 서약한다.[120] 하지만 이승만의 지시는 파벌투쟁을 종식시킬 수 없었고 전진한과 유기태 사이의 대립관계가 증폭되다가 1950년 대회에서 전진한이 위원장으로 선출되어 확고한 전진한체제가 성립되었다.[121]

2) '조선방직쟁의대책위원회'와 '정화위원회'의 대립

대한노총은 조선방직쟁의와 자유당 결성 과정에서 다시 전진한 중심의 조선방직쟁의대책위원회(이하 '조방파'라 함)와 주종필·조광섭을 중심으로 한 정화위원회(이하 '정화파'라고 함)로 분열·대립된다.[122]
조선방직쟁의는 1951년 9월 새로 취임한 강일매 사장이 다수의 근로자를 신규 채용한 다음 20년 이상 근로한 숙련근로자를 정당한 이유 없이 무단해고하고 인상된 임금을 지불하지 않으며 조선방직노동조합을 어용화하는 등의 노조탄압정책을 취했고 이에 노동자들이 반발하

---

119) 임송자, 「1950년대 노동조직과 이승만·자유당권력과의 관계」, 『한국사학보』 제30호, 2008, 160쪽.
120) 김낙중, 『한국노동운동사(해방후 편)』, 청사, 1982, 119쪽.
121) 임송자, 「1950년대 노동조직과 이승만·자유당권력과의 관계」, 『한국사학보』 제30호, 2008, 161쪽.
122) 임송자, 「1950년대 노동조직과 이승만·자유당권력과의 관계」, 『한국사학보』 제30호, 2008, 162쪽.

여 일어난 쟁의다.[123]

대한노총 정화파는 이승만과 직결된 원외자유당의 추종세력이었고 조방파는 원내자유당파로서 이승만이 추진하던 대통령직선제와 양원제를 중심으로 한 개헌에 반대한 세력이다.[124] 정화파는 새로 영입한 국회의원 이진수, 전진한 중심의 주류파에 속했으나 이후 전진한과 결별한 조광섭, 조용기 등 3월파에 속했던 인물로서 주종필, 박중정 등으로 구성되었고, 조방파는 전진한, 임기봉, 김말룡 등이 관계하였다.[125] 주종필을 중심으로 한 세력은 반(反)전진한 세력으로 이승만에 대한 충성도가 아주 강했던 것으로 보이며 조방파와 정화파의 분열은 지속되어 1952년 대의원대회도 정화파는 5월 31일에 그리고 조방파는 6월 9일에 각기 따로 개최되었다.[126]

그리고 1952년 10월 30일 "대한노총통일을 위하여 지도자에게 권고"라는 이승만의 담화에 의해 1952년 11월 8일 전국통합대회를 개최하여 양 파벌의 중심인물인 전진한과 주종필이 제거되고 이진수, 송원도, 조경규가 최고위원에 선출되었다.[127]

그 후 이 대회에 이승만이 서한을 보내는데, 그 서한의 내용은 "자유로 투표하여 직접 일하는 노동자 중에서 3인을 뽑아 천거하면 그중에서 1인을 택하여 1년 동안 자유당중앙위원 의 책임으로 시무케 할 것"이라고 하고 있다.[128]

123) 김낙중, 『한국노동운동사(해방후 편)』, 청사, 1982, 145~146쪽.
124) 임송자, 「1950년대 노동조직과 이승만·자유당권력과의 관계」, 『한국사학보』 제30호, 2008, 162쪽.
125) 임송자, 「1950년대 노동조직과 이승만·자유당권력과의 관계」, 『한국사학보』 제30호, 2008, 162~163쪽.
126) 임송자, 「1950년대 노동조직과 이승만·자유당권력과의 관계」, 『한국사학보』 제30호, 2008, 164쪽.
127) 임송자, 「1950년대 노동조직과 이승만·자유당권력과의 관계」, 『한국사학보』 제30호, 2008, 164쪽.

결국 대한노총 등 5개 사회단체에서 선출된 사람들을 중심으로 자유당 중앙위원의 구성을 구체화한 것으로써 이로부터 대한노총의 자유당간부화가 결과되었고, 이러한 결과는 노조의 '자주성'을 훼손하는 것으로 나타났다.[129]

3) 대한노총 간부와 자유당

1953년 노동조합법이 제정·공포된 이후 조직을 재편성하기 위한 목적에서 1954년 대회가 개최되는데, 대한노총에서는 재조직을 위한 준비위원회를 구성한다. 이때 정대천 중심의 대한노동조합총연합회 '전국대회소집위원회'(이하 '전대위'라 함)와 이진수를 중심으로 한 대한노총 '전국대의원대회 소집준비위원회'(이하 '소준위'라 함)가 분열·대립한다.[130]
이때 자유당과 이승만은 다시금 대한노총의 조직문제에 개입하였고 박술음 사회부장관이 1954년 3월 22일 담화를 발표해서 정대천 중심의 전대위가 합법적 조직체이며 소준위는 중앙연맹결성에 대한 준비기능이 없는 것임을 밝혀 정대천체제가 성립한다.[131] 그리하여 대한노총조직은 1954년 대회 이후 정대천에 의해 주도되었으며 정대천을 매개로 자유당과의 주종관계가 이루어졌다.[132] 정대천은 제3대 국회의원선거

128) 임송자, 「1950년대 노동조직과 이승만·자유당권력과의 관계」, 『한국사학보』 제30호, 2008, 164쪽.
129) 임송자, 「1950년대 노동조직과 이승만·자유당권력과의 관계」, 『한국사학보』 제30호, 2008, 164쪽.
130) 임송자, 「1950년대 노동조직과 이승만·자유당권력과의 관계」, 『한국사학보』 제30호, 2008, 167쪽.
131) 임송자, 「1950년대 노동조직과 이승만·자유당권력과의 관계」, 『한국사학보』 제30호, 2008, 167쪽.
132) 임송자, 「1950년대 노동조직과 이승만·자유당권력과의 관계」, 『한국사학보』 제30호, 2008, 169쪽.

(1954년 5월 20일), 제4대 국회의원선거(1958년 5월 2일)에 자유당후보로 파주에서 출마하여 당선되었고 1958년 10월 김기옥체제가 성립되기까지 자유당과의 긴밀한 관계를 배경으로 하여 최고권력을 유지했다.[133]

그 후 다시금 1958년 10월 대한노총 전국대의원대회를 앞두고 김기옥을 중심으로 한 규약개정운동(대한노총의 최고위원제를 위원장제로 변화시키는 것)으로 인해 대한노총은 정대천파와 김기옥파로 분열했고, 그때 또 다시 자유당이 대한노총에 개입하여 "예정대로 오는 29일에 대한노총연차대회는 소집하되 임원을 개선한다든가 규약을 개정하지 않고 현상을 그대로 유지하는 방향에서 분규를 수습하는 것"으로 결정한다.[134] 그에 따라 전국대의원대회가 1958년 10월 29일 열렸고 규약개정안 통과가 이루어지고 위원장 투표에서 김기옥이 선출되어서 김기옥이 실권을 장악한다.

그러나 정대천에 이어 실권을 장악한 김기옥도 자유당과 밀착하였는데, 이는 자유당 당무회에서 1960년 3·15 정부통령선거에 대비하여 '조직확대 강화요강'을 내려 보낸 이후, 대한노총이 1959년 10월대회에서 작성하여 보낸 "명년 정부통령선거를 성공적으로 수행하기 위해서 우리들은 조직의 정비와 강화를 더욱 공고히 하고 우리 노동자, 농민의 정당인 자유당에서 추대한 정부통령 후보자의 당선을 위해서 총역량을 주입하고 평소에 숭경(崇敬)하옵는 각하를 지지하는 열의를 다시금 가다듬는 바입니다"라는 내용의 이승만에게 보내는 메시지를 통해 자유당과의 밀착 정도를 확인할 수 있다.

---

133) 임송자, 「1950년대 노동조직과 이승만·자유당권력과의 관계」, 『한국사학보』 제30호, 2008, 169~170쪽.

134) 임송자, 「1950년대 노동조직과 이승만·자유당권력과의 관계」, 『한국사학보』 제30호, 2008, 171쪽.

4) 검토

3월파와 4월파의 대립, 조방파와 정화파의 대립, 정대천파와 김기옥파의 대립 등 대한노총 내에서 분열과 대립이 일어날 때마다 그 분열과 대립은 이승만의 결정이나 지시에 의해 해결되어졌다. 이는 노동조합이란 근로자의 근로조건 기타 권익을 옹호하면서 그의 사회적 지위 향상을 목적하는 단체이고 그 본질이 '자주성'과 '민주성'에 있다고 할 때, 대한노총의 경우 노동조합으로서의 기본적 요건조차가 갖추어져 있지 않은 조직체였음을 보여준다.

이승만 정권은 그의 권력장악을 위해 대한국민회 등 대중단체를 철저히 이용했고 대한노총 또한 그러한 수단으로서의 또 다른 하나의 대중단체였을 뿐이다.

따라서 이승만은 개인 1인의 권력장악이나 집권을 위한 수단으로서 대한노총을 수단화하였을 뿐이기에 어떤 일관된 노동정책조차 가지고 있지 않았다고 평가된다. 그가 강조했던 '일민주의'의 이념만큼이나 일관적인 정치이념도 일관된 노동정책도 없는 허구적인 두령체제[135] 구축 과정에서의 적극적 수단이었을 뿐이다.

2. 주요 노동운동의 평가

1) 철도노조의 합법투쟁

대한민국 철도연맹은 1947년 1월 대한노총 운수부연맹으로 출발하였고 그 당시 철도노동자들 속에 존재하는 좌익전평 노조를 타도하기

---

[135] 서중석, 『이승만과 제1공화국』, 역사비평사, 2007, 57쪽.

위한 필요 속에서 미군정운수부의 적극적인 협조 속에서 확장되어 왔다.[136] 그러나 1948년 8월 대한민국정부가 수립되자 교통부는 국영철도의 종업원을 공무원으로 간주하여 그 집단적 행동을 규제하고 그 대신에 현업원조합이라는 어용단체를 만들어서 철도 부문에서의 노동조합운동을 제거하려고 하였다.[137]

그 당시 이승만 정부에서는 국가공무원법을 제정하는 과정에 있었는데, 국가공무원법상 공무원은 정치운동에 참여하지 못 하며 공무 이외의 일을 위한 집단적 행동을 하여서는 아니 된다는 규정하에 국영철도종업원도 국가공무원임을 주장해서 철도노동자들의 노동조합운동을 봉쇄하려 한 것이다.[138]

그러자 공무원법의 원안통과와 교통부의 반노조책동에 맞서서, 당시 분열된 대한노총의 '3월대회파'에 속해 있었던 대한노총철도연맹위원장 주종필이 4월대회파인 대한노총위원장인 전진한에게 협조를 요청하여 이승만을 찾아가 호소했고, 이승만은 국가공무원법을 공포한 다음날인 동 1949년 8월 13일 공보부를 통해 "반공투쟁에 공로가 큰 철도노동조합은 공무원법이 공포되더라도 해체되지 않고 계속 활동할 수 있다"는 담화를 발표한다.[139]

하지만 교통부와 현업조합 측은 대통령의 담화가 법률을 능가할 수는 없다는 근거를 앞세워 철도노조의 합법성을 인정하지 않았고, 이에 대해 다시 대한노총은 최고위원 10명의 연서로서 「국가공무원법의 현업공무원의 범위를 고의적으로 협의해석함으로써 실질적으로 노동조합을 말살하려 한다」고 주장하는 항의문을 발표한다.[140]

136) 김낙중, 『한국노동운동사(해방후 편)』, 청사, 1982, 123쪽.
137) 김낙중, 『한국노동운동사(해방후 편)』, 청사, 1982, 123쪽.
138) 김낙중, 『한국노동운동사(해방후 편)』, 청사, 1982, 123쪽.
139) 김낙중, 『한국노동운동사(해방후 편)』, 청사, 1982, 126쪽.

결국 이 분쟁은 이승만의 지시에 의해 종결된다. 그 결과는 철도 50주년 기념식(1949년 9월 18일)에 참석한 이승만에게 주종필, 전진한 두 사람이 교통부가 대통령의 담화에 순응하고 있지 않다는 것을 보고하여, 이승만이 부우회관 앞에 걸려 있는 현업조합의 간판 철거를 지시하였고 그의 지시에 따른 법제처의 공무원법에 대한 재해석에 의해서 대한노총철도노조가 합법화되었다.[141]

철도노조합법화에 관한 철도노조투쟁에서 쟁점이 되는 문제는 두 가지이다.

첫째, 철도노조합법화투쟁의 해결이 이승만 대통령의 개인적 지시에 따른 결과였다는 것이다. 그러나 이승만이 철도노조의 합법성을 인정한 것은 "반공에 공이 큰 철도노동조합은 공무원법에도 불구하고 노동운동을 지속할 수 있다"라는 말에서 확인할 수 있는 것처럼 어떤 법률적 근거나 법률의 합리적 해석에 따라 노조의 합법성을 인정한 것이 아니라 이승만 개인의 시혜적 조치였을 뿐이다.[142]

둘째, 당시 국가공무원법상에서 인정하는 예외로서 노동삼권이 인정되는 범위의 해석 문제이다. 당시 국가공무원법은 "공무원은 정치운동에 참여하지 못 하며 공무 이외의 일을 위한 집단행동을 하여서는 아니 된다"라고 규정하였고 이는 일반직에 국한하고 별정직 공무원에 적용하지 아니하며 별정직에 해당하는 공무원으로는 법관, 교원, 비서 등과 함께 '단순한 노무에 종사하는 공무원'을 포함하고 있다.[143] 여기서

---

140) 송종래 외, 『한국노동운동사 4(정부수립기의 노동운동: 1948~1961)』, 지식마당, 2004, 153쪽.
141) 송종래 외, 『한국노동운동사 4(정부수립기의 노동운동: 1948~1961)』, 지식마당, 2004, 154쪽.
142) 송종래 외, 『한국노동운동사 4(정부수립기의 노동운동: 1948~1961)』, 지식마당, 2004, 155쪽.
143) 송종래 외, 『한국노동운동사 4(정부수립기의 노동운동: 1948~1961)』, 지식마당, 2004, 154쪽.

단순한 노무에 종사하는 공무원의 범위가 매우 불분명한 것이 문제이다. 당시 철도연맹은 이에 대해 "철도종사원은 관리라는 허울 좋은 명칭하에서 기공, 조선공, 기관사, 경비원 기타 현장에서 땀과 기름이 젖은 작업복을 입고 작업을 하는 하부종업원이고 … 미군정하에서도 인정하여 왔고 현재 세계 모든 국가에서도 인정되고 있는 철도노동자의 노동운동을 부인하는 것은 잘못이다"라고 비판하면서 "관영기업체의 모든 하부종사원을 공무원법에 해당하지 않도록 제외하여 줄 것"을 국회에 진정하였다.[144]

공무원이라는 신분을 이유로 그가 구체적으로 어떠한 직무에 종사하느냐도 고려하지 않은 채 일률적 · 전면적으로 노동삼권을 제한하는 것은 분명 단결침해행위로서 평가되지만, 당시의 국가공무원법상의 공무원에 대한 노동삼권의 금지라는 규정을 전제해서도 국가공무원법상의 예외로서 노동삼권이 인정되는 '단순노무에 종사하는 공무원'의 범위는 단결권의 취지상 넓게 해석되어야 하고, 특히나 철도노동자들처럼 작업 현장에서 근로를 제공하는 하부종업원들은 당연히 단결권의 주체자로서 합법적으로 노동조합을 조직할 수 있다고 보아야 한다. 따라서 당시 철도노동조합의 합법화투쟁은 정당하였다.

2) 조선전업노조의 노조결성투쟁

조선전업은 귀속사업체로서 당시 전체 전력 발전량의 70~80%를 차지하던 국가기간산업체였는데, 특히 북한으로부터의 단전(1948년 5월 14일) 이후 전력증산이라는 긴박한 상황하에서는 국가적으로 중요한 사

---

144) 송종래 외, 『한국노동운동사 4(정부수립기의 노동운동: 1948~1961)』, 지식마당, 2004, 154~155쪽.

업이었다.[145] 정부 수립 후 조선전업 내에는 노동조합결성 움직임이 나타나서 노조결성준비위원회가 구성되고(1949년 1월 6일) 최용수 위원장을 중심으로 해서 전업노조운동이 출발하게 된다.[146]

이때 같은 시기 조선전업의 2대 사장으로 부임한 자가 서민호 사장이었는데 노조 측에 "조선전업은 귀속사업체인 동시에 국책회사이기 때문에 종업원은 모두 준공무원에 해당하며 노조활동을 할 수 없기 때문에 노동조합활동을 수용할 수 없고 나아가 노동조합결성이 기도하는바 목적을 회사에서 잘 해결할 터이니 조합을 결성할 필요가 없다"라고 하여 노조결성에 위협을 가하였다.[147]

그러나 이러한 회사 측의 방해에도 불구하고 노조결성준비위원회는 노조창립대회를 열고(1949년 2월 12일) 회사 측에 노동조합결성을 통고했다.[148] 이후 전개되는 투쟁을 3단계로 서술하면 다음과 같다.

1단계로서 회사 측이 노동조합을 분쇄하기 위해 위원장 최용수, 부위원장 김문규 등 노조간부를 지방전출 혹은 해고하고 직장에 경찰을 배치하는 등 부당노동행위를 하자 노동조합이 회사 측의 부당노동행위를 규탄하고 조선전업의 쟁의목적의 정당성을 성명서로 발표한다.[149]

2단계로서 노동조합 측에서 사회부노동국에 노동쟁의조정신청을 내

<hr />

145) 송종래 외, 『한국노동운동사 4(정부수립기의 노동운동: 1948~1961)』, 지식마당, 2004, 156-157쪽.
146) 송종래 외, 『한국노동운동사 4(정부수립기의 노동운동: 1948~1961)』, 지식마당, 2004, 158쪽.
147) 송종래 외, 『한국노동운동사 4(정부수립기의 노동운동: 1948~1961)』, 지식마당, 2004, 158쪽.
148) 송종래 외, 『한국노동운동사 4(정부수립기의 노동운동: 1948~1961)』, 지식마당, 2004, 158~159쪽.
149) 송종래 외, 『한국노동운동사 4(정부수립기의 노동운동: 1948~1961)』, 지식마당, 2004, 159쪽.

었고 이에 대해 회사 측은 강경대응으로 일관하여 행정조정이 실패하였으며 그에 따라 사회부는 그 쟁의를 중앙노동조정위원회에 넘긴다. 1949년 4월 28일 중앙노동조정위원회는 "조선전업노동조합을 인정한다. 노조위원장 최용수 외 5명의 노조간부에 대한 전직 및 해고처분은 조합을 파괴하는 것으로 회사 측의 부당노동행위임을 인정하여 즉시 원상 복귀시킬 것" 등을 판결하였다.[150]

그러나 중앙노동위원회의 이 판결에 대해 서 사장은 "중앙노동조정위원회는 조정만 하는 것이지 판결권은 없고 노조의 경영권 침해행위인 인사이동에의 간섭을 시인한 것은 부당하다"고 주장하면서 중앙노동조정위원회의 판결이 법적 효력이 없다는 이유를 들어 판결에 불복하였다.[151]

제3단계로서 서 사장의 판결불복에 대해 조선전업노동조합이 경인지구 일대에 1시간 단전파업을 결정·선언하였고 노조의 단전파업선언이 사회적인 비상한 관심을 받으면서 상공부는 회사 측을 비호하였고 사회부는 노조 측의 정당성을 옹호하는 등 정부 내의 이견이 극명하게 맞부딪혀 나간다.[152]

이러한 시점에서 이승만이 경무대로 노조대표(유기태, 김구, 최용수, 김문규), 회사 측 대표(서민호 사장, 총무부장), 사회부 이윤영 장관, 전호엽 노동국장을 불러 노사정(勞使政)의 의견을 청취하고 조정을 하여 귀속기업체에 있어서의 노조결성인정과 해고된 노조간부의 복직을 확약받는다.[153] 결국 조선전업노조의 노조결성투쟁의 승리를 통해 모든

150) 김낙중, 『한국노동운동사(해방후 편)』, 청사, 1982, 129쪽.
151) 송종래 외, 『한국노동운동사 4(정부수립기의 노동운동: 1948~1961)』, 지식마당, 2004, 160쪽.
152) 송종래 외, 『한국노동운동사 4(정부수립기의 노동운동: 1948~1961)』, 지식마당, 2004, 160~161쪽.

귀속사업체에 노조결성이 가능하게 되었다.

조선전업노조의 노조결성투쟁의 쟁점은 귀속사업체의 단결권에 대한 인정 여부, 중앙노동조정위원회의 판결에 대한 법적 효력 여부, 이승만의 개입에 의한 쟁의종결 등의 문제이다.

첫째, 귀속사업체의 종업원은 준공무원이라는 것은 어떤 법적인 근거도 없는 것이다. 따라서 귀속사업체인 조선전업의 노조결성행위는 타당하고 그들은 당연히 단결권을 가진다.

둘째, 중앙노동조정위원회의 판결은 당시 집단적인 부분에서의 노동법이 제정되어 있지 않았지만 그럼에도 불구하고 미군정하의 노동관계제법령(법령 제19호 제2조, 법령 제97호)하에서 법적 효력을 갖는다.

군정법령 제19호는 해방 후 계속된 사회·경제적 혼란, 노동관계의 악화, 특히 빈번하게 발생하는 노동쟁의에 대하여 미군정이 1945년 10월 30일 중대방송이라는 형식으로 공포한 것으로써 그 주요한 내용인 법령 제19호 제2조의 내용은 다음과 같다. "1. 개인이나 집단으로서 직업을 순수하고 방해 없이 근무하는 권리는 이를 존중하고 보호할 것이고 이런 권리를 방해하는 것은 불법이라는 것. 1. 공업생산의 중지 또는 감축을 방지함은 조선군정청에서 민중생활상 필요불가결한 일이라는 것. 1. 이 목적을 위하여 약속과 조건에 대하여 발생하는 쟁의는 군정청에 설치된 '조정위원회'에서 해결할 것이니 그 결정은 최후적이요 구속적이며 그 사건이 노동조정위원회에 제출되어 해결될 때까지 생산을 계속하여야 할 것이다"이다.[154]

이 중에서 "'조정위원회'에서 해결할 것이니 그 결정은 최후적이요

153) 송종래 외, 『한국노동운동사 4(정부수립기의 노동운동: 1948~1961)』, 지식마당, 2004, 161쪽.
154) 조순경·이숙진, 『냉전체제와 생산의 정치(미군정기의 노동정책과 노동운동)』, 이화여대출판부, 1995, 87쪽.

구속적이며"란 내용은 중앙노동조정위원회에서 내린 판결이 가지는 법적 효력의 근거가 된다.

셋째, 이승만의 개입에 의한 쟁의종결의 문제성이 존재한다. 철도노조의 합법화투쟁에서와 마찬가지로 조선전업노조의 노조결성투쟁도 이승만에 의해 해결된다. 결국 이승만의 개입에 의해 조선전업노조가 인정되었지만 이는 또다시 노사주체의 자주적 해결이 아닌 제3자에 의한 외부적 개입으로서 강권적으로 해결된 것이기에, 이승만의 이러한 태도는 단결권의 자주적 정신에 반하는 것으로 평가된다.

넷째, 조선전업노조투쟁의 노조결성의 주체 측면에서의 특징을 분석해 보면 다음과 같다. 조선전업 노조결성에 가장 중요한 역할을 했다고 생각되어지는 위원장 최용수와 김문규는 각각 근속 8년과 16년의 기술자와 사무원이었고 그들은 노조결성과 함께 곧바로 안정한 생활조건의 확보, 노동자의 단체교섭권의 승인과 같은 명확히 '경제적인 요구조건'을 중심으로 하는 강령을 채택하였다고 한다.[155] 이들은 대한노총 내의 유기태파(혁신파, 3월파)[156]에 속하고 있었고, 이러한 점으로부터 볼 때 조선전업노동조합의 출현은 노동운동의 주체적 측면에서 볼 때 노동자의 경제적 기타 제반 이익을 중시하는 세력이 현실적 조직으로서 존재하고 있었다는 것을 의미하며 이는 더 나아가 기존의 주류파(전진한파)의 비자주적 정치단체로서의 한계를 극복하는 하나의 가능성을 보여주는 것이기도 했다.[157]

그러나 국가나 정권(정파)로부터 노조를 분리하려는 혁신파의 노선

155) 金三洙, 『韓国資本主義国家の成立過程(1945~1953年)』, 東京大学出版会, 1993, 181쪽.
156) 혁신파는 정치적 목적보다는 노동자의 경제적 이익을 강조하는 경향이 기존의 주류파(전진한파)보다는 많았다고 미대사관보고서는 알리고 있다(金三洙, 『韓国資本主義国家の成立過程(1945~1953年)』, 東京大学出版会, 1993, 181쪽).
157) 金三洙, 『韓国資本主義国家の成立過程(1945~1953年)』, 東京大学出版会, 1993, 182쪽.

은 이승만의 압력에 직면해서 '최고위원제의 형태'[158]를 강요받으면서 주류파와 타협을 하지 않을 수 없었고, 결국 주류파의 비자주적 정파로 서의 성질을 극복할 수 없게 되면서 궁극적으로 1950년 5월 총선거를 앞두고 개최되어진 대한노총 제4차 전국대의원 대회에서 다시 주류파 가 주도권을 장악하는 결과로 되고 말았다.[159]

그 후 1950년 한국전쟁이 발생되고 혁신파는 중심적 지도자를 상실 했고 결국 한국에 있어서 자주적 노동조합운동을 담당할 주체는 몰락 되어 다시 이전의 상태로 회귀하는 것으로 되었다.[160]

3) 조선방직쟁의

조선방직회사는 8·15 전에 일본인 소유였는데 부산과 대구의 두 곳 에 공장을 가진 대규모의 정부귀속기업체로서 국내에서 수요되는 방 직물의 대부분을 생산하는 가장 중요한 공장(특히나 전쟁의 피해를 입 지 않았다는 것이 특징임)의 하나였다.[161]

이승만 대통령의 비호하에 새롭게 취임한 강일매 사장은 본사와 공 장을 분리시키겠다는 구실하에 근로자 120명을 신규로 채용한 다음, 20 년 이상이나 근무하던 60세 이상의 숙련공 20명을 무단해고 했을 뿐만 아니라 노골적인 노조탄압정책을 쓰면서 노조간부를 해고하는 등의 태도를 보였고 이에 노동자들이 폭발하여 1951년 12월 15일 '폭군 강일 매는 물러가라'는 플래카드를 거는 등 대항한다.[162]

---

158) 당시 대한노총의 위원장을 둘러싼 주류파와 혁신파의 분열에 대해 이승만은 타협을 강요하며 각 파에서 선출된 위원으로 함께 최고위원제를 구성할 것을 제시한다.
159) 金三洙, 『韓国資本主義国家の成立過程(1945~1953年)』, 東京大学出版会, 1993, 185쪽.
160) 金三洙, 『韓国資本主義国家の成立過程(1945~1953年)』, 東京大学出版会, 1993, 185~186쪽.
161) 김낙중, 『한국노동운동사(해방후 편)』, 청사, 1982, 144쪽.

그 후의 조선방직쟁의를 정부의 대응 양상에 따라 4단계로 정리하면 다음과 같다.

1단계로서 노조 측이 대한노총 부산지구연맹을 통해 대한노총본부에 보고하여 대한노총의 전진한 위원장이 직접 강일매 사장을 만나고 교섭을 진행하여 '조선방직쟁의대책위원회'(이하 '조방쟁의대책위'라 함)를 구성한다.[163] 이 조방쟁의대책위는 전진한세력이 구성한 것으로 이들은 강일매 사장의 파면, 인사문제의 원상복구, 자유노동운동의 보장, 노동자의 인권옹호라는 4개 항을 갖고 사회부에 쟁의조정을 신청한다.[164] 그리고 1952년 1월 14일 경찰의 탄압이 있었고 이에 1952년 1월 21일 조선방직여직공들 1,000여 명이 국회의사당 앞에 몰려가 강일매 사장의 퇴진을 요구하며 시위를 하다 강제해산을 당한다.[165]

2단계로서 국회가 사건의 심각성을 인식하고 조방쟁의 진상조사단을 파견키로 결의한 후 상공부가 유화조치를 제기하여 강 사장과 전무들을 모두 출근 정지시키고 해고된 종업원을 복직시키겠다고 하였고 구속된 여직공 2명도 복직된다.[166]

3단계로서 정부가 강경대책으로 선회하여 경찰이 노조간부 7명과 여공 5명을 구속하였고 강 사장을 다시 유임시킨다. 대한노총 조방대책위원회는 파업예고로 맞선다. 사태가 심각해지자 국회는 2월 29일에 '조방진상조사단'의 보고서를 청취하고 산업의 민주화를 위해 '강 사장은 퇴사하고 노동자는 파업을 중지할 것'을 내용으로 하는 동의안을 결

---

162) 김낙중, 『한국노동운동사(해방후 편)』, 청사, 1982, 145~146쪽.
163) 김낙중, 『한국노동운동사(해방후 편)』, 청사, 1982, 146쪽.
164) 김낙중, 『한국노동운동사(해방후 편)』, 청사, 1982, 146~147쪽.
165) 김낙중, 『한국노동운동사(해방후 편)』, 청사, 1982, 147쪽.
166) 송종래 외, 『한국노동운동사 4(정부수립기의 노동운동: 1948~1961)』, 지식마당, 2004, 336쪽.

의한다.[167) 조방쟁의대책위는 국회의 결의를 존중해서 파업을 중지하겠다는 성명을 내놓지만 정부와 강일매 사장은 무반응을 보이고 더 나아가서 정부가 계속 노조를 탄압함에 따라 조방쟁의대책위의 전원 일치결의에 따라 3월 12일 오전 8시를 기해 총파업에 들어갈 것을 선포한다.[168)

4단계로서 이승만의 파업에 대한 엄중경고와 파업실행 그리고 파업 노동자들에 대한 구타와 검거의 시기이다.

조방쟁의대책위가 총파업 단행을 선포하자 같은 날 이승만은 "단순한 생산 발전만을 주장하는 사람들을 고용해다가 맡길 터이니 일하고 싶은 사람은 이 주장 밑에서 일해야 될 것이요 그렇지 않은 사람은 다 내보내고 달리 조직할 것이니 못 알아듣고 공연한 시비를 일으키려고 할 터이면 다 불리할 것이니 나의 의도를 양해해서 실행해야 할 것"이라는 담화를 발표한다.[169) 그럼에도 불구하고 총파업은 예정대로 실행되어 총종업원의 81% 정도가 파업에 동참(6,000여 명)하지만 곧바로 파업종업원에 대한 경찰의 구타와 검거가 진행된다.[170)

이때 조방쟁의대책위를 지도하던 전진한이 갑자기 파업 하루만인 다음날 3월 13일에 파업을 종료하고 다시 생산하도록 지시하여 이승만에게 투항하고 말아 총파업은 실패로 종료하고 만다.[171)

---

167) 송종래 외, 『한국노동운동사 4(정부수립기의 노동운동: 1948~1961)』, 지식마당, 2004, 336쪽.
168) 송종래 외, 『한국노동운동사 4(정부수립기의 노동운동: 1948~1961)』, 지식마당, 2004, 336~337쪽.
169) 송종래 외, 『한국노동운동사 4(정부수립기의 노동운동: 1948~1961)』, 지식마당, 2004, 337쪽.
170) 송종래 외, 『한국노동운동사 4(정부수립기의 노동운동: 1948~1961)』, 지식마당, 2004, 337쪽.
171) 송종래 외, 『한국노동운동사 4(정부수립기의 노동운동: 1948~1961)』, 지식마당, 2004, 337~338쪽.

조선방직쟁의의 쟁점은 다음의 세 가지이다.

첫째, 조선방직쟁의가 진행되던 시기는 1950년 한국전쟁이 진행되던 선상에 있었고 특히나 계엄령하에 진행되었다는 특징이 있다. 그러한 악조건 속에서조차 6,000여 명의 종업원이 총파업을 단행하고 국회의 사당 앞에서 강일매 사장의 퇴진을 주장하는 등의 치열한 싸움을 전개한 것은 대단한 것이었으며 따라서 조방쟁의는 대한민국정부 수립 후 가장 치열한 쟁의로서 평가된다.[172]

둘째, 조선방직의 강일매 사장이 애초에 이승만의 강력한 지지 속에서 사장으로 취임[173]할 수 있었지만 당시 대한노총지도부들의 이승만과 관련된 권력투쟁의 싸움에서 조선방직쟁의에 적극적인 역할을 하지 못하였다는 점이 문제된다.

조방쟁의대책위를 지도하던 전진한이 총파업 하루 만에 조합원의 의견을 전혀 묻지도 않고 일방적으로 파업 종료를 선언함으로써 이승만과 타협해 투쟁의 대열을 무너뜨린 점[174]이나 전진한과 반대되는 '정화위원회(정화파)'가 강일매 사장이 또 하나의 조방분회(노조)를 만들어서 조방쟁의를 탄압하려고 할 때 협조했던 상황[175]이 바로 그런 문제점을 드러내 준 것이라고 생각된다.

특히 전진한이 쟁의의 결정적 순간에 쟁의의 실질적 지도부와는 완

---

172) 김낙중, 『한국노동운동사(해방후 편)』, 청사, 1982, 154쪽.
173) 조선방직의 귀속재산불하와 관련해서 이승만은 귀속재산처리법상의 규정(귀속사업체와 관련 있는 자들이 우선적으로 불하받을 수 있도록 정한 규정)을 무시하고 아무런 연고도 없는 자기와 개인적으로 가까운 자에게 이 공장을 헐값으로 넘길 것을 마음먹었고 그에 따라 강일매가 조선방직사장이 되었다고 한다(김낙중, 『한국노동운동사(해방후 편)』, 청사, 1982, 145쪽).
174) 송종래 외, 『한국노동운동사 4(정부수립기의 노동운동: 1948~1961)』, 지식마당, 2004, 342쪽.
175) 송종래 외, 『한국노동운동사 4(정부수립기의 노동운동: 1948~1961)』, 지식마당, 2004, 337쪽.

전히 독자적으로 파업중지를 선언한 이유는 이승만과의 협조적 관계를 보존하는 것에 의해서 재편 중인 대한노총에서 자신의 지위를 유지하려고 했던 기회주의적 속성 때문이라고 이해된다.[176]

셋째, 헌법에서 단체행동권을 보장하고 있지만 노동관계법이 제정되지 못하고 있던 상황에서 조선방직쟁의와 같은 대규모의 분쟁은 당시 노동관계법 제정의 과정에 많은 힘을 실어준 하나의 계기가 되었다.

제4절 1953년 집단적 노동관계법의 제정 배경과 의미

1. 1953년 집단적 노동관계법의 입법 과정

1953년 집단적 노동관계법의 입법 과정을 논하기 앞서 1948년 5월 10일의 총선거 이후 제헌헌법에서 노동 관련 조항이 제정되는 과정을 간략하게 평가하면 다음과 같다.

1948년 5월 31일 국회가 개원하고 6월 2일에는 헌법기초위원회를 구성하여 제헌헌법의 제정에 착수하게 되었고 7월 12일 헌법 제정이 완료·7월 17일 공포하게 된다.[177] 제헌헌법을 통해 대한민국 국가의 자본주의적 재편과 함께 건국초기의 집단적 노사관계에 관한 방향을 알 수 있다.

집단적 노사관계에 대한 핵심적인 제헌헌법규정은 제18조이다. 제헌헌법 제18조는 "1. 근로자의 단결·단체교섭과 단체행동의 자유는 법률의 범위 내에서 보장된다. 2. 영리를 목적으로 하는 사기업에 있어서

---

176) 金三洙, 『韓国資本主義国家の成立過程(1945~1953年)』, 東京大学出版会, 1993, 228~229쪽.
177) 金三洙, 『韓国資本主義国家の成立過程(1945~1953年)』, 東京大学出版会, 1993, 131쪽.

근로자는 법률이 정하는 바에 따라 이익의 배분에 균점할 권리가 있다"
이다.

제헌헌법의 특징은 두 가지이다. 첫째, 근로자의 단결권, 단체교섭
권, 단체행동권이라는 노동삼권을 이념적으로 인정하고 있지만 법률의
범위 내에서 보장되는 것에 머물러서 근로자의 자주적인 노동조합결
성과 활동이 제한되는 것으로 되었다는 것이다.[178] 둘째, 사기업의 근
로자의 경우 이익균점의 권리가 보장되어졌다는 것이다. 물론 이 제18
조 제2호도 "'법률이 정하는'바에 따라 균점할 권리가 있다"라고 함에
의해서 권리보장에 제한이 있는 것이지만, 당시 8·15 이후 귀속재산을
처리해야 하는 역사적 특수 상황 속에서 근로대중의 이익을 반영할 수
있었다는 점에서 이익균점권은 그 의의가 있다.[179]

이익균점권은 대한노총이 「노농8개조항」을 국회에 제출하고 그 내
용이 헌법에 편입되어 나온 결과이다. 「노농8개조항」의 특징은 4항에
서 노동과 기술을 모두 자본으로 보아 노력출자(勞力出資)의 원칙에
의해 노동자의 이익배당의 권리를 주장하고 있고 5항에서 노동자의 경
영참가권을 주장하고 있는 것이다.[180]

대한노총이 제출한 노동 8개 조항 중 노동자의 경영참가권과 이익균
점권의 보장은 상공회의소를 비롯하여 한민당, 이승만세력 등의 강력
한 반대에 부딪혔고 상당수 의원들이 이들 반대세력에 회유되어 노동
자의 경영참가권은 부결되고 사기업체에 한하여 이익균점권만이 보장
되는 결과로 되었다.[181] 이익균점권에 대해 당시 이승만은 "이러한 조

178) 金三洙,『韓国資本主義国家の成立過程(1945~1953年)』, 東京大学出版会, 1993, 135쪽.
179) 송종래 외,『한국노동운동사 4(정부수립기의 노동운동: 1948~1961)』, 지식마당, 2004,
149쪽.
180) 송종래 외,『한국노동운동사 4(정부수립기의 노동운동: 1948~1961)』, 지식마당, 2004,
146쪽.

항을 헌법에 넣는다면 우리들이 공산주의 색채를 띠고 또한 국회에 다수의 공산당원이 존재하고 있다라고 오해되어질 우려가 있다"고 하여 반대하였다.[182]

정부의 사회부 노동국 당국자들은 제헌헌법에 입각하여 노동조합법, 근로기준법과 함께 이익균점법의 입법화를 고려하기도 했지만 결과적으로 한국전쟁을 거치면서 사라지고 1953년 집단적 노동관계법의 제정 과정에서는 논의조차 제대로 되지 못하고 사문화되어 버리고 말았다.[183]

집단적 노동관계법의 입법 과정은 국회의 의안기록에 의하면, 1952년 11월 4일 국회의 「사회보건위(사보위)대안」이 사보위를 통과하는 것에 의해서 '정부안'과 '국회의원안'이 폐기되어졌고(이 「사보위대안」은 폐기되어진 정부안과 국회의원안과는 상당히 달랐다고 평가됨) 이 사보위대안이 본회의의 심의를 거쳐 약간의 수정을 거친 후 거의 그대로 입법화되어졌다.[184]

그런데 이 사보위대안의 기초 과정을 명백히 하는 것이 중요한 문제이다. 일단 사보위대안의 기초 시기에 관해서는 본회의에서 사보위위원장 대리로서 대안의 제안설명을 담당한 김용우 의원의 발언을 주목할 필요가 있다. 그는 노동쟁의법안 제9조의 '직장폐쇄권'(직장폐쇄에 관한 조항은 정부안이나 국회의원안 어느 법안에도 포함되어 있지 않았다)에 관한 심의에서(1953년 1월 30일) 사보위의 심의 때에 "기업주측의 의견으로서 상공회의소의 사람을 초청해서 이 법안에 관한 의견

---

181) 송종래 외, 『한국노동운동사 4(정부수립기의 노동운동: 1948~1961)』, 지식마당, 2004, 148쪽.
182) 金三洙, 『韓国資本主義国家の成立過程(1945~1953年)』, 東京大学出版会, 1993, 134쪽.
183) 송종래 외, 『한국노동운동사 4(정부수립기의 노동운동: 1948~1961)』, 지식마당, 2004, 150~151쪽.
184) 金三洙, 『韓国資本主義国家の成立過程(1945~1953年)』, 東京大学出版会, 1993, 241쪽.

을 듣고 또 그때 다행히 임기봉 의원이 사보위에 속해 있는 소위원회의 일원으로서 이 법안을 심사했다"라고 발언했는데, 그 발언에 의하면 노총 출신으로서 '국회의원안'을 제출한 주역의 일인인 임기봉 의원이 사보위위원으로서 법안의 심사를 담당하였던 것으로 된다.[185]

그런데 임기봉 의원은 1952년 1월 22일에는 상임위원회의 개편에 의해 문교위원회로 배치되었던 점을 고려해 본다면, 이미 1952년 1월 이전에 법안을 심사했던 것으로 평가되고 그렇다면 임기봉 의원이 사보위에 속하고 있었던 기간 내인 적어도 1952년 1월까지는 '사보위대안'이 기초되어졌다라고 생각된다.[186] 따라서 조선방직쟁의가 정치문제로서 본격화하는 시점인 1952년 1월에서 2월 사이인 그 기간과 비슷하거나 그보다 앞선 시점에서 사보위대안이 기초되어 졌다고 볼 수 있다. 그러나 과연 국회사보위가 독자적으로 초안을 만들 수 있었는가가 문제되는데, 당시 사회부노동국장은 당시 사보위의 전문위원이었던 이항녕과 접촉하면서 초안을 작성하였고 이를 국회사보위안으로 해서 제출하였다고 회고하고 있고[187] 여기에는 당시 주한 UN민간구호사령부(UNCACK)의 프로젝트수행을 위해서 내한하여 노동문제에 관한 조사를 수행한 ILO전문가 2명이 제출한 권고(한국의 노동 상황이 공산주의를 양성할 이상적 기반이 될 것을 주의시키고 노동자에 대한 자유로운 정책을 요구함)[188]가 상당히 작용되었다고 보인다.

185) 金三洙, 『韓国資本主義国家の成立過程(1945~1953年)』, 東京大学出版会, 1993, 242쪽.
186) 金三洙, 『韓国資本主義国家の成立過程(1945~1953年)』, 東京大学出版会, 1993, 242쪽.
187) 金三洙, 『韓国資本主義国家の成立過程(1945~1953年)』, 東京大学出版会, 1993, 243쪽.
188) 이 보고서는 "한국의 전쟁상황이 극히 불안정하고 급격한 개혁이 필요불가결하지만 전쟁의 종결 시까지는 그와 같은 개혁이 이루어질 가능성은 상당히 낮다. … 확실히 비민주주의적 상황에 처해져 있고 공산주의를 양성할 수 있는 기반이 될 수 있음을 주의 … 무엇보다도 한국정부가 노동자에 대하여 보다 자유로운 정책을 취하는 것이 필요불가결하다"라고 권고하고 있다(金三洙, 『韓国資本主義国家の成立過程(1945~1953年)』, 東京大学出版会, 1993, 244~245쪽).

사보위대안은 1952년 11월 20일 전진한 의원 외 32명에 의해 본회의에 긴급동의안으로 제출·가결됨으로서 국회본회의에서 우선적으로 상정되어 심의 과정을 거치게 되었고 몇 가지 사항을 제외하고는 사보위에서 제출한 원안이 그대로 국회본회의에서 통과되어 1953년 3월 8일자로 집단적 「노동관계3법」이 공포된다.[189]

입법 과정에서의 쟁점을 정리하면 다음과 같다.

첫째, 국회사보위대안의 형성은 전후 부흥 계획을 세우고 있었던 국제연합(UNCACK)의 이름으로 ILO가 행한 권고가 상당한 배경이 되었고, 그 배경의 힘이 행정부 최고 권력기관의 반대를 저지시켰을 것이라는 것이다.[190]

둘째, 국제연합(UNCACK)이 권고한 '자유로운 노동관계의 육성'이라는 내용이 서구적 모델을 기본으로 하는 입법을 전제한다고 볼 수밖에 없고 어떤 나라의 모델이 구체적으로 권고되었던 것인가를 생각해 볼 때, 노동조합지도부와 노동행정기구의 중견관료의 일본에 대한 파견연구, 경영자·직장·노동자 등 모든 계층의 산업기술이나 훈련에 있어서 일본지도자들을 받아들일 것을 권고받고 있었던 것, 당시 그 대안의 기초에 관계된 자가 남한 노동정책이나 입법 상황에서 일본의 영향력을 상당히 받고 있던 사정을 인정하고 있는 점을 보면 일본의 노동조합법 및 노동관계조정법을 모범으로 하여 사보위대안이 기초되어졌다고 말하지 않을 수 없다.[191]

셋째, 사보위대안이 사실상 조선방직쟁의가 본격적으로 정치문제화되기 이전 내지 그와 비슷한 시기에 작성되었던 점[192]으로부터 볼 때,

189) 송종래 외, 「한국노동운동사 4(정부수립기의 노동운동: 1948-1961)」, 지식마당, 2004, 172~173쪽.
190) 金三洙, 『韓国資本主義国家の成立過程(1945~1953年)』, 東京大学出版会, 1993, 248쪽.
191) 金三洙, 『韓国資本主義国家の成立過程(1945~1953年)』, 東京大学出版会, 1993, 247쪽.

정부 수립 이후 대한노총 주류파가 처음으로 개입하였고 그 투쟁 정도
가 가장 강력했던 조선방직쟁의가 사보위대안의 직접적인 계기로 되
었던 것은 아니지만 노동관계법의 제정에 많은 영향을 주었을 것을 부
정할 수는 없다.[193]

2. 1953년 집단적 노동관계법 제정 배경과 쟁점이 된 내용

1) 1953년 집단적 노동관계법 제정의 배경

1953년 집단적 노동관계법이 제정되었던 배경은 조선방직쟁의가 집

[192] 金三洙는 이에 대해 조선방직쟁의가 정치문제로서 본격화하기 이전에 사보위대안이
   기초화되어졌다고 판단한다(金三洙, 『韓国資本主義国家の成立過程(1945~1953年)』,
   東京大学出版会, 1993, 242쪽). 그러나 당시 사보위위원으로서 법안의 심사를 담당하였
   던 임기봉 의원이 1952년 1월 22일전까지는 사보위에서 활동했고 1952년 1월 14일
   조방쟁의가 국회의사당 앞에서 시위를 하는 등의 행위로 정치문제화되는 만큼 사보위
   대안이 조방쟁의 이전에 만들어졌다고 완전히 단정하기에는 무리가 있다고 생각한다.

[193] 金三洙는 조선방직쟁의가 사보위대안의 직접적 계기가 되지 않았다는 것을 주장하고
   그것에서 더 나아가 당시 조방쟁의가 주류파(전진한파)에 의해 주도되어지고 있었던
   점을 고려하면서, 주류파가 '비자주적 정치분파'의 속성을 견지하고 있었던 점에서
   당시 사보위대안이 노조의 비정치성을 중시하여 '노동조합의 정치·사회운동금지규
   정'을 주요한 내용으로 하고 있는 만큼 조방쟁의가 사보위대안 작성에 영향을 주지
   않았다고 본다(金三洙, 『韓国資本主義国家の成立過程(1945~1953年)』, 東京大学出版
   会, 1993, 247쪽).
   그러나 당시 조방쟁의의 본질을 조방쟁의에 개입한 대한노총 상층지도부의 속성만으
   로 규정해 버리는 것은 타당하지 않다고 생각된다. 조방쟁의의 본질은 당시 이승만의
   비호아래 조선방직 사장으로 취임한 강일매 사장의 무단해고, 무단정직 그리고 노동
   조합활동을 탄압하는 부당노동행위 등 비민주적이고 비인권적인 노동관계의 상황에
   대한 노동자들의 반발이었다. 金三洙는 당시 조방대책위에 관여한 주류파가 정치투쟁
   의 당연성을 인정하고 정치·사회운동금지규정에 반대하였기에 정치·사회운동금지
   규정이 존재하는 사보위대안을 고려할 때 조방쟁의가 당시의 노동입법 과정에 영향을
   미치지 않은 것처럼 주장한다. 그러나 조방쟁의에 개입한 주류파의 비자주적 정치성의
   문제가 조방쟁의의 본질을 규정한다고 볼 수 없고, 단지 조방쟁의가 사보위대안의
   직접적 계기가 되지 않았다는 것은 인정되지만 그것 이상의 1953년 집단적 노동관계입
   법에 미친 영향을 부정하는 것으로 나아가는 것은 문제가 있다고 생각된다.

단적 노동관계법 제정 당시의 사보위대안의 기초를 마련한 직접적 계기가 되지 않았다는 사실 분석처럼 어떤 하나의 쟁의나 대한노총지도부의 노력이라는 일면적 상황으로서만 평가될 수는 없다. 오히려 일제식민지 지배와 미군정 지배하에서 자유와 인간으로서의 생존권을 억압당한 기층 노동대중의 억압에 대한 분출을 체제 내화하고, 이승만 개인의 1인 지배체제 내로 기층의 국민이나 노동자들을 포섭함으로서 그의 권력기반을 공고히 하려고 했던 타협의 결과물일 수밖에 없다고 생각된다.

일제식민지 지배 이후 미군정 시기에 자유와 인간으로서의 생존권에 대한 요구가 노동자자주관리운동 등으로 폭발했을 때 이에 가장 적극적으로 대응하였던 조직은 전평이었다. 그러나 미군정은 당시 기층노동자들의 지원을 받고 있었을 뿐만 아니라 전국적 조직 형태로서 광범한 조직 기반을 가지고 있는 전평을 제외하고, 한반도 내에서 미국의 완전한 주도권 획득과 잘 결합될 수 있는 전평을 타도하기 위해 급조된 반공우익적 비자주적 정치부대인 대한노총을 적극 지지하였으며 결국 미군정의 '전평궤멸화전략' 속에서 전평은 몰락하게 된다.[194]

그러나 대한노총은 반공우익적 단체로서 단독정부 수립에 적극적으로 기여하였지만 기층노동자대중의 자유와 인간적 생존에서 그들과 결합하지 못했고 1948년 단독정부 수립 후에도 이승만과 자유당의 '정치부대화'되어 그 자주성이 심각하게 결여된 상층 지도부만에 한계된 '비자주적 정치부대'로서의 한계를 가졌다.

특히나 미군정기 말기 이래 대한민국정부 수립 후 미군정의 정책에 호응하면서 대중적 기반 위에서 대한노총 내의 헤게모니를 장악했던 혁신파(기존 대한노총 내의 주류파를 비판하고 근로자들의 이익 옹호에

---

[194] 유혜경, 「미군정(美軍政)시기 노동운동과 노동법」, 『노동법학』 제26호, 한국노동법학회, 2008, 295쪽.

앞장섰던 부류)가 잠시 존재하였지만 그들도 이승만의 강압에 의해 주류파와 타협하였고 특히나 한국전쟁 이후 그들 지도부들이 몰락해 버림으로써 1945년 8·15 이후의 정국에 등장하는 기층 노동자대중을 사회적 차원에서 통합하는 '중간단체적 조직'이 부재하였다.[195]

즉, 8·15, 분단, 한국전쟁이라는 8년간의 기간에 노동자대중들은 좌우간의 이데올로기적 정치투쟁의 과정에 무참하게 동원되었을지언정 그들의 이익을 대변할 수 있는 조직을 가지지 못한 채로 존재해 왔으며 그 자체가 체제유지 및 정권장악의 목적상 '상당한 불안'으로서 '잠재되어 있는 위험성'을 내포한 것이었다.

따라서 다음과 같이 집단적 노동관계법의 입법배경을 요약할 수 있다.

첫째, 8·15, 분단, 한국전쟁이라는 상당한 기간 동안 노동자대중들은 좌우 간의 이데올로기적 정치투쟁의 과정에 무참하게 동원되었고 특히나 한국전쟁 과정에서의 좌우 간의 무참한 이데올로기적 투쟁에서의 동원은 무참한 양민학살 등을 동반하면서 진행되었다. 그리고 그들의 생존과 이익을 대변하는 중간단체적 부존재로 인해 심각한 불안과 폭발이 예상되는 상태이었고 그런 상황하에서 '체제유지'를 가능케 하는 '포섭전략'이 요구되었고 국가체제위기의 모면을 위한 '안정장치'로서의 집단적 노동관계법의 입법이 요구되었다.

둘째, 노동자대중을 체제내로 통합하는 데에는 보통 세 가지의 정책적 수단이 고려되어 지는데, 그것은 노동자대중을 국민으로서 승인하는 것, 노동조합을 방임하는 것 그리고 단결을 금지하는 것이다.[196] 당시의 한국의 상황은 한국전쟁이 전개되면서 휴전을 둘러싼 공방전이 펼쳐지는 시기로서 북조선에 있어서 사회주의 정권이 확립되어 있었

金三洙, 『韓国資本主義国家の成立過程(1945~1953年)』, 東京大学出版会, 1993, 278쪽.
196) 金三洙, 『韓国資本主義国家の成立過程(1945~1953年)』, 東京大学出版会, 1993, 279쪽.

고 또한 한국전쟁이 국제연합의 이름 아래 수행되어 지고 있었기에 한국이 나아가야 할 길은 자유주의 서방진영의 일원으로서 사회주의 북조선에 대항하는 것이었다.[197]

따라서 단결을 금지하는 정책이나 노동조합을 방임하는 것은 더 이상 적절할 수 없었고 당시 국제연합(UNCACK)의 권고처럼 '정부에 의해서 통제되어지는 빈약한 노동조합이야말로 공산주의를 양성하는 기반이 된다'는 지적을 받아들여서 기층노동자를 국민으로서 적극적으로 포섭하지 않으면 안 되었다.[198]

셋째, 이승만은 8·15 이후 미약한 국내 정치 기반을 '독촉'(이후 '국민회'로 변함)을 적극 활용하면서 즉, 이와 같은 대중단체를 적극 동원하면서 자신의 기반을 강화하여 집권할 수 있었다. 단독정부 수립 후에도 이런 이승만의 정치형태는 그대로 유지되어 대한국민회, 대한노총 등 여러 대중단체를 그의 장기집권을 위해 철저히 이용하면서 자신만의 지배체제를 공고히 해 나갔다. 따라서 이승만이 대중단체동원을 자신의 지배전략의 주요한 수단으로 하는 점, 더 나가서 그의 자유당이 '노동자, 농민을 중심으로 하는 근로정당'이라는 모토하에 결성된 점을 고려하면 집단적 노동관계법의 제정에 최소한 반대할 수 없었던 것으로 보인다.[199]

2) 쟁점이 된 내용

'사보위대안'에 대해서 본질적인 의미의 수정으로 된 것은 노동조합법안의 경우는 전진한의 수정안이고 노동쟁의법안과 노동위원회법의

---

197) 金三洙, 『韓国資本主義国家の成立過程(1945~1953年)』, 東京大学出版会, 1993, 279쪽.
198) 金三洙, 『韓国資本主義国家の成立過程(1945~1953年)』, 東京大学出版会, 1993, 279쪽.
199) 송종래 외, 『한국노동운동사 4(정부수립기의 노동운동: 1948~1961)』, 지식마당, 2004, 175쪽.

경우는 전진한의 수정안과 이진수의 수정안이 있으며 본회의에서의 토론도 이들 수정안을 둘러싸고 진행된다.[200] 여기서는 집단적 노동관계법상 주요한 '노동조합법안'과 '노동쟁의법안'에 한해서 정리해 보겠다.

(1) 노동조합법안

전진한의 수정안의 내용 중에서 중요한 것은 ① 현직 군인, 경찰 등을 제외한 일반 공무원의 단결금지조항의 삭제, ② '주로 정치운동 혹은 사회운동을 목적으로 한 경우'를 노동조합의 결격요건의 하나로 하는 조항의 삭제, ③ 노동조합의 설립 시기의 신고의무 기간을 '1개월 이내'로 하는 조항의 삭제, '신고증' 교부조항의 삭제, ④ 노동조합의 기구 및 운영에 관한 제 규정의 삭제, ⑤ 행정관청의 개입권의 삭제인데[201], 그중에서 특히 중요한 의미를 가지는 것은 ②이고 그것에 대해서만 심의내용을 분석하기로 하겠다.

②에 대해 전진한은 노동자의 이익을 대변하는 정당이 없는 상황에서 노동조합의 정치적 역할은 불가피하기 때문에 이 규정을 삭제할 것을 강력히 주장했고 이와 달리 김용우 의원 등은 종래 대한노총이 노조간부의 정치 도구로서 이용되어져 왔던 것을 이유로 반대했지만 전진한의 수정안이 채택되어졌다.[202]

(2) 노동쟁의법안

노동쟁의법안에 대한 5가지의 수정안 중에서 중요한 의미를 가지는

---

200) 金三洙, 『韓国資本主義国家の成立過程(1945~1953年)』, 東京大学出版会, 1993, 260쪽.

201) 金三洙, 『韓国資本主義国家の成立過程(1945~1953年)』, 東京大学出版会, 1993, 260쪽.

202) 金三洙, 『韓国資本主義国家の成立過程(1945~1953年)』, 東京大学出版会, 1993, 261쪽

것은 전진한과 이진수의 수정안이고 주로 전진한의 수정안에 대한 토의를 중심으로 심의 중 쟁점이 된 사항을 정리해 보겠다.

수정안의 중요한 내용은 ① 쟁의기간 중 근로자에 대한 형법상의 몇 가지의 제 조항의 명시적 배제(주장: 전진한)와 그것에 대해서 쟁의기간 중의 현행범 이외의 자유구속의 금지조항의 삭제(주장: 법사위), ② 공무원의 쟁의행위 금지조항의 삭제, ③ 쟁의행위의 금지·제한조항의 삭제(직접무기명 투표에 의한 과반수 찬성의 쟁의행위 개시요건 조항 및 전국적 규모의 쟁의행위 금지 조항의 삭제, 일반 사업의 냉각기간 제도의 폐지, 공익사업의 냉각기간의 단축), ④ 알선 절차의 삭제 등에 관한 조정 과정의 신속화이다.[203]

첫째, 쟁의기간 중 '현행범' 이외의 자유구속의 금지조항을 설치한 이유는 종래의 치안유지 중심의 노동정책에 대한 반성(조선방직쟁의 때의 치안력 출동의 문제)으로부터 이고 따라서 법사위가 이 규정의 삭제를 주장하였지만 원안대로 통과되었다.[204]

둘째, 공무원의 쟁의행위 금지조항의 삭제라는 수정안은 폐기되고 원안이 그대로 통과되었으며 냉각기간제, 직접 무기명 투표에 의한 과반수찬성 요건에 의한 쟁의행위 금지, 제한조항에 있어서는 쟁의행위의 예방과 근로자의 자유의사의 중시라는 이론으로 원안대로 통과했다.[205] 그리고 전국적 규모의 쟁의행위 금지조항은 삭제되었다.[206]

셋째, 알선절차의 삭제 등에 의한 조정 과정의 신속화를 주장한 수정안이 채택되어지지 않고 원안대로 통과되어 쟁의행위 개시 전 알선 절차를 밟을 것이 규정되었지만, 행정관청이 '알선담당기관화'됨으로써

---

203) 金三洙, 『韓国資本主義国家の成立過程(1945~1953年)』, 東京大学出版会, 1993, 262쪽.
204) 金三洙, 『韓国資本主義国家の成立過程(1945~1953年)』, 東京大学出版会, 1993, 262쪽.
205) 金三洙, 『韓国資本主義国家の成立過程(1945~1953年)』, 東京大学出版会, 1993, 262~263쪽.
206) 金三洙, 『韓国資本主義国家の成立過程(1945~1953年)』, 東京大学出版会, 1993, 262~263쪽.

중립성에 문제가 있는 점이나 구속력이 있는 중재절차에서 공익사업의 경우 강제중재를 허용하고 있는 사보위대안에 대해서는 의론이 되지 않았다.[207]

3. 1953년 노동조합법과 노동쟁의조정법

1953년 3월 8일 「노동조합법」, 「노동쟁의조정법」, 「노동위원회법」 3개의 법률이 제정·공포되었지만 여기서는 집단적 노동관계법 중 노동조합법과 노동쟁의조정법의 중요한 조항의 내용만을 분석하겠다.

1) 노동조합법

(1) 노동조합법의 목적

노동조합법(이하 '노조법'이라 함) 제1조는 "본 법은 헌법에 의거하여 근로자의 자주적 단결권과 단체교섭권과 단체행동자유권을 보장하며 근로자의 근로조건을 개선함으로써 경제적·사회적 지위 향상과 국민경제에 기여하도록 함을 목적으로 한다"라고 규정하고 있다. 노조법 제1조의 목적 규정에 대하여 "이 법은 노동조합의 정의나 목적에서 근로조건의 유지·개선이라는 경제적 목표를 주로 하는 노동조합운동을 요구한다는 점에서 (경제적) 노동조합주의 이념을 추구하고 있다"라고 주장하는 견해가 있다.[208] 그러나 이 목적 규정의 진실한 의도는 노동삼권을 보장함으로써 근로자가 '스스로의 힘'에 의해서 근로조건을 개

207) 金三洙, 『韓国資本主義国家の成立過程(1945~1953年)』, 東京大学出版会, 1993, 263쪽.
208) 송종래 외, 『한국노동운동사 4(정부수립기의 노동운동: 1948~1961)』, 지식마당, 2004, 176쪽.

선한다는 것에 있고[209] 따라서 핵심 내용은 '자주적', '사회적 지위향상'
이라고 인식해야 한다. 일부의 견해에 의하면 조합주의적 노동운동을
노동자들이 노동조합을 중심으로 굳게 단결하기만 하면 노동력 상품
의 거래조건은 노동자에게 유리하게 할 수 있고 그렇게 하면 노동자들
이 생산수단을 소유하지 못하는 데서 오는 불이익은 모두 해결할 수
있다는 신념에 기초한 것으로 평가하고, 조합주의적 노동운동이나 경
제적 조합주의란 자본의 소유관계를 부정하지 않는 한도 내에서의 노
동운동이라고 한다.[210]

그러나 실질적으로 경제적 노동조합주의를 강조하는 입장은 일체의
정치성을 배제한 전제하에서 광범위한 사용자의 독자적인 경영권을
강조하면서 노동운동의 대상을 경제적인 부분이면서도 가장 직접적인
근로조건과 관계된 부분만으로 그 범위를 최소화하고 있는 점이 특징
이라 할 때[211] 노조법의 목적규정을 '경제적 노동조합주의'의 추구로
평가하는 것은 노조법의 목적을 제한된 범위로 한정한다는 면에서 문
제가 있다. 노조법의 진정한 목적은 근로자들의 자주적 힘을 근거로
한 단결권, 단체교섭권, 단체행동권을 통해 그의 경제적 조건 기타 사
회적 지위를 향상시키는 것에 있고 그 목적 또한 폭넓게 해석되어야
한다.

따라서 마치 일체의 전면적 정치투쟁의 배제를 전제한 '경제적 조합
주의'의 틀 내로 그 목적을 제한시키는 태도는 타당하지 않다. 노동조
합의 본질문제는 '자주성'과 '민주성'에 있기 때문이다.

209) 이종하, 『노동법』, 청구출판사, 1960, 134쪽.
210) 김낙중, 『한국노동운동사(해방후 편)』, 청사, 1982, 25~26쪽.
211) 유혜경, 「미군정(美軍政)시기 노동운동과 노동법」, 『노동법학』 제26호, 한국노동법학
회, 2008, 278쪽.

(2) 노동조합의 결성

노조법 제2조(노동조합의 정의)는 "본 법에서 노동조합이라 함은 근로자가 주체가 되어 자주적으로 단결하여 근로조건의 유지개선 기타 경제적 사회적 지위향상을 도모하는 조직체 또는 그 연합체를 말한다"라고 규정하고 있고 제3조(노동조합의 결격요건)에서는 "다음의 각 호의 1에 해당하는 경우에는 노동조합으로 인정하지 아니한다. 1. 노동조합이 사용자 또는 항상 그의 이익을 대표하여 행동하는 자의 참가를 허용하는 경우, 2. 노동조합이 경비지출에 있어서 주로 사용자의 원조를 받는 경우, 3. 노동조합이 공제, 수양 기타 복리사업만을 목적으로 하는 경우, 4. 노동조합이 근로자가 아닌 자의 가입을 허용하는 경우"라고 규정하고 있다.

노동조합법안에서 쟁점이 된 사항은 이미 서술했듯이 노동조합의 결격요건에 '주로 정치운동 혹은 사회운동을 목적으로 한 경우'가 전진한의 의견(당시 노동조합의 정치적 역할의 불가피성을 주장함)으로 삭제된 것이다. 따라서 현행 노동조합및노동관계조정법 제2조 제4호 마목에 '주로 정치운동을 목적으로 하는 경우'의 결격요건이 존재하고 있는 것과 다르다.

이승만 정권 시기 대한노총의 비자주적 정치기구화의 문제로부터 본다면 본질적인 문제는 '정치성'의 문제가 아닌 노동자들이나 노동조합의 자주성에 기초하지 않은 정치성의 문제인 만큼 노조법의 결격요건에서 '주로 정치운동 혹은 사회운동을 목적으로 한 경우'를 삭제한 것자체가 문제가 되는 것은 아니라고 생각된다. 그 결격요건 자체의 문리적 해석상도 '주로'의 내용이 중요하기 때문에 그 결격요건을 삭제했다라고 해서 문제라고 볼 수도 없다.

한편 노동조합의 결격요건을 정한 3조에서 복수노조금지와 같은 규정은 찾아볼 수 없고 복수의 노동조합설립을 인정하고 있어서 헌법상의 단결보장 취지에 합당하다.

(3) 노동조합의 운영

노동조합의 운영과 관련한 중요한 조항을 보면 다음과 같다.

노조법 제13조(규약의 취소 · 변경): 노동조합 규약이 법령에 위반하거나 또는 공익을 해할 경우에는 행정관청은 노동위원회의 결의를 얻어 그 취소 또는 변경을 명할 수 있다.

노조법 제19조(결의의 취소 · 변경): 노동조합의 결의가 법령에 위반하거나 또는 공익을 해할 경우에는 행정관청은 노동위원회의 결의를 얻어 그 취소 또는 변경을 명할 수 있다.

노조법 제30조(행정관청의 검사): 행정관청은 필요하다고 인정하는 경우에는 노동조합의 경리 상황 기타 장부서류를 검사할 수 있다.

노조법 제32조(해산명령) 제1항: 노동조합이 법령에 위반하거나 또는 공익을 해하였을 경우에는 행정관청은 노동위원회의 결의를 얻어 해산을 명할 수 있다.

노동조합의 운영과 관련된 1953년 제정 노조법의 규정의 특징은 '공익을 해할 경우' 행정관청이 노동위원회의 결의를 얻어 규약의 취소 또는 변경, 결의의 취소 · 변경 나아가서는 노동조합의 해산까지도 명할 수 있게 함으로써 행정관청에 의한 노동조합활동의 통제를 강화하고 있고, 오히려 행정관청에 의한 항상적인 감시와 통제하에 노동조합을 둠으로써 헌법상의 노동삼권 보장의 취지인 자주성에 정면으로 반하고 있다.

(4) 단체협약

단체협약에 관한 중요한 조항은 다음과 같다.

노조법 제35조(단체협약의 단위): 단체협약의 체결은 공장, 사업장 기타 직장 단위로 한다.

노조법 제38조(협약에 위반되는 근로계약): 제1항 단체협약에 정하는 기준에 위반되는 근로계약의 부분은 무효로 한다. 제2항 전항에 의하여 무효로 된 부분은 협약의 기준에 정하는 바에 의한다. 제3항 근로계약에 규정 없는 사항은 협약의 기준에 정하는 바에 의한다.

중요조항과 관련하여 제기되는 문제는 다음과 같다.

첫째, 노조법 제35조가 단체협약의 체결의 단위를 공장, 사업장 기타 직장 단위로 해야 한다고 함으로써 '기업 내 협약제도를 입법화'하여 기업별 노동조합제도를 강제하는 계기가 되었다는 것이다.[212]

이에 대해 이 규정의 취지는 근로자 측의 협약능력을 제한한 것이 아니고(따라서 근로자 측으로서는 단위조합, 단일조합, 연합체 등 모든 노동조합의 경우 협약능력을 가진다고 함) 단체협약의 효력이 미치는 장소적 범위를 직장 단위로 제한하려는 것이라고 주장하는 입장이 있다.[213] 하지만 헌법상 근로조건 개선 기타 경제적·사회적 지위향상을 목적으로 하는 근로자의 자주적 단체에게 단체교섭권이 동일하게 보장되어 있다고 하더라도 법률에서 단체협약체결 단위를 사업 내지 기업 단위로 제한하는 한, 이는 기업별 노조만을 강제하는 것으로 되고 궁극적으로 근로자의 단결권이나 단체교섭권을 침해하는 것으로 된다. 즉, 단체협약의 체결 단위를 기업 내로 제한하면 특정의 기업별 노조만이 강제됨으로써 노조자유설립주의에 기초한 다양한 노동조합설립을 막아 결과적으로 헌법상의 단결권·단체교섭권을 침해하게 되는 것이다.

둘째, 제38조에서 단체협약이 가지는 효력을 규정하고 있는데(규범적 효력 내지는 기준의 효력) '단체협약에 정하는 기준'에 위반되는 근

---

212) 송종래 외, 『한국노동운동사 4(정부수립기의 노동운동: 1948~1961)』, 지식마당, 2004, 179쪽.
213) 이종하, 『노동법』, 청구출판사, 1960, 197~198쪽.

로계약의 부분은 무효로 한다라고 하여 단체협약이 근로계약을 무효시킬 수 있는 범위를 구체적으로 명시하고 있지 않다. 현행 노동조합및노동관계조정법 제33조(기준의 효력)규정에서는 단체협약의 기준의 효력(규범적 효력)이 미치는 범위를 '근로조건 기타 근로자의 대우에 관한 범위'로 명백히 규정하고 있는 것과는 다르다.

이에 대하여 근로시간, 임금, 휴게, 휴일 등의 규범적 사항은 사용자의 개개의 근로자 간의 근로계약에 대하여는 법규범과 같은 효력을 나타내지만 채무적 사항(취업 시간 중의 노동조합활동에 관한 사항, 노조 전임자의 대우에 관한 사항 등)은 이에 위반하더라도 그것은 규범적 사항과 달라서 이에 위반된 근로계약의 부분이 무효로 된다든지 하는 일 없이 오직 노동조합 또는 사용자의 채무불이행이라는 효력이 나타난다고 설명한다.[214]

따라서 현행법에서의 단체협약의 기준의 효력 규정의 일반적인 해석과 동일하게 해석하고 있지만, 중요한 것은 '단체협약에서 정하는 기준'으로 되는 범위이고 과연 어떤 사항이 표준 내지 기준을 정한 것이라고 볼 수 있느냐가 문제일 때 1953년 노조법 제38조는 단체협약사항 중 규범적 효력을 가지는 '기준의 범위'를 넓게 해석할 수 있는 여지를 줄 수 있다고 생각된다.

(5) 사용자의 부당노동행위제도

사용자의 부당노동행위제도는 노조법과 노동쟁의조정법에 분산되어 규정되고 있다.

노조법 제10조(사용자의 부당노동행위): 사용자는 다음에 게기하는

---

[214] 이종하, 『노동법』, 청구출판사, 1960, 204쪽.

행위를 할 수 없다. 1. 근로자가 노동조합을 조직하거나 이에 가입하여 노동조합에 관한 직무를 수행하는 권리에 간섭 기타 영향을 주는 행위, 2. 어느 노동조합의 일원이 됨을 저지 또는 장려할 목적으로 노동조건에 차별을 두거나 또는 노동조합에 참가한 이유로서 해고 기타 노동자에게 불이익을 주는 행위.

노동쟁의조정법 제10조(쟁의행위의 보장): 사용자는 근로자가 정당한 쟁의행위를 하거나 관계관청 또는 노동위원회에 대하여 증거를 제출하며 또는 하려고 하는 이유로 해고 기타 근로자에게 불이익을 주는 행위를 할 수 없다.

부당노동행위제도란 사용자의 노동삼권 침해행위를 금지함으로써 노동삼권을 보호하고 더 나아서 근로삼권보장 질서를 세우기 위한 목적의 제도로서 현행 노동조합및노동관계조정법에서는 4가지의 유형(불이익취급, 비열계약, 단체교섭거부, 지배개입)으로 규정되어 있다. 이에 대해 1953년 노조법은 제10조 제1호의 "간섭기타 영향을 주는 행위"로서의 '지배·개입' 유형과 노조법 제10조 제2호와 노동쟁의조정법 제10조의 "불이익을 주는 행위"로서의 '불이익취급' 유형의 2가지로 규정되어 있다.

결국 현행 「노동조합및노동관계조정법」 제81조와 비교할 때 '단체교섭거부' 유형과 지배·개입으로서의 '경비원조' 유형이 명시적으로 규정되고 있지 않다.

2) 노동쟁의조정법

(1) 쟁의행위에 대한 민사면책과 형사면책

노동쟁의조정법(이하 '노쟁법'이라 함) 제12조(손해배상청구에 대한 제한): 사용자는 쟁의행위에 의하여 손해를 받았을 경우에 노동조합 또는 근로자에 대하여 배상을 청구할 수 없다.

노쟁법 제12조는 쟁의행위에 대한 민사면책을 규정한 것이다. 근로자의 단결권, 단체교섭권, 단체행동권이 헌법상 보장되어 있기에 단체행동권의 행사로 이루어지는 쟁의행위에 대해서 손해배상금지를 규정한 것은 당연하다.

그런데 쟁의행위가 헌법상 보장된 권리인 만큼 민사면책과 함께 형사면책도 규정되는 게 당연하지만 형사면책을 직접 규정한 조항은 없다. 그러나 노쟁법 제5조(쟁의행위의 제한) 제1항에서 "근로자 또는 사용자는 노동쟁의가 발생하였을 때 그 주장을 관철하기 위하여 쟁의행위를 행할 수 있다"라고 규정하고 있기 때문에 제5조가 당연히 쟁의행위에 대한 형사면책을 전제·확인한 것으로 이해할 수 있다.

(2) 일반 공무원에 대한 쟁의행위의 금지

노쟁법 제5조(쟁의행위의 제한) 제1항: 근로자 또는 사용자는 노동쟁의가 발생하였을 때 그 주장을 관철하기 위하여 쟁의행위를 할 수 있다. 단, 단순한 노무에 종사하는 이외의 공무원은 예외로 한다.

노쟁법 제5조 제1항 단서에서 일반 공무원의 쟁의행위를 일반적으로 금지하고 있다. 그러나 형무소의 형무관, 경찰관, 소방직원 등이 파업을 한다면 그것은 당연히 일반 국민의 안전에 대해서 보상할 수 없는 중대한 위험이 예상되지만 세무서 기타 관공서에 근무하는 일반 공무원이 파업을 하는 경우 그 직무의 중지는 반드시 일반 국민에게 그리 급박한 위험을 주지 않기 때문에 일반 공무원 전체의 단체행동권(쟁의권)을 일률적·전면적으로 금지하는 것은 노동삼권의 보장 취지에 비추어 타당하지 않다.[215]

물론 국가공무원법에 의해 현업기관에 종사하는 사실상의 노무자를 제외한 공무원의 단결권, 단체교섭권, 단체행동권이 제한되고 있는 현실에서 일반 공무원의 쟁의행위권이 제한된 것은 당연한 결과이지만, 헌법상의 노동삼권보장 취지에 비추어 보면 공무원도 종속노동하에서 임금을 목적으로 근로를 제공하고 있는 근로자인 만큼 당연히 노동삼권의 주체자가 되어야 하고 예외적으로 일반 국민의 생활·안전에 심각한 영향을 줄 수 있는 특정의 직무 범위에 한하여 제한하거나 쟁의행위의 시기·방법상의 제한 등으로 제한하는 것이 타당하다.

(3) 쟁의행위에 대한 제한

노쟁법 제7조(냉각기간): 제1항 노동쟁의가 발생하였을 경우에는 그 당사자는 행정관청의 알선 또는 노동위원회의 조정이 실패에 귀하였을 때 이외에는 쟁의행위를 할 수 없다. 제2항 전항의 경우에 있어서 분쟁사건이 행정관청과 노동위원회에 보고되어 일반 사업에 있어서는 3주일을 공익사업에 있어서는 6주일을 경과하여도 해결되지 아니할 때에는 예외로 한다이다.

노쟁법 제18조(행정관청의 조사권): 행정관청은 노동쟁의를 알선하기 위하여 필요하다고 인정할 때에는 사용자 또는 그 단체, 노동조합 기타 관계자에 대하여 출석 또는 필요한 보고의 제출 혹은 필요한 장부, 서류의 제출을 요구하며 관계공장, 사업장 기타 직장의 업무 상황 혹은 서류 기타 물건을 조사할 수 있다.

노쟁법 제4조(공익사업의 정의) 제1항: 본법에서 공익사업이라 함은 다음의 사업으로서 공중의 일상생활에 필요불가결한 것을 말한다.

---

215) 최식, 『신노동법』, 법학강의총서, 1962, 198쪽.

1. 운수사업, 2. 통신사업, 3. 수도·전기 또는 와사(瓦斯)[216] 공급 사업, 4. 의료 또는 공중위생 사업.

노쟁법 제22조(중재의 개시) 제1항: 노동위원회는 좌의 각호의 1에 해당하는 경우에 중재를 행한다. 1. 관계당사자의 쌍방으로부터 노동위원회에 대하여 중재의 신청이 있을 때, 2. 관계당사자의 쌍방 또는 일방으로부터 단체협약의 규정에 의하여 노동위원회에 대하여 중재신청이 있을 때, 3. 공익사업에 있어서 행정관청의 요구 또는 노동위원회의 직권으로 노동위원회의 중재에 회부하는 결정이 있을 때.

노쟁법의 주요한 쟁점은 다음과 같다.

첫째, 노쟁법은 쟁의행위에 들어가기 전에 반드시 알선이나 조정을 거쳐야만 하고 또한 노동쟁의 발생 후 일반 사업에서는 3주일, 공익사업에서는 6주일 동안 쟁의행위를 금지시키고 있다. 그러나 냉각기간이 지나치게 길어서 쟁의행위를 실질적으로 제한하고 있고 조정절차에서 '행정관청에 의한 알선'을 정하고 있어 '중립성'과 '자주성'의 측면에서 많은 문제가 있다. 알선을 전문기관인 노동위원회가 아닌 행정관청에서 담당하도록 하여 '중립성'의 측면에서 문제가 있고 더구나 알선 절차 과정에서 노쟁법 제18조와 같이 행정관청에게 상당한 조사권을 줌으로써 노동조합활동의 자주성을 침해하고 있다.[217]

둘째, 냉각기간이 일반 사업의 경우보다 긴 6주일의 적용을 받고 직권에 의해 중재에 회부될 수도 있는 공익사업의 범위가 상당히 포괄적으로 넓게 규정되어 있다. 노쟁법 제4조에 '공중의 일상생활에 필요불가결 한 것'으로 정하여져 있지만 그 범위에 모든 운수사업이나 의료사업 등이 포함되는 등 공익사업으로 인정되는 사업 범위가 지나치게 넓다.

---

216) 가스사업을 말한다.
217) 하경효, 「한국노동법제에 관한 사적 고찰」, 고려대학교석사학위논문, 1976, 58쪽.

셋째, 중재란 노동위원회가 적절한 중재재정을 내림으로써 노동쟁의를 종국적으로 해결하는 조정절차[218)로 노동쟁의를 중재재정으로서 종국적으로 해결하는 만큼, 당사자가 원해서 하는 임의적 중재여야 하는 것이 당연하다. 이렇게 임의적 중재와 다른 직권중재 제도는 근로자들의 단체행동권을 심각하게 제한하기 때문에 문제가 되고 1953년 노쟁법은 넓은 범위의 공익사업에 대하여 직권중재를 인정하는 만큼 단체행동권침해의 문제가 제기된다.

그러나 노쟁법 제24조(중재판정의 효력)에서 "중재판정에 대하여 당사자의 일방의 불복이 있을 때에는 15일 이내에 행정소송을 제기하지 아니할 때에는 확정판결과 동일한 효력이 있다"라고 하고 있어서, 중재판정에 대해 현행 '노동조합및노동관계조정법'이 '위법이거나 월권에 의한 것'이라고 인정되는 경우에 한하여 재심을 신청할 수 있도록 한 것(제69조)과 다르게 규정되어 있어서 중재재정에 대한 당사자의 구속력은 1953년 노쟁법이 더 약했다고 평가할 수 있다.

제5절 소결

이승만 정권 시기의 노동운동과 노동법을 평가하는 데 있어서는 이승만 정권기에 일어난 1950년 한국전쟁의 의미를 중요하게 평가하지 않으면 안 된다.

이 문제는 이승만 정권에게 있어서 '한국전쟁'이란 것이 어떤 정치적 의미로 평가되느냐는 문제이며 이 문제에서 한국전쟁은 두 가지의 의미를 함축하는 것이라고 생각된다.

---

218) 김유성, 『노동법 Ⅱ』, 법문사, 1999, 406쪽.

하나는 이승만 및 친일·보수지배권력의 '위기'로서의 정치적 의미이다. 한국전쟁 시 이승만 정권은 한국전쟁에 대응할 주체적 힘이 전혀 없었으며 전쟁 시의 위험을 그대로 국민에게 방치한 채 자기만 서울을 탈출하였고 그 이후 반공이데올로기를 앞세워 '국민보도연맹사건', '국민방위군사건', '거창양민학살사건' 등을 일으키면서 대다수의 국민을 대량학살하는 비인간적·조직적인 학살을 저지른다.

'대량학살'이란 정당한 법적절차나 재판절차를 거치지 않고 국가권력이나 그와 연관된 권력체가 정치적 이유에 의해 자신과 적대하는 비무장 민간인 집단을 일방적·의도적으로 살해하는 것[219]으로서 전시(戰時)라고 해서도 정당화될 수 없는 것이다. 국가권력에 의한 조직적인 대량학살의 만행 속에서 다수의 국민이 이들 권력집단에게 대항·대립하는 반이승만세력으로 형성되었고 그에 힘입어 국회 내에서 다수의 '반이승만 전선'이 형성된 것은 '위기로서의 정치적 의미'의 표현이다.

다른 한편 한국전쟁은 전쟁이라는 비상 상황과 냉전에 기반한 반공이데올로기를 통해서 이승만 정권의 개인지배권력과 장기집권을 위한 발판이 된다. 이승만은 국내에서의 허약한 집권기반을 반공이데올로기에 기반한 물리적 전쟁을 통해 돌파해 나갈 수 있었다. 따라서 국회 내에서 다수의 반이승만전선이 형성되었음에도 불구하고 이승만은 전쟁이라는 비상상황에 기반하여 대통령직선제개헌을 물리적 압력으로 통과시키면서 재집권에 성공했고 계속적으로 그의 개인권력을 강화시킬 수 있었다.[220]

이러한 이중적인 정치적 의미의 전제하에서 이승만 정권하의 노동

---

219) 김동춘, 『전쟁과 사회(우리에게 한국전쟁은 무엇이었나)』, 돌베게, 2006, 287쪽.
220) 김동춘, 『전쟁과 사회(우리에게 한국전쟁은 무엇이었나)』, 돌베게, 2006, 180쪽.

운동과 노동법에 대해 평가하면 다음의 세 가지로 요약된다.

첫째, 이승만은 대한노총의 상층지도부를 그의 '정치부대화'하여 그들을 통해 다수의 노동대중을 집권확보를 위한 국민동원에 연결시켜 냄으로써 철저히 그의 권력획득 과정의 수단으로 만들었다.

둘째, 1948년 단독정부 수립 후 주요한 노동운동이었던 철도노조의 합법화투쟁, 조선전업노조의 노조결성투쟁, 조선방직쟁의가 해결되는 과정을 평가해보면, 노동자들이 자주적·민주적으로 대사용자와의 투쟁을 통해 문제 해결을 이루어 나가는 것이 아니라 외부에서 제3자로서의 이승만이 쟁의에 개입하여 그 자신의 자의대로 쟁의를 종결시키는 방식을 취했다. 이로써 노동조합활동의 본질인 '자주성'과 '민주성'을 훼손하였고 그러한 한계가 이후 남한 노동조합활동의 한계 내지 보수성으로 고착되어 간다.

셋째, 이승만은 한국전쟁 동안 자행된 대량적인 조직적·집단적 민간학살이라든가 반공이데올로기를 통한 물리적 압력에 의한 대통령직선개헌 통과 등으로부터 결과된 정치적 위기감을 극복하기 위해, 1953년 3월 8일 노동조합법, 노동쟁의조정법, 노동위원회법을 제정·공포하였다. 1953년 집단적 노동관계법의 제정 과정에서 대한노총 주류파인 전진한 의원의 노력 등이 존재하였고 그 당시 전개되고 있던 '조선방직쟁의'가 단독정부 수립 이후 가장 치열한 투쟁으로서 입법에 영향을 주었음은 분명하지만 단순히 그러한 상황적 요인만으로 노동입법의 배경을 평가할 수는 없다.

노동입법의 배경은 1945년 8월 15일 일본패전, 단독정부 수립, 한국전쟁이란 연속된 기간의 평가에 따른 총체적 평가의 결과로서 바라보아야만 하고 그러할 때 그 결과물은 8년간의 과정에서 나타난 '총제적인 체제위기감' 속에서 평가되어야만 한다. 그리고 그 위기감을 극복하고 다수의 노동대중들을 국민으로서 포섭해 내기 위한 고도의 전략 속에서 이해되어야 한다. 결국, 1953년 제정된 집단적 노동관계법은 체제 이탈화되어 갈 가능성이 있는 노동대중들을 체제 안으로 포섭해 내려 했던 '체제안정화장치'의 결과물로서 이해되지 않을 수 없다.

끝으로 1948년 단독정부 수립 후 노동운동의 주요 특징을 점검해 보면 다음과 같다.

노동쟁의의 종결이 노동자들과 사용자들 간의 자주적 해결 과정으로 나타난 것이 아니라 외부에서 제3자로서 이승만이 쟁의에 개입하여 그 자신의 자의대로 쟁의를 종결시키는 방식을 취했다는 것이다. 이것은 쟁의의 해결 과정에 이승만이라는 국가권력이 개입하여 국가권력과 대립점이 형성되어 감에 따라 노동투쟁이 자유의 지향을 내포하는 것으로 발전해가는 것을 보여준다.

철도노조의 합법화투쟁에서, 이승만이 철도노조의 합법성을 인정한 것은 "반공에 공이 큰 철도노동조합은 공무원법에도 불구하고 노동운동을 지속할 수 있다"라는 말에서 확인할 수 있는 것처럼 어떤 법률적 근거나 법률의 합리적 해석에 따라 노조의 합법성을 인정한 것이 아니라 이승만 개인의 시혜적 조치였을 뿐이다.

조선전업노조의 노조결성투쟁에서는 "조선전업은 귀속사업체인 동시에 국책회사이기 때문에 종업원은 모두 준공무원에 해당하여 노조 활동을 할 수 없다"는 회사 측의 주장에 반대하여 노동자들이 파업을 강행하는데, 이승만이 외부에서 개입하여 노조결성 인정과 해고된 노조간부의 복직을 확약받으면서 조선전업노조의 노조결성 투쟁이 승리를 이루었고 모든 귀속사업체에 노조결성이 가능하게 되었다.

그리고 조선방직쟁의에서는 강일매 사장의 무단해고와 노조탄압정책에 대항한 노동자들의 투쟁에 대하여, 정부가 초기의 유화조치 이후 강경대책으로 돌아선 후 이승만의 파업에 대한 엄중경고와 함께 파업 종업원에 대한 경찰의 구타와 검거가 진행되었고, 나아가 이승만의 엄중경고를 반영, 조방쟁의대책위를 지도하던 전진한이 파업 하루만인 다음 날 파업종료를 선언하여 총파업은 실패로 종료된다.

이렇게 철도노조 합법화투쟁, 조선전업 노조결성투쟁, 조선방직쟁의에서 이승만은 외부에서 쟁의에 개입하여 자의적으로 쟁의를 종결시켰는데, 이것은 국가권력의 개입으로 인하여 노조의 자주성을 훼손한 것으로서 노동자들의 투쟁은 개별 사용자에 대항하는 투쟁으로부터 국가권력과 대립되는 양상으로 나아갈 수밖에 없게 되었다. 즉, 국가권력과 대립 전선을 띠면서 노동운동이 전개되어 노동운동은 자유의 지향을 내포하게 된다.

제5장
이승만 정권 후반기의
사회정치적 상황과 노동운동

이승만 정권 후반기의 사회정치적 상황과 노동운동

제1장 이승만 정권 후반기의 사회정치적 상황

1. 사사오입(四捨五入)개헌

1954년 5월에 실시된 제3대 국회의원선거에서 압도적 다수를 차지한 자유당은 이승만의 영구집권을 위해 초대 대통령에 한해 중임제한을 철폐하는 것을 핵심 내용으로 하는 헌법개정안을 국회에 제출한다.[1] 이 헌법개정안을 국회에 제출하기 전 이승만은 이미 1954년 4월 6일 "개헌조건부로 입후보케 하라"라는 담화를 발표해 개헌지지자의 다짐을 받고 자유당후보로 입후보하도록 하는 등 국회의원들에게 개헌을 강요하였고 선거에 따라 자유당이 압승하자 개헌선 확보를 위해 무소속 의원을 끌어들여 6월 중순에는 드디어 136명을 확보하기까지 했다.[2] 그러나 이러한 이승만의 노력에도 불구하고 제출된 개헌안은 한

---

[1] 이근호 엮음, 『한국사사전』, 청아출판사, 2003, 215쪽.

달이 넘었는데도 국회에 상정되지 못했는데, 그 이유는 한국일보의 여론조사에서 드러나는 바 "초대 대통령에 한해서 연임을 허용한다는 것"에 대해 찬성 16.9%, 반대 78.8%의 여론조사 결과가 나왔고 그런 만큼 국회의원들이 모호한 태도를 보였던 것이다.[3] 그러나 자유당은 1954년 10월 뉴델리밀회설을 활용해서 국회에서 '남북협상 중립배격결의안'을 통과시키고 '국토통일에 대한 국시를 천명'하는 등 공안정국을 조성 11월 20일 개헌안을 상정해서 11월 27일 표결에 붙인다.[4] 그러나 표결결과 제적 203명 중 가표가 135표가 나와 1표가 부족해서 국회의장이 당연하게 부결을 선포하게 되는데, 부결 몇 시간 후 이승만 대통령이 부결을 부정하는 발언을 했고 재적인원 203명의 3분의 2는 135.333인데 영점 이하의 숫자는 1인이 되지 못하므로 사사오입하면 135명이 된다는 주장으로 부결선언을 반복, 개헌안가결을 선포한다.[5] 초대 대통령에 한해서 중임제한을 철폐한다는 개헌안은 '평등의 원칙'에 위반되는 위헌무효의 헌법개정이었고[6] 더구나 개정안에 대한 결과도 부결을 억지로 사사오입시켜 가결하는 등의 문제를 드러냈다. 결국 이승만은 사사오입개헌으로 일인 독재의 장기 지배체제 기반을 마련한다.

2. 국가보안법 파동(2·4파동)

1) 국가보안법의 개정 배경과 국가보안법 개정안의 구체적 내용

1950년대 후반기의 가장 대표적인 정치위기 중의 하나가 국가보안법

2) 서중석, 『이승만과 제1공화국』, 역사비평사, 2007, 124~125쪽.
3) 서중석, 『이승만과 제1공화국』, 역사비평사, 2007, 128쪽.
4) 서중석, 『이승만과 제1공화국』, 역사비평사, 2007, 129쪽.
5) 이근호 엮음, 『한국사사전』, 청아출판사, 2003, 215쪽.
6) 서중석, 『이승만과 제1공화국』, 역사비평사, 2007, 130쪽.

파동이다. 1958년 후반기와 다음의 초까지 진행된 국가보안법 파동은 1960년 3 · 15부정선거와 그 후의 자유당 몰락을 초래하는 도화선 구실을 했고 결국 이 파동은 자유당 스스로의 파멸을 초래한 신호탄이라고 볼 수 있다. 자유당정부는 오래 전부터 국가보안법을 개정하려는 구상을 가지고 있었고 그 개정 의도는 언론과 야당이 집권연장의 최대 걸림돌이라고 판단하여 이 두 세력을 제어해 다가올 대통령선거에서 승리하려는 것이었다. 정부는 개정안을 국회에 제출하면서 "새로운 방법으로 간첩을 색출하고 반공체계를 강화한다"라는 뜻을 설명하였고 또한 "공산당의 흉계를 분쇄하여 국가의 안전과 언론계의 보다 올바른 발전을 위한다"라고 언급하였다.[7]

새로운 국가보안법은 이적행위에 대한 개념과 적용 대상을 확대함과 아울러 몇 가지 처벌규정을 추가한 것인데, 이러한 내용 중에서 특기할 만한 것은 국가기밀의 개념 확대와 언론조항 등이다. 개정안의 가장 핵심이자 논란의 대상이 된 것은 제17조 제5항이다. 원안에는 "공연히 허위의 사실을 적시 또는 유포하거나 사실을 왜곡하여 적시 또는 유포함으로써"라고 되어 있었는데 미국의 압력에 의해 변화되어 "공연히 허위의 사실을 허위인 줄 알면서 적시 또는 유포하거나 사실을 고의로 왜곡하여 적시 또는 유포함으로써"라고 12월 24일 본회의 통과 시 수정해 고의성이 있거나 의도한 경우만 처벌할 수 있게 한 것이었다.[8] 이 조항은 구성요건의 내용이 너무 막연해 수사기관이 이 규정을 자의적으로 해석할 여지가 있고 '알면서', '고의로'라는 주관적 요건이나 '적

7) 이완범, 「1950년대 후반기의 정치위기와 미국의 대응」, 『한국현대사의 재인식 4』, 오름, 1998, 148~149쪽.
8) 이완범, 「1950년대 후반기의 정치위기와 미국의 대응」, 『한국현대사의 재인식 4』, 오름, 1998, 152쪽.

을 이롭게'라는 결과에 대한 판단은 남용이 가능하다는 면에서 언론계의 거센 반발을 받게 되었다.[9]

2) 2 · 4파동

정부는 1958년 11월 18일 국가보안법개정안을 국회에 상정했으며 12월 5일에는 자유당 의원만의 찬성으로 국가보안법개정안을 법제사법위원회에 상정시켰다. 12월 11일 국가보안법이 법사위에 상정되어 예비심사에 들어갔고 민주당 소속 의원들의 필사적인 저지투쟁으로 제안 설명조차 제대로 할 수 없었다. 이에 자유당은 민주당의 공청회 개최 주장을 받아들였으나 곧바로 원래의 강경방침으로 회귀했고 12월 19일 동 법안 심의 중 산회 후 다시 오후 3시에 법사위에 모인 자유당 의원 10인은 민주당 의원들이 점심식사를 하러 간 사이 3분 만에 만장일치로 날치기통과를 시켰다. 가장 문제가 되는 것은 본회의 통과였다. 야당 의원들은 정부여당의 통과강행을 확인하고 19일부터 국가보안법 개정안의 국회본회의 통과를 막기 위해서 국회의사당 본회의장에서 농성을 벌였다. 자유당은 19일부터 철야농성하던 민주당과 무소속 의원들에게 12월 24일 경호권을 발동했고 2, 3백여 명의 건장한 무술경위들이 의사당에 난입하여 농성 중이던 의원들을 폭력으로 감금하고 의사당 문을 폐쇄시켰다. 이리하여 여당 단독으로 '신국가보안법'과 지방자치법등 2개 법안과 기타 27개 의안에 대해 2시간 만에 일사천리로 통과시켰다. 결국 야당 의원들에 대한 강제 억류와 감금을 통해 국가보안법을 날치기 통과한 것으로서 이는 민주주의 원칙에 위배되는 행위

9) 이완범, 「1950년대 후반기의 정치위기와 미국의 대응」, 『한국현대사의 재인식 4』, 오름, 1998, 152쪽.

로서 자유당은 한국 의정사상 또 하나의 오점을 남기게 되었다.[10]

3) 통과직후 미국의 즉각적인 개입과 이승만의 반발

미국은 국가보안법 통과 과정에서 적극적이며 직접적인 개입을 하지는 않았지만 통과된 후 즉각적인 논평을 하는 기민한 태도를 보인다. 아이젠하워 대통령은 이승만에게 비밀친서를 전달하는 방법으로 한국 문제에 개입했고 이 편지에서 "한국에서 공산주의자들의 침투와 스파이행위, 전복기도를 처벌하기 위해 보다 효과적인 법적 기초를 마련한다는 목적에는 전적으로 동감한다"고 전제하면서 그러나 "국회에서의 통과방법은 자신을 당황하게 만들었다"고 평가하였다.[11] 이러한 미국의 태도에 대해 이승만은 1952년 부산정치파동에 대한 자신의 견해를 일방적으로 설파하면서 첫째, 1952년 자신에 대한 반대자들과 공산주의자들 간에 밀접한 연계가 있었으며 1958년 현재도 민주당과 공산주의자들 간에 그러한 연계가 있다고 주장하였고 둘째, 1952년에는 유엔 한국부흥위원단(UNCURK)을 중심으로 내정에 간섭하려는 외세가 있어 그 영향력을 격퇴했는데 지금도 그러한 외세의 기도가 있다고 주장하면서 미국의 태도를 내정간섭으로 보아 반발하였다.[12]

미국은 국가보안법의 개정이 오히려 공산주의자들의 선전에 이용당함으로써 "공산주의자들의 정권전복으로부터 나라를 보호한다"는 국가

---

10) 이완범, 「1950년대 후반기의 정치위기와 미국의 대응」, 『한국현대사의 재인식 4』, 오름, 1998, 154쪽.
11) 이완범, 「1950년대 후반기의 정치위기와 미국의 대응」, 『한국현대사의 재인식 4』, 오름, 1998, 168쪽.
12) 이완범, 「1950년대 후반기의 정치위기와 미국의 대응」, 『한국현대사의 재인식 4』, 오름, 1998, 169쪽.

보안법 개정의 목적을 달성하기보다 오히려 "반공국가를 무너뜨리는 결과"를 초래할지도 모른다고 판단하면서도 이승만에 대해 직접적인 개입은 삼가고 사후 논평을 통해 후견인으로서의 역할을 하였다.[13] 즉, '이승만 제거안'과 같은 단기적이며 적극적인 직접개입은 하나의 옵션으로만 검토되었을 뿐 한 번도 실현된 적은 없었고 그러함에도 불구하고 미국이 이들 안(이승만의 제거안)의 실현성을 계속 검토했던 것도 사실이며 상당한 고위직이 이들 안을 검토했다는 것도 간과할 수 없다.[14]

4) 국가보안법 폐지의 관점에서 본 국가보안법 파동

국가보안법은 1948년 12월 1일 제정된 것으로 일제의 치안유지법을 계승, 확대 증보해 만든 것이다. 형법의 특별법인 국가보안법이 형법 제정(1953년 9월 18일)보다 몇 년이나 앞서 만들어졌다는 것은 당시 집권세력이 얼마나 좌익진영을 분쇄하려고 골몰했는지를 단적으로 보여준다고 하겠고 어쨌든 국가보안법은 제정 당시 법무부장관의 말처럼 "비상시기의 비상조치"로 규정된 법으로서 영구 존속되는 것이 아니라 형법으로 흡수될 예정이었던 법이었다.[15]

국가보안법은 통일의 한 주체인 북한을 '반국가단체'이자 '적'으로서 규정함으로써 평화통일을 원천봉쇄하고 있고 갖가지 모호하고 불명확한 개념을 사용함으로써 표현의 자유를 비롯한 인권을 심각하게 침해

13) 이완범, 「1950년대 후반기의 정치위기와 미국의 대응」, 『한국현대사의 재인식 4』, 오름, 1998, 169쪽.
14) 이완범, 「1950년대 후반기의 정치위기와 미국의 대응」, 『한국현대사의 재인식 4』, 오름, 1998, 169쪽.
15) 조국, 『양심과 사상의 자유를 위하여』, 책세상, 2009, 129쪽.

하고 있다. 국가보안법의 폐지론의 근거를 '반통일성'과 '반민주성'의 측면에서 검토해 보면 다음과 같다.

첫째, 반통일성의 측면이다. 국가보안법상 북한은 통일의 한 주체도 대화나 협상의 상대방도 아니고 다만 정부를 참칭하는 '반국가단체', 대한민국의 영토인 휴전선 이북지역을 불법적으로 점령하고 있는 '반도 단체 또는 교전단체'일 뿐이다.[16] 이러한 원칙은 헌법 제3조의 "대한민국의 영토는 한반도와 그 부속도서로 한다"는 영토조항을 헌법적 근거로 하고 있다. 이에 따르면 조선민주주의 인민공화국을 인정하고 공존을 모색하는 논리는 있을 수 없다. 그러나 우리 헌법상 영토규정은 실효성 없는 선언규정에 불과하고 그것은 국민의 통일염원을 담은 낭만적 규정에 불과한 것으로서 현실적 이행효력이 나타나지 못하는 자연채권과 같을 뿐이며 북한이 스스로 한반도의 북반부와 그 부속도서를 우리 헌법규정의 취지에 따라 스스로 헌납하기 전에는 그 실효성이 기대될 수 없는 조문이다.[17] 따라서 헌법 제3조의 영토조항은 헌법규범과 헌법현실 사이의 괴리 속에서 실효성을 잃고 사문화되었다고 보아야 할 것이고, 국제법적으로도 북한은 한반도의 북측지역을 무단으로 점령하고 있는 '반국가단체'가 아니라 주권국가 적어도 '사실상의 국가'가 되었다.

한편 국가보안법 제정 이후 반세기가 지난 1991년 9월 18일 남북한은 동시에 유엔에 가입했던 바 유엔헌장 제4조에 따르면 유엔가맹국의 자격조건은 국제법상의 주권국가로서 유엔헌장의 의무를 수락하고 이러한 의무를 이행할 능력과 의사가 있는 '평화애호국'으로 되어 있기에 국제사회에서는 엄연히 2개의 주권국가(남, 북한)가 존재하게

---

16) 조국, 『양심과 사상의 자유를 위하여』, 책세상, 2009, 130~131쪽.
17) 조국, 『양심과 사상의 자유를 위하여』, 책세상, 2009, 133쪽.

된 것이다.[18]

따라서 헌법 제3조의 영토조항이 사문화되었다는 점을 주목하여 볼 때, 그리고 우리헌법이 전문에서 우리국민은 "조국의 민주개혁과 평화적 통일의 사명에 입각하여 정의, 인도와 동포애로써 민족의 단결을 공고히"해야 한다고 규정하고 제4조에서 대한민국은 "통일을 지향하며 자유민주적 기본 질서에 입각한 평화적 통일정책을 수립하고 추진한다"라고 규정한 사실에 기초해 볼 때 국가보안법이 북한을 '반국가단체'로 규정한 것은 일면적이고 과도하며 따라서 위헌의 의심이 짙다고 할 수 있다.[19]

둘째, 반민주성 측면이다. 국가보안법의 법률적 문제로 가장 많이 지적되어 온 것은 이 법이 근대시민형법의 근본원리인 '죄형법정주의'에 위배된다는 것이다. 죄형법정주의는 국가형벌권의 확장과 자의적 행사에서 시민의 자유를 보장하기 위한 근대 시민형법의 최고의 원리이고 국가보안법의 내용을 보면 이 원칙 중 명확성의 원칙이 심각하게 훼손되어 있다. 국보법의 조문은 매우 모호하고 불명확한 개념으로 구성되어 있는데 대표적으로 제2조의 정부참칭, 국가변란 제4조와 제7조의 사회질서의 혼란을 조성할 우려가 있는 사항, 제5조와 제6조의 지령, 제6조의 목적수행의 혐의, 제7조의 '반국가단체를 이롭게 하는(이적) 찬양, 고무, 선전, 동조 등이 그러한 예이다. 국가보안법의 규정은 일반인의 이해와 판단으로는 행위유형을 정형화할 합리적 해석 기준을 찾기 매우 어렵고 사실상 공안 당국이 자신의 기준에 따라 범죄를 결정하게 되는 결과를 낳는다.[20] 그 결과 국보법은 진보적인 정치조직

18) 조국, 『양심과 사상의 자유를 위하여』, 책세상, 2009, 132쪽.
19) 조국, 『양심과 사상의 자유를 위하여』, 책세상, 2009, 134쪽.
20) 조국, 『양심과 사상의 자유를 위하여』, 책세상, 2009, 136쪽.

의 활동을 북한을 이롭게 하는 활동으로 낙인찍고 탄압해 우리 사회의 정치, 이데올로기 지형을 '우경불구화'시켰으며 시민의 일상적인 발언과 저술활동은 물론 금서를 소유하고 읽는 행위에 대해서도 불온, 좌경, 급진의 낙인을 찍고 처벌하는 반민주적 행위를 하였다.[21]

한편 국보법위반행위에 대한 형량이 해당 구성요건의 가벌성에 비해 매우 과중해 범죄와 형벌 사이의 균형이 무너지고 있다는 것도 중대한 문제이다. 국가보안법상의 범죄는 기본적으로 '정치범', '사상범'임에도 불구하고 사형이 가능한 구성요건만도 수십 개이며 그 외에도 상당한 중형이 규정되어 있어 죄형법정주의의 하위원칙 중 하나인 '적정성의 원칙'에 위배되어 있다.[22] 결국 국가보안법은 친미, 반공, 분단, 자본의 논리를 일탈하는 모든 사상과 행위를 처벌하기 위해 만든 '프로크루스테스의 침대'라고 부를 수밖에 없다.[23]

국가보안법의 반통일성, 반민주성 측면에서 국가보안법의 폐지를 전제하는 입장에서 볼 때 이승만 후반기의 국가보안법 파동은 다가올 1960년 대통령선거에서 이승만 정권이 승리하여 독재지배체제를 계속 유지하기 위해 민주당 및 진보세력의 언론활동을 탄압, 봉쇄하기 위한 발판의 마련으로 평가할 수 있다. 이러한 국가보안법 파동을 전제로 하여 조봉암을 국가보안법을 적용하여 사법적 살인하고 진보당을 해체시켰던 것이다.

결국 국가보안법 파동은 이승만의 독재지배체제의 구축을 위한 사전발판의 마련이라는 의미가 있었고 이는 1960년 3·15부정선거와 자유당의 몰락을 초래하는 신호탄이 되었다.

21) 조국, 『양심과 사상의 자유를 위하여』, 책세상, 2009, 136쪽.
22) 조국, 『양심과 사상의 자유를 위하여』, 책세상, 2009, 142쪽.
23) 조국, 『양심과 사상의 자유를 위하여』, 책세상, 2009, 142쪽.

3. 조봉암과 진보당사건

1) 조봉암과 이승만 정권의 위기감

조봉암은 일제강점기 조선공산당 창립멤버로 활약했고 모스크바에 유학을 다녀올 정도로 공산주의사상에 투철한 인물이었지만 1932년 상해에서 체포, 복역한 이후에는 뚜렷한 활동을 하지는 않았고, 때문에 그가 주목의 대상이 된 것은 1946년 5월 '박헌영에게 보내려고 했던 사신'이 언론에 공개되고부터였다.[24] 이 사신에서 조봉암은 박헌영에 관하여 주요하게 '민족통일전선 및 대중투쟁문제와 그 운영에 대해서' 그리고 '당인사 문제에 대해서'를 통해 비판하고 있다. '민족통일전선 및 대중투쟁문제에 대해서'에서는 "삼상회의 지지투쟁에 있어서의 동무의 태도와 방침을 진실로 경복하고 절대 지지하오. 그러나 그것을 실천하는 데 있어서 기술적으로 졸렬했던 까닭에 조직군중에게는 그것을 이해시키기에 많은 시간을 허비했고 미조직 대중을 적의 편에 빼앗기고 회의의 구렁에 빠지게 해서 지금도 그들을 옳은 노선으로 끌기에는 무한한 노력과 시간을 요하리라는 사실을 정직하게 인식해야 될 줄 아오"[25]라고 하고 있다.

이러한 조봉암의 태도는 1945년 12월에 있은 모스크바삼상회의의 결과가 '조선임시정부의 수립'이 아닌 '신탁통치안'으로 왜곡 보도되었을 때, 공산당에서 그 즉시는 반탁의 태도를 취하다가 바로 태도를 변경시켜 한민당—이승만세력을 친일파로 공격하면서 모스크바결정을 지지

---

24) 심지연, 「좌파운동과 진보당사건」, 『한국현대사의 인식 4』, 도서출판 오름, 1998, 119~120쪽.

25) 정태영 외 엮음, 『죽산 조봉암 전집 1』, 죽산조봉암선생 기념사업회, 1999, 29쪽.

(찬탁)하는 태도를 보임으로써[26] 다수의 남한대중을 적에게 빼앗기는 과오가 있었음을 지적한 것으로 박헌영의 대중투쟁의 문제점을 제기한 것으로 보인다.[27] 이 사건으로 인해 조봉암은 공산당으로부터 제명처분을 받았고 그 이후 단독정부 수립의 불가피성을 주장하였으며 5·10선거에 참여해 당선, 초대 농림부장관이 되어 농지개혁을 주도하게 된다. 따라서 조봉암은 정부 수립 초기에 이승만과 대립되지 않았으며 1950년대 한국전쟁발발 이후에도 정부와 운명을 같이 한다는 심정으로 부산으로 피난 가는 등 이승만과 협조적인 관계를 유지한다. 그러나 조봉암은 1952년 8월에 실시된 제2대 대통령선거에 출마해서 민국당의 이시영을 제치고 2위에 당선되었고 그 이후부터 이승만과 대립해 나갔다.

한편 조봉암은 이승만의 영구집권을 위해 비롯된 개헌안이 사사오입이라는 변칙적인 방식에 의해서 국회에서 처리되자 '호헌동지회'라는 야당 측 조직의 신당결정 과정에 적극 참여하려 하였지만 야당 측 보수파의 반대로 좌절되었고, 그 이후 사회민주주의를 표방하는 별도의 정당을 창당하기로 하여 '진보당 추진준비위원회'를 구성한다. 진보당추진위원회는 1956년 5월 15일 실시되는 제3대 대통령선거에 대비하여 조봉암을 대통령후보로 내세웠고 야당과의 연합전선 문제가 제기되자 '책임정치의 수립', '수탈 없는 경제체제의 실현', '평화적 통일'의 성취를 내세우면서 신익희로의 민주당, 진보당 양당 후보단일화안을 받아들인다.[28] 그러나 민주당의 신익희 후보가 선거를 열흘 앞두고 급사하는 바람에 조봉암은 그대로 대통령선거에 돌입하였고 엄청난 금

26) 이에 대해서는 '찬탁'이라고 부르기보다는 '모스크바결정 지지세력'이라고 부르는 것이 더 타당하다는 주장이 있다(서중석, 「우익의 반탁주장과 좌익의 모스크바삼상회의 결정지지」, 『논쟁으로 본 한국사회 100년』, 역사비평사, 2007, 168쪽 참고).

27) 정태영 외 엮음, 『죽산 조봉암전집 1』, 389~390쪽 참조.

28) 심지연, 「좌파운동과 진보당사건」, 『한국현대사의 인식 4』, 도서출판 오름, 1998, 126~127쪽.

권의 개입과 투개표 부정 시비에도 불구하고 이승만의 504만여 표에 비해 216만여 표를 획득하였다.[29]

여기서 조봉암과 진보당의 정치적 이념이 어디에 있는가를 살펴보는 것이 중요하겠다. 조봉암이 신당(민주당)에 참여하려고 했을 때 야당 측 보수파의 반대로 신당 참여에서 배제되었지만 진보당의 대선후보로 조봉암이 결정되자 민주당은 이전과 달리 연합전선을 제기하고 나섰다. 이에 대하여 조봉암은 "진보당이 지향하는 정강에 어떠한 야당이라도 호응해 온다면 정, 부통령후보 지명의 백지화는 물론 나 자신의 입후보를 취소할 용의가 있다"라는 성명을 발표하였고 이때 야당연합전선 문제와 관련 ① 책임정치의 수립, ② 수탈 없는 경제체제의 실현, ③ 평화적 통일의 성취라는 3대원칙을 제시한다.[30] 이 원칙은 당시 이승만 극우반공체제에 대립되는 이념이었고 이 3대원칙이 구체화되지는 않았지만 1959년 7월 31일 조봉암이 서대문형무소에서 사형되기까지 조봉암 및 진보당이 대외적으로 표방한 주요 이념이기에 여기서 이 세 가지 원칙에 녹아 있는 그들의 이념을 평가하는 것이 필요하다.

첫째, 조봉암과 진보당은 '피해대중을 위한 피해대중과 함께하는 단결'을 강조하였다. 극우반공체제하에서는 어디에서나 피해대중이 많은 것이지만 1950년대 한국의 경우는 그것이 훨씬 심각했고 부패한 매판적 관료자본과 민중을 달달 들볶고 조이는 경찰과 극우반공체제가 단단히 결합되어 있었을 뿐 아니라 빽과 주먹이 판을 치면서 무수한 피해대중을 산출해 내고 있었다.[31] 이런 상황에서 조봉암과 진보당은 강

29) 심지연, 「좌파운동과 진보당사건」, 『한국현대사의 인식 4』, 도서출판 오름, 1998, 126~127쪽.
30) 김삼웅, 『죽산 조봉암 평전』, 시대의 창, 2010, 360쪽.
31) 서중석, 「조봉암, 진보당의 진보성과 정치적 기반」, 『역사비평』 통권 20호, 역사비평사, 1992, 21쪽.

령에서 "우리 당은 노동자, 농민을 중심으로 진보적 근로인텔리, 중소 상공업자, 양심적 종교인들의 광범한 근로대중의 정치적 집결체이며 국민대중의 이익 실현을 위해서 투쟁한다"라고 명시하고 있고 특히 조봉암은 '비국민'으로 낙인찍힌 국민보도연맹[32] 가입자들의 처지에 관심을 기울여 그들이 정부로부터 대량으로 학살당했고 인민공화국치하에서도 당하기만 하였다고 하면서 그들의 가족을 괴롭히는 것을 비난하였다.[33] 피해대중이란 특권계급 또는 한국적 극우반동세력의 대립자로서 봉건성이 남아 있는 농민들, 실업자와 날품팔이들, 중도파 및 보도연맹관계자, 군인과 상이군경, 인텔리 등을 포괄하는 것으로 이는 계급문제보다 민족문제가 더 절실했던 한국적 상황을 반영한 것이고 조봉암과 진보당은 이렇게 피해대중한테 애정을 쏟고 그들의 심리를 포착하여 정치적 기반을 획득하여 나갔다.[34]

둘째, '평화통일론'을 주장하여 당시의 이승만의 북진통일론과 대립하였다. 북진통일론은 1950년대 극우반공체제의 수호자로서 이용되어 대다수 극우반공자들의 충성심과 일체성을 확보하는 역할을 하면서 일체의 다른 통일논의를 봉쇄시키고 국내를 준전시적 긴장상태 속에 몰아넣어 이승만 일인 독재체제를 구축하기 위해 사용된 국내용 카드였다.

조봉암과 진보당은 한국전쟁을 통해 전쟁에 의한 해결 방식이 얼마

---

32) 국민보도연맹(이하 '보련'이라 함)은 해방 후 이승만 정권이 정권유지를 위해 고안해 낸 좌익포섭단체로서 조직결성의 대외적 명목은 "개선의 여지가 있는 좌익세력에게 전향의 기회를 주겠다"는 것이었고 그래서 조직이름도 "보호하여 지도한다"는 뜻의 보도연맹이라 하였으나 실질적으로 이승만 정권이 보련을 만든 목적은 좌익세력의 색출에 있었으며 민족진영 등 반정부세력을 단속, 통제하기 위한 것이었다(김기진, 『국민보도연맹』, 역사비평사, 2002, 19쪽).

33) 서중석, 「조봉암, 진보당의 진보성과 정치적 기반」, 『역사비평』 통권 20호, 역사비평사, 1992, 22쪽.

34) 서중석, 「조봉암, 진보당의 진보성과 정치적 기반」, 『역사비평』 통권 20호, 역사비평사, 1992, 22~23쪽.

나 무모한가를 뼈아프게 알려주었고 한미 상호방위조약 때문에도 남침은 물론 남한의 북한에 대한 공격도 불가능한 만큼 북진통일론은 전혀 현실성이 없는 정책임을 비판하고 있었다.[35] 평화통일론은 당시의 피해대중의 심정을 잘 대변하였는데 피해대중과의 이러한 결합은 통일에 대한 열망을 폭발시키고 피해대중을 결집시키고 있기 때문에 분단의 고착화를 통해 일인지배체제를 유지하려는 이승만 극우반공세력에게는 상당히 위협적인 것이었다.

셋째, 조봉암과 진보당은 신당발기취지서에서 "사회정의에 입각한 수탈 없는 국민경제체제"를 발전시킬 것을 다짐하였고 1956년 11월 10일 진보당발당대회에서 조봉암이 한 개회사나 이동화가 기초한 진보당강령에서 사회민주주의의 기치를 내건다. 진보당 창당대회 개회사에서 조봉암은 "사람이 사람을 착취하는 일을 없애고 또 인간의 존엄성을 무시하는 일을 없애고 모든 사람의 자유가 완전히 보장되고 모든 사람이 착취당하는 것이 없이 응분의 노력과 사회적 보장에 의해서 다같이 평화롭고 행복스럽게 잘 살 수 있는 세상. 말하자면 … 먼저 민주적, 평화적 방법으로 국토를 통일해서 완전한 자주, 통일, 평화의 국가를 건설하자는 것이고 모든 사이비 민주주의를 지양하고 혁신적인 참된 민주주의를 실시해서 참으로 인민의, 인민에 의한, 인민을 위한 정치를 실시하자는 것이고 또 계획적인 경제체제를 수립해서 민족자질을 육성, 동원시키고 산업을 부흥시켜서 국가의 번영을 촉구하자는 것"[36]이라고 하여 '계획적인 경제체제의 수립'을 강조하고 있다.

더불어 진보당강령에서는 민주적 복지사회를 건설하는 일이 우리에게 부과된 역사적 과업임을 상기하면서 우리나라의 새로운 경제건설

---

35) 서중석, 「조봉암, 진보당의 진보성과 정치적 기반」, 『역사비평』 통권 20호, 역사비평사, 1992, 25쪽.
36) 정태영 외 엮음, 『죽산 조봉암 전집 4』, 죽산조봉암선생 기념사업회, 1999, 31~32쪽.

과 관련된 주요한 논점을 열거하고 있다. 소위 귀속재산과 국영기업의 문제에서 "귀속재산시설은 당연히 우리의 국유재산으로서 전 민족의 이익을 위하여 옳게 운영되고 이용되어야 함에도 불구하고 그 대부분은 무능 부패한 관료배와 결탁한 소수의 모리정상배에 의하여 농단, 점취되었다" 라고 하고 있고 "우리나라의 우익적 보수세력의 일부 대변자들이 우리나라경제의 혼란과 국영기업의 실패를 지적, 논하면서 전 국유기업체의 민유화, 모든 귀속재산의 전면적 불하를 맹렬히 주장하지만 우리나라에서 사회주의가 실현된 일이 없기에 교통, 체신, 운수, 은행 등의 주요한 제 산업부문과 거대한 제기업체의 국유화를 주장한다"라고 하고 있다.[37]

이렇게 피해대중을 위한 단결, 평화통일론, 수탈 없는 국민경제체제를 기초로 한 사회민주주의의 기치라는 정치적 이념을 갖는 조봉암은 극우적인 이데올로기적 지형에 바탕하고 있는 이승만 정권에게는 변혁적인 성격을 가지는 것이었고 그러한 만큼 조봉암을 통해 이승만은 위기감을 느꼈을 것이다.

조봉암이 가지는 변혁적 성격을 구체적으로 평가해보면 첫째, 이승만과 자유당이 그 지지기반으로 하는 군, 관료자본가들과 정면으로 배치되는 피억압자, 근로대중, 피해대중을 지지기반으로 삼음으로 해서 이승만 정권의 권력기반에 정면으로 반대하였다는 것 둘째, 이승만 정권하에서의 경제적 문제인 실업, 빈부격차, 특권층의 존재문제에 대하여 이러한 문제가 자본가, 지주 및 특권층에 기반한 정권의 속성으로부터 나온 것이라 비판하면서 이들 세력에 기반을 둔 이승만의 자유기업론에 대비되는 '계획경제정책'을 제시하였다는 것 셋째, 민주당에서조차 북진통일을 주장하는 극도로 단일화되고 단순화되어가는 반공이데올로기라는 이념적 풍토 속에서 평화통일론을 제기함으로써 이승만의

---

37) 정태영 외 엮음, 『죽산 조봉암 전집 4』, 죽산조봉암선생 기념사업회, 1999, 97~98쪽.

반공 독재체제에 대항하여 자주적 통일 국가수립과 분단극복이라는 통일운동의 방향을 제시하였다는 것이다.[38]

2) 조봉암과 진보당사건의 쟁점

조봉암과 진보당사건은 제4대 국회의원 총선거를 몇 달 앞둔 1958년 1월 12일 치안국이 진보당의 평화통일론이 불법이라는 것, 조봉암이 간첩 박정호와 접선했다는 것의 혐의로 수사에 착수하면서 시작되었으나 최초의 공소장에서 경찰이 기소했던 박정호, 정우갑 등 간첩들과 진보당의 접선혐의가 사실 무근으로 밝혀지자 추가 공소장에서 해방 전 상해시절부터 조봉암과 친교가 있었던 양명산(일명 양이섭)을 등장시켜 조봉암을 간첩죄로 기소하면서 이루어진 사건이다.[39]

양명산이 등장한 이후로 검찰과 경찰은 '평화통일론 위법성 여부'와 '조봉암이 이중간첩 양명산으로부터 정치자금을 받았다는 간첩사건'으로 초점을 맞추었다.

첫 번째 쟁점인 진보당의 평화통일론의 위법성은 진보당의 평화통일론이 북한의 통일론과 사실상 동일하다는 것으로, 다시 말하면 남북한 총선거를 통한 평화적 통일과 근로대중의 단결을 요청하는 진보당의 강령이 북한이 주장하는 평화통일노선과 매우 유사하기 때문에 한국의 국가원리를 손상시키고 남한정부를 전복하기 위한 주장이라는 것이다.[40]

두 번째의 쟁점은 조봉암이 북한과 남한의 첩보조직 사이에서 이중

---

38) 오유석, 「진보당사건 분석을 통한 1950년대 사회변혁운동연구」, 『경제와 사회』 제6권, 한국산업사회학회, 1990, 711~712쪽.

39) 오유석, 「평화통일론과 진보당사건」, 『논쟁으로 본 한국사회 100년』, 역사비평사, 2007, 246쪽.

40) 오유석, 「평화통일론과 진보당사건」, 『논쟁으로 본 한국사회 100년』, 역사비평사, 2007, 246~247쪽.

간첩으로 활약하고 있던 양명산으로부터 북에서 온 자금을 받아 진보당의 정치자금으로 사용했다는 것으로 기소장의 주장에 의하면 조봉암이 북한정권을 도와주는 대신 자금을 공급받아서 대통령선거운동 및 당기관지인 『중앙정치』의 발간에 사용했다는 것이다.[41]

1958년 7월 2일 1심에서는(재판장 유병진) 진보당 강령이 대한민국의 기본 원리를 손상시키지 않았다고 판시했고 양명산의 자백을 토대로 국가보안법과 불법무기소지죄가 적용되어 조봉암에게 5년을 선고했고, 이어 제2심 판결에서는 검찰의 공소사실을 모두 인정하여 진보당의 정강정책에 국가를 변란할 목적이 내재해 있고 조봉암의 간첩죄 역시 인정하여 검찰의 구형대로 조봉암과 양명산에게 사형을 선고한다.[42] 끝으로 1959년 2월 27일 대법원은 진보당사건의 최대쟁점인 '평화통일론'에 대해서는 "그것이 헌법에 위반되지 않으며 헌법 제14조 언론자유의 한계를 일탈하였다고 볼 수 없다"는 이유로 무죄선고해서 다른 진보당 간부들은 죄가 없다고 판시하였고, 한편 조봉암의 간첩죄 여부에 대해서는 '양명산의 1심 자백'과 그를 뒷받침하는 '돈 받은 사실', '감방 안에서 양명산에게 전하려 했다는 조봉암의 쪽지'[43]가 주요 증거로 채택되어서 사형이 확정된다.[44]

---

[41] 오유석, 「평화통일론과 진보당사건」, 『논쟁으로 본 한국사회 100년』, 역사비평사, 2007, 247쪽.

[42] 오유석, 「평화통일론과 진보당사건」, 『논쟁으로 본 한국사회 100년』, 역사비평사, 2007, 247~248쪽.

[43] 조봉암과 양명산은 형무소에서 간수부장을 통해서 쪽지로서 통방을 시도하였는데 그 내용은 "김 사장 보시오. 나와의 관계는 단순히 개인적으로 능력 있는 대로 도와줬을 뿐이고 김이 이북에 내왕한 사실은 모른다. … 특무대에서 고문에 못 이겨 한 말을 깨끗이 부인하시오. 당신의 말 한마디가 나와 우리 진보당 1만여 동지의 정치적 생명에 관계가 되오"였다(오유석, 「진보당사건 분석을 통한 1950년대 사회변혁운동연구」, 『경제와 사회 6권』, 한국산업사회학회, 1990, 84쪽.

[44] 오유석, 「평화통일론과 진보당사건」, 『논쟁으로 본 한국사회 100년』, 역사비평사, 2007, 249쪽.

그런데 이러한 재판 과정에서 주요하게 주목해야 하는 것은 조봉암 간첩죄의 유일한 증인이자 피고인인 양명산이 2심에서 1심에서의 자백이 특무대의 고문과 협박, 회유에 못 이겨 한 거짓 자백이었다고 양명산이 자백을 번복했기 때문에 2심에서 번복된 1심 자백은 의심스러운 자백에 기초했다는 점에서 '임의성이 없는 자백' 내지는 '임의성이 의심스러운 자백'으로서 자백의 증거능력을 부정하는 것이 타당하다는 것이다.[45] 그리고 백보 양보하여 양명산의 1심에서의 자백에 대해 임의성이 있는 자백이라고 보더라도 자백이 피고인에게 불이익한 유일한 증거인 경우에는 이를 유죄의 증거로 하지 못하도록 형사소송법 제310조에서 규정하고 있는 만큼 법관이 자백만으로 충분하게 유죄의 심증을 얻었다 하더라도 다른 증거 즉, 보강증거(補強證據)가 없는 한은 유죄인정을 해서는 안 되기에[46] 양명산의 자백이 사실상 거의 유일한 증거였다는 점에서 볼 때, 간첩죄를 적용하여 조봉암에게 사형을 언도한 것은 심각한 문제가 있었다.

한편 조봉암이 양명산으로부터 돈을 받은 사실을 시인했으나 그 돈이 북한으로부터 왔다는 것을 몰랐다고 하는 점, HID(대북공작기구)에서 양명산에 대한 감독감시를 책임졌던 엄숙진이 양명산의 이북 왕래 시 소지품 검사를 철저히 했기 때문에 조봉암과 북한이 주고받았다는 물품 등은 없었다고 진술했던 점, 감방 안에서 조봉암이 양명산에게 전달하려 했던 쪽지는 간수부장의 유혹에 따라 작성된 것으로서 국가기관의 기만적 행위가 개입하여 획득한 위법수집증거라는 사실과 쪽지의 문언이 매우 간략해서 어느 쪽으로도 해석될 수 있는 소지가 있었기에 그 쪽지의 내용은 조봉암의 간첩행위를 보강하는 증거가 될 수 없다는 점[47]에서 조봉암에 대한 간첩죄의 적용과 사형언도는 문제가 있었다.

---

45) 현암사 법전팀 엮음, 『법률용어사전』, 현암사, 2009년, 1237쪽.
46) 현암사 법전팀 엮음, 『법률용어사전』, 현암사, 2009년, 1237쪽.

결국 대법원판결은 다음의 세 가지 점에서 문제가 있는 판결이었다.

첫째, 대법원판결은 임의성이 의심스러운 자백에 기초하였다는 점에서 「자백배제법칙」을 위반하였고, 둘째, 피고인의 자백 이외에 이를 보강하는 명확한 물적 증거 없이 판단을 하였다는 점에서 「자백의 보강법칙」에 위반하였으며 셋째, 양형에 있어서도 피고인 간의 구체적 관계를 고려하지 않고 일률적 판단을 내렸다는 법적인 문제가 존재하였다.[48)]

진보당사건 1심재판장이었던 유병진이 4·19 직후인 1960년 6월 10일자 법정신문에서 기자와 일문일답을 한 요지를 보면 기자가 "1심에서 조 씨에게 징역 5년도 과하지 않았던가?"라고 묻자 유병진 판사가 "그쯤 하여 두면 상소심에서는 적당한 판결이 내려질 줄로 믿었다. 차기 대통령선거에서 조 씨를 제거하려는 것이 조 씨를 간첩으로 몰아댔다는 것은 누구나 다 상상할 수 있었을 것이며 … 내가 언도한 5년형이라는 것도 마음이 아픈 판결이었음을 … 잊을 수 없는 것이다"[49)]라고 하고 있어 조봉암에 대한 간첩죄 적용과 사형언도는 이승만 정권에 의한 조봉암 제거가 목적이었음을 확인할 수 있다.

4. 1960년 3·15부정선거와 4월항쟁

1) 항쟁의 촉발과 정부의 미봉적 대응

이승만 정권은 이미 1959년부터 조직적이고 대대적으로 부정선거를 획

---

47) 조국, 「진보당사건 판결의 법률적 문제점과 조봉암의 명예회복」, 정태영 외 엮음, 『죽산 조봉암 전집 6』, 죽산조봉암선생 기념사업회, 1999, 296쪽.
48) 조국, 「진보당사건 판결의 법률적 문제점과 조봉암의 명예회복」, 정태영 외 엮음, 『죽산 조봉암 전집 6』, 죽산조봉암선생 기념사업회, 1999, 300~301쪽.
49) 정태영 외 엮음, 『죽산 조봉암 전집 4』, 죽산조봉암선생 기념사업회, 1999, 448쪽.

책하였다. 이에 대한 국민의 저항은 투표일인 1960년 3월 15일 이전부터 시작되었고 부정선거 반대운동의 시발점은 대구의 2·28 고등학생들의 시위였다. 1960년 2월 28일 대구에서 민주당 부통령후보인 장면이 정견발표회를 갖기로 되어 있었는데, 이승만 정권은 민주당집회에 민중과 학생들이 참가하는 것을 막기 위해서 일요일이었음에도 불구하고 제일모직, 대한방직 등 공장노동자들을 전원 출근시켜 작업하게 하였고, 학생들을 억지로 등교케 하였다. 그러자 학생들은 학교 측의 처사에 반대하고 교문을 나와 거리로 진출하였으며 학생들은 "학생의 인권을 옹호하자", "민주주의를 살리며 학원에 미치는 정치력을 배제하자"는 구호를 외쳤다. 3·15부정선거 이전 각지의 학생시위를 구호를 통해 주로 분석해보면 '학원의 자유'가 가장 큰 비중을 차지했고 그 다음이 '부패와 독재배격'이었다.50)

3·15부정선거 이후 시위가 확산되는 데에는 두 차례에 걸친 마산봉기가 큰 역할을 한다. 1차 마산봉기는 선거당일인 3월 15일 부정선거의 실상을 접한 마산시민들이 선거포기선언을 한 민주당 마산시당과 함께 시위를 조직하면서 일어났다. 처음 민주당 마산시장 간부와 학생, 시민이 함께하는 데모행렬은 경찰의 별다른 제지 없이 행진이 이루어지다 민주당간부의 체포로 끝이 났다. 그 후 저녁이 되자 1만 여 명의 학생들이 시청 부근에 모여 "부정선거 다시 하자"는 구호를 외치며 시위를 벌이기 시작했고 경찰들은 시위대를 향해 사격을 가하고 최루탄을 발사한다. 마산봉기는 이후 항쟁의 전형적인 전개 양상을 보여주는데, 평화적인 시위가 경찰과 정치깡패의 폭력적인 진압과 테러로 격화되는 양상을 띠었고 시위대에 고등학생과 기층민중들이 참여하기 시작하면서 시위는 폭력투쟁을 동반한 항쟁으로 변화하기 시작한다.51)

이승만 정부는 이에 대하여 폭압적으로 대응하고 부정선거 규탄시

---

50) 정용욱, 「이승만정부의 붕괴(3.15~4.26), 『한국현대사의 재인식 4』, 오름, 1998, 240쪽.
51) 정용욱, 「이승만정부의 붕괴(3.15~4.26), 『한국현대사의 재인식 4』, 오름, 1998, 240쪽.

위를 공산당 지하조직에 의한 좌익폭동으로 조작하였고 마산시위 관련자를 형법과 국가보안법으로 엄벌한다는 방침을 밝힌다. 마산봉기에 대한 경찰의 무차별적인 폭력적 진압과 용공조작은 부정선거 규탄 이론을 한층 확대시키는 계기가 된다.

제2차 마산봉기는 3·15 마산봉기에서 경찰에 의해 잔인한 죽음을 당한 김주열의 시체가 실종 17일 만에 마산 앞바다에 떠오르면서 4월 11일에서 13일 사이에 일어난다. 2차봉기에 대해서도 이승만 정부는 폭력적 진압과 용공조작으로 대응하였고 15일에는 이승만이 나서서 마산봉기가 "공산주의자들에 의해 고무되고 조종된 것"이라는 취지의 특별담화문을 발표한다. 이승만은 사태를 야기시킨 일부 각료들과 책임자들의 퇴진이라는 방식으로 사태를 수습하려고 하였다. 그런데 이 단계만 해도 항쟁 형태가 격렬해지기는 하였지만 시위대들이 이승만의 사임을 요구하지는 않았다.

한 가지 흥미로운 사실은 2차 마산봉기 당시 홍진기 내무부장관이 군대투입을 요구하자 국방장관 김정렬이 이를 거부했다는 것이다. 김정렬 국방장관은 군은 민간의 일에 개입할 수 없다는 이유를 들어 이 제의를 거절하였고, 국방장관은 이 문제를 주한 유엔군사령관 매그루더와 협의했으나 군대를 시내에 투입하는 것은 옳지 않다는 데 의견의 일치를 보았다고 한다.[52]

2) 항쟁의 확대, 격화와 정부의 타협 제시(4월 18일~4월 24일)

4월 18일 서울의 고대생 시위를 폭력배들이 습격하여 타오른 불에 기름을 붓는 것처럼 항쟁은 급격하게 고양된다. 4월 초, 중순 각 대학

---

52) 정용욱, 「이승만정부의 붕괴(3.15~4.26), 『한국현대사의 재인식 4』, 오름, 1998, 243쪽.

별로 학과와 주요 활동가를 중심으로 시위를 위한 사전모의가 계속 되었고 서울 시내 대학 가운데 제일 먼저 행동에 들어간 것은 고대였다. 4월 18일 고대생 3천 여 명은 신입생 환영회 명목으로 교내에서 집회를 갖고 "1. 기성세대는 각성하라, 2. 마산사건의 책임자를 즉각 처단하라, 3. 우리는 행동성 없는 지식인을 거부한다, 4. 경찰의 학원출입을 거부한다, 5. 오늘의 평화시위를 방해 말라" 등 5개 항의 구호를 낭독하고 일제히 가두로 진출하였다.

이들 시위대가 귀교하는 도중 종로4가 천일백화점 앞에 이르렀을 때 무장한 폭력배들이 시위대를 덮쳐 잔인한 폭력을 가한다. 피의 화요일로 불리는 4월 19일에는 서울 시내 대학교와 고등학교 학생들이 경찰의 저지선을 뚫고 대거 시내 각처로 진출하였고 시위대는 정오를 전후하여 국회 앞과 세종로를 중심으로 "역적을 몰아내자", "데모가 이적이냐 폭정이 이적이다", "3·15선거를 다시 하라" 등의 구호를 외치며 시위를 벌인다.

경찰의 발포로 수많은 인명이 살상되자 시위대는 경찰무기고를 습격하여 무기를 빼앗고 동대문, 청량리 등지에서는 밤까지 시가전을 방불케 하는 총격전이 전개된다. 이날 야간시위는 주로 고등학생과 깡패, 구두닦이, 소매치기 등에 의해 주도되었는데, 이들 룸펜적 지위의 무직자들과 고등학생들이 항쟁 과정에서 가장 격렬하게 투쟁한 것으로 나타났다. 4월 19일 오후에 정부는 서울, 부산 등에 계엄을 선포하였고, 육군참모총장 송요찬 중장을 계엄사령관에 임명하였다.

이승만 정부는 부정선거와 경찰의 폭력진압 등 항쟁발발의 직접적인 원인이 되었던 사안에 문제를 한정하고 그 책임자를 처벌함으로써 이승만에게 공격이 전화되는 것을 방지하고 사태를 진정시키려 하였으나 일단 항쟁의 불길이 거세지자 이승만 정부의 권력구조에 균열이 생겨나기 시작하였고 그 균열은 점차 확대되었다.[53] 특징적인 사실은 계엄령선포로 경찰의 지휘권이 계엄사령관에게 넘어갔고 계엄사령관 송요찬은 "데

모대는 폭도가 아니다"고 거듭 언명하였고 군대는 경찰과 달리 시위대에 대해 중립적 태도를 취했으며 시위대에 대해 불발포 방침을 고수했다.[54]

3) 정권퇴진투쟁으로의 발전, 이승만의 하야(4월 25일~4월 26일)

4월 25일 일군의 서울 시내 대학교수들이 "4·19의거에 쓰러진 학생의 피에 보답하자"는 구호를 내걸고 교수단시위를 벌였다. 교수단시위를 계기로 계엄령하에서 소강상태에 빠졌던 항쟁이 다시 활성화되었다. 계엄군의 제지에도 불구하고 시위는 26일로 이어졌고 이제 시위대는 이승만의 하야를 요구하였다. 계엄군은 시위대의 기세에 눌려 시위대에 호응하거나 방관하는 자세를 취하였고, 송요찬 계엄사령관의 주선으로 학생, 시민대표와 이승만의 면담이 이루어졌으며 이 자리에서 이승만은 다음의 담화문을 발표한다.

> "1. 국민이 원하면 대통령직을 사임하겠다. 2. 3·15정부통령선거에 많은 부정이 있었다 하니 선거를 다시 하도록 지시하였다. 3. 선거로 인한 모든 불미스러운 것을 없게 하기 위해 이에 이기붕의장에게 공직에서 완전히 물러나도록 하겠다."[55]

이날 하오 본회의를 개최한 국회는 이대통령 즉시 하야, 3·15부정선거 무효 재선거 실시, 과도내각하에서 완전 내각책임제 개헌, 개헌 후 민의원 해산 총선거실시를 의결하였다. 4월 27일 대통령사임서가 국회에서 정식으로 통과되었고 28일 이기붕 일가는 집단자살하였다. 학생

53) 정용욱, 「이승만정부의 붕괴(3.15~4.26), 『한국현대사의 재인식 4』, 오름, 1998, 246쪽.
54) 정용욱, 「이승만정부의 붕괴(3.15~4.26), 『한국현대사의 재인식 4』, 오름, 1998, 246쪽.
55) 정용욱, 「이승만정부의 붕괴(3.15~4.26), 『한국현대사의 재인식 4』, 오름, 1998, 248쪽.

과 민중의 힘으로 12년간의 독재정권이 막을 내리게 되었다. 4월 25일 밤 이승만에 의해 수석국무위원인 외무부장관으로 임명된 허정이 이승만 하야 이후 과도내각을 구성하고 과도정부를 이끌게 되었다.

3, 4월 항쟁은 목적의식이 뚜렷하지 않고 비조직적으로 움직인 시위 중심의 투쟁이었고 뚜렷한 지도세력 없이 자연발생적으로 전개된 투쟁이었으며 이 시기의 투쟁을 격화시키고 폭력적 형태로 만들었던 것은 당시의 사상자통계가 보여 주듯이 중, 고등학생과 같은 나이어린 학생들과 이른바 도시빈민 같은 기층민중들이었다.[56] 도시빈민층은 해방 이후 원조에 의한 기형적 자본주의 전개 과정의 필연적 산물이며 또한 노동자층이 전체적으로 겪고 있는 번민과 고뇌의 집약적인 표현으로써 생존 그 자체의 극한적 상황은 이들로 하여금 항쟁에 격렬하게 그리고 능동적으로 참여할 수 있게끔 하여 운동을 격화시키는 데 기여하게 된다.[57]

결국 이승만 정부의 무자비한 탄압, 도덕적 상실, 당시의 사회경제적 혼란은 항쟁을 선도한 학생지도부의 의식상의 한계나 학생과 기층민중들의 조직화의 한계에도 불구하고 항쟁을 폭력투쟁의 양상으로 확산시킬 수 있었고 이승만 정권에 대한 반대운동으로서 이승만의 하야라는 목적을 쉽게 달성하게 하였다.

제2절 이승만 정권 붕괴의 원인

1. 1950년대 후반의 경제위기

1950년대 남한의 경제구조는 두 가지를 특징으로 하고 있다.

---

56) 정용욱, 「이승만정부의 붕괴(3.15~4.26), 『한국현대사의 재인식 4』, 오름, 1998, 250쪽.
57) 정용욱, 「이승만정부의 붕괴(3.15~4.26), 『한국현대사의 재인식 4』, 오름, 1998, 251쪽.

첫째, 수입대체산업의 구조이다. 1950년대 한국의 경제구조는 3백산업(면, 제당, 제분)에 의한 소비재의 수입대체를 위한 원료가공형의 산업화였다. 그 결과 공업구조는 전쟁 전에 비해 더욱 소비재 편중적인 것으로 되었고 원료의 대외의존도가 심화되었으며(공업원료는 거의 전적으로 해외에 의존하였으며 이것을 국내 노동력으로 가공하여 제품을 생산하고 이렇게 생산된 상품을 국내시장에서 실현하였음) 이러한 구조하에서 국내 원료산업과의 연관 없이 또는 연관을 파괴하면서 산업화가 전개되어 대내적 불균형은 더욱 심화되었다.[58]

둘째, 한국전쟁 전후 복구의 과정에서 기업의 차원에서 나타난 구조적 특징은 소수의 재벌이 형성되고 비대화되어 갔다는 것이다. 즉, 독과점적 재벌의 형성이다. 전쟁 전에 귀속재산 불하로 이미 기업가로서의 기반을 가진 일부 특정인에게 다시금 기존 시설 중심의 전후 복구 시설자재의 우선배정이 이루어져 재기의 기회가 부여되었을 뿐만 아니라 원조에 의한 원료 및 기계설비가 특혜적으로 일부 특정인에게 공급되어 이들에 의한 독과점적 재벌을 형성하게 되었다.[59] 한국경제에 있어서 재벌은 경쟁을 통해서가 아니라 설립되면서 바로 독과점적 지위를 차지하였는데 이는 정부의 특혜와 비호하에 비대화된 것을 뜻하는 것이었다. 재벌 중심의 경제정책과 경제의 재벌지배는 전후 1950년대 산업화 과정에서 구조화되었고 이후 한국경제를 조건 지어 오는 문제로 되었다.

그런데 이렇게 수입대체산업화가 상대적으로 순조롭게 전개되고 1960년대 이후 수출 지향으로의 이행이 이루어질 수 있었던 것은 주로 미

---

[58] 김대환, 「1950년대 후반기의 경제상황과 경제정책」, 『한국현대사의 재인식 4』, 오름, 1998, 214쪽.
[59] 김대환, 「1950년대 후반기의 경제상황과 경제정책」, 『한국현대사의 재인식 4』, 오름, 1998, 216쪽.

국으로부터의 무상원조가 전후복구의 과정에서 제공된 것에 기인한다. 이러한 미국 측으로부터의 무상원조가 제동이 걸리게 된다. 1958년을 고비로 미국의 국제수지가 적자로 돌아서게 되자 미국은 국제수지 방어대책을 취하지 않으면 안 되었고 이에 따라 미국은 원조제공 방식에 있어서 종전의 무상증여로부터 유상차관 방식으로 전환하기 시작한다.[60] 따라서 미국의 원조 감소에 따른 군비 부담 속에서 이승만 정권은 조세 부담을 확대할 수밖에 없었고 이는 사회적 모순과 갈등을 악화시키는 요인으로 작용했다.

2. 4월항쟁 주체세력의 성장

1950년대 교육기회의 확대와 학생수 증가가 학생층이 4월항쟁에서 선도적 역할을 할 수 있었던 객관적인 조건을 형성하였고 1950년대 도시화와 커뮤니케이션의 발달은 대중들의 기대감을 상승시켰지만 다른 한편 경제발전이 여기에 미치지 못함으로써 사회적 불만을 야기하는 등 지식인의 불만을 고조시켰다.[61] 즉, 교육기회의 확대, 도시화, 커뮤니케이션의 발달은 항쟁발전의 객관적인 요소로 작용되었다. 그렇다면 항쟁주체들의 주체적 조건은 어떠하였는가? 항쟁주체들의 주체적 조건의 변화에 있어서 특징적인 점은 첫째, 노동운동계에서 1959년 기존의 대한노총조직을 벗어난 '전국노동조합협의회'가 만들어지고 이 무렵부터 대구지역 교원들 사이에 이미 노조결성운동이 태동하고 있었던 사실이다.[62] 둘째, 1950년대 후반 활동했던 학생이념써클의 존재

---

60) 정용욱, 「이승만정부의 붕괴(3.15~4.26), 『한국현대사의 재인식 4』, 오름, 1998, 252쪽.
61) 정용욱, 「이승만정부의 붕괴(3.15~4.26), 『한국현대사의 재인식 4』, 오름, 1998, 234쪽.
62) 정용욱, 「이승만정부의 붕괴(3.15~4.26), 『한국현대사의 재인식 4』, 오름, 1998, 235쪽.

는 1950년대를 '민중운동의 암흑기'라기보다는 한국전쟁 이후 침체기에서 벗어나고 있는 '운동의 회복기' 내지는 '운동의 내재적 성장기'로서 평가할 수 있다는 것이다.[63] 셋째, 4월항쟁에서 투쟁이 확산되고 폭력적 형태로 발전되어 갔던 것은 당시의 사상자 통계가 보여주듯이 중, 고등학생과 같은 나이어린 학생들과 도시빈민과 같은 기층민들이 항쟁에 결합되면서이다. 도시빈민층은 해방 이후 원조에 의한 기형적 자본주의의 전개 과정의 필연적 산물이며 이들이 발 딛고 있는 생존 그 자체의 극한적 상황은 이들로 하여금 항쟁에 격렬하게 그리고 능동적으로 참여할 수 있게끔 하여 운동을 격화시키는 데 기여하였다. 이렇게 도시빈민층의 4월항쟁에의 집단적 참여는 항쟁 주체세력의 또 하나의 특징으로 평가할 수 있다.

이렇게 1950년대 후반기는 노동자와 농민, 도시빈민 등 기층대중들의 저항과 활동이 한국전쟁 이후의 침체기에서 다소 벗어나 활성화되었다는 것을 알 수 있다. 4월항쟁에서 항쟁의 초기상태에서는 이승만 정권의 부패상이나 타락상에 대하여 다수 대중이 분노하고 있었으나 그것이 이승만 정권을 붕괴시키려는 의지를 갖지 않았다는 면에서 항쟁지도부의 의식적 한계가 존재하였고 기층대중들의 항쟁참여도 조직적이기보다는 자연발생적 확대 과정으로 평가할 수밖에 없다는 면에서 한계가 존재하였다. 그러나 이승만 정권의 부패, 타락상에 대응하여 폭력적 억압에 맞서서 물리적인 투쟁으로 격화 발전되어 이승만 정권을 붕괴시킨 것은 전국노동조합협의회와 같은 혁신세력의 성장, 학생 이념써클의 존재, 빈민대중의 저항세력으로의 성장 등을 특징으로 하는 전체적인 운동세력의 성장, 발전에 근거하는 것이었다.

63) 정용욱, 「이승만정부의 붕괴(3.15~4.26), 『한국현대사의 재인식 4』, 오름, 1998, 235쪽.

3. 미국의 대한반도 전략의 수정

3월, 4월의 항쟁의 과정에서 이승만 정권을 유지하는 또 하나의 중요한 물리적인 군대가 항쟁을 폭력적으로 탄압하지 않고 중립적인 입장을 취하였는데 군의 정치적인 중립은 이승만 정권이 붕괴하는 데 있어 결정적인 역할을 하였다. 군이 중립적 태도를 취한 데에는 미국이 강력한 영향력을 행사했다는 것이 일반적인 인식이다. 미국은 왜 군이 정치적 중립을 행사하도록 영향을 끼쳤을까?

1950년대 중후반 미소 양 진영의 공존이 정착되면서 기존 냉전체제에 변동이 일어나고 미국의 동북아시아정책이나 대한 정책은 냉전대립(과거의 군사적 대치)에서 경제적 경쟁 위주로 변화되었다.[64] 따라서 미국은 한국을 비롯한 제3세계의 경제개발에 박차를 가하지 않을 수 없었고, 이를 위해 일본을 견인차로 하여 동북아시아 자본주의권을 부흥시킨다는 지역통합전략을 실행하게 되었으며 그 결과 미국은 부패무능하고 북진통일론식의 구형의 냉전논리를 주장하며 한일관계의 정상화에 열의를 보이지 않는 이승만 정권에 대해 비판적인 입장에 서게 된다.[65]

미국정부와 이승만은 이승만 집권 이후 여러 차례 갈등을 보였고 미국은 한국의 정치가 위기에 처하거나 불안해질 때마다 이승만의 제거 또는 대체권력의 문제를 논의하기도 하였다(이른바 에버레디계획). 그런데 이승만과 미국정부의 갈등이 존재한다고는 하나 1950년대 후반까지 미국정부의 이승만 정부에 대한 태도는 이승만 정권의 유지와 그에 대한 협력이었다. 그러나 1960년 3 · 15부정선거 이후에는 이승만에 대

---

64) 정용욱, 「이승만정부의 붕괴(3.15~4.26), 『한국현대사의 재인식 4』, 오름, 1998, 236쪽.
65) 정용욱, 「이승만정부의 붕괴(3.15~4.26), 『한국현대사의 재인식 4』, 오름, 1998, 236쪽.

한 지지의 입장에서 이승만 정부에 대한 직접개입의 전략으로 변화하였다.

다시 말해서 3·15부정선거 이전과 이후에 그 전략이 변화된다. 3·15 선거 이전까지만 해도 미국은 이승만 정권의 유지를 위해서는 어느 정도 부정선거는 피할 수 없는 것으로 인식하고 있었으며 오히려 조병옥 사후 낙담해 하는 민주당의 장면 부통령후보를 선거에 나서도록 격려함에 의해 선거가 꼴사납게 이승만 정권의 파행적 정치행태를 폭로하는 계기가 되지 않도록 만드는 데 신경을 썼었다.[66] 그러나 3·15부정선거 이후에는 이에 대한 국민의 반대가 전국적으로 확산되고 민중항쟁으로 발전하자 미국은 신속한 개입전략으로 전환하였다. 즉, 미국은 4월 19일의 사태를 주시하면서 사태를 진정시키는 길은 이승만의 하야뿐이라는 입장을 굳혀갔던 것으로 보이며 이는 미국의 매카나기 대사가 4월 17일 지속되고 있는 위험한 상황을 반전시킬 수 있는 '실질적인 교정행동'의 필요성을 인식하고 국무부가 한국정부에 압력을 가할 것을 주문했다는 것에서 알 수 있다.[67]

매카나기는 대학생들이 대거 시위에 참여하는 4월 19일의 사태를 주시하면서 시위자들과 당국이 모두 폭력을 자제하고 법과 질서를 회복하여 '정당한 불만'이 해결되기를 바란다는 내용의 성명을 국무부와 사전협의 없이 단독으로 발표했고 4월 21일 매카나기는 이승만을 만나 허터 국무장관의 각서를 전달하였는데 이 각서에는 "1. 부정선거에 대한 철저한 조사와 관련자 처벌, 2. 선거법개정, 3. 경향신문 복간" 등의 구체적 요구가 담겨 있었다.[68]

66) 정용욱, 「이승만정부의 붕괴(3.15~4.26), 『한국현대사의 재인식 4』, 오름, 1998, 257쪽.
67) 정용욱, 「이승만정부의 붕괴(3.15~4.26), 『한국현대사의 재인식 4』, 오름, 1998, 255쪽.
68) 정용욱, 「이승만정부의 붕괴(3.15~4.26), 『한국현대사의 재인식 4』, 오름, 1998, 255~256쪽.

결국 미국은 3월, 4월 항쟁의 와중에서 이승만이 대중적 통제력을 잃고 국내의 정치적 위기를 제압할 수 없는 지경에 이르자 민중항쟁이 그야말로 '혁명'으로 발전하는 것을 막기 위해서 신속하게 개입하는 전략으로 변화했던 것이다.[69] 이는 미국이 동북아시아 지역에서 한, 미, 일을 잇는 지역통합전략을 장기적 목표로 추구하였고 1950년대 후반 들어 미국 측에게 지역통합전략을 현실화시킬 필요성이 훨씬 강화된 반면 이승만의 감정적 반일은 이 전략의 구축에 심각한 장애로 느껴지기 시작한 것과 같은 일관된 맥락하에서의 신속 개입 전략으로의 변화였던 것이다.[70]

4. 이승만 정권의 반민중적 폭압성

이승만이 가진 권력구조의 속성은 출발부터 반민중적이고 폭압적인 속성을 가지고 있었으며 사적 소유물로 전락한 경찰 등 물리력과 억압에 의존한 정권이었다. 한국전쟁 시 이승만 정권은 한국전쟁에 대응할 수 있는 주도적인 힘이 전혀 없었고 전쟁 시의 위험을 국민에게 그대로 안긴 채 자기만 서울을 탈출하는 기만성을 표출하였다.[71] 그 이후 반공이데올로기를 앞세워 국민보도연맹사건, 국민방위군사건, 거창양민학살사건 등을 일으켜서 대다수의 국민을 대량학살하는 비인간적 조직적인 학살을 저질렀다.[72]

다른 한편 한국전쟁은 전쟁이라는 비상상황과 냉전에 기반한 반공이데올로기를 통해서 이승만 정권의 개인지배권력과 장기집권을 위한

69) 정용욱, 「이승만정부의 붕괴(3.15~4.26), 『한국현대사의 재인식 4』, 오름, 1998, 257쪽.
70) 정용욱, 「이승만정부의 붕괴(3.15~4.26), 『한국현대사의 재인식 4』, 오름, 1998, 252쪽.
71) 유혜경, 「이승만정권시기 노동운동과 노동법」, 『노동법학』 제30호, 2009, 145쪽.
72) 유혜경, 「이승만정권시기 노동운동과 노동법」, 『노동법학』 제30호, 2009, 145쪽.

발판으로 이용되는데, 이승만은 국회 내에서 다수파가 반이승만전선으로 형성되어 있음에도 불구하고 전쟁이라는 비상상황에 기초하여 대통령직선개헌을 물리적 탄압으로 통과시키면서 재집권에 성공했다(발췌개헌).[73] 그리고 1953년 한국전쟁이 휴전회담으로 마무리되는 전후의 상황에서 이승만은 다시금 강력한 무력 북진통일론을 주장하면서 반공우익체계를 확실하게 다진다. 당시의 상황에서 무력북진통일론은 국제적으로 볼 때나 국내적으로 볼 때나 현실성이 없는 이론이었고('한미상호방위협정'에 의해 '무력행사의 절대 불가 입장'이 국제적 흐름이었고 이미 동족상잔의 비극을 뿌리 깊게 맛본 대한민국 국민은 전쟁에 대한 공포심에 빠져 있었음) 그런 만큼 이승만의 북진통일론은 대북용이 아닌 이승만 일인 독재체제의 구축을 위한 국내용 카드였을 뿐이다.

이승만은 북진통일론을 통해 전 국민을 자유당의 일인 독재 지배체제에 집결시켰고 발췌개헌 통과에 이어 다시금 1954년에는 '초대 대통령에 대한 중임제한규정 철폐' 개헌안을 사사오입이라는 부정한 방법에 의해 개헌안을 통과시킨다. 한편 국가보안법 파동을 통해 다가올 대통령선거에서 승리하기 위해 집권연장의 최대 걸림돌인 야당과 언론을 물리적으로 탄압하였다.

특히 2대 3대 대통령선거에서 이승만에게 대항한 조봉암 개인을 제거하기 위해 조봉암을 간첩죄를 적용하여 사법적으로 살인을 자행하는 것에서 물리적 폭압성을 명백히 보여주었다. 진보당의 평화통일정책이 위헌이 아니라는 이유로 진보당간부들에겐 무죄가 선고되었음에도 불구하고 정당한 법적 판단 없이 조봉암에게 간첩죄를 적용시킨 것은 북진통일론에 근거한 강력한 반공이데올로기 구축의 전제하에서의 이승만 독재권력의 공고화 과정이라고 평가할 수 있을 것이다.

---

73) 유혜경, 「이승만정권시기 노동운동과 노동법」, 『노동법학』 제30호, 2009, 146쪽.

이렇게 이승만과 자유당정권은 경찰, 군대, 어용단체를 동원하여 일상화된 탄압으로 국민대중을 몰아갔으며 정치적 위기 때마다 물리적 폭력으로 대응하는 반민중적 폭력성을 본질로 하고 있다. 3·15부정선거는 이승만의 폭력성, 비도덕성의 한 예에 지나지 않으나 그 양상이나 정도가 심하여 정치권 내부의 균열과 대립으로 그치지 않고 전 국민적 항쟁으로 표출되었던 것이며 끝내 이승만의 하야와 미국의 직접적인 개입이라는 결과를 탄생시켰다.

제3절 1950년대 중후반 대한노총지도체제의 파쟁과 전국노동조합 협의회

1. 대한노총지도체제의 파쟁

1) 1950년대 중반기의 파벌대립

(1) 정대천, 이준수세력의 대립과 연합

1946년 9월총파업 이후 대한노총의 주류파로 자리 잡으면서 권력을 장악했던 전진한세력은 1953년 노동조합법의 제정, 공포에 의거한 조직재편성 과정에서 권력의 핵심부에서 밀려나게 되고, 1954년 대회를 통한 중앙조직 재편성 과정은 정대천의 부상과 전진한세력의 퇴장이라는 뚜렷한 변화를 동반하게 된다.[74]

1954년 대회에서 최고위원에 선출되지 못했던 이준수파는 1955년의 제8차 전국대의원대회를 앞두고 정대천파에게 도전하였고 정대천파와

---

[74] 임송자, 『대한민국 노동운동의 보수적 기원』, 선인, 2007, 258쪽.

이준수파 사이의 파벌대립은 1955년 4월대회에서 극단으로 부딪친다. 1955년 4월 1일에서 3일의 전국대의원대회는 대회 첫날 최고의원에 정대천, 이준수, 김용학을 선출하였으나 대회 이틀째 사무총장 인선에서 출석대의원 수보다 투표수가 더 많아 격론이 전개되었고, 대회 후 정대천파는 무자격 대의원 문제로 4월대회를 부인하는 한편 대회 재소집공고를 발표한다. 이러한 정대천파와 이준수파 사이의 파벌대립에 대해 자유당과 정부는 일방적으로 정대천파를 지지하는 것으로 나타났고 대한노총 분열에 대한 자유당의 수습책은 4월대회에서 최고위원에 선출된 이준수와 김용학을 분리시켜 이준수를 정대천과 합작하도록 김용학을 고립시키는 방향으로 나아갔다.[75] 결국 정대천과 이준수는 합작을 하여 9월 수습대회를 개최하였고 수습대회에서 정대천, 이준수가 최고위원에 선출되었으며 이와 함께 김주홍이 최고위원으로 선출되었다(정대천이 278표를 획득하였고 이준수가 2차 투표에 가서 겨우 14표 차로 당선된 것에 비해 김주홍은 337표라는 압도적 표를 획득하여 당선됨).[76] 정대천에 대항하는 강력한 라이벌로서 김주홍이 부상하게 되었다.

(2) 정대천, 김기옥, 김주홍세력의 대립과 연합

1955년 9월 수습대회를 통하여 정대천의 강력한 라이벌로 부상한 김주홍은 1957년의 전국대의원대회에서 정대천과 치열한 헤게모니 쟁탈전을 벌이는 데, 김주홍과 대결하기 위해 정대천이 사용한 전술은 ① 자유노련의 거대한 연맹체를 분열시키기 위한 인천과 부산에서의 조직

---

75) 임송자, 『대한민국 노동운동의 보수적 기원』, 선인, 2007, 260쪽.
76) 임송자, 『대한민국 노동운동의 보수적 기원』, 선인, 2007, 260쪽.

화작업, ② 김주홍과 자유당반대파와의 관계를 폭로하여 자유당으로부터 김기홍을 분리시키기 위한 시도, ③ 김기옥과의 연합 시도였다.[77]

김기옥은 1954년 10월 부산부두노동조합의 각 단위조합 통합대회에서 통합부두노동조합의 위원장이 되었고, 이어 1955년 9월 서울과 자유노련과 부산파 자유노련의 통합대회에서 자유노련의 위원장으로 선출되었는데, 대한노총의 자유노련 조합원의 수가 대한노총 맹원수의 1/3 이상을 차지하고 있어서 김기옥의 대한노총에서의 입지는 상당했다.[78] 따라서 정대천은 ①의 전술이 김기옥과의 심각한 반목을 결과하였을 뿐 자유노련에 자파의 세력을 확대하는 데 실패하였고 ②의 전술은 김주홍이 민주당 국회의원 유진산, 노동당 당수 전진한과 같은 자유당반대파와 연결되어 있다는 것을 자유당 고위관료에게 폭로한다는 것이나, 그 전술은 김주홍 스스로 자유당으로부터 미움을 사는 한 대한노총에서의 생명은 물론 모든 정치적 생명이 끝날 것이라는 것을 명확히 인식하는 한 한계가 있는 전술이었고 따라서 ③의 전술, 즉 김기옥에게 최고위원 자리를 주겠다고 제의함으로써 김기옥과 연합하는 것이 가장 적절한 전술이 되었다.[79]

결국 김기옥은 정대천과 연합하여 1957년 전국대의원대회에서 김주홍과 대결하였고 최고위원선거에서 김주홍, 성주갑, 하광춘이 최고위원에 당선되어 김주홍은 재선되었고 정대천은 패배하였다.

(3) 정대천, 김기옥세력의 연합

1957년 10월대회에서 패배한 정대천, 김기옥연합파는 최고위원과 사

77) 임송자, 『대한민국 노동운동의 보수적 기원』, 선인, 2007, 262쪽.
78) 임송자, 『대한민국 노동운동의 보수적 기원』, 선인, 2007, 263~264쪽.
79) 임송자, 『대한민국 노동운동의 보수적 기원』, 선인, 2007, 264쪽.

무총장 선거결과에 대하여 불만을 표출하여 10월대회를 무시하고 26일 대회를 별도로 개최하여 대한노동조합 총협의회(이하 대한노협)결성 준비위원회를 구성한다. 정대천파는 임원개선에서 최고위원으로 당선된 김주홍, 성주갑, 하광춘은 모두 비자유당계의 인물이기 때문에 자유당 기간단체인 대한노총을 운영할 수 없다고 주장하면서 자유당주류파로 뭉치는 새로운 대한노총 구성을 시도하였고 또한 10월대회는 철도노련 측 부정대의원 16명이 참석했고 대구전매청 대의원 7명이 부당한 이유로 입장을 거절당했다고 밝히면서 부정대의원 문제를 거론하였다.

정대천을 중심으로 10월 26일 구성된 대한노협결성준비위원회는 성명서를 발표하여 10월 25일의 대회에서 선출된 최고위원 김주홍, 성주갑, 하광춘을 "노동부로커", "사이비 노동운동자"로 규정하고 "이 땅의 민주주의와 노동자의 기본권익을 위하여 대한노총의 본연의 자체를 찾기 위하여 그들의 불법을 선언하고 백만 노동자와 사회정의를 배경으로 대한노총의 혁신을 목적하는 대한노동조합총협의회 결성을 촉진할 것"이라며 대한노총과는 별도의 조직결성을 결의하였다.[80]

정대천파와 김주홍파 간의 분열이 극으로 치닫고 있던 12월 10일 보건사회부는 10월대회에서 선출된 각급임원은 무효라고 발표하였고 10월대회에서 34명의 부정대의원이 임원선거에 개입되었다고 하였다. 12월 13일 보사부는 분쟁 양측의 최종연석회의를 소집하여 협상을 마무리짓고 예정대로 통합대회가 12월 19일과 20일에 개최되었으며, 대회에서 최고위원을 3명에서 5명으로 확대하기로 결정하였다. 최고위원 선거결과 정대천, 김기옥, 하광춘, 이주기, 김용학이 선출되어서 정대천, 김기옥연합이 성공을 거두고 김주홍이 패배한다.

결국 10월대회에서 배제되었던 정대천파가 다시권력을 장악하는 것

---

80) 임송자,『대한민국 노동운동의 보수적 기원』, 선인, 2007, 267쪽.

으로 되었다. 1957년 12월의 통합대회에서 조직상의 주요한 변화는 3인의 최고위원제를 5인의 최고위원제로 변경한 것이다.

2) 1950년대 후반기 규약개정운동과 김기옥체제

제10차 대회에서 정대천에게 협력하던 김기옥은 정대천을 상대로 주도권쟁탈전을 벌이게 되는데, 그것은 1958년 제11차 전국대의원대회를 둘러싸고 다시 표면화된다. 김기옥은 대한노총의 전권을 장악하기 위해 대한노총에서 정대천에게 패배되어 탈락된 철도노련위원장 김주홍을 포섭하고 한편에서 광산노련위원장 이주기를 흡수하여 임원개선을 목적으로 하는 '규약개정운동'을 실행하였다.[81] 1958년 10월 29일 제11차 전국대의원대회가 개최되었고 김기옥파는 종래의 '집단지도체제'를 '일인지도제'로 변경하는 규약개정안을 제출하였으며 표결이 강행되어 재석 509명 중 339명의 찬성으로 통과되었다. 규약개정을 반대한 정대천파는 대회 참석을 거부했고 김기옥파만이 단독으로 개정된 규약에 의해 임원을 선출하였는데, 그 결과 위원장에는 김기옥이 선출되어 김기옥은 정대천파를 거세하고 대한노총의 완전한 주도권을 장악하게 된다.[82]

규약개정운동은 자유당의 절대적인 지지를 받고 있던 정대천의 세력을 감소시키기 위한 것으로서 1인의 위원장제는 통일된 지도력을 제공하고 분파주의를 감소시키며 노동자들의 단결을 공고히 한다는 것을 명분으로 삼은 것이다.[83] 규약개정문제를 놓고 분열된 상황에서 정

---

81) 김낙중, 「자유당치하 한국노동운동의 성격」, 『노동문제』 논집 제1집, 고려대학교 노동문제연구소, 1969, 61쪽.

82) 김낙중, 「자유당치하 한국노동운동의 성격」, 『노동문제』 논집 제1집, 고려대학교 노동문제연구소, 1969, 62쪽.

대천파는 대회연기를 공고하였고 자유당 당무회에서는 "연차대회는 예정대로 개최하되 임원을 개선한다든가 혹은 규약을 개정해서는 안 된다"는 식으로 강압적으로 조정을 하려 했으나 실패로 돌아갔다. 자유당 조직위원회에서는 정대천의 실각을 막기 위해 절충안을 내놓았는데 그 내용은 "① 이번 대회에서는 정대천을 무난히 넘겨줄 것. ② 그러면 6개월 이내에 다시 대회를 소집해서 정대천 스스로가 물러가도록 만들어 주겠다. ③ 동시에 이번 대회의 내용과 6개월 후의 재소집대회의 비용을 자유당에서 책임진다. ④ 만약 이러한 요구조전을 받아주지 않을 경우 경남경찰국으로 하여금 대회의 집회 허가를 취소하겠다"는 것이었다.[84]

최고위원제를 위원장제로 규약을 개정한 것에 대해서는 두 가지의 평가 시각이 존재한다. 한 쪽의 입장은 그것을 노총의 혁명을 의미하는 것으로 보아 규약개정 반대자들이 대한노총의 헤게모니를 장악하고 있었기에 규약개정을 주창하는 사람들의 승리는 일종의 혁명으로 이해될 수 있다는 것이고, 이에 반해 다른 입장(탁희준)은 1958년 대한노총 전국대의원대회에서 위원장제가 부활한 것은 "자유당과의 관련성을 일층 강화하려는 간부의 의도가 명백히 작용된 것으로 자유당의 파쟁이 노총 내부에서 재연됨을 방지하려는 의도"였다고 주장하는 견해이다.[85] 제11차 전국대의원대회가 정대천파를 제거하고 김기옥체제를 만들었지만 김기옥체제하에서도 이승만 및 자유당과의 관계가 정대천 체제와 동일하게 유지된 점에 비추어 평가한다면 후자(탁희준)의 견해가 보다 타당한 것이라 생각된다.

83) 임송자, 『대한민국 노동운동의 보수적 기원』, 선인, 2007, 276쪽.
84) 임송자, 『대한민국 노동운동의 보수적 기원』, 선인, 2007, 277쪽.
85) 임송자, 「1950년대 중, 후반 대한노총 중앙조직의 파벌대립양상과 그 성격」, 『한국근현대사연구』 제35집, 한국근현대사학회, 2005, 253~254쪽.

1958년 10월대회에서 성립한 김기옥체제는 정대천, 노응벽, 김말용, 최종자, 김관호 등의 공격을 받으면서도 1960년 4·19까지 그 권력을 유지해 나가는 데 이전의 정대천파와 마찬가지로 이승만과 자유당정권과 밀착되어서 그 권력을 유지하였다. 1959년 10월의 전국대회에서 채택한 이승만 대통령에게 보내는 메시지는 김기옥체제의 한계를 명백히 보여주는 것이다. 그 내용은 "명년 정부통령선거를 성공적으로 수행하기 위해서 우리들은 조직의 정비와 강화를 더욱 공고히 하고 우리 노동자, 농민의 정당인 자유당에서 추대한 정부통령후보자의 당선을 위해서 총역량을 주입하고 평소에 숭경하옵는 각하를 지지하는 열의를 다시금 가다듬는 바입니다"라고 하여 이승만에 대한 충성을 맹세하였다.[86]

3) 파벌대립의 성격

1950년대 중, 후반기 파벌대립의 특징은 이합집산이 강했다는 것으로써 일관된 이념이나 정치노선의 성격이 드러나지 않는 것이었다. 정대천은 1954년대회에서 김주홍과 연합하였으나 1957년 10월대회, 12월대회에서는 대립하였고, 정대천과 이준수와의 관계는 연합(1954년대회) → 대립(1955년 4월대회) → 연합(1955년 9월대회)으로 변화하였으며 정대천과 김기옥은 1957년 10월대회, 12월대회에서 상호 연합하였으나 1958년대회에서는 적대관계로 변화하였다.[87] 즉, 오늘의 동지가 내일은 적이었으며 오늘의 적이 내일의 동지가 되는 것과 같이 이합집산하였다. 그런데 이러한 이합집산의 과정에서 자유당정권과 이승만은 일

86) 한국노동조합총연맹, 『한국노동조합운동사』, 1979, 479~480쪽.
87) 임송자, 『대한민국 노동운동의 보수적 기원』, 선인, 2007, 284쪽.

방적으로 정대천파를 지지하고 각각의 대회에서 자유당이 개입하여 대회를 치러 가도록 하였다. 그러한 예는 첫째, 이진수, 이준수, 김주홍 등 정대천에게 대항한 세력이 등장하였지만 자유당의 간섭에 의해 여지없이 이들 세력이 무너졌던 것 둘째, 1955년 4월대회에 불만을 품고 대회장을 퇴장한 정대천을 일방적으로 지지하여 대회를 재소집하도록 배후작업을 펼친 것도 자유당과 정부였다는 것(그리하여 9월대회에서 정대천이 승리할 수 있었음) 셋째, 1957년 10월대회에서도 최고위원선 거에서 김주홍에게 패배한 정대천이 10월대회를 부정하고 결국 12월대 회를 재소집할 수 있도록 자유당과 정권이 정대천파를 지원했던 것(그 리하여 12월대회에서 김주홍이 실각되는 것으로 결론이 남)에서도 드 러난다.[88] 결국 파벌대립의 원인은 첫째, 대한노총과 자유당의 구조적 관계에 있는 것으로써, 대한노총 최고위원 자리가 자유당간부가 되는 지름길이고 자유당의 공천후보로 민의원선거에 출마할 수 있는 등용 문이 될 수 있었던 것에 기인한 것이었다.[89] 둘째, 대한노총의 태생적 한계로서 대한노총은 노동자에 의한 노동자를 위한 노동자조직이 아 닌 반공을 목표로 우익정치세력의 지원을 목적으로 탄생한 조직이었 기에 대한노총 지도자들은 정치권력과 이권을 보다 쉽게 접근하기 위 한 통로로서 대한노총을 이용하였던 것이다.[90]

파벌대립을 이렇게 정치권력과 이권에 의한 대한노총의 이용이라고 평가한다면 대한노총 간부들의 이합집산을 일관된 이념이나 어떠한 정치적 태도로서 평가할 수 없다.

---

[88] 임송자, 『대한민국 노동운동의 보수적 기원』, 선인, 2007, 284쪽.
[89] 임송자, 『대한민국 노동운동의 보수적 기원』, 선인, 2007, 284쪽.
[90] 임송자, 『대한민국 노동운동의 보수적 기원』, 선인, 2007, 284~285쪽.

2. 노동조합의 본질로부터 본 대한노총과 대한노총지도체제의 파벌대립

노동조합이 노동조합으로서의 본질을 인정받으려면 '자주성'과 '민주성'이 충족되어야 하는 만큼 그간의 대한노총의 활동은 자주성과 민주성을 상실한 조직으로서 그 어용성을 노골화하였다. 그동안의 연구에서 '어용노조'에 대한 엄밀한 규정이 이루어진 것은 아니나 어용노조란 대외적으로 국가권력과 자본으로부터 자주적이고 대내적으로 조합원과의 관계에 있어서 민주적인 노동조합으로 규정되는 것으로서의 '자주노조'와 '민주노조'에 대비되는 표현으로 주로 쓰여 왔다.[91] 그렇다면 대한노총지도체제의 파벌싸움의 과정을 바라볼 때 다음의 질문에 대한 정리가 요구된다.

첫째, 대한노총 내부의 파벌싸움과 이승만 및 자유당정권과의 관계에 주목하여 볼 때 대한노총은 본질적으로 비자주적이고 기층 조합이나 조합원대중들과 철저히 괴리된 것으로서 비민주적이었기에 어용단체라고 본질규정 할 수밖에 없는가이다.

1953년 노동관계법 제정 이후 계속된 대한노총의 전국대의원대회에서의 파벌대립의 양상을 보면 파벌대립의 과정에서 이승만 및 자유당의 개입이 지속되었고 이승만과 자유당의 개입에 의하여 파벌의 이합집산의 결과가 창출되었다. 이러한 단적인 예는 1950년대 후반기 '규약개정운동'에서 단적으로 드러난다. 1958년 10월 8일 대한노총 중앙상무집행위원회에서는 1958년 전국대의원대회를 10월 29일, 30일 이틀간 부산에서 개최하기로 결의하고 규약개정운동을 추진하려 하였지만 정대천, 하광춘 등이 이를 저지하려 한다. 이때 정대천은 자유당과 보건

---

91) 김준, 「1950년대 철도노조의 조직과 활동(파벌투쟁 및 정부와의 관계를 중심으로)」, 『산업노동연구』 제13권 제2호, 한국산업노동학회, 2007, 303쪽.

사회부장관에게 원조를 호소하고 결국 보사부의 조정에 의해서 10월 29일, 30일의 제11차 전국대의원대회에서는 "규약개정은 내지 않겠다는 것"을 김기옥파 측과 약속하고 정대천파가 대회무기연기를 취소하여 1958년 10월 29일 제11차 전국대의원대회가 열린다.[92] 그러나 김기옥파가 당초 약속과 달리 1인 위원장제로 하는 규약개정안을 제출하였고 결국 규약개정안은 찬성을 얻어 공표되었으며 개정된 규약에 의해서 김기옥이 위원장으로서 선출되어 대한노총은 오래된 정대천체제로부터 김기옥체제로 바꾸어지게 된다.[93]

그런데 김기옥과 정대천과의 대립 과정에서 자유당이 어떤 모습을 보였는가가 중요한데, 자유당 당무회의에서는 "연차대회는 예정대로 개최하고 임원을 개선한다든가 혹은 규약을 개정해서는 안 된다"는 식으로 강압적으로 조정하려고 하였고 자유당 조직위원회에서는 정대천의 실각을 막기 위한 절충안을 내놓아서 "① 이번 대회에서는 정대천을 무난히 넘겨줄 것, ② 그러면 6월 이내에 다시 대회를 소집해서 정대천 스스로가 물러가도록 만들어 주겠다, ③ 동시에 이번 대회의 비용과 6개월 후의 제소집대회의 비용을 자유당에서 책임진다" 등이라고 하였고, 김기옥이 이를 표면적으로 수락하게끔 하였다.[94]

결국 이승만과 자유당은 대한노총에서 파벌싸움이 벌어질 때마다 그때그때 개입하였고 대한노총의 각각의 파벌도 스스로의 존재 근거를 이승만 및 자유당과의 관계 속에서 찾는 '비자주성', '어용성'의 본질을 드러내었다.

한편 노동조합의 '민주성' 측면에서의 대한노총의 문제를 평가하면

---

92) 김낙중, 『한국노동운동사(해방후 편)』, 청사, 1982, 236쪽.
93) 김낙중, 『한국노동운동사(해방후 편)』, 청사, 1982, 236~237쪽.
94) 임송자, 『대한민국 노동운동의 보수적 기원』, 선인, 2007, 277쪽.

다음과 같다. 전국대의원대회 때마다 무자격 대의원 문제가 불거져 나와 대회의 불법 여부가 문제로 되었다. 대의원 자격은 조합비를 제대로 납부해야만 획득할 수 있는 것이지만 대부분이 조합비를 제대로 납부하지 않아서 무자격 대의원 문제는 항시 존재할 수밖에 없었고 이는 쌍방 간에 동일하게 일어나는 문제였으며 특히 이러한 문제를 투표 전에 제기하는 것이 아니라 투개표 후에 자신파의 유, 불리에 따라 문제 제기하고 나오는 등 순전히 노동조합의 목적에서가 아니라 내부세력 간의 헤게모니 쟁탈전의 수단으로 함으로써 대한노총은 그 비민주성을 노골화하였다.

노동조합은 원래 국가의 법률이나 정책에 의하여 만들어진 것이 아니라 오히려 역으로 국가의 탄압이나 사용자의 억압과 투쟁하면서 근로자들 스스로의 생존을 위하여 자주적으로 단결한 조직으로서 노동조합의 본질적 요건은 자주성과 민주성이다.[95] 노동조합은 총회나 대의원대회에서 노동조합의 운영과 활동 및 계획에 따라서 어떠한 사항에 대해서 자주적으로 결의, 처분을 할 수 있어야 하고 그것이 바로 노동조합의 자주성의 원칙인 것이며 따라서 노동조합의 결의, 처분에 대하여 행정관청이 간섭하거나 개입하는 것은 자주적인 단결권보장에 위반하는 것이다.[96] 또한 노동조합은 근로자들에 의하여 그리고 근로자들을 위하여 운영되어야 하는데, 그것이 조합민주주의의 원칙인 것이며 따라서 조합원이 평등하게 노동조합의 운영, 활동 등에 참여하여 해당 노동조합이 근로자들에 의해 근로자들을 위하여 관리, 운영되어야 한다.[97]

---

95) 김교숙, 「노동조합의 설립과 자주성」, 『노동법학』 제27호, 2008, 2쪽.
96) 김교숙, 「노동조합의 관리와 자주성」, 『노동법학』 제32호, 2009, 294쪽.
97) 김교숙, 「노동조합의 관리와 자주성」, 『노동법학』 제32호, 2009, 297쪽.

대한노총의 수많은 파벌싸움의 과정에서 대한노총지도부는 노동조합 자체의 고유한 목적인 근로조건의 유지, 개선 기타 경제적 지위향상이 아닌 대한노총최고위원이 됨으로써 자유당간부로 나아갈 기회를 확보하기 위한 것을 목적하였다. 그리고 대의원 자격이 항상 논란이 되었으나 그것은 노동조합의 민주성 확보를 목적한 것이 아니라 자기파의 유, 불리에 따라 대회결과를 거부하는 헤게모니 쟁탈전에 다름 아니었다. 따라서 대한노총은 비자주적 조직이었고 수많은 조합원들의 대의기구인 대의원수의 조작에 의해서 결의가 이루어지고 조작되는 비민주적 조직으로서 어용조직의 본질을 가지고 있었다.

둘째, 대한노총 상층 지도체제 간의 파벌대립 이면에 이념이나 어떠한 운동노선의 대립이 실재하였는지를 평가해야 한다.

대한노총의 파벌싸움은 1948년으로까지 거슬러 올라가는데, 1948년 정부 수립 후 개최되어진 임시전국대의원대회에서 초대 사회부장관에 임명되어진 전진한이 새로운 대한노총의 위원장으로 유임되자 김구(金龜) 등 유임반대파가 '관제(官製)노동운동'을 비판하고 나섰고 이러한 유임반대파의 주장에도 불구하고 대회가 계속되어져 전진한이 그대로 유임된다.[98] 그리고 동대회에서 유임반대파가 제명을 당하고 김구 등 유임반대파 5인은 1948년 10월 「혁신선언」[99]을 발표하여 주류파

---

98) 金三洙, 『韓国資本主義国家の成立過程(1945~53年):政治体制, 労働運動, 労働政策』, 東京大学出版会, 1993, 168쪽.

99) 혁신선언의 내용은 다음과 같다. ① 지역조직을 산업별, 직업적 조직으로 편성하고 견실한 단위조합을 기초로 하는 민주적 중앙집권체를 확립할 것, ② 사용(私用)조합적 혹은 관제조합적 성격을 청산해서 자율적 노동조합을 건설할 것, ③ 노동조합운영의 민주화, ④ 무책임한 재정운영방침의 개선, ⑤ 민주주의 및 노동조합의 활동과 목적에 관한 조합교육의 실시, ⑥ 정치운동에 참가는 하지만 노동조합 제1주의적 목적을 망각한 정당적 행동을 청산하고 어디까지나 정당정파인 그것의 도구화가 되는 것을 절대 배격할 것 등이다(金三洙, 『韓国資本主義国家の成立過程(1945~1953年)』, 東京大学出版会, 1993, 169쪽).

인 전진한과 대립한다.[100] 이러한 상황의 전후에서 전진한이 사회부장관을 사임하고 1949년 3월 25일, 26일 제3차 정기전국대의원대회가 위원장선거를 둘러싸고 대립되는데, 위원장선거 결과 혁신파의 유기태가 전진한을 누르고 위원장에 당선되었고, 이에 전진한주류파가 "3월대회는 대의원을 규약에 의거하지 않고 자파(혁신파) 중심으로 지명, 선출했다"라고 주장하면서 별도의 대의원대회를 1949년 4월 개최한다.[101] 이렇게 하여 대한노총은 '3월대회파'와 '4월대회파'로 완전히 구별된다.

김삼수는 대회의 적법성에 대하여 ① 3월대회가 명백히 당시의 위원장인 전진한에 의해 소집되었고 대의원 배정도 모두 주류파에 의해 이루어졌다는 것, ② 3월파와 4월파의 대립은 단순한 파벌투쟁이 아닌 "대한노총의 조직운영 및 정책에 있어서 근본적인 대립에 근거하는 것"(노자협조노선 혹은 계급대립적인 운동노선)이고 당시의 정치 과정과도 밀접하게 결합되어져 있는 것을 볼 수 있고, 다시 말해 혁신파는 이미 혁신선언에서 전국적인 산업별, 직업별조직 및 조합운영의 자주, 민주화를 명백히 천명한 만큼 3월대회파가 옳다는 것, ③ 이승만은 노동분야에 있어서 자신의 지지기반인 주류파의 리더십이 약화되어지는 현실을 문제시하지 않을 수 없는 상황에 직면했고 혁신파를 견제하는 정책을 취해 그 방편으로서 '최고위원제'가 이용되었으며 국회프락치 사건이나 국가보안법의 적용에 의한 탄압이 극도화되어 가는 당시의 상황에서 혁신파와 타협을 하지 않을 수 없었다고 주장하면서 3월대회파를 지지한다.[102]

문제는 정부 수립 후 유임지지파와 유임반대파의 대립, 혁신위원회파

[100] 金三洙, 『韓国資本主義国家の成立過程(1945~1953年)』, 東京大学出版会, 1993, 169쪽.
[101] 金三洙, 『韓国資本主義国家の成立過程(1945~1953年)』, 東京大学出版会, 1993, 170쪽.
[102] 金三洙, 『韓国資本主義国家の成立過程(1945~1953年)』, 東京大学出版会, 1993, 171~173쪽.

와 혁신위원회반대파의 대립, 3월파와 4월파의 대립 등 파벌 양상이 운동노선이나 이념에서 일관성을 견지하는 것으로서 유임반대파 = 혁신위원회파 = 3월파와 유임지지파 = 혁신위원회반대파 = 4월파의 흐름으로 평가할 수 있는가이다. 더 나아가서 1949년 3월파와 4월파의 분열에서 발단이 되어 조선방직쟁의에서 '조방파'와 '정화파'의 대립[103]으로 나아가게 되었는가가 문제이다.[104] 확실한 것은 정화파의 중심인물인 조광섭은 4월파였고 또 다른 중심인물인 주종필은 3월파에 속하고 있었고 조방파는 전진한, 임기봉, 김말용 등이 관계하여서 혁신세력이었다고 하지만 유임지지파로서 김구 등과의 세력과 대립하였던 전진한이 주요하게 포함되어 있었던 점을 고려하면 그 자체로 혁신파라고 말하기에 곤란하며, 더 나아가서 정화파가 일반적으로 이승만과 직결된 원외자유당의 추종세력이었고 조방파가 원내자유당파로서 이승만이 추진하던 대통령직선제의 개헌에 반대하던 세력이었다는 것을 볼 때 "혁신파 = 3월파 = 조방파 및 혁신위원회반대파 = 4월파 = 정화파"라는 도식은 도저히 나올 수 없는 것으로 이해된다.[105] 따라서 1948년 김구 등 유임반대파 5인 등의 혁신위원회가 발표한 혁신선언이 정부 수립

103) 조방파와 정화파의 대립은 유혜경, 「이승만정권시기 노동운동과 노동법」, 『노동법학』 제30호, 2009, 115~116쪽 참고.
대한노총은 조선방직쟁의 과정에서 전진한 중심의 '조선방직쟁의대책위원회(조방파)'와 주종필, 조광섭을 중심으로 한 '정회위원회(정화파)'로 분열되는데, 조방파는 조선방직쟁의에서 조선방직의 사장 강일매의 파면, 인사문제의 원상복구, 자유노동운동의 보장, 노동자의 인권옹호라는 4개 항을 가지고 사회부에 쟁의조정을 신청하고 조선방직의 총파업을 주도하는 등의 적극적 활동을 조직했고 전진한과 반대되는 정화파는 강일매 사장이 또 하나의 새로운 노조인 조방분회를 만들어서 조방쟁의를 탄압하려 했을 때 강일매 사장의 태도에 협조하는 행동을 한다.
104) 이 문제에 대해 임송자는 "김삼수가 혁신파운동에 대해 지지하면서 과도하게 또한 경직적으로 파벌의 흐름을 도식화하고 있다"라고 비판한다(임송자, 『대한민국 노동운동의 보수적 기원』, 선인, 2007, 406~407쪽).
105) 임송자, 『대한민국 노동운동의 보수적 기원』, 선인, 2007, 406~407쪽.

이후 대한노총의 나아가야 할 바를 제시해 주는 것으로서 의의가 있고 대한노총의 정치적 중립과 관련한 혁신의 흐름을 주도한 것은 긍정적이지만 이들은 한국전쟁기에 납치, 피살, 행방불명됨으로써 소멸되었고[106], 이후 대한노총의 파벌대립에서 이합집산이 강했다는 것이나 파벌대립의 이면에 존재하는 운동노선의 대립도 단절적이었다는 것으로 평가할 수 있다.

결국 파벌대립의 원인은 ① 대한노총과 자유당의 구조적인 결합관계 즉, 대한노총 최고위원자리가 자유당의 간부가 되는 길이었고 자유당의 공천후보를 통해 민의원선거에 출마할 기회를 확보할 수 있는 길이었다는 것, ② 대한노총의 태생적 한계 문제로서 대한노총은 전평을 타도하기 위해 반공을 목표로 급조된 우익정치단체로서의 본질을 가지고 있었고 그런 만큼 자유당권력과 구조적으로 밀착될 수밖에 없는 것이었다고 평가할 수 있다.

3. 전국노동조합협의회

1) 전국노동조합협의회 결성 배경과 경과

전국노동조합협의회(이하 전국노협)는 1958년 10월 개최된 대한노총 제11차대회에서 김기옥이 불법적으로 대한노총의 전권을 장악하게 되면서 대한노총 석탄광노련위원장 노응벽, 대한노총 대구지역 노련위원장 김말용과 대한노총 광산노련 대명광업소 노조위원장 김관호, 대한노총 부산지구 노련위원장 최종자 등이 반대투쟁을 시작한 것이 배경이 되었다.[107] 노응벽, 김말용, 김관호, 최종자는 각각 보사부장관에

---

106) 임송자, 『대한민국 노동운동의 보수적 기원』, 선인, 2007, 406쪽.

게 대한노총 제11차대회 결의사항 중 규약변경 및 임원개선 결의가 불법, 무효이므로 취소해달라는 이의를 제기하였고 노응벽, 김말용은 보사부장관이 이를 묵살하자 서울지방법원에 소송을 제기하였다.[108]

한편 그들은 1959년 7월 대구에서 개최될 예정인 대한노총 중앙집행위원회에서 당시 사회에서 물의의 대상이 되었던 방직노동자들의 과중한 노동문제와 김기옥이 부산부두노조에서 노동자들의 임금을 횡령한 사건을 들어 김기옥을 비롯한 노총간부진에 대한 불신임결의안을 통과시키려는 행동을 전개하였고, 이에 대해 김기옥 측은 중앙집행위원회에 폭력배를 동원하여 자기를 반대하는 중앙위원들의 참석을 막고 방직공들의 과중한 노동문제나 부산부두노조의 노임횡령사건에 대해서도 일절 발언하지 못하게 하는 등으로 행동하였고 결국 김기옥을 반대하는 대한 생사노조, 장성탄광노조 등을 대한노총에서 제명시켰다.[109]

이에 노동자들과 노조간부들은 대한노총 내부에서 대한노총을 정화시키고 노동운동을 민주화하는 것에 한계를 느끼고 대한노총과 별도로 전국적 중앙조직을 결성하기 위한 운동을 구체화해서 1959년 8월 11일 32명의 산업별, 지역별노조대표가 회합하여 '잔국노동조합협의회 설립준비위원회'를 구성하기에 이른다.[110] 대한노총 제11차 대의원대회 결의사항 중 규약변경 및 임원선거결의에 대해 무효를 제기한 소송이 승소판결 내려져 힘을 얻고 계속 그 결성이 추진되어 1959년 10월 26일

107) 김낙중, 「자유당치하 한국노동운동의 성격」, 『노동문제』 논집 제1집, 고려대학교 노동문제연구소, 1969, 63~64쪽.
108) 김낙중, 「자유당치하 한국노동운동의 성격」, 『노동문제』 논집 제1집, 고려대학교 노동문제연구소, 1969, 64쪽.
109) 김낙중, 「자유당치하 한국노동운동의 성격」, 『노동문제』 논집 제1집, 고려대학교 노동문제연구소, 1969, 64쪽.
110) 김낙중, 「자유당치하 한국노동운동의 성격」, 『노동문제』 논집 제1집, 고려대학교 노동문제연구소, 1969,64~65쪽.

서울태화관에서 '전국노동조합협의회 결성대회'를 개최하게 된다.[111]

2) 전국노동조합협의회 선언과 강령

전국노동조합협의회의 선언은 다음과 같다.

> "우리는 이 땅에 진정 자유로우며 민주적인 노동조합운동의 발전을
> 기하기 위하여 전국노동조합협의회를 구성하고 노동자의 권익을 짓
> 밟는 악질기업주와 그 주구 및 노동부로커들과의 가차 없는 투쟁을
> 통해서 노동자의 권리를 찾고 노동관계에 있어서의 봉건잔재적인 관
> 료적인 일절의 요소를 타파함으로써 근로대중의 경제적, 정치적, 문
> 화적인 지위향상을 도모하며 나아가 조국의 민주화와 반공통일에 이
> 바지 할 것을 엄숙히 선언한다."[112]

한편 강령은 "① 우리는 자유로우며 민주적인 노동운동을 통해서 노동자의 인권수호와 복리증진을 위하여 투쟁함, ② 우리는 민주운동을 통해서 건전한 국민경제의 발전을 기하고 노자평등의 균등사회건설에 이바지 함, ③ 우리는 민주노동운동을 통해서 민족의 주권을 확립하고 국제노동운동과 제휴하여 세계평화에 기여함"이다.[113]

선언문의 "진정 자유로우며 민주적인 노동조합", "노동관계에 있어서의 봉건잔재적 관료적인 일절의 요소를 타파함으로써 근로대중의 경제적, 정치적, 문화적인 지위향상을 도모"로부터 볼 때 노동조합의 민주성

---

111) 김낙중, 「자유당치하 한국노동운동의 성격」, 『노동문제』 논집 제1집, 고려대학교 노동문제연구소, 1969, 66쪽.
112) 김낙중, 「자유당치하 한국노동운동의 성격」, 『노동문제』 논집 제1집, 고려대학교 노동문제연구소, 1969, 65쪽.
113) 김낙중, 「자유당치하 한국노동운동의 성격」, 『노동문제』 논집 제1집, 고려대학교 노동문제연구소, 1969, 65쪽.

과 자주성을 강조하고 노동조합 본연의 역할인 근로자의 지위향상을 강조하고 있는 것으로 보인다. 이는 자주성을 상실하고 이승만의 충복으로서 자유당 간부화하는 대한노총의 한계를 극복하려는 의지로 보인다. 강령에서도 "자유로우며 민주적인 노동운동", "노동자의 인권수호와 복리증진"을 제1의 과제로 강조하고 있는 만큼 자주성과 민주성을 상실한 어용노조로서의 대한노총의 한계를 극복하려는 의지로 평가할 수 있다.

3) 전국노동조합협의회 설립준비위원회의 참여세력

전국노협의 중심세력은 두 가지로 나타난다.

첫째는 김말용을 중심으로 한 세력과 더불어 김관호, 최종자, 노응벽 등 노동조합운동의 민주화와 대한노총의 자유당으로부터의 독립을 지향한 세력이었다. 전국노협은 결성 당일에 "대한노총과 대결하여 참다운 노동운동을 전개할 것이며 특정한 정당을 지지, 반대하는 편파적인 태도를 지양하고 시시비비주의로 나아갈 것"임을 결의함으로써 정당으로부터 독립적인 조직체임을 강조하고 있다.[114]

전국노협의장 김말용도 1960년 1월 29일자 『동아일보』논단을 통해 전국노협의 운동방향을 ① 노동조합의 본질에 입각하여 노동운동을 전개, ② 노동조합과 정당과의 관계: 노동조합의 정치적인 중립주의, ③ 노동조합의 주체성 확립 등이라고 밝혔고 전국노협은 대구 대한방직쟁의 과정에서 어용적 태도를 취한 대한노총 경북지구연맹에 반발하여 결성된 대한노총 대구지구연맹이 주축이 된 것으로써 전국노협의장 김말용은 대한방직쟁의 과정에서 대구지구연맹위원장으로서

---

114) 임송자, 『대한민국 노동운동의 보수적 기원』, 선인, 2007, 350쪽.

쟁의지도에 헌신하였던 인물이었다.[115]

둘째, 대한노협결성 준비위원회(1957년 10월 26일)를 구성했을 때 참여했던 세력의 다수가 전국노협 설립준비위원회에 참여했다. 이들 세력은 1954년부터 1958년 10월 김기옥체제가 성립되기 전까지 대한노총을 주도한 세력 즉, 어용화, 부패의 장본인이라는 책임을 면하기 어려웠던 세력으로서 이들 세력이 혁신세력과 연합하였다는 것은 납득하기 힘든 점이다. 그러나 김말룡과 정대천의 연합은 김말룡이 정대천세력이었다고 단적으로 평가할 수 있는 것은 아니고 단지 김기옥체제에 대한 반대, 도전이라는 공통분모 속에서 김기옥체제에 대항하기 위한 보다 강력한 조직의 요구 속에서 이루어진 것으로 보인다.[116]

그러나 정대천은 자유당의 화합공작에 의하여 대한노총에 포섭당했다. 정대천의 경전노조는 1959년 10월 6일 "가칭 전국노협 설립위원으로 참가하였으나 현 정세에 비추어 행정 당국의 종용으로 대동단결을 원칙으로 합의하여 전국노협에 대하여 향후 일체 관계를 끊는 바이다"라는 내용의 성명서를 발표하여 전국노협에서 이탈하게 되었고, 자유당의 회합, 화합공작에 의해서 10월 26일 전국노협결성 참여세력은 전국노협 설립준비위원회 결성합의 시는 24개 단위노조 대표 32명 참가에서 전국노협 결성 시에는 14개 단위노조 대표 21명으로 축소되었다.

전국노협은 자유당 말기 그 어려운 때에 대한노총에서 이탈하여 비록 조직적인 면에서 미약했다고는 하나 별도의 전국적인 조합간판을 내린 것으로서 높이 평가되어야 할 것이고 노조상층부의 배신과 정부권력의 불법적 개입에 대한 기층노동운동의 분노가 대한방직쟁의 과

---

115) 임송자, 『대한민국 노동운동의 보수적 기원』, 선인, 2007, 350쪽; 『동아일보』, 1960년 1월 29일, 김말룡(논단).
116) 임송자, 『대한민국 노동운동의 보수적 기원』, 선인, 2007, 341~343쪽.

정에서 결과물로 나타난 것으로서 이승만 독재 정권하에서의 관권탄압에 맞선 민주적인 노동운동의 전개로서 그 의의가 크다.[117)

4. 대한노총의 과도체제와 한국노동조합총연맹(한국노련) 결성

4월항쟁에 의한 이승만과 자유당의 붕괴는 이와 관련된 모든 사회단체의 전면개편을 초래하였던 바, 대한노총과 김기옥은 4월항쟁이 일어나자 곧바로 회무처리위원회를 소집하여 사태를 무마하고자 하였고 자유당과의 절연을 통해 대한노총조직체를 그대로 유지하고자 했다. 그러나 하부조직 노동자들은 김기옥규탄운동으로 표출하였고 김기옥의 자택을 급습하여 규탄시위를 감행하고 노총간부들에게 집단폭행을 가하였다. 이러한 상황하에서 김기옥 위원장은 5월 3일 정식으로 사표를 제출하고 위원장을 사임하였다.

대한노총 중앙조직의 공백상태를 메우고 대한노총을 재조직하기 위하여 1960년 7월 22일 김주홍, 성주갑 등을 중심으로 대한노총 임시전국대의원대회 소집준비위원회가 구성되었고 이 세력은 1960년 9월 김말용 중심의 전국노협과 통합을 결정하기에 이른다. 노동단체를 통합하려는 일련의 노력으로 결국 10월 1일에 전국노동단체대의원대회를 개최하기로 결정하였고 11월 25일, 26일 양일간에 걸쳐 통합대회를 개최하기로 하였으며 통합대회를 앞두고 양측은 발전적으로 해체하기로 결의한다. 1960년 11월 25일에 전국노동단체 통합결성대회가 개최되어 통합체의 명칭을 한국노동조합총연맹(한국노련)으로 결정하였고 의장으로 전국노협 중앙의원회의장 김말용을 선출하여 전국노협세력을 중심으로 하여 조직체를 구성하였다. 한국노련의 기본 강령은 "1. 우리는

---

117) 임송자, 『대한민국 노동운동의 보수적 기원』, 선인, 2007, 351쪽.

민주적인 노동운동을 통하여 노동자의 인권수호와 경제적 사회적 지위향상을 위한 공동적인 투쟁의 선봉이 된다. 2. 우리는 생산성의 앙양으로서 산업경제의 재건을 기하고 노자평등의 사회건설에 매진한다. 3. 우리는 민권의 확립으로서 완전한 국가적 자유를 구현시키고 국제자유노동조직과 제휴하여 세계평화에 공헌한다"이다.[118]

한국노련은 그 후 전진한세력과 갈등, 대립하면서 노동운동을 전개하였고 1961년 5월 13일 통합대회를 할 예정이라고 발표하였으나 5·16 군사쿠데타에 의해 통합대회는 무산되고 만다.

제4절 이승만 정권 중, 후반기의 주요 노동운동

1. 부산부두쟁의

1) 쟁의의 배경

첫째, 쟁의의 도화선이 된 것은 최저생계비에도 못 미치는 노임이 주요한 문제였다. 6·25전쟁으로 뛰기 시작한 물가는 임금상승을 훨씬 상회했는데 전쟁 전 40만에 불과하던 인구가 100만이 넘도록 급격히 밀집되면서 물가가 폭등하기 시작하여 1951년 7월 초에 부산시내 시장에서 백미 한말에 4만 원 내외이던 것이 1952년 7월 말에는 13만 3천여 원까지 뛰면서 극도의 생활고가 팽배하였다.[119]

---

118) 임송자,『대한민국 노동운동의 보수적 기원』, 선인, 2007, 365쪽.
119) 송종래 외,『한국노동운동사 4(정부수립기의 노동운동: 1948~1961)』, 지식마당, 2004, 354쪽.

둘째, 부두하역산업의 전근대적 구조와 운영상의 문제가 원인이었다. 부산부두산업에서는 선주(하역수요자)가 입찰을 통해 하역회사(하역공급자)를 선정하고 하역금액을 결정하면 작업은 '하역회사 → 조두(組頭) → 도반장(都班長) → 반장 → 15~20명의 노무자'라는 운영체제하에서 이루어지는데, 이렇게 하역작업이 여러 단계에 걸쳐 진행됨으로써 조두, 도반장, 반장이 노무자의 총 노임의 일부분을 자기 소득으로 취득함에 따라 노무자의 총임금이 20% 이상 적어지게 되는 것이다.[120]

셋째, 임금의 중간착취를 저지하지 못하고 노동조합이 왜곡된 운영체계에 개입하여 중간관리집단과 이윤을 둘러싼 밀착관계를 맺었기 때문이다.[121]

2) 쟁의의 경과

(1) 부두노동조합의 연맹체인 대한노총 자유연맹과 산하 부두노동조합은 1952년 6월 말로 시효가 끝나는 미군작업 계약갱신입찰을 앞두고 임금인상을 추진하기로 하였고 부산을 중심으로 전국항만을 쟁의범위로 하는 "대한노총 자유연맹 노임인상투쟁위원회(노임특위)"를 발족시켰으며 노임특위는 1952년 6월 23일 미군작업 계약업체인 각 하역회사에 현행 임금 280% 인상요구서를 발송한다.[122]

(2) 단체교섭을 벌였으나 회사로부터 별 반응이 없자 파업을 경고하였고, 7월 14일 이후부터는 미 당국은 임금인상 문제를 기피하는 쪽으

---

120) 송종래 외, 『한국노동운동사 4(정부수립기의 노동운동: 1948~1961)』, 지식마당, 2004, 356쪽.
121) 송종래 외, 『한국노동운동사 4(정부수립기의 노동운동: 1948~1961)』, 지식마당, 2004, 357쪽.
122) 송종래 외, 『한국노동운동사 4(정부수립기의 노동운동: 1948~1961)』, 지식마당, 2004, 352~353쪽.

로 갑자기 태도를 바꾸어서, 이에 대해 노조 측은 하역회사에 16일 하오 5시까지 인상에 대한 확답을 해줄 것을 요구하는 최후통첩을 하였으나 반응이 없자 7월 17일 부산의 제2, 제3, 제4 중앙부두 하역종사자 1,600여 명은 아침 7시, 8시 사이의 교대시간에 파업을 진행한다.[123]

(3) 정부 당국은 7월 17일 군작전 수행에 초래될 지장을 우려해 하역작업대표자와 부산부두노조위원장과 협의 끝에 현행 노임의 280% 소급인상과 지출을 추진하였고 17일 18시를 기해 제1차 파업은 중단된다.

(4) 하역회사는 미군 당국과의 협상이 잘 풀리지 않자 미군 측이 노임을 인상해줄 때까지 노동자 1인당 1일 1,000원씩 증액지급하겠다고 제안하였으나, 노조 측이 이를 거부하였고 부산부두노조는 7월 29일에 제2차 파업을 무기한 단행하였으며 30일에는 일부 외자하역(外資荷役) 노동자도 동맹파업에 가담한다.[124]

(5) 제2차 파업에 놀란 정부 당국이 7월 31일 타협안을 제시하여 무기한으로 시작한 파업은 3일 만에 끝난다.

3) 쟁의의 의의

군수물자하역을 거부할 경우 국가안보 차원에서 처형될 수 있는 상황임을 고려한다면 부산부두노동자들이 3배에 가까운 임금인상을 요구하고 있었고 그것은 조두, 도반장 등의 불로소득을 배제시키지 않고는 실현될 수 없는 임금액인 만큼 기층조합원들은 불로소득으로 노동자의 임금을 착취하는 하역회사의 전근대적 경영구조에 대해 도전장

123) 송종래 외, 『한국노동운동사 4(정부수립기의 노동운동: 1948~1961)』, 지식마당, 2004, 353쪽.
124) 송종래 외, 『한국노동운동사 4(정부수립기의 노동운동: 1948~1961)』, 지식마당, 2004, 354쪽.

을 던진 것이었다.[125]

이는 당시 처절한 생활난에서 살아남기 위한 인간의 본능적 충동으로서 강력한 투쟁의지의 표출이었고 그것의 성공이라고 볼 수 있다.

여기서 주목해야 할 점이 부산부두파업을 통해 부산부두노조에 윤효양체제가 출범하게 되는데, 윤효양체제를 옹호한 주종필과 이진수는 원외자유당계 대한노총최고위원으로서 조방쟁의 시 개헌을 추진하는 원외자유당이 장악할 수 있도록 개헌을 반대하는 원내자유당계 대한노총 조방대책위원회 산하 조방노조를 탄압하는 데 앞장을 선다. 그러나 부두쟁의에서는 4만여 명의 기층조합원들을 그와 원외자유당의 지지세력으로 장악할 수 있도록 그들의 쟁의요구를 수용한 것으로 보인다.[126]

어쨌든 조선방직 때와는 달리 부산부두노동조합이 발행한 부두노동조합운동사에서 확인할 수 있듯이 파업노동자를 입건 혹은 처벌한 사실은 확인되지 않은 만큼 부산부두노동자들의 파업도 모두 이승만의 장기집권포석에 있어 이용된 사건들이다.

2. 남전노조쟁의

1) 쟁의의 원인

1953년 2월부터 신현수, 김경호 등이 노동조합조직에 착수하였으나 남전사장 박만서가 노동조합결성을 반대하고 조직준비에 가담한 종업

---

125) 송종래 외, 『한국노동운동사 4(정부수립기의 노동운동: 1948~1961)』, 지식마당, 2004, 358쪽.
126) 송종래 외, 『한국노동운동사 4(정부수립기의 노동운동: 1948~1961)』, 지식마당, 2004, 359쪽.

원들을 박해하고 신현수 등을 파면하자 남전노조준비위원회는 1955년 2월 19일 남전노동조합을 결성하였으며 노조는 부당하게 해고당한 노조임원 4명에 대한 해고철회와 부당노동행위의 중지를 요구한다.127)

2) 쟁의의 경과 과정

(1) 남전노조는 회사 측과의 절충이 어렵다고 판단하고 보건사회부에 알선을 요청한다. 보건사회부의 알선요청을 회사가 거부하였고 중앙노동위원회의 조정 등이 위원미발령으로 개최되지 못하고 있어 법에 의해 보장된 쟁의행위도 사실상 불가능해 진다.

(2) 행정력이 사용자의 부당노동행위를 효과적으로 막지 못하는 상황에서 남전사가 지점을 두고 있는 마산을 포함한 전국의 여러 지역에서 노조설립 방해공작을 감행한다. 전국전업노동조합연합회의 1955년 10월 10일의 조사에 따르면 남전본사는 지점에서 결성되는 노조조직화에 대하여 여하한 방법을 써서라도 파괴하라는 밀령을 내렸고 지점간부들은 이 밀령을 이행하기 위해 각자 자기부하의 동태를 단속하고 조합원으로 가입한 종업원에 대한 좌천, 전근, 파면으로까지 위협하여 조합을 탈퇴할 것을 강요하는 등의 행위를 하였고 차후 승진을 조건으로 탈퇴할 것을 종용하거나 폭력배를 매수하여 공갈로 조합원의 탈퇴서에 날인하게도 하였다.128)

(3) 노조는 회사 측의 탄압과 방해공작에 대하여 국회에 진정하여 정책적인 방향에서 분규를 해결하길 바랐고 이 진정사건은 국회사회보

---

127) 송종래 외, 『한국노동운동사 4(정부수립기의 노동운동: 1948~1961)』, 지식마당, 2004, 368쪽.
128) 송종래 외, 『한국노동운동사 4(정부수립기의 노동운동: 1948~1961)』, 지식마당, 2004, 368쪽.

건위원회에서 다루어지게 된다. 1955년 7월 초순 국회사회보건위원회는 진상조사보고서를 본회의에 재출하고 다음과 같은 2개의 건의사항을 첨부한다. 첫째, 남전은 소속종업원의 노조조직을 방해하지 말고 업무지장이 없는 한 노조운영에 제반편의를 제공할 것 둘째, 남전은 노조쟁의와 관련된 9명에 대한 해고 또는 전출 발령을 원직복귀시킬 것이다.[129] 그러나 사회적인 비난과 국회에서의 권고결의 및 중앙노동위원회에서의 조정에도 불구하고 박만서 사장은 어용노동조합의 조직을 획책하기에 이르고 어용노조가 조직되자 어용노조는 종래의 남전노조에 대해 직접, 간접으로 감시를 하고 상대 노조의 행태를 사장이나 간부들에게 보고하는 등 기존 노조의 세력을 약화시키는 역할을 적극적으로 감행한다.

(4) 전국전업노동조합연합회 산하 경전노동조합 조합원들은 남전노조에 대해 동정금을 각출하기도 하고 남전노조는 회사 측의 행패와 부당노동행위에 대해 이를 고발하고 법적 제재를 가해 줄 것을 호소한다. 이에 따라 보건사회부는 남전을 사직 당국에 고발하였고 대한노총은 남전사용자를 고발하는 것은 물론 실력행사도 불사하겠다고 경고한다.

결국 남전 측은 보건사회부와 상공부의 권고를 받아들이게 되었고 남전노조와 남전 측은 협정서를 맺게 되었는데, 그 내용은 첫째, 신현수, 정한기 양진영을 통합하여 단일노조를 결성할 것 둘째, 신현수 외 3명의 파면을 취소할 것 셋째, 결성된 노조는 회사발전에 적극 협조하고 회사는 노조조직에 적극 협조할 것 등이다.[130]

---

129) 송종래 외, 『한국노동운동사 4(정부수립기의 노동운동: 1948~1961)』, 지식마당, 2004, 369쪽.
130) 송종래 외, 『한국노동운동사 4(정부수립기의 노동운동: 1948~1961)』, 지식마당, 2004, 371쪽.

3) 쟁의의 의의

남전노조쟁의는 사용자가 노동조합결성에 반대하고 노동조합을 결성하려는 근로자를 해고한 것으로부터 시작하였고 사용자의 지속적인 노조설립방해공작과 부당노동행위로 인하여 쟁의가 확산되었다. 따라서 남전노조쟁의는 사용자의 노동조합설립 방해공작이나 부당노동행위가 쟁의의 주요한 원인이다. 사용자의 노동조합에 대한 반감으로부터 쟁의가 시작되고 확산되었던 사실로부터 1950년대 후반기의 쟁의의 특징을 단적으로 알 수 있다.

3. 대구 내외방직 노동쟁의

1) 쟁의의 원인

대구시 소재 내외방직노동조합은 1953년 10월 법에 의거하여 설립되고 1954년 9월 초에 노조는 임금 60% 인상을 회사 측에 요구하나 회사는 노조 측의 요구를 전면으로 거부하였다. 이와 같은 회사 측의 억압적인 태도로 노조위원장이 사퇴하고 노조 측은 새로운 대의원대회를 소집하여 새로운 위원장을 선출하고 60%의 임금인상을 재확인하며 1954년 10월 22일 임금인상쟁의를 제기한다.

2) 쟁의의 경과 과정

(1) 상부노조인 섬유노동조합의 개입과 회사 측의 태도 완화로 협상이 진행되어 10월 30일 임금 40% 인상에 합의한다. 그러나 쟁의가 종결된 지 1주일이 지난 시점에서 내외방직은 노조위원장 김증도를 해고처

분한다. 노조는 이를 노조 말살행위로 보고 회사 측에 대해 해고의 취소를 요구하며 해고를 취소하지 않을 경우 파업을 감행할 것을 통보한다.

(2) 노조는 12월 4일 드디어 파업을 결행했고 회사는 폭력배와 상이군인을 동원하여 박해를 하였으며 다수의 노조간부에 대해 경찰 당국으로 하여금 이들의 비행을 조사하게 하였다. 전국섬유연맹은 내외방직사건을 사회문제화시켰고 대한노총에서도 이 문제에 대하여 비상한 관심을 가지고 조사하는 등 내외방직문제가 사회문제로 확대된다. 회사 측은 사회문제로 확대되어 가는 것을 인식하고 경상북도 당국의 조정을 받아들여 위원장 김증도의 해고처분을 철회하게 된다.

(3) 해고취소를 통지한 회사 측에서 태도를 변경하여 재보복조치를 하고 어용노조를 설립하여 결국 내외방직노조는 비극적인 종말을 맞게 된다. 내외방칙 측은 깡패들을 채용하여 위원장 김증도를 완력으로 출근 저지시키고 노조간부들을 해고 내지는 폭행하는 등 살벌한 분위기를 조성하면서 노동조합을 불신임하는 연판장에 도장을 찍도록 강요하였으며 노동조합의 헤게모니를 장악하기 위해 어용노조를 설립하는 행위를 한 후에는 노조의 지시에 충실했던 조합원들을 집단적으로 해고하여 1955년 3월 15일 현재 37명이 해고되었다.[131]

억울하게 해고된 종업원들은 1955년 4월 1일에 개최된 대한노총전국대의원대회에 호소문을 제출하고 지원을 요청하였으나 권력과 금력에 의해 이 호소는 짓밟히고 말았고 1954년 9월 이래 계속되어 온 내외방직쟁의는 자동적으로 소멸되고 말았다.

---

131) 송종래 외, 『한국노동운동사 4(정부수립기의 노동운동: 1948~1961)』, 지식마당, 2004, 374쪽.

3) 쟁의의 의의

사용자는 노조의 임금인상 요구에 대해 임금 40% 인상으로 합의를 하고 쟁의가 종결된 지 1주일이 지난 시점에서 노조위원장을 해고하였고, 해고취소를 요구하면서 노조가 행한 재파업에 대해 폭력배를 동원하여 탄압하였다. 그리고 경상북도 당국의 조정을 받아 해고취소를 결정하지만 그 후 태도를 변경하여 재보복조치를 하고 어용노조를 설립하여 대응한다. 결국 사용자의 재보복조치나 어용노조의 설립으로 내외방직쟁의는 자동적으로 소멸되어 버리고 만다. 이 사례에서 사용자의 반노동조합주의를 확인할 수 있고, 특히 사용자가 어용노동조합을 만들어 노조를 무력화하는 사실이 당시에 일반적이었고 노동운동의 한 특징을 이루었음을 알 수 있다.

4. 대전피혁 노동쟁의

1) 쟁의의 원인

1953년 노동조합법의 공포에 따라 미조직 사업장인 대전피혁도 노동조합이 결성되었는데, 회사는 노동조합을 못마땅하게 생각하고 있던 중 1954년 2월 돌연 종업원 16명을 아무런 예고도 없이 해고시킨다. 회사 측은 그 당시의 원료사정으로 감원이 불가피하다고 했지만 당시의 원료사정은 원피가격이 톤당 1000환씩이나 하락된 형편이어서 원료난은 구실에 불과하였고 따라서 해고의 원인은 노동조합의 붕괴를 목적한 것이었다.[132]

---

132) 송종래 외, 『한국노동운동사 4(정부수립기의 노동운동: 1948~1961)』, 지식마당, 2004, 375쪽.

2) 쟁의의 경과 과정

(1) 노조 측은 회사 측의 정당한 이유 없는 해고조치에 대해 행정 당국에 이의 해결을 요청한다. 그러자 회사 측이 충청남도 당국에 금력과 권력을 동원한 압력을 넣어서 충청남도 당국은 공정한 중립적인 자세를 보이지 않았고 이에 노조는 동사건의 해결을 사회부장관에게 진정한다. 사회부는 당시 실무책임자인 충청남도 사회과장을 노동국에 호출 상경하게까지 하여 불합리한 처리를 시정토록 지시했고 이에 따라 충청남도 당국은 2월 26일부터 과거의 모든 결정은 무시하고 이 사건을 재심하기에 이르렀다.[133]

(2) 충청남도 당국의 불공정행정조치를 시정키 위해 사회부에 진정하는 노동조합에 대하여 회사 측은 노조간부진을 근본적으로 개편하여 어용화된 노동조합으로 만들 계획을 한다. 따라서 회사 측은 지배인, 공장장, 각 과장 등을 동원하여 종업원들을 설득하고 한편 쟁의 중 불법으로 채용한 자를 동원하여 노동조합모임을 소집하여 쟁의계류 중인 사건을 반대하는 결의를 강행시키기도 한다.[134] 이에 대해 대전지구 전 노동조합은 총궐기하여 대한노총 대전시 노동조합연합회 주도하에 대전피혁 및 동아학원연필 노동조합 쟁의사건 대전시 전체 투쟁위원회를 구성하고, 회사 측의 불법적인 행동을 규탄한다. 그러나 전노동조합이 궐기했지만 충청남도 당국은 끝내 사용자를 두둔하는 입장에서 벗어나지 않았고 충청남도 지방노동위원회는 4차에 걸친 알선에서 사용자 측의 작용에 의해 이루어진 노동조합임시총회가 노조법

---

133) 송종래 외, 『한국노동운동사 4(정부수립기의 노동운동: 1948~1961)』, 지식마당, 2004, 376쪽.
134) 송종래 외, 『한국노동운동사 4(정부수립기의 노동운동: 1948~1961)』, 지식마당, 2004, 376쪽.

에 위반되는 절차임에도 불구하고 모든 결의사항을 합법으로 인정하여 사용자에게 유리한 결정을 내린다.[135]

(4) 대전피혁의 쟁의는 수개월간 계속되었으나 충청남도 지방노동위원회와 충청남도 당국의 편파적인 사용자 측 편들기로 실효를 거두지 못했고, 대전지구노동조합연합회의 공동투쟁도 별 효력을 거두지 못한 채 쟁의는 실패하게 된다. 1955년 말 서대전에 대단위 공동합자회사인 대전피혁회사가 새로 발족됨으로써 대전피혁은 이에 합병되었고 이 합병을 계기로 1954년 2월에 해고되었던 16명이 전원 복직되었으나 대전피혁노동조합은 재발족하지 못한 채 소멸되고 만다.[136]

3) 쟁의의 의의

대전피혁의 쟁의는 충청남도 지방노동위원회와 충청남도 당국의 편파적인 사용자 측 편들기로 쟁의가 수개월간 지속되다가 실패하게 된다. 노사분쟁에 대해 정부가 편파적으로 사용자 편을 듦으로써 노동운동에 정치적 중립성을 배제시켰던 전형적인 사실로서 평가할 수 있다.

5. 대한석탄공사노조의 총파업

1) 쟁의의 원인

1953년 3월 14일 전국광산연맹과 대한석탄공사(이하 '석공') 간의 체

---

[135] 송종래 외, 『한국노동운동사 4(정부수립기의 노동운동: 1948~1961)』, 지식마당, 2004, 376~ 377쪽.
[136] 송종래 외, 『한국노동운동사 4(정부수립기의 노동운동: 1948~1961)』, 지식마당, 2004, 377쪽.

불임금쟁의가 해결된 지 불과 1년 반도 못되어 임금을 다시 체불하기 시작하여 임금문제는 전광산업계의 고질적인 문제가 되었다. 1954년 4월 3일 광연은 업종별 연합체의 조직필요성을 논의하였고 그리하여 7월 10일에 대한석탄광노동조합연합회가 결성되었고 결성 직후 즉시 투쟁위원회를 구성하여 대석공투쟁에 돌입하게 된다. 이 투쟁 과정에서 1954년 6월 23일에 탄연 산하 석공 5개 노동조합은 국회에 탄원서를 제출하고 석공에 대한 경고의 경과와 쟁의 해결을 청원한다. 이러한 탄원에도 불구하고 석공임금문제는 해결되지 않았고 이에 따라 석탄광노조연합회는 1954년 10월 26일 사회부에 노동쟁의를 신고하면서 첫째, 임금을 월 8,000환에서 23,275환으로 인상할 것 둘째, 미지불 임금의 즉시 지불 셋째, 석공의 노임정책 시정을 제시한다.[137] 보건사회부가 조정을 시도하였지만 석공은 무성의한 태도만을 보였고 이에 12월 2일 48시간의 파업에 돌입한다.

2) 쟁의의 경과 과정

(1) 사회부장관은 석공총재를 근로기준법 제12조, 제36조 및 노동쟁의조정법 제18조의 위반으로 서울지검에 고발한다. 종업원 7,000여 명에 대한 3개월분 노임을 지불하지 않은 것은 근로기준법 제36조 위반이고 사회부 및 중앙노동위원회에서 통지한 출석요구에 응하지 않은 것은 근로기준법 제12조 위반이고 쟁의조정에 필요한 장부서류 등의 제출을 거부한 것은 노동쟁의조정법 제18조 위반이었다.[138]

(2) 광연위원장 이준수는 12월 7일 만약 석공문제가 단시일 내에 해

---

137) 송종래 외,『한국노동운동사 4(정부수립기의 노동운동: 1948~1961)』, 지식마당, 2004, 379쪽.
138) 송종래 외,『한국노동운동사 4(정부수립기의 노동운동: 1948~1961)』, 지식마당, 2004, 379쪽.

결되지 않으면 7,000명의 노무자들은 생계를 위해 48시간 재파업을 시도할 것이라고 경고한다.

(3) 국회에서 탄가를 인상하기로 결정하고 그 대신 두 가지의 조건이 제시되었는데 첫째, 석공의 운영에 열의와 성의를 가진 유능한 인사로 하여금 인사의 쇄신과 감원을 단행할 것 둘째, 정부는 석공의 운영비와 석탄채취에 필요불가결한 기업자금을 조달하여 금년도 계획생산량을 완수할 것이다.[139] 이에 따라 석공은 체불임금을 청산하였고 사회부가 고발을 취하함에 따라 1년 7개월 만에 체불임금으로 인해 사회적 물의를 일으킨 석공쟁의는 종결을 고한다.

3) 쟁의의 의의

대한석탄공사 노조의 파업은 미불임금이 주요한 배경이었고 당시 노동자에 대한 임금체불이 어느 정도 심각하였는가 알 수 있다. 1950년대 중, 후반기의 노동쟁의가 정치적인 투쟁과 달리 근로자들의 생존권 차원에서의 임금인상 등의 문제로 주로 제기되었고 석탄공사노조의 파업도 생존권 옹호 차원의 노동조합주의의 투쟁양상을 단적으로 보여 주고 있다.

6. 대구 대한방직쟁의

1) 쟁의의 원인

대구 대한방직 대구공장은 자유당 재정부장 설경동이 권력층과 결탁하여 1955년 말 헐값에 인수받은 회사로서 설경동은 공장을 인수받

---

[139] 송종래 외, 『한국노동운동사 4(정부수립기의 노동운동: 1948~1961)』, 지식마당, 2004, 380쪽.

자 곧 노동자 2,600명을 경영합리화라는 명목으로 전원 해고하고 그중에서 자기와 가까운 200명만을 다시 고용해서 어용노조를 만든다.[140] 한편 새로 고용된 노동자들은 모두 12시간 노동에 종사해야 했고 간부들은 노동자들에게 폭언을 함으로써 그들을 통솔하려 했으며 조금만 간부들의 눈밖에 벗어나면 해고시키는 등 횡포를 자행한다.[141] 이에 전체 노동자들은 회사 측의 횡포를 더 이상 참을 수 없어 1956년 1월 노동조합임시대의원대회를 개최하여 어용노조간부를 축출하고 새로이 김상연을 위원장으로 선출하고 2월에 쟁의에 돌입한다.

결의내용은 첫째, 현 임금 4,500환을 최저 25,000환 수준으로 인상할 것 둘째, 불하 당시 채용예정자로 회사 측이 공약한 1,392명을 즉시 완전 채용할 것 셋째, 기업주 측의 노동운동 간섭을 배제할 것 등이다.[142]

2) 쟁의의 경과 과정

(1) 회사 측은 외부에서 폭력배까지 끌어들여 노동조합에 협조하는 노동자들에게 폭행을 일삼고 제1차로 1956년 3월 1일, 제2차로 1956년 3월 12일 노조 측과 적당히 합의해 놓고 노조간부들을 매수, 협박하고 노조간부와 열성조합원들을 계속 해고 조치한다.[143]

(2) 대한방직 쟁의에 대한 사회적 여론이 분분해지자 국회에서는 6월 1일 본회의에서 진상조사단의 파견이 결의되었고 그 조사결과가 6월 19일 국회에 보고되었으며 국회는 대구방직회사가 취한 행위의 부당성을 지적하여 노동자들의 요구대로 대정부 건의안까지 채택한다.[144]

---

140) 이원보, 『한국노동운동사 100년의 기록』, 한국노동사회연구소, 2007, 150쪽.
141) 김낙중, 『한국노동운동사(해방후 편)』, 청사, 1982, 204쪽.
142) 김낙중, 『한국노동운동사(해방후 편)』, 청사, 1982, 204쪽.
143) 김낙중, 『한국노동운동사(해방후 편)』, 청사, 1982, 204~205쪽.

한편 보건사회부도 현지조사에 기초하여 첫째, 회사는 1956년 3월 1일 및 3월 12일자 협정 중 임금인상문제 이외의 문제에 대하여 성실히 이행할 것 둘째, 회사는 1956년 2월 2일 이후의 의원면직자 이외의 해고자를 복직시킬 것 등의 알선안을 성문화하여 대한방직 설경동 사장에게 제시하였으나 설 사장은 이 알선안도 무시하여 거부한다.[145] 그러자 보사부장관은 이를 중앙노동위원회에 회부하였으며 중앙노동위원회는 5개월에 걸친 심의를 거쳐 그해 12월 10일 해고자를 복직시키라는 내용의 조정안을 회사 측에 제시하였고 결국 1957년 2월 28일 설경동 사장을 노동조합법 및 노동쟁의조정법 위반으로 서울지방검찰청에 고발하기에 이른다.[146] 당시의 검찰은 법을 지키기보다는 자유당과 이승만의 정치권력을 지키는 일을 제일의 임무로 생각하여 이 사건을 불기소처분 하였으며 항소심인 고등법원에서도 검찰 측의 미루기작전 때문에 아무런 효력을 발휘할 수 없게 된다.[147]

(3) 설경동 사장은 회사 내에 주로 사무계 종업원들을 시켜 어용노동조합을 만들고 대한노총으로 하여금 이 어용노조를 합법화하려는 공작을 진행하였고 한편 설경동 사장의 횡포에 쫓겨난 100여 명의 노동자들은 회사에 출입조차 할 수 없는 상태에서 대한노총 대구지구연맹을 근거지로 하고 대구지구연맹 김말용 위원장 지도하에 법적투쟁을 다시금 전개한다.[148]

(4) 배형을 위원장으로 하는 쫓겨난 대한방직노동조합 간부들은 1957년 4월 13일 설경동 사장에게 대하여 서울지방법원에 '복직 및 해고 후

144) 김낙중, 『한국노동운동사(해방후 편)』, 청사, 1982, 205쪽.
145) 김낙중, 『한국노동운동사(해방후 편)』, 청사, 1982, 205~206쪽.
146) 김낙중, 『한국노동운동사(해방후 편)』, 청사, 1982, 206쪽.
147) 김낙중, 『한국노동운동사(해방후 편)』, 청사, 1982, 206쪽.
148) 김낙중, 『한국노동운동사(해방후 편)』, 청사, 1982, 206쪽.

의 임금지불청구'의 민사소송을 제기, 제1심에서 기각, 제2심에서 항소하여 제2심판결이 나기에 앞서 4·19를 맞이하였고 4·19 이후 설경동 사장은 과거에 부당하게 해고당한 노동자들을 모두 복직시키지 않을 수 없었으며 노조 측은 소송을 취하하여 쟁의는 종결된다.[149]

3) 대구 대한방직쟁의의 의의

1952년에 있었던 부산조선방직쟁의가 비록 쟁의 자체는 패배로 끝났지만 대한민국에 노동관계입법을 촉구하는 중요한 계기로 되었던 것처럼 1956년의 대구 대한방직쟁의는 중요하다. 그 이유는 투쟁의 과정에서 어용적 태도를 취한 '대한노총 경북지구연맹'에 반발하여 새로이 '대한노총 대구지구연맹'을 구성케 하여 대구지구연맹은 그 뒤 대한노총 광산노조연맹과 더불어 대한노총의 부패와 어용에 반대하고 노동운동의 민주화를 위한 '전국노동조합협의회'의 주축이 되었기 때문이다.[150] 다시 말해서 대한방직쟁의가 이 시기 노동운동의 대표적 사례로서 꼽히는 주요한 이유는 대한방직의 사장 설경동이 자유당의 재정부장으로 있었던 사정으로 중앙의 대한노총과 섬유노련의 방해를 받는 불리한 조건에서 진행되었고 그 과정에서 '김말용'으로 대표되는 대한노총 대구지구연맹이 중앙지도부와 달리 쟁의에 적극 개입, 지원하여 이들을 주축으로 전국노동조합협의회가 결성되었기 때문이다.[151]

전국노동조합협의회는 정치와 출세를 지향하여 정권의 시녀 역할을 하던 부패하고 타락한 지도부의 행태를 비판하면서 "인권수호와 복리

---

149) 김낙중, 『한국노동운동사(해방후 편)』, 청사, 1982, 207쪽.

150) 김낙중, 『한국노동운동사(해방후 편)』, 청사, 1982, 207쪽.

151) 김경일, 「1950년대 한국의 노동운동에서 대안적 전통」, 『역사비평』 통권 제87호, 역사비평사, 2009, 430쪽.

증진을 위하여 투쟁"하는 "진정 자유로우며 민주적인 노동조합의 발전"
을 지향하여 만들어진 조직체이고 그런 만큼 전국노동조합협의회의
조직적 탄생의 배경이 된 대한방직쟁의는 그 의미가 크다.

7. 미종업원의 노동쟁의

1) 쟁의의 원인

부산에 정박하는 일반 미군선박이 증가하면서 한국인선원의 권익을
보호하기 위해 부산검수원노동조합이 1952년에 조직되고 이것은 1953
년에 전국미군종업원노조로 재출발한다. 이 노조는 1953년 5월 28일부
터 미군기관에 종사하는 한국인종업원들의 임금인상과 노동조건개선
등을 미극동사령부와 직접 교섭하였으나 노사교섭에서 성과가 없자 8
월 6일 미군기지사령부를 통해 첫째, 최저임금을 시간당 70원 인상하고
현직인원을 인정시키는 동시 근로시간의 단축과 출근 시 노임전액을 지
급할 것 둘째, 한국노동기준법을 적용할 것 등을 요구하여 이 요구조건
이 받아들여지지 않으면 24시간 총파업을 단행하겠다고 통보한다.[152]
약 2개월에 걸친 노사교섭과 냉각기간이 끝났지만 해결되지 않자 부
산 미종업원은 무기한 파업에 돌입할 것을 표방한다.

2) 쟁의의 경과 과정

(1) 노조 측의 재파업에 당황한 보건사회부 차관과 노동국장이 현지

---

152) 송종래 외, 『한국노동운동사 4(정부수립기의 노동운동: 1948~1961)』, 지식마당, 2004,
    384쪽.

에 파견되어 미군 측에는 임금인상을 권고하고 노조 측에게는 재파업을 조정하여 미군종업원노조는 재파업 포기를 선언한다.

(2) 미군 측에서 주장하고 있는 500대 1 노임의 불환율을 반대하고 노임을 한화로 지불할 것과 지불시 환율이 180대 1이 아니면 수락할 수 없다고 주장하여 미국달러로 지불된 노임에 대한 수령거부가 부산뿐만 아니라 군산, 수원 등으로 확산되었고 이러한 노조의 반발은 10월분 노임을 한화로 지불되도록 하였다. 한편 미국달러 노임파동과 현물노임지급 소동으로 노임을 받지 못한 한국인종업원들의 생활은 매우 곤란해졌고 따라서 전국미군종업원노조는 사회부에 구호양곡을 요청한다. 그러나 그 방출이 지연되어서 노조는 항의를 하였고 경상남도 당국은 충분한 양곡이 없다는 변명을 한다.

미군 측이 성의 있는 반응을 보이지 않자 노조 측은 4대 요구조건을 제시하고 인내심 있는 대화를 하기로 하였다. 그 내용은 첫째, 1954년 5월 28일에 발표된 새 노임정책에 의거하여 동년 7월 1일부터 12월 15일까지의 미불노임 시간당 70환을 1955년 2월 1일까지 지불할 것 둘째, 1954년 12월 15일을 기준한 한국시장 노임조사결과를 기초로 하여 1955년 1월 31일까지 군과 노조대표 간에 노임사정위원회를 구성할 것 셋째, 1955년 2월 1일까지 일방적인 군노무규정의 결정사항을 우리나라 근로기준법에 의거하여 시정할 것 넷째, 1955년 2월 1일까지 각 기지 사령부단위로 미국민사규정에 근거하여 노조 간에 고충처리조정위원회를 구성하고 정식 단체협약을 체결할 책임을 질 것 등이다.[153]

(3) 전국미군종업원노조는 전국종업원의 단결을 호소하고 쟁의수행에 박차를 가하였지만 쟁의의 타결은 이루어지지 않고 1955년 3월 이

---

[153] 송종래 외, 『한국노동운동사 4(정부수립기의 노동운동: 1948~1961)』, 지식마당, 2004, 386쪽.

후 미군철군으로 말미암아 부두작업은 현저히 감퇴하게 되어(미군관계종사자들의 실업자 총수는 수만 명으로 추산됨) 결국 노조의 쟁의는 도태를 하게 된다. 결국 1954년 12월 2일 미군 당국에서 발표한 75% 인상이 자동적으로 합리화되었고 쟁의는 도태상태에서 종결된다.[154]

8. 경남밀양모직 미불임금쟁의

1) 쟁의의 원인

경남밀양에 소재한 한국모직공장에서 1957년 3월에 임시 고용되어 일하다 동년 11월에 해고당한 800여 명 중 일부 공원들은 정당한 이유 없이 해고된 지 6개월이 넘도록 임금을 지급받지 못했다는 사유로 1958년 3월 11일 동사 사장 김형덕을 만나려고 사무실을 점거하고 농성을 벌이게 된다.[155] 종업원대표 54명은 폭우를 맞으면서 김형덕 사장 집 정문에서 면담을 요청했는데 기혹하게도 맹견 두 마리의 고리를 풀어 기진맥진한 종업원들을 마구 물어뜯게 하여 그중 2명이 중상을 입어 입원케 하는 사태가 발생한다.

2) 쟁의의 경과 과정

(1) 한국모직의 체불임금과 맹견에 물린 사건에 대해 1958년 7월 6일 대한매일신문은 회사 사장의 부도덕성에 대해 비판하였고, 1958년 7월

---

154) 송종래 외, 『한국노동운동사 4(정부수립기의 노동운동: 1948~1961)』, 지식마당, 2004, 387쪽.
155) 송종래 외, 『한국노동운동사 4(정부수립기의 노동운동: 1948~1961)』, 지식마당, 2004, 387쪽.

5일자 한국일보도 임금체불에 대한 부도덕성을 비판하였다. 한국일보
는 "우리나라의 경우 소위 대기업의 기업주들이란 극소한 일부분을 제
외하고는 대부분이 정치세력에 아부하거나 수단을 가리지 않고 일확
천금을 얻었거나 전후의 혼란기를 이용해 각종 권력을 이용하여 노력
하지 않고 거금을 획득한 사람들은 세인이 주지하는 사실이다. 기업가
의 윤리가 무엇인지도 모르는 위인들이 노동자의 임금을 지불하지 않
고도 거리낌조차 없다는 것은 오히려 당연한 일이라고 생각할 수 있다"
라고 하여 당시에 만연해 있는 임금체불에 대하여 사용자를 강하게 비
판하고 있다.[156]

(2) 노조 측은 해고무효확인소송을 청구했는데, 원고가 682명이나 되
고 소송가격이 6,563만 환에 달하여 당시의 노동쟁의에 관련된 소송으
로서는 가장 규모가 큰 것으로서 소송사건으로서는 대한방직에 이은
두 번째 것이었다.

(3) 1958년 7월 13일의 서울신문에 게재된 5개 업체의 노임체불상황
을 보면 대한석공 745,696,716환, 대한중공업 52,000,000환, 삼화제철
10,254,002환, 한국미장 61,124,237환, 조선운수 314,260,540환이었는데,
이런 체불상태가 동년 연말에도 해소되지 못하자 정부 당국에서 강력
하게 대응하여 강권개입하는 방향으로 나아갔고 한국모직도 이러한
노력의 일환으로 산은관리와 동시에 밀렸던 노임 6,000여만 환을 청산
하게 되었고 해고무효소송이 취하됨으로써 노사분쟁이 끝났다.

3) 쟁의의 의의

경남밀양모직쟁의는 체불임금이 원인이 되어 발생한다. 당시 서울

156) 송종래 외, 『한국노동운동사 4(정부수립기의 노동운동: 1948~1961)』, 지식마당, 2004,
389쪽.

신문에서 발표한 5개 주요 기업의 임금체불 현황을 보면 당시 임금체불현상이 얼마나 비일비재 하였는가를 알 수 있다. 임금체불에 대해 정부 당국이 강력하게 대응한 결과 경남밀양모직쟁의도 해결된다.

당시의 노동쟁의의 큰 특징인 임금과 관련된 쟁의로서 임금체불이 주요한 문제가 되었던 사례로서 그 의의가 있다.

9. 부두노임횡령 고발사건 및 부산부두노동자들의 반김기옥 투쟁

1) 부두노임횡령 고발사건

1958년 11월에 일어난 부두노임횡령 고발사건이란 부산과 인천의 부두노동조합위원장들이 조선운수 사장과 결탁해 부두노동자들에게 돌아가야 할 노임을 부당하게 횡령, 착복했다는 것을 김인숙, 김관호, 최종자 등 3인이 서울지방검찰청에 고발한 사건이다. 정부도입물자의 조작비(1950년대 부두노동자들의 하역작업은 그 대부분이 정부도입물자의 하역작업이었는데 정부도입물자는 그 하역작업을 위한 조작비를 매년 예산에 책정하고 있었음)를 국회를 통과한 정부예산에서 인상해 주었음에도 조선운수주식회사가 어용적 부산부두노조위원장 김기옥 및 인천부두노조위원장 이창우와 결탁해서 노임을 인상해 주지 않고 횡령, 착복한 사건이다. [157]

부두노조의 조직구조는 각 하역회사 마다 노조분회가 있고 십장이 각 분회의 분회장이 되어 노동자를 모집하고 작업배치와 감독을 하여 하역회사로부터 받은 임금을 노동자에게 분배하는 것으로 되어 있어서 하역회사는 십장제를 이용해서 노동자들의 회사에 대한 요구를 십

---

157) 김낙중, 『한국노동운동사(해방후 편)』, 청사, 1982, 242쪽.

장으로 하여금 견제하도록 하고 많은 비용을 들이지 않고 경영할 수 있었으며 반면 십장은 부두노동자를 대표하는 실질적인 노조간부행세를 하면서 부두노동자들을 중간착취할 수 있었다.[158]

노조간부들은 십장을 겸하지 않는 경우에도 십장의 지명권을 가지고 있었기 때문에 그들의 영향력과 수입은 대단하였고 그런 만큼 상당한 비리문제가 부두노동조합 내부에 존재하였다. 1958년 10월 제11차 대한노총 전국대의원대회에서 규약을 개정시켜 김기옥이 위원장을 차지하게 되자 이에 반발한 세력들이 김기옥의 과거 비행을 고발하여 국회에 진정함으로써 부두노임 횡령고발사건이 터지게 된 것이다.

2) 부산부두노동자들의 반김기옥투쟁

1959년 5월 부산부두노동자들이 김기옥의 부정과 부패에 대해 벌인 투쟁으로 김기옥을 반대하는 2개의 노동조합 지부와 12개의 분회장 및 그 산하 노무반장들이 참가한 투쟁이다. 이들은 김기옥이 때마침 미국 국무성초청으로 미국을 방문하여 출국중인 기회를 이용하여 김기옥의 비위를 폭로하고 투쟁을 개시하였으며 부산부두노조 부위원장 2명과 임원 15명에 대하여 1959년 7월 1일 첫째, 400만 환의 육군기지창 노임 횡령 둘째, 한국운수비료 노임협약 부정체결 셋째, 제3부두 미군작업 관계입찰부정 등 김기옥의 비행을 폭로함으로써 부두노조의 혁신을 외쳤다.[159] 이들 투쟁을 전개한 부위원장들이 1959년 7월 6일 조합운영의 공개, 전체임원의 불신임 등을 토의안건으로 하여 부산부두노조 대

---

158) 김경일, 「1950년대 한국의 노동운동에서 대안적 전통」, 『역사비평』 통권 87호, 역사비평사, 2009, 430쪽.
159) 김낙중, 『한국노동운동사(해방후 편)』, 청사, 1982, 244쪽.

의원대회의 소집을 공고하였으나 김기옥을 옹호하는 자유당과 경찰이 노동조합집회를 불허해서 대의원대회가 좌절되었고 혁신파 21명의 간부연행 및 경찰파견 등으로 김기옥을 반대하던 부위원장들이 밀려나는 것으로써 일단락된다.[160]

3) 쟁의의 의의

11차 대한노총 전국대의원대회에서 규약개정을 추진하여 위원장이 된 김기옥의 과거비행을 고발하여 대한노총 간부의 혁신을 목적으로 한 노동자들의 투쟁이다. 반김기옥투쟁은 대한노총 간부의 혁신을 목적으로 한 운동이었지만 자유당과 경찰이 김기옥을 옹호하여 노동조합집회가 불허되었고 결국 대의원대회소집이 좌절되어 실패한다.

반김기옥투쟁은 대한노총의 간부진을 혁신함으로써 대한노총의 자주성과 민주성을 확장하려던 투쟁이었으나 자유당과 경찰의 태도로 인하여 좌절되었고 4·19라는 전 민중적인 항쟁이 일어날 때까지 김기옥체제는 유지된다. 이 투쟁을 통해서 대한노총 상층부가 얼마나 자유당정권 및 권력과 결탁하고 있었는지 확인된다.

10. 교원노조의 결성

4·19항쟁은 교육 부분에서 내부의 자주적이고 민주적인 역량에 의해 기존의 모순이 극복될 수 있는 여건을 만들어 주었다. 이러한 여건을 토대로 평교사집단이 중심이 되어 교원노조의 결성이 본격화된다. 교원노조의 결성은 1960년 4월 29일 대구시내 중, 고등학교 교원대표

---

160) 김낙중, 『한국노동운동사(해방후 편)』, 청사, 1982, 244쪽.

약60여 명이 경북여고에 모여 대구시 교원노동조합 결성준비위원회를 구성하고 전국에서 교원노조의 결성을 촉구함으로써 시작된다. 대구 지역에서의 움직임을 출발점으로 하여 같은 시기 대구에서 대학교수들의 노동조합이 구성되었고 5월 1일에는 서울 시내 47개 중, 고등학교와 3개 국민학교 교원들이 동성고등학교에 모여 학원의 자유, 교육행정의 부패제거, 교육의 질적 향상과 권익옹호를 주장하며 서울시 교원노동조합 결성준비위원회를 구성하였다.[161]

대구 중, 고등학교 교원노조결의문은 "1. 우리노조는 대학교육연합회에서 탈퇴한다. 2. 우리노조는 대구시내 중, 고등학교 교육회에서 탈퇴한다. 3. 우리노조는 교육위원회 구성촉진을 기한다. 4. 우리노조는 교육공무원법에 저촉되는 법규는 시정할 것을 정부와 국회에 건의한다. 5. 우리노조는 전국노조협의회와 제휴한다"이다.[162]

5월 3일에는 대구시내 국민학교 교원들이 대구시 초등교원노동조합 결성준비위원회를 구성하는데 이들은 결성동기로서 자신들이 10여 년간의 압제하에서 아동들에게 허위를 가르치고 아동들의 경멸을 받았다고 말하면서 "참교육"을 주장하였고, 이들의 결의문의 내용은 "1. 우리는 학원민주화를 위하여 교원노조를 조직하여 학원의 자유를 쟁취하는데 총궐기한다. 2. 우리는 교육에 만전을 기하기 위하여 교육자의 질적향상과 교육행정의 쇄신을 주장한다. 3. 우리는 교육자의 율령을 완수하기 위하여 교육자의 권익옹호와 사회적 경제적 지위보장을 주장한다"이다.[163]

161) 송종래 외, 『한국노동운동사 4(정부수립기의 노동운동: 1948~1961)』, 지식마당, 2004, 553~554쪽.
162) 송종래 외, 『한국노동운동사 4(정부수립기의 노동운동: 1948~1961)』, 지식마당, 2004, 554쪽.
163) 송종래 외, 『한국노동운동사 4(정부수립기의 노동운동: 1948~1961)』, 지식마당, 2004, 555쪽.

이들의 결의문에서 드러나는 것처럼 교원노조는 기존 교육부문의 모순의 실체를 이루고 있는 대한교련 및 대한교련의 행정적 통제기구 역할을 하고 있던 교육회와 결별함으로써 그 동안의 대한교련의 비자주성을 극복하는 것을 주요 목표로 하고 있고 그 당시 이승만 정권의 시녀이자 충복의 역할을 하고 있는 대한노총을 부정하고 "노조의 자주성"을 표방하는 전국노동조합협의회와 제휴함으로써 혁신운동을 표방하고 있다.[164]

5월 22일에는 일부 지방대표를 포함하여 초, 중, 고등학교 및 대학교 교원 300여 명이 서울에서 대한교원노동조합 연합회를 결성하여 본격적인 전국조직은 아니었지만 전국조직설립의 모체가 된다. 이후 과도정부의 한계 속에서 정부의 탄압을 받으면서 지역단위 교원노조연합회가 잇따라 결성되다가 드디어 7월 17일 서울의사회관에서 교원노조는 제1차 전국대의원대회를 개최하고 전국조직의 명칭을 5월 22일에 불완전한 형태로 발족하였던 "대한교원노동조합연합회"에서 "한국교원노동조합총연합회"로 바꾸고 전국조직체계를 확립한다.

전국조직이 발족한 시점에서 교원노조는 이미 전체 교원수의 약 22%에 해당하는 18,000여 명의 조합원을 확보하고 있었는데, 교원노조가 겨우 3개월가량의 짧은 기간 동안에 정부의 탄압에도 불구하고 이처럼 급속하게 발전할 수 있었던 것은 이미 교육 부분 내부에서 교원노조의 결성을 위한 역량이 상당히 축적되어 있었음을 말해주는 것으로써 4·19항쟁이 이런 역량의 분출에 결정적인 계기를 제공해 주었음을 보여주는 것이었다.[165]

---

164) 송종래 외, 『한국노동운동사 4(정부수립기의 노동운동: 1948~1961)』, 지식마당, 2004, 555쪽.
165) 송종래 외, 『한국노동운동사 4(정부수립기의 노동운동: 1948~1961)』, 지식마당, 2004, 557쪽.

제5절 소결

한국전쟁을 거친 후 이승만 정권의 붕괴 원인은 다음과 같다.

첫째, 미국의 국제수지가 적자로 돌아서게 되자 미국은 원조제공방식에서 무상증여방식으로부터 유상차관방식으로 전환하게 되었고 따라서 원조감소에 대응하여 이승만 정권은 조세 부담을 통해 이를 해결하려 하였고 이는 결과적으로 사회적 모순과 갈등을 초래하게 되었다.

둘째, 3월, 4월 항쟁에서 시위학생들의 인식적 한계(이승만 정권의 붕괴를 목적하기보다는 이승만 정권의 부도덕성과 부패에 대한 분노의 차원이었음)가 존재하였고 학생, 기층대중들의 조직화에 있어 한계가 존재하였다는 사실을 알 수 있지만, 이승만 정권의 폭압성에 맞서 전국적으로 물리적 투쟁 및 항쟁으로 확산되고 이승만의 하야라는 정치적 결과물을 쟁취할 만큼 기층대중들 및 혁신세력들의 주체적 역량이 발전, 활성화되었다.

셋째, 미국은 동아시아 자본주의권을 부흥시킨다는 한, 미, 일 지역통합전략의 관점하에서 이승만 정권에 대한 장기적 지원전략으로부터 이승만에 대한 무조건 하야라는 직접개입전략으로 변하였다. 이승만에 대한 미국의 전략이 변화한 것은 전 민중적 항쟁이 '혁명'으로 나아가는 것을 막아야 했고, 이승만에 대한 직접개입전략의 영향하에서 이승만 정권은 종말을 고하게 된다.

넷째, 일인 독재지배권력을 획득하기 위한 사사오입개헌, 국가보안법 파동, 조봉암에 대한 사법적 살인의 과정을 통해 볼 때, 이승만과 자유당정권은 경찰, 군대, 어용단체를 동원하여 일상화된 탄압으로 국민대중을 몰아갔으며 정치적 위기 때마다 물리적 폭력으로 대응하는 등 반민중적 폭력적 본질로 인하여 그 정치체제의 종말을 당하게 된다.

이렇게 미국의 대외원조체제의 변화를 통한 정치적 위기감, 기층운동세력의 진전, 미국의 대한반도 대외정책의 변화, 반민중적 폭력적 본질로 인해 이승만의 정치체제는 종식된다.

이승만 정권하에서 전평타도의 목적하에 우익 반공투쟁의 도구로써 정치적으로 이용당했던 대한노총은 각각의 파벌투쟁이 이승만 및 자유당의 개입 속에서 마무리되고 반복되는 과정을 거쳤다. 이는 대한노총이 자유당정권에 밀착된 '비자주성'을 본질적으로 표현한 것이었으며 더불어 수많은 무자격 대의원의 문제가 항시 논란이 되는 등 진정한 조합원의 결의에 기초하지 않은 노동조합의 '비민주성'의 본질을 보여주었다.

특히 수없이 이합집산되어 가는 파벌싸움의 과정은 특별한 이념이나 운동노선 없이 전개된 것이었고 혁신파의 흐름도 단절적이었던 만큼 대한노총 지도체제 간의 파벌싸움은 노동조합으로서의 본질을 가지는 것이 아닌 어용적 반공우익단체로서의 본질을 가지는 것이었다.

대한노총의 '비자주성', '비민주성'을 근거로 한 파쟁의 영향을 받으면서 1950년대 중, 후반의 이승만 정권 시기의 노동운동은 다음과 같은 특징을 드러낸다.

첫째, 쟁의의 유형에서 임금인상, 임금체불 등 생존권의 수호가 그 본질적 특성이 되어 미군정(美軍政) 시기의 노동운동이 주요하게 정치투쟁의 성격[166]을 지니는 것과 비교되어 '조합주의적 노동운동의 성격'

---

[166] 미군정 시기의 노동운동의 특징은 유혜경, 「미군정(美軍政)시기의 노동운동과 노동법」, 『노동법학』 제26호, 2008 참고.
전평의 1946년 9월총파업은 친일파청산, 민주적인 노동법의 제정 요구, 토지개혁 등 자주민주국가수립을 요구하는 민중의 열망을 외면한 친일보수세력 그리고 친일보수세력과 결합한 미군정에 대한 저항이었고, 3월총파업은 전평 산하 '교통노조공동투쟁위원회'가 주동이 되어 구속된 전평간부의 석방 등을 요구하며 일어난 파업이었으며, 1948년 2·7파업 및 5·8총파업은 남조선에 단독정부를 수립하려는 미군정의 대조선정책에 정면으로 반대하기 위한 파업으로서 파업으로부터 오는 사회적 혼란이 극심하였던 정치파업이었다(유혜경, 「미군정(美軍政)시기의 노동운동과 노동법」, 『노동법학』 제26호, 2008, 288~290쪽).

을 보여주고 있다.[167)]

둘째, 쟁의의 과정에서 사용자의 부당노동행위가 전형적으로 드러나고 사용자가 노동조합의 쟁의에 대항하여 어용노조를 적극적으로 조직하여 기존의 노조를 파괴시키는 모습으로 나타난다. 남전노동쟁의에서 마산지역의 노조조직 방해를 위한 경영진들의 치밀한 대응, 대구 내외방직쟁의에서 노동조합의 헤게모니 장악을 위해 어용노조를 설립하고 쟁의당시 노조의 지시에 충실했던 조합원들에 대하여 대량적인 해고를 감행한 것, 대구 대한방직쟁의에서 설경동 사장이 주로 사무계 종업원들을 시켜 어용노조를 만들고 대한노총으로 하여금 이 어용노조를 합법화하려는 공작을 진행한 것 등은 이러한 예를 보여준다. 이러한 모습의 특징들은 사용자들이 원하는 노사관계를 주도하고자 하는 사용자들의 권위적인 노사관계관을 반영한 것이다.

셋째, 분쟁에 대해 정부개입이 한계적으로 작용하여 결국 사용자를 편드는 것으로서 노동운동에 정치적 중립성을 배제하였다. 노사 간의 분쟁에서 행정부서들이 이를 해결하지 못하고 국회의 개입이나 보건사회부의 사법 당국에 대한 고발로까지 연결되는 것은 이를 잘 보여준다. 대구 내외방직의 경우 회사가 노조간부들을 탄압하고 어용노조를 설립하는 과정에서 경찰 당국은 회사의 금권력에 의해 조정되었을 가능성이 높았고, 대전피혁에서는 충청남도 당국과 충청노동위원회가 사용자를 두둔하거나 사용자에게 유리한 결정을 내리기도 하였으며 미 종업원과 관련한 쟁의에서는 도 당국이나 경찰 등이 노동법의 불공정한 집행에 앞장섰다.

이렇게 1950년대 중, 후반 대한민국정부는 중앙의 일부 기구를 제외

---

167) 송종래 외, 『한국노동운동사 4(정부수립기의 노동운동: 1948~1961)』, 지식마당, 2004, 391쪽.

하고 일선에서 노동법의 집행을 감시하고 규제하는 역할을 담당하는 기구들이 부패하거나 무능한 대응을 하였고 이것은 사용자들의 불법적이고 수단을 가리지 않는 노조에 대한 탄압을 방조하고 부추기는 역할을 한다.[168]

넷째, 상급노조인 대한노총의 한계로 인해 노동운동이 조직화되고 확산되지 못하는 결과로 되었다. 대한노총과 그 산하의 산별연맹 등은 노동법 제정 이후 노조에 대해 효율적인 지원을 하는 데 실패하는데 ① 이승만 정권이 대통령직선개헌이나 사사오입개헌으로 정치적 안정을 이루면서 이승만 정권과 상급 노조간부들의 결속으로 나타나 이것이 각 단위에서의 노조의 쟁의에 영향을 미치게 되었고, ② 이승만 정권하에서는 산별연맹이 조직되기보다는 지역연맹체제로 주로 조직되었는데 이 지역별연맹은 지역을 넘어서는 분쟁에는 소극적인 반응으로 나타나 전국단위의 투쟁으로 나아가는 데 한계가 작용하였으며, ③ 상급지도체계의 분파투쟁이 고질적인 문제로 되어 기업별 노조에 대하여 효과적인 지원사업을 할 수 없었다.[169]

결국 이승만 정권 중, 후반기의 노동운동은 미군정(美軍政) 시기의 정치투쟁의 형태에서 노동조합주의적 투쟁으로 그 성격이 변모하여 노동조합 자체의 본질에서 더욱 조합주의로 변모하지만 사용자의 어용노조조직화나 정부 관련 기구의 사용자 지향적 노동운동의 관여 및 대한노총의 '비자주성', '비민주성'의 한계로 인하여 전국적 노동운동의 확산이 저지된다. 그러나 1950년대 후반기의 노동운동은 그 한계 속에서도 지속적으로 성장하여 '전국노동조합협의회'로 발전, 노동조합이

---

[168] 송종래 외, 『한국노동운동사 4(정부수립기의 노동운동: 1948~1961)』, 지식마당, 2004, 397쪽.
[169] 송종래 외, 『한국노동운동사 4(정부수립기의 노동운동: 1948~1961)』, 지식마당, 2004, 400쪽.

그 자주성을 표방하고 제반 정치적 세력으로부터 독립하여 노동자들
에 의한 자주적 노동운동으로 나아가도록 그 기반세력을 형성한다.

제6장
1960년대 박정희 정권 시기의
노동법과 노동운동

1960년대 박정희 정권 시기의 노동법과 노동운동

제1절 1960년대 박정희 정권의 권위주의적 개발동원체제

5·16군사쿠데타에 있어서 미국이 한국군의 작전지휘권을 가지고 있었고[1] 매그루더 유엔군사령관이 쿠데타 발령 시 장면 정부를 지지하고 불법적인 쿠데타에 반대하는 성명을 발표했지만[2] 미국 측이 5·16 군사쿠데타를 적극적으로 저지하려고 하지 않았다는 면에서 본다면 박정희 정권의 성격과 특징을 평가하기 위해서는 미국과의 관계가 먼저 평가되어야 한다. 그러나 여기서는 미국과의 관계나 영향 측면에서 평가하기보다는 박정희 정권의 내적 체제의 특성으로부터 박정희체제를 평가하려고 한다.

---

[1] 1950년대에 한미 간에 체결된 대전협정(大田協定)에 의하면 한국군의 작전지휘권은 유엔군사령관에게 소속되어 있고 특히 한미 간에 체결된 군사협정은 한국군의 군장비를 사용함에 있어서 사실상 미군의 통제를 받도록 되어 있었다(김경재, 『혁명과 우상 1』(김형욱 회고록), 전예원, 1991, 167쪽).

[2] 박태균, 「군사정부시기 미국의 개입과 정치변동(1961~1963)」, 『박정희시대연구』, 백산서당, 2002, 58~59쪽.

1. 5·16군사쿠데타의 원인과 5·16군사쿠데타 정권의 초기 정책 및 성격

대부분의 연구는 4·19 이후의 정치, 사회적 불안을 5·16군사쿠데타의 직접 원인으로 설명한다. 그러나 당시의 정치 사회적 불안정이나 체제전복의 위기감은 실질적으로 과장된 것으로써 5·16군사쿠데타 세력의 쿠데타 동기와 인과관계를 가졌다고 보기 어렵고 쿠데타의 하나의 배경으로 작용했다고 보는 것이 타당하다.[3] 그 이유는 다음과 같다.

첫째, 5·16군사쿠데타 주도세력은 기존 정치인들의 파벌대립과는 관계없는 제3의 독자적인 세력이었고 5·16군사쿠데타 주도세력이 본격적으로 쿠데타 모의를 추진한 것도 1960년 9월 10일 이른바 '충무장' 모임[4]에서부터였기에(이때는 장면 정권이 발족한 지 18일밖에 안 되는 시점이었음) 장면 정권의 집권 무능력 문제가 쿠데타의 직접적인 동기가 되었다고 할 수 없다.[5]

둘째, 반공태세의 동요 즉, '남한체제의 위기가 쿠데타의 직접적인 원인이 되었는가'가 문제이다. 그러나 그 당시는 사회체제의 위기가 현실화하지 않았다. 체제위기가 일어난다면 가장 주목해 보아야 하는 것이 농민층의 경우인데, 농민층의 경우 사실상 4·19 직후 잠잠한 모습

---

[3] 홍석률, 「5·16 쿠데타의 발발배경과 원인」, 『박정희시대연구』, 백산서당, 2002, 12~13쪽.

[4] 어느 논자에 의하면 박정희가 최초로 쿠데타를 생각했던 것은 부산정치파동 당시의 1952년이었다. 그리고 1950년대 후반에도 똑같은 계획을 갖고 있었다. 1960년부터 61년 5·16까지 4회의 쿠데타를 계획했다고 한다. 어쨌든 박정희 쿠데타세력은 4월혁명이 군인사(軍人事)의 일신(一新)으로 이어지지 않자 1960년 9월 10일 충무장결의를 단행, 쿠데타를 결의하였다. 그런데 이 충무장결의가 장면이 국무총리로 취임해서 제2공화국이 본격적으로 출발했던 1960년 8월 23일부터 18일 후의 사건인 점에서 볼 때 충무장결의를 통해서 제2공화국의 타도를 결의했던 것으로 평가된다(木村幹, 『韓国現代史』, 中公新書, 2008, 92~94쪽).

[5] 홍석률, 「5·16 쿠데타의 발발배경과 원인」, 『박정희시대연구』, 백산서당, 2002, 16~17쪽.

이었고 노동운동의 경우도 4 · 19 직후 노동조합의 설립이 급속히 활성화되는 모습을 보였지만 교원노조와 같은 예외적인 경우를 제외하고는 당시의 노동운동이 정치적 문제와 결합되는 양상은 거의 나타나지 않고 있어서 당시의 정치, 사회적 상황을 이념적 양극화로 말미암은 체제위기로 보는 것은 무리이다.[6]

이렇게 당시의 정치, 사회적 상황을 기존 체제의 위기로 평가할 수 없다면 5 · 16군사쿠데타는 정치, 사회적 불안 내지 체제위기의 대안으로서 평가되기보다는 4 · 19 직후의 민주주의의 실험이 5 · 16군사쿠데타에 의해 오히려 '저지'된 것으로서 평가하는 것이 타당하다.[7] 오히려 5 · 16군사쿠데타의 직접 원인은 한국군부 내에서 권력으로부터 소외된 권력지향적인 세력이 권력을 충족하기 위해 일으킨 것이라고 보는 것이 더욱 타당하다.[8]

한편 5 · 16군사쿠데타 세력이 취한 주요한 조치를 통해서 5 · 16군사쿠데타의 성격을 평가해보면 다음과 같다.

첫째, 부정축재자와 부정선거 관련자들을 처벌하기 위해 일련의 조치들을 발표하는데, 6월 21일 「혁명재판소 및 혁명검찰부 조직법에 관한 임시조치법」을 공포하여 이 법에 따라 부패한 자유당인사, 무능한 민주당인사, 부정축재자, 깡패 등을 잡아들였다. 그러나 혁명검찰부에 의하면 혁신정당과 민자통, 교원노조, 민통련, 유족회 활동자가 주대상인 특수 반국가행위사건은 225건 608명으로써 혁명검찰부에 수리된 사건 전체인원의 41.3%나 차지했던 반면에 3 · 15 부정선거 원흉들은 163

6) 홍석률, 「5 · 16 쿠데타의 발발배경과 원인」, 『박정희시대연구』, 백산서당, 2002, 18~19쪽.
7) 홍석률, 「5 · 16 쿠데타의 발발배경과 원인」, 『박정희시대연구』, 백산서당, 2002, 53쪽.
8) 노영기, 「5 · 16 쿠데타 주체세력분석」, 『1960년대 한국의 근대화와 지식인』, 선인, 2004, 154쪽.

건 363명에 불과했다고 한다.[9] 따라서 구정치권의 부정부패 척결이 5·16군사쿠데타와 긴밀한 상관관계를 가지는 것은 아니었다.

둘째, 국가재건최고회의는 5월 22일 모든 정당과 사회단체를 해체한다고 발표한다. 이어서 1962년 3월 구정치인의 정치활동을 적극적으로 통제하기 위해 「정치활동정화법」을 공포하여 기존의 정당과 사회단체가 해산, 재조직되고 그 결과로 노동조합연합조직은 1961년 8월 '한국노동조합총연맹'으로 재조직된다.[10]

결국 「정치활동정화법」을 통해 5·16군사쿠데타세력은 쿠데타반대세력을 제거해 내었고 모든 정치권력을 쿠데타세력으로 재편성해 내었다.

셋째, 5월 23일에는 '사이비언론인 및 언론기관정화' 방안을 발표해서 정기간행물 1,200여 종을 폐간시키고 언론사를 통폐합시킨다.[11]

넷째, 6월 14일에는 「부정축재처리법」이 공포되고 10월 21일에는 부정축재처리법 중 개정법률, 「부정축재 환수절차법」 등이 차례로 공포되어 부패에 연루된 기업인의 숙청이나 부정축재자에 대한 처벌 등이 이루어진다. 그러나 그 핵심 내용이 국가재건에 필요한 공장을 부정축재자들이 건설하되 그 주식 중 일부를 부정축재에 대한 벌금 대신 정부에 헌납케 하는 것으로 변질되었다(부정축재자를 엄벌하는 정책으로부터 그들을 경제재건에 이용하는 정책으로 변질됨).[12]

다섯째, 국가폭력의 제도적 장치로서 「반공법」을 전격 제정하였고 반공법과 함께 국민을 통제하기 위한 물리적 기구로서 1961년 6월 10일에 「중앙정보부법」을 공포하여 국내 정보수집의 기능을 수행하는 중

9) 서중석, 『한국현대사 60년』, 역사비평사, 2011, 95쪽.
10) 조희연, 『박정희와 개발독재시대』, 역사비평사, 2007, 29쪽.
11) 조희연, 『박정희와 개발독재시대』, 역사비평사, 2007, 27쪽.
12) 조희연, 『박정희와 개발독재시대』, 역사비평사, 2007, 28쪽.

앙정보부를 창설한다.[13]

결국 5 · 16군사쿠데타세력은 부정부패 척결과 사회 정화를 내세웠지만 「정치활동정화법」, 「반공법」, 「중앙정보부법」 등을 통해 실질적으로 쿠데타반대세력을 제거해 내고 국가통제를 강화하는 권위주의적 지배체제를 구축해 내었다.

2. 민정이양과 헌법개정을 통한 박정희의 집권

1) 민정이양을 둘러싼 공방

5 · 16군사쿠데타세력은 구국의 일념으로 쿠데타를 했고 일체의 사심 없이 혁명과업이 수행된 후에는 군으로 복귀할 것을 주장했다. 그러나 수차례의 민정이양을 번복한 후 1963년 10월 15일 대통령선거를 거치고 대통령에 당선된다. 민정이양 공방을 통하여 다음을 확인할 수 있다.

첫째, 5 · 16군사쿠데타를 계기로 군부는 직접 정치를 주도하는 집단이 되었으며 이를 계기로 군인 출신들이 민간영역으로 진출할 수 있게 되어 우리나라에서 군우위의 지배구조가 시작되었다는 것이다.[14] 둘째, 민정이양 과정을 통해 5 · 16군사쿠데타세력은 8 · 15계획서를 작성하고 헌법, 선거법, 정당법 등 제3공화국의 골격이 되는 문제를 연구(중앙정보부에 연구실을 설치함)하였다. 이는 민정이양 과정이 박정희의 집권을 위한 시간적 물적 준비로서의 의미를 보여준다. 박정희 정

---

[13] 조희연, 『박정희와 개발독재시대』, 역사비평사, 2007, 29~30쪽.
[14] 도진순 · 노영기, 「군부엘리트의 등장과 지배양식의 변화」, 『1960년대 한국의 근대화와 지식인』, 선인, 2004, 103쪽.

권은 군사쿠데타가 가지는 절차적 정당성의 한계를 민정이양 과정을 통해서 합법적인 집권으로서 만들었던 것이다.

2) 5차 헌법개정 과정과 그 성격

5·16군사쿠데타세력은 1961년부터 헌법안 구상에 착수하였고 그 때 박정희가 대통령권한대행이 되었으므로 헌법개정안 공고는 박정희가 했다. 헌법개정안의 주요한 내용은 다음과 같다.

첫째, 대의정치제도를 확립하기 위해 건전하고 민주적인 복수정당제도의 보장을 헌법에 명시하여 정당은 헌법에서 필수적인 정치기구로서의 의미를 가진다는 것 둘째, 능률적인 국회운영을 위해 단원제국회로 환원했고 국회의원의 임기는 4년이며 당적이탈, 변경, 소속정당의 해산 시에는 의원직을 상실하도록 할 것 셋째, 강력한 대통령중심제를 채택하였고 대통령은 국민이 직접 선거하고 임기는 4년이며 1차에 한하여 중임할 수 있도록 할 것 넷째, 과거 대통령이 영구집권을 위해 임기 만료 때마다 국회에서 쉽게 헌법개정하는 폐습을 없애기 위해 국민의 찬성 여부에 따라 헌법을 개정할 수 있도록 하는 국민투표제로 전환할 것 등이다.[15]

본격적인 심의가 시작된 것은 1962년 7월 11일 국가재건최고회의 산하 특별위원회로서 헌법심의위원회가 발족한 때부터 이다. 헌법심의위원회는 심의위원회와 전문위원으로 구성되었고 헌법학자 중심의 9인소위를 구성, 의제사항을 검토하였다. 헌법심의위원회는 1962년 7월부터 11월까지 관제화된 논의를 계속하여 대통령중심제를 골격으로 하

---

15) 이완범, 「박정희군사정부 5차 헌법개정과정의 권력구조논의와 성격: 집권을 위한 강력한 대통령제 도입」, 『한국정치학회보』 제34집 제2호, 2000, 185쪽.

는 헌법안을 산출하게 되었다. 그리고 11월 5일부터 30일간의 공고, 12월 6일 최고회의 27차 본회의에서 재적의원 25명 중 22인이 출석(3명 결석)하여 전원찬성으로 통과되었고 그 후 비상조치법에 따라 10일 후인 12월 17일 국회해산하의 국민투표에서 총 투표율 85.28%에서 78.78%의 찬성으로 확정되었다.[16]

그렇다면 대통령중심제를 골격으로 한 헌법개정 과정은 쿠데타세력의 지시나 간섭이 배제된 토론 및 여론수렴 과정이었는가가 문제된다.

첫째, 심의위원회는 군부인사가 위원장이었으므로 민간인이 주도한 것이 아니었고 민간인 전문위원들의 논의도 5·16군사쿠데타 이후 모든 정당이나 단체의 해산 속에서 이루어졌고 국가재건회의를 통한 입법, 사법, 행정의 장악 속에서 이루어졌기 때문에 헌법개정 과정은 관제화된 논의로 전락될 수밖에 없었다.[17]

둘째, 공청회도 미리 준비된 연사가 준비한 토의안을 가지고 국민을 동원, 홍보하는 성격이 짙었다,[18]

셋째, 8·12성명을 통해 이미 최고결정권자의 강력한 사전의지가 표출되어 있어서 제2공화국출범 때 여론의 지지를 받아 도입된 내각책임제가 여론과 상관없이 폐기될 수밖에 없었다.[19] 4·19혁명 당시까지는 이승만 독재의 원인이 대통령제의 권력집중에 있다라고 하여 정론을 펴는 지식인들은 다투어서 의원내각제를 주장하고 있었음에도 5·16군

16) 이완범, 「박정희군사정부 5차 헌법개정과정의 권력구조논의와 성격: 집권을 위한 강력한 대통령제 도입」, 『한국정치학회보』 제34집 제2호, 2000, 185쪽.
17) 이완범, 「박정희군사정부 5차 헌법개정과정의 권력구조논의와 성격: 집권을 위한 강력한 대통령제 도입」, 『한국정치학회보』 제34집 제2호, 2000, 173쪽.
18) 이완범, 「박정희군사정부 5차 헌법개정과정의 권력구조논의와 성격: 집권을 위한 강력한 대통령제 도입」, 『한국정치학회보』 제34집 제2호, 2000, 180쪽.
19) 이완범, 「박정희군사정부 5차 헌법개정과정의 권력구조논의와 성격: 집권을 위한 강력한 대통령제 도입」, 『한국정치학회보』 제34집 제2호, 2000, 171쪽.

사쿠데타세력의 입장에 따라 새로운 권력기반창출이 용이한 대통령중심제를 헌법의 골격으로 하였던 것이다.[20]

결론적으로 5·16군사쿠데타세력에 의한 헌법개정의 구축 과정은 단순한 제도개혁의 차원을 넘어선 현실정치의 반영으로서 정치적 행위였고 이는 국민의 기본권을 신장하기 위한 목적이 아닌 박정희의 수월한 집권과 그의 체제안정유지를 도모하려는 것이었다.[21]

3) 3선개헌(三選改憲)

박정희 정권은 다시금 장기집권을 하려고 1969년 대통령의 3기연임을 허용하는 3선개헌을 추진한다. 이것이 제6차 개헌이다. 박정희 정권의 장기집권을 위한 헌법개정추진에 대응하여 신민당은 8월 17일 3선개헌반대 범국민투쟁위원회를 열어 개헌반대투쟁을 전개한다. 동시에 당을 해산하였다가 20일 복원시켜 신민회라는 이름의 국회교섭단체로 등록한다. 그러나 개헌지지 서명파 의원들은 개헌을 저지하기 위해 국회본회의장에서 점거농성을 벌이던 신민회의원들을 피해 9월 14일 새벽 2시 국회 제3별관에 모여 찬성 122표(공화당 107명, 정우회 11명, 무소속 3명, 대중당 1명) 반대 0표로 개헌안을 통과시킨다.[22] 그리고 개헌안은 10월 17일 국민투표에 붙여져 총 유권자의 77.1%가 참여해서 65.1%의 찬성을 얻어 통과되었다. 이 개헌으로 박정희는 1971년 4월 대통령선거에 출마해서 당선되었고 유신체제로 이어지는 장기집권의 길로 나아가게 된다.[23]

---

20) 한상범, 『살아있는 우리 헌법이야기』, 삼인, 2005, 351쪽.
21) 이완범, 「박정희군사정부 5차 헌법개정과정의 권력구조논의와 성격: 집권을 위한 강력한 대통령제 도입」, 『한국정치학회보』 제34집 제2호, 2000, 172쪽.
22) 이근호 엮음, 『한국사사전』, 청아출판사, 2003, 226쪽.

3선개헌은 그 동안 공화당내에서 파벌 간 대립의 형태로나마 유지되고 있던 당내 민주주의와 정당정치의 가능성을 잘라버리는 시발점이 되었다.[24] 따라서 3선개헌은 단지 대통령이 재선을 넘어서 한 번 더 대통령직을 수행한다는 것만을 의미하지 않고 권력엘리트 내에 있던 다원성이 무너져 내려서 권력이 오로지 한 사람에게만 집중되는 것을 의미했다.[25] 이는 3선개헌 직전 1968년에 있은 국민복지 사건을 통해서 확인되는데, 국민복지회 사건[26] 이후 김종필이 국회의원직을 사퇴하고 정계은퇴를 강요받은 것을 보면 알 수 있다. 박정희 정권은 일체 권력의 다원성을 부정하고 철저히 1인 독재지배체제를 구축하려고 했고 그렇게 3선개헌을 성공시켰으며 1970년대를 암흑으로 몰아갔다.

3. 개발동원체제의 구축

박정희 정권의 권위주의적 체제는 굴욕적 한일협정, 베트남파병, 제1, 2차 경제개발계획이라는 근대화전략으로써 그 물적 기초가 형성된다.

23) 이근호 엮음, 『한국사사전』, 청아출판사, 2003, 226쪽.
24) 김일영, 「1960년대 정치지형변화」, 『1960년대의 정치사회변동』, 백산서당, 1999, 349쪽.
25) 조희연, 『박정희와 개발독재시대』, 역사비평사, 2007, 111쪽.
26) 복지회사건이란 1968년 5월 24일 공화당내 김종필계 중간보스 김용태 등이 조직한 국민복지연구회가 김종필을 1971년 차기 대선후보로 추대하기 위한 비밀조직이었다고 하여 박정희가 이를 문제 삼았고, 이에 대응하여 김종필이 주요 책임자를 제명조치하고 스스로 정계은퇴한 사건이다(서중석, 『대한민국선거이야기』, 역사비평사, 2008, 154쪽). 국민복지회의 핵심멤버 김용태 측이 내어 놓은 국민복지회의 시국판단서에는 "현재의 정세판단으로 보아 박대통령의 3선을 위한 개헌공작은 필연적으로 대두할 것이며 우리는 이를 저지하기 위해 저지세력을 확보해야 할 결정적인 국면에 처해있다. … 1971년 선거에 있어서 우리들의 대안은 오직 김종필 의장이다"라고 되어 있었고, 국민복지회의 주요 멤버가 공화당에서 제명당하고 김종필이가 정계은퇴한 결과를 볼 때, 국민복지회 사건은 박정희 대 김종필의 권력게임에서 전자가 후자에게 가한 '정치적 내려치기'였다고 평가할 수 있다(김경재, 『혁명과 우상 2』(김형욱 회고록), 전예원, 1991, 226~229쪽.

1) 한일협정

이승만은 반일(反日)의 국부인 것을 자신의 정통성으로 삼는 지도자였고, 따라서 그의 일본과 교섭에 임하는 자세는 궁극적으로 경직된 것이었다.[27] 그러나 정권을 안정시킬 필요가 있었던 5·16군사쿠데타세력들에게 있어서는 한일국교정상화나 일본의 경제원조는 필수적인 것이었다.[28] 따라서 5·16군사쿠데타 이후 박정희 정권에 의해 1961년 10월 20일부터 진행된 제6차 한일회담은 이전과 다른 적극적 양상을 보였고 이어서 1964년 12월 제7차 회담에서 타결하고 그 다음 해 2월에 가조인, 6월 본조인, 12월에 비준되었다.

한일협정은 기본 조약과 4개의 부속협정으로 이루어져 있는데, 한일협정의 어디에도 일본이 사죄한다는 구절이 없었고 협정체결 후 발표된 공동성명에서도 이에 대한 언급은 없었던 만큼, 한일협정은 국교정상화가 가지는 본래의 목표 즉, 자주적인 입장에서 과거 일제식민지 지배를 청산한다는 의미를 상실한 것으로서 굴욕적인 외교협정의 성격을 가지는 것이었다.[29]

결국 36년간의 식민지 지배를 3억 달러 플러스알파(대일청구권문제에 대한 합의로서 일본이 한국에게 3억 달러를 무상제공하고 더불어 연리 35%에 7년 거치 20년 상환조건으로 2억 달러의 정부차관과 1억달러 이상의 민간상업차관을 제공한다는 내용)라는 헐값에 타결한 것으로서 졸속적이고 굴욕적인 협정이었다.[30]

27) 文京洙, 『韓国現代史』, 岩波新書, 2010, 111쪽.
28) 전재성, 「1965년 한일국교정상화와 베트남파병을 둘러싼 미국의 대한외교정책」, 『한국정치외교사논총』 제26집 제1호, 2004, 78쪽.
29) 한국현대사연구회 현대사연구반, 『한국현대사 3』, 풀빛, 1993, 88쪽.
30) 조희연, 『박정희와 개발독재시대』, 역사비평사, 2007, 63쪽.

이러한 상황을 배경으로 하여 한일회담 반대투쟁이 격렬하게 전개된다. 한일회담 반대투쟁은 당시 대일 비밀협상을 담당하고 있던 김종필이 1964년 3월로 협상이 타결될 것을 발표하면서 폭발적으로 전개되기 시작해서 1964년 6월 3일에 정점에 올랐고 6월 22일 한일협정이 정식으로 조인되는 것을 전후로 해서도 격렬한 시위로 전개된다. 이에 대응하여 박정희 정권은 6월 3일 비상계엄령 선포, 8월 26일 서울일원에 위수령 발동 등으로 시위를 폭력적으로 제압한다.

한일협정을 배경으로 한 한일국교정상화는 한 측면에서 한국의 반공정권을 안정시키고 자신의 경제적 부담을 경감시키려 했던 미국 측의 요구와 다른 측면에서 급격히 성장한 독점자본의 진출을 갈망하고 있는 일본 측의 요구 그리고 불안정한 정권기반을 외국으로부터의 경제원조에 의해 강화하려는 박정희 정권의 이해가 맞아 떨어진 결과였다.[31] 박정희 정권은 한일협정을 통해 대외적으로 한, 미, 일의 동북아 반공구도로써 대외적 동맹을 강화할 수 있었고 대내적으로 경제개발기금을 확보해서 강력한 권위주의적 개발동원체제의 물적 기반을 확보할 수 있었다.

2) 베트남파병

박정희 정권은 1964년 9월 11일에 의무요원 130여 명으로 구성된 이동외과 병원과 태권도 교관을 베트남에 파견하였고 이후 베트남파병은 공병부대를 포함한 비전투부대의 파병으로부터 전투부대의 파병으로 나아가면서 본격화하게 된다.

---

[31] 전재성, 「1965년 한일국교정상화와 베트남파병을 둘러싼 미국의 대한외교정책」, 『한국정치외교사논총』 제26집 제1호., 2004, 73쪽.

베트남파병에 대한 미국 측의 입장은 한편에서 1960년대 냉전의 와중에서 한국과 일본을 국교정상화를 통해 우호적으로 연결시켜 한국으로 하여금 일본의 경제지원을 받아 경제적 안정을 이룩함과 동시에 미국 측의 원조에 대한 부담을 더는 것이었고, 다른 한편 한국의 베트남파병을 통해 베트남전과 동남아시아에서의 도미노현상에 대처하려는 것이었다.[32]

반면 박정희 정권은 한국의 전투병력을 무기로 하여 한일국교정상화로 야기될 수 있는 한반도에서의 일본의 입지강화를 방지하고 미국의 계속적인 주둔을 보장받으면서 안보적, 경제적 이익을 극대화하려고 했다.[33]

베트남파병으로 인한 한국의 외환수입은 1966년부터 1970년까지 총 6억 2,000만 달러에 달했고 이 돈은 1967년에서 1971년까지 추진된 2차 경제개발 5개년계획의 핵심자원으로 쓰였는바, 그 만큼 베트남파병은 박정희 정권이 추진하던 경제개발에 물적 기반이 되었다.[34]

3) 근대화전략

박정희 정권의 1960년대 근대화전략은 제1, 2차 경제개발계획으로 나타난다. 제1, 2차 경제개발계획에서 드러난 근대화전략은 주요하게 세 가지로 요약될 수 있다.

첫째, 수출제일주의전략이다. 박정희 정권은 투자재원 부족으로 인

---

32) 전재성, 「1965년 한일국교정상화와 베트남파병을 둘러싼 미국의 대한외교정책」, 『한국정치외교사논총』 제26집 제1호, 2004, 84쪽.
33) 전재성, 「1965년 한일국교정상화와 베트남파병을 둘러싼 미국의 대한외교정책」, 『한국정치외교사논총』 제26집 제1호, 2004, 84쪽.
34) 조희연, 『박정희와 개발독재시대』, 역사비평사, 2007, 85쪽.

한 외화획득의 절박성, 기술력의 결여, 국내시장의 협소, 양질의 값싼 노동력이라는 비교우위의 활용 등을 이유로 노동집약적 경공업부문을 중심으로 한 수출지향정책을 공고화함을 통해 경제개발계획을 진행해 나간다.[35]

둘째, 차관경제전략이다. 외자도입은 경제개발의 성공과 실패를 좌우할 만큼 주요했는데 박정희 정권은 1차 경제개발계획 동안 투자에 필요한 자본을 국내저축 3.7% 해외저축 16.4%로 조달하려 했지만 각각 0.8%, 11.2%로 계획에 미치지 못하자 1차 5개년 계획에 드는 6억 8천만 달러가운데 63%인 4억 2천만 달러를 차관으로 도입하였고 이후 1969년까지 유무상차관은 모두 22억 9,000천만 달러에 달하였다.[36]

그러나 차관경제는 외국자본으로 하여금 차관을 제공하면서 그 돈이 쓰일 곳을 지정한다든지 자기나라의 낡은 시설이나 공급물자를 대신 도입할 것을 강요한다든지 하여 국내경제에서의 산업연관을 파괴시켜 한국자본운동에 심각한 문제를 일으키고 더 나아가서 외국자본에 대한 종속성을 심화시켜 국가경제의 자주적 발전을 막는 문제를 발생시켰다.[37]

셋째, 국가주도의 자본축적전략이다. 박정희 정권은 외국에서 자본을 가져와 기업에게 나누어 주거나 조세감면규제법을 마련하여 기업의 세금을 덜어주는 등 자본축적 과정에서 주도적으로 기여했다.[38]

박정희 정권의 근대화전략은 일면 제3세계의 평균 수준에서 성공적으로 평가될 수 있는 산업화 과정이기도 하다. 그러나 경제와 사회의

35) 김일영, 「박정희체제 18년: 발전과정에 대한 분석과 평가」, 『한국정치학회보』 제29집 제2호, 1995, 204쪽.
36) 역사학연구소, 『강좌한국근현대사』, 풀빛, 2003, 324~325쪽.
37) 역사학연구소, 『강좌한국근현대사』, 풀빛, 2003, 325쪽.
38) 역사학연구소, 『강좌한국근현대사』, 풀빛, 2003, 322~323쪽.

불균등과 불평등의 심화 과정으로서 공업과 농업의 불균등, 대기업과 중소기업의 불균등, 수출산업과 내수산업의 불균등, 지역적 불균등 그리고 소득분배의 불균등을 본질로 한다.[39)]

4. 검토

5·16군사쿠데타는 정치, 사회적 불안 내지 체제위기의 대안으로서 '혁명적'이라고 평가되기보다는 4·19 이후의 민주주의적 실험이 오히려 5·16 쿠데타에 의해 '저지'되었던 것으로 평가해야 한다. 이는 5·16 군사쿠데타세력이 취한 주요한 조치들에서 확인된다. 5·16군사쿠데타세력이 시행한 부정부패 척결이나 사회 정화 등은 쿠데타반대세력이나 진보세력 등을 권력에서 배제시키는 본질을 가지고 있고 이들이 주도한 「정치활동정화법」, 「반공법」, 「중앙정보부법」 등은 모두 국가의 통제를 강화시키기 위한 법으로써 권위주의적 지배체제를 형성하는 데 기여했다.

5·16군사쿠데타의 성공 후 박정희는 수차례에 걸쳐 민정이양을 번복하였고 자신의 집권에 유리하게 헌법개정을 함으로써 대통령중심제의 권력구조를 형성하였으며 종신적 독재지배체제를 위해 3선개헌까지 감행한다.

한편 박정희 정권은 권위주의적 개발동원체제를 위한 물적 기반을 위해 한일협정체결, 베트남파병, 1, 2차 경제개발계획을 수립한다. 한일협정은 자주적인 입장에서 과거 일제식민지배를 청산한다는 의미를 상실한 것으로써 굴욕적인 외교협정이었다. 베트남파병은 미국의 한국에 대한 계속적인 주둔을 보장받으면서 안보적 경제적 이익을 극대

---

39) 이국영, 「박정희정권의 지배구조」, 『역사비평』 통권 23호, 1993, 143쪽.

화시키려는 군사독재지배체제의 전략이었을 뿐이다. 그리고 제1, 2차 경제개발계획에 근거한 근대화전략은 수출제일주의 전략, 차관경제전략, 국가주도의 자본축적전략을 기초로 한 것으로서 군사지배체제의 물적 기초를 확보해주는 의미는 있으나 국가경제의 대외의존성 증가에 따른 종속성심화, 국가와 재벌기업 간의 정치적 결탁, 노동자들의 저임금이나 장시간 노동에 기반한 억압과 불균등 등의 문제를 초래하였다.

결국 박정희 정권은 군부세력의 안정적 지배구축을 위한 억압과 통제를 기본으로 하는 '반공적 권위주의적 지배체제'를 본질로 하고 있고, 국가가 위로부터 사회를 조직, 재편하여 아래로부터 동원을 이끌어 나가는 체제였던 점으로부터 '국가주도적 개발동원체제'였다고 평가할 수 있다.

제2절 1960년대 박정희 정권의 노동운동의 통제장치

1. 노동조합의 재편성을 통한 조직적 통제

1) 노동단체의 해산과 재건조직위원회의 구성

5 · 16군사쿠데타 정부는 포고령 제6호를 공포하여 모든 정당 및 사회단체를 1961년 5월 23일부로 해산시켰으며 동시에 정치성 없는 구호단체, 노동단체 및 종교단체는 국가재건최고회의에서 별도로 허가하는 소정의 절차에 의하여 1961년 5월 31일까지 재등록을 하라고 공고한다.[40] 이에 따라 155개의 단위노조와 22개의 연맹체가 기일 전에 등록

하지 못하였거나 유명무실한 조합이라는 이유로 해체되었고 4·19 이후 활발한 활동을 하고 있던 한국교원노조도 허가를 받지 못하여서 해체되는 등 노동조합활동에 심각한 단절을 가져왔다. 박정희 정권의 이러한 조치들은 노동조합의 자주성, 노동조합의 자유설립주의를 정면으로 훼손한 것이었다.

그 후 1961년 8월 3일 「근로자의 단체활동에 관한 임시조치법」이 공포된다. 이는 노동조합의 설립절차에 있어서 신고증을 교부함으로써 노동조합활동을 할 수 있게 하는 것으로 노동조합의 사실상의 허가주의를 채택한 것이었다. 그런데 이와 때를 같이하여 보건사회부장관의 담화문이 발표되는데, 그 담화문의 내용은 첫째, 노동조합을 재편성함에 있어서 과거의 연맹체제를 혁신, '전국 단일 산업별체제의 노동조합 재건'을 목표로 한다는 것이고 둘째, 노동조합의 간부가 될 사람을 제한하는 방침을 정한다라는 것이었다.[41]

---

40) 한국노동조합총연맹, 『한국노동조합운동사』, 1979, 569쪽.

41) 「근로자의 단체활동에 관한 임시조치법 공포에 제하여」라는 8월 4일자 보건복지부 장관의 담화문의 내용은 다음과 같다.
"노동조합을 재편성함에 있어서는 종래의 폐단인 노조상호 간의 반목, 마찰, 분파작용 등을 피하고 대동단결하기 위하여는 군소노조의 난립보다는 전국 단일 산별노조가 필요한 것으로 절감하는 바이오니 근로자여러분은 누구보다도 여러분 스스로의 경험에 비추어 합리적이며 발전적인 단체로서의 노조의 재건을 요망하는 바입니다. 재건된 노조가 순수한 노조활동을 통하여 근로자의 복지향상을 기하려면 그 운영에 당하는 지도인물 여하에 달려있는 문제인 만큼 앞으로 노조간부될 사람은 적어도 다음 해당자는 스스로 물러나야 할 것입니다. ① 종전에 각 정당의 중앙위원 이상 및 예하 각급 당간부 정, 부책임자급에 있던 자 및 당직을 갖고 노동단체를 정치적으로 이용하여 고유의 조합활동에 좋지 못한 영향을 미친 자 ② 종전 조합활동에 있어 회사에 어용화하여 조합고유의 활동과 조합원의 권익에 해를 끼친 자 ③ 노동조합 간부로서 조합원의 의사를 무시하고 독재를 하거나 조합활동을 통하여 사리를 추구한 자 ④ 민주적인 조합활동을 떠나 파벌과 반목을 일삼아 사회를 불안케 하고 산업발전을 저해한 자 ⑤ 과거 용공운동에 관여한 자 ⑥ 병역 미필자 ⑦ 공민권이 박탈된 자 ⑧ 반혁명적인 언동을 하는 자 ⑨ 사이비노동자, 기타 노조간부로서 부적당하다고 인정되는 자입니다"(한국노동조합총연맹, 『한국노동조합운동사』, 1979, 587쪽).

그리고 그 이튿날로 5·16군사쿠데타 정부는 산업별 노조조직 책임자를 지명, 9인위원회라 불리는 '한국노동단체 재건 조직위원회'를 발족시켰고 9인위원회는 1961년 8월 6일과 9일의 두 차례의 회합에서 반공태세를 강화하고 재건조직위원회의 지도하에 산업별 단일 조직체계를 확립한다는 내용의 '노동운동의 기본 정책'과 '재건조직요강'을 수립하는 동시 15개 산업별노동조합 재건 조직위원을 지명하였다.[42] 9인위원회의 노동운동의 기본 정책은 ① 반공태세의 강화와 자주경제확립에 의한 민주적 국토통일 ② 노동자의 기본권리 수호와 생활 수준의 향상 ③ 정치적 중립과 조합재정의 자립 ④ 교육과 문화향상의 실천 ⑤ 국가산업의 발전 ⑥ 기간산업의 공유화와 산업의 민주화 ⑦ 국제적 유대강화와 세계평화의 공헌 등이었고, 재건조직요강은 ① 재건위원회의 지도하에 각급 노동단체를 조직 ② 용공 및 반혁명분자를 발본배제 ③ 산업별 단일조직체 확립으로 조직의 난맥과 무질서한 노동쟁의방지 ④ 재정자립 ⑤ 정치적 중립 ⑥ 어용, 사이비노동단체 및 노동지도자의 철저한 제거 ⑦ 경비절감 ⑧ 국제노동단체와의 유대강화 등을 내용으로 하고 있다.[43]

기본 정책의 중요내용의 특징은 첫째, 반공태세의 강화가 이승만 정권 시기부터 지속적으로 노동운동의 기본 정책으로 등장하고 있다는 점이고 둘째, 정치적 중립이 강조되어 이승만 정권 시기 노동조합이 정권의 기간단체화되어 어용화되었던 점에 대해 비판을 하고 있다는 점이다. 재조직 요강에서는 5·16군사쿠데타 정부의 입장처럼 산업별 단일 조직체의 확립을 기본 목표로 하고 있는데, 이는 다수의 노동조합의 존재가 마치 기존의 노동조합활동을 저해한 것처럼 이해하고 있는 것

---

[42] 한국노동조합총연맹, 『한국노동조합운동사』, 1979, 571쪽.
[43] 이원보, 『한국노동운동사 5(경제개발기의 노동운동: 1961~1987)』, 지식마당, 2004, 112쪽.

과 같아서 조합자유설립주의에 반하는 문제점이 엿보인다.

2) 한국노동조합총연맹의 결성과 조직분규

한국노동단체 재건 조직위원회로부터 조직위촉을 받은 전국단위의 각 산업별노동조합 재건 조직위원회는 재건 조직활동을 신속히 전개하여 1961년 8월 16일부터 8월 25일까지 11개의 전국단위 산업별노동조합의 결성대회를 개최, 설립신고를 완료하였고[44] 1961년 8월 30일, 31일 서울 용산에 소재한 교통부우회관에서 11개 산별에서 선출한 대의원 80여 명 중 78명이 참가하여 한국노동조합총연맹을 결성하였다.[45] 애초에 계획했던 것은 15개의 산별노조의 결성이었으나 전력, 부두, 연합, 출판 등 4개 노동조합은 9월 이후로 미루어져 11개 산별노조만이 전국 중앙조직 결성대회에 참가하게 된다.[46]

한국노동조합총연맹의 선언, 강령, 결의문을 검토해 보면 첫째, 「선언」에서 "모든 부패와 구악을 일소하고 국가민족의 번영을 기약하는 군사혁명의 성스러운 봉화를 선두로 우리들 노동자는 견고한 단결과 피 끓는 동지애로서 민주주의 원칙하에 산업부흥의 주도성을 확보하고 국가재건에 전력을 다하여 근로대중의 복지사회건설을 이룩하고자 한다"라고 하여 5·16군사쿠데타를 "성스러운 봉화" 등으로 칭송하는 등 군사정부에 밀착된 태도를 보이고 있으며 둘째, 「강령」에서 "우리들은 반공체제를 강화하고 자주경제확립으로 민주적 국토통일을 기한다", "우리들은 정치적 중립과 재정의 자립으로 민주노동운동의 발전을

---

[44] 한국노동조합총연맹, 『한국노동조합운동사』, 1979, 575쪽.
[45] 한국노동조합총연맹, 『한국노동조합운동사』, 1979, 573쪽.
[46] 이원보, 『한국노동운동사 5(경제개발기의 노동운동: 1961~1987)』, 지식마당, 2004, 115쪽.

기한다'라고 하여 재건조직위원회의 노동운동의 기본 원칙과 동일, 과거 이승만 정권 시기의 노동조합이 정권의 기간단체화되었던 것을 경계하고 있다. 셋째, 결의문의 내용은 "5·16군사혁명을 전폭 지지하며 혁명과업완수에 총력을 경주한다", "경제5개년 계획의 현실적인 재검토와 철저한 실천을 요청한다", "노동쟁의의 평화적 해결로서 산업평화 유지에 노력한다. 이러한 노력의 방법으로 경영협의회제도의 법제화를 주장한다", "반공체제를 강화하고 민주적 국토통일을 위하여 총력을 경주한다"이다. 결의문의 주요한 내용은 5·16군사쿠데타에 대한 지지의 원칙하에 반공체제강화를 강조하고 있고 더불어 경영협의회제도를 강조함으로써 노사협조주의를 표방하고 있다.

그런데 「근로자의 단체활동에 관한 임시조치법」이 공포되어 노동조합활동이 다시금 허용되자 노동조합의 재조직을 둘러싸고 노조간부들이 두 파로 분립되는 상황이 나타난다. 재건조직위원회가 보사부장관이 발표한 노동조합재조직원칙을 지지하면서 각급 노조조직을 지도하겠다는 성명을 내자 최고회의 포고령 제6호에 의해 해산되기까지 한국노련 의장으로 있던 김말룡 측에서 "노동조합의 재조직은 자율적이고 민주적으로 재건되어야 하는 것"이라고 주장하면서 8월 5일 '전국노동단체 재조직 연락위원회'를 구성한 것이다.[47] 1963년 2월 4일에는 한국노련의 임시의장이던 김말룡과 중앙운영위원이던 김대연이 공동으로 '노총창립대회결의 무효확인청구소송'을 제기했고 동시에 두 사람은 성명서를 통하여 "1961년 8월 3일자 근로자단체활동에 관한 임시조치법을 공포하여 노동운동의 합법성이 보장되었음에도 불구하고 보건사회부 당국은 법의 정신과 취지에 반하여 몇몇 특정인을 지명, 관권으로서 하향식 조직을 강행하였다"고 주장하였으며 더불어 "관제 어용화한 현

---

[47] 한국노동조합총연맹, 『한국노동조합운동사』, 1979, 578쪽.

노총의 불법성이 고질화할 가능성이 농후하여 법의 심판을 받아야 한다"라고 호소하였다.[48] 더 나아가서 이들은 새로운 노동조합연합체의 결성을 서둘렀고 1963년 2월 17일 한국노동조합총연합회(약칭 한국노련) 결성 준비대회를 열게 된다. 한국노련은 결성준비대회를 마치자마자 본격적인 하부단위조직에 착수하였고 1963년 3월 10일 근로자의 날에도 따로 기념대회를 거행할 정도였다.[49]

하지만 1963년 4월 17일 노동조합법이 개정 공포됨으로써 한국노련은 좌절하게 된다. 개정 노동조합법은 1953년의 노동조합법과 달리 노동조합설립의 허가주의(노조법 제13조 및 제15조)와 기존 노동조합의 정상적인 운영을 저해하는 조직은 불허한다는 복수노조금지(노조법 제3조 제5호)를 규정하고 있어서 제2의 조직은 존립할 수 없게 되어 있었기 때문에 한국노련계의 노동조합은 관계 당국으로부터 신고증도 교부받지 못하고 사회단체등록도 하지 못한 채 불법노조로 규정되고 만다.[50] 1963년 12월 민정이양에 즈음하여 한국노련계 노동조합활동이 다시 일시적으로 고개를 들고 일어나지만 관계 당국의 불허와 한국노총의 강력한 제압으로 정지되었고, 결국 전 한국노련 임시의장 김말룡 외 1명이 한국노총을 상대로 한 '노총창립대회 결의 무효확인 청구소송'이 김말룡의 계속된 공판불출석으로 인해 기각 처분됨으로써 실질적으로 그 다툼이 막을 내리게 되어서 한국노총은 한국에서 유일한 노동조합중앙조직으로 남게 된다.[51]

결국 5·16군사쿠데타 정권은 철저하게 군사정권이 지명한 한국노동단체 재건조직위원회가 주체가 되어 하향식으로 노동조합을 구성하

48) 한국노동조합총연맹, 『한국노동조합운동사』, 1979, 579쪽.
49) 한국노동조합총연맹, 『한국노동조합운동사』, 1979, 580~581쪽.
50) 한국노동조합총연맹, 『한국노동조합운동사』, 1979, 581쪽.
51) 한국노동조합총연맹, 『한국노동조합운동사』, 1979, 582쪽.

려 했고 이는 노동운동에 대한 조직적 차원에서의 통제와 억압으로 평가된다.

3) 검토

5·16군사쿠데타 정부에서의 노동조합의 재조직 과정은 노동자들의 자주적인 결정과 민주적인 절차를 철저히 무시한 채 진행된 것으로써 군사정부가 마련한 방침과 의지대로 자신들이 지명한 9인위원회에 의해 재조직이 추진된 하향식의 조직방식에 의한 독점적 산업별 노동조합으로의 재조직이었다.[52] 노동조합의 설립원칙은 자유설립주의가 원칙이고 이러한 자유설립주의에 대한 거부는 군사정부가 노동자의 노동운동을 자신의 의지대로 권위주의적으로 통제하려고 하는 것에 기인한다.

하지만 군사정권의 노동조합에 대한 권위주의적 통제가 왜 산업별 노동조합으로 구체화되었는지가 문제가 된다. 산업별노동조합체제는 기업보다 범위가 넓은 산업별단위로 노동조합이 조직되는 방식이기 때문에 개별사용자와의 결합이나 유착이 없어서 노동관계입법이나 노동정책, 기타 근로조건 개선에 있어서 치열하기 때문에 개별사용자뿐만 아니라 국가권력과도 대립할 여지가 많고 훨씬 급진적 성향을 띠기 쉽다.[53]

그렇다면 왜 군사정권은 노동조합의 재조직에 있어서 산업별노동조합을 선택하였을까? 이에 대해서는 독일의 산업별조합체제가 한국노총체제 및 노사관계정책의 모델이 되었을 수 있다[54]고 하는 지적이 있

---

52) 이원보, 『한국노동운동사 5(경제개발기의 노동운동: 1961~1987)』, 지식마당, 2004, 134쪽.
53) 이원보, 『한국노동운동사 5(경제개발기의 노동운동: 1961~1987)』, 지식마당, 2004, 109쪽.

고 다른 한편 군사정권이 산업별노동조합이 지니고 있는 하나의 특성인 중앙집권적 조직으로서의 산하조직에 대해 강한 통제력을 행사할 수 있다는 데 초점을 두었기 때문이라고 보는 입장이 있다.[55] 이 문제를 해결하기 위해서는 전통적으로 산업별노동조합체제하에 있는 독일과 우리나라의 산업별노동조합을 비교해 볼 필요가 있다.

독일노동총동맹(DGB)과 한국노총을 비교할 때 그 유사점은 독일노동총동맹이 거의 전 산업을 포괄하는 16개의 단위산업별노동조합을 질서정연하게 결집하면서 압도적인 조직세를 보이는 점이다.[56] 그러나 독일노동총동맹은 한국노총체제와는 분명히 다르다.

첫째, 독일노동총동맹이 매우 강력한 통일조직으로 형성된 것은 노동조합의 자주적인 선택에 의해서였지만 한국노총체제는 군사정부의 지명에 의한 9인위원회가 그 조직을 결성하였다는 점에서 다르다.[57] 둘째, 독일노동총동맹 산하에는 단위조직, 즉 기업 내 조직을 두고 있지 않아서 기업 내에 조합활동가가 있을지라도 그들의 활동은 어디까지나 조합의 내부활동에 관해서 활동할 뿐 그들이 사용자와 교섭에 등장하는 일은 없지만[58] 한국노총은 기업 내 조직을 두고 있고 1960년대의 단체교섭은 소수의 예외를 제외하고는 오히려 기업별로 이루어지는 것이 실상이었다.[59] 셋째, 독일의 경우 노동조합체제나 노사관계의

54) 최장집, 『한국의 노동운동과 국가』, 열음사, 1988, 41쪽.
55) 이원보, 『한국노동운동사 5(경제개발기의 노동운동: 1961~1987)』, 지식마당, 2004, 111쪽.
56) 김삼수, 「1960년대 한국의 노동정책과 노사관계」, 『1960년대 한국의 공업화와 경제구조』, 백산서당, 1999, 216쪽.
57) 김삼수, 「1960년대 한국의 노동정책과 노사관계」, 『1960년대 한국의 공업화와 경제구조』, 백산서당, 1999, 217쪽.
58) 김삼수, 「1960년대 한국의 노동정책과 노사관계」, 『1960년대 한국의 공업화와 경제구조』, 백산서당, 1999, 217쪽.
59) 김삼수, 「1960년대 한국의 노동정책과 노사관계」, 『1960년대 한국의 공업화와 경제구조』, 백산서당, 1999, 221쪽.

행동이 법률에 의해 전혀 강제되고 있지 않아서 노동조합의 설립과 활동은 자유이고 쟁의권은 헌법상 보장되어 있지 않음에도 불구하고 그것을 제한, 금지하는 법률은 현실적으로 존재하지 않지만[60] 한국의 경우는 노동조합체제나 노사관계의 행동이 법률에 의해 강제(노동조합의 설립신고제도, 복수노조금지 등)될 뿐만 아니라 쟁의권을 제한, 금지하는 법률이 다기하게 존재하고 있다.

이렇게 독일노동총동맹과 한국노총은 양자의 차이점이 확실하므로 독일의 산업별조합체제가 군사정부의 노사관계 정책의 모델이 되었다고 지적하는 주장은 타당하지 않다. 따라서 산업별노동조합이 지니고 있는 하나의 특성인 중앙집권적 조직으로서 산하조직에 대해 강한 통제력을 가지는 장점으로부터 산하조직을 효율적으로 통제할 수 있도록 하기 위해 산업별 노조체제로 조직을 편성하였던 것으로 보인다.

그러나 주의할 것은 산업별 노조로의 재편성이 상급단위 노조에 대한 군사정부권력내의 포섭으로까지 이어지는 실질성을 갖춘 것이 아닌, 다만 재편 시기의 일시적 형식상의 포섭(노동조합이 세력화되는 것을 막는 예방적 차원의 포섭의 정도)일 뿐이었다는 것이며 이는 '산하지부의 대표자도 단체교섭할 수 있는 권한이 있다'는 규정(노조법 제33조 제2항) 및 대부분의 단체교섭이 기업 단위에서 이루어지고 있는 현실에서 확인된다. 즉, 우리나라에서의 산업별 노조체제는 진실한 산별노조체제가 아닌 사실상 유사산업별 기업별노동조합체제라고 명명할 수 있겠고[61] 박정희 정권이 산별조직으로 노동조합을 재조직한 것은 기업별 노조에서 발생하는 노조의 대립문제와 노조통제가 쉽지 않다

---

[60] 김삼수, 「1960년대 한국의 노동정책과 노사관계」, 『1960년대 한국의 공업화와 경제구조』, 백산서당, 1999, 217쪽.

[61] 김삼수, 「1960년대 한국의 노동정책과 노사관계」, 『1960년대 한국의 공업화와 경제구조』, 백산서당, 1999, 216쪽.

는 점(일본의 기업별 노조에서 주로 드러나는 문제임)을 고려하여 잠정적으로 중앙통제적 산별노조체계로의 전환을 한 것으로써 노동운동에 대한 효율적 통제를 위한 통제장치였을 뿐이다.

2. 1960년대 집단적 노동관계법의 개정을 통한 통제

1961년 5·16군사쿠데타 정부는 계엄과 포고령으로 통치하다가 그해 6월 국가재건비상조치법을 제정, 공포하여 혁명과 업무수행에 지장이 없는 범위에서만 기본권을 보장하여 당시의 헌법(제2공화국 헌법)은 비상조치법에 위배되지 않는 범위 내에서만 효력이 유지되었고 노동법은 포고령 제6호에 의해 효력이 정지되는가 하면 모든 정당 및 사회단체해산명령에 따라 기존 노동조직은 해체된 상태였다.[62] 그 후 1962년 12월 헌법개정에 의해 노동삼권 조항은 일반 근로자의 경우 법률유보조항을 삭제하여 자주적인 것으로 규정, 제29조에서 "근로자는 근로조건의 향상을 위하여 자주적인 단결권, 단체교섭권 및 단체행동권을 가진다"라고 하였고, 반면 공무원의 노동삼권을 제한함으로써 종래 공무원법 등의 실정법규에 의해 규제되던 것이 헌법상 명문화되었으며, 한편 명목상의 조항이었던 이익균점권조항은 삭제되었다.[63]

신헌법에 따른 국회의 구성과 개원(1963년 12월 17일)이 있기 전 국가재건최고회의에서 1961년 4월 근로기준법개정이 있었고 1963년 4월 노동조합법, 노동쟁의조정법 등의 전면개정이 있었다. 따라서 집단적 노동관계법은 5·16군사쿠데타 정권하의 노동통제정책하에서 박정희가 신헌법에 의해 대통령으로 당선되기 전에 이미 새로이 구축된다.

---

[62] 신인령, 「한국노동법의 제 문제」, 『노동인권과 노동법』, 녹두, 1996, 107쪽.
[63] 신인령, 「한국노동법의 제 문제」, 『노동인권과 노동법』, 녹두, 1996, 107~108쪽.

1960년대 집단적 노동관계법의 주요 개정은 첫째, 「노동조합법」의 경우 제1차 개정(1963년 4월 17일 법률 제1,329호)과 제2차 개정(1963년 12월 7일 법률 제1,481호)로 나타난다. 둘째, 노동쟁의조정법의 경우 제1차 개정(1963년 4월 17일 법률 제1,327호), 제2차 개정(1963년 12월 7일 법률 제1,483호), 제3차 개정(1963년 12월 16일 법률 제1,606호)으로 나타난다.

1963년의 집단적 노동관계법의 개정의 특징은 첫째, 노동조합의 조직과 운영에 관하여 국가의 개입을 강화하려는 방향을 취하고 있었고 둘째, 노동쟁의의 해결에 국가기관이 개입하여 이를 규제함으로써 노동쟁의를 폭넓게 제한하고 있는 등 전반적으로 국가기관의 개입과 통제를 강화함으로써 근로자의 단결 및 단결의 목적활동을 제한하여 근로자의 기본권 보장의 정신과 괴리되는 한계가 존재하였다.[64]

1) 노동조합법의 개정 내용

(1) 단결의 자격요건 강화와 통제

1960년대 박정희 정권하에서의 집단적 노동관계법의 개정 내용 중 가장 특징적인 것은 단결의 요건을 강화하면서 단결에 대한 통제를 강화하고 있다는 것이고 그 대표적인 조항이 노동조합법[65] 제3조 제5호 복수노조금지 조항의 신설이다.

노동조합의 정의를 규정한 노동조합법 제3조에서 노조의 결격사유의 하나로 "조직이 기존 노동조합의 정상적인 운영을 방해하는 것을 목

---

64) 하경효, 「한국노동법제에 관한 사적고찰」, 고려대학교대학원 석사학위논문, 1976, 92~93쪽.
65) 이하 '노조법'이라 한다.

적으로 하는 경우" 노동조합이 될 수 없다고 하는 규정을 설치하고 있는 것이다. 이 규정은 해석상 선의의 제2노조의 존재 가능성이 보장되고 다만 기존의 성실노조를 파괴하려는 제2노조(어용노조) 출현을 억제하려는 입법취지로 해석하여 위헌성을 면할 수 있다고 해석할 수 있지만[66] 헌법상의 단결권은 근로자가 국가나 사용자의 부당한 개입이나 간섭을 받지 않고 근로조건의 향상 등을 목적으로 한 단체를 자주적으로 결성할 권리이다. 그 권리는 당연히 어떠한 형태의 단결이든 자유롭게 선택하여 조직, 가입할 수 있는 것으로써 그 선택은 전적으로 개별근로자 및 노동단체가 자율적으로 결정할 사항이다.[67] 따라서 복수노조금지 규정은 '단결선택의 자유'를 침해하기에 위헌이다.

한편 노조법 제13조 제1항과 제15조에 의해 "노동조합을 설립하고자 할 때에는 다음 각 호의 사항을 기재한 신고서에 규약을 첨부하여 서울특별시장, 부산시장, 또는 도지사(이하 '행정관청'이라 한다)에게 제출하여야 한다"라고 하거나 "행정관청은 제13조 제1항의 규정에 의한 설립신고서를 접수한 때에는 각령이 정하는 바에 의하여 신고증을 교부하여야 한다"라고 규정하고 있다.

이는 행정관청의 신고증발부에 의해서만 노조가 인정된다고 하는 사실상의 '설립허가주의'를 지향하는 것으로서 자주성, 목적성, 단체성의 요건을 충족하면 노동조합이 설립된 것으로 보는 헌법의 태도에 반한다. 노동조합의 설립신고제도는 노동조합의 요건을 갖추지 못한 노동조합을 사전에 배제함으로써 사업장 내 노사관계의 불필요한 혼란을 방지하고 행정관청에 의한 심사를 하도록 함으로써 효율적인 노동행정을 가능케 하는 등의 긍정적인 측면도 있다고 한다.[68] 그러나 노

---

66) 신인령, 「한국노동법의 제 문제」, 『노동인권과 노동법』, 녹두, 1996, 124쪽.
67) 신인령, 「한국노동법의 제 문제」, 『노동인권과 노동법』, 녹두, 1996, 124쪽.

조설립신고가 행정관청의 신고증교부와 결부되면 노조설립에 대한 행정관청의 심사가 '실질적 심사'로 나아갈 수밖에 없고 억압적, 통제적 노동정책하에서는 노동조합의 설립에 국가의 개입 내지 통제가 작용하여 어용조합의 설립유도라는 방향으로 이용되어 '단결권침해'의 문제가 제기된다.

(2) 단체교섭권의 주체와 통제

1953년 노동조합법에서는 협약의 단위를 기업 내의 단위로 한정했던 규정이 존재하여 구노조법 제35조에서 "단체협약체결은 공장, 사업장 기타 직장 단위로 한다"는 규정이 있었으나 이 규정이 삭제되었다는 측면에서는 긍정적이다. 그러나 노조법 제33조 제1항에서 "노동조합의 대표자 또는 노동조합으로부터 위임을 받은 자는 그 노동조합 또는 조합원을 위하여 사용자나 사용자단체와 단체협약의 체결 기타의 사항에 관하여 교섭할 권한이 있다"라고 하면서 제2항에서 "전항의 규정에 의한 노동조합의 대표자에는 전국적인 규모를 가진 노동조합의 산하지부의 대표자도 포함한다"라고 하여 전국규모의 노조의 경우 그 산하지부의 대표자에게도 단체교섭권을 인정하여 사실상 산업별 노조조직형태에서 벗어난 유사기업별 노조조직형태를 지향하고 있다.

한편 노조법 제33조 제4항에서는 "노사협의회의 대표자는 제1항의 규정에 의한 단체교섭의 대표권을 위임받은 것으로 본다"라고 하여 노사협의회를 통한 단체교섭을 가능케 하여 헌법상의 단체교섭권을 약화시키고 노사협조주의에 기반한 노사협의제로 방향 지우려는 한계가 존재하였다.

---

68) 이승욱, 「노동조합설립신고제도의 문제점과 대안의 모색」, 『노동정책연구』 제10권 제1호, 한국노동연구원, 2010, 152쪽.

(3) 노조의 기구 및 운영에 대한 통제

1953년 구노조법 제13조(규약의 취소 변경)에는 "노동조합규약이 법령에 위반하거나 공익을 해할 경우에는 행정관청은 노동위원회의 결의를 얻어 그 취소, 변경을 명할 수 있다"라고 되어 있었고 제19조(결의의 취소, 변경)에서는 동일하게 공익을 해할 경우 행정권청이 노동조합의 결의를 취소, 변경 할 수 있다고 하였으며 또한 노동조합의 해산명령과 관련해서는 '공익을 해하였을 경우'에 행정관청이 노동위원회의 의결을 얻어 해산명령할 수 있도록 규정하고 있었다.

그러나 이 규정은 '공익을 해할 경우'라는 규정이 규약의 제정이나 노동조합의 결의 등 노동조합활동 시 행정관청의 자의적인 개입을 광범위하게 일으킬 소지가 많아서 단결권에 대한 국가의 개입 내지 침해로서 문제가 제기되었다.

그런데 이러한 규정이 1963년 4월 개정법에서 더욱 개악되었는데, 노조법 제16조(규약의 취소, 변경)에서 "노동조합의 규약이 법령에 위반하거나 공익을 해할 염려가 있는 경우에는 행정관청은 노동위원회의 의결을 얻어 그 취소 또는 변경을 명할 수 있다"라고 규정하거나 제21조(결의의 취소, 변경)에서 "행정관청은 노동조합의 결의가 노동관계 법령에 위반하거나 공익을 해할 염려가 있다고 인정하는 경우에는 노동위원회의 의결을 얻어 그 취소 또는 변경을 명할 수 있다"라고 규정하고 있으며 동일하게 '공익을 해할 염려가 있는 경우'까지 행정권청이 노동위원회의 의결을 얻어 해산명령 할 수 있다고 규정하고 있다.

문제는 과거법에서 '공익을 해할 경우'에 행정관청이 개입할 수 있도록 하고 있는 데 대하여 1963년 법에서는 '공익을 해할 염려가 있는 경우'까지도 행정관청이 노동조합활동에 개입할 수 있어서 1953년의 노조법보다 더욱더 행정관청의 자의에 의한 개입의 여지가 확대되었다.

(4) 정치활동에 대한 통제

1953년 구노조법상의 정치활동의 규제조항은 제24조(정치자금의 징수, 유용)에서 "노동조합원으로부터 정치자금을 징수할 수 없고 노동조합기금은 정치적 자금에 유용할 수 없다"고 규정하고 있었다. 구노조법에서는 정치자금징수와 유용만을 금지하고 있었다. 그러나 1963년 4월 개정법에서는 제12조(정치활동의 금지) 제1항에서 "노동조합은 공직선거에 있어서 특정 정당을 지지하거나 특정인을 당선시키기 위한 행위를 할 수 없다"고 하여 공직선거와 관련한 정치활동 금지 규정을 두어 정치활동에 대한 규제를 강화하였다.

이승만 정권 시기에 대한노총의 비자주적 정치기구화의 문제는 단지 '정치성'만의 문제가 아닌 노동자들이나 노동조합의 자주성에 기초하지 않았던 정치성의 문제[69]였던 만큼 노동조합활동에서 일체의 정치성을 배제하려는 시각은 문제가 있다. 노동조합은 근로자의 경제적 사회적 지위향상을 주된 목적으로 하는 단체이지만 근로자의 경제적 사회적 지위향상은 정치적 지위향상과 밀접한 관계에 있기 때문에 필연적으로 정치활동을 부수적으로 수행할 수밖에 없다.[70] 노조법 제12조는 그 제목과는 달리 모든 정치활동을 금지한 것이 아니라 다만, 공직선거에서 특정 정당 또는 특정인 당선운동 그리고 조합원으로부터의 정치자금징수와 조합기금의 정치자금유용이라는 두 가지 면에서의 정치활동을 제한하고 있을 뿐이지만 이와 같은 제한은 관련 선거관계법이나 정치자금에 관한 법률에 의해 금지되면 될 뿐이므로 군이 노조법에 규정할 필요도 없고 규정할 성질도 아니기에 문제가 있다.[71]

[69] 유혜경, 「이승만정권시기의 노동운동과 노동법」, 『노동법학』 제30호, 2009, 138쪽.
[70] 신인령, 「한국노동법의 제 문제」, 『노동인권과 노동법』, 녹두, 1996, 133~134쪽.
[71] 신인령, 「한국노동법의 제 문제」, 『노동인권과 노동법』, 녹두, 1996, 134쪽.

나아가서 민주주의와 산업혁명의 모국인 영국의 경우 노동당이 노조의 정치헌금과 노동자의 지지를 기반으로 국정을 담당하고 있고 일본의 혁신계 정당 또한 노동조합을 기반으로 하고 있으며 우리나라의 보수정당들이 자본가단체인 전경련의 지원을 받거나 유력한 독점기업의 자금지원을 지원받고 있는 것을 고려해 본다면, 유독 노동조합만이 자기를 정치적으로 대변하는 정당을 지지할 수 없다는 것은 문제이다.[72] 따라서 노조법에 이러한 정치활동 금지규정을 둔 것은 노동조합활동에서 정치활동을 철저히 배제시키려고 하는 조합통제정책의 일환이라고 평가할 수밖에 없다.

(5) 노사협의회 설치 의무화를 통한 통제

1963년 4월의 개정법에서 주요한 특징은 '노사협의회'의 설치를 의무화하고 있는 것인데, 노조법 제6조에서 "사용자와 노동조합은 노사협조를 기하고 산업평화를 유지하기 위하여 노사협의회를 설치하여야 한다"라고 규정하고 있다.

헌법의 노동삼권규정은 노사대립의 구조를 전제한 속에서 집단적 힘의 결집에 기초한 노사대등을 통해 근로조건 개선이나 근로자의 사회, 경제적 지위향상을 그 방향으로 한 것으로써 노사화합이나 협조를 본질로 하는 노사협의회와는 그 본질이 다르다. 개정법은 노조법에 노사협의회의 설치를 의무화하여 단결권에 기초한 단체교섭제도를 노사협의회 제도로 변질시키고자 하는 방향에 서 있다. 따라서 단결권에 기초한 단체교섭권을 노사협조로 변질시키려는 본질을 가지는 만큼 단결권 및 단체교섭권에 대한 제한, 통제의 모습을 보여주고 있다.

---

[72] 한상범, 『살아있는 우리 헌법이야기』, 삼인, 2005, 242쪽.

그 외 1963년 4월의 개정노조법의 내용은 회계감사를 6월에 1회 이상 하여야 한다(제25조 제1항)라고 한 것, 형사면책규정을 명문화한 것(제2조), 사용자의 부당노동 행위유형을 2개조(노조활동에 대한 간섭과 불이익행위)로 규정하였던 구법으로부터 4개조(불이익행위, 황견계약, 단체교섭거부해태, 지배개입)로 확대 강화한 것(제39조), 부당노동행위에 대한 처벌주의에서 원상회복주의(구제명령)로 변화한 것(제39조 내지 제44조), 노동조합이 당해사업장 근로자의 2/3 이상을 대표하고 있을 때 근로자가 그 노동조합의 조합원이 될 것을 고용조건으로 하는 단체협약의 체결, 즉 유니온 숍 조항이 부당노동행위가 되지 않는다는 유니온 숍 조항을 인정한 것(제39조 제2호 단서), 노동조합의 임시총회 소집권자를 행정관청이 지명할 수 있도록 한 것(제35조 제1항)이 존재한다.

2) 노동쟁의조정법의 개정 내용

(1) 쟁의행위에 대한 제한, 통제

첫째, 노동쟁의조정법[73] 제12조 제1항에 의해 "쟁의행위는 그 조합원의 직접, 무기명투표에 의한 과반수의 찬성으로 결정하지 아니하면 이를 행할 수 없다"라고 하여 쟁의행위 요건으로 조합원의 직접, 무기명투표에 의한 과반수찬성을 의무화했고, 제2항에 의해 "전국적인 규모를 가진 노동조합의 산하노동단체가 쟁의행위를 하고자 할 때에는 전항의 규정에 의한 절차를 거쳐 소속 노동조합의 승인을 얻어야 한다"라고 하여 쟁의행위 시 상부노조의 사전승인제를 도입, 상부노조에 의

---

[73] 이하 '노쟁법'이라 한다.

한 쟁의행위 통제를 강화하고 있다.

둘째, 1963년 12월의 재개정시에는 노쟁법 제16조에서 쟁의에 대한 노동위원회의 적법판정제가 도입되었다. 노쟁법 제16조는 "① 노동쟁의가 발생한 때에는 관계당사자는 각각 지체 없이 이를 행정관청과 노동위원회에 신고하여야 한다. ② 노동위원회는 전항에 의한 노동쟁의의 신고가 있는 때에는 지체 없이 그 적법의 여부를 심사하여야 한다. ③ 노동위원회는 전항에 의한 심사결과 쟁의가 적법한 것이 아니라고 판정한 때에는 이를 각하하여야 한다. ④ 전항에 의한 각하는 제1항의 신고가 있은 날로부터 5일 이내에 이를 행하여야 한다"라고 규정하고 있다.

노동위원회에 의한 쟁의적법판정제는 그것이 행정관청에 의한 것이 아닌 노동위원회라는 전문적인 기관에서 하는 것이지만 그 전문성과 독립성이 충분히 입증되지 않은 기관에서 사전에 쟁의의 적법 여부를 심사, 판정하는 것은 노동자의 단체행동권의 행사에 대한 외부적인 개입으로써 쟁의행위의 사전 제한이나 통제로서 평가될 수밖에 없다.

(2) 공익사업의 범위 확대와 쟁의행위의 제한

1953년 노쟁법에서 보다 공익사업의 범위를 확대고 있다. 노쟁법 제4조는 "① 공익사업이라 함은 다음 각 호의 1에 해당하는 사업으로서 국민의 일상생활에 필요불가결한 것을 말한다. 1. 운수, 체신, 전매 및 조폐사업, 2. 수도전기, 와사(가스) 및 국가에 그 손익이 직접 귀속하는 유류사업, 3. 공중위생 및 의료사업, 4. 증권거래소 및 은행사업. ② 정부는 전항 각호의 사업이외에 국회의 동의를 얻어 그 사업의 정지 또는 폐지가 국민경제를 위태롭게 하거나 또는 국민의 일상생활을 위협하는 사업을 1년 이내에 한하여 공익사업으로 지정할 수 있다"라고 규정하고 있다.

정부가 국회의 동의를 거쳐 사업의 정지, 폐지가 국민경제를 위태롭게 하거나 국민의 일상생활을 위협하는 사업을 1년 이내에 한하여 공익사업으로 지정할 수 있어서 공익사업의 범위가 상당하게 넓혀질 개연성이 지속적으로 높고 법규정 자체가 정하고 있는 공익사업의 범위가 1953년 노쟁법보다 훨씬 확대됨으로써 공익사업에서의 직권중재 등의 규정으로부터 쟁의행위가 광범위하게 제한되게 되었다. 즉, 당시의 노쟁법 제30조에 의하면 공익사업의 경우 행정관청의 요구에 의하거나 노동위원회의 직권으로 중재에 회부할 수 있도록 규정하고 있었고 공익사업의 범위가 확대된 만큼 공익사업에 대한 중재의 회부가능성이 높아져 쟁의행위가 제한되는 결과가 되었다.

(3) 중재 시 쟁의행위의 금지와 중재재정을 다툴 수 있는 경우를 '위법'이나 '월권'에 의한 경우만으로 제한

1953년 노쟁법에서는 중재에 관해서 중재의 개시와 서면화, 중재판정의 효력만을 규정하고 있었으나 1963년 개정법에서는 중재에 관한 규정을 상세히 규정하고 있다. 개정된 중재의 내용 중 특징적인 것은 다음과 같다.

첫째, 노동쟁의가 중재에 회부되어 냉각기간 종료 시까지(노동위원회에 보고된 후 일반 사업에 있어 20일, 공익사업에 있어 30일 경과) 해결되지 아니한 때에는 그 기간 종료 후 20일간은 쟁의행위를 할 수 없다라고 하여 중재로 인하여 쟁의행위 금지기간이 연장되어 쟁의행위가 제한받게 되었다. 둘째, 1953년 구노쟁법 제24조(중재판정의 효력)에서는 "중재판정에 대하여 당사자의 일방의 불복이 있을 때에는 15일 이내에 행정소송을 제기하지 아니할 때에는 확정판결과 동일한 효

력이 있다"라고 하고 있어서 중재판정에 대해 현 노동조합및노동관계
조정법이 '위법이나 월권에 의한 것'이라고 인정되는 경우에 한하여 재
심을 신청할 수 있도록 한 것과 다르게 규정되어 있어서 중재재정에
대한 당사자의 구속력에 있어서 1953년 노쟁법이 더 약했는데[74] 1963
년 개정노쟁법에 의해 중재재정에 대한 다툼의 요건을 '위법이거나 월
권'에 의한 것으로 하여 중재재정의 구속력이 강화되었다.

따라서 강제중재를 광범위하게 인정하고 있는 1963년 노쟁법하에서
중재재정의 구속력을 강화시킴으로써 노사당사자의 의사에 의한 단체
교섭이나 단체협약체결의 가능성이 약화되었다.

(4) 긴급조정제도의 신설과 쟁의행위의 제한

1953년 구노쟁법하에서는 긴급조정제도가 존재하지 않았는데, 1963
년 개정 노쟁법하에서는 긴급조정제도가 신설되었다. 긴급조정제도에
관련한 주요내용은 첫째, 노쟁법 제40조 제1항에서 보건사회부장관은
쟁의행위가 공익사업에 관한 것이거나 그 규모가 크거나 그 성질이 특
별한 것으로서 현저히 국민경제를 해하거나 국민의 일상생활을 위태
롭게 할 위험이 현존하는 때에는 긴급조정의 결정을 할 수 있다고 하
여 쟁의행위에 대한 사후적 제한을 규정하고 있다. 둘째, 노쟁법 제41
조에서 "긴급조정의 결정이 공표된 때에는 즉시 쟁의행위를 중지하여
야 하며 공표일로부터 30일이 경과하지 아니하면 쟁의행위를 재개할
수 없다"라고 하여 30일간 쟁의행위가 금지되어서 쟁의행위를 제한하
고 있다.

그 외 개정 노쟁법의 내용에는 노동쟁의의 발생 시 냉각기간에 관하

---

74) 유혜경, 「이승만정권시기의 노동운동과 노동법」, 『노동법학』 제30호, 2009, 145쪽.

여 구노쟁법에서는 일반 사업에 있어서는 3주일, 공익사업에 있어서는 6주일을 경과한 이후에 쟁의행위를 할 수 있도록 하였는데, 개정법에서는 노동위원회에 보고된 후 일반 사업은 20일, 공익사업에서는 30일이 경과한 후에 쟁의행위를 할 수 있다고 규정한 것(제14조), 종래 행정관청이 행하던 알선을 노동위원회가 담당하게 한 것(제18조 내지 제21조), 알선서, 조정서 및 중재재정의 효력을 구법에서는 확정판결과 동일한 것으로 하였지만 개정노쟁법은 단체협약과 동일한 효력을 가지는 것으로 한 것(제21조, 제29조, 제39조) 등이 있다.

3) 노동위원회법의 개정 내용

노동위원회를 3인 동수의 3자대표로 구성하는 원칙을 채택하였으나 공익위원의 수를 3인 내지 5인으로 증원할 수 있도록 하였고(제16조) 중앙노동위원회의 지시권(중앙노동위원회는 지방노동위원회 또는 특별노동위원회에 대하여 노동위원회의 사무처리에 관한 기본 방침 및 법령의 해석에 관하여 필요한 지시를 할 수 있다)이 신설되었으며 구법에서는 노동위원회의 결의로써 특별한 사항에 관하여 공익위원이 결정할 수 있도록 한 데 대하여(구법 제19조) 개정법에서는 공익위원만이 행사하는 권한에 속하는 사항을 구체적으로 정하고 있다(제20조).

따라서 노동위원회의 조직과 운영을 주로 공익위원중심의 방향으로 전환하고 있다.[75] 특히, 공익위원의 쟁의행위에 대한 적법판정권[76]에

---

[75] 하경효, 「한국노동법제에 관한 사적고찰」, 고려대학교대학원 석사학위논문, 1976, 92쪽.
[76] 노동위원회법 제20조 제1항에서는 "노동쟁의조정법 제16조 제2항의 규정에 의한 법령의 해석을 할 때에는 공익위원만이 참여한다"라고 규정하고 있다.

있어, 쟁의행위의 적법판정에 대하여 노사위원이 참여하지 않고 공익위원만이 참여하도록 하여 노동쟁의의 적합성판단에 당사자의 입장을 대표하는 노사위원이 참여함으로써 더욱 공정한 판단을 가져올 수 있다는 측면을 배제함으로써 한계점을 가지고 있다. 노동쟁의의 적법판정은 쟁의행위의 적법 여부를 사전에 판정하는 것으로서 외면적으로 볼 때는 적법한 쟁의행위를 유도하는 장치가 될 수도 있지만 내면적, 본질적으로는 판정자에 의해 자의적으로 쟁의행위 평가가 내려짐으로써 사전적으로 쟁의행위를 효율적으로 제한하는 기능을 할 수 있기 때문에 쟁의행위의 제한제도로 이해될 수밖에 없다. 그렇기 때문에 노동쟁의의 적법판정 시 노사당사자의 입장을 대표하는 노사위원을 참여케 하는 것이 노동자들의 쟁의행위를 제한하지 못하도록 하는 기능 면에서 중요하다고 생각된다. 따라서 노동위원회의 공익위원만의 노동쟁의의 적법판정은 공익위원의 전문성을 고려한다 하더라도 쟁의행위의 주체자인 노사당사자를 배제한다는 면에서 볼 때 문제이고, 그러할 때 적법판정에 대한 공익위원만의 결정권한은 쟁의행위에 대한 통제로서의 본질을 가진다.

3. 1960년대 박정희 정권의 노동정책

1960년대 노동조합의 재편성과 집단적 노동관계법의 개정을 통해서 박정희 정권의 노동정책을 어떻게 성격규정 지을 것인가가 문제이다. 여기에는 두 가지의 견해가 제기되고 있다. 첫째는 노동정치가 노동계급의 이익표출을 어떻게 구조화하고 있는가에 따라 '조합주의적 억압(통제)'과 '시장기제적 억압(통제)'으로 구별하여 박정희 정권 시기의 노동통제를 시장기제적 억압으로 성격규정하는 입장이다.

조합주의적 억압(통제)이란 노동계급의 중간집단적 역할을 허용하면서 노동계급의 이해표출의 기제를 일정한 범위 내에서 제도화하는 정치형태이다.[77] 조합주의적 억압의 특징은 첫째, 중앙집중적 단체교섭을 행하지만 단체교섭은 국가의 정책적 의도에 의하여 좌우되는 경향이 강하고 둘째, 국가의 법적 재정적 지원을 받는 지역별, 산별노조가 공식노조로서 활동하며 셋째, 국가와 노동조합 간의 정치적 행정적 연계가 강하게 발전되어 있다는 것 등이다.[78]

시장기제적 억압(통제)은 국가가 노동자계급을 노동시장의 무제한적인 경쟁에 노출시켜 개별노동자의 체제도전과 조직화를 저지, 노동자개인을 원자화, 고립화, 개별화된 시장적 상황에 빠뜨림으로써 노동력의 완전한 상품화를 기도하는 통제방식이다.[79] 시장기제적 억압은 노동계급의 중간집단적 정치참여권을 전혀 허용하지 않는 통제방식으로서 노동계급의 일부분파를 매수, 체제 내화시키려는 정책보다는 모든 노동계급을 정치적 이해표출기제의 외부로 격리시키려는 정책을 선호한다.[80] 구체적으로 첫째, 단체교섭은 기업 중심으로 이루어지고 분산적이어서 그 영향력이 대단히 미약하고 둘째, 지역별 산별노조가 존재하기는 하지만 형식적이며 셋째, 국가와 노동조합 간의 정치적 행정적 연계가 거의 존재하지 않는 등의 특성을 가진다.[81]

노동정치의 유형화를 '조합주의적 억압'과 '시장기제적 억압'으로 분류한 입장에 따르면 1963년의 노동법은 두 가지가 특징적인데 첫째, 노조설립과 활동에서 노동청장을 정점으로 하는 행정적 감독을

77) 송호근, 『한국의 노동정치와 시장』, 나남, 1991, 311쪽.
78) 송호근, 『한국의 노동정치와 시장』, 나남, 1991, 344쪽.
79) 신치호, 「박정희정권하의 국가와 노동관계」, 고려대학교 노동문제연구소, 『노동연구』 제16집, 2008, 84쪽.
80) 송호근, 『한국의 노동정치와 시장』, 나남, 1991, 311~312쪽.
81) 송호근, 『한국의 노동정치와 시장』, 나남, 1991, 313쪽.

받아야 함을 명시함으로써 강력한 국가의 규제와 감시가 존재하지만 그에 대한 반대급부로서의 유인이나 혜택이 전무하다는 것 둘째, "노동조합은 공직선거에 있어 특정 정당을 지지하거나 특정인을 당선시키기 위한 행위를 할 수 없다"고 규정하여 노동조합의 정치적 활동을 금지함으로써 법적 규제를 통하여 노조의 정치세력화를 금지하여 왔다는 것이다.[82] 따라서 행정적 규제와 정치활동의 금지원칙의 강압에 의하여 나타난 결과적 현상이 기업노조주의이고 이러한 기업노조주의의 본질상 한국은 시장기제적 억압체제의 본질을 가진다는 것이다.[83]

두 번째의 입장은 박정희 정권의 노동정책이 항상 배제적이지는 않았다는 것으로부터 국가코포라티즘[84]이나 시장기제적 노동통제론을 비판하면서 유신체제에 들어 국가-자본 간의 강력한 정치적 연계로 노동정책이 억압적이었다는 데에는 동의하나 제3공화국의 노동정책은 노동조합의 자율성 또는 노동정치의 공간 확보가 일정 정도 유지되었다는 입장이다. 구체적으로는 박정희 정권의 시기를 구분하면서 1960년대 유사민간정부 구성 후에는 노동의 탈정치화를 기반으로 행정적 중립주의와 부분적 국가코포라티즘(국가조합주의)의 노동통제방식을 구사했고 1970년대 유신체제하의 국가와 노동관계는 국가가 법적, 행정적, 이념적 통제에 긴급조치와 국가보안법 등의 초법적 기제를 결합시켜 노조활동을 전면중단하거나 억압함으로써 배제적인 시장기제적 노동통제방식을 구사하였다는 것이다. 결론적으로 박정희 정권하의

---

82) 송호근, 『한국의 노동정치와 시장』, 나남, 1991, 327~328쪽.
83) 송호근, 『한국의 노동정치와 시장』, 나남, 1991, 328~329쪽.
84) 국가코포라티즘이란 국가가 위로부터 공식노조를 조직하고 코포라티즘(조합주의)적 제도를 부과해 노동자들을 중앙집중적으로 통제하는 유형을 말한다(신치호, 「박정희 정권하의 국가와 노동관계」, 고려대학교 노동문제연구소, 『노동연구』 제16집, 2008, 84쪽).

국가와 노동관계는 중립적 → 포섭적 → 억압적으로 변모하였다는 것이다.

이 글로써 박정희 정권 시기의 노동정책을 총 평가하기에는 무리가 있지만 1960년대의 박정희 정권하에서의 노동운동에 대한 두 가지의 통제장치인 노동조합의 재편성과 집단적 노동관계법의 개정으로부터 평가해 보았을 때, 두 번째 입장에서처럼 박정희 정권하에서의 노동정책이 행정적 중립주의와 부분적 국가조합주의로부터 배제적인 시장기제적 노동통제(억압)으로 변질되어갔다고 말할 수 있을까 하는 의문이 든다.

첫째, 노동조합의 재편성 과정에 있어서 5·16군사쿠데타 정부는 기존의 노조를 해체하고 노동자들의 자주적인 결정을 무시한 채 군사정부가 지명한 9인위원회의 주도하에 하향식의 조직방식에 의해 독점적인 산업별노동조합으로서의 한국노총을 조직하였다. 그러나 이 산업별노동조합은 노조의 자주적인 선택이 아닌 군사정부의 외압에 의한 것이었다는 것, 산업별노동조합이지만 대부분 기업별단체교섭이 이루어지고 있었다는 것(산업별체제의 형태를 택했으면서도 몇 개의 노조를 제외하고는 그 조직이 사업장별로 형성되고 단체협약도 사업장단위로 체결되고 있어서 1965년의 경우나 1974년의 경우 모두 철도, 전력, 체신, 전매 등 4개의 산별노조를 제외하고는 여타의 노조를 산별노조라고 부를 수 없을 만큼 단체협약이 다수의 사업장별로 체결되고 있었음[85]), 복수노조금지규정, 노조설립신고 시 신고증교부와 관련한 사실상의 허가주의, 쟁의권을 제한하는 다수의 법률규정 등을 통해 노동조합체제나 노사관계의 행동이 법률에 의해 오히려 제한, 규제되고 있었

[85] 박기호, 「한국의 노동쟁의 I (현대 한국노동운동의 제양상)」, 『한국자본주의와 임금노동』, 도서출판 화다, 1984, 275~276쪽.

던 것 등에서 독일의 노동총동맹과는 다른 본질을 가지고 있었다. 그렇다면 박정희 정권이 산업별 노조체계를 요구하였다고 하지만 이는 위로부터 공식노조를 조직하고 조합주의적 제도를 부과해 노동자들을 중앙집중적으로 통제하는 유형을 취한 것이 아닌 단지 기존의 노조를 해체시키고 새로운 단일의 독점적 노조를 자의적 방식으로 재조직화한 것이었다. 즉, 5·16군사쿠데타 이후의 노조재편성 작업은 국가엘리트들이 노동자세력을 강화시켜서 통치집단의 협력자로 삼을 것을 목적으로 하였다기보다는 잠재적인 중요성을 지닌 사회집단이 정치적 혼란기에서 독립적인 정치세력으로 성장하는 것을 원하지 않았다는 의미에서의 소극적인 예방적인 조치에 지나지 않았다.[86] 이는 노동정책수립의 초기단계에서 군부지도자들과 민간인협력자들이 친노동정책을 계획했거나 새로 조직된 집권정당인 민주공화당과 조직노동세력 간에 어떤 의미 있는 연결의 증거가 전혀 없었다는 것에서도 드러난다.[87]

결국 1960년대의 노동조합의 재편성은 실질적 산업별노동조합의 구축도, 국가에 의한 조합주의적 억압(통제) 방식과도 거리가 먼 것으로써, 단지 군사쿠데타세력의 집권의 연장선에서 이루어진 노동자의 세력화를 막는 예방적 조치로서의 조직의 재구축이었고 그런 만큼 본질은 시장기제적 노동통제에 가깝다고 생각된다.

둘째, 1960년대 집단적 노동관계법의 개정에서 핵심적인 개정 내용은 복수노조금지, 노조설립신고제도, 규약의 변경명령, 결의의 취소 변경명령, 해산명령 시 '공익을 해할 염려가 있는 경우'에 행정관청이 규약개정명령, 결의의 취소변경명령, 해산명령이 가능하도록 한 점, 정치

86) 최장집, 『한국의 노동운동과 국가』, 열음사, 1988, 89쪽.
87) 최장집, 『한국의 노동운동과 국가』, 열음사, 1988, 90쪽.

활동을 금지한 점, 단체교섭이나 단체협약체결에서 산하지부의 대표자에게도 단체교섭권을 인정하여 기업별 노조나 기업별 협약체결을 유도하고 있는 점, 노사협의회의 설치를 의무화하고 있는 점이다. 핵심적인 개정 내용을 볼 때 개정법의 특징은 가장 주요하게 행정관청의 개입을 과도하게 허용하여 국가기관에 의한 노동관계에 대한 개입과 통제를 확대하고 있다는 것이고 정치활동금지를 통해 노동자의 정치세력화를 근본적으로 차단하고 있으며 본질적으로 기업별 노조를 전제하면서도 독점적 노조조직방식으로 유도하여 단결선택권을 침해하고 있다는 것이다. 이러한 개정 내용의 특징은 박정희 정권하에서의 노동정책이 노동조합의 조직을 인정하려는 전제 내지는 산업별 노조를 통한 통제전략에 있다기보다는 본질적으로 애초에 노동조합의 조직을 최대한 배제하려는 것에 있다.

박정희 정권하에서의 노동정책에 대하여 시장기제적 억압이라고 평가하는 견해에 대해 비판하면서 박정희 정권하의 노동정책이 중립적 → 포섭적 → 억압적으로 변모하였다는 주장[88]은 1970년대 유신체제하의 노동정책이 본질적으로 '억압적'이었다는 점에서 1960년대 박정희 정권하의 노동정책을 1970년대와 질적으로 구별하는 듯하나, 노동조합

[88] 이 견해와 유사한 견해로서 "군사혁명 직후 군사정부는 다른 정치사회단체와 함께 노동조합을 해체했지만 곧바로 '비정치적'이라는 이유로 노조활동을 허용했고 1963년의 개정된 노동법도 진보적 노동법으로 알려진 와그너법을 모델로 한 1953년의 노동법에서 약간 수정을 가한 정도에 불과하다"라고 하여 1960년대 초기의 노동정책을 '노동보호적'이라고 평가하는 견해도 있다(장하원, 「1960년대 한국의 개발전략과 산업정책의 형성」, 『1960년대 한국의 공업화와 경제구조』, 백산서당, 1999, 95~96쪽).
그러나 군사정부가 노동조합을 해산시킨 후 곧이어 「근로자의 단체활동에 관한 임시조치법」을 공포하여 노동조합활동을 허용한 것은 5·16쿠데타 이후 이유 없는 기존노동조합의 해산에 관한 조치가 노동삼권을 유린하는 것이었고 그에 대한 반발을 무마하기 위해 내린 조치였을 뿐이다. 더불어 1963년의 개정노동법은 결코 1953년의 노동법을 약간 수정한 것이 아닌, 노동조합활동에 대한 광범위한 국가기구의 개입, 통제를 강화하고 있고 쟁의적법판정제도와 같은 쟁의행위를 제한하는 본질을 갖는 개악적 노동법이었다.

의 재조직화나 집단적 노동관계법의 개정은 1970년대 유신체제하의 억압이나 통제만큼 심하지 않았다는 면에서 보다 약한 억압정책이었을 뿐이지 억압정책과 구별되어 중립적, 포섭적이라 본질규정 될 만큼 독자적인 본질을 띠는 것으로 평가될 수는 없다.

결론적으로 1960년대 박정희 정권하에서의 노동정책은 1970년대 유신체제하의 강한 노동억압정책에서 보다 약한 노동억압정책이었을 뿐이지 그것을 별도의 의미를 가진 중립적이거나 포섭적 노동정책으로써 본질을 규정할 수는 없다.

제3절 1960년대 박정희 정권의 노동운동의 특징

1. 1960년대 박정희 정권의 주요 노동운동

1) 미왕쟁의와 쟁의권부활 논쟁

미왕산업주식회사는 1962년 7월 10일 전국화학노조 미왕산업분회의 분회장 등 노조간부 5명을 해고하였고 이에 분회는 1963년 1월 16일 임시총회를 열고 쟁의를 결의하게 된다.[89] 파업현장에는 보건사회부 노동국장과 서울시 사회과장이 나와서 노사중재를 모색하였으며 한편 서울 영등포경찰서는 경찰을 동원하여 종업원 7명을 포고령 1호 위반 및 업무방해 등의 혐의로 검거한다.[90] 보사부노동 당국은 쟁의조정에 실패하고 조합원들이 파업에 돌입하자 돌연 태도를 바꾸어 "앞으로는

---

89) 한국노동조합총연맹, 『한국노동조합운동사』, 1979, 744~745쪽.
90) 한국노동조합총연맹, 『한국노동조합운동사』, 1979, 745쪽.

여하한 방법으로도 쟁의행위를 할 수 없다"는 공식태도를 표명하면서 노동쟁의권이 부활되지 않았다고 주장한다.[91]

그러자 화학노조와 한국노총은 제20차 긴급중앙위원회를 통하여 '쟁의권수호 투쟁위원회'를 결성하고 "보건사회부는 쟁의권을 부인한 부당한 행정지시를 즉각 철회하라"고 주장한다. 그리고 "노동쟁의권이 부활되지 않았다"라고 지시한 행정조치의 무효판정을 요구하는 행정소송을 제기한다. 쟁의권을 갑자기 부인하는 보사부 당국의 돌연한 태도 변화 속에서 회사 측의 명의변경이 있었고 회사 측은 명의변경을 이유로 조합원을 무더기로 해고하면서 미왕산업분회는 다시 총파업에 돌입한다.[92]

1962년 12월 6일 계엄령이 해제되자 노동쟁의권이 당연히 부활된 것으로 보아야 하느냐에 관한 쟁의권부활 논쟁이 가열화된다. 그러나 1963년 4월 22일 홍종철 최고회의 문교회의 위원장이 "노동관계법의 개정으로 5·16 이후에 금지되었던 노동쟁의권이 정식으로 보장되었다"라고 발표한 후 쟁의권은 정식으로 부활되었다. 미왕쟁의는 최초의 요구조건이 조정안에 거의 반영되었고 당사자가 이를 수락함으로써 종결된다.

2) 금성사의 단결권수호투쟁

금성사에 종사하고 있던 2천여 노동자들은 노동조합의 결성을 위해 꾸준히 싸워왔고 1963년 4월 7일 종업원 170명이 모여 노조결성대회를 개최하였다.[93] 그러자 회사 측은 노조가입을 방해할 목적으로 종업원

---

91) 한국노동조합총연맹, 『한국노동조합운동사』, 1979, 746쪽.
92) 한국노동조합총연맹, 『한국노동조합운동사』, 1979, 747쪽.
93) 한국노동조합총연맹, 『한국노동조합운동사』, 1979, 747~748쪽.

들의 몸수색을 하는가 하면 노조결성에 앞장섰던 종업원 11명을 전근시켰으며 4월 9일부터는 갑자기 조업을 중단하여 무기한 직장폐쇄에 돌입한다.[94] 그 후 직장폐쇄가 장기화되고 회사 측은 각종 불법행위를 자행하고(1천여 종업원이 3개월간의 수습기간이 지났음에도 불구하고 본공 대우를 해주지 않을 뿐 아니라 월차수당 등을 체불하였으며 조합원들의 가정을 방문하여 노조탈퇴를 강요함) 나아가 '금성사 취업재개 촉진회'라는 어용단체를 결성하여 노조활동을 폭력적으로 방해한다.[95]

한국노총은 사태의 장기화에 대응해 위원장과 사무총장이 직접 개입하였고 4월 23일 금성사부사장과 협상회의를 개최하여 "회사는 5월 1일 이전에 취업 재개한다" 등의 6개 항의 수습 방안에 합의하는 데 성공한다.[96]

금성사투쟁은 노동조합의 결성을 좌절시키기 위해 노동조합의 쟁의행위를 전제하지 않고 회사가 일방적으로 선제적 공격적 직장폐쇄를 단행한 것으로써 그 자체가 사용자의 불법쟁의행위의 전형을 드러내는 것이었다.

3) 동신화학 쟁의보복 집단해고사건

동신화학(서울 영등포구 문래동에 소재)은 평균 일당 82원이라는 기아임금을 지급하던 사업체로서 당시 노동자들의 참상은 실로 하루 한 끼를 이어나가기도 힘든 상황이었다. 저임금에 참다못한 지부는 ① 기본 임금 50% 인상하여 최저생계를 보장할 것 ② 근속년수에 의한 퇴직

---

94) 한국노동조합총연맹, 『한국노동조합운동사』, 1979, 748쪽.
95) 한국노동조합총연맹, 『한국노동조합운동사』, 1979, 749쪽.
96) 한국노동조합총연맹, 『한국노동조합운동사』, 1979, 749쪽.

금누진제 가산실시 등 5개 항의 쟁의조건을 제시하고 1965년 3월 19일 쟁의행위를 제기한다.[97] 회사 측은 냉각기간을 십분 악용하여 집행부에 대한 불신과 노조파괴공작을 하였고 서울지방노동위원회는 사용자가 출석을 거부한다는 이유로 알선이나 조정안을 제시하지도 않는 등 무성의한 태도를 보였지만, 조합은 냉각기간 만료일인 4월 12일 쟁의행위 가부투표를 실시하여 실력행사에 돌입할 것을 결의한다.[98]

사태가 심각한 국면에 이르자 주무관청인 노동청은 실력행사를 결의한 12일 오후 8시 비밀리에 쟁의협정서를 작성케 하여 노사쌍방이 조인케 함으로써 쟁의를 종결시킨다.[99] 그러나 쟁의가 일단 종결되었음에도 불구하고 사용자 측이 다시금 쟁의보복으로 나아가서 4월 20일에 신광규 외 60명을 지위격하 부당전출시켰고 신광규 등 30명으로부터 강제사표를 받아냈으며 급기야 20일에는 가장 열성적인 부지부장 양장수를 부당해고 한다.[100]

당시 언론계는 동신화학의 쟁의보복 집단해고에 대해 회사 측을 규탄하고 나섰고 노동청은 24일 근로감독관을 파견하여 사건의 진상을 조사하여 부당노동행위라 단정하였다. 그러나 부당해고를 당한 대부분의 해고자들이 퇴직금과 제수당을 법정한도액 이상으로 지급한다는 회사 측의 회유에 속아서 비밀리에 구제신청을 취하하였고 그에 따라 동신화학 쟁의보복 부당노동행위사건은 실패로서 종결되게 된다.[101]

동신화학투쟁은 쟁의가 종결되었음에도 노조활동에 대한 보복조치로서 적극적으로 조합원들을 집단해고 한 것으로 사용자 측의 노동삼

---

97) 한국노동조합총연맹, 『한국노동조합운동사』, 1979, 758쪽.
98) 한국노동조합총연맹, 『한국노동조합운동사』, 1979, 759쪽.
99) 한국노동조합총연맹, 『한국노동조합운동사』, 1979, 759쪽.
100) 한국노동조합총연맹, 『한국노동조합운동사』, 1979, 759쪽.
101) 한국노동조합총연맹, 『한국노동조합운동사』, 1979, 760쪽.

권침해를 목적한 적극적인 부당노동행위의 본질을 보여준 것이었다. 이 투쟁은 1960년대 사용자의 노동운동에 대한 억압의 본질을 대표적으로 보여준다.

4) 한국판유리 공장파업과 직장폐쇄

한국판유리 공장(인천시 만석동에 소재)은 연간 약 90만 달러 이상을 수출하는 국내독점 기업체로서 출혈수출에서 초래하는 손해를 국내시판가격의 폭리와 저임금으로 메꾸어가는 전근대적이고 부당한 기업이었다.[102] 회사는 연간 1억 4천 5백 87만 원의 순이익을 내어 호경기를 누렸음에도 1964년 4월 1일 책정된 임금이 전체종업원 평균 4,800원 내지 7,000원으로 최저생계비에도 미치지 못하는 기아임금이었고 이에 조합원들은 임금 25% 인상과 퇴직금 누진율 가산지급을 요구하며 4월 20일 쟁의를 제기하게 된다.[103]

5월 26일에는 5월 28일 13시를 기해 전면파업에 돌입할 것을 회사 측에 최후 통보하였고 이에 회사 측은 파업을 24시간 연기해 줄 것을 요청한다. 29일에는 노사협의를 통해 "임금은 1,100원을 균일 인상하고 퇴직금은 20년 근속에 42개월로 한다"라고 합의한다.[104] 그러나 추후 회사 측은 전일의 약속을 배신하였고 사태는 원점으로 돌아가 노동자 측은 결국 6월 8일 12시를 기해 전면파업에 돌입한다.[105]

조합 측의 파업에 대해 회사 측은 파업 몇 시간도 되지 않은 상황하에서 8일 19시 30분에 직장폐쇄를 단행하였고 파업 5일째인 12일에는

---

102) 한국노동조합총연맹, 『한국노동조합운동사』, 1979, 761쪽.
103) 한국노동조합총연맹, 『한국노동조합운동사』, 1979, 761쪽.
104) 한국노동조합총연맹, 『한국노동조합운동사』, 1979, 761쪽.
105) 한국노동조합총연맹, 『한국노동조합운동사』, 1979, 762쪽.

직장을 폐쇄한 상태하에서 비조합원 86명을 동원하여 수출을 위해 유리를 부산으로 반출하려 하였으며 이에 조합원들이 기차철로 위에 누워 농성하는 등 처절한 투쟁이 전개된다.[106] 그 후 6월 19일 노사협의회에서 쌍방이 중재를 신청하여 중재판정에 따라 파업 11일 만에 쟁의가 종결된다.

한국판유리에서는 노동조합 측의 쟁의행위가 전제된 상태하에서 사용자 측이 직장폐쇄를 단행하였지만 노조 측의 파업이 일어난 지 얼마 지나지 않은 상태에서 공격적으로 직장폐쇄가 단행됨으로써 공격적 직장폐쇄의 본질을 보여주었다.

5) 외기노조의 주한미군의 한국인노동자 유린에 대한 투쟁(파주지부 문공분회 투쟁)

외기노조 중 파주지부 문공분회의 투쟁은 민족적 편견과 무리한 작업강요 및 노동조건의 열악함에 대항하여 싸우려는 노조 측을 미군 측이 무리하게 탄압하려고 한 데서 일어났다.[107] 1965년 12월 10일 몸이 아파 작업이 곤란하다는 조합원 김상묵에게 감독관 섭제트는 "45구경 권총으로 너의 두부를 쏘면 아프지도 않고 깨끗할 것 아니냐", "너희들은 조상 때부터 더러운 논물을 먹었지만 우리는 소독된 물을 먹는 문화인이다"라는 등 모욕적인 언행을 서슴지 않았고, 미군 측은 기술공에게까지 시멘트 하역작업을 강요하는 등 비인도적인 행위를 자행하였으며 극히 열악한 작업환경을 강요하였다(종업원 약 7백 명의 근무처에 화장실이 단지 1개였고 샤워실은 전무한 상황이었음).[108]

---

106) 한국노동조합총연맹, 『한국노동조합운동사』, 1979, 762쪽.
107) 한국노동조합총연맹, 『한국노동조합운동사』, 1979, 766쪽.

이에 지부분회는 그 시정을 요구한다. 그러나 미군 측은 이를 거부하였고 더 나아가서 조합원 2명을 절도혐의로 정직처분시켰으며 그 책임을 물어 외기노조 파주지부장을 정직통고하는 폭거를 자행한다.[109] 결국 파주지부는 1966년 2월 5일 해고자복직 등을 요구하며 농성파업에 돌입한다. 그 과정에서 약 32명의 미군헌병이 완전무장 한 채 난폭하게 총검으로 난타하여 조합원 9명 등이 대검에 찔리는 중상을 입게 된다.[110] 사태가 심각해지자 외기노조는 문공분회파업을 적극 지원할 것을 결의, 적극적인 실력투쟁을 전개할 것을 천명하였고 사태가 한, 미 친선관계에 영향을 미칠 정도로 악화되자 경찰국장과 파주경찰서장이 미고위층을 만나 노조투쟁위원회 측과의 중계를 시도한다.[111] 그리하여 1966년 2월 8일 철야회의 끝에 협정을 체결함으로써 종결된다(3명의 해고자를 복직시킬 것과 감독관 섭제트를 교체시킬 것 등을 합의함).

외기노조 파주지부 문공분회투쟁은 주한 미군과의 관계에서 발생하는 민족적 편견에 대항하고 열악한 노동조건에 대항하여 싸운 대표적인 투쟁이었다.

6) 광산노조의 주유종탄(主油從炭)정책 반대투쟁

정부의 급격한 연료전환 정책(석탄을 유류로 전환하는 정책)은 석탄의 생산감소, 판매부진, 폐광 및 감원, 노임체불 등으로 이어졌고, 석탄산업을 파탄시켰을 뿐만 아니라 석탄광종사 노동자와 가족의 생계를 위협했다.[112] 전국광산노조는 석탄산업의 파탄 및 석탄종사 노동자들

108) 한국노동조합총연맹, 『한국노동조합운동사』, 1979, 767쪽.
109) 한국노동조합총연맹, 『한국노동조합운동사』, 1979, 767쪽.
110) 한국노동조합총연맹, 『한국노동조합운동사』, 1979, 767쪽.
111) 한국노동조합총연맹, 『한국노동조합운동사』, 1979, 767쪽.

의 생활악화에 따라 1967년 9월 '연료화정책 시정 투쟁위원회'를 구성하고 정부 및 국회에 ① 모순된 연료정책을 시정하여 줄 것 ② 시급한 체불노임을 청산할 것 ③ 실직자에 대한 전직대책을 마련하여 줄 것을 호소한다.[113] 그러나 정부로부터 성의 있는 답변을 얻지 못한다.

이러한 적극적 투쟁의 과정에서 전국광산노조는 1968년 1월 20일 상공부장관에게 강력한 입장을 발송하여 극한투쟁을 통보한다. 그 발송 내용은 ① 산업용, 화력발전용, 특수산업용 연료에 대한 석탄소비의 의무화 ② 정확하고 확고한 소비량 수급계획 ③ 잉여저탄에 대한 정부책임 매입 등이다.[114] 그 후 정부가 시책의 과오를 인정하여 체불노임 청산조로 13억 원의 융자조치, 석탄을 국가보호산업으로 그 기초를 확립하여 장래 입법화할 것 등을 약속함으로써 주유종탄정책 시정투쟁은 일단 종결된다.[115]

광산노조의 주유종탄정책 반대투쟁은 1960년대 정부에 대항하여 싸운 제도적 투쟁에서 대표적인 투쟁이었다.

7) 심도직물 가톨릭신자 집단해고사건

심도직물회사(강화도소재)는 종업원 1,200명을 구성하는 섬유제조업체이다. 심도직물사건은 1967년 7월 19일 강화도 직물 노조분회장인 박부양에 대하여 회사 측이 노조활동방해를 목적으로 부장으로 승진시키고 온갖 회유로 노조활동을 하지 않도록 종용한 것에 대응하여 박부양이 회사 측에 대항하면서 일어난 싸움이었다.[116] 그 후 회사 측은

112) 한국노동조합총연맹, 『한국노동조합운동사』, 1979, 767쪽.
113) 한국노동조합총연맹, 『한국노동조합운동사』, 1979, 771쪽.
114) 한국노동조합총연맹, 『한국노동조합운동사』, 1979, 771쪽.
115) 한국노동조합총연맹, 『한국노동조합운동사』, 1979, 771쪽.

1968년 1월 4일 박부양을 해고하였다. 이에 1,200여 명의 종업원 중 주로 가톨릭신자인 300여 명의 조합원들은 분회장에 대한 부당해고에 항의하기 위해 천주교부속 건물인 근로자센터를 빌려 집회를 가진다.

경찰 측은 성당에 들어와 전(田)미카엘 신부에게 노조원들에게 집회장소를 제공한 것에 대해 항의하였고 "노동자들에게 불온한 사상을 주입했다"라면서 위협을 가한다.[117] 한편 회사 측은 노동쟁의가 전제되지도 않은 상황하에서 1968년 1월 7일 오후 4시 공장을 폐쇄하고 공장 정문에 "천주교 전미카엘 신부의 부당한 간섭으로 공장작업을 무기한 휴업한다"라고 게시하였으며 이어 1월 8일에는 강화도 내 21개 직물업자들이 모여서 "천주교 노동청년회회원은 누구를 막론하고 앞으로는 고용하지 아니한다"라는 등의 7개 항을 결의한다.[118]

천주교노동청년회 본부가 이러한 결의사항의 취소와 공식사과 등을 요청하여 직물업자 등과 대립하였고 이 문제는 단순한 노사분규에서 종교문제와 결부된 사회문제로 확대된다.[119] 들끓는 여론 속에 강화직물협회가 공개 사과하는 태도로 나타나고 1968년 6월 27일 중앙 노동위원회가 박부양의 해고를 부당노동행위로 판정한다. 그러나 심도직물은 이에 불복하여 행정소송을 제기함으로써 시간을 지연시킨다. 결국 박부양이 노동조합을 살리기 위해 정식으로 회사를 사퇴하였고 회사는 제기한 소송을 취하함으로써 이 사건은 종결된다.[120]

심도직물사건은 노동조합의 쟁의행위가 일어나지도 않은 상황하에서 노동조합활동을 탄압하기 위하여 선제적, 공격적으로 직장폐쇄를

116) 한국노동조합총연맹, 『한국노동조합운동사』, 1979, 773쪽.
117) 한국노동조합총연맹, 『한국노동조합운동사』, 1979, 773쪽.
118) 한국노동조합총연맹, 『한국노동조합운동사』, 1979, 774쪽.
119) 한국노동조합총연맹, 『한국노동조합운동사』, 1979, 774쪽.
120) 한국노동조합총연맹, 『한국노동조합운동사』, 1979, 774쪽.

강행한 것으로 불법직장폐쇄의 본질을 가지고 있었다.

8) 외국인투자기업 시그네틱전자쟁의

시그네틱 전자공업은 전자계산기부품 제작회사로서 미국본사와 한
국인 종업원 간의 당시 임금이 한국종업원 18.2불에 미국본사 종업원
302불로서 그 차이가 16.5분의 1에 해당하여 저임금이 심각하였다.[121]
시그네틱전자 종업원들은 이렇게 저임금에 혹사당하면서 1967년 9월 8
일 외기노조 시그네틱 분회를 결성하여 서울시로부터 설립신고증을 교
부받는다. 그러나 미국인사장은 노조를 인정하지 않고 "외기노조는 이
회사 노동자에 대하여 조직관리권이 없으며 외기노조 서울지부 시그네
틱분회를 종업원의 교섭단체로 인정할 수 없다"는 태도를 취한다.[122]
이어 회사 측은 경제기획원에 노조해산명령을 요청하였고 경제기획
원은 이를 받아들여 서울시에 노조해산을 공문으로 지시한다. 해산이
유는 "시그네틱은 외자도입법 제16조에 따라 한국법인으로 인정되므로
외기노조에 속할 수 없고 따라서 해산되어야 하며 다른 산별노조인 금
속노조에 소속되어야 한다"라는 것이었다.[123] 이후 회사 측은 노동자
들에게 외기노조에서 탈퇴하고 다른 노조에 가입하면 노조를 승인하
겠다고 종용하였고 분회장인 배홍조를 해고하였으며 1968년 3월 26일
에는 외기노조 가입은 불법이라는 이유로 서울지방노동위원회에 노조
해산신청서를 제출한다.[124] 서울시는 경제기획원의 압력을 받아 이미

---

[121] 한국노동조합총연맹, 『한국노동조합운동사』, 1979, 777쪽.
[122] 이원보, 『한국노동운동사 5(경제개발기의 노동운동: 1961~1987)』, 지식마당, 2004, 254쪽.
[123] 이원보, 『한국노동운동사 5(경제개발기의 노동운동: 1961~1987)』, 지식마당, 2004, 254쪽.
[124] 이원보, 『한국노동운동사 5(경제개발기의 노동운동: 1961~1987)』, 지식마당, 2004,
254~255쪽.

설립된 노조설립신고를 취소한다는 것을 시그네틱분회에 통고를 하고 서울지방노동위원회에 노조해산결의를 요청한다.

이러한 정부 측의 태도에 격분한 3백 60명의 노동자들은 4월 12일 정오부터 농성투쟁에 돌입하였고 노동자들의 주장은 "서울시가 외기노조에 가입했다는 것을 이유로 노조를 해산시키려는 것은 헌법과 노동조합법이 보장하는 노동기본권을 위배하는 것이다"라는 것이다.[125] 1968년 5월 23일 서울지방노동위원회는 서울시가 요청한 노조해산결의 요청을 기각한다.

이렇게 하여 시그네틱 노동쟁의는 외기노조와 금속노조 사이의 조직관할권문제로 변질되어 간다. 이에 대해 한국노총은 68년 8월 2일자로 "이 회사는 전자회사로서 산업별로 보아 금속공업에 속하므로 비록 외국인이 투자하여 설립하였으며 직접 외국인이 사장이라 할지라도 국내 상법에 의하여 설립된 것이라는 점을 생각하면 이 조직은 금속노조에서 관할함이 타당하다"라고 판단을 내려서 시그네틱분회는 금속노조로 이관되게 된다.[126]

이후 금속노조 시그네틱분회는 9월 17일 3백 52명의 조합원이 참가하여 20일간의 쟁의를 전개한 끝에 임금 20% 인상과 상여금 350% 지급 등을 확보하였고 회사 측이 이 쟁의의 책임을 물어 인사과장을 해고하는 보복조치로 나아가자 무단결근 등으로 대항 10여 일간의 태업을 강행한다.[127]

그러자 노동청은 12월 6일 외국인투자기업에서 태업, 쟁의 등을 일으키는 노조는 노동조합법에 의해 해산시키는 등 강경한 조치를 취하

125) 이원보, 『한국노동운동사 5(경제개발기의 노동운동: 1961~1987)』, 지식마당, 2004, 255쪽.
126) 이원보, 『한국노동운동사 5(경제개발기의 노동운동: 1961~1987)』, 지식마당, 2004, 255쪽.
127) 이원보, 『한국노동운동사 5(경제개발기의 노동운동: 1961~1987)』, 지식마당, 2004, 255쪽.

겠다고 밝히고 시그네틱분회가 12월 7일까지 정상작업에 돌아가지 않을 경우 주모자를 업무방해 등으로 입건하겠다고 밝힌다.[128] 노동청의 이와 같은 경고는 해방 이후 최초의 노조해산에 관한 경고조치로서 외국인투자기업에 대한 보호정책을 통해 노동자들의 단결권을 정면으로 거부하는 것이었다. 정부는 노동조합활동과 노동쟁의를 규제해서라도 외국인자본을 들여와야 한다는 의지를 강하게 표출하고 있었고, 실제로 외국인투자기업들이 정부와 투자조건을 합의할 때 정부 당국자들로부터 노동조합이 설립되지 않을 것이고 설립되더라도 노동분규가 거의 없을 것이라는 약속을 받은 것으로 알려지기도 하였다.[129]

결국 이러한 정부 측의 태도는 1969년 「외국인투자기업 노동조합 및 노동쟁의에 관한 임시특례법」을 제정하는 결과로 된다.

9) 면방쟁의

면방쟁의에서 쟁의의 발단은 섬유노조에서 최저생계비를 보장받기 위하여 본공은 253원에서 325원으로, 임시공은 125원에서 160원으로 인상하여 줄 것을 1969년 5월 16개 면방회사에 요구하였고 이에 대해 사용자 측이 거부를 하여 시작되었다.[130] 1969년 7월 20일 쟁의행위가부투표에서 99.3%가 찬성하여 쟁의행위에 돌입한다. 사용자단체인 대한방직협회는 7월 26일 서울고등법원에 중앙노동위원회를 상대로 '쟁의 적법 판정의 효력정지 가처분신청'을 냈으나 법원에서는 8월 21일 이유 없다고 기각하였다(이로써 법률적 판단에 의존해서 파업을 저지하려

---

128) 이원보, 『한국노동운동사 5(경제개발기의 노동운동: 1961~1987)』, 지식마당, 2004, 256쪽.
129) 이원보, 『한국노동운동사 5(경제개발기의 노동운동: 1961~1987)』, 지식마당, 2004, 256쪽.
130) 한국노동조합총연맹, 『한국노동조합운동사』, 1979, 779쪽.

한 대한방직협회의 기도는 실패로 돌아감).[131]

그 후 법률공방 속에서 노사교섭이 진행되었고 임의중재에 회부하자는 데만 합의를 이루었으며 교섭은 교착상태에 빠진다. 이에 섬유노조는 실력행사의 불가피성을 통감하고 8월 23일 행정관청에 쟁의행위 발생신고를 내고 8월 24일부터 26일 사이에 서울 등 전국 8개 도시에 산재한 사업장에서 임금인상교섭 보고대회를 개최하고 실력행사에 대비한 조직적 단결을 촉구하는 행동을 한다.[132]

마침내 섬유노조는 9월 8일 다음날부터 쟁의행위에 돌입할 것을 선언하였고 서울 방림방적과 안양의 태평방직에서부터 쟁의행위가 개시되었다. 이렇게 섬유노조가 파업 쪽으로 방향을 잡아나가는 동안 대한방직협회는 전면 대결의 태세를 갖추고 방림방적과 태평방직에서 시한부파업을 벌이자 이에 대응하여 즉각 직장폐쇄를 단행한다.[133]대한방직협회는 비상대책본부의 결의로 8월 1일부터 본공의 기본급을 253원에서 296원으로, 양성공 초임을 125원에서 145원으로 인상한다고 일방적으로 발표하여 파업의 대열을 혼란에 빠뜨리고 13일에는 파업에 들어가지도 않은 9개 사업장에서도 무기한 직장폐쇄를 단행한다.[134]사태가 이에 이르자 중앙정보부가 조정에 나섰고 9월 17일 노사 양측은 임금인상안에 합의하게 되었다. 이렇게 하여 면방노동쟁의는 시작된 지 115일 만에 중앙정보부의 조정으로 종결되었다.

면방쟁의는 중앙정보부가 개입함을 통해 쟁의가 종결된 것으로서 노동문제를 치안이나 안보문제와 같이 위협적으로 바라보는 태도의

131) 이원보, 『한국노동운동사 5(경제개발기의 노동운동: 1961~1987)』, 지식마당, 2004, 258쪽.
132) 이원보, 『한국노동운동사 5(경제개발기의 노동운동: 1961~1987)』, 지식마당, 2004, 258쪽.
133) 이원보, 『한국노동운동사 5(경제개발기의 노동운동: 1961~1987)』, 지식마당, 2004, 259쪽.
134) 이원보, 『한국노동운동사 5(경제개발기의 노동운동: 1961~1987)』, 지식마당, 2004, 259~260쪽.

본질을 드러내었다.[135] 또한 쟁의대상도 아닌 업체에까지 직장폐쇄를 단행함으로써 노조의 파업에 대한 대응조치가 아니라 공격적 선제적인 직장폐쇄의 본질을 보여준 것으로서 종업원을 감정적으로 적대시하는 생존박탈을 목적한 폭거로서 규정지을 수 있다.[136]

한편 면방쟁의는 노사관계가 사업장 단위를 넘어 산업별 수준으로 변화하고 있음을 보여주고 있고 노동자들의 저항이 대규모로 완강해지는 특성도 아울러 보여주고 있다.[137]

10) 조선공사쟁의

1969년 7월 2일 부산에 있는 금속노조 대한조선공사(이하 조공이라 함)조합원 1,768명은 임금인상 등 9개의 요구조건을 내세우고 노동쟁의에 들어갔다. 조공노동조합에서는 1968년 4월 이래 18개월 동안 6번이나 파업을 단행하였고 이것이 7번째의 싸움이었다. 노동조합이 내건 요구조건은 ① 통상임금을 3월 1일부로 56.87% 소급인상 ② 단체협약 개정 ③ 상반기 상여금 200% 지급 ④ 임시공의 퇴직금지급 ⑤ 위해수당 지급 등이었다.[138]

노동조합은 노동쟁의발생을 신고하여 7월 7일 부산시 지방노동위원회로부터 쟁의적법 판정을 받았고 노동위원회가 임금인상조정안을 제시하였으나 회사 측이 거부하였다. 그리하여 8월 1일 노동조합은 전면파업에 돌입한다. 이에 8월 4일 부산시장이 나서 2, 3차 조정에 나서지만 회사 측은 경영수지악화를 이유로 조정을 거부한다. 회사 측이 강

135) 한상범, 『살아있는 우리 헌법이야기』, 삼인, 2005, 241쪽.
136) 이원보, 『한국노동운동사 5(경제개발기의 노동운동: 1961~1987)』, 지식마당, 2004, 260쪽.
137) 이원보, 『한국노동운동사 5(경제개발기의 노동운동: 1961~1987)』, 지식마당, 2004, 260쪽.
138) 이원보, 『한국노동운동사 5(경제개발기의 노동운동: 1961~1987)』, 지식마당, 2004, 261쪽.

경태세로 나가자 노동자들의 분노가 폭발하여 1천 8백여 명의 노동자와 그 가족 500여 명은 8월 19일 철야농성과 연좌데모를 벌인다. 노사대립이 장기화하자 8월 29일 부산시장이 다시 조정에 나섰고 조정안은 ① 회사 측은 즉각 직장폐쇄를 철회하고 7월분 노임을 지급할 것, ② 노조는 이의 이행을 전제로 파업을 종료할 것 등이다.[139] 그러나 다시 조공 측은 조정안을 거부하였고 금속노조는 회사 측의 태도를 공개비판하면서 조공에 대한 조직적인 지원을 할 것을 촉구한다. 이러는 동안 파업이 장기화하여 외국에서 발주받은 선박의 건조작업이 중단되는 사태에 이르자 9월 18일 보사부장관명으로 긴급조정권을 발동하였으며 이 긴급조정권의 발동은 노동법역사상 최초의 일이 된다.[140] 그런데 긴급조정권이 발동된 날 회사 측은 더욱 강경한 태도로 돌입하여 지부장 허재업 등 16명의 노조간부를 해고한다. 중앙노동위원회는 긴급조정권 발동에 따라 즉각 조정에 나서고 회사 측은 19일 직장폐쇄를 해제하고 부분적으로 작업을 재개한다. 9월 27일 중노위는 조정이 실패하자 중재에 회부한다. 한편 회사 측은 조합원 사이에 벌어진 소란을 트집 잡아 폭행 및 기물파손, 업무방해 등의 혐의로 12명의 노조간부들을 고발했고 경찰은 이를 받아들여 노조간부들을 구속시켰으며 더 나아가 회사 측은 노동자들을 매수하여 부지부장 노두홍은 10월 11자로 일방적으로 쟁의를 취하한다.[141] 이때 노조 측이 합의해 준 사항은 "현재의 단체협약은 69년 말까지 유효하다"는 것 등이었는데 이는 노조가 요구한 임금인상 등 8개 항목의 요구조건이 전면 백지화되는 것을 의미했다.[142] 이

---

139) 이원보, 『한국노동운동사 5(경제개발기의 노동운동: 1961~1987)』, 지식마당, 2004, 262쪽.
140) 이원보, 『한국노동운동사 5(경제개발기의 노동운동: 1961~1987)』, 지식마당, 2004, 262쪽.
141) 이원보, 『한국노동운동사 5(경제개발기의 노동운동: 1961~1987)』, 지식마당, 2004, 263쪽.
142) 이원보, 『한국노동운동사 5(경제개발기의 노동운동: 1961~1987)』, 지식마당, 2004, 263~264쪽.

것은 회사 측의 일방적인 승리를 나타내는 것이었다.

조공쟁의는 노동쟁의를 탄압하려는 정부의 긴급조정권발동과 회사 측의 불법적인 직장폐쇄와 폭력적인 탄압 및 노조간부의 배신 속에서 노동자 측의 일방적인 패배로 끝나고 말았다.

2. 1960년대 주요 노동운동의 특징

첫째, 1960년대의 노동조합은 조직의 형식과 내용이 분리된 기형적 형태를 취하고 있었는데, 즉 노동조합은 산업별중앙집권체제로서 산하 조직에 대한 통제력은 가지고 있으면서도 실제 단체교섭이나 단체협약체결은 기업별로 이루어지고 있어서 쟁의발생 시 힘을 집중하는 데 한계가 있었고 나아가서 노동조건의 상향평준화를 이룩하지 못하는 한계가 있었다.[143]

노사간대립이 격화되면서 섬유, 외기, 광산노조에서 산업별교섭과 투쟁, 전국적 투쟁 등으로 발전하는 양상이 보이기도 하지만 전체적으로 볼 때 이러한 산업별투쟁보다는 개별기업 차원에서의 교섭이나 쟁의의 양상을 띰으로써 노동조직의 힘의 극대화를 통해 단결을 강화시키는 데는 한계가 있었다.

둘째, 5·16군사쿠데타로 집권한 박정희 정권의 중요한 통제장치로서의 집단적 노동관계법의 한계가 그대로 현실의 쟁의에 영향을 미침으로써 궁극적으로 쟁의를 종결시키는 방향이나 단결을 저해하는 측면으로 작용하였다. 시그네틱전자쟁의에서 행정관청이 '노조해산에 관한 경고조치'를 한 것이나 조선공사쟁의에서의 '긴급조정권발동' 등은 억압적 통제장치로서의 집단적 노동관계법의 수준이 그대로 노동자의

---

143) 이원보, 『한국노동운동사 5(경제개발기의 노동운동: 1961~1987)』, 지식마당, 2004, 275쪽.

쟁의행위를 제한하는 것으로 귀착되었다.

셋째, 사용자의 불법적 직장폐쇄가 노동조합의 쟁의행위나 노동조합 활동에 대한 가장 유용한 수단으로 활용되었고 이에 대해 국가(행정관청 등)가 방관 내지 적극 협조함으로써 각종 쟁의가 탄압, 종결되는 것으로 귀착되었다. 금성사의 단결권수호투쟁, 한국판유리 공장파업투쟁, 심도직물 투쟁, 면방쟁의, 조선공사쟁의는 거의가 대동소이하게 공격적, 선제적, 전면적 직장폐쇄의 본질을 보인 것으로서 문제가 있다. 직장폐쇄는 사용자 측의 쟁의행위로써 헌법 제33조의 단체행동권의 보장으로부터 나온 권리가 아니고 근로자 측의 쟁의로부터 현저한 압력을 받은 경우 임금지급의무를 면할 수 있는 소극적인 방도로 방임된 쟁의대항수단으로 보는 것이 타당하다.[144] 그러했을 때 직장폐쇄는 그 정당성의 요건으로써 대항성과 방어성을 엄격하게 충족시켜야 한다. 따라서 직장폐쇄는 노동조합의 쟁의행위가 개시된 이후에만 그리고 근로자 측의 쟁의행위로 인한 경제적 손실을 최소화하기 위한 범위에서 이루어질 때에만 정당하다.

1960년대의 노동쟁의들의 진행 과정을 보면 사용자의 직장폐쇄가 가장 적극적으로 이용되었고 그 직장폐쇄의 본질은 언제나 공격적, 선제적, 전면적이었다. 그리고 사용자 측의 불법적인 직장폐쇄를 국가가 그대로 인정하거나 협조함으로써 쟁의를 탄압해 왔고 그런 만큼 1960년대의 노동정책은 통제성, 억압성을 그대로 드러내고 있었다.

넷째, 1960년대 한국노총의 운동기조는 이승만 정권과 동일하게 반공을 국시의 제1로 내세운 군사정권의 정치이념에 따르고 있었고 노동조합이 주요한 정치적 문제에 대해 집권세력에 반대되는 입장을 취하거나 정치적 투쟁을 벌일 수 없는 아주 타협적인 노동조합주의를 표방

---

144) 김유성, 『노동법 Ⅱ』, 법문사, 1999, 291쪽.

하고 있었다.145) 박정희 정권은 한국노총이라는 단위를 자신의 권력구
조하에 적극적으로 포섭 결합시키지 않았고 1960년대 노동운동은 노동
조합상층부의 결집된 힘으로부터 충분한 지원을 받을 수 없었거나 상
층지원의 힘이 한계적으로 작용되었다.146) 또한 1960년대 후반기 한국
노총이 기존 투쟁방식의 한계를 지적하며 정치투쟁을 선언하는 방식
으로 스스로의 활동방향을 변모하려고 하였지만 한국노총의 정치참여
는 한국노총위원장 최용수가 민주공화당 전국구의원으로 진출하는 경
우 등에서와 같이 결국은 비난받는 민주공화당에 편입되는 것으로 끝
나는 한계를 가졌다.147)

따라서 형식적으로는 한국노총이 산별노조체제를 이루고 개별단위
노조를 지휘, 통제해 나가는 형식을 이루었으나 단체교섭이 기업 중심
으로 이루어지고 있었고 산별, 지역별노조가 존재하기는 하지만 형식
적이며 국가와 노동조합 간에 정치적 연계가 거의 존재하지 않는 특성
을 갖는 것이었다. 즉, 상층노동조합에 의한 조합주의적 통제의 본질을
가지고 있지도 아니하였다. 한편 시그네틱전자쟁의에서 행정관청이
노동조합의 해산을 경고조치한 것이나 면방쟁의에서 중앙정보부가 쟁
의에 개입하여 쟁의를 종결시켰던 것이나 조공쟁의에서 정부가 긴급
조정권을 발동하여 쟁의를 억압하였던 것을 통해서 볼 때 1960년대의
노동운동의 특징은 억압적 노동정책이었음을 확인할 수 있고, 이는
1970년대의 폭압적 억압적 노동정책과 다른 독자적인 의미를 갖는 것
으로 평가될 수 없다. 즉, 1960년대의 박정희 정권하의 노동운동의 특
징은 1970년대의 억압적인 노동운동과 비교해 볼 때 동일한 흐름의 연

---

145) 이원보, 『한국노동운동사 5(경제개발기의 노동운동: 1961~1987)』, 지식마당, 2004,
274~275쪽.
146) 이원보, 『한국노동운동사 5(경제개발기의 노동운동: 1961~1987)』, 지식마당, 2004, 275쪽.
147) 이원보, 『한국노동운동사 5(경제개발기의 노동운동: 1961~1987)』, 지식마당, 2004, 209쪽.

장선하에 놓여 있었다.

다섯째, 노동쟁의를 유형적으로 구별해 보면 다음과 같다.

사용자의 불법적인 직장폐쇄로 인해 쟁의가 확대된 것으로는 금성사 단결권 수호투쟁, 한국 판유리 공장파업, 심도직물 가톨릭신자 집단해고사건, 면방쟁의, 조선공사쟁의가 대표적이다. 이들 쟁의에서는 노동조합의 쟁의행위가 개시도 되지 않은 상태에서 사용자의 직장폐쇄가 이루어지거나 쟁의행위가 개시된 지 얼마 지나지 않아 전면적인 직장폐쇄를 함으로써 사용자의 공격적 불법적 직장폐쇄의 본질을 가졌고, 이에 대해 정부가 이를 용인하는 양태를 드러냈다.

1960년대 정부에 대항하여 싸운 제도적 투쟁으로서 특징이 드러나는 것은 광산노조의 주유종탄(主油從炭)정책 반대투쟁이 있다. 이 투쟁은 정부의 급격한 연료전환 정책이 석탄산업을 파괴시켰을 뿐만 아니라 석탄종사 노동자와 그 가족의 생계를 위협한 것에 대한 반대투쟁이었다.

정부 측이 노동쟁의에 대하여 쟁의를 중지시키는 직접 개입의 영향을 준 투쟁은 면방쟁의에서 중앙정보부가 쟁의에 직접 개입하여 쟁의를 종결시킨 경우와 조선공사쟁의에서 정부가 긴급조정권을 발동하여 일정 기간 동안 쟁의의 금지를 통해 사용자 측의 공세 속에 불법적인 직장폐쇄를 유도하는 등으로 노동쟁의를 좌절시킨 경우가 있다.

사용자가 노동조합의 조직이나 노동조합활동을 전면 부정하면서 쟁의종결 후 보복으로 인한 집단해고를 한 사례로는 동신화학 쟁의보복 집단해고 사건이 있다.

그 외 외기노조 파주지부 문공분회 투쟁은 주한 미군과의 관계에서 발생하는 민족적 편견에 대항하여 싸운 대표적인 투쟁의 의의가 있고, 외국인 투자기업 시그네틱전자쟁의는 정부가 조합활동과 노동쟁의를 규제하여서라도 외국인자본을 들여와야 한다는 정책을 표방한 바 있었던 바, 정부의 이러한 외국인자본옹호정책에 대항한 투쟁이다.

따라서 노동쟁의를 유형별로 평가했을 때, 1960년대의 노동운동은 사용자의 불법적인 직장폐쇄로 인해 쟁의가 확산된 것이 압도적으로 많고, 정부가 중앙정보부를 통해 쟁의를 종결시키거나 긴급조정권의 발동으로 사후적 쟁의행위를 금지시킨 경우로서 정부가 직접 쟁의행위를 억압한 경우가 주요한 특징으로 나타난다. 결국 1960년대의 노동운동은 사용자의 불법을 정부가 용인, 승인하거나 정부가 직접적으로 쟁의에 개입하여 쟁의를 종결시키는 억압적 노동정책의 본질을 드러내고 있다.

제4절 소결

5·16군사쿠데타는 정치, 사회적 불안 내지 체제위기의 대안으로서 '혁명적'인 것으로 평가되기보다는 4·19 이후의 혁명적, 민주주의적 실험이 오히려 5·16군사쿠데타에 의해 '좌절' 내지 '저지'되었다고 평가하는 것이 타당하다. 이는 5·16군사쿠데타세력이 취한 주요한 조치들을 통해 확인되는데, 부정부패 척결이나 사회 정화 등이 그들이 단행한 개혁조치의 배경으로서 주장되었지만 실질은 5·16군사쿠데타 반대세력이나 진보세력을 권력에서 배제하는 것이 그 본질이었다. 박정희 정권은 억압과 통제를 기본으로 하되 대내외적으로 반공이데올로기를 표방하였기에 '반공주의적 개발동원체제'였고 국가가 위로부터 사회를 조직, 재편하여 아래로부터 동원을 이끌어 나가는 체제로서 '국가주도의 개발동원체제'의 본질을 갖는다.

박정희 정권하의 노동정책은 노동조합의 재편성 측면에서, 그리고 1963년의 집단적 노동관계법의 개정 측면에서 구체적으로 본질이 드러난다.

첫째, 노동조합의 재편성 측면에서 평가해보면 다음과 같다. 5·16군사쿠데타세력은 쿠데타 이후 모든 정당 및 사회단체를 해산시킨 후 국가재건최고회의에서 별도로 허가하는 소정의 절차에 의해 재등록하라고 공고하여 사실상 단체의 활동을 금지시켰고 이후 군사정부가 지명한 9인위원회에 의해 위로부터 산업별 단일조직체계를 확립하여 노동조합을 전면적으로 재조직하였다. 그러나 이러한 9인위원회에 의한 산업별 노조로의 확립은 노조자유설립주의 원칙에 반하는 것이었고 그동안의 노동조합활동의 성과를 단절시키는 것(한국노련의 부정)으로서 '억압'과 '통제'를 구체화시킨 것이었다.

둘째, 1963년의 집단적 노동관계법의 주요 개정 내용으로부터 평가하면 다음과 같다.

1963년의 개정법의 특징은 복수노조를 금지함으로써 단결선택권을 본질적으로 침해하고 있고 노동조합의 조직과 운영에 관해서 국가의 개입을 광범위하게 강화시키려는 본질을 가지고 있었으며 노동위원회가 사전에 쟁의 적법 여부를 판정함으로서 근로자들의 헌법상의 단체행동권이 사전에 제한되도록 하고 있다. 따라서 제도적 차원에서의 법개정작업은 노동조합의 재편성작업에서와 마찬가지로 억압과 통제로서의 본질을 구체화한 것이었다. 이렇게 억압과 통제를 그 본질로 하는 박정희 정권하의 노동정책은 형식상으로는 산업별 노조의 방식을 통해 단위노조의 통제를 강화해 나가는 방식이었지만 실질적으로는 노조법에서 사실상 기업별 노조로 유도하는 규정을 둔 것으로서 사실상 산업별 노조조직 형태에서 벗어난 유사기업별 노동조합의 형태를 지향하고 있는 것으로서 조합주의적 통제방식으로부터 벗어나 있는 것으로 평가된다.

즉, 단체교섭이 기업 중심으로 이루어지고 있고 지역별 산업별 노조가 존재하기는 하지만 형식적이며 국가와 노동조합 간의 정치적 연계가 거의 존재하지 않는 특성을 본질로 한 것으로써 국가가 위로부터 공식노조를 조직하고 코포라티즘(조합주의)적 제도를 부과해 노동자들을 중앙집중적으로 통제하는 방식을 배제하고 있다.

결국 박정희 정권하의 노동관계는 1960년대를 중립적이거나 포섭적 단계로 보고 1970년대에 와서 억압적으로 질적으로 변모했다고 평가할 수는 없다. 1960년대의 박정희 정권하의 노동정책은 1970년대의 긴급조치와 국가보안법 등의 초법적 기제를 결합시켜 노조활동을 전면 중단시키거나 억압해왔던 노동통제방식과 일관된 흐름에 놓여 있는 것으로서 약한 억압통제방식이 강한 억압통제방식으로서 양적으로 변화한 것일 뿐 1960년대의 노동정책이 조합주의적 통제라는 질적 변화를 추구한 것은 아니었다. 이는 박정희 정권의 정치권력이 노동조합의 상층부를 자신의 권력으로 포섭하려는 어떠한 시도도 없었다는 점, 초기의 산업별 노조체제도 순전히 예방적 차원에서 통제하려고 하는 시도에서 나타났을 뿐 이후 1960년대 내내 그들을 권력 체제내로 수렴하려는 어떠한 시도도 없었던 점(이는 한국노총이 1960년대 후반에 스스로를 정치세력화시키려고 모색하였던 것에서 확인됨), 1960년대 후반의 주요 노동운동에서 행정관청이나 중앙정보부가 직접 나서서 쟁의에 개입(시그네틱전자쟁의에서 행정관청이 '노조해산에 관한 경고'조치를 한 것이나 면방쟁의에서 중앙정보부가 직접 쟁의에 개입하여 쟁의를 종결시켰던 것, 조선방직쟁의에서 긴급조정권을 발동하여 사후적으로 쟁의를 금지시켰던 것)함으로써 억압과 통제의 노동정책을 노골화했던 점으로부터 확인된다.

결론적으로 1960년대의 박정희 정권하에서의 노동정책은 1970년대와 구별되는 독자적 의미를 가질 수 없고, 단지 1970년대의 폭압적 노동정책과 본질적으로 동일하되 양적으로 약한 통제로서의 억압적 노동정책이었을 뿐이다.

1970년대 박정희 정권 시기의
노동법과 노동운동

1970년대 박정희 정권 시기의 노동법과 노동운동

제1절 1970년대 유신체제하의 폭력적 독재지배체제

1. 유신헌법과 유신체제

1972년 10월 17일 전국에 비상계엄령이 내려진 가운데 국회는 해산되었고 모든 정치활동은 중지되었다. 그리고 10월 27일에 조국의 평화통일을 지향하는 헌법개정안(유신헌법)이 공고되었다. 11월 21일에는 비상계엄령 아래 국민투표가 실시되어 91.9%의 투표율과 91.5%의 찬성으로 헌법개정안은 통과되었다.

유신헌법의 주요한 내용은 첫째, 대통령선거제도를 직선제에서 통일주체국민회의 대의원에 의한 간선제로 바꾸는 것 둘째, 대통령에게 긴급조치권과 국회해산권 같은 초헌법적 권한을 부여한 것 셋째, 대통령에게 국회의원 정수의 1/3에 해당하는 의원 및 법관의 임명권까지 갖게 만들었던 것 넷째, 국회의원 선거구를 한 지역구에서 임기 4년의 국회의원 한 명을 뽑는 소선거구제에서 한 지역구에서 임기 6년의 국회의원 2명을 뽑는 중선거구제로 바꾸는 것이었다.[1]

박정희는 1971년 4월 27일 대선에서 예상 밖으로 고전했고(이 선거에서 김대중은 빈부격차의 해결, 4대국 안전보장, 남북 간 비정치적 교류 등 파격적인 공약으로 신선한 바람을 일으켰고 서울에서는 김대중이 6대 4로 39만여 표나 박정희보다 표가 더 많았다.[2]) 1971년 5월 25일 총선에서도 야당이 약진(공화당 113석, 신민당 89석)하는 모습을 보면서 정상적인 방법으로는 재집권이 불가능하다고 판단했고 그래서 남북대화의 재개를 빌미로 통일헌법과 통일에 대비한 강력한 통치체제 구축을 내세워 유신체제를 만들었다.[3]

1972년 12월 15일에는 대통령을 뽑는 권한을 갖는 통일주체국민회의 대의원 선거가 치러졌고 12월 23일에는 장충체육관에서 2,359명의 대의원으로 구성되는 통일주체국민회의가 열렸으며, 단독 출마한 박정희는 2,357명의 지지를 받아 99.99%의 지지율로 대통령에 당선되었다. 영남대 교수 김태일의 말처럼 부조리극 같은 이 선거제도가 있는 한 박정희의 종신집권은 의심할 바 없는 사항이었고, 사람들은 이 선거를 가리켜 '체육관선거'라는 말로 희화했다.[4] 이것은 선거라기보다는 차라리 박정희 지지대회라고 보는 것이 옳았다.

유신헌법을 근거로 한 유신체제의 특징은 다음과 같다.

첫째, 유신체제는 개발동원체제를 파시즘적으로 재편한 것으로서, 유신체제를 전체주의 혹은 파시즘이라고 표현하는 이유는 지도자 1인이 이끄는 권력집단에 대해 개인 혹은 사회구성원이 일체화되기를 요

---

1) 조희연, 『박정희와 개발독재시대』, 역사비평사, 2007, 143쪽.
2) 서중석, 『대한민국 선거이야기』, 역사비평사, 2008, 165쪽.
3) 조희연, 『박정희와 개발독재시대』, 역사비평사, 2007, 143쪽.
4) 김태일, 「유신체제를 어떻게 볼 것인가」, 『역사비평』 제30호, 1995(가을), 83쪽.

구하며 그것을 제도적으로 강제하는 체제였다.[5]

둘째, 유신체제는 대중의 자발적 동의를 얻기 위해 의회나 언론과 같은 공론기구를 제도적으로 통제했다는 것인데, 박정희 정권은 공론기구를 저항만 증폭시키는 비생산적인 것으로 파악하여 자신의 장기집권을 위해 적극적으로 공론기구의 규모를 축소, 탄압하였다.[6]

유신 이후의 국회구성을 보면 의회가 얼마나 불구화되었는가를 볼수 있다. 1973년 2월 27일 9대 총선이 실시되어 공화당 73석, 신민당 52석 등 총 146석의 지역구 국회의원이 선출되었는데, 유신헌법에 따라 219석의 의석 중 1/3에 해당하는 73명의 전국구국회의원을 대통령이 따로 지명했고 이렇게 되자 여당 대 야당의 의석비율은 73대 52에서 146(지역구 73 + 유정회(이들 대통령이 지명하는 전국구의원은 공화당에 합류하지 않고 유정회라는 별도의 원내교섭단체를 만들었음) 73)대 52의 비율로 완전히 균형이 깨져서 유신체제하에서는 여당이 자동적으로 의석의 2/3를 차지할 수 있는 구조가 되었다.[7] 즉, 제6대 국회부터 채택한 비례대표제를 폐지하고 대통령이 일괄 추천한 통일주체국민회의 대의원들이 국회의원 정족수의 3분의 1에 해당하는 73명을 선출하는 제도가 도입된 것이고, 이것은 대통령이 마음대로 임명하는 새로운 전국구제도였던 것이다.[8]

유신헌법은 내용적으로도 의회제도와 사법제도의 독립성을 부정하고 국민의 기본권을 형해화하는 등 민주헌법질서의 근간을 무너뜨리는 대신, 통일주체국민회의에서 간선된 대통령에게 국회해산권, 긴급조치권, 국회의원 3분의 1의 추천권, 법관의 임명권 등 무소불위의 권

---

5) 조희연, 『박정희와 개발독재시대』, 역사비평사, 2007, 145쪽.
6) 조희연, 『박정희와 개발독재시대』, 역사비평사, 2007, 145쪽.
7) 조희연, 『박정희와 개발독재시대』, 역사비평사, 2007, 145쪽.
8) 강준만, 『한국현대사 산책(1970년대 편 1권)』, 인물과 사상사, 2011, 231~233쪽.

력을 부여한 것이고, 이는 한마디로 표현하면 독재자에게 합법의 탈을 씌어준 것에 불과하였다.[9)]

결국 유신체제는 그 성립과 존속 자체로도 주권을 찬탈한 불법적인 범법상태일 뿐만 아니라 그 내용과 운영결과는 민주국가의 정치적 기본 조직을 파괴하는 상태를 지속한 것이라고 할 것이기 때문에 박정희에 의한 내란 및 내란상태의 지속에 다름 아니었다.[10)]

2. 유신체제하의 폭력적 인권탄압

1) 인민혁명당 재건위원회사건

1974년 4월에 전국적인 학생궐기를 시도했던 민청학련(전국 민주청년학생 총연맹)의 배후로 과거의 인혁당사건에 관련되었던 8명(김용원, 도예종, 서도원, 송상진, 여정남, 우홍선, 이수병, 하재완)이 구속되었는데, 그들은 온갖 고문을 받은 결과 반국가단체 조직원으로 둔갑되었다.

전국 민주청년학생 총연맹이란 민중, 민족, 민주선언 등의 유인물에 붙여진 이름일 뿐 그런 단체는 존재하지도 않았고, 또한 학생들이 계획한 4월 초 시위도 워낙 싸늘한 분위기에서 서울대 문리대 등 몇 군데에서 작은 시위가 있었을 뿐인데 그럼에도 불구하고 유신권력은 민청학련의 주동으로 4월 3일 일제히 봉기해 청와대 등을 점거해 정권을 인수하고 노동자, 농민정부를 세우려했다고 발표했다.[11)] 이처럼 중앙정보

---

9) 김형태, 「인혁당 재건위 사건의 경과와 의미」, 포럼 『진실과 정의』, 2007.4, 14쪽.
10) 김형태, 「인혁당 재건위 사건의 경과와 의미」, 포럼 『진실과 정의』, 2007.4, 14쪽.
11) 서중석, 『한국현대사 60년』, 역사비평사, 2011, 135쪽.

부는 처음에는 민청학련 중심으로 사건을 발표하더니 나중에 가서는 과거 공산계 불법단체인 인혁당조직과 재일 조총련계 일본공산당이 배후라고 발표하고 그 뒤에는 인혁당이 민청학련을 조종한 것으로 발표했다.[12]

1975년 4월 8일에 대법원에서 상고가 기각됨으로써 구속된 23명 가운데 8명이 사형선고를 받았고 나머지 주모자들은 무기징역 등 중형을 선고받았다. 박정희 정권은 사형이 확정된 바로 그 다음 날 전격적으로 사형을 집행했는데, 스위스 제네바에 본부를 둔 국제법학자협회는 그 날을 '사법사상 암흑의 날'로 선포했을 정도로 반인간적인 재판이었다.

중앙정보부가 이 사건 관련자들에게 가한 고문은 인간 이하의 행위로서 국제사면위원회의 보고서에는 "그들은 나의 옷을 발가벗긴 다음 손목과 발목을 묶고 손목과 발목 사이에 나를 구타한 몽둥이를 집어넣어 천장에 매단 후 입에다 물을 퍼부었다. … 그들은 내 몸과 코와 입에 계속 물을 퍼부었다"라는 피해자의 진술이 들어 있었고, 하재완은 상고이유서에서 "혹독한 고문으로 창자가 다 빠져버리고 폐농양증이 생겨 생명의 위협을 느끼는 가운데 취조를 받았다"라고 말했다.[13]

1998년 11월 9일에 비로소 인민혁명당사건 진상규명 및 명예회복을 위한 대책위원회가 발족되었고 2002년 9월 12일에 의문사진상규명위원회는 인혁당 재건위원회사건이 중앙정보부의 조작극임을 발표했으며 2007년 1월 23일 마침내 법원은 인혁당 재건위사건에 대해 최종적으로 무죄판결을 내렸다.

이 사건은 박정희 정권이 군사정권에 저항하는 대구의 혁신계인사

12) 서중석, 『한국현대사 60년』, 역사비평사, 2011, 135쪽.
13) 조희연, 『박정희와 개발독재시대』, 역사비평사, 2007, 148쪽.

의 인맥을 근절시키고 민주화세력의 본보기로 만들기 위해 날조된 것이라고 평가되어진다.[14]

그러나 인혁당 재건위 사건의 재심에서 국가보안법위반 등의 범죄사실에 대해서는 무죄판결이 선고되었지만, 유신체제하의 긴급조치위반에 대해서는 긴급조치가 해제되었고 그 근거가 되는 유신헌법이 실효되었다는 이유로 형사소송법 제326조 제4호에 따라 면소판결을 내렸고, 면소판결로 귀결된 것은 타당하지 않았다.[15]

면소판결이라는 귀결은 첫째, 유신체제하의 긴급조치(제1호~제9호)는 우리의 사법사에서 대표적인 반민주, 위헌적인 악법으로서 이에 근거하여 선고된 많은 유죄판결들은 단지 긴급조치가 폐지되었다는 이유만으로 면소판결로 해결될 문제는 아니라는 점에서 타당하지 않다.[16] 둘째, 재심을 통한 면소판결은 종전 유죄판결을 파기함에 의해 피해자의 명예회복에 기여하는 측면이 있지만, 무죄판결이 아니기 때문에 피해자의 입장에서는 국가의 불법행위를 주장하면서 국가의 손해배상을 받기가 어렵다는 점에서도 타당하지 않다.[17]

정의롭지 못한 형벌권은 조직폭력배의 무자비한 폭력이나 다를 바 없고, 사법부가 과거 독재 정권과 권위주의 정부 시절 인권보호의 책무를 저버리고 '사법의 불법'을 양산해 낸 것에 대해서는 철저한 반성이 이루어져야 할 뿐만 아니라 국민의 공감대를 바탕으로 하여 부끄러운 사법과거사를 과감하게 청산하는 방안을 모색하여야 할 것이다.[18]

---

14) 文京洙, 『韓国現代史』, 岩波新書, 2010, 120쪽.
15) 이호중, 「인혁당 재건위 재심무죄판결의 의미와 사법과거청산의 과제」, 포럼 『진실과 정의』, 2007. 4, 34쪽.
16) 이호중, 「인혁당 재건위 재심무죄판결의 의미와 사법과거청산의 과제」, 포럼 『진실과 정의』, 2007. 4, 35쪽.
17) 이호중, 「인혁당 재건위 재심무죄판결의 의미와 사법과거청산의 과제」, 포럼 『진실과 정의』, 2007. 4, 35쪽.

2) 최종길 교수 고문치사 사건

1973년 10월 25일 중앙정보부는 "서울대 법대 최종길 교수는 19일 새벽 1시 30분경 중앙정보부 남산 분청 7층에서 유럽 거점 간첩단사건 관련수사를 받던 중 동베를린에 갔다 온 사실이 밝혀지자 양심의 가책을 못 이겨 화장실 창문을 통해 투신자살했다"라고 발표했다.[19]

노무현 정부시절 대통령소속 의문사 진상규명위원회는 최종길 교수 의문사 사건에 대한 조사결과 아래와 같은 사실을 알아냈다. 당시 중정 수사관들은 최종길 교수에게 잠 안 재우기, 쌍욕 등의 언어폭력, 발길질, 주먹질, 몽둥이질 등 심한 구타, 각목을 무릎에 끼워 발로 밟기 등 가혹한 고문을 가했고, 이런 모진 고문 이외에도 중정 요원들은 최종길 교수의 겉옷을 벗기고 속옷만 입힌 채로 상당 기간 조사를 하면서 감내하기 어려운 온갖 정신적 육체적 모욕과 고통을 주었다.[20]

당시 최종길 교수에 대한 수사를 총괄 지휘했던 중정 수사단장 장송록은 의문사위에서 이렇게 증언했다.

> "심하게 고문을 당한 상태에서는 7층 화장실은 물론 어디로든 제 발로 걸어 다니는 것은 절대 불가능합니다. 더구나 걸어 다니지도 못하는 사람이 화장실 창문을 타고 넘어서 자살을 했다는 것은 있을 수 없는 일입니다. 자살이 아니라 최종길은 이미 고문으로 죽었거나 가사상태에서 사고현장으로 옮겨진 것이 틀림없습니다. 최종길은 전혀 간첩이 아님에도 불구하고 최종길의 사후에 간첩으로 발표되었습니

---

18) 이호중, 「인혁당 재건위 재심무죄판결의 의미와 사법과거청산의 과제」, 포럼 『진실과 정의』, 2007. 4, 50쪽.
19) 조희연, 『박정희와 개발독재시대』, 역사비평사, 2007, 147쪽.
20) 『오 마이 뉴스』, 「김성수의 한국현대사」, 2020년 3월 16일.

다. 최종길은 분명 간첩임을 자백한 일이 없는 데다가 그 외 간첩이
라는 증거가 전혀 없습니다."[21)

중앙정보부가 최종길 교수를 조사한 것은 '공작' 차원에서 그를 중심
으로 간첩단사건을 만들려했던 것인데, 최종길 교수를 고문하다가 최
교수가 죽는 바람에 이미 조사가 끝난 상태에서 발표 시기를 저울질하
던 유럽 거점 간첩단사건에 끼워 넣은 것이다.[22)

중정은 가족들이 남편과 아버지인 최종길 교수의 시신을 아예 보지
못하도록 하였고 최종길 교수의 장례식영구차를 감시하며 장례행렬조
차 통제했다. 그리고 최 교수의 가족은 '빨갱이'라는 낙인을 벗어나기
위해 박정희 정권하에서 남편과 아버지의 죽음에 대한 의문을 제기하
기보다는 침묵의 길을 택할 수밖에 없었다.

의문사위의 진상규명 결정을 바탕으로 최종길 교수 유족은 국가를
상대로 소송을 제기했고 지난 2006년 2월 14일 사건 발생 33년 만에 서
울고등법원은 1973년 중정에서 고문받다가 숨진 최종길 교수의 유족이
국가를 상대로 낸 소송에서 국가의 불법행위를 인정해 국가는 유족들
에게 18억 4,000여만 원을 배상하라며 원고일부 승소 판결을 내렸다.[23)

그러나 최종길 교수의 억울한 죽음과 그 가족들이 잃어버린 세월은
누가 어떻게 보상할 것인가? 박정희시대는 10년 동안 서울대 법대교수
로 있으며 많은 판검사들을 키워낸 법학자 그리고 동생이 중앙정보부
원인 사람조차 간첩으로 조작되는 그런 악마의 시대였다.[24)

21) 『오 마이 뉴스』, 「김성수의 한국현대사」, 2020년 3월 16일.
22) 한홍구, 『대한민국 史 3』, 한겨레출판, 2006, 222쪽.
23) 『오 마이 뉴스』, 「김성수의 한국현대사」, 2020년 3월 16일.
24) 한홍구, 『대한민국 史 3』, 한겨레출판, 2006, 222쪽.

3) 김대중 납치사건

1973년 8월 8일 일본 도쿄에서 중앙정보부 요원들한테 납치되어 5일간 사경을 헤매다가 구사일생으로 8월 13일 서울로 귀환한 김대중 납치사건은 박정희 정권의 야만성과 폭력성을 국내외에 널리 알려주게 되었다.[25] 사건의 대략적인 상황은 다음과 같다.

1973년 8월 8일 아침부터 양일동 민주통일당 당수와 면회했던 김대중은 오후 1시 15분경 기무라 도시오(木村俊夫) 원외무대신과 면담하기 위해 호텔의 방을 나왔고, 그는 지하에서 대기하고 있던 매우 힘세고 건장한 남성들로부터 목덜미를 타격받고 근처의 방으로 운반되어졌으며 손수건에 깊이 스며든 마취제를 흡입하고서 의식을 잃었다.[26] 몽롱한 의식의 한가운데서 김대중은 지하에 있는 차에 억지로 밀어 넣어졌고 그 차가 고속도로를 서쪽으로 달려 이윽고 고우베시에 있는 맨션의 한 방으로 그를 데리고 들어갔다.[27] 2시간 정도가 경과되고 이후 다시 외부로 나와서는 모터보트에 실려졌다. 모터보트에서 1시간정도를 달린 후 김대중은 커다란 배로 옮겨져서 외부 바다로 운반되어졌다.[28] 이것이 소위 김대중 납치사건이었다. 이제 이 납치사건은 해외에서 반정부활동을 계속하는 김대중을 암살하기 위해 중앙정보부가 중심으로 하여 조직한 사건인 것으로 알려져 있다.[29] 김대중은 죽기 바로 직전에 목숨을 건졌고 사건으로부터 5일을 거친 8월 13일 오후 10시를 경과해 자택 앞에서 해방되어진다. 김대중은 해방된 후 3일 후에

---

[25] 서중석, 『한국현대사 60년』, 역사비평사, 2011, 133쪽.
[26] 木村 幹, 『韓国現代史』, 中公新書, 2008, 149쪽.
[27] 木村 幹, 『韓国現代史』, 中公新書, 2008, 149쪽.
[28] 木村 幹, 『韓国現代史』, 中公新書, 2008, 149쪽.
[29] 木村 幹, 『韓国現代史』, 中公新書, 2008, 150쪽.

16일부터 연금 상태로 들어가는 것으로 되었다.

백주대낮에 일국의 수도의 중심에서 그 나라의 정부로부터 정식의 허가를 받아 체제 중인 정치가가 타국의 정보기관에 의해 납치 연행되어져 암살의 바로 직전의 위기에 처한 것은 명백한 주권침해 행위이고, 이러한 행위에 대해 일본정부는 '사건의 진상보고'와 '김대중의 다시 새로운 일본국의 방문에 의한 원상회복'이라는 두 가지 원칙을 수립하고서 한국정부와 교섭에 나선다.[30] 그러나 이러한 교섭은 한일 양국 사이에서 정치적으로 결말이 나는 것으로 되었고, 10월 26일 김대중의 자택연금은 일단 해제되어진다.

그런데 김대중 납치사건은 역설적이게도 유신반대투쟁의 봉화를 올리게 하는 계기가 되었고 10월 2일 서울대 문리대생들은 유신반대시위를 전개했다. 유신반대투쟁은 불처럼 일어나 서울대 각 단과대로 퍼졌고 전국 대학으로 퍼졌다. 그리고 학생들의 투쟁은 사회에 영향을 미쳐 12월 초에 『동아일보』 기자들은 언론자유수호 선언문을 채택했고, 12월 13일에는 윤보선 등 재야인사 11명이 민주주의체제 확립과 평화적 정권교체를 요구하였으며 12월 24일 장준하 등이 헌법개정청원 운동본부를 설치하여 100만 인 서명운동에 들어가게 된다.[31]

박정희 정권은 1973년 1월 8일 긴급조치 1~2호를 발동하였고 긴급조치 1~2호의 내용은 유신헌법을 부정, 반대, 비방하는 자는 최고 징역15년형에 처할 수 있고 자격정지 15년을 병과할 수 있으며 이를 위해 보통군법회의와 고등군법회의를 설치한다는 것이었다. 며칠 후 장준하, 백기완이 구속되었고 이해학, 김진홍 등 개신교 교역자들과 연세대학생들이 잇달아 구속되기도 했다.

30) 木村 幹, 『韓国現代史』, 中公新書, 2008, 150쪽.
31) 서중석, 『한국현대사 60년』, 역사비평사, 2011, 134쪽.

4) 비전향 장기수에 가해진 사상전향의 폭력성

비전향 장기수에게 가해졌던 폭력은 그들이 오랫동안 '빨갱이'로 범주화되어 있었기 때문에 상대적으로 여론의 쟁점이 되어 있지 않았을 뿐이지, 1970년대 초반에 있었던 전향공작 과정은 실제로 몇몇 장기수를 죽음에 몰아넣을 정도로 사상의 자유를 억압하는 반인간적 폭력적인 것이었다.[32]

2000년에 발족해 활동한 의문사 진상규명위원회는 1974년 대전교도소에 수감 중 사망한 박융서, 최석기 사건과 1976년 대구교도소에서 사망한 손윤구 사건을 조사한 후 공권력이 비전향 좌익수인 이들을 강제전향시키려고 상습적으로 폭행했고 이러한 폭행이 이들의 사망원인이 되었다고 발표하였다.[33] 사상전향공작은 정치범들에게 대하여 기아직전의 감식을 통한 기아작전, 혈육의 정을 통한 비인간적인 전향공작, 백색테러 폭풍 등으로 이루어졌고, 그러한 사상전향의 과정 속에서 상당수의 정치범들이 죽음으로 내몰렸다.[34]

특히 최석기의 사망은 떡봉이로 불리던 폭력전과자를 활용한 폭행치사의 경우로서 최 씨는 1974년 4월 4일 오후 격리사동으로 옮겨진 후 폭력사범 조 모 씨에 의해 입에 수건이 물린 채 몸 전체에 바늘이 찔리는 등의 극심한 고문을 당한 직후 교도소 창살의 유리파편으로 동맥을 끊어 자살하였다.[35]

최 씨가 사망한 대전교도소의 경우 전향공작 전담반은 교무과장 김 모 씨를 중심으로 3개 반으로 운영되었고 각 반에 약 30여 명의 비전향

---

32) 조희연, 『박정희와 개발독재시대』, 역사비평사, 2007, 150쪽.
33) 조국, 『양심과 사상의 자유를 위하여』, 책세상, 2009, 32쪽.
34) 서승, 『서승의 옥중 19년』, 역사비평사, 2004, 170~177쪽.
35) 조국, 『양심과 사상의 자유를 위하여』, 책세상, 2009, 33쪽.

좌익 수형자를 분류했으며 교도소 측은 전향공작 전담반 소속 수인들이 비전향 좌익수에게 전향서를 받아낼 경우 감형시켜 주는 특혜를 베풀기도 하였다.[36]

사회안전법 폐지 투쟁의 상징이었던 서준식의 말을 빌리면, 사상전향제는 인간의 가장 깊은 성역에 대한 국가권력의 폭력적 침입이며 극에 달한 정치적 폭력의 한 표현으로서 특정 사상이나 신념을 강제로 포기하게 하여 정치범들을 정치적, 정신적으로 병신을 만들기 위해 만든 제도였다.[37]

김대중 정부 출범 이후 1998년 정부 수립 50주년을 기념한 사면, 복권을 계기로 사상전향제는 폐지되었는데, 당시 박상천 법무부장관은 사상전향제의 문제점에 대하여 다음과 같이 밝혔다. 첫째, 사상전향제는 사상범들에게 전향서를 쓰는 형태로 내심의 사상을 포기하는 것을 외부에 표명하도록 요구하고 이를 거부할 때 교도소에서의 처우를 달리한다는 점에서 양심의 자유와 침묵의 자유를 침해한다는 것 둘째, 유엔인권위원회를 비롯해 세계 각국의 인권단체들이 지속적으로 한국의 사상전향제를 비인도적 제도라고 비판하고 있다는 것 셋째, 사상의 전향은 사람 마음속의 일로서 강요한다고 되는 것은 아니고 진실성 여부를 외부에서 알기도 어렵기 때문에 실효성이 없다는 것이다.[38]

이렇게 박정희 정권은 사상전향을 폭력적, 살인적으로 강요함으로써 비전향 좌익수들에 대한 양심의 자유와 침묵의 자유를 침해하였고 이들을 죽음으로 몰아넣었다.

---

36) 조국, 『양심과 사상의 자유를 위하여』, 책세상, 2009, 33쪽.
37) 조국, 『양심과 사상의 자유를 위하여』, 책세상, 2009, 35쪽.
38) 조국, 『양심과 사상의 자유를 위하여』, 책세상, 2009, 36~37쪽.

3. 긴급조치9호와 저항운동

1975년 5월 13일 악명 높은 긴급조치 9호가 선포되어 박정희 정권이 붕괴될 때까지 계속 유지되었다. 긴급조치 9호는 유신헌법에 대한 부정, 반대, 왜곡, 비방, 개정 및 폐지 주장, 청원, 선동하는 행위까지 일절 금지시켰고 위반자는 영장 없이 체포한다는 내용을 포함해 그동안 선포되었던 긴급조치를 종합적으로 보완한 것으로서 이는 곧 유신체제의 영구화를 기도하는 제도적인 장치였다.[39] 긴급조치 9호 시대에는 유신체제에 반대하는 학생이나 노동자, 재야인사 등을 거의 무차별적으로 구속했고 1979년 한 해 동안 국가보안법, 집회 및 시위에 관한 법, 긴급조치 등의 법률위반으로 구속된 양심수는 무려 1,239명에 달하였다.

긴급조치 9호 시대는 극단의 시대라고도 할 수 있는 것으로써 체제, 헌법, 대통령, 국가, 정부 등에 대한 정치적 논의를 원천적으로 금지했는데 이는 민주주의가 가진 일체의 유연성을 박탈한다는 의미를 가지고 있었다.[40]

긴급조치 9호 시대의 탄압과 통제에 대응하여 저항운동은 점점 거세어지면서 확산되었다.

첫째, 1976년 3월 1일에는 3·1민주구국선언 사건(일명 명동사건)이 나왔는데 함석헌, 윤보선, 정일형, 김대중, 윤반응, 안병무, 이문영, 서남동, 문동환, 이우정 등이 서명한 이 선언은 긴급조치의 철폐, 투옥된 인사와 학생의 석방, 의회정치의 복원, 사법권의 독립 등을 촉구하고 있었다.[41]

---

39) 조희연, 『박정희와 개발독재시대』, 역사비평사, 2007, 185쪽.
40) 조희연, 『박정희와 개발독재시대』, 역사비평사, 2007, 185쪽.

둘째. 1977년 3월 1일에는 3·1민주구국선언 1주년을 맞아 재야인사 10인이 유신헌법과 긴급조치 철폐를 주장하는 선언문을 발표했고 7월 7일에는 천주교 정의구현 사제단이 7·7선언을 발표하기도 하였다(이 무렵부터 성직자들의 수난이 시작되었다).

셋째, 이 시기 지식인운동이 분야별로 조직되는 경향이 나타나 1977년 12월 2일에는 해직교수협의회가 만들어져 민주교육선언이 발표되고 12월 29일에는 인권운동협의회가 설립되기도 했다.[42]

넷째, 1978년 들어 학생시위가 대규모화되면서 학내투쟁을 넘어 가두투쟁으로 발전하였다. 기독교교회협의회 인권위원회가 펴낸 『1970년대 민주화운동』을 보면 1977년 이후 펼쳐진 민주화운동의 특징으로 "다양한 전략, 전술의 개발, 주의 주장에 대한 직접적이고 구체적인 표현, 시위양태의 극렬화, 대규모화"를 들고 있다.[43]

다섯째, 박정희 정권을 붕괴로 이르게 했던 직접적인 계기로서 YH무역여성노동자들의 신민당사 점거투쟁과 해산사건이 발발하였다. 1979년 8월 9일 YH무역 여성노동자 187명은 회사의 위장폐업에 항의하여 신민당사 4층을 점거농성 들어갔는데, 이틀 후인 8월 11일 경찰이 이들을 무자비하게 폭력적으로 진압하여 신민당원과 국회의원 및 취재기자 등을 폭행했을 뿐만 아니라 YH 무역노동자 김경숙이 옥상에서 추락하여 사망하는 일이 벌어진다. 이에 분노한 신민당은 박정희 정권을 강력하게 규탄한다. 그러나 YH 사건 이후 중앙정보부는 신민당 원외지구당 위원장 3인을 사주해서, 이전 5월 30일에 열렸던 신민당 전당대회에서 대의원자격 없는 22명이 투표했으므로 김영삼 총재 당선은

41) 조희연, 『박정희와 개발독재시대』, 역사비평사, 2007, 202쪽.
42) 조희연, 『박정희와 개발독재시대』, 역사비평사, 2007, 203쪽.
43) 조희연, 『박정희와 개발독재시대』, 역사비평사, 2007, 205쪽.

무효라고 주장하게 만들어 '직무정지가처분 소송'을 법원에 제출하게
만들었다.[44] 이 가처분신청이 받아들여져 김영삼은 총재직을 박탈당
한다. 김영삼은 이에 항의하면서 박정희 정권타도를 위한 범국민적 항
쟁을 선언하고, 10월 13일에는 신민당 소속 국회의원 60명 전원이 국회
의원사퇴서를 제출한다. 김영삼의 제명은 야당의 공세에 재갈을 물리
려는 목적으로 이루어졌지만 역으로 박정희 정권을 붕괴시키는 결정
적 계기로 작용하게 되었다.[45]

4. 부마항쟁과 유신체제의 붕괴

유신정권과 민중의 정면대결은 10월 부산에서 시작되었다. 1979년
10월 16일 부산대 학생 수천여 명이 유신철폐, 야당탄압 중지, 빈부격
차 해소를 내걸고 가두시위를 벌이자 다음날 노동자, 시민 등이 적극
이에 호응하였고 경찰서, 파출소, 신문사를 부수는 격렬한 싸움으로 번
졌다. 박정희 정권은 10월 18일 오전 0시에 부산지역에 계엄령을 선포
했으나 학생과 시민들의 시위는 그칠 줄 몰랐고 18일 마산으로 번진
시위는 고등학생과 수출자유지역의 노동자들이 합세한 기운데 결렬한
반유신시위로 발전해 갔으며 결국 20일에는 마산과 창원에 위수령이
내려져 군이 투입되었다.[46]

1979년 10월 26일에 유신체제의 산실이었던 청와대 옆 궁정동 중앙
정보부 별관에서 대통령과 비서실장, 경호실장, 중앙정보부장과 2명의
여자가 참석하는 대행사가 열렸다. 김재규 중앙정보부장은 정승화 육

---

44) 조희연, 『박정희와 개발독재시대』, 역사비평사, 2007, 208쪽.
45) 조희연, 『박정희와 개발독재시대』, 역사비평사, 2007, 208쪽.
46) 역사학연구소, 『강좌 한국근현대사』, 풀빛, 2003, 357쪽.

군참모총장에게 근처에 와 기다리게 했고 그 자리에서 박정희가 김영삼을 일찍 처리하지 못한 것을 후회하면서 김재규의 온건론을 힐난하자, 차지철 경호실장이 "신민당이고 학생이고 간에 전차로 싹 깔아 뭉개버리겠습니다"라고 말했다.[47] 그 순간 김재규가 총으로 차지철을 쏘고 이어서 박정희를 쏘았다. 10월 26일 중앙정보부장 김재규가 박정희 대통령을 시해하자 유신체제는 붕괴된다. 중앙정보부의 역할은 정치공작 및 대통령에게 제공되는 중요한 정보를 획득하고 제공하는 것이었다. 그런데 차지철이 경호실장이 되자 차지철은 보위(保衛) 차원으로 경호행위를 끌어 올렸고 보위경호라는 이름을 내걸고, 심지어 중앙정보부장까지도 경호실장의 통솔과 규제를 받아야 하는 상황이 되었다.[48] 이때부터 경호실장과 중앙정보부 사이에 서서히 갈등이 쌓였고 결국 1979년 벌어지는 박정희 시해사건의 한 원인으로 작용하게 된다. 유신체제의 억압적 지배를 거부한 부마항쟁은 지배층 안의 분열을 촉진시켜 유신체제가 몰락하는 계기를 만들었다.

그러나 이것은 표면적으로 표출된 현상일 뿐 근본적으로 박정희 정권이 붕괴하게 된 원인은 다음의 몇 가지 요인이 작용하였다.

첫째, 박정희 정권에 대항하는 반독재민주화운동과 민중운동의 고양으로 인해 박정희 정권의 직접적인 정치적 위기가 도래하였다.[49] 1970년대 말의 반독재학생운동의 고양, YH사건, 부마항쟁 등은 박정희 정권을 위기상황으로 몰아넣었으며 이에 대해 박정희 정권은 야당총재인 김영삼의 제명 등으로 맞섰지만 박정희 정권은 더 이상 이를 막지 못하고 붕괴하고 말았다.

---

47) 서중석, 『한국현대사 60년』, 역사비평사, 2011, 148쪽.
48) 조희연, 『박정희와 개발독재시대』, 역사비평사, 2007, 192쪽.
49) 한국역사연구회 현대사연구반, 「유신체제의 성립과 그 전개」, 『한국현대사 3』, 풀빛, 1993, 123쪽.

둘째, 유신체제 자체의 위기로부터 비롯된 박정희에 대한 미국의 지지철회가 붕괴의 그 요인이다.[50] 박정희 정권과 미국의 갈등은 1977년 카터정권 출범 이후 인권외교의 전개와 주한미군철수를 둘러싸고 본격적으로 나타나는데, 프레이져 보고서에 의하면 1974년부터 1978년 사이에 11개국에 무기수출을 허용해 달라는 한국정부의 요구를 국부성이 대부분 거절하였고, 미국은 몇몇 무기들의 생산과 수출에 제한을 가해왔을 뿐만 아니라 핵무기의 영역에 있어서는 발전을 방해하여 왔다고 한다.[51]

박정희는 군사, 경제력을 바탕으로 미국의 민주주의적 권고를 점차 받아들이려 하지 않았고 미국은 이러한 박정희의 독자노선 추구경향이 미국의 통제력에서 벗어날 위험까지 이르르고 더불어 반체제민주화운동이 격화되자 박정희에 대한 지지를 철회한 것으로 추론된다.[52]

셋째, 1978년부터 미국을 비롯한 선진자본주의국이 스태그플레이션에 접어들게 되고 동시에 1979년의 2차 오일쇼크가 겹치면서 세계자본주의체제는 전반적인 불황국면에 처하게 되는데, 이러한 상황이 한국경제에 영향을 미치게 되어 박정희 정권이 사회적인 통제력을 상실하는 요인이 되었다.[53] 세계자본주의체제의 전반적인 불황은 한국경제에 영향을 미쳤고, 1970년대 경제정책을 대변하던 중화학공업전략 자체의 모순이 이를 계기로 가속화되어 한국경제의 불황을 야기했으며

50) 한국역사연구회 현대사연구반, 「유신체제의 성립과 그 전개」, 『한국현대사 3』, 풀빛, 1993, 123쪽.
51) 한국역사연구회 현대사연구반, 「유신체제의 성립과 그 전개」, 『한국현대사 3』, 풀빛, 1993, 123쪽.
52) 한국역사연구회 현대사연구반, 「유신체제의 성립과 그 전개」, 『한국현대사 3』, 풀빛, 1993, 124쪽.
53) 한국역사연구회 현대사연구반, 「유신체제의 성립과 그 전개」, 『한국현대사 3』, 풀빛, 1993, 124쪽.

그것이 박정희 정권 붕괴의 한 요인이 되었다.

박정희 정권 몰락의 직접적인 계기는 10·26이라는 사건이었지만 박정희 정권의 붕괴요인은 이러한 세 가지를 요인으로 이루어졌고 박정희 정권은 이미 사회적인 통제력을 상실하고 있었다.

제2절 1970년대 박정희 정권 시대의 산업정책과 소득분배

1. 1970년대 박정희 정권 시대의 산업정책

1960년대 말 70년대 초의 세계경제상황은 1970년대 한국경제의 변화방향을 내포하고 있었다. 미, 일, 서독을 중심으로 하는 선진자본주의 국가는 기존의 전통적인 기간산업이었던 중공업의 일부를 새롭게 대두한 고이윤 고부가가치 산업으로 대체하고 대규모설비의 노동집약적 중화학공업 부문을 사양화시키기 시작했다.[54] 이에 따라 세계분업체계의 변화가 초래되었고 1970년대부터 본격적으로 진행된 중화학공업화는 이러한 변화에 근거하고 있었다.

미국의 경제적 상황은 1968년 공황 이후에 고성장이 종언을 고하고 경제성장을 동반하지 않는 물가상승 즉, 스태그플레이션 현상이 나타났으며 무역정책에 있어서 보호무역주의가 대두되었다.[55]

미국의 보호무역주의는 수출의 40%를 미국에 의존하고 있었던 한국에게는 치명적인 것이었고 이러한 상황에서 박정희 정권은 상환의 부

---

[54] 한국역사연구회 현대사연구반, 「1960, 70년대의 한국경제」, 『한국현대사 3』, 풀빛, 1993, 151쪽.

[55] 한국역사연구회 현대사연구반, 「1960, 70년대의 한국경제」, 『한국현대사 3』, 풀빛, 1993, 151쪽.

담이 없는 직접투자 그리고 막대한 금융조세상의 특혜를 통한 독점재벌의 유지, 확장정책을 통해 경제위기를 타개해 나가려고 했다.[56]

1970년대 박정희 정권이 취한 산업화정책에는 1972년 8월에 사채동결과 재벌에 대한 금융조세상의 특혜를 골자로 하는 경제의 안정과 성장을 위한 긴급명령 제15호 이른바 8·3비상조치가 있었다. 8·3비상조치의 대체적인 내용은 당시까지 각 기업이 안고 있는 모든 사채를 정부에 신고하고 이를 이자율 1.35%, 3년 거치 5년 분할상환으로 전환시키는 한편 기업을 위한 2천억의 특별금융채권을 금융기관이 발행하도록 하는 것과 함께 정부출자금융을 책정하는 것으로 되어 있다. 8·3조치는 8·15 해방 후 적산불하에 버금갈 만한 경제적 특혜로 비유될 만큼, 사유재산의 존중이라는 자본주의의 기본 원칙조차 무시한 채 파산위기에 놓여 있던 독점재벌에게 엄청난 이익을 주기 위한 것이었다.[57]

그러나 1970년대 초반 8·3조치를 비롯한 일련의 조치에도 불구하고 기업의 재무구조는 다시 취약해져 제조업의 자기자본 비율이 1979년에는 21%, 1980년에는 17%로 저하되고 부채율은 377.1%에서 487.9%로 증가하게 된다.

박정희 정권은 1970년대 중화학공업의 육성을 위해 재벌을 이용할 필요가 있다고 판단하여, 초기에는 군사쿠데타에 의해 집권한 직후 자유당정부와 밀착되었던 재벌들을 부정축재자로 엄벌하려는 입장에 있었으나 그 후에는 부정축재자 처벌이 흐지부지되어 재벌들을 산업전략의 하위파트너로 적극적으로 활용하는 입장으로 정책전환을 하였다.[58] 즉, 국가가 육성할 전략산업을 담당할 승자기업을 사전적으로 선

---

56) 한국역사연구회 현대사연구반, 「1960, 70년대의 한국경제」, 『한국현대사 3』, 풀빛, 1993, 151쪽.
57) 한국역사연구회 현대사연구반, 「1960, 70년대의 한국경제」, 『한국현대사 3』, 풀빛, 1993, 150쪽.

정할 때 대규모 기업경영 경험이 있는 재벌 대기업이 가장 유리한 위치에 있었고, 산업화를 달성하려면 기간산업인 중화학공업을 육성해야 했으며 재벌을 경제개발의 하위파트너로 적극 활용할 필요가 있었던 것이다.[59]

1970년대 급속한 산업화 기간 동안 한국에서 진행된 자본축적의 지배적인 성격은 다음과 같다. 첫째, 국내 금융기관을 통해서 금융대출을 할당함을 통해 정부가 기업을 통제하였다는 것이고 둘째, 투자 자격의 할당으로 특히 정부가 선정한 우선 프로젝트에 투자할 수 있는 기업체를 선정함으로써 국가가 기업을 통제하였다는 것이다.[60] 즉, 투자자격 선정을 받은 기업은 정부가 관리하는 은행에서 낮은 금리의 대출을 받을 수 있었고, 대규모 대출을 받을 수 있는 기업들은 수익이 많은 신규 투자자격을 획득할 수 있었다.[61] 결국 두 가지 기제는 서로 밀접하게 연계되어 국가-재벌의 수직적 발전지배연합이 형성되었다.

한국의 경우 경제성장에 정부의 역할이 상대적으로 절대적인 영향을 주었는데, 정부는 다양한 지원수단을 통하여 중화학공업을 육성한 것들을 부인하기 어렵고, 심지어는 정부가 수출산업 및 중화학공업을 전략적으로 육성하기 위하여 가격체계를 체계적으로 왜곡하기도 하였다.[62] 이렇게 한국의 대기업을 중심으로 한 재벌은 짧은 시간에 국가 주도의 성장전략과 산업정책에 호응하는 과정에서 기업의 확장기회를 포착해 왔고, 이러한 성장조건의 차이는 선진국의 대기업이 광대한 시

---

58) 조영철, 「개발체제와 발전지배연합」, 『개발독재와 박정희시대』, 창작과 비평사, 2012, 140쪽.
59) 조영철, 「개발체제와 발전지배연합」, 『개발독재와 박정희시대』, 창작과 비평사, 2012, 141쪽.
60) 구해근, 『한국노동계급의 형성』, 창작과 비평사, 2003, 58~59쪽.
61) 구해근, 『한국노동계급의 형성』, 창작과 비평사, 2003, 59쪽.
62) 하상조·이재우, 「한국의 산업정책」, 『한국경제론』, 법문사, 2001, 213쪽.

장과 치열한 경쟁에서 살아남기 위해서 전문화된 대기업구조로 발전해 온 것과 구별된 성격을 보여준다.[63] 결국 한국의 대기업을 중심으로 한 재벌들은 정부의 보호정책을 바탕으로 성장해 왔고, 국가경제에서 부와 경제력의 과도한 집중현상이 심화되어 시장질서의 근간을 위협할 지경에 이르는 문제를 가져왔다.

2. 개발독재와 소득분배

많은 경제학자들은 경제성장과 경제발전을 엄격히 구별하면서 경제발전은 경제성장 즉, 1인당 소득의 증가에 덧붙여 무엇인가의 변화(플러스알파)가 수반되는 경우를 의미한다고 말하고 있다.[64] 인도 출신의 경제학자 쎈은 한 저서에서 발전을 자유로 정의하는 독특한 관점을 제시했는데, 쎈에 의하면 자유의 신장은 그 자체가 하나의 주요한 목적일 뿐만 아니라 발전의 주요 수단이기도 하여 "발전은 부자유의 주요 원천의 제거를 요구한다. 즉, 발전은 빈곤과 폭정, 빈약한 경제적 기회, 체계적인 사회적 박탈, 공공시설의 부족, 그리고 억압적 국가의 과잉활동의 제거 등을 요구한다"라고 하였다.[65]

인도 출신의 경제학자인 바그와티는 "민주주의는 발전을 희생시킨다"라고 주장하면서 양자 사이의 상충관계를 잔인한 딜레마(cruel dilemma)로 이름붙인 바 있는데, 쎈은 발전을 위해 자유를 희생하자는 주장과는 반대로 정치적 자유와 질병으로부터의 자유, 무지로부터의 자유 등은 본질적으로 발전의 구성요소라고 말하였다.[66] 쎈은 각종 부자유를 제

---

63) 이재우, 「한국재벌집단의 구조전환과 향후 과제」, 『한국경제론』, 법문사, 2001, 231쪽.
64) 이정우, 「개발독재와 빈부격차」, 『개발독재와 박정희시대』, 창작과 비평사, 2012, 221쪽.
65) 이정우, 「개발독재와 빈부격차」, 『개발독재와 박정희시대』, 창작과 비평사, 2012, 222쪽.
66) 이정우, 「개발독재와 빈부격차」, 『개발독재와 박정희시대』, 창작과 비평사, 2012, 223쪽.

거하고 자유가 보장되는 체제에서만 개인이 경제활동과 생산활동을 통해 개인적 사회적 발전을 도모할 수 있다고 보았고 쎈이 말하는 '자유로서의 발전'의 개념은 정치적 행동을 전제하며 끊임없이 그것을 요구한다.[67]

쎈이 말하는 '자유로서의 발전' 개념에 근거해서 박정희 정권 시대의 70년대를 평가해 보는 것이 필요하다. 쎈이 제기하는 첫 번째 자유인 정치적 자유 측면에서 70년대의 한국경제는 박정희자신의 장기 독재지배 의도에 따라 인간의 기본적인 존엄성마저도 보장받지 못하는 폭력적, 억압적 독재체제였다. 자신의 정적을 백주대낮에 제거하려 했던 폭력성, 언론 출판 집회 결사의 자유가 일상적으로 침해당했던 것, 사상의 자유가 근본적으로 부정되었던 현실, 사상범으로 몰아 무고한 양심적인 사람들을 처단했던 사실, 긴급조치 1호에서 9호까지의 폭력적 탄압 등 무법시대라 해도 지나치지 않을 정도로 폭력적, 억압적으로 개인의 자유를 침해하였다. '자유로서의 발전'이란 개념적 정의에 따르면 1970년대의 경제성장은 양적 성장에 불과할 뿐 '경제발전'으로서 평가할 수 없다. 쎈에 의하면 인간에게 최소한의 자유도 주어지지 않은 상태에서의 소득증가는 발전이 아니고 이 시기에 아무리 수출과 소득이 증가했더라도 최소한의 인권과 정치적 자유가 보장되지 않는 거대한 수용소에서의 소득과 경제적 기회는 무의미하다고 볼 수 있다.[68]

한편 1970년대의 양적 경제성장이 소득분배의 측면에서는 어떻게 나타났는가를 검토함으로써 1970년대 개발독재 시대의 경제성장의 본질을 구체적으로 평가할 필요가 있다.

---

67) 이정우, 「개발독재와 빈부격차」, 『개발독재와 박정희시대』, 창작과 비평사, 2012, 224쪽.
68) 이정우, 「개발독재와 빈부격차」, 『개발독재와 박정희시대』, 창작과 비평사, 2012, 228쪽.

1) 임금 수준의 격차

70년대 10년간 명목임금은 약 10배 증가하였다. 동시에 소비자 물가지수는 4.5배 상승하여 실질임금 증가는 2.2배 증가에 그쳤다. 실질임금의 상승추세와 노동생산성의 상승추세를 비교해 보면 이 기간의 노동생산성은 2.6배 증가함으로써 실질임금의 증가폭이 노동생산성 증가폭을 따라가지 못하고 있다. 그 결과 노동소득분배율이 하락하였을 것이라고 추측할 수 있다. 〈표 1〉의 하단에서 보듯 성장률로 따질 때 이 기간 명목임금은 연평균 25.7% 상승했고 실질임금은 연평균 8.2% 상승했는데 노동생산성은 연평균 10% 상승함으로써 실질임금 상승속도를 앞지르고 있다.

〈표 1〉 임금, 물가와 노동생산성의 추이

연도	명목임금(지수)	소비자물가지수	실질임금(지수)	물적노동생산성지수
1970	17831 (100)	(100)	17831 (100)	(100)
1980	176058 (987)	(451)	39063 (219)	(259)
성장률(%) 1970~80	25.7	16.3	8.2	10.0

자료: 노동생산성지수의 계산은 제조업, 광업, 전기업만 포함.
　　　한국은행 경제통계연보 각 연도, 노동부 노동통계연감 각 연도,
　　　한국노동연구원 노동동향분석 1990년 4/4 분기.[69]

그리고 〈표 2〉에서 1970년의 노동 분배율을 보면 미국, 캐나다와 유럽은 모두 40%가 넘는 반면 일본은 32%이고 한국은 25%로 현격한 차이가 있다.[70]

69) 이정우, 「개발독재와 빈부격차」, 『개발독재와 박정희시대』, 창작과 비평사, 2012, 230쪽.
70) 이정우, 「개발독재와 빈부격차」, 『개발독재와 박정희시대』, 창작과 비평사, 2012, 231쪽.

<표 2> 제조업 노동분배율의 국제 비교

국가	1962	1970	1973
한국	26.1	25.0	23.0
일본	37.1	32.0	35.0
서독	38.0	40.9	44.1
미국	52.6	47.3	44.1
영국	53.0	52.6	49.0
캐나다	52.0	53.1	–

자료: 이정우, 「개발독재와 빈부격차」, 『개발독재와 박정희시대』, 창작과 비평사, 2012, 231
쪽에서 재인용(박찬일, 1979, 331쪽).[71]

로드릭(Rodrik)은 한 나라의 민주주의가 신장되면 임금 수준이 눈에
띠게 상승한다고 주장한다. 왜 민주주의가 노동 측에 유리한 분배를
가져오는가는 다음과 같다. 첫째, 민주주의체제는 법의 지배를 관철하
기가 쉬우며 이것은 노동 측의 교섭력을 강화한다는 것 둘째, 민주주의
는 정치적 불안정과 단절에 빠질 확률이 낮으며 따라서 노동 측에 높
은 유보임금을 보장한다는 것 셋째, 민주주의는 노조결성과 단체협약
의 자유를 신장시켜 노동 측의 교섭력을 높인다는 것 넷째, 정치참여와
경쟁의 증가는 표를 의식한 각 정당에서 노동자의 이익에 한층 부합하
는 법률 또는 제도의 도입을 가져와서 노동자의 교섭력 혹은 유보임금
을 높여 준다는 것이다.[72] 로드릭의 연구결과를 한국의 60~70년대의
경제에 대한 평가에 결합시키면 정치적으로 민주주의가 억압되고 있
었던 사실이 노동자에 대한 보상을 낮추는 중요한 요인이 되고 있다고
추리할 수 있다.[73]

---

71) 이정우, 「개발독재와 빈부격차」, 『개발독재와 박정희시대』, 창작과 비평사, 2012, 231쪽.
72) 이정우, 「개발독재와 빈부격차」, 『개발독재와 박정희시대』, 창작과 비평사, 2012, 233쪽.
73) 이정우, 「개발독재와 빈부격차」, 『개발독재와 박정희시대』, 창작과 비평사, 2012, 233쪽.

2) 소득분배

한국의 소득분배 추계에서 가장 문제가 되는 점은 믿을 만한 자료가 없고 그중에서 가장 문제가 되는 것은 고소득층에 관한 자료이다. 자영업자 및 경영자가구는 한국의 최고소득층을 포함하는 집단인데 이들의 소득자료가 없고 소비자료를 통해 간접적으로밖에 추측할 수 없다는 것이 추계의 큰 약점이다.[74] 따라서 소득분배를 신빙성이 약한 통계지표에 의지하기보다는 분배적 정치론에 입각하여 비판적으로 성찰하면 다음과 같다.

첫째, 분배적 정의의 관점에서 이 시기 불평등을 논할 때 빠질 수 없는 것이 재벌의 문제인데 현재 우리나라 재벌들은 지난 20년간 정부의 여러 가지 특혜와 지원에 힘입어 단기간에 부를 축적하였고 소위 정경유착에 힘입어 정당하지 못한 수단까지 동원하여 부를 축적해왔다는 것이다.[75] 둘째, 재벌기업이 가족기업형태를 벗어나지 못하기 때문에 그것이 계층 간 소득격차로 연결되는 문제가 있고 셋째, 소득통계에는 포함되지 않지만 불로소득의 팽창이 한국의 불평등에서 큰 비중을 차지한다는 점이다.[76] 불로소득을 소득에 포함시키면 소득분배는 기존 통계에서 나타난 것보다 훨씬 불평등한 것으로 나타난다.

3) 지가폭등과 불로소득

부(富)는 첫째, 그 자체로 막대한 경제력을 행사함으로써 빈부계층

---

74) 이정우, 「개발독재와 빈부격차」, 『개발독재와 박정희시대』, 창작과 비평사, 2012, 236쪽.
75) 이정우, 「개발독재와 빈부격차」, 『개발독재와 박정희시대』, 창작과 비평사, 2012, 236쪽.
76) 이정우, 「개발독재와 빈부격차」, 『개발독재와 박정희시대』, 창작과 비평사, 2012, 237쪽.

간에 경제적 격차를 초래하고 둘째, 부가 낳은 재산소득이 다시 소득의 불평등을 일으키며 셋째, 자산가격의 상승이 있으면 자본이득이라는 형태의 소득이 자산소유자에게 귀속되는데, 이 소득을 갖고 다시 자산을 구입할 수 있어서 결국 부의 불평등은 소득불평등과 표리관계를 이루면서 경제적 불평등을 증폭시키게 된다.[77]

〈표 3〉에서 1963~1979년의 17년간 지가상승률이 50%를 넘은 해가 네 해나 되며 60년대 후반과 70년대 후반의 상승률은 상상을 초월할 정도여서 17년 만에 땅값은 무려 180배 이상 상승하였다.

<표 3> 개발독재 시기의 지가상승 추세

연도	명목 예금 금리(%)	주요 도시 지가상승률	지가 지수
1964	15.0	50.0	150
1969	22.8	80.7	1,152
1977	14.4	50.0	5,872
1978	18.6	79.1	10,700

자료: 한국감정원 전국 주요 도시 지가지수(1963~1974); 한국감정원 토지시가 조사표 (1975~1979)[78]

1963년에 돈 100원을 은행에 예금했다면 1979년에는 1,760원이 되어 있을 것이나 같은 돈 100원으로 땅을 사둔 사람이 있다면 1979년에 18,700원의 가치가 되니 무려 10배의 차이가 나고 결국 토지보유의 이익이 얼마나 큰지 알 수 있다.[79]

---

77) 이정우, 「개발독재와 빈부격차」, 『개발독재와 박정희시대』, 창작과 비평사, 2012, 237~238쪽.
78) 이정우, 「개발독재와 빈부격차」, 『개발독재와 박정희시대』, 창작과 비평사, 2012, 239쪽.
79) 이정우, 「개발독재와 빈부격차」, 『개발독재와 박정희시대』, 창작과 비평사, 2012, 238~239쪽.

박정희 정권은 토지가격의 폭등을 방치한 채 개발에만 열을 올림으로써 소수의 부유층에 천문학적인 부가 축적되도록 하였고, 그 반대쪽에서는 같은 피해가 누적되어 불평등이 가속화되었다. 지가폭등으로 인한 손실은 빈부격차의 주요인이요 이 시기 부익부빈익빈을 가져온 대표적 통로였다.

박정희의 개발독재는 인간이 가지는 최소한의 자유조차 주지 않았으므로 양적 성장이었지만 결코 경제발전이라고 말할 수 없다. 뿐만 아니라 그것은 성장의 과실을 분배하는 측면에서도 심각한 불평등을 구조화시켰다. 정치적 독재와 경제적 불균형이 나란히 가고 있었으며 정치적 자유가 제한되는 곳에서 필연적으로 경제적 발전이 이루어지지 않는 다는 점에서(자유로서의 발전개념을 정립할 때) 그것은 오히려 당연한 귀결이었던 것이다.[80]

제3절 1970년대 유신체제하의 노동관계법을 통한 억압과 통제

1. 헌법개정에 의한 노동삼권의 억압

1972년 10월 27일 유신헌법으로 헌법의 전문개정이 단행되었다. 유신헌법의 노동삼권의 규정은 일반 노동자의 노동삼권을 종래의 '자주적인 권리'로서 보장되었던 것을 '법률이 정하는 범위 안에서의' 권리로 후퇴시켰으며(제29조 제1항) 공무원의 노동삼권에 때한 제한규정은 구법과 같이 그대로 표현되고(제29조 제2항) 단체행동권에 대한 특별한 제한 내지 금지를 받을 수 있는 대상을 신설하였다(제29조 제3항).[81]

---

80) 이정우, 「개발독재와 빈부격차」, 『개발독재와 박정희시대』, 창작과 비평사, 2012, 243쪽.

따라서 구 법상 공무원 가운데 예외적으로 노동삼권을 보장받았던 공무원의 경우에도 다시 단체행동권이 제한 또는 금지될 수 있게 되었다. 이는 1971년 12월 27일 제정된 '국가보위에 관한 특별조치법'상의 노동관계조항 가운데 제9조 제2항이 헌법 속에 명문으로 영구화된 것으로 공무원의 노동삼권은 종래보다 더욱 규제적인 내용으로 변화되었던 것이다.

헌법 제29조의 규정내용은 다음과 같다. ① 근로자의 단결권, 단체교섭권 및 단체행동권은 법률이 정하는 범위 안에서 보장된다. ② 공무원인 근로자는 법률로 인정된 자를 제외하고는 단결권, 단체교섭권 또는 단체행동권을 가질 수 없다. ③ 공무원과 국가, 지방자치단체, 국영기업체, 공익사업체 또는 국민경제에 중대한 영향을 미치는 사업체에 종사하는 근로자의 단체행동권은 법률이 정하는 바에 의하여 이를 제한하거나 인정하지 아니할 수 있다.

노동삼권을 종래처럼 자주적인 권리로서 보장하도록 개정되어야 한다.

2. 국가보위에 관한 특별조치법 제9조: 행정조정제도에 의한 단결권부인

국가보위법에서 노동에 직접적으로 관계되는 조문은 제9조의 단 한 개 조문인데, 제9조의 내용은 다음과 같다.

> ① 근로자의 단체교섭권 또는 단체행동권의 행사는 미리 주무관청에 조정을 신청하여야 하며 그 조정결정에 따라야 한다(제1항).

---

81) 박승두, 『노동법의 역사』, 법률 sos, 2009, 112쪽.

② 대통령은 국가기관 또는 지방자치단체, 국영기업체, 공익사업, 국민경제에 중요한 영향을 미치는 사업에 종사하는 노동자의 단체행동권을 규제하기 위한 특별조치를 할 수 있다(제2항).

여기서 결정적으로 중요한 것은 제1항의 규정인데, 제1항은 입법형식은 단체교섭권과 단체행동권 자체의 부인이 아니라 그 권리의 절차에 대한 규제이지만, 행정조정의 운영방식 여하에 따라서는 단체교섭권과 단체행동권이라는 단결권의 본질적인 내용을 전면적으로 부인할 가능성을 가지고 있다.[82]

70년대의 이 법조문을 실행했던 노동청의 예규에서 구체화되는 행정조정제도는 예규 103호와 예규 105호에서 알 수 있다.

구체적인 내용은 다음과 같다.

① 단체교섭의 조정의 개시: 노사당사자는 단체교섭 행사 시 주무관청에 소정의 '단체교섭 조정신청서'를 제출해야 함.
② 조정기구(주무관청): 시도지사(1개의 특별시 또는 직할시와 도 관할 사업장).
노동청장(2개 시, 도 이상 관할 사업장, 외국인투자기업)
③ 조정결정: 신청서 접수 후 30일 이내에 조정결정을 해야 함. 조정결정 접수 후 조정결정이 내려지기 전에 당사자 간에 합의된 사항에 대해서는 합의된 내용과 동일한 내용으로 조정결정 함 (105호).
④ 조정결정의 효력: 조정결정에 대해서는 재심요구나 행정소송이 불가(최후의 구속력).
⑤ 단체행동권: 단체교섭이 조정결정 될 때까지는 그 행사를 신청할 수 없음.

---

[82] 김삼수, 「박정희시대의 노동정책과 노사관계」, 『개발독재와 박정희시대』, 창작과 비평사, 2012, 192쪽.

예규에서 보듯이 조정(調整)의 개시절차가 강제적이기 때문에 강제
조정이며 조정결정이 최후적 효력을 갖기 때문에 명백한 강제중재제
도인 것이다.[83] 또 조정결정이 내려지기 전에는 단체행동권행사를 신
청할 수 없기 때문에 논리적으로 파업이 불가능한 것으로써 이는 단순
한 절차상의 규제를 넘어서 민간과 공공의 구별 없이 모든 산업 부문
에서 사실상 단체행동권을 부인하는 정책체계였다.[84] 결국 이는 행정
조정제도에 의하여 자유로운 단체교섭 자체가 부인되는 것으로써 이
는 총체적인 단결권부인이며 이 정책에 의해 노동조합법 등 노동관계
법은 기능이 거의 전면적으로 정지되었다고 할 수 있을 것이다.[85]

국가보위법의 노동정책은 모든 부문(공공, 민간부문)에서 단체행동
권을 전면적으로 동결한 위에서 행정관청의 강제중재에 의해 국가가
전적으로 노사문제를 해결해 주는 것을 본질로 하는 체제이다.[86] 이
체제하에서 노동조합 자체가 명문규정에 의해 부인되는 것은 아니지
만 그 기능이 전면적으로 부인될 뿐만 아니라 그 결성과 노동조합의
활동이 크게 위험하게 될 가능성이 있다. 단체교섭권 및 단체행동권을
행사하기 전에 행정관청에 조정신청을 하도록 하는 것이 단순한 절차
적 사항으로 되기 위해선 조정결정에 강제구속력이 없도록 하여 당사
자가 조정결정을 거부할 수 있도록 개정되어야 한다.

83) 김삼수, 「박정희시대의 노동정책과 노사관계」, 『개발독재와 박정희시대』, 창작과 비평
사, 2012, 193쪽.
84) 김삼수, 「박정희시대의 노동정책과 노사관계」, 『개발독재와 박정희시대』, 창작과 비평
사, 2012, 193쪽.
85) 김삼수, 「박정희시대의 노동정책과 노사관계」, 『개발독재와 박정희시대』, 창작과 비평
사, 2012, 193쪽.
86) 김삼수, 「박정희시대의 노동정책과 노사관계」, 『개발독재와 박정희시대』, 창작과 비평
사, 2012, 197쪽.

3. 노동조합법 개정에서의 억압과 통제

1) 노동쟁의를 총회의 의결사항으로 규정

노동조합법 제19조 총회의 의결사항에는 "1. 규약의 제정과 변경에 관한 사항. 2. 임원의 선거에 관한 사항. 3. 단체협약에 관한 사항. 4. 예산, 결산에 관한 사항. 5. 기금의 설치, 관리 또는 처분에 관한 사항. 6. 연합단체의 설립, 가입 또는 탈퇴에 관한 사항. 7. 합병, 분할 또는 해산에 관한 사항. 8. 기타 중요한 사항"으로 규정되어 있었는데 '8. 노동쟁의에 관한 사항'이 신설되었다.

제12조 쟁의행위의 제한으로서 "노동조합의 쟁의행위는 그 조합원의 직접 무기명투표에 의한 과반수의 찬성으로 결정하지 아니하면 이를 행할 수 없다"라는 규정이 존재하는 만큼 노동쟁의에 관한 사항을 총회의 의결사항으로 포함시켜 분쟁의 대상이 되는 사항 여부에 관한 총회의 의결을 다시 요구하였던 것은 노동쟁의를 포함한 쟁의행위의 대상을 억압 내지 통제하려했던 목적의 연장이라고 판단된다.

2) 산별체제를 전제로 한 규정의 삭제

노동조합을 기업별 체제로 전환하기 위해 산별체제를 전제로 한 조항들을 삭제하였다.[87] 따라서 노동조합법 제33조(교섭권한)에서 "① 노동조합의 대표자 또는 노동조합으로부터 위임을 받은 자는 그 노동조합 또는 조합원을 위하여 사용자나 사용자단체와 단체협약의 체결 기타의 사항에 관하여 교섭할 권한이 있다. ② 전항에 규정에 의한 노동

---

87) 박승두, 『노동법의 역사』, 법률 sos, 2009, 113쪽.

조합의 대표자는 전국적인 규모를 가진 노동조합의 산하지부의 대표
자도 포함된다"의 내용 중 제2항이 삭제되었다.

즉, 산업별 노조체계를 전제로 하여 개별 기업노조의 대표자를 단체
교섭권한을 가진 자로 파악하였으나 기업별 노조체계로 전환하여 산
별체제를 전제로 한 조항들을 삭제하였던 것이다. 1960년대에 박정희
정권이 산업별 단일 노조체계를 구성하였던 것은 산별노조체제의 성
립에 따라 산별노조를 통해 개별노동자를 통제하려는 조합주의적 통
제를 목적으로 한 것이 아니라 실질적으로는 기업별 노조체제를 수립
하고 기업별 노조체제하에서 노동자들을 개인 차원으로 통제, 억압하
려고 했던 것이다. 따라서 1970년대 와서는 이렇게 형식적이지만 산업
별 노조에게 권력을 분배해주고 산별노조를 통해 기업별 노조를 통제
하려는 조합주의적 통제방식을 배제하려는 목적을 현실화시켜 산업별
노조를 전제로 한 규정을 삭제한다. 결국 1960년대에 형식적으로 산업
별 노조체제를 유지하되 실질은 기업별 노조체제가 유지되었던 상황
하에서 1970년대는 형식적으로도 실질적으로도 기업별 노조체제로 변
화했던 것이다. 기업별 노조체제로의 변화는 모든 권력을 박정희 정권
의 유신체제로 집중시키려 했던 권력집중 메커니즘을 노동관계에서
실현함으로써 산업별 노조수립을 통한 권력의 분산 없이 노동자들을
억압, 통제하려던 목적에서 구체화된 정책이었다.

3) 노사협의회의 기능강화(노동조합법 제6조)

① 사용자와 노동조합은 상호협조로서 생산성 향상을 도모하기 위
하여 노사협의회를 설치하여야 한다. ② 노사협의회는 단체협약 또는
취업규칙의 범위 안에서 생산, 교육, 훈련, 작업환경, 불만처리, 노사분
규의 예방 등을 협의한다. ③ 노사협의회의 운영에 관하여 필요한 사

항은 대통령령으로 정한다.

노조가 있는 사업체에 한해 노사협의회 설치를 의무화하고 있는데, 주의해야 할 것은 "노사협의회의 대표자는 단체교섭권의 대표권을 위임받은 것으로 본다"라고 하는 조항을 삭제하여 단체교섭과 노사협의를 구분한 것처럼 보이지만, 기업별조합체제하에서는 노동조합은 노사협의회의 종업원조직과 조직범위가 본질적으로 일치하기에 그 역할은 중복되지 않을 수 없는 것이다.[88] 특히 국가보위법 제9조에 의해 노동조합법상의 노동조합기능이 전면적으로 부인되는 상황하에서는 노사협의회의 기능강화는 결과적으로 노사협의회에 의해 노동조합을 대체하는 길을 열어주는 것으로 되어 단결권에 대한 전면적인 통제정책의 본질을 가졌다.[89] 노조가 있는 사업체에 노사협의회 설치를 의무화하는 규정을 삭제하고, 노사협의가 자율적으로 이루어지도록 해야 한다.

4. 노동쟁의조정법 개정을 통한 억압과 통제

1) 공익사업 지정요건 완화

"제4조(공익사업의 정의) ② 정부는 전항 각호의 사업 이외에 국회의 동의를 얻어 그 사업의 정지 또는 폐지가 국민경제를 위태롭게 하거나 국민의 일상생활을 위협하는 사업을 1년 이내에 한하여 공익사업으로 지정할 수 있다"라고 하여 '국회의 동의요건'으로 하여 공익사업을 지정할 수 있도록 하였는데, 이를 대통령령으로 지정할 수 있게 하여 공

---

[88] 김삼수, 「박정희시대의 노동정책과 노사관계」, 『개발독재와 박정희시대』, 창작과 비평사, 2012, 199쪽.

[89] 김삼수, 「박정희시대의 노동정책과 노사관계」, 『개발독재와 박정희시대』, 창작과 비평사, 2012, 199쪽.

익사업 지정요건을 완화하였다.

개정된 규정은 제4조(공익사업의 정의) ② 국가, 지방자치단체 또는 국영기업체가 행하는 사업 또는 국민경제에 중대한 영향을 미치는 사업으로서 대통령령으로 정하는 사업 또는 사업체에 대하여는 전항의 공익사업에 준하여 이 법을 적용한다. 라고 하였다.[90]

공익사업에 해당하면 쟁의행위에 들어가기 전 냉각기간을 거쳐야 하는 기간이 일반 사업보다 길고, 직권중재의 대상이 되거나 긴급조정의 대상이 되어 쟁의행위를 할 수 없는 기간이 길어지거나 노동위원회에 의한 중재로 쟁의행위가 종료되어 단체행동권의 행사를 제한받는다. 따라서 공익사업에 해당하면 단체행동권이 제한되는 근거가 되므로 단체행동권 보장의 측면에서 공익사업의 지정요건이 완화되는 것은 공익사업체에 종사하는 근로자들의 단체행동권을 제한하는 것이 된다. 1973년 개정법에서 공익사업의 지정요건을 완화한 것은 공익사업 근로자들의 단체행동권을 억압, 통제하려는 본질을 갖는 것이었다.

2) 노동쟁의의 적법 여부 판단을 노동위원회로부터 행정관청으로 변화시킴(노동부의 지배, 개입 강화)

제16조(노동쟁의의 신고) ① 노동쟁의가 발생한 때에는 관계당사자는 각각 지체 없이 이를 행정관청과 노동위원회에 신고하여야 한다. ② 노동위원회는 전항에 의한 노동쟁의의 신고가 있는 때에는 지체 없이 그 적법의 여부를 심사하여야 한다. ③ 노동위원회는 전항에 의한 심사결과 쟁의가 적법한 것이 아니라고 판정한 때에는 이를 각하하여야 한다. 라고 규정하여 노동쟁의의 적법성 여부를 노동위원회가 판단

---

90) 노동부, 『노동조합 및 노동관계조정법령 제, 개정 변천사』, 2009, 265쪽.

하도록 했었다.

그러나 개정법에서는 노동위원회의 판단 없이 행정관청이 노동쟁의의 적법성 여부를 판단하도록 개정하여 노동쟁의에 대한 노동부의 지배, 개입이 강화되었다.

개정 내용은 제16조(노동쟁의의 신고) "② 행정관청은 전항의 신고를 받은 때에는 그 신고를 받은 날로부터 수일 이내에 당사자요건, 단체교섭경위, 쟁의제기 절차 등의 적법성 여부를 심사, 결정하여야 하며 심사결과 쟁의가 적법한 것이 아니라고 인정될 때에는 지체 없이 이를 각하하여야 한다"이다.[91]

노동위원회라는 전문적인 기관에서 쟁의의 적법 여부를 판단하는 것도 노동위원회가 그 전문성과 독립성이 충분히 인정되지 않은 기관인 점에서 근로자들의 단체행동권을 외부에서 개입하는 것으로서 판단될 수 있다.[92] 단체행동권의 행사는 근로자들의 자주적인 의사로서 실현되는 것이 원칙인 만큼 근로조건의 유지, 개선을 위한 목적하에서 근로자들이 자주적으로 실현한다면 널리 그 활동을 보장하는 것이 헌법상의 근로삼권의 보장의 내용이다. 따라서 외부기관에 의한 쟁의의 적법 여부 판단은 그 자체가 노동삼권에 대한 제약이다. 더욱이 노동관계의 전문기관도 아닌 행정관청에서 노동쟁의의 적법 여부를 판단한다는 것은 그 자체가 단체행동권에 대한 명백한 침해이다.

행정관청에 대하여 조합활동에 대한 직권적 개입을 인정하는 것은 조합자치의 원칙을 저해하는 것이다.[93] 노동조합은 근로자들이 자발적으로 조직하는 사적인 단체의 일종이기 때문에 그 내부운영은 규약

---

[91] 노동부, 『노동조합 및 노동관계조정법령 제, 개정변천사』, 2009, 207쪽.
[92] 유혜경, 「1960년대 박정희정권시대의 노동운동과 노동법」, 『경희법학』 제54권 제2호, 2019, 263쪽.
[93] 김유성, 『노동법 Ⅱ』, 법문사, 1999, 96쪽.

이나 다수결에 따른 자치(단체자치)에 맡기는 것이 바람직한 것이다.[94] 현행 헌법 제33조도 근로자의 자주적인 단결권, 단체교섭권, 단체행동권을 보장하고 있는 만큼 근로삼권의 본질은 근로자의 자주적인 권리로서 해석되어야 하는 것이다.

박정희 정권은 행정관청에게 사전에 노동쟁의의 적법심사 판단권을 줌으로써 행정관청이 자의적으로 적법하다고 인정하는 노동쟁의에 대해서만 파업권을 인정하여 단체행동권을 전면적으로 침해하였고 이는 단체행동권에 대한 억압과 통제를 본질로 하는 유신체제의 본질을 그대로 드러내는 것이었다. 행정관청이 쟁의의 적법 여부를 판단하도록 허락하는 것은 외부기관에 의한 쟁의권의 제한이기에, 이 조항을 삭제하고 단체행동권의 행사는 근로조건을 유지, 개선시키려는 목적하에서 자주적인 권리로서 보장되도록 하여야 한다.

제4절 1970년대 주요 노동운동의 특징

1. 1970년대의 주요 노동운동

1) 전태일의 분신항의투쟁

1970년 11월 13일 오후 2시경 서울 평화시장 앞길에서 전태일이라는 스물 두 살의 평화시장 재단사가 자기 몸에 불을 붙여 자살을 기도하여 죽게 된다. 그는 맹렬히 타오르는 불길 속에서 "근로기준법을 준수하라, 우리는 기계가 아니다, 일요일은 쉬게 하라. 노동자들을 혹사하

[94] 임종률, 『노동법』, 박영사, 2018, 70쪽.

지 말라, 내 죽음을 헛되이 하지 말라"라고 외쳤다.[95] 이 사건이 나기 전 한 신문은 평화시장의 작업조건을 다음과 같이 보도하였다.

"평화시장의 작업장은 건평 2평 정도에 재봉틀 등 기계와 함께 15명을 한데 넣고 작업을 해 거의 움직일 수 없을 만큼 비좁았다. 이 작업장은 본래 한 층을 아래위로 나눈 통에 천장의 높이가 겨우 1.6m 정도밖에 안 돼 허리를 펼 수 없을 정도이고 조명 상태가 나빠 작업실에 있다 나오면 눈을 똑바로 뜰 수 없을 지경이었다. 이러한 작업환경 속에서 하루 13시간~16시간씩 노동자들은 노동을 하고 첫째, 셋째 일요일을 제외하고는 한 달 내내 일을 해야 했으며 여성의 생리휴가나 특별휴가는 생각할 수도 없는 형편이었다. 특히 13세 정도의 어린 소녀들이 대부분인 조수의 경우 4~5년 전 월급 3천 원을 그대로 받고 있었으며 옷감에서 나는 먼지로 인하여 폐결핵, 신경성 위장병까지 앓고 있어 성장기에 있는 소녀들의 건강을 크게 위협하고 있었다"(『경향신문』 1970년 10월 7일).

전태일은 평화시장 일대의 노동자들을 상대로 노동조건에 대한 설문지를 돌리고 그 결과를 토대로 1970년 10월 6일 노동청장 앞으로 '평화시장 피복제품상 종업원 근로조건 개선 신청서'를 제출하였다. 전태일의 진정서에 대해 노동청은 7백여 상가업주들에게 노동조건의 개선을 지시했다고 하면서 노동조건이 개선되었다고 공식발표한다. 이에 전태일과 동료들은 10월 20일과 24일 데모를 시도하다가 실패하고 다시 11월 13일 데모에 나서기로 하였는데 이날 오후 1시 30분경 삼동친목회 회원을 중심으로 한 노동자들은 "우리는 기계가 아니다"란 플래카드를 들고 평화시장 앞에 모였고 이에 대응하여 경찰이 데모대를 해산하려 하자 전태일은 몸에 석유를 붓고 성냥불을 그었다.[96]

95) 이원보, 『한국노동운동사 5』, 지식마당, 2004, 425쪽.

전태일의 죽음은 노동, 정치, 사회, 종교, 언론 등 사회 전 부분에 걸쳐 커다란 충격을 일으켰고 억압받고 소외된 이들의 반성과 교훈의 교본으로 남게 되었다. 결국 전태일의 죽음의 정신은 첫째, 밑바닥 인간의 사상이고 둘째, 각성된 밑바닥 인간의 사상이며 셋째, 기존현실에 대한 철저한 비판으로 인하여 완전한 부정으로 진화된 사상으로써 넷째, 근본적인 개혁의 사상, 행동의 사상이었다.[97]

2) 한국모방 노동자의 노조민주화투쟁

서울 대방동에 있는 섬유노조 서울지부 한국모방분회의 노동자들은 다른 모방회사 노동자들이 일당 450원을 받고 있는데 비해 320원(양성공은 140원)밖에 못 받고 있었고 연말 상여금은 2년간이나 밀려 있었으며 게다가 회사 측은 10분 지각에 특근시간 1시간을 공제하는 식으로 수탈을 하였다.[98] 그에 더하여 지부는 2년간이나 단체협약 갱신체결을 보류한 채 아무런 활동을 하지 않고 복리후생시설의 개선을 요구하는 조합원이 해고되어도 이를 모르는 체 하는 등 어용노조의 행태를 되풀이하고 있었다.[99] 이에 노동자들은 1971년부터 가톨릭교회와 영등포 산업선교회를 찾아다니면서 상담을 하는 등 어용노조와의 싸움을 위한 훈련을 하였다. 1971년 말경 퇴직노동자들에게 퇴직금을 지불하지 않는 사태가 발생하였고 퇴직노동자들은 퇴직금을 받기 위한 투쟁위원회를 결성하고 40명분의 퇴직금 314만 원을 요구하는 고발장을 노동청에 제출했다. 노동청은 5월 22일 한국모방을 퇴직금체불혐의로 검찰

96) 이원보, 『한국노동운동사 5』, 지식마당, 2004, 428쪽.
97) 이원보, 『한국노동운동사 100년의 기록』, 한국노동사회연구소, 2007, 239쪽.
98) 이원보, 『한국노동운동사 5』, 지식마당, 2004, 454쪽.
99) 이원보, 『한국노동운동사 5』, 지식마당, 2004, 454쪽.

에 고발하였다. 그러나 지부에서는 아무런 대책을 세우지 않았고 어용성을 노골화하자 조합원들은 정형오 지부장을 불신임하고 지동진 새 지부장을 추대하였다. 그러자 지부장은 대회를 세 차례나 연기하였으며 회사 측은 지동진을 해고할 움직임을 보인다. 이에 대해 조합원들은 1972년 7월 6일 지동진에 대해 부당노동행위가 발생하면 행동통일을 한다는 서명운동을 벌이고 한국모방 노조정상화 투쟁위원회를 결성하였으며 7월 14일에는 섬유노조에 대의원대회 소집요구서를 제출한다. 조합원들의 집단행동에 대응하여 회사 측은 지동진에 대하여 노량진공장으로 전출명령을 내렸지만, 부당한 전출명령을 철회하라는 4개 항의 요구를 조합원들이 제기하고 농성을 계속하여 조합원들의 요구가 받아들여진다. 이후 대의원대회가 열려 지동진이 새로운 지부장으로 선출되었다.

그러나 회사 측이 그 다음날부터 노조간부 14명을 해고하고 25명을 부서이동 시키는가 하면 2명을 직위해제하는 등 보복조치를 취하였고 회사의 탄압이 노골화되자 600여 명의 조합원들은 명동성당에 집결, 농성에 돌입하였다. 사태가 악화되자 경찰과 중앙정보부가 중재에 나섰고 조합원들은 징계해제와 보복중단 등을 약속받고 회사가 마련한 차로 회사에 돌아갔다. 그러나 회사 측은 다시 다음날 조합원들을 국가보위법 위반 혐의로 고발했고 경찰은 지부장 등 간부 14명을 연행했다. 이에 조합원들은 분개하여 농성에 들어갈 준비를 하였고 이 같은 사태가 언론을 통해 세상에 알려지자 회사 측에 대한 비난이 일어났으며 회사 측은 노조와 다시 교섭을 갖고 노조의 자주적 활동보장, 단체협약체결 등 합의서에 서명을 한다.[100] 이후 단체교섭에서 회사 측은 소극적인 태도로 일관했으나 조합원들은 태업을 통해 투쟁을 계속하

100) 이원보, 『한국노동운동사 5』, 지식마당, 2004, 456쪽.

여 본공 일당을 425원으로 양성공 일당을 200원으로 인상시키는 등 승리로 이끌어 민주노조의 터전을 마련했다.[101]

한국모방 여성노동자들은 한국모방(원풍모방의 전신) 노조정상화 투쟁위원회가 형성된 1972년에 투쟁을 시작했는데, 이러한 저항을 조직하는 데 핵심적인 역할을 담당한 사람들은 이전에 가톨릭교회와 밀접하게 결합되어 소그룹활동에 참여해온 여성노동자들이었다.[102]

한국모방 노동자들의 노조민주화 투쟁에서는 어용노조와 그에 대항하는 지동진 등의 진보파와의 대립이 확산되고, 명동성당의 농성파업으로 발전하자, 중앙정보부가 개입하여 정권안보 차원의 대응을 하여 쟁의를 통제하려 했다는 것을 보여주었다. 이렇게 노동자들의 생존권 투쟁 및 단결옹호투쟁에 대해 중앙정보부에 의한 안보적 차원의 억압, 통제정책은 유신체제하의 박정희 정권의 반동적, 폭압적 성격을 그대로 보여주는 것이었다.

3) 반도상사 노조결성투쟁

반도상사주식회사는 국내 굴지의 재벌인 럭키그룹의 계열회사로서 60년대 말 가발붐을 타고 설립되었다가 70년대에 와서는 의류봉제업으로 전환해가고 있었으며 이 기업의 노동조건은 작업량이 많을 때는 며칠 씩 잔업이나 철야작업을 해야 하는 악조건이었다.[103] 폐결핵환자가 발생해도 일방적으로 쫓겨나야 했고 현장에서의 구타와 폭력은 일상적인 것이었다. 이러한 악조건에 시달려오던 노동자들 가운데 몇몇은

---

101) 이원보, 『한국노동운동사 5』, 지식마당, 2004, 456~457쪽.
102) 구해근, 『한국노동계급의 형성』, 창작과 비평사, 2003, 119쪽.
103) 이원보, 『한국노동운동사 5』, 지식마당, 2004, 471쪽.

1973년 12월 인천 도시산업선교회가 실시한 부평지역 여성노동자 훈련 과정에 참가하여 의식화교육을 받았고 이들은 노동조건개선을 위해 행동에 나서기로 한다. 2월 26일 임금 60% 인상, 폭행사원 처벌, 현장과 기숙사 시설개선, 강제잔업철폐 등 6개 항의 요구조건을 내걸고 파업 농성에 돌입, 농성개시 14시간 만에 노동청국장의 중재로 7개 항의 약속을 받아내고 파업을 마무리한다.[104]

이 농성사건을 계기로 노동자들은 3월 5일 노동조합을 결성하기로 하였다. 그러자 회사 측은 남자종업원들을 매수하여 섬유노조본부와 연락, 노조집행부를 장악하고자 음모를 꾸몄고 그 음모는 3월 5일 대의원대회에서 드러났는데, 이 대의원대회에서 사전에 매수된 여성노동자가 자신이 매수되었음을 폭로하자 회의장은 농성장으로 돌변하였다.[105] 다음날 새벽 7시까지 농성이 계속되자 부평경찰서 경찰관들이 몽둥이로 폭행을 가하면서 노동자들을 해산시키고 노동자 21명을 연행하였으며 중앙정보부는 중심인물인 한○○, 옥○○, 장○○, 김○○을 연행해 가서 이들을 고문하여 산업선교회와의 관계, 산업선교회의 정체 등에 대하여 자백을 강요한 후 수일 만에 석방시켰다.[106] 한편 부평 경찰서 대공과에서는 한○○과 옥○○을 연행하여 산업선교회는 빨갱이라는 내용의 위협을 하고 옥○○은 2일 만에, 한○○은 4일 만에 풀어주는 탄압을 하였다. 이러는 사이에 노조결성대회는 미루어졌고 회사의 분열공작은 더욱 심해졌지만 노동자들은 섬유노조 본부에 찾아가 조속히 노조를 결성해 달라고 요구하여 결국 4월 15일 섬유노조 반도상사 지부를 결성하기에 이르렀다. 노조지부장에는 투쟁에 앞장섰

104) 이원보, 『한국노동운동사 5』, 지식마당, 2004, 472쪽.
105) 이원보, 『한국노동운동사 5』, 지식마당, 2004, 472쪽.
106) 이원보, 『한국노동운동사 5』, 지식마당, 2004, 473쪽.

던 한○○이 압도적인 지지를 받아 당선되었다. 그러나 노조결성 후 1 개월 후에야 신고필증이 나왔고 회사 측은 이를 핑계로 단체협약체결 을 거부하기도 했고 대의원대회를 앞두고서는 회사 측의 사주를 받은 봉제부 노동자들이 주요 간부직을 자기들에게 내주기를 요구하기도 한다. 이후 반도상사 노동조합은 다른 민주노조들과 함께 어깨를 나란 히 하여 거대재벌과 권력기관의 위협에 맞서서 노동조건 개선투쟁을 벌여나간다.[107] 그리고 1981년 신군부가 민주노조를 파괴하는 과정에 서 1981년 3월 13일 공장폐쇄와 함께 조합활동을 마감하게 된다.

반도상사 노조결성투쟁에서도 노동자들의 노조결성투쟁에 대하여 중앙정보부와 부평경찰서 대공과에서 핵심노동자를 연행하여 도시산 업선교회를 배후세력으로 추궁하고 빨갱이와 연관시켜 탄압하는 양상 을 보였다. 이는 앞서 살펴본 것처럼 박정희 정권은 노동자들의 생존 권투쟁이나 노조건설투쟁을 정권안보 차원으로 대응하여 노동운동을 빨갱이들의 투쟁으로 몰아 붙여 노동운동은 곧 극좌투쟁이라는 등식 하에 억압하고 통제하였다.

4) 언론노조의 태동과 좌절

동아일보사의 기자 33명은 1974년 3월 6일 서울 장충동에 있는 김두 식 기자의 집에서 전국출판노조『동아일보』지부를 결성하고 다음날 출판노조의 인준을 받아 서울시에 노조설립을 신고하였다.『동아일보』 기자들이 노조결성을 시도한 배경은 1971년과 1973년에 확산되었던 언 론자유선언운동이 조직된 힘을 갖지 못하고 지속적으로 전개되지 못 하자, 자신들에게 단결된 힘을 가져다 줄 수 있는 조직의 구상이 시급

---

[107] 이원보,『한국노동운동사 5』, 지식마당, 2004, 473쪽.

한 과제로 제기되었고 그러던 중에 1974년 3월 5일 동아방송 직원 30명을 회사가 일방적으로 전보발령을 내리자 이에 분개한 기자들이 노동조합결성에 나서기로 한 것이었다.[108) 기자들은 노조결성 후 자발적이고 평화적인 노사협력체제를 강조하였으나 신문사 측은 강경한 탄압을 강행하여 노동조합 간부들을 부당해고하고 서울시는 4월 5일 "노조임원 전원이 현재 회사에 재직하지 않는다"라는 이유를 들어 노조설립신고서를 반려하였다. 이후 노조는 7월 11일에는 서울특별시장을 상대로 노조설립신고 반려처분 취소소송을 서울고등법원에 제출하지만, 이소송은 노동조합의 패소로 판결이 났고 대법원 상고 역시 1980년 3월 11일 기각되었다.『동아일보』노조는 결국 탄생과 더불어 기업주 및 권력기관의 탄압 아래 좌절되고 말았다. 그러나 기자들의 저항의지는 1974년 10월 유신체제에 반대하는 자유언론실천운동으로 연결되었고 1975년 3월 회사로부터 130명이 축출되는 탄압을 받으면서 언론자유의 확보를 위한 기나긴 투쟁으로 발전하였다.[109)

『동아일보』노조가 좌절되고 언론자유투쟁이 확산되어가는 속에서 한국일보사 기자들은 1974년 12월 10일 전국출판노조 한국일보지부를 결성했다. 지부가 결성되자 회사 측은 이창숙 지부장 해임통보를, 노조 간부들에게는 경고처분통고서를 발송했고 이에 대해 노조 측은 이창숙 지부장에 대한 해고효력가처분신청을 서울민사지방법원에 내고 21일에는 부당노동행위 구제신청을 제기하였다. 이러한 와중에서 서울시는 지부장 이창숙이 노조결성 이전에 해고된 상태에 있다는 등의 이유를 들어 설립신고서를 반려하였다. 해고무효 확인소송은 9월 15일 패소판결을 받았고 9월 23일에 낸 항소 역시 1977년 1월 13일 기각판결을 받았으

108) 이원보,『한국노동운동사 5』, 지식마당, 2004, 477쪽.
109) 이원보,『한국노동운동사 5』, 지식마당, 2004, 478쪽.

며 대법원은 노동조합의 상고에 대해 8월 23일 원심의 파기환송의 판결을 내렸으나 서울고법은 끝내 원고패소판결을 내리고 말았다.

한편 한국일보노조가 서울특별시장을 상대로 낸 노조설립신고 반려처분 취소소송에서 대법원은 원심판결을 파기하고 사건을 고등법원으로 되돌려 보낸다고 원고승소판결을 내렸지만 파기 환송된 서울고등법원의 심리에 원고와 피고 쌍방이 2회 이상 출석하지 않아 소송 자체가 취하되고 말았다. 결국 언론노동조합은 노동조합으로서의 역할을 제대로 펴보기도 전에 정부와 회사 측의 탄압으로 좌절되고 말았다.

그러나 언론노조운동은 언론사와 노동운동사의 관점에서 주요한 의의를 남겼다. 첫째, 언론노조가 노동조합을 통해 편집권에 대한 독립성을 확보하려는 의미에서의 자구책을 마련한 것으로서의 의의가 있으며, 이는 언론노조가 단순히 경제적 이익을 추구하려는 데 그치는 것이 아니라 사회적 정의구현의 기본 요건으로서 정치적 민주화까지도 자신의 영역으로 설정하고 있었다는 것을 보여준 것이었다.[110] 둘째, 언론은 독재권력 측에서 볼 때 국민에 대한 사상과 통제를 위해 가장 중요한 부분이고 교육보다 직접적이고 광범위한 영향력을 가지고 있기 때문에, 언론노조가 직접적인 권력과 자본의 탄압의 표적이 되어 좌절되었던 상황은 권력과 금력에 눌려 있던 유신체제의 노동운동에 활력을 불어넣는 청신호가 되었다.[111]

5) 울산 현대조선소 노동자들의 파업투쟁

1974년 9월 19일 오전 8시 30분경 2천 5백여 명의 울산 현대조선소

---

[110] 이원보, 『한국노동운동사 5』, 지식마당, 2004, 480쪽.
[111] 이원보, 『한국노동운동사 5』, 지식마당, 2004, 480쪽.

노동자들은 출근하자마자 작업장으로 가지 않고 회사본관 앞으로 몰려가 "도급제, 반장제도 철폐하라", "능률급제 명목의 하청을 반대한다" 등의 구호를 외치며 농성에 들어갔다. 노동자대표들은 위임관리제(도급제)철폐, 노동조합결성보장, 사원과 기능공과의 차별대우반대 등을 요구하였고, 정주영 현대그룹회장은 협상을 거부하였으며, 이에 노동자들의 분노가 폭발하여 노동자들이 본관건물 및 사무실집기 등을 부수어버리는 폭력, 파괴행위로까지 발전했다.

노동자들의 불만과 분노는 위임관리제(도급제)로의 전환에 대한 불만이 깔려 있었는데, 위임관리제는 부서별로 책임자 한 사람을 골라 그에게 모든 인사권과 경리, 노무관리권을 위임하여 작업을 시킴으로써 인건비를 대폭 줄이고 노동강도를 높이는 방식으로서, 위임관리제하에서 거대한 배를 건조하기 위해 모든 위험을 감내했던 노동자들은 졸지에 현대조선의 사원에서 도급 하청노동자의 위치로 전락하게 되었던 것이다.112)

경찰의 진압작전으로 20일 새벽 1시경 노동자들의 격렬한 시위투쟁은 끝이 났고 다음날 노사 양측 각 9명씩으로 현대조선 노사협의회가 구성되어 8개 항에 합의하였다. 8개 항은 ① 위임관리제는 강행하지 않는다, ② 재훈련 및 수습시간 중의 임금 및 능률급 등의 공정지급, ③ 휴식시간 공제임금제를 시정하고 8월분 지급, ④ 수습기간 단축노력, ⑤ 상여금, 급식 등을 전 근로자에게 균등지급 등이다.113)

이 사건은 당시 사회, 경제 전면에 걸쳐 비상한 관심을 집중시켰는데, 조선산업은 정부의 중화학공업화 정책 가운데 가장 중요하게 설정된 부분이었고 현대조선은 이 정책에 따라 집중적인 지원을 받고 있었

112) 이원보, 『한국노동운동사 5』, 지식마당, 2004, 482쪽.
113) 이원보, 『한국노동운동사 5』, 지식마당, 2004, 483쪽.

기 때문이다.

9월 26일 국회보사분과 위원회에서는 격론이 벌어졌고 김윤덕 위원(신민당)은 "결론적으로 이번 사건은 대기업이 그 사회적 책임과 윤리성을 저버리고 이윤추구에만 급급한 나머지 일어난 사건"이라고 규정짓고 "정부의 집중적인 자원과 지나친 보호를 받고 있는 대기업의 특권적인 자세와 횡포 때문에 이번 사건이 일어났으며 중노동, 저임금에 시달려 온 근로자들의 쌓이고 쌓인 불만이 이른바 위임관리제의 실시를 계기로 터진 것"이라고 비판했다.[114]

현대조선 노동자들의 투쟁은 경제성장정책의 비호 아래 이윤 증대만을 노린 거대재벌의 실체를 고발하고 자본 중심의 성장정책에 기울여져 있는 박정희 정권하의 노동정책의 허구성을 폭로시킨 의미가 있었다.[115] 그러나 노동조합결성을 두 번째 요구조건으로 내세웠음에도 불구하고 노동조합결성을 이루어 내지 못함으로써 한계를 보였고, 이 사건을 통해 거대재벌의 위력이 어떠한 것인가를 단적으로 드러내었다.

6) 동일방직 노동자들의 노조수호투쟁과 섬유노조에 대한 대항투쟁

(1) 동일방직 노동자들의 노조수호투쟁

동일방직회사는 일제강점기 설립된 국내 굴지의 면방직 회사였고 이 회사에 노조가 생긴 것은 1946년이었으며 1961년 전국섬유노동조합 동일방직지부로 재편되었다. 이 노조는 대다수가 여성노동자로 구성되어 있음에도 불구하고 창설 이후 남성노동자가 노조대표로 선출되

---

114) 이원보, 『한국노동운동사 5』, 지식마당, 2004, 484쪽.
115) 이원보, 『한국노동운동사 5』, 지식마당, 2004, 485쪽.

어 왔는데, 1971년 한국최초의 여성지부장(주길자)를 선출하게 되었고 (여자임금을 남자보다 낮게 인상한 것을 계기로 여성조합원의 반란이 있었고 이를 계기로 여성지부장을 선출하게 되었음) 새로 등장한 여성 노조집행부는 회사 측에 대해 고분고분하지 않고 노동조건의 개선에 대해 적극적이었다.[116] 이에 회사 측은 여성집행부를 전복시키기 위해 틈을 노려오고 있었고 1976년 대의원대회를 계기로 하여 본격적인 공작에 들어간다. 1976년 이영숙 집행부는 대의원선거에서 집행부 지지파 23명과 반대파 24명으로 나뉘었고 반대파대표는 고두영이라는 직포과 담임이 앞장을 섰다. 회사 측은 집행부지지파에 대하여 자리바꿈, 부서이동, 경위서 및 시말서 강요 등의 압력을 강요하였고, 고두영 등 반대파는 대의원대회의 참석을 하지 않고 대의원회를 무산시키는 행위를 하여 집행부지지파에 대항하였다. 이에 집행부는 6월 2일 대회불참, 대의원매수, 지부장 폭행 등 반조직적 행위를 이유로 하여 고두영 등 4명을 징계시켜 달라고 섬유노조에 건의하였고 섬유노조가 이를 받아들여 섬유노조는 지부징계의 효력을 승인하는 결정을 하였다.[117] 고두영 측은 7월 6일 서울지법 인천지원에 징계효력 정지 가처분신청을 냈고 대의원들의 서명을 받아 대의원대회 소집권자 지명 신청서를 제출한다. 7월 13일 법원이 고두영의 징계효력 정지 가처분신청이 이유 있다는 판정을 내렸고, 7월 16일 고두영을 대의원소집권자로 지명하고 23일 대회를 개최하라는 명령을 내렸다.

사태가 이에 이르자 섬유노조는 7월 21일 중앙위원회에서 고두영 등 4명에 대해 조합원 제명 등 징계조치를 결의하였고, 지부에서는 7월 25일 대회개최를 공고, 지금까지의 경과를 폭로하는 호소문을 배포하였

116) 이원보, 『한국노동운동사 5』, 지식마당, 2004, 495~496쪽.
117) 이원보, 『한국노동운동사 5』, 지식마당, 2004, 497쪽.

으며 이와 함께 경기도지사를 상대로 행정처분 취소청구 소송을 서울 고법에 제출한다.[118] 7월 22일 밤 10시에는 회사 안 식당에서 섬유노조 본부 임원의 참석하에 보고대회를 갖기로 한다. 회사 측은 보고대회를 하지 못하도록 방해했고 인천동부 경찰서는 지부장 이영숙을 호소문 배포를 이유로 연행한다. 회사의 적극적인 방해행위가 이루어지는 상황하에서 고두영 측은 강당문을 잠근 채 대의원 24명을 모아 놓고 일사천리로 대회를 진행시켜 고두영을 지부장으로 선출한다. 이 사실이 알려지자 200여 명의 조합원들은 지부장 석방, 대회무효, 회사의 노조탄압중지 등을 외치며 농성에 들어갔고 전면파업으로 농성은 확대된다. 파업단식농성은 7월 25일까지 이어지고 경찰은 오후 6시경 기동대를 출동시켜 조합원들에게 해산명령을 내렸다. 그러나 노동자들이 농성을 계속하려하자 경찰은 회사 안으로 들어와 강제로 노동자들을 끌어내리려고 했고 이에 대항하여 노동자들은 모두 옷을 벗어들고 알몸으로 경찰에 대항하였다(경찰과 남자사원들은 폭력을 휘두르며 노동자들을 강제해산시키고 노동자 72명을 연행하였음).[119]

이렇게 하여 노동자들의 파업농성이 진압되자 28일 회사는 사장명의로 농성자는 사규에 따라 처벌하겠다는 내용의 공고문을 개시하고 고두영 측 집행부를 인정하여 노조사무실을 따로이 마련해 주었다.

한편 이 무렵 섬유노조 본부에서는 동일방직사건을 둘러싸고 분쟁이 일어나는데, 7월 29일에 열린 섬유노조 전국대의원대회에서 동일방직사태에 관한 책임을 물어 집행부 불신임이 제기되어 부산지부장이면서 섬유노조 지도위원인 김영태를 새 위원장으로 선출한다. 그 후섬유노조 본부는 기획실장 이풍우를 지부수습책임위원으로 임명하고

118) 이원보, 『한국노동운동사 5』, 지식마당, 2004, 497쪽.
119) 이원보, 『한국노동운동사 5』, 지식마당, 2004, 499쪽.

활동에 나서기 시작한다. 수습책임위원은 분규 때문에 미루어진 단체협약 갱신교섭을 서둘렀는데, 이 과정에서 수습책임위원은 일반 사원을 조합원으로 가입시키려고 시도했고(이는 겉으로는 서로 싸우는 두 생산직노동자 집단을 화해시키기 위한 것이라지만 실제로는 남성감독자들을 노조원으로 가입시켜 노조를 통제하려는 교묘한 술책이었음)[120], 12월 24일 경기도지사로부터 사원의 노조가입을 인정하는 내용의 조정결정서가 노조사무실에 날아들게 되었으며, 이때부터 동일방직지부는 더 이상 본부에 기대할 것이 없다는 결론하에 섬유노조 본부에 대한 투쟁으로 전환하기 시작한다.[121] 지부는 12월 말 "섬유노조는 근로자의 아픔을 대변하라"는 제목의 호소문을 만들어 전국에 뿌리고 1977년 1월 21일에는 동일방직사건 수습투쟁위원회를 구성하였으며 투쟁위원회는 지금까지의 과정을 폭로, 사회여론화하기 위하여 '동일방직 사건해부식'을 2월 6일 서울 명동성당에서 갖기로 계획한다. 지부가 계획한 '동일방직 사건해부식'이 다가오자 노동청이 조정에 나섰고 그 결과 2월 5일에 노동청 노정국장 주재로 협상이 벌어져 사원의 노조가입문제를 백지화한다는 등의 지부의 요구조건을 대부분 받아들여서 합의를 이루게 되었다.[122]

이렇게 되어 사건해부식은 보류되었고 지부는 2월 8일에 '동일방직 조합원 동지들에게'라는 제목의 보고서를 통해 합의내용을 공개하고 이와 더불어 지부는 그동안 노조탄압에 적극적으로 앞섰던 회사간부 3명에 대하여 인사조치할 것을 요구, 이를 관철시켰다. 결국 동일방직 인천공장 노동자들의 노조수호 투쟁은 1년 만에 노동조합의 승리로 끝

120) 구해근, 『한국노동계급의 형성』, 창작과 비평사, 2003, 127쪽.
121) 이원보, 『한국노동운동사 5』, 지식마당, 2004, 500쪽.
122) 이원보, 『한국노동운동사 5』, 지식마당, 2004, 501쪽.

난 것처럼 보였다.

노동자들의 연대와 계급의식의 고취를 위해 도시산업선교회 등은 소그룹활동을 후원하였고 이러한 소그룹활동에 의한 노조활동가의 훈련은 노동자들이 계급의식을 얻고 노조의 중요성을 배우는 거점이 되었으며 동일방직투쟁을 승리로 이끄는 데 크게 기여하게 된다.

(2) 동일방직 노동자들의 섬유노조본부와의 투쟁

동일방직 노동자들의 1년간의 투쟁은 그것은 잠정적인 평화일 뿐 섬유노조 위원장 김영태는 77년 말부터 지부파괴를 위한 구체적인 공작을 진행시키고 있었고 섬유노조는 조합원을 강제동원시켜 교육을 하면서 "동일방직 지부집행부는 불순세력인 산업선교회의 앞잡이다"라고 매도하였다. 그런 한편 섬유노조는 1978년 1월 22일 전국임시 대의원대회를 열어 규약 중 사고지부 수습절차에 관한 규정을 개정하였는데, 그 내용은 섬유노조의 자체 판단에 따라 언제든지 산하 지부나 분회를 사고조직으로 규정지을 수 있고 사고조직으로 규정된 조직은 본부가 임명한 수습위원에게 조직대표자의 권한과 업무일체를 즉시 인계해야 한다는 것이었다.[123]

한국노총은 "외부세력 침투에 대처한다"라는 이유를 내세워 근로환경개선 대책위원회를 구성하였고 그 산하기구로 조직행동대를 편성하였는데 그 위원회의 주요 목적은 산업선교회나 가톨릭 노동청년회의 활동을 봉쇄하는 데 있었다.[124] 지부파괴공작이 치밀하게 추진되는 상황 속에서 이총각 집행부는 1978년 2월 21일 대의원을 선출한다는 내용

123) 이원보, 『한국노동운동사 5』, 지식마당, 2004, 529쪽.
124) 이원보, 『한국노동운동사 5』, 지식마당, 2004, 529쪽.

을 공고하였다. 그런데 일부 조합원들이 대의원선출방법에 문제가 있다고 지적하였고, 이에 대해 지부는 "지부규약은 부서별로 조합원 25명당 1명씩 선출하도록 되어 있으나 25명이 넘는 부서도 있고 모자라는 부서도 있기 때문에 인접부서와 인원수를 조정하여 대의원을 배정한 것"이라고 해명하였다. 이 문제를 둘러싸고 일부조합원들이 계속 이의를 제기하자 섬유노조는 이를 이유로 지부대의원 선출을 연기하라고 지시했고, 지부가 본부의 지시를 거부하고 예정대로 대의원회의를 진행했다. 2월 21일 대의원선거가 돌아왔고 2월 21일 새벽 5시 30분경 몇몇 남자노동자들이 투표소인 지부사무실에 들이닥쳐 온갖 욕설을 퍼부으면서 투표함과 기물을 부수고 투표하러 오는 여성조합원들에게 똥물을 퍼부었다. 지부사무실은 난장판이 되었고 이 소식을 들은 400여 명의 조합원들은 지부사무실에 모여 농성을 시작하였다. 이러한 사태에 접한 섬유노조는 2월 25일 지부에게 "78년 2월 23일 17시를 기하여 사고지부로 결정하였으니 업무일체를 조직 수습위원에게 인계하라"는 공문을 보내었고 지부집행부는 섬유노조의 결정과 요구를 거부하였다.[125] 그러자 조직행동대가 달려들어 지부사무실을 점거하고 집행부 간부들과 조합원들을 지부사무실 밖으로 밀어냈으며 이에 조합간부들과 조합원들은 명동성당과 인천산업선교회로 몰려가 농성에 돌입하였다. 열흘 후인 3월 6일 섬유노조는 대구에서 중앙위원회를 열어 지부장 이총각, 부지부장 정의숙, 이병국, 총무부장 김인숙 등을 명령불복종이라는 이유로 제명함과 동시에 여타 조합원징계 및 조직징계에 대한 권한을 위원장에게 일임한다는 결정을 내렸다. 따라서 지부에서 쫓겨 난 지부집행부는 각 민주사회단체들의 지원을 받으며 섬유노조에 대한 투쟁을 본격화하기 시작하였다.

---

125) 이원보, 『한국노동운동사 5』, 지식마당, 2004, 531쪽.

동일방직노조에 대한 사회여론이 비등하고 섬유노조에 대한 비난이 높아지자 섬유노조는 3월 중순경 '동일방직 인천공장 사건 경위서'라는 유인물을 배포하였는데, 이 문건에서 섬유노조는 "사건을 격화시킨 것은 목사 조화순이 이끄는 도시산업선교회의 추종자들이 추악한 지위유지를 기하고 일부 종교세력이 노조의 주도권을 장악하려고 획책한 데서 기인한 것"이라고 주장하였다.126) 이에 대해 종교사회단체들은 3월 21일 동일방직 긴급대책위원회를 구성하여 문제의 근원적인 해결을 촉구하였고 종교계지도자와 정부 당국 간에 협상이 이루어져 "동일방직 사건을 2월 21일 대의원선거 이전으로 환원시킨다"라는 데 합의하였다.

그러나 당초의 약속을 어기고 회사와 경찰의 탄압이 계속되자 대책위원회는 기도회를 열어 탄압의 중지를 촉구하였고 20여 명의 노동자들이 단식농성을 시작하게 되었다. 4월 1일 경기도지방노동위원회는 회사의 요청대로 해고를 승인하였고, 회사는 곧바로 124명을 해고했으며 섬유노조 김영태 위원장은 해고된 124명의 블랙리스트를 만들어 이들을 취업시키지 말라는 협조공문을 보냈다.127) 이총각 집행부를 완전히 축출시킨 섬유노조는 박복례를 중심으로 조직수습에 착수하였고 경기도지사로부터 박복례를 대의원대회 소집권자로 지명을 받아 대의원선거를 거쳐 박복례를 새 지부장으로 하는 집행부를 출범시켰다.

이총각 지부장 등 노동자 60명은 대의원회를 저지하기 위해 4월 26일 회사에 들어갔으나 경찰에 연행되어 구속되었다. 그들은 구속에 앞서 징계처분 무효 확인소송을 제기하였으나 기각 당하였고 블랙리스트로 인하여 다른 회사에도 취업할 수도 없는 상황에 내몰렸다. 취업까지 위협받게 된 노동자들은 계속적인 투쟁에 돌입, 김영태의 비행을

126) 이원보, 『한국노동운동사 5』, 지식마당, 2004, 532쪽.
127) 이원보, 『한국노동운동사 5』, 지식마당, 2004, 533쪽.

폭로하는 유인물 돌리기, '임시 전국섬유노동조합 동일방직 지부(지부장 추송례)'를 결성하고 유인물 돌리기, 신문사 등에 대한 방문투쟁 등을 조직하였으며 동일방직 투쟁동지회를 구성하여 동지회보를 발간하면서 활동해 나갔다. 이후 동일방직 노동자들은 해고자들을 중심으로 활동을 벌이다가 1979년 10월 26일 이후 새로운 전기를 맞이하여 노동자들은 한국노총 위원장실을 점거하고 원직복직과 원상복귀를 요구하는 농성에 돌입하였고 5월 13일에는 전국노동기본권 확보궐기대회에 참석하여 노총민주화를 촉구하기도 하였다. 그러나 1980년 5월 17일 신군부쿠데타에 의해 이들의 투쟁은 다시 좌절되었다.

7) 청계피복노조의 노동교실사수투쟁

청계피복노동조합은 1970년 11월 13일 서울 동대문 평화시장 재단사 전태일의 분신항거 후 결성된 조직이다. 전태일의 어머니 이소선 여사가 민종진 질식 항의시위로 경찰에 연행되었다가 불구속입건조치로 풀려나고, 경찰에서 석방된 후 사흘 만에 민청학련 사건으로 구속된 장기표의 재판에 증인으로 나가게 되는데, 이 재판정에서 이 여사는 심문하는 검사에게 "묻기를 똑바로 물어야 대답을 하지 묻기를 지랄같이 묻는데 무슨 대답이 나오겠느냐"라고 질책하였다.[128] 경찰은 법정모독죄로 이 여사를 자택에서 강제연행하여 구치소에 수감하고 수백 명의 기동대를 동원하여 노동교실을 폐쇄해버렸다. 사태가 확산되자 노조에서는 자체의 힘만으로 싸우기 힘들다고 판단, 사회각계의 지원을 호소하였고 이에 각 사회의 단체대표들이 대책위원회를 구성하여 노조에 대한 탄압의 중지와 이소선 여사의 석방을 요구하였다. 그러나 9월 3일

---

[128] 이원보, 『한국노동운동사 5』, 지식마당, 2004, 516쪽.

서울지법 성북지원에서는 이소선 여사에게 징역 3년을 구형해 버렸고 노동교실이 들어 있는 건물주인은 연말까지의 임대계약을 일방적으로 파기해버렸다. 이에 노동자들은 1977년 9월 8일 평화시장일대에 결사선언이라는 유인물을 뿌려 이소선 여사의 석방, 노동교실의 반환, 노조 탄압중지 등을 요구하였다. 노동자들의 저항이 완강하자 경찰은 태도를 바꾸어 "요구조건을 다 들어줄 테니 모두 내려오라"고 방송을 하였다. 그러나 시간이 흘렀는데도 아무런 변화가 없자 노동자 김주상이 유리조각으로 배를 몇 차례 그었고 신승철은 "어머니를 모시고 오라"고 외치며 다시 배를 그었으며 전순옥(전태일의 여동생)은 창문으로 뛰어내리려다 동료들에게 발목이 잡혀져 창문에 거꾸로 매달려 소리치다가 끌어올려지기도 하는 등 저항의 강도를 높였다.[129] 시간이 상당히 흐른 후 양승조 지부장이 올라와 경찰과 교섭한 결과를 설명했고 경찰이 어머니를 석방시키고 계약만료기간까지 노동교실을 사용하도록 했으며 어떤 책임도 묻지 않겠다는 합의를 했다면서 일단 내려가자고 제안했다. 노동자들이 이런 제안을 받아들였고, 그들은 내려오는 데로 경찰에 연행되었다.

청계피복 노동자들의 처절한 투쟁은 9월 20일 윤보선 전 대통령, 김수환 추기경 등 15명의 저명인사가 '국민에게 드리는 글'을 각계에 알림으로써 일반인에게 알려지게 되었고 이 글에서 그들은 노동자들을 죽음으로 몰아넣는 정부의 노동정책을 신랄히 비판하면서 폭력에 의한 노동운동의 탄압 중지, 노동삼권의 회복, 상층 어용노조간부의 추방, 전태일모친의 석방과 노동교실의 반환 등을 요구하였다.[130]

129) 이원보, 『한국노동운동사 5』, 지식마당, 2004, 516쪽.
130) 이원보, 『한국노동운동사 5』, 지식마당, 2004, 519쪽.

8) YH 무역노동자들의 신민당사 농성투쟁

YH 무역주식회사는 1966년 재미교포 장용호가 세운 가발회사로 70년대 초반에는 종업원 4천여 명에 수출순위 15위를 기록하는 대기업으로 급성장한 회사였다. YH 무역주식회사의 노동조건은 1975년 현재 임금은 일당 220원이었고 노동시간은 하루 12시간 이상이 보통이었으며 도급제가 실시되었고 노동자들에 대한 전출감봉과 인권유린이 성행하였다.[131] 열악한 노동조건에 저항하여 노동자들은 1975년 두 차례 노조 결성에 나섰지만 실패하고 1975년 5월 24일 섬유노조의 지원을 받아 YH 무역지부(지부장 최순영)를 결성하였으며 그 후 노조는 회사와 단체교섭을 벌여 임금인상과 노동조건을 대폭 개선하여 자주적인 노동조합으로 발전해갔다.[132]

70년대 후반에 접어들자 장용호가 막대한 이익금을 미국으로 빼돌린 데다가 가발경기의 쇠퇴로 인해 사세가 기울기 시작하여, 종업원은 70년의 4천 명에서 1978년 500명으로 격감하였다. 1979년 3월 지부장이 크리스천 아카데미사건으로 중앙정보부에 연행되자 회사 측은 폐업공작을 가속화하기 시작했고 8월 6일 마침내 회사는 일방적으로 폐업공고를 붙였고 7일에는 기숙사, 식당을 폐쇄하여 퇴직금, 해고수당을 10일까지 타 가지 않으면 법원에 공탁한다고 발표하였다. 이제 상황은 막다른 지경에 이르렀고 노동자들은 철야농성에 돌입, 노조는 8월 8일 마지막 투쟁대책을 논의하였다. 노조는 처음이자 마지막으로 한국교회사회 선교협의회, 영등포 도시산업선교회를 비롯한 각 종교단체, 인권단체에 지원을 요청하는 한편 투쟁장소로는 사회 전반에 커다란 파

---

131) 이원보, 『한국노동운동사 5』, 지식마당, 2004, 544쪽.
132) 이원보, 『한국노동운동사 5』, 지식마당, 2004, 544쪽.

급효과를 가져올 수 있는 신민당사로 하기로 하였다. 야당청사에서의 농성방식은 그 이후에도 생존권투쟁의 하나의 전술로서 뭐라고 해도 되풀이되는 투쟁방식이었다.[133)]

8월 9일 신민당사 4층 강당에 조합원 187명이 모두 모여 "우리들을 나가라면 어디로 가란 말이냐, 배고파 못살겠다, 먹을 것을 달라"라고 쓴 플래카드를 내걸고 농성에 들어갔다. 8월 10일 신민당은 국회보사위원회의 소집을 요구하고 당내에 사회노동문제 대책위원회를 구성하는 한편 정부를 비난하는 성명을 발표했다. 정부는 신민당에게 여공들을 해산시키라는 요구만을 되풀이하고 서울시경국장이 거듭 해산을 요구하며 경찰들이 당사주변으로 몰려들기 시작하는 등 사태가 점점 긴박해졌다. 노조는 밤 10시 40분경 긴급결사총회를 열고 경찰이 들어와 해산시키려고 할 경우 최후의 한 사람까지 모두 죽음으로 맞서겠다고 굳게 결의하였다. 새벽 2시에 서울시경국장으로부터 신민당에 전화가 걸려 와 "여공들을 내보내지 않으면 들어가겠다"라는 최후통첩이 있었고 2시 정각 자동차정적 소리가 길게 두 번 울리면서 경찰들이 밀려들기 시작하면서 YH무역노동자들에게 대한 진압작전이 이루어졌다.

조명용 소방차 2대가 대낮처럼 불을 밝히고 고가 사다리차 3대, 물탱크 2대가 대기하고 있었고 1천여 명의 경찰들이 당사 정문으로 밀치고 들어왔다. 그 과정에서 김영삼 총재 등 국회의원 6명, 당원, 기자 등 30명이 중경상을 입고 병원으로 옮겨졌다.

언론인 피해실태 조사위원의 의견에 의하면 경찰의 이 작전은 기자라는 신분을 밝혔는데도 "기자면 다냐", "기자 좋아하네" 등의 폭언을 쓰면서 무자비하게 폭행한 점에서 일선 기자들의 보도활동을 봉쇄하기 위한 계획적 폭력이었다.[134)]

133) 文京洙, 『韓国現代史』, 岩波新書, 2010, 137쪽.

그리고 경찰의 무지막지한 진압 과정에서 김경숙(21세)이 왼쪽팔목 동맥이 절단되고 타박상을 입은 채 당사 뒤편 지하실입구에 쓰러져 있는 것을 발견, 당사 건너편 녹십자병원으로 옮겼으나 새벽 2시에 숨을 거두었다.[135] 한편 YH 무역본사 기숙사에서 농성을 하고 있던 58명의 여성노동자들은 오후 2시경 담을 넘어 쳐들어온 경찰에 의해 강제로 해산되었다. 경찰서에 연행된 노동자들은 조사가 끝난 후 회사에 실려와 퇴직금, 7~8월분의 임금 등을 받고 경찰이 마련한 버스 편으로 각기 고향으로 돌아갔다.

이후 YH무역노동자들의 강제진압과 관련되어 정치판에는 격동의 소용돌이가 휘몰아쳤고 종교계와 인권운동단체, 진압 과정에서 폭행을 당한 기자들은 일제히 정부를 비판하고 나섰다. 한국기독교 교회선교회 인권위원회, 구속자 가족협의회, 자유실천 문인협회, 한국기독교교회 협의회, 한국기자협회 등은 YH무역노동자 강제해산에 관한 최고책임자를 공개 의법처리하라고 요구하는 등 박정희 정권의 반인간적이고 폭력적인 노동억압정책에 대해 비판하고 항의하였다.

이렇게 YH무역노동자들의 농성 강제해산과 관련한 야당, 종교계. 인권단체. 기자들의 반발이 거세게 이는 가운데 신민당 내부에서도 지도부에 대한 비판이 일어나고, 총재단에 대한 직무집행정지 가처분 신청이 제기되었으며 이에 대해 법원이 가처분신청을 받아들여서 김영삼 총재는 국회의원직을 상실하게 된다. 그러나 이것이 역으로 박정희 정권의 몰락을 가속화시켜 신민당 의원들이 총사퇴를 결정하고 10월 17일에는 부마항쟁이 터져 유신체제는 최대의 위기에 봉착하게 된다. 결국 이러한 위기가 권력엘리트내의 분열을 가속화시켜 김재규에 의한

134) 이태호 엮음, 『최근 노동운동기록』, 청사, 1986, 126쪽.
135) 이원보, 『한국노동운동사 5』, 지식마당, 2004, 547쪽.

10월 26일의 대통령 피살이 이어지고 박정희 정권은 그 종말을 고하기에 이르렀다.

2. 1970년대의 주요 노동운동의 특징

첫째, 1970년대 주요 노동운동을 보면 노동자들의 생존권을 확보하기 위한 투쟁이나 단결권옹호의 연장에 있는 노조결성투쟁, 노조수호투쟁에서 중앙정보부가 개입하거나 노동운동을 주도한 노동자들을 국가보위법 위반으로 구속하는 등 안보적 차원에서 접근함으로서 노동자들의 투쟁을 폭력적으로 억압, 통제하는 본질을 띠었다.

예를 들어 한국모방 노동자들의 노조민주화투쟁에서 어용노조와 그에 대항하는 진보파의 대립이 확산되고 농성파업으로 파업이 발전하자 중앙정부부가 이에 개입하여 중재에 나서는 등 중앙정보부가 노조민주화투쟁을 안보적 차원에서 대응하여 개입하려는 억압, 통제를 자행하였다. 그리고 반도상사 노조결성투쟁에서는 파업농성에 적극적으로 참여한 노동자들을 중앙정보부가 연행하여 이들을 고문하고 산업선교회와의 관련, 산업선교회의 정체 등에 대하여 자백을 강요한 후 수일 만에 석방하는 등 중앙정보부가 안보적 차원에서 대응하고 산업선교회를 불순세력으로 보고 이들과의 관계성을 추궁하는 억압적 통제적 정책으로 일관했다. 그리고 대부분의 주요 노동운동에서 노동운동에 핵심적인 역할을 한 노동자를 국가보위법 위반자로 구속시킴으로써 근로자들의 생존권투쟁과 단결옹호투쟁을 안보적 차원에서 대응하는 통제와 억압이라는 일관적인 정책들을 취하였다. 이렇게 노동자들의 생존권투쟁과 단결옹호투쟁을 중앙정보부가 안보적 차원으로 대응, 탄압함으로써 노동자들의 투쟁은 개별 사용자에 대응한 투쟁에서 국가권력에 대항하는 투쟁으로 발전하였고 그 대표적인 예가 YH무역노동자들의 투쟁이다.

둘째, 1970년대의 노동운동에서 두드러진 특징은 도시산업선교회나 가톨릭노동단체들이 노동자들의 근로조건 개선이나 인권유린에 대하여 노동자들을 의식화하고, 노동자들의 생존권확보투쟁이나 노조결성 투쟁에서 그들 단체가 노동자들을 지원하고 연대하는 활동을 강화시키고 있다는 것이다. 따라서 "도시산업선교회가 있는 곳에서 기업은 죽는다"라는 유언비어가 나올 정도로 도시산업선교회나 가톨릭노동단체의 영향력은 큰 것이었다.

박정희 정권이 장기영구집권을 위해 유신헌법을 만들고 유신체제를 조성하여 전국가적으로 억압과 폭력이 횡횡하던 정치적 상황하에서 인간의 존엄성은 말살당할 수밖에 없었고 이러한 반인권적이고 반민주적인 폭력적 독재체제하에서 도시산업선교회나 가톨릭노동단체들은 박정희 정권에 대립하였던 것이다. 산업영역 외부에서 일어나서 1970년대 중반부터 현장의 노동투쟁과 결합되기 시작한 활발한 사회운동과 정치운동들은 노동계급의 정체성과 의식을 발전시키는 데 크게 이바지하였다.[136] 진보적 종교단체들은 노동자들의 비인간적인 근로조건과 비인간적인 대우에 대하여 노동자들을 의식화하고 그들과 함께 연대투쟁하는 것이 하느님의 말씀을 실현하는 것이라고 보았고 그 자체가 정의를 실현하려는 투쟁이었던 것이다.

종교계의 활동은 1970년대 초반까지는 한국노총과도 상호협조적인 관계를 유지하고 있었지만 1974년 초 이후 한국모방지부장 구타사건을 계기로 한국노총과 섬유노조의 어용성을 격렬히 비판하기 시작했고 기회 있을 때마다 노동기본권의 회복과 노동탄압의 중단을 박정희 정권에게 요구하였다.[137] 종교계의 적극적인 사회활동에 대하여 독재 정

136) 구해근, 『한국노동계급의 형성』, 창작과 비평사, 2003, 41쪽.

권은 탄압하기 시작했고 독재 정권과 결합한 한국노총 역시 종교계를 불순세력으로 규정하고 적대시함으로써 종교계의 지원에 힘입은 노조 활동은 반독재민주화투쟁과 결합될 수밖에 없었다.[138]

이렇게 1970년대의 노동운동은 억압과 폭력에 의해 인간의 최소한의 존엄성과 자유마저 확보될 수 없는 상황하에서 인권을 옹호하고 정의를 수호하는 반독재 민주화투쟁과 결합될 수밖에 없었다.

셋째. 한국노총의 어용화에 대항한 지부 차원의 노조민주화투쟁이 특징적인 것이었다. 한국노총의 어용화에 대항한 지부 차원의 투쟁은 동일방직 투쟁에서 그대로 나타난다. 섬유노조가 동일방직 지부집행부를 제거하려는 음모를 계획하거나 섬유노조가 도시산업선교회나 가톨릭노동단체에 대하여 외부의 불순세력으로 몰아 그들의 영향력하에 있는 지부집행부를 대표권의 지위에서 배제하려고 한 행동은 섬유노조가 갖는 어용성을 그대로 드러내고 있다. 74년 12월 9일 한국노총이 "총력안보와 경제건설만이 우리의 살길이다"라는 성명서에서 도시산업선교회의 노동조합개입을 비난한 데 대하여 75년 1월 11일 가톨릭노동청년회가 정면으로 이를 비판하고 나온 것은 이를 확인해준다. 가톨릭노동청년회는 1월 11일자 『동아일보』에 광고성명을 내고 "한국노총은 관제 어용사이비 노동단체이며 위원장 등 간부들은 노조의 생명인 자주성과 자율성이 없는 노동귀족"이라고 신랄하게 규탄하였다.[139]

이에 대해 한국노총은 "가톨릭노동청년회가 종교인의 탈을 쓰고 노총과 하부조직 및 조합원 사이를 이간, 분열시키는 성명을 남발하고 있다"고 지적하고 "이는 노조에 사이비 종교세력을 부식시키려는 불순한

137) 이원보, 『한국노동운동사 100년의 기록』, 한국노동사회연구소, 2007, 249~250쪽.
138) 이원보, 『한국노동운동사 100년의 기록』, 한국노동사회연구소, 2007, 249쪽.
139) 이원보, 『한국노동운동사 5』, 지식마당, 2004, 492쪽.

책동으로 보고 앞으로 이 같은 책동이 계속될 경우 이를 단호히 응징할 것"이라고 선언했다.[140]

한편 YH무역노동자들의 농성투쟁에 대한 한국노총의 태도를 보면 한국노총의 어용성을 확인할 수 있다. YH무역노동자들의 농성투쟁에 대하여 침묵을 지키던 한국노총은 농성이 해산되자 8월 13일 『동아일보』 등 일간지에 결의문을 발표하였는데, 이 결의문에서 한국노총은 신민당과 산업선교회에 대해 YH종업원을 당사로 끌어들이고 투쟁을 배후조정하였다고 강력히 비난하였다(『동아일보』 1979년 8월 13일).[141]

김영태 섬유노조위원장은 8월 14일 MBC TV에 출현하여 "도산의 활동은 순수한 산업사회에서의 선교활동이 아니며 공산당과 유사한 행동을 한다. 앞서서 연좌데모하는 것은 온건한 방법이고 여자이면서도 치부를 예사로 드러내며 면도칼을 가슴 속에 가지고 다니다 자해를 하겠다고 덤비기도 하며 결혼한 도산멤버를 배신자라 하여 결혼식장에 분노를 끼얹으려 한 일도 있다"라고 하면서 이들의 수법과 구호는 해방 후 남로당의 앞잡이였던 전평의 그것과 유사하다고 비난하였다.[142]

결국 한국노총은 어용화되어 도시산업선교회나 가톨릭노동청년회의 활동을 불순한 외부세력의 개입으로 규정하여 그들과 관계를 가지거나 영향력하에 있는 지부집행부를 대표권의 지위에서 배제시키려고 하였고, YH 무역노동자들의 농성투쟁을 외부세력의 배후조정에 의해 일어난 싸움으로 격하시켰다. 한국노총은 스스로가 비자주적 어용성의 본질에 의해 노동자들의 근로조건 개선 투쟁이나 노조조직화 투쟁을 방기했을 뿐만 아니라 노동자들의 지지를 받는 지부집행부를 대표

140) 이원보, 『한국노동운동사 5』, 지식마당, 2004, 492쪽.
141) 이원보, 『한국노동운동사 5』, 지식마당, 2004, 549~550쪽.
142) 이원보, 『한국노동운동사 5』, 지식마당, 2004, 550쪽.

자의 지위에서 배제시키려는 어용적 태도를 취하기도 했다. 즉, 1970년대 노동운동은 한국노총 집행부의 어용화에 대항한 지부집행부 혹은 조합원의 자주적 투쟁이라는 특징을 나타냈다.

넷째, 한국의 여성노동자들이 70년대의 노동운동에서 주도적인 역할을 하였고 한국모방, 동일방직투쟁에서 여성노동자들이 남성노동자들보다 진보된 입장에서 노동운동에 헌신하여 승리를 이끌어내는 투쟁을 하였다는 것이다.

1970년대 한국여성노동자들이 노조활동에 적극적으로 참여했던 이유는 ① 소수의 산업에 여성이 집중된 것과 지속적으로 성차별에 노출된 것이 여성노동자들 사이에 집단적 의식을 고양시키는 구조적 조건이 되었고 ② 노동투쟁비용이 상대적으로 낮았다는 것인데, 젊은 미혼여성노동자들은 노동투쟁에 참여해서 잃을 것이 별로 없었기 때문이며 ③ 노력을 통해서 자신들의 경제적 이해를 충족시킬 수 있는 기회가 적었기 때문이다[143](여성들과 대조적으로 한국남성노동자들에게는 개인적인 노력을 통한 승진의 기회가 주어졌고 이러한 이유가 경영에 협조하는 동기를 제공하게 되었음).

한편 1970년대와 80년대 초 한국노동운동에서 여성노동자들이 보여준 예외적인 역할은 경공업 여성노동자들과 진보적인 교회조직 간에 형성된 긴밀한 연계가 주요한 요인으로 평가된다. 도시산업선교회와 가톨릭노동청년회의 활동은 서울과 인천지역의 여성이 지배적 구성원인 경공업에 집중되었고 1970년대의 여성노조활동가들은 진보적 종교단체와 밀접하게 결합되었는데, 만약 교회조직들이 노동문제에 관여하지 않았다면 여성노동자들이 한국노동운동에 중요한 역할을 차지하지는 못했을 것이다.

143) 구해근, 『한국노동계급의 형성』, 창작과 비평사, 2003, 144쪽.

결국 여성노동자들이 발 딛고 있는 성차별 등의 구조적 조건과 함께 도시산업선교회나 가톨릭노동청년회의 진보적 사회활동이 결합되어 여성노동자들이 1970년대 노조활동에서 중요한 역할을 이끌어 왔다. 오글(ogle)은 "1980년대 중반 남성노동자들이 스스로 행동하기 시작했을 때 그들은 10년 이상 정의를 위해서 투쟁해온 여성들의 어깨위에 자신들이 서 있는 것을 발견했다"라고 평가했다.[144)]

제5절 소결

박정희 정권은 정상적인 방법으로는 재집권이 불가능하다고 판단하고 자신의 영구집권을 확보하기 위해 통일주체국민회의에 의한 간선제를 중심축으로 한 유신헌법으로 개정하고 유신체제를 구축하였다. 유신체제하에서 박정희 정권은 고문, 폭력, 살인 등의 방법으로 인간으로서의 최소한의 존엄성마저도 보호받을 수 없을 만큼 억압적 통제적 정책을 자행하였다. 그리고 머리의 길이나 치마길이라는 차원에서까지 인간의 자유를 제한받을 만큼 철저하게 탄압되었고 통제되었다.

한편 박정희 정권하의 1970년대의 한국경제는 중화학공업의 육성이라는 전략하에 경제성장을 이룩하였다. 그러나 박정희 정권하의 1970년대의 경제성장은 양적 성장만을 의미할 뿐 '자유로서의 발전'이라는 개념에는 적합할 수 없었다.

이러한 철저한 탄압과 억압 속에서 박정희 정권은 국가보위법 제9조와 1973년의 노동법개정을 통해 단결권의 의미를 유명무실화하고 단체행동권을 전면적으로 제한하는 억압과 통제를 실행하였다. 국가보위

144) 구해근, 『한국노동계급의 형성』, 창작과 비평사, 2003, 152쪽.

법 제9조는 쟁의행위에 돌입하기 전에 행정관청에 필수적으로 조정신청을 하도록 하고, 그 조정결정에 강제적으로 따르게 함으로써 실질적으로는 강제 중재만을 허용하여 단체행동권을 직접적으로 제한하였다. 또한 1973년 노동법개정 중 핵심 내용은 행정관청에 의한 쟁의적법성 판정인데, 쟁의의 적법 여부를 노동위원회가 행하는 구법과 달리 개정법에서는 행정관청이 쟁의의 적법 여부를 판정하도록 하였다. 쟁의의 결의가 조합원들의 자주적인 결정으로써 이루어지는 것이 아닌 외부의 심사판정에 따라 결정되어지는 본질을 띠었던 것이다. 노동위원회는 노동관계에 관한 전문적인 기관이지만 그 전문성과 독립성이 충분히 입증되지 않은 기관에서 사전에 쟁의의 적법 여부를 심사, 판정하는 것은 단체행동권의 행사에 대한 외부개입으로서 쟁의행위의 사전제한이나 통제로 평가될 수밖에 없다.[145] 그런데 노동위원회의 쟁의 적법 여부 판단도 문제로 되는데 하물며 행정관청이 쟁의의 적법 여부를 사전에 판단하도록 하는 것은 명백한 단체행동권에 대한 외부 개입으로써 쟁의행위에 대한 억압 그 자체의 본질을 갖는다.

1970년대 주요 노동운동의 특징은 다음과 같다,

첫째, 중앙정보부가 쟁의나 노동조합활동에 개입하여 단결옹호투쟁이나 생존권 투쟁을 안보적 차원에서 대응하여 핵심적인 조합활동가를 국가보위법 위반자로 구속하는 등 폭력적, 억압적 노동정책으로 일관했다. 이렇게 폭력적, 억압적 노동정책하에서는 개별 자본가에 대항한 투쟁은 국가권력에 대항하는 투쟁으로 발전될 수밖에 없었다.

둘째, 도시산업선교회나 가톨릭노동청년단체의 활동을 통한 노동자들의 의식화투쟁 및 생존권투쟁이나 노동단체의 조직이나 노조수호투

---

145) 유혜경, 「1960년대 박정희정권시대의 노동운동과 노동법」, 『경희법학』 제54권 제2호, 2019, 263쪽.

쟁에서의 이들 단체의 지원투쟁이나 연대투쟁이 확산되어 반독재민주화투쟁과 결합되는 양상을 띠었다.

셋째, 동일방직 노조건설 투쟁에서와 같이 한국노총이 노동자들의 지지를 받는 지부집행부를 대표권을 갖는 지위에서 배제시키는 어용화정책을 취함으로서 지부집행부의 투쟁으로 확산되어 한국노총에 대항한 지부, 분회 차원의 투쟁 및 조합원 차원의 투쟁이라는 형식으로 발전하는 양태를 가진다.

넷째, 여성노동자들이 노동조합활동의 선두에 섬으로써 1980년대 노동조합활동의 기틀을 마련하였다. 경공업 중심의 서울, 인천지역의 노동자들이 여성노동자대중을 기반으로 하고 있는 것, 진보적인 종교세력과의 결합을 통해 여성노동운동이 노동운동의 중심을 차지하는 성격을 특징지었다.

결론적으로 유신체제는 고문, 폭력, 살인 등으로 최소한의 인간의 존엄성마저도 보장받을 수 없는 폭력적인 억압, 통제체제였고 국가보위법 제9조와 노동관계법은 단체행동권을 전면적으로 박탈하는 본질을 띠었으며 노동운동에 대하여 안보적 차원으로 대응하여 중앙정보부의 개입과 국가보위법하의 구속 등으로 점철된 것이었다. 1960년대의 노동정책이 가지는 억압과 통제라는 본질은 1970년대의 노동정책하에서도 본질적으로 동일하게 유지되면서도 단지 양적으로 그 정도가 더욱 폭력적이고 반동적인 방식(1960년 4·19혁명을 뒤집는 반동으로서의 성격)으로 이루어졌다고 말할 수 있다.

그리고 폭력적이고 억압적인 노동정책하에서 노동자들의 노동운동은 유신체제를 반대하는 반독재민주화 투쟁과 결합되어 전개됨으로써 자유를 열망하는 자유권을 지향하였다. 도시산업선교회나 가톨릭노동청년회 등과 같은 종교단체들의 의식화투쟁 및 이들 단체들과 노동운동의 연대를 통한 반독재민주화투쟁의 확산, 그리고 경공업 중심의 여성노동자들의 활동이 노동운동의 중심을 이루어 반독재민주화운동과 결합되는 양상을 보였던 것은 1970년대의 노동운동이 주로 자유와 민주화를 요구하는 자유권을 본질로 하고 있다는 것을 보여주었다.

특히, YH무역노동자들의 신민당사 농성투쟁을 경찰의 전면 진압작전에 의해 분쇄하려 했던 단적인 예는, 박정희 정권의 폭력적 통제하에서 1970년대 노동운동이 대사용자에 대한 투쟁에서 나아가 정권의 반인간적 독재 정책에 대항한 투쟁으로 발전할 수밖에 없다는 것을 보여주었고, 그러한 노동자들의 투쟁은 자유권을 본질로 하는 것이었다.

제8장

1980년대 신군부 정권하에서의
노동법과 노동운동

1980년대 신군부 정권하에서의 노동법과 노동운동

제1절 1980년대 신군부 정권하에서의 정치적 통제

1. 광주민중항쟁

1) 광주민중항쟁의 전개 과정

광주민중항쟁의 전개 과정은 대략 다섯 시기로 구분할 수 있다.

제1기는 5월 18일 학생들의 시위에 의한 항쟁의 발단기이다. 휴교령이 내릴 경우 전남대 앞으로 집결하기로 한 16일의 결의에 따라 모인 학생들은 계엄군과 대치하게 되고 공수부대의 강력한 저지로 교문진입에 실패하자 광주역에서 재집결하여 시위를 벌인다.[1] 이때 계엄군의 무자비한 과잉진압으로 부상자가 속출한다. 이 시기의 항쟁의 중심 세력은 학생들이었다.

---

[1] 박종린, 「광주민중항쟁과 1980년대 전반기 사회운동」, 『한국현대사 4』, 풀빛, 1998, 102쪽.

제2기는 학생시위에 일반 시민들이 합세하면서 투쟁의 양상이 수세에서 공세로 전환하기 시작한다(5월 19일). 이 시기는 규모, 참여계층, 시위지역 면에서 이전과는 양상을 달리하면서 광주전역으로 시위가 확산된다.[2]

제3기는 20일과 21일 오전에 이르는 시기로 기층민중이 점차 투쟁의 선두에 서면서 항쟁이 무장투쟁으로 전환된 시기이다. 20일 오후 7시에 있었던 운전자들의 차량시위는 항쟁을 새로운 단계로 발전시켰고 20일 밤 신역 부근에서 계엄군의 무차별 발포가 있었으며 이날 밤을 지나면서 도청과 광주역을 제외한 거의 대부분 지역이 해방되었다.[3]

제4기는 21일 오후부터 22일 오전에 이르는 시기로, 5월 21일 공수부대의 정조준사격, 헬기 기총 소사 등 시민을 향한 발포가 본격적으로 일어나자 이에 대항하여 무기를 확보하면서 시민군이 등장하게 된다.[4] 항쟁이 전남권으로 확산되면서 22일 오전 민중들의 총공세로 도청을 점령하게 된다.

제5기는 22일부터 27일까지의 도청장악 시기이다. 관료, 변호사, 목사, 신부, 기업가 등 15인으로 수습대책위원회가 결성되고 23일부터는 매일 개최되는 범시민궐기대회를 통해 계엄철폐, 군부독재타도, 김대중 석방 등의 요구가 주장된다. 이 대회는 26일 이르기까지 5차례 개최된다. 이 시기 시민군무장해제를 둘러싼 강경파와 온건파의 대립이 있었고, 시민군무장해제를 둘러싼 대립이 지속되면서 새로운 투쟁지도부가 탄생한다. 계엄군의 공격에 대비해 26일에는 체계적인 무력으로 기동타격대를 재편성하였고 마침내 27일 새벽 계엄군의 무력진압으로 수

2) 박종린, 「광주민중항쟁과 1980년대 전반기 사회운동」, 『한국현대사 4』, 풀빛, 1998, 102쪽.
3) 박종린, 「광주민중항쟁과 1980년대 전반기 사회운동」, 『한국현대사 4』, 풀빛, 1998, 102쪽.
4) 서중석·김덕련, 『서중석의 현대사이야기 16』, 오월의 봄, 2019, 232쪽.

많은 사상자를 내면서 항쟁은 종결된다.[5]

2) 광중민중항쟁의 배경과 원인

(1) 12·12군사반란과 신군부 세력의 등장

12월 12일 전두환 보안사령관을 비롯한 군내의 강경파가 하극상의 군사반란을 강행하여 정승화 계엄사령관을 체포하고 군을 장악하기에 이르렀다. 12·12군사반란을 성공시킨 강경파세력은 박정희가 자신의 친위세력으로 양성하고자 했던 '하나회'였다. 신군부 세력(하나회)의 뿌리는 4년제 정규 육사의 첫 졸업생인 육사 11기의 영남 출신 장교들, 즉 전두환, 노태우, 최성택, 백운택 등으로 구성된 '오성회'라는 군 내부 사조직에 기원을 두고 있었고 매 기수마다 후배장교들뿐만 아니라 선배장교들도 영입했는데, 그 모임은 이후 '하나회'로 발전한다.[6]

하나회는 ① 정규육사 출신을 매 기별 정원제로 가입시키되 약 5% 수준인 10명 내외로 하고, ② 회원 다수는 영남 출신이 점하고 여타 지역 출신은 구색을 맞추기 위해 상징적으로 가입시키며, ③ 비밀점조직 방식으로 조직하되 가입 시 조직에 신명을 바쳐 충성할 것을 맹세케 하고, ④ 고위층으로부터 활동비를 지급받거나 재벌로부터 자금을 징수하며, ⑤ 회원이 누릴 수 있는 가장 큰 혜택은 진급 및 보직상의 특혜였다.[7]

마피아적 특성이 강한 하나회는 세 가지 점에서 5·18 광주학살과 밀접한 관련이 있다.

---

5) 박종린, 「광주민중항쟁과 1980년대 전반기 사회운동」, 『한국현대사 4』, 풀빛, 1998, 103쪽.
6) 정해구, 『전두환과 80년대 민주화운동』, 역사비평사, 2011, 31~32쪽.
7) 김영택, 『5월 18일, 광주』, 역사공간, 2011, 97~98쪽.

첫째, 신군부의 마피아적 특성은 최규하정부를 얼어붙게 만들어서 광주학살이라는 역사적 대범죄의 들러리로 전락하게 했다.[8] 둘째, 신군부가 마피아적 특성을 가지고 있지 않았더라면 군부 내의 다른 목소리가 광주살육에 대해 이견을 제시했을 것이지만 신군부의 마피아적 조직하에서는 보스의 명령에 이의를 제기하는 것이 절대 불가능했다.[9]

셋째, 신군부 장교들의 마피아적 특성은 광주학살에 동원된 공수부대원들에게도 충분히 감염되었고 그런 감염을 목적으로 한 것이 충정작전훈련이었으며, 하나회의 충복인 공수부대원들은 5·18 광주학살의 결과물을 만들었다.

(2) 박정희의 지역주의

박정희의 경상도 제일주의 사상에 따른 편중된 발전계획으로 지역 간 격차는 심하게 나타났으며 특히 경상도지역은 국가 경제개발정책의 특혜지역이 되었다. 모든 관계, 군부, 기업의 주요 직책은 경상도 출신이 독점했고 경상도 출신이 아니면 절대로 육군참모총장이 될 수 없었으며 경제개발, 고속도로도 경상도에 유리하게 진행시켰다. 그리고 이 같이 정책적 개발 과정에서 발생한 격차는 경제적 측면뿐만 아니라 사회, 문화적 측면에도 영향을 미치게 되었다. 결과적으로 생활 수준 내지 복지 수준의 격차까지도 나타나게 되었다. 따라서 차별받는다는 분노의 한, 가난하고 못산다는 불균형의 한은 형용할 수 없는 감정과 저주를 낳아 '전라도 놈끼리', '못난 놈끼리' 상호 끌어당기는 공감대로 발전된다. 이러한 불만과 원망은 아무런 과오가 없는데도 생명을 위협

8) 김영택, 『5월 18일, 광주』, 역사공간, 2011, 104쪽.
9) 김영택, 『5월 18일, 광주』, 역사공간, 2011, 105쪽.

받고 혹독한 고통이 가해지면 죽기 아니면 살기식의 극단적 반발로 폭발하게 되는 가능성을 내포하였다.[10]

신군부는 5·18 살육을 연출한 이후 이에 저항하는 소요를 유도하고 이를 '국가변란의 폭동'으로 몰아가서 이를 진압함으로써 정권을 찬탈하고자 목적했다.[11]

(3) 김대중 억압

박정희는 1971년 대통령선거가 끝나고 치르는 국회의원선거에서 유세를 다니는 김대중을 교통사고로 위장해 살해하려고 했고 강제로 납치해 죽이려고 음모하기도 하였다. 1973년 8월 8일 일본 도쿄에서 중앙정보부 요원들한테 납치되어 5일간 사경을 헤매다가 구사일생으로 8월 13일 귀환한 김대중 납치사건은 박정희 정권의 야만성과 폭력성을 국내외에 널리 알려주게 되었다.[12] 1973년 8월 8일 아침부터 양일동 민주통일당 당수와 면회했던 김대중은 오후 1시 15분경 원외무대신과 면담하기 위해 호텔을 나왔고, 그는 지하에서 대기하고 있던 건강한 남성들로부터 목덜미를 타격받고 근처의 방으로 옮겨졌으며 손수건에 깊이 스며든 마취제를 흡입하고서 의식을 잃었다.[13] 몽롱한 의식의 한가운데서 김대중은 지하에 있는 차에 억지로 밀어 넣어졌고 차가 고속도로 서쪽으로 달려 이윽고 고우베시에 있는 맨션의 한 방으로 끌려갔다.[14] 2시간 정도가 경과되고 이후 다시 외부로 나와서는 모터보트에 실려졌

10) 김영택, 『5월 18일, 광주』, 역사공간, 2011, 116쪽.
11) 김영택, 『5월 18일, 광주』, 역사공간, 2011, 117쪽.
12) 서중석, 『한국현대사 60년』, 역사비평사, 2011, 133쪽.
13) 木村 幹, 『韓国現代史』, 中公新書, 2008, 149쪽.
14) 木村 幹, 『韓国現代史』, 中公新書, 2008, 149쪽.

다. 모터보트에서 1시간 정도를 달린 후 김대중은 커다란 배로 옮겨져서 외부 바다로 운반되어졌다.[15] 이것이 김대중 납치사건이었고 이 납치사건은 해외에서 반정부활동을 계속하는 김대중을 암살하기 위해 중앙정보부가 중심으로 하여 조직한 사건이었다.[16] 김대중은 죽기 바로 직전에 목숨을 건졌고 사건으로부터 5일 거친 8월 13일 오후 10시 자택 앞에서 해방되었고 16일부터 연금상태로 들어가게 된다.

김대중은 1976년 3월 1일 '3·1민주구국선언' 사건으로 체포돼 긴급조치 9호 위반으로 징역 5년 자격정지 5년형을 선고받고 교도소에 복역했고 1978년에는 12월 형집행정지로 가석방되었지만 그 후 또다시 자택에 연금되는 등 구속과 연금이 반복되었다. 10·26 사건 한참 후에 연금에서 해제되고 사면복권된다. 그러나 바로 5·17 조치와 동시에 체포되어 신군부의 살육작전 때문에 폭발한 폭동(5·18광주민중항쟁)의 배후 조종자로 내몰려 '김대중 내란음모죄'로 사형을 선고받는다.

전라도사람들은 10·26에 의해 박정희가 사망하자 유신체제가 무너지고 민주주의가 회복될 것으로 기대하면서 박정희가 그렇게 미워하며 제거하려고 했던 김대중의 집권도 불가능하지 않으리라는 기대를 품었다.[17] 그런데 박정희가 키웠던 유신잔당인 '하나회' 정치군인들에 의해 김대중이 체포된 데다가 그들의 명령을 받고 내려온 전두환 공수부대가 광주시민들을 대상으로 살육적인 과잉진압을 하자, 박정희에 이은 신군부의 '김대중 죽이기'에 대한 저항이 업그레이드됨에 따라 광주민중항쟁으로 발전하게 되었다.[18]

---

15) 木村 幹, 『韓国現代史』, 中公新書, 2008, 149쪽.
16) 木村 幹, 『韓国現代史』, 中公新書, 2008, 150쪽,
17) 김영택, 『5월 18일, 광주』, 역사공간, 2011, 132쪽.
18) 김영택, 『5월 18일, 광주』, 역사공간, 2011, 133쪽.

3) 광주민중항쟁의 역사적 의의

첫째, 5·18 광주에 대하여 과잉진압 자체가 시위진압 과정에서 자연발생적으로 발생한 것인가 아니면 처음부터 정권찬탈 목적을 수행하고자 계획된 시나리오에 따라 이루어진 살인폭력행위인가가 문제된다.

5·18은 당시 계엄군사령부를 비롯한 군부를 장악하고 있던 신군부가 특정한 정치적 목적(정권찬탈)을 달성하기 위해 공수부대를 국가폭력으로 동원, 광주시민을 희생양으로 삼아 벌인 살인극이라고 이해해야 한다.[19]

광주의 비극은 18일 오후 4시 정각 난데없는 '사람사냥'으로 시작되는 공수부대원들의 만행이 있었고, 이에 분노한 광주시민들이 성난 민중으로 돌변해 범시민적 항쟁으로 확산되면서 공수부대의 발포로 이어졌다는 사실에 유의해야 한다. 즉 광주 5·18은 시위진압 과정에서 우연스럽게 저질러진 과잉진압이 아니라 사전에 꾸민 계획적인 살육작전이었다.

신군부 정권의 계획적인 살육작전이라는 근거는 5월 21일 오후 1시에 있었던 애국가가 울려 퍼진 후 수백발의 총성이 울린 사실 및 헬기 기총소사에 의해 확인된다. 21일 오후 1시 정각에 도청 옥상 스피커에서 애국가가 울려 퍼지자 그와 동시에 수백발의 총성이 일제히 울렸고 21일 금남로 일대에서 발포로 최소한 54명이 숨졌으며 500여 명이 다친 것으로 추정된다.[20] 경향신문에 의하면 21일 3공수여단과 7공수여단이 보급을 받은 실탄은 M16 소총탄 123만 발, 살상력이 큰 40mm 고폭유탄 316발, 한꺼번에 여러 명을 해칠 수 있는 세열 수류탄 4,880발이었고 이

19) 김영택, 『5월 18일, 광주』, 역사공간, 2011, 692쪽.
20) 서중석·김덕련, 『서중석의 현대사이야기 16』, 오월의 봄, 2019, 225쪽.

중 48만 4,484발이 실제로 사용됐는데, 이는 공수부대원 1인당 142발을 쏜 셈이었다.[21]

그리고 헬기 기총소사는 2018년 2월에 '국방부 5·18민주화운동 특별 조사위원회'에 의해 밝혀졌다. 특별조사위원회는 "1980년 5월 21일 계 엄사가 여러 차례 헬기사격을 지시한 사실을 확인했다"며 "5월 21일과 27일 광주에 출동한 40여 대의 헬기 중 일부 공격헬기 500MD와 기동헬 기 UH-1H를 이용해 시민들을 상대로 여러 차례 사격을 가하였다"라고 밝혔다.[22] 이 특별조사위원회는 비무장 광주시민들에게 헬기사격을 가한 것은 "무장시위대에 대한 자위권 차원의 발포였다는 계엄군주장 을 뒤집는 증거로서 비인도적이고 적극적인 살상행위"였으며 "계획적, 공세적 공격"이었다고 지적했다.[23] 또 5월 27일 옛 전남도청 진압작전 때의 헬기사격은 "집단살해 내지 양민학살이었다"고 설명하고 "대량살 상능력을 갖춘 공격용 코브라헬기에서도 벌컨포를 사격했을 가능성 역시 매우 높다"라고 밝혀서 베트남전쟁에서 있었던 일이 광주에서 일 어난 것임을 확인했다.[24]

한편 계획적인 살육작전이었다는 데는 다음의 두 가지 사항이 주요 하게 고려되어야 한다. 하나는 5월 27일 재진압 작전을 앞두고 오히려 평화적 수습을 모색하던 윤흥정 전남북계엄분소장 겸 전투병과교육사 령관을 경질한 후, 새로 취임한 소준렬 사령관에게 "우리 애들(공수부 대)의 사기를 죽이지 말라"는 전두환 보안사령관의 자필 메모를 정호용 특전사령관이 소준렬에게 전달했다는 것이다(소준렬은 1996년 7월 11 일 이를 법정에서 인정함).[25] 이것으로부터 공수부대를 투입하기 전부

21) 『경향신문』, 2017년 8월 29일.
22) 서중석·김덕련, 『서중석의 현대사이야기 16』, 오월의 봄, 2019, 229쪽.
23) 서중석·김덕련, 『서중석의 현대사이야기 16』, 오월의 봄, 2019, 229쪽.
24) 서중석·김덕련, 『서중석의 현대사이야기 16』, 오월의 봄, 2019, 229쪽.

터 이미 어떠한 살육작전을 펼쳐도 상관없다는 것을 내부지침으로 상정하고 있었던 것으로 알 수 있다.[25]

다음으로 5·18 오후 3시 30분 제7공수여단 병력이 아직 광주 금남로의 시위진압에 들어가지 않았는데도 정호용 특전사령관이 서울에 있는 제11공수여단을 찾아가 "우리 애들이 밀리고 있으니 출동하라"고 명령한 점 등에서도 계획적 살육작전임을 보여준다.[27]

이 점과 관련하여 1988년 광주민중항쟁에 대한 광주시민 사회의식조사에서 5·18이 발생하게 된 근본원인은 무엇이라고 생각하십니까? 라는 물음에 대해서 "① 특정 정치인의 사주에 의한 것이었다(43명/11.5%). ② 계엄군의 무자비한 진압에 의한 것이었다(96명/25.7%). ③ 군부의 집권계획 의도에 따른 고도의 술책이었다(205명/55.0%). ④ 지역감정 때문이었다(9명/2.4%). ⑤ 도저히 알 수 없다(20명/5.4%)" 등의 반응을 보였다는 데서도 알 수 있다.[28]

둘째, 5·18은 배후조직도 지도자도 없이 전개된 순수한 항쟁으로서 무조직, 무지도자 항쟁이었다. 이는 5·18이 '김대중의 배후조종에 의한 폭동', '북괴의 사주에 의한 폭동'이라는 신군부의 주장이 거짓임이

25) 김영택, 『5월 18일, 광주』, 역사공간, 2011, 691쪽.
26) 김영택, 『5월 18일, 광주』, 역사공간, 2011, 691쪽.
27) 5월 18일부터 27일까지 전개된 군작전상 발포명령자가 누구인가가 중요한 문제이다. 3공수여단, 11공수여단이 2군사령부, 전교사 승인 없이 발포한 것에 대해 5·18 연구자들은 최세창 3공수여단장 등과 정호용 특전사령관, 전두환으로 이어지는 비공식지휘체계에서 발포명령자를 찾아야 한다고 지적하고 있다. 법원판결문에 따르면, 정호용은 공수부대 증파결정, 전교사령관 교체 등 중요한 결정에 직접적으로 관여, 수시로 광주에 내려가 3개 여단장들과 접촉, 진압대책을 논의하면서 작전지휘에 개입했고, 황영시 계엄사 부사령관이 계엄사−2군−전교사의 지휘라인을 무시하고 직접 전교사 부사령관 김기석 등에게 여러 차례 헬기투입 지시 등을 내린 것에서도 신군부가 비공식지휘체계를 통해 광주살육을 명령한 것으로 보인다(서중석·김덕련, 『서중석의 현대사이야기 16』, 오월의 봄, 2019, 298~299쪽).
28) 박종린, 「광주민중항쟁과 1980년대 전반기 사회운동」, 『한국현대사 4』, 풀빛, 1998, 106쪽.

드러나는 대목이다.

무조직, 무지도자 상태는 21일의 협상 과정이나 공수부대가 철수하면서 자치 시기가 도래한 22일에서야 비로소 시민군편성과 수습위원회 구성이 이루어졌다는 것에서 알 수 있다.[29) 또한 한 가지 분명한 것은 5월 21일 계엄사령부가 광주시내에서 공수부대를 철수시키고 27일 재진압 작전에 들어가는데, 신군부가 21일 공수부대를 철수시킨 것은 철수시키더라도 당시의 광주는 절대로 북괴의 해방구가 되지 않는다는 확신을 하고 있었기 때문이다. 이는 시민들의 저항투쟁에 대해 '북괴의 사주를 받은 폭동'이라던 자신들의 주장이 허구였음을 스스로 인정하고 폭로한 것임에 다름 아니다.[30) 항쟁의 초기에 배후조직도 지도자도 없이 수백 명이 희생되고 3,000명이 부상당하는 가운데 1,700여 명이 연행되는 등 5·18은 그 자체가 대규모 민중항쟁으로서의 성격을 가지고 있었다.

셋째, 미국의 항공모함 코럴시 호가 동해로 북상한다는 뉴스를 접한 항쟁주체는 미국정부가 광주사태에 개입함으로써 "미국이 우리를 도우러 온다, 힘내어 투쟁하면 반드시 이긴다"며 시민들을 격려했다. 이는 미국의 신군부에 대한 지원이 정치적 이유와 함께 자국의 경제시장 안정을 위해서라는 제국주의적 발상이었다는 사실을 항쟁의 주체가 깨닫지 못했던 것이다.[31)

1985년 3월 『신동아』와의 인터뷰에서 글라이스틴은 "한국이 20사단을 광주에 파견할 수 있도록 승인해 줄 것을 미국에 요청했는데, 미국은 이에 반대할 법적 근거가 없었다. 그러나 이런 사태에 대처할 수 있

---

29) 김영택, 『5월 18일, 광주』, 역사공간, 2011, 695쪽.
30) 김영택, 『5월 18일, 광주』, 역사공간, 2011, 693쪽.
31) 김영택, 『5월 18일, 광주』, 역사공간, 2011, 694쪽.

도록 훈련된 20사단이 계엄업무를 수행할 사명을 띠고 있어 주민을 상대하니까 그것이 대단히 분별력 있는 행동이라고 생각해서 그 병력이동을 승인했다"라고 서술하면서 이 문제에 대하여 위컴과 함께 검토했고 부대이동 전에 이를 워싱턴에 보고했음을 덧붙였다.[32]

한미연합사령관 위컴이 제20사단의 병력이동을 승인했던 것은 미국이 광주에서 잔혹한 진압작전의 공범자로서의 역할을 했다는 것을 보여주었다.[33] 이는 곧 이은 1981년 1월 "전두환 대통령을 전면 지지"하기로 레이건 대통령이 확약함으로써 분명하게 드러났는데, 이것은 요컨대 분단 상황을 시인해야 하는 견해로 준전시체제제하의 분단국가 한국의 국민국가 내셔널리즘을 편들어 주는 것을 의미했다.[34]

5·18광주민중항쟁은 대미(對美) 인식을 전환시켜 반미(反美)주의로 돌아서게 하는 결정적 계기로 작용하게 된다.[35] 따라서 80년대 미문화원 방화사건 등 반미투쟁으로 발전하게 된다.

넷째, 5·18에서 활동상의 특징으로 지적되는 것은 맨주먹 항쟁에서 무장투쟁으로 급선회 한 점, 평화적 타협을 끝까지 모색한 점, 끝까지 질서와 화해정신을 발휘했다는 점이다.[36] 공수부대가 총칼과 진압봉으로 사람사냥을 자행하던 초기에 시민들은 돌멩이, 화염병 그리고 쇠뭉치로만 대항했다. 5월 20일 밤 공수부대가 광주역 발포에 이어 21일 낮 1시 도청 앞에서 애국가를 신호로 발포명령이 떨어지면서 시위대원뿐만 아니라 행인들에게까지 무차별 발포를 하게 되자 비로소 민중들은 광주교외로 나가 카빈과 M1소총으로 무장하여 대응한다. 그리고 전

32) 박종린, 「광주민중항쟁과 1980년대 전반기 사회운동」, 『한국현대사 4』, 풀빛, 1998, 112쪽.
33) 文京洙, 『韓国現代史』, 岩波新書, 2010, 146쪽.
34) 마나베 유코 저(김영택 역), 『광주항쟁으로 읽는 현대한국』, 사회문화원, 2001, 77쪽.
35) 김영택, 『5월 18일, 광주』, 역사공간, 2011, 694쪽.
36) 김영택, 『5월 18일, 광주』, 역사공간, 2011, 696쪽.

남대병원 옥상에 가설한 기관총을 한발도 발포하지 않았던 점, 끝내 다이너마이트나 TNT를 폭파하지 않고 고스란히 보관한 점, 스스로 2,500여정의 무기를 회수해 계엄 당국과 평화적 타협을 모색한 점 등을 통해 볼 때 5·18항쟁은 무장투쟁이라고 보기보다는 평화적 항쟁으로서 평가해야 한다. 일부 강경파에 의해 최후의 결전사태로 돌입하기도 했지만 이는 무조건 항복을 요구하는 계엄 당국의 태도에 분개한 것으로 그것은 대체적으로 시민의 의중이라기보다는 극히 제한된 소수의 용기였다.[37]

다섯째, 5·18에 대하여 5·18 '광주민주화운동'이나 5·18 '광주민중항쟁' 두 가지로 평가하는 시각이 일반적이지만 5·18 개념이나 성격은 민주화운동이 아닌 민중항쟁으로 보는 것이 타당하다. 5·18은 시민들이 학생들의 시위에 동조한다거나 민주회복이라는 거창한 구호를 외치기에 앞서 당장 자신의 생명을 보호하고 가족과 이웃의 안위를 우려하여 공수부대에 저항한 것으로써 무조직, 무지도자의 항쟁이었다.[38] 따라서 장기적 투쟁이나 운동을 뜻하는 민주화운동이 아니라 10일 간의 항쟁으로서 우뚝 서 있다는 점에서 광주항쟁이라 성격지우는 것이 타당하다.

2. 삼청교육대

1) 삼청교육대의 전개 과정

삼청교육대는 전두환 신군부의 인권유린과 잔혹함을 상징하는 대표

---

37) 김영택, 『5월 18일, 광주』, 역사공간, 2011, 698쪽.
38) 김영택, 『5월 18일, 광주』, 역사공간, 2011, 702쪽.

적인 사안으로서 1980년 8월 1일부터 12월 29일까지 6만 755명을 체포해서 감금, 폭행한 사안이다. 법원의 영장도 없이 체포된 6만 755명 중 3,252명이 재판에 회부되었고 1만 7,761명이 훈방 등의 조치를 받았으며 이 사람들을 제외한 3만 9,742명이 1980년 8월 4일부터 1981년 1월 21일까지 11차에 걸쳐 전국 각지의 군부대에서 소위 순화교육이라는 걸 받았다.

국방부 과거사위의 2006년 발표와 '진실 화해를 위한 과거사 정리위원회'의 2010년 상반기 조사보고서에 따르면 전두환은 국보위 사회정화 분과위원회에서 입안한 '불량배소탕계획(삼청계획 5호)'을 1980년 7월 28일 결재하였고 29일 계엄사령부에 하달했다. 이에 따라 삼청교육의 근거가 되는 계엄포고 제13호가 8월 4일 발령되었다. 계엄포고 제13호는 국무회의에 부의되지도 않은 채 시행되는 등 적법절차를 거치지 않았고 헌법이 규정한 죄형법정주의에도 어긋나는 등 5공화국의 대표적인 인권유린 행위였다.[39]

삼청교육대의 피해자들은 앞으로 죄를 지을 가능성이 있다는 자의적 판단에 따라 끌려와서 온갖 가혹행위와 함께 세상의 끝에 와서 갇혔던 사람들이었다.[40] 삼청교육대에 끌려간 주요 표적 중 하나는 민주노조운동가들이었다. 1980년 당시 원풍모방 노조 총무부장이었던 노동운동가의 증언에 따르면 소위 노동계 정화 차원으로 합수부에 끌려간 민주노조 간부 중 일부는 강제로 사직서를 제출해야 했고 원풍모방을 비롯해 1970년대 민주노조운동에 앞장섰던 한일도루코, 청계피복, 원풍타이어 등의 노조간부 22명 또는 그 이상이 삼청교육대에 끌려가 4주간 순화교육을 받을 수밖에 없었다.[41]

39) 서중석 · 김덕련, 『서중석의 현대사 이야기 17』, 오월의 봄, 2019, 38쪽.
40) 채환규, 「버림받은 인권, 삼청교육대」, 『우리들의 현대침묵사』, 해냄, 2006, 48쪽.

삼청교육은 일종의 고문행위와 비슷할 정도로 고된 것이었기 때문에 사망자와 부상자가 속출했다. 삼청교육 전 과정에서 발생한 사망자는 54명으로 나와 있는데, 이 중 절반이 넘는 28명이 순화교육 과정에서 사망할 정도로 아주 가혹한 훈련을 시켰다. 여러 증언을 보면 사망자는 훨씬 많을 수 있는데, 예컨대 경기도 파주의 1사단에서 삼청교육을 담당한 한 조교는 자신이 속한 연대에서만 11명이 사망했고(모두 구타로 사망) 모두 암매장했다고 증언했다.[42]

2) 삼청교육대의 위법성

(1) 국보위 설치 운용의 위헌성

국보위의 설치근거는 대통령령인 국보위 설치령이다. 대통령은 "법률에서 구체적으로 범위를 정하여 위임받은 사항과 법률을 집행하기 위하여 필요한 사항에 관하여 대통령령을 발할 수 있다"(유신헌법 제52조). 그리고 정부조직법 제4조에서는 "행정기관에는 그 소관사무의 범위 안에서 필요한 때에는 대통령령이 정하는 바에 의하여 시험시설, 연구시설, 문화시설, 공공시설, 자문기관 등을 둘 수 있다"라고 규정한다. 이 정부조직법 제4조와 계엄법 제9조, 제11조, 제12조에 터 잡아 국보위가 설치되었다.

국보위설치령 제11조는 "비상계엄하에서 계엄법 제9조 및 제11조의 규정에 의하여 계엄업무를 지휘 감독함에 있어서 대통령을 보좌하고 국가를 보위하기 위한 국책사항을 심의하기 위하여 대통령 소속하에

---

41) 서중석 · 김덕련, 『서중석의 현대사 이야기 17』, 오월의 봄, 2019, 49쪽.
42) 서중석 · 김덕련, 『서중석의 현대사 이야기 17』, 오월의 봄, 2019, 48~49쪽.

'국가보위 비상대책 위원회'를 설치한다'라고 한다.

국보위는 대통령이 의장이 되고(제3조), 구성원에는 국무총리, 부총리 겸 경제기획원장관, 외무부장관, 내무부장관, 법무부장관, 국방부장관, 문교부장관, 문화공보부장관, 중앙정보부장, 대통령비서실장, 계엄사령관, 합동참모회의의장, 국군보안사령관이 모두 포함된다(제2조). 국책사항의 기획과 집행의 조정 및 통제를 하기 위하여 국가보위 비상대책 상임위원회를 두고(제4조) 그 아래 분과위원회를 둘 수 있도록 하여(제6조) 상임위원회에게 정책의 집행권을 부여하고 있다.

국보위는 대통령의 자문기관임을 표방하였지만 헌법상 국가안전보장회의와도 비할 수 없이 광범위한 업무범위와 집행권을 행사하였는데도, 그 근거로는 국보위설치령 이라는 대통령령뿐인 것으로서 이는 법률도 아닌 일개 령(令)으로 정할 수 있는 사항이 아닐 뿐 아니라 기존 정부를 배제시키는 헌법파괴 행위라고 판단된다.[43]

(2) 계엄포고 제13호

계엄포고의 근거는 당시 헌법 제54조 제3항에서 "비상계엄이 선포된 때에는 법률이 정하는 바에 의하여 영장제도, 언론, 출판, 집회, 결사의 자유, 정부나 법원의 권한에 관하여 특별한 조치를 할 수 있다"라고 하는 것과 계엄법 제13조에서 "제13조 비상계엄지역 내에서는 계엄사령관은 군사상 필요한 때에는 체포, 구금, 수색, 거주, 이전, 언론, 출판, 집회 또는 단체행동에 관하여 특별한 조치를 할 수 있다. 단, 계엄사령관은 조치내용을 미리 공고하여야 한다"라고 규정하는 것에 근거하고 있다.

---

43) 임상혁, 「삼청교육대의 위법성과 민사상 배상」, 『법과사회 22권』, 법과사회이론연구회, 2002, 85쪽.

삼청교육대의 포고문에서는 "밝고 정의로운 사회구현"이 목적임을 표방하고 있어서 삼청교육대의 운영이 과연 "군사상 필요한 것"인지는 의문이 아닐 수 없고, 그간 검토된 상황을 보면 범죄를 저지른 이들 뿐만 아니라 범죄의 증거가 없는 사람들까지 끌려가 구금, 폭행당했으며 소명의 기회조차 갖지 못했던 것으로 이는 재판도 없이 국민을 무제한으로 구금할 수 있도록 한 것으로써 계엄포고와 그 시행은 헌법과 계엄법이 정하는 한계를 벗어난 것이라고 판단된다.[44]

(3) 삼청교육대와 사회보호법 부칙 제5조

1980년 11월 26일에 사회보호법이 입법회의의 법제사법위원회에 회부되었고 1980년 12월 5일 본회의에서 통과되었다. 그 목적은 "우리 사회에는 전통적인 형벌만으로는 개선교화되지 않는 상습범과 조직범 그리고 현행법으로는 구제할 수 없는 고질적인 심신장애(障碍) 범죄인 … 특히 전과자로서 재범의 위험성이 있는 자에 대하여는 사회복지적 측면에서 각인에 합당한 교육과 훈련을 과하거나 적절한 치료와 선도를 행함으로써 훌륭한 사회인으로 재생시켜 새 시대에 동참케 하는 것"이라고 한다.

사회보호법은 일정한 위험성이 있는 자들에 관하여 보안처분을 하기 위한 법률이라고 할 수 있다. 보안처분은 장래의 위험을 방지하기 위하여 범죄인을 개선 또는 격리하는 것으로써 자유의 박탈이나 제한이 수반되기 때문에 집행에 있어 형벌과 다름없다는 비판이 이루어지고 있다. 한편 '재범의 위험성'은 행위에 의해 구체화된 위험성이 아니라 '추측된 위험성'에 지나지 않으므로 '행위의 반사회성'이 아니라 '내

---

[44] 임상혁, 「삼청교육대의 위법성과 민사상 배상」, 『법과사회 22권』, 법과사회이론연구회, 2002, 85~86쪽.

심의 반사회성'을 평가하여 부과되기 때문에 양심과 사상의 자유를 침해하는 것으로 문제된다.[45]

따라서 사회보호법은 2005년 8월 4일 폐지되었다. 그런데 사회보호법하에서도 특히 재범의 가능성을 따질 기초조차 갖추어지지 않은 삼청교육대 수용자들에게 그 법률이 적용되는 것은 더 더욱이나 위법한 것이다.

한편 사회보호법 부칙 제5조 제1항에서 "이 법 시행당시 1980년 8월 4일 선포된 계엄포고 제13호에 의하여 특정시설에 수용되어 있는 자로서 재범의 위험성이 있다고 인정되는 자에 대하여는 위원회(사회보호위원회)는 제5조 제2항에 정한 기간의 범위 안에서 기간을 정하여 결정으로 보호감호에 처할 수 있다"라고 하여 삼청교육대 수용자들을 직접 거론함으로써 보호감호 처분으로 계속 가둬둘 수 있도록 하고 있다.

보호감호 처분은 집행의 성격이나 기간으로 볼 때 형벌 못지않게 신체의 자유를 박탈하기 때문에 보호감호처분에 관하여는 법원이 관할한다(사회보호법 제4조). 그런데 사회보호법 부칙 제5조 제1항은 삼청교육대 수용자들에 대하여는 사회보호위원회의 처분만으로 보호감호에 처할 수 있도록 하고 있어 명백히 헌법상 재판을 받을 권리를 침해하고 있다. 삼청교육대 수용자들은 징역형이 선고된 경우 못지않게 장기간 훈련과 노역에 시달리게 되기 때문에 죄형법정주의에 위반되고, 이에 더하여 부칙 제5조 제1항으로 재범의 위험성하에 헌법상 재판을 받을 권리까지 박탈당하고 있는 것이다.[46]

---

45) 조국, 『양심과 사상의 자유를 위하여』, 책세상, 2009, 49쪽.
46) 임상혁, 「삼청교육대의 위법성과 민사상 배상」, 『법과사회 22권』, 법과사회이론연구회, 2002, 87~88쪽.

3) 삼청교육대 피해배상과 대법원판결

노태우 대통령은 1988년 11월 26일 시국 관련 특별담화 중에 삼청교육대 피해자에 대하여 피해보상과 명예회복을 약속했고,[47] 12월 3일에는 보상을 위해 1988년 12월 12일부터 1989년 1월 20일까지 사망자와 부상자신고를 받는다는 국방부장관 담화문을 발표했다.[48]

「삼청교육피해자의 명예회복 및 보상에 관한 법률」이 2015년 5월 18일 제정되어 삼청교육 피해자에 대한 손해배상은 입법적으로 해결되었다. 그러나 그동안 특별법 제정이 번번이 무산되어 피해자들이 손해배상 청구소송을 제기하면서 법원이 내린 판결을 검토하는 것은 유의미한 작업일 것이다.

대법원의 전원합의체판결(대법원 1996년 12월 19일, 94다 22927판결)에서는 "헌법상 국가원수이자 행정부의 수반인 대통령이 국가의 불법적인 공권력 행사로 인하여 피해를 입은 사람들에게 피해보상을 하겠다는 취지를 밝혔다고 하더라도, 그것이 피해자들에 대한 사법상의 법률효과를 염두에 둔 것이 아니라 단순히 정치적으로 대통령으로서의 시정방침을 밝히면서 일반 국민들의 이해와 협조를 구한 것에 불과하여 국가배상채무를 승인하였다거나 시효이익을 포기한 것으로 볼 수 없다"라고 보았다. 이에 대해 대법관 4인은 "대통령과 국방부장관의 담화와 이에 따른 신고의 접수로써 피고국가가 시효이익을 주장하지 아니하고 손해배상을 할 것으로 신뢰를 갖게 되었다고 할 것이므로 국가의 소멸시효 항변은 신의성실의 원칙에 어긋난 권리남용에 해당한다"라는 반대의견을 내었다.

---

[47] 『중앙일보』, 1988년 11월 26일, 4쪽.
[48] 『중앙일보』, 1988년 12월 3일, 3쪽.

그러나 결국 대법원판결(대법원 2001년 7월 10일, 98다38364판결)에서는 다른 차원으로 피해자들에 대한 배상을 인정하였다. 대법원은 대통령의 담화가 국가배상채무를 승인하거나 시효이익을 포기한 것으로 볼 수 없다는 종래의 입장을 재확인하면서 국가의 소멸시효항변은 권리남용에 해당하지 않기 때문에 그에 대한 위자료는 지급할 수 없지만 "대통령이 정부의 수반인 지위에서 피해자들인 국민에 대하여 향후 입법조치를 통하여 그 피해를 보상해 주겠다고 구체적 사안에 관하여 종국적으로 약속한 것에 대하여는 그 상대방의 약속 이행에 대한 강한 신뢰를 가지게 되고 이러한 신뢰는 단순한 사실상의 기대를 넘어 법적으로 보호받아야 할 이익이라 하여 그 신뢰를 깨뜨린 경우 신뢰의 상실에 따르는 손해를 배상할 의무가 있다"고 판시하였다.

소멸시효제도에 관하여 대법원(대법원 1994년 12월 9일, 93다27604판결)은 "일정 기간 계속된 사회질서를 유지하고 시간의 경과로 인하여 곤란해지는 증거보전으로부터의 구제를 꾀하며 자기권리를 행사하지 않고 소위 권리위에 잠자는 자는 법적 보호에서 이를 제외하기 위하여 규정된 제도"라고 하여 원칙적으로 국가도 소멸시효의 항변을 할 수 있는 것으로 보았다.

그런데 국가가 소멸시효를 주장하는 것이 신의성실의 원칙에 반하는 권리남용으로 허용되지 않는 예외의 경우가 있다. 그 예외에 해당하는 경우는 첫째, 객관적으로 채권자는 원고가 권리를 행사할 수 없는 장애사유가 있었거나 둘째, 일단 시효완성 후에 채무자인 국가가 시효를 원용하지 아니할 것 같은 태도를 보여 권리자인 원고로 하여금 그와 같이 신뢰를 하였던 경우 등의 경우이다.

삼청교육 관련 손해배상은 예외에 해당하는 첫 번째와 두 번째의 경우에 해당하고 소멸시효 항변을 배척한 다른 사안들에 비교하여 피해자들을 두텁게 보호해야 할 사안이다. 국민의 기본적 인권을 보호하여

국민 개개인의 인간으로서의 존엄과 가치를 보장하며 국민으로 하여
금 행복을 추구할 권리를 향유하도록 하여야 할 임무가 있는 국가가
삼청교육 과정에서 피해를 입은 자들에 대하여 불법행위 자체가 있었
는지의 여부를 다투는 것은 몰라도 구차하게 소멸시효가 완성되었다
는 주장을 내세워 책임을 면제하려는 것은 결코 용납할 수 없는 방어
방식인 것이다.[49]

삼청교육대는 국가가 위법하게 국민의 인권을 침해한 것으로써 피
해자는 권리위에 잠자는 자가 아닌 국가의 폭력과 강압에 의해 인권을
침해받고도 권리행사를 할 수 없었던 자이기에 소멸시효 완성에 의해
배상을 받을 수 없다고 볼 수 없다.

3. 언론통폐합에 의한 언론자유의 제한

서울지역 13개 언론사의 발행인과 경영주 17명은 1980년 11월 12일
오후 6시에 보안사 2층 건물에서 소유하고 있는 언론사를 조건 없이
포기한다는 각서를 써야 했다. 신군부는 신군부의 방침을 거부할 경우
국가기관을 동원해 수사 등 법적 처리를 한다는 계획아래 강압수단을
행사하고, 국세청, 감사원, 중앙정보부, 경찰, 보안사를 동원해서 헌납
을 강요했다.[50] 보안사는 유호 충주 MBC사장이 삼청교육대에 끌려간
사례를 들어 언론사주를 협박하기도 했고 중앙매스콤의 이병철 회장
도 각서를 쓰게 했으며 이병철한테 TBC(동양방송)를 내놓으라고 강요
했다. 그리고 1980년 11월 14일 언론통폐합이 단행되었다. 대표적인 언
론통폐합이 동아일보사와 중앙매스콤에서 있었는데, 동아일보사는 당

[49] 대법원 1996년 12월 19일, 94다22927판결의 소수의견.
[50] 서중석 · 김덕련, 『서중석의 현대사 이야기 17』, 오월의 봄, 2019, 95쪽.

시 방송 중 제일 영향력이 있는 동아방송을 포기해야 했고 중앙매스콤은 TBC를 내놓지 않을 수 없었다. 신문도 통폐합되었는데, 서울의 주요 일간지들은 대부분 살아나기는 했지만 7개 중앙 종합지 중 신아일보는 경향신문에 흡수되었고 한국일보는 서울경제신문을 빼앗겼으며 경제지는 매일경제와 현대경제만 남게 되었다.[51] 그리고 중앙지의 지방주재 기자를 철수하게 하여(이제 중앙지도 지방에 기자를 둘 수 없게 만들었다.) 중앙지의 역할, 활동을 제한했고 각 도에 신문사를 하나만 두게 했다.[52] 통신사의 경우는 오랫동안 합동통신과 동양통신이 활약해 왔으나 두 개를 합병해 연합통신으로 발족케 하여 권력이 언론을 훨씬 통제하기 쉽게 만들었다.

그러면서 소위 방송공영화를 강화하여 방송이 권력에 더욱 종속되게 만들었다. KBS는 이병철의 삼성이 내놓은 TBC TV와 TBC라디오, 동아방송, 전일방송, 서해방송, 대구FM 등까지 흡수해 거대 방송사가 되었고 TBC TV는 KBS2 TV가 되었다. MBC의 경우 별도 법인으로 운영되었던 지방제휴 21개사의 주식을 서울 MBC가 51% 인수해 제휴사들을 계열사로 만들었고 MBC주식을 KBS로 넘겨 MBC가 KBS에 본질적으로 종속되게 만들었다.

결국 언론통폐합 결과 방송사를 포함한 언론이 크게 축소되었고 권력이 언론을 장악하기가 훨씬 쉽게 되었으며 언론통폐합으로 인해 전두환에 대한 충성심이 가장 강한 조선일보의 고속성장을 가능케 했다. 조선일보는 5공정권과 동반자관계를 형성, 5공 종속적인 언론의 역할을 수행했고 5공정권 내내 수구보수세력의 언론으로써 선두를 달리게 되었다.

---

51) 서중석·김덕련, 『서중석의 현대사 이야기 17』, 오월의 봄, 2019, 95~96쪽.
52) 예컨대 부산에는 국제신문과 부산일보가 있었는데 국제신문이 부산일보에 통합되고 광주에서는 전남매일신문이 전남일보로 흡수 통합되었다.

4. 검토: 신군부 정권의 정치적 본질

신군부 정권은 1980년 5·18 광주학살을 통해 정권을 찬탈한 집단이다. 5·18 광주항쟁은 시위진압 과정에서 자연발생적으로 발생한 과잉진압의 결과로 일어난 것이 아니라 신군부가 특정한 정치적 목적(정권찬탈)을 달성하기 위해 공수부대를 국가폭력으로 동원시켜 광주시민을 희생시킨 계획적인 살인극이었다.

'사람사냥'으로 시작되는 공수부대원들의 만행이 광주시민들을 분노로 들끓게 하였고, 5월 21일 오후 1시에 애국가가 울려 퍼진 뒤 헬기기총소사가 시작되었으며 비무장 광주시민에게 헬기사격을 가한 것은 무장시위대에 대한 자위권 차원의 발포가 아니라 적극적이고 계획적인 살상행위였다.

신군부는 5·18이 '김대중의 배후조종에 의한 폭동' 내지는 '북괴의 사주에 의한 폭동'이었다고 주장하지만, 5·18은 배후조직도 지도자도 없이 전개된 순수한 항쟁으로서 무조직, 무지도자 항쟁이었다는 점, 21일 낮 1시 도청 앞에서 애국가를 신호로 발포명령이 떨어지면서 시위대원 뿐만 아니라 행인들에게까지 무차별 발포를 하게 되자 비로소 광주민중들이 광주교외로 나아가 카빈과 M1소총으로 무장하기 시작하면서 무장대응이 이루어졌다는 점, 끝내 다이너마이트나 TNT를 폭파하지 않고 고스란히 보관했으며 스스로 2,500여 정의 무기를 회수해 계엄당국과 평화적 타협을 모색한 점 등을 통해 볼 때 5·18은 무장투쟁이라기보다는 평화적 항쟁이었다.

그리고 신군부가 주장하는 것처럼 북괴의 사주에 의한 폭동이 아니었다는 점은 5월 21일 계엄사령부가 광주시내에서 공수부대를 철수시키고 27일 재진압 작전에 들어가는데, 이때 신군부가 21일 공수부대를 철수시킨 것은 철수하더라도 광주가 절대로 북괴의 해방구가 되지 않는다는 확신을 가지고 있었기 때문인 것으로, 일시적인 공수부대 철수는 계획적인 살육진압극을 위한 전술이었다는 점에서 드러난다.

또한 미국이 20사단을 광주에 파견할 수 있도록 승인해 준 것과 1981년 1월 레이건 대통령이 전두환 대통령을 전면 지지하기로 확약한 것은 미국이 광주에서 잔혹한 진압작전의 공범자 역할을 했음을 보여준다.

이렇게 5·18 광주는 무장시위대에 대한 자위권 차원의 발포가 아닌 정권찬탈을 목적한 계획적, 공세적 공격으로서 적극적인 살상행위였다.

더불어 1980년 8월 1일부터 12월 29일까지 6만 755명을 체포해서 감금, 폭행한 삼청교육대사건은 신군부의 인권유린을 보여주는 대표적인 사안이다. 삼청교육대의 목적에 대해 신군부는 "재범의 위험성이 있는 자에 대하여 사회복지적 측면에서 … 훌륭한 사회인으로 재생시켜 동참케 하는 것"이라고 하였지만 삼청교육대사건은 대표적인 인권유린행위로서 위법하다.

첫째, 재범의 위험성은 행위에 의해 구체화된 위험성이 아니라 추측된 위험성으로 평가되는 것이므로 '행위의 반사회성'이 아니라 '내심의 반사회성'을 평가하는 것이다. 이는 양심과 사상의 자유를 침해하는 것으로 위법하다. 둘째, 범죄를 저지른 이들 뿐만 아니라 범죄의 증거가 없는 사람들까지 끌려가 구금, 폭행당했으며 소명의 기회조차 갖지 못했던 것으로써 죄형법정주의에 위반되어 위법하다. 셋째, 법원이 아닌 사회보호위원회가 그의 처분으로 보호감호에 처할 수 있도록 하여 헌법상 재판을 받을 권리를 침해하여 위법하다.

한편, 신군부 정권이 정권을 찬탈하고 언론통폐합에 의한 언론제한이 대대적으로 이루어졌다. 국가에 의해 강압적으로 다수의 언론사를 통폐합하는 것은 언론사가 수적으로 줄어들었다는 단순한 양적 차원의 감소가 문제되는 것이 아니라 국가라는 외부의 강요에 의해 언론사가 통폐합되어서 질적 차원에서 언론에 대한 감시와 통제가 횡횡해졌다는 것을 의미한다. 다수의 언론사가 자유롭게 경쟁하여 국민의 자유를 신장, 확대하는 언론의 본질적 기능을 가로막고 외부의 강요에 의해 언론사가 통폐합되는 과정은 언론에 대한 폭력적 제한이며 살아남은 언론사조차 그 내용에 대해 얼마나 많은 감시와 통제가 이루어졌는지를 추측할 수 있게 한다.

결국 대표적으로 5·18광주항쟁, 삼청교육대사건, 언론통폐합을 통해서 신군부 정권의 정치적 본질을 알 수 있다. 신군부 정권은 계획적, 공격적으로 무고한 광주시민을 희생시켜 정권을 찬탈했고 자신의 정권유지를 위해 반인권유린행위. 국민의 일반적 자유를 폭력적으로 억압했다. 따라서 신군부 정권의 정치적 본질은 살인적, 폭력적 억압체제였다고 볼 수 있다.

신군부 정권의 대부격인 전두환 씨는 2017년 발간한 『전두환 회고록』에서 계엄군의 5·18 당시 헬기사격을 증언한 고(故) 조비오 신부에 대해 "파렴치한 거짓말쟁이"라고 비난한 혐의로 2018년 5월 기소됐다. 전두환 씨는 고(故) 조비오 신부의 명예를 훼손한 혐의로 기소돼 1심에서 유죄선고를 받았는데, 전두환 씨는 끝끝내 5·18에 대해 사죄하지 않고 법정을 떠났다고 한다. 신군부 정권의 대부격인 전두환 씨가 아직도 사죄하지 않고 5·18의 학살을 정당화하는 것을 보면 '북괴의 남침우려'를 이유로 북한이 존재하는 한 어떠한 인권유린행위도, 어떠한 정권찬탈도 정당화될 수 있다는 수구보수세력에 대해 심각한 우려가 된다. 역사의 필연성이란 것을 어떻게 그리 우습게 볼 수 있는지 의문스럽다.

제2절 1987년 6월 민주화항쟁과 노동자대투쟁

1. 2·12총선과 신민당의 돌풍

1983년 말을 전후하여 전두환 정권은 유화조치에 나서는데, 유화조
치에 나선 이유는 첫째, 신군부 세력의 정권인수와 전두환 정권의 출범
이 성공적으로 마무리되었다고 판단했고 둘째, 전두환 정권의 안정화
와 관련되어 과장된 비상사태를 언제까지나 지속시킬 수는 없기 때문
에 정상적인 정당정치를 통해 정권을 유지시켜야 하는 필요성이 있었
으며 셋째, 쿠데타로 집권한 전두환 정권은 그들의 부족한 정당성을 보
충할 필요가 있었다.[53]

유화조치 이후 학생운동과 노동운동이 강화되어 가는 동안 신군부
세력의 정치풍토쇄신법에 따라 제도정치권에서 배제되었던 야당정치
인들이 점차 활동을 모색하기 시작했다. 야당정치인의 두 거두인 김영
삼과 김대중이 전두환 정권에 대한 민주화투쟁 속에서 상호 접촉하여
1984년 5월 18일 민주화운동 추진협의회(민추협)을 결성하게 된다. 민
추협이 결성되고 2·12총선에 대한 참여가 결정된 후 신민당창당이 추
진되어 1985년 1월 18일 신한민주당(신민당)이 창당된다. 2·12총선에
서 신민당 지지바람은 서울을 비롯한 주요 대도시에서 주로 발생하여
정치 1번지로 불리는 종로유세장에는 약 10만 명의 인파가 몰렸고 신
민당이 내건 '대통령직선제'라는 구호는 많은 시민들의 관심과 지지를
이끌어 냈으며 장영자 이철희 어음사기사건 등 권력형 비리사건에 대
한 야당의 비판은 국민들의 폭넓은 공감을 얻었다.[54]

---

53) 정해구, 『전두환과 80년대 민주화운동』, 역사비평사, 2011, 106쪽.
54) 정해구, 『전두환과 80년대 민주화운동』, 역사비평사, 2011, 119쪽.

유화조치 이후 재야세력은 활동을 재개하기 시작하여 다수의 운동조직이 결성되는데, 각종 운동조직들의 등장과 관련해 주목할 것은 1960년대, 1970년대 등장했던 재야세력의 조직체들에 뒤이어 1980년에도 민주화운동을 전체적으로 아우르는 연합체적 운동조직이 나타나게 되어 1985년 3월 29일 '민주통일 민중운동연합(민통련)'을 결성한다. 민통련은 각 부문과 지역의 운동조직 전반을 포괄함으로써 재야세력의 중심조직으로 1980년대 민주화운동을 이끌어 나가게 된다.[55]

그러나 4월 대우자동차 파업, 학생들의 5월 광주항쟁과 그 일환으로 발생했던 미문화원 점거농성사건, 6월 구로동맹파업 등을 거쳐 그동안 민주화운동에 대해 유화적인 태도를 보였던 전두환 정권은 다시 강경책으로 전환한다.[56] 전두환 정권의 강경정책 추진과 이에 맞선 투쟁 속에서 1985년 하반기는 관심의 초점이 점차 개헌문제로 이동하기 시작하고 1986년에는 개헌문제가 일반 대중의 최우선적인 관심사로 떠오르게 된다. 이후 신민당이 주도한 개헌서명운동이 걷잡을 수 없이 확산되고 국민의 광범위한 개헌압력이 거세어진다.

한편 민주헌법 개헌의 공동전선을 형성해 온 민주화운동진영에서 분열이 일어나게 되어 1986년 상반기에 들어가 반미자주화 반파쇼민주화 투쟁위원회(자민투)계열과 반파쇼 민족민주투쟁위원회(민민투)계열로 분열되어 자민투계열의 학생운동은 '대통령 직선제개헌'을 주장하고 이에 반해 민민투계열의 학생운동진영은 대통령직선제 개헌을 반대하며 '제헌의회구성'을 주장하였다. 신민당과 민통련은 5월 3일 인천대회를 앞두고 분열했고 그 분열은 신민당이 재야세력의 반미운동을 비난하자 이에 반발하여 민통련이 양자의 연대기구인 민국련에서

55) 정해구, 『전두환과 80년대 민주화운동』, 역사비평사, 2011, 121~123쪽.
56) 정해구, 『전두환과 80년대 민주화운동』, 역사비평사, 2011, 123쪽.

탈퇴함으로써 촉발되었다.[57]

그리고 5·3인천대회는 온건입장의 신민당과 강경입장의 재야세력 간 갈등이 반영되었고 경찰의 무력진압이 진행되는 가운데 재야인사, 학생, 노동자들의 격렬한 시위로 끝났다. 전두환 정권은 1986년 5·3인천대회 이후 그리고 서울아시안 게임이 끝난 직후인 10월 이후 그 탄압의 강도를 더욱 높여 5·3인천대회의 배후조종 혐의로 장기표를 비롯하여 민통련 산하 4개 단체의 간부 10명을 지명수배했고 8일에는 민통련간부와 학생, 노동자 32명을 지명수배하는 등 대대적인 검거선풍을 일으켰다.

2. 6월 민주항쟁의 배경과 6·29선언

1) 6월 민주항쟁의 배경

첫째, 전두환 정권의 정당성이 취약했기 때문이다. 즉, 신군부 세력의 권력장악이 12·12군사반란 및 5·17군사쿠데타를 통해 이루어졌을 뿐만 아니라 그 과정에서 이에 저항했던 광주시민들에 대한 계획적 야만적인 살육행위가 뒤따랐기 때문이다.[58] 게다가 전두환 정권의 경제발전은 박정희 정권에 비해 훨씬 적었고 전두환 정권 내내 민주화운동에 대한 탄압조치는 정권의 정당성을 더욱 약화시켰다.

둘째, 1983년 말 유화조치 이후 민주화운동은 폭발적으로 성장하였고 광주의 경험을 거치면서 그 저항의 도덕성과 정당성을 한층 강화시킬 수 있었으며 결국 이 같은 성장과 발전은 야당과 운동세력 그리고

57) 정해구, 『전두환과 80년대 민주화운동』, 역사비평사, 2011, 127쪽.
58) 정해구, 『전두환과 80년대 민주화운동』, 역사비평사, 2011, 134쪽.

국민대중의 민주화연합으로 이어져 마침내 1987년 6월 항쟁을 가능하게 만들었다.[59]

셋째, 6월 민주항쟁을 촉발시켰던 계기인 1987년 1월 14일에 발생한 박종철 고문치사사건이 일어났기 때문이다. 치안본부 남영동 대공분실에서 조사받던 서울대 학생 박종철이 물고문으로 사망했는데, 전두환 정권은 사건 직후 시민들의 분노가 확대되는 것을 차단하고자 고문경찰 2명을 구속시키고 치안본부장과 내부부장을 교체했지만 끓어오르기 시작한 시민들의 분노를 진정시키기에는 역부족이었다.[60] 박종철 고문치사사건에 대한 시민들의 분노는 고박종철의 49재인 3월 3일 '고문추방민주화 국민평화대행진'에서도 계속되었으며 경찰은 전국에서 439명을 연행했다. 박종철 고문치사사건에 대한 당국의 은폐, 축소, 조작이 6월 항쟁의 폭발에 결정적인 영향을 끼쳤다.

넷째, 전두환 정권은 4월 13일 모든 개헌논의를 유보하고 현행 헌법에 따라 정부를 이양하겠다는 호헌조치를 발표했는데 이 조치는 6월민주항쟁을 촉발시키는 또 다른 계기가 되었다.[61]

2) 6월 민주항쟁의 전개와 6·29선언

(1) 국본의 탄생

민주화운동 세력에게 무엇보다 중요한 것은 시민들의 분노를 동원하고 조직화하여 이를 민주화항쟁으로 전환시킬 수 있는 중심세력의 구축이었고 5월 27일 '민주헌법쟁취 국민운동본부(국본)'이 마침내 결

---

59) 정해구, 『전두환과 80년대 민주화운동』, 역사비평사, 2011, 135쪽.
60) 정해구, 『전두환과 80년대 민주화운동』, 역사비평사, 2011, 135쪽.
61) 정해구, 『전두환과 80년대 민주화운동』, 역사비평사, 2011, 137쪽.

성되었다. 국본은 이후 전개될 민주화항쟁과 관련하여 다음과 같은 방침을 정했다. 첫째, 전국에 걸친 동시다발적 시위를 강행함으로써 전국적 연대를 모색한다는 것 둘째, 재야와 종교계 그리고 정치권에 이르는 대연합전선을 촉구한다는 것 셋째, 일반 시민들이 참여할 수 있는 최저 수준의 강령을 내세우는 것이다.[62]

국본은 그 주장을 가능한 한 온건하게 함으로써 대중의 참여를 유도하여 항쟁을 확산시키고자 했고 5월 27일 박종철 고문살인 은폐조작 규탄 및 민주헌법쟁취 범국민대회를 6월 10일에 개최하기로 결정하여 6·10대회 총궐기를 위한 준비에 나섰다.

(2) 6월 민주항쟁의 전개 과정

6월 민주항쟁은 6·10국민대회로부터 시작되었다. 이후 6·29선언이 발표된 6월 29일까지 20일간에 걸쳐 전개된다. 이 기간에 걸쳐 전개된 항쟁은 3단계로 나눌 수 있다.

① 1단계로 6·10 민주헌법쟁취 국민대회이다. 서울 20여 개 대학 학생들이 출정식을 가진 후 시내에 진출하기 시작했고 오후 6시를 전후하여 본격적인 항쟁으로 확산되었다. 학생들뿐만 아니라 퇴근하는 시민들까지 대거 시위에 합세하여 독재타도, 호헌철폐를 외치고 나섰으며 시간이 흐르면서 서울역, 남대문시장, 종로3가 등 도심 곳곳에서 대규모시민들이 집결하여 진압경찰과 대치, 공방전을 벌였다.

밤늦게까지 계속된 시위에는 전국 22개 지역에서 24만 명이 참석했고 10일 하루 동안 전개된 항쟁의 결과 상당수의 시민과 학생, 경찰들이 부상을 당했으며 전국적으로 220명이 구속되었다(연행자수는 3,831

62) 정해구, 『전두환과 80년대 민주화운동』, 역사비평사, 2011, 139쪽.

명에 달함).

　항쟁은 10일 하루로 끝나지 않고 계속 이어져 명동성당에서의 농성
투쟁이 이루어졌는데,[63] 15일에 이르기까지 5박 6일 동안의 농성투쟁
은 항쟁이 전국적으로 확산되는 데 결정적인 기여를 했다.

　② 2단계로 6·18 최루탄 추방 결의대회이다. 9일 경찰의 직격 최루
탄을 맞고 혼수상태에 빠진 이한열사건의 영향을 받아 6·18 최루탄
추방 결의대회가 개최되었고 이 대회에 전국 16개 지역에서 150만 명
이 참여했다. 이날의 시위로 전국에서 총 1,487명이 연행되었고 경찰
차량 13대가 불타거나 파손되었다. 항쟁이 지방으로 확산되고 경찰력
이 무력화되기 시작했으며 전두환 정권은 국민의 민주화요구를 수용
할지 아니면 항쟁의 저지를 위해 군투입의 비상조치를 감행할 것인지
를 결정하지 않으면 안 되었다.[64] 전두환 정권이 갈림길에 놓인 상황
에서 미국이 적극적으로 개입, 19일에는 레이건 대통령의 친서가 전달
되었다.[65]

　③ 3단계로 6·26 국민평화대행진 시기이다. 국본은 군투입을 우려
하는 정치권을 설득하여 26일 '국민평화대행진' 개최를 결정했고 이는
항쟁의 3단계로 절정을 이루었다. 전국 33개 도시와 4개 군, 읍에서 150
만 명의 시민들이 참여한 가운데 전개된 국민평화대행진은 전두환 정
권에게 대통령직선제 수용 등 마지막 압력을 가했고 이날 시위로 전국
에서 3,467명이 연행되었으며 경찰서 2개소, 파출소 29개소, 경찰차량

---

[63] 명동성당에서의 농성투쟁이 시작된 이유는 1987년 6월 10일의 투쟁에서 경찰과 접전을
　　벌이다 밀린 시위대가 명동성당 안으로 들어오면서, 전경들이 이들 시위대를 전부 연행
　　하려 했고 이로 인해 명동성당 농성투쟁으로 확산된다. 명동성당 농성투쟁은 6월항쟁
　　의 중심적 투쟁의 하나이며 6월항쟁은 명동성당 농성투쟁을 통해 구체성을 지니게
　　되었다.
[64] 정해구, 『전두환과 80년대 민주화운동』, 역사비평사, 2011, 145쪽.
[65] 정해구, 『전두환과 80년대 민주화운동』, 역사비평사, 2011, 146쪽.

20대가 화염병에 의해 불탔다.

6·26평화대행진은 전국 주요 지역이 거의 망라되어 일어났다는 점에서 의의가 큰데, 1919년 3·1운동에서도 1960년의 4월 혁명에서도 이렇게 한 날 한시에 전국 각지에서 시위가 일어나지는 않았다.[66] 6·26항쟁에서 학생과 여러 계층, 직종으로 구성된 시민, 노동자, 농민이 함께 들고 일어나 군부독재타도, 민주헌법쟁취, 직선제 쟁취를 외쳤고 군부독재는 더 이상 용납될 수 없었으며 결국 전두환 정권은 권력을 지탱할 수 없었다.

6월 민주항쟁은 우리나라의 역사 속에서 세 번째의 해방으로 평가될 수 있다. 첫 번째의 해방이 1945년의 8·15 해방이고, 두 번째의 해방이 1960년의 4월 혁명이며 세 번째의 해방이 1987년의 6월 민주화항쟁으로서, 6월 민주항쟁은 기본적 자유, 자치적, 자율적 시민활동, 절차적 민주주의의 큰 틀이 상당 부분 자리 잡게 되는 의미를 만들게 되었다.[67]

(3) 6·29선언

20일간 계속된 6월 민주항쟁의 거대한 흐름에 직면하여 민정당의 노태우 후보는 6월 29일 8개 항의 시국특별선언(6·29선언)을 전격 발표한다. 대통령 직선제 수용을 골자로 한 이 선언은 대통령선거법 개정, 김대중의 사면, 복권, 시국관련 사범 석방, 국민기본권 신장, 언론자유 창달 등이다.

전두환으로 하여금 군투입의 비상조치를 포기하고 대통령직선제를

---

66) 서중석·김덕련, 『서중석의 현대사이야기 19』, 오월의 봄, 2020, 218쪽.
67) 서중석·김덕련, 『서중석의 현대사이야기 19』, 오월의 봄, 2020, 237쪽.

수용하게 만든 원인은 첫째, 7년 전 광주항쟁 때와는 달리 6월 민주항쟁은 전국적으로 전개된 데다가 대중의 참여 역시 광범했기 때문이고 둘째, 미국조차 전두환 정권의 군투입을 반대했으며[68] 셋째, 군이 투입되었을 경우 군내부의 분열가능성도 없지 않았고 넷째, 대통령직선제를 수용하더라도 양 김 씨가 분열할 경우 대선에서 승리할 수 있다는 것을 염두에 두었기 때문이다.[69]

결국 대통령직선제를 수용케 한 6·29선언은 민주화운동진영의 승리로서 평가된다.

3. 1987년 7월, 8월 노동자대투쟁

6월 민주화항쟁에 참여한 노동자들은 그리 많지 않았다. 항쟁에 참여했다 하더라도 조직적 차원이 아니라 시민의 한 사람으로서 개인적으로 참여했다는 점에서 노동자들은 6월항쟁의 주역은 되지 못했다.[70] 그러나 6·29선언 이후 민주적 개방의 분위기 속에서 또 하나의 항쟁이 발생하는데 그것이 7, 8, 9월의 노동자대투쟁이다. 노동자대투쟁의 전개 과정은 세 시기로 나누어 볼 수 있다.

첫 번째 시기는 현대엔진 노조결성, 현대미포조선 노조신고서 탈취사건 등을 계기로 노동자들의 투쟁이 확산되어 갔던 시기이고, 두 번째

---

[68] 미국이 전두환 정권의 군투입을 직접적으로 반대했다고 보는 입장에 대해서는 반대하는 입장이 있다. 이 입장은 레이건 친서는 6월 17일에 도착한 것으로 되어 있고 미국쪽의 면담요청을 청와대에서 거절하다가 19일에야 릴리와 만난 것을 보더라도 미국지시에 따라 군투입의 비상조치를 하지 않은 것이 아니라 "과거에 하던 식으로 군부를 동원하고 비상계엄을 선포하는 것이 당시 항쟁의 전 민중적 성격으로 볼 때 어렵다"라고 전두환 정권 스스로가 판단했기 때문이라고 한다(서중석·김덕련,『서중석의 현대사 이야기 19』, 오월의 봄, 2020, 172~173쪽).

[69] 정해구,『전두환과 80년대 민주화운동』, 역사비평사, 2011, 154쪽.

[70] 정해구,『전두환과 80년대 민주화운동』, 역사비평사, 2011, 156쪽.

시기는 현대그룹 노동조합협의회 결성과 대우조선파업으로 시작되어 노동자투쟁이 전 지역적 전 산업적 차원에서 폭발적으로 고양된 시기이다. 파업참가자수가 25만 명을 넘어 113개의 노조가 새로이 만들어졌고 8월 17일, 18일에는 현대그룹노동자 6만 명이 참여한 가운데 현대노동조합협의회의 주최로 연합가두시위가 전개되었으며 각종 중장비를 앞세운 가운데 노동자들이 울산 공설운동장까지 일대 시위를 벌였다.[71] 세 번째 시기는 경찰이 쏜 최루탄에 맞아 사망한 대우조선노동자 이석규의 장례식(8월 28일)을 계기로 정부 당국이 노사분규에 적극 개입하면서 노동자투쟁이 급격히 위축되는 시기이다.[72]

1987년 6월 29일부터 10월 31일까지 발생한 노사분규는 3,311건이고 그중 쟁의행위를 수반한 분쟁은 3,235건이며 쟁의행위에 참가한 인원 총수는 1,225,760명에 이른다.[73] 7~9월의 3개월 동안 전개된 노동자대투쟁은 한국에서 노동자계급이 형성된 이래 노동쟁의 가운데 최대 규모이고 최대 규모로 기록된 이 같은 노동자대투쟁이 발생한 원인은 노동에 대한 국가의 억압과 통제와 긴밀한 관계가 있다. 권위주의 시기 노동운동은 국가의 억압에 의해 강력하게 통제되었지만(특히 광주민중항쟁 이후 전두환체제의 등장 과정은 그 억압을 더욱 강화했음) 6월 민주항쟁은 국가의 억압력을 일시적으로 약화시켰고 그 억압력의 약화가 노동자들의 억눌려 온 요구를 한꺼번에 분출시키는 계기가 되었다.[74] 따라서 6월 민주항쟁 직후 노동자대투쟁이 자연스럽게 아래로부터 빠르게 확산되었던 것이다.

1987년 노동자대투쟁은 이전에 발생한 노동쟁의와는 상당히 달랐다.

71) 정해구, 『전두환과 80년대 민주화운동』, 역사비평사, 2011, 156~157쪽.
72) 정해구, 『전두환과 80년대 민주화운동』, 역사비평사, 2011, 156~157쪽.
73) 정해구, 『전두환과 80년대 민주화운동』, 역사비평사, 2011, 158쪽.
74) 정해구, 『전두환과 80년대 민주화운동』, 역사비평사, 2011, 160쪽.

첫째, 1987년과 그 이듬해 노동자들은 불만을 표출하고 더 높은 임금을 얻는 것뿐만 아니라 자신들의 장기적인 이해를 보호하기 위한 조직적 수단을 획득하는 데 그에 못지않은 관심을 가져서 노동조합의 설립이나 어용노조를 자주적인 노조로 바꾸는 데 집중했다.[75]

둘째, 1987년의 노동자대투쟁은 노동집약적인 경공업부문이 아니라 중화학공업의 대기업에서 주로 남성노동자 중심으로 일어났다.[76] 1,000인 이상 대기업이 374개였는데, 이 중 50%가 넘는 200개 사업장에서 파업이 발생했고, 지역적으로는 울산, 마산, 창원, 거제 등 경남지역 중화학공업 사업체에서 대거 파업에 참여했다.[77] 이 지역의 파업참가자수는 39만 명으로 전체 파업 참가자의 32.2%를 차지하고 있어 서울, 인천, 경기의 32.1%보다 앞서고 있었고 이처럼 대기업 사업장에서 시작되어 점차 중소영세사업장으로 파업은 확산되었다.[78]

셋째, 노동자대투쟁은 이전의 파업과 달리 외부지식인의 주도나 적극적인 지도 없이 노동자들의 자발적이고 자생적인 집단참여를 통해 이루어진 결과였다.[79] 1980년대 초 노조조직투쟁에서 중요한 역할을 했던 학생 출신 노동자들이 1987년에는 아무런 역할을 하지 못했고 따라서 한국의 노동자들이 더 이상 지식인 집단에 의해 보호받고 대표될 필요가 없어졌음을 증명함으로써, 한국 노동자계급 스스로의 권리를 옹호하는 계급이 될 조직적 자원을 만들었다.[80]

75) 구해근, 『한국노동계급의 형성』, 창작과 비평사, 2003, 232쪽.
76) 구해근, 『한국노동계급의 형성』, 창작과 비평사, 2003, 232쪽.
77) 서중석 · 김덕련, 『서중석의 현대사이야기 20』, 오월의 봄, 2020, 111쪽.
78) 서중석 · 김덕련, 『서중석의 현대사이야기 20』, 오월의 봄, 2020, 111쪽.
79) 구해근, 『한국노동계급의 형성』, 창작과 비평사, 2003, 232쪽.
80) 구해근, 『한국노동계급의 형성』, 창작과 비평사, 2003, 233~234쪽.

4. 1987년 대통령선거

6월 민주항쟁의 성공을 통해 대통령직선제를 수용한 헌법개정이 이루어졌으며 이에 따른 국민직선으로 제13대 대통령선거가 실시되었다. 1987년 12월 16일 제13대 대통령선거가 실시되어 민정당의 노태우 후보가 승리를 거두었다. 득표율은 김영삼 후보가 28.0%를 얻었고 김대중 후보가 27.1%를 얻어, 이들 둘을 합하면 55.1%의 득표율에 달하여 노태우 후보가 얻은 36.6%의 득표율을 훨씬 앞지르고 있었지만 양 김씨의 분열로 인해 민주화진영이 대선에서 패배하고 말았다.[81]

그런 점에서 1987년 민주화이행은 대통령직선제를 통해 국민이 직접 대통령을 선출하는 점에서는 권위주의 체제로부터 민주화에로 성공하였지만 반면에 단일후보의 실패로 인해 민주화정부 수립에는 실패했던 과정이었다. 이 같은 결과는 다음과 같은 영향을 끼쳤다.

첫째, 독재세력이 합법적인 선거경쟁을 통해 재집권에 성공함으로써 민주화이행에도 불구하고 철저한 독재청산이 불가능해 졌고 둘째, 독재세력의 후신인 보수적 정치세력이 재집권에 성공함으로써 민주개혁이 그들 기득권세력과 충돌하지 않을 수 없었으며 셋째, 양 김 씨가 갈라서면서 민주화운동 세력이 분열되어 깊은 좌절감에 빠지게 되었다.[82] 하지만 이제는 과거의 권위주의 방식의 지배와 통제는 어렵게 되어 불완전 할지라도 합법적 절차에 따라서만이 집권할 수 있다는 가능성을 확인해 주었다. 넷째, 대통령선거 과정에서 지역주의가 전면적으로 동원되었고 1988년 4월에 치러진 제13대 국회의원 총선거에서도 지역주의 정치가 고착화되는 결과를 초래하였다.

81) 정해구, 『전두환과 80년대 민주화운동』, 역사비평사, 2011, 176쪽.
82) 정해구, 『전두환과 80년대 민주화운동』, 역사비평사, 2011, 178~179쪽.

제3절 노동조합 정화조치와 노동법에 대한 통제

1. 노동조합 정화조치

1980년 5월 27일 광주민중항쟁을 진압한 신군부 정권은 정권탈취를 위해 대대적인 숙청작업을 감행하였고 신군부 정권의 지시를 받아 설치된 국보위는 1980년 6월 10일부터 노동청에 대해 한국노총과 17개 산별노조 및 39개 지역지부에 대해 업무감사에 착수하도록 지시하였다. 노동청은 업무감사에 착수하였고 이 과정에서 7월 1일 "비상계엄하 노동조합활동"이라는 제목의 공문을 한국노총과 17개 산별노조위원장 앞으로 내려 보냈다. 이 공문에서 노동청은 신규노동조합 결성을 금지하고 사업장단위 지부 또는 분회를 제외한 연합단체활동을 유보하라는 지시를 내렸다.

이어 노동청은 6월 10일에서 7월 30일 사이에 업무감사를 근거로 8월 21일에 "노동조합 정화지침"을 시달했다. 이 지침에서 노동청은 ① 정화대상자로 선정된 산별위원장급 12명은 즉시 사퇴할 것 ② 산별노조 산하의 모든 지역지부를 8월 21일자로 폐지할 것 ③ 운수, 항만 노동조합을 빠른 시일 내로 통합할 것 ④ 노동조합에 정화위원회를 구성하여 정화운동을 지속적으로 추진할 것 등을 지시했다.[83]

이에 대해 한국노총과 산별노조들은 아무런 저항도 보이지 않았고 지침에 따라 정화조치들을 추진하여 산별 노조위원장급 상층간부 12명은 곧바로 노조간부사퇴서와 노동조합탈퇴서, 사업장의 사직서를 제출하고 간부직을 떠났다.

노동조합 간부들에 대한 제2단계 정화조치는 노동청의 지침에 따라

---

[83] 이원보, 『한국노동운동사 5』, 지식마당, 2004, 649쪽.

설치된 노조정화위원회를 통해 이루어졌다. 노동청은 중앙정화위원회에 관계기관의 통보내용을 중심으로 "부패한 간부들과 10·26 이후 조직분규를 획책하거나 사회안정을 파괴한 자와 외부세력에 영합한 자"를 정화하라고 지시하였고 정화대상자는 노조간부직을 사퇴시켜 작업현장에 내려보내고 3년간 노조간부직을 맡지 못하게 명령하였다.[84] 이 지침에 따라 노동청, 보안사, 중앙정보부, 경찰, 서울시 등 관계기관의 통보를 중심으로 191명의 정화대상자(정화대상자 121명, 자진사퇴자 70명)가 선정되었다. 이들에게는 9월 18일부터 노조간부직을 사퇴하고 현장에 복귀하라는 명령이 시달되었고 이들을 산별노조별로 보면 섬유 18명, 화학 17명, 금속 20명, 철도 1명, 전력 3명, 연합 6명, 해원 10명이었고 여기에는 70년대 민주노조간부, 80년 5월 17일 이전 산별노조의 민주화투쟁에 앞장섰던 간부 등이 상당수 포함되어 있었다. 이 같은 노조간부의 숙청과 함께 노동청은 사업장단위 노동조합을 지역적으로 연합한 모든 지역지부를 8월 21일자로 폐지하라고 지시했다. 이에 따라 9월 15일까지 산별노조산하에 있는 105개의 지역지부가 해산되었는데, 이를 산별노조별로 보면 섬유 11개, 광산 14개, 해원7개, 화학 10개, 금속 10개, 연합 13개, 출판 15개, 자동차 23개, 관광2개였다. 이렇게 하여 지역지부는 모두 해산되고 지역지부 산하 분회들은 지부로 승격되었다. 그리고 단체교섭과 단체협약의 체결이 원칙적으로 사업장별로만 인정됨으로써 사실상 기업별 노동조합체계로 개편되는 결과가 되었다. 이 과정에서 지역지부 산하에 있던 사업장조직들이 대량 파괴되고 조합원수가 급감하는 등 해악적 결과가 나타났고 자동차노조는 그 폐해가 심각하였으며 그 외 섬유노조는 1만 명, 화학노조는 7,300명, 금속노조는 1만 2천 명이 줄어들어 결과적으로 1979년 말 1,088,061명이

---

[84] 이원보, 『한국노동운동사 5』, 지식마당, 2004, 649쪽.

었던 한국노총 전체 조합원수는 1980년 말 140,325명이나 감소하였다.[85]

신군부 정권의 노조간부 정화조치와 지역지부 폐지조치는 그 이유에 대해 "노조임원들의 비위와 횡포로 조합원의 지탄과 원성이 높기 때문"이라고 신군부 정권은 주장하지만, 국민의 정치적 자유와 권리를 제한하려는 정화조치의 연장선에서 이루어진 것으로써 국민의 기본권을 제한하는 것이고 특히 노동조합의 활동과 관련하여서는 단결자치의 원칙에 위배된다.

단결자치의 원칙이란 근로자의 단결체가 스스로의 조직형태나 그 내부운영 및 대외적 활동에서 자주적으로 결정, 행동하고 또한 그에 대하여 외부로부터 간섭을 받지 않음을 내용으로 한다.[86] 근로자의 단체는 통상 노동조합의 형태를 취하기 때문에 단결자치는 통상 조합자치라고도 불리고 조합자치는 조합민주주의와 함께 노조운영의 한 원칙으로서 규약작성, 임원선출, 조직운영 등과 같은 노조의 일상적 운영에 대해 국가나 사용자로부터 간섭받지 않을 권리가 그 핵심적 내용이 된다.[87]

따라서 단결자치의 원칙에 따르면 노조의 임원에 관한 사항이나 노동조합의 조직형태를 어떤 노동조합으로 결정할 것인가(기업별 노조인가 산업별 노조인가)는 노조가 국가나 사용자의 개입이나 간섭을 받음이 없이 스스로 결정해야 한다. 신군부 정권은 노조간부에 대하여 정화조치를 통해서 노동조합 간부사퇴서와 노동조합탈퇴서 등을 강제로 제출케 하는 등 노조의 내부운영의 자유를 침해하였고 기업별 노동조합을 국가가 외부에서 강제함에 의해서 노동조합 자유설립주의에

---

85) 이원보, 『한국노동운동사 5』, 지식마당, 2004, 651쪽.
86) 김유성, 『노동법 Ⅱ』, 법문사, 1999, 5쪽.
87) 김유성, 『노동법 Ⅱ』, 법문사, 1999, 5쪽.

위반했다. 어떠한 조직형태를 선택할 것인가는 근로자의 자유로서 노동시장의 범위, 근로조건의 공통성, 연대행동의 가능성 등의 현실적 제조건을 고려하여 근로자의 생활이익의 보호에 가장 적합한 조직형태를 자주적으로 결정할 수 있어야 한다.[88]

2. 노동법에 대한 통제

신군부 정권은 1980년 12월 31일 근로기준법, 노동조합법, 노동쟁의조정법, 노동위원회법을 개정하고 노사협의회법을 새로이 제정, 공포함으로써 통제와 억압을 실행하였다. 노동관계법은 70년대 국가보위법과 유신체제하의 규제보다 훨씬 엄격하게 제한함으로써 사실상 노동법을 빈껍데기로 만들었다. 그 주요 내용을 살펴보면 다음과 같다.

1) 제3자 개입금지

노동조합법 제12조 1에서는 "직접 근로관계를 맺고 있는 근로자나 당해 노동조합 또는 법령에 의해 정당한 권한을 가진 자를 제외하고는 노동조합의 설립과 해산, 노동조합에의 가입, 탈퇴 및 사용자와의 단체교섭에 관하여 관계당사자를 조종, 선동, 방해하거나 기타 이에 영향을 미칠 목적으로 개입하는 행위를 해서는 안 된다"라고 규정하고 있다(이 규정은 "1986년 12월 31일 총연합단체인 노동조합과 산업별 연합단체인 노동조합은 제3자로 보지 않는다"라는 내용을 첨가함으로써 한국노총과 산업별조직의 역할을 인정하게 되었다).

노동쟁의조정법 제13조의 2에서는 "직접 근로관계를 맺고 있는 근로

---

88) 김유성, 『노동법 Ⅱ』, 법문사, 1999, 78쪽.

자나 당해 노동조합 또는 사용자 기타 법령에 의하여 정당한 권한을 가진 자를 제외하고는 누구든지 쟁의행위에 관하여 관계당사자를 조종, 선동, 방해하거나 이에 영향을 미칠 목적으로 개입해서는 안 된다"라고 규정하고 있다.

제3자 개입금지 조항은 노동조합운동에 대한 사회적 연대와 지원을 원천적으로 봉쇄함으로써 노동조합활동을 무력화시키는 법으로써 다음과 같은 문제가 있다.

첫째, 헌법 제33조의 노동삼권은 사용자에 대하여 상대적으로 열악한 위치에 있는 노동자의 생존권을 보장하기 위한 수단으로서 인정되기에, 노동자에 대한 지원이나 원조는 그것이 자주성을 해하지 않는 한 금지되어서는 안 된다.[89] 그러므로 제3자 개입금지 규정은 외부의 조력을 받을 가능성을 완전히 단절함으로써 결과적으로 노동삼권을 침해한다.

둘째, 노동자의 조직적 단결과 단체행동에서 무엇이 필요하고 누구의 도움을 받을 것인가는 전적으로 노동자(노동조합) 스스로가 결정할 문제이고 그것이 진정한 의미에서의 자주성의 실현이다.[90] 특히 현대사회의 산업 및 기업영역에서는 경제와 기술이 역동적으로 변하고 있기 때문에 입법자가 모든 것을 예측해서 이를 규율하는 것은 불가능하고, 따라서 산업과 기업의 주체인 사용자와 근로자의 자율적인 규범형성이 중요하다.[91] 실정법에서 이러한 자치의 원칙을 무시하고 일률적으로 제3자의 개입을 금지하는 것은 단결자치의 훼손일 뿐만 아니라 현대사회에서의 입법기능의 한계를 고려하더라도 타당하지 않다. 노

---

[89] 박주현, 「제3자 개입금지」, 『노동법연구』 제1권 제1호, 까치, 1991, 386쪽.
[90] 조경배, 「제3자 개입금지 규정에 대한 헌법재판소 합헌해석의 재해석」, 민주주의법학연구회, 『민주법학』 제4권 1호, 1990, 215쪽.
[91] 강희원, 『노사관계법』, 법영사, 2012, 185쪽.

사 당사자가 힘의 조절에 의하여 자율적으로 그 규범을 형성해 나가는 것이 필요하고 국가는 그러한 노사자치의 실현에 적극적으로 협조해야 한다.

셋째, 조종, 선동, 방해, 개입행위는 그 개념이 애매모호하고 매우 광범위하여 도저히 개별적 행위유형을 특정할 수 없으므로 죄형법정주의에 위반되어 제3자 개입금지 규정은 위헌이다.[92]

넷째, 법문상 제3자 개입금지 규정은 평등한 것처럼 보이나 실질적인 내용상으로는 노동자 측에 현저히 불평등함으로써 평등원칙에 위반되어 위헌이다.[93]

다섯째, 조종, 선동, 방해하거나 기타 이에 영향을 미칠 목적으로 개입하는 행위라고 규정함으로써 그 제한의 대상이 모든 개입행위가 되어, 일반인의 헌법상 보호되는 표현행위를 미리 저지하는 효과를 가지고 있으므로 일반적으로 제3자의 표현의 자유를 제한함으로써 제3자 개입금지 규정은 위헌이다.[94]

제3자가 불법하지 않은 조합활동을 선동하거나 영향을 준 경우 형사처벌하는 것은 반(反)사회성 없는 행위에 대한 처벌이 되어 법의 일반원리에도 위배될 뿐만 아니라 사상표현의 자유가 보장된 민주주의국가에서 '선동'을 죄로 인정하는 근본적 법리 모순을 노정하는 것이다.[95] 누구든지 타인에게 적법한 행위(노조결성, 단체교섭, 쟁의행위 등)를 하도록 권유하고 조언, 개입할 자유와 권리는 인정되며 그것은 당연하게 보장되어야 하는 것이다.[96]

92) 김선수, 「제3자 개입금지 조항의 합헌결정에 대하여」, 『법과 사회』 제2권 1호, 법과사회이론연구회, 1990, 276쪽.
93) 박주현, 「제3자 개입금지」, 『노동법연구』 제1권 제1호, 까치, 1991, 388쪽.
94) 박주현, 「제3자 개입금지」, 『노동법연구』 제1권 제1호, 까치, 1991, 391쪽.
95) 신인령, 『노동법판례연구』, 이화여자대학교 출판부, 1995, 584쪽.

신군부 정권은 대표적으로 제3자 개입금지 규정을 통해 근로자들의 단결 및 사회적 연대를 원칙적으로 금지시켰고, 제3자가 가지는 정당한 표현의 자유를 침해함으로써 헌법에 위반하였다.

2) 기업별 노동조합의 강제

노동조합법 제12조 1에서 "직접 근로관계를 맺고 있는 근로자나 당해 노동조합 또는 법령에 의해 정당한 권한을 가진 자"만을 노조의 결성, 운영, 단체교섭당사자로 제한하고 제13조 제1항에서는 근로조건의 결정권이 있는 사업 또는 사업장에 한해서 노조결성을 허용하고 있다. 노동조합법 제13조(노동조합의 권리)는 "① 단위노동조합의 설립은 근로조건의 결정권이 있는 사업 또는 사업장단위로 근로자 30인 이상 또는 5분의 1 이상의 찬성이 있는 설립총회의 의결이 있어야 한다"라고 규정하고 있다.[97]

결국 노동조합은 사실상 사업 또는 사업장별로만 인정됨으로써 기업별 노조조직체제를 강요하고 있다.

기업별 노조체제의 강요는 다음과 같은 문제점을 가진다.

첫째, 단결자치의 원칙에 위배된다. 단결자치란 노동조합의 설립, 운영 등에 관하여 국가나 사용자의 간섭이나 개입을 받지 않고 자주적으로 활동할 수 있는 권리로써 국가에 의한 기업별노동조합의 강제는 단결자치의 원칙에 위배된다.

둘째, 단결자치의 원칙에 기반한 노조자유설립주의에 위반된다. 현행 노조법은 제5조에서 "근로자는 자유로이 노동조합을 조직하거나 이

---

96) 신인령, 『노동법판례연구』, 이화여자대학교 출판부, 1995, 584쪽.
97) 노동부, 『노동조합 및 노동관계조정법령 제, 개정 변천사』, 2009, 98쪽.

에 가입할 수 있다"고 하여 노조자유설립주의를 원칙으로 하고 있다.

3) 노조임원자격의 제한

노동조합 간부가 될 수 없는 자로 세 가지를 신설, 규정하였다. 노동조합법 제23조(임원의 선거)는 "① 노동조합의 임원은 그 조합원 중에서 선거되어야 한다. ② 다음 각 호의 1에 해당하는 자는 노동조합의 임원이 될 수 없다. 1. 금고 이상의 형을 선고 받고 그 집행이 종료되거나 집행을 받지 아니하기로 확정된 후 2년이 경과되지 아니한 자. 2. 제32조의 규정에 의한 행정관청의 해산명령 또는 임원개선명령을 받은 후 3년이 경과되지 아니한 자. 3. 당해 노동조합이 설립된 사업장에서 1년 이상 근로하지 아니한 자. 다만 당해 사업 또는 사업장의 설립이 1년 미만인 경우에는 설립일로부터 노동조합 설립 일까지의 기간의 2분의 1 이상을 계속 근로하지 아니한 자"라고 규정하고 있다.[98]
노조임원의 자격은 원칙적으로 단결자치의 원칙상 노동조합이 자주적으로 결정해야 할 사항이며 임원자격의 제한은 합리적인 범위 내에서만 제한이 가능하다. 그러나 개정법은 노동조합의 자율적 운영을 원칙적으로 제한하고 있으며 예컨대 "사업장에서 1년 이상 근로할 것"을 강제하는 등 합리적인 범위에서의 제한을 넘어서고 있다.

4) 쟁의행위의 제한

노동쟁의조정법 제12조에서 국가, 지방자치단체 및 방위산업체에 종사하는 근로자의 쟁의행위를 금지하고 사업장 안에서만 쟁의행위를

---

[98] 노동부, 『노동조합 및 노동관계조정법령 제, 개정 변천사』, 2009, 147~148쪽.

할 수 있도록 규정하고 있다. 국가, 지방자치단체나 방위산업체에 종사하는 근로자의 쟁의행위를 일률적으로 금지하는 것은 단체행동권의 제한으로, 공공의 직무의 성질에 비추어 단체행동에 적합하지 않거나 주로 방산물자의 생산에 직접 관여하는 자에 한하여 단체행동권을 제한하는 것이 타당하다.

또한 노동쟁의조정법 제30조에서 과거의 법은 "공익사업"에 있어서 행정관청의 요구에 의하거나 노동위원회의 직권으로 중재에 회부한다는 결정을 할 때 중재가 개시되었다. 그런데 개정법에서는 "3. 행정관청의 요구에 의하거나 노동위원회의 직권으로 중재에 회부한다는 결정을 한 때" 중재가 개시되도록 하였다.[99]

즉, 공익사업에 관해서만 직권중재가 가능하였는데 개정법에서는 모든 사업에서 행정관청의 요구가 있거나 노동위원회의 직권으로 중재가 가능하도록 하였다. 이것은 사전적으로 쟁의행위를 제한 금지하는 것으로서 사실상 모든 사업에서 쟁의행위를 금지하는 조치였다.

그리고 냉각기간(노동쟁의조정법 제14조) 규정에 따라 쟁의행위에 들어가기 전 냉각기간이 종래에는 일반 사업 20일 공익사업이 30일이었으나 이것을 일반 사업 30일, 공익사업 40일로 연장하였다.[100]

개정법은 국가, 지방자치단체, 방위산업체종사자들의 쟁의행위를 일률적으로 금지하고 있고, 냉각기간을 연장하고 있고 모든 사업에서 행정관청의 요구나 노동위원회의 직권으로 중재결정이 가능하게 함으로써 사전적으로 언제나 쟁의행위가 제한, 금지되도록 하고 있어 노동쟁의는 사실상 불가능하게 되었다.

---

99) 노동부, 『노동조합 및 노동관계조정법령 제, 개정 변천사』, 2009, 244~245쪽.
100) 노동부, 『노동조합 및 노동관계조정법령 제, 개정 변천사』, 2009, 226~227쪽.

5) 유니온 숍 규정의 삭제

개정 전의 노동조합법에서는 부당노동행위의 규정과 관련하여 "노동조합이 그 사업장 내 근로자의 3분의 2 이상을 대표할 경우 그 노동조합에 가입할 것을 조건으로 하는 단체협약의 체결"은 부당노동행위로 보지 않는다고 규정하였다. 그러나 개정법에서는 유니온 숍 규정을 전부 삭제함으로써 오픈 숍만을 인정하였다.

유니온 숍 조항은 사용자가 근로자 중에서 해당 노동조합에 가입하지 않은 자와 조합원이 아니게 된 자를 해고해야 한다는 단체협약조항이다.[101]

유니온 숍 조항은 단결강제조항으로서 근로자들의 단결강화에 기여하지만 근로자의 단결하지 않을 자유(소극적 단결권)나 단결선택의 자유를 침해하여 위헌의 문제가 있다.

무효설은 유니온 숍 조항은 헌법상 보장된 근로자의 단결하지 아니할 자유를 침해하기에 무효라는 입장이고, 2분설은 유니온 숍 조항이 특정노동조합의 조합원이 될 것을 강제(제한적 조직강제)하는 것은 단결선택권을 침해하므로 무효이지만 어느 일반 노동조합의 조합원이 될 것을 강제(일반적 조직강제)하는 경우는 유효하다고 보며, 한정유효설은 유니온 숍 조항이 노동법으로 정한 허용요건을 충족하는 범위[102] 내에서 유효로 보아야 한다는 입장이다.[103]

일반적으로 학설의 다수는 한정유효설의 입장이 타당하다고 보고 있다. 따라서 유니온 숍 규정을 삭제하고 원칙적으로 일체의 단결강제를 부

---

101) 임종률, 『노동법』, 박영사, 2018, 74쪽.
102) 노동조합법이 단결하지 않을 자유나 단결선택권을 본질적으로 침해하지 않도록 일정한 조건하에서 허용하는 것을 말한다.
103) 임종률, 『노동법』, 박영사, 2018, 77~78쪽.

인하는 것은 단결의 강화를 통해 노동조합의 활동을 강화하는 것을 원칙적으로 금지하는 것으로써 단결권에 대한 제한이다.

6) 노사협의회를 제도화하기 위해서 독립법으로 노사협의회법의 제정

노사협의회법은 "근로자와 사용자가 상호협조하여 근로자의 복지증진과 기업의 건전한 발전을 도모하기 위해 100명 이상 사업장에 의무적으로 노사협의회를 구성하여야 한다"고 규정하고 있다.
노사협의회법의 제정은 노사협의회를 통해 단체교섭을 불필요한 것으로 왜소화시키고 노동조합의 투쟁성을 제거시켜, 궁극적으로 노동자를 자본의 지배에 복종하고 합리화에 협력하는 협조자로 만들기 위한 것으로서 단결을 제한하는 목적을 가지고 있다.[104]

제4절 신군부 정권하에서의 주요 노동운동과 노동운동의 특징

1. 주요 노동운동

1) 사북 동원탄좌 광부들의 대파업

1980년 4월 20일 강원도 정선군 사북에서는 광부들의 요구가 폭발하였다. 광부들은 임금인상과 어용노조퇴진을 요구하며 파업농성을 벌여 경찰력을 물리치고 사북읍을 이틀이나 점거하는 투쟁을 전개하였다. 투쟁의 발단지는 동원탄좌(동원탄좌는 종업원 3,052명에 전국채탄

---

104) 이원보, 『한국노동운동사 5』, 지식마당, 2004, 603쪽.

량의 9%를 생산하는 국내 최대의 민간탄광 회사였음)로서 광부들의 노동조건은 최악이었다.

석탄을 캐는 막장은 30~40도의 고온과 높은 지압, 습도, 공기순환의 불량 속에 석탄가루를 마시며 일해야 하는 지옥과 같은 곳이었고, 산업재해의 빈발과 진폐증 때문에 죽음의 공포에 시달려야 했으며 목숨을 건 노동의 대가로 최저생계비에 못 미치는 임금을 받고 있는 데다가 작업량에 따라 임금을 지급함으로써 작업량을 늘리도록 강요받았다.[105]

한편 1980년 4월 당시 광산노조 동원탄좌 지부장은 이재기였는데, 그는 어용노조의 주축으로서 광산노조가 80년 임금인상 42.75% 관철을 내걸고 진행하고 있는 가운데, 3월 31일 회사 측과 비밀리에 4월분 임금부터 20% 인상한다는 데 합의해 버렸다.[106] 이에 조합원 26명은 분노하여 4월 15일 광산노조에 올라와 이재기의 퇴진을 요구하며 농성에 들어갔다. 19일 조합원 30명이 노조사무실을 찾아가서 항의하자 이재기는 이에 대항하여 사북지서에 신변보호를 요청했고, 지서장은 지부장과 대의원을 지서로 연행했다. 지서장은 조합원들의 이재기와의 면담요구에 대해 "21일 집회허가를 받아 모이면 그 자리에 이재기를 참석시키겠다"고 약속했다. 그러나 집회허가는 나오지 않았고 조합원 30명은 집회허가 약속 불이행에 대해 항의하는 한편 조합원총회를 요구하는 농성에 돌입하였다.[107]

퇴근하는 조합원들이 가세하여 농성조합원들은 200명으로 불어났고 정선경찰서는 노조사무실을 포위하고 불법집회의 중단과 해산을 종용하다가 이 과정에서 위협을 느낀 경찰관들이 지프차를 타고 현장을 빠

---

105) 이원보, 『한국노동운동사 5』, 지식마당, 2004, 638쪽.
106) 이원보, 『한국노동운동사 5』, 지식마당, 2004, 639쪽.
107) 이원보, 『한국노동운동사 5』, 지식마당, 2004, 640쪽.

져 나가려다가 광부 한명을 치어 중상을 입혔다.[108]

이에 격분하여 소용돌이가 일어나 500명의 광부들이 항의하면서 지서안의 기물을 부수었고 4월 22일 아침에는 가족들까지 가세하여 농성자는 3,000명으로 확산되었다. 경찰은 정선경찰서와 이웃 장성, 영월 경찰서병력을 총동원, 대응하였고 서울에서는 500여 명의 기동경찰까지 투입하였다. 이 사이에 광부들과 가족들은 지부장과 간부들의 집에까지 몰려가 기물을 부수고 지부장의 부인에게 폭행을 가하였다. 4월 22일 오후 경찰은 공포탄과 최루탄을 발사하면서 공격을 개시하였고 광부들과 부녀자들은 무서운 기세로 대항, 공방전은 3시간이나 지속되었다. 마침내 경찰은 70여 명의 중경상자를 내고 고한읍으로 철수하여 사북읍은 광부들에 의해 완전히 장악되었다. 이렇게 무력진압에 실패하자 당국은 광산노조위원장 최정섭을 앞세워 광부들과 협상을 시도했고 사북사태 수습대책위원회(위원장 김성배 강원도지사)는 24일 합의에 다다랐다. 합의내용은 ① 이재기 노조지부장과 노조집행부 총사퇴, ② 부상자 치료비 및 보상금 회사 부담, ③ 피해주택 복구 회사 부담, ④ 사건으로 인한 4일간의 휴업수당 지급, ⑤ 1, 2월분 임금인상 소급분 20%를 5월에 지급하고 탄가인상 재조정, ⑥ 상여금 250%를 400%로 인상 등이다.[109]

사흘 밤낮에 걸친 광부들의 투쟁은 막을 내리고 주동자들에 대한 검거가 이루어졌다. 27일 군, 검, 경 합동수사단은 주동자, 배후조종자, 폭행가담자 등 138명의 명단을 작성하였고 이 사건으로 구속된 사람들은 군사령부 계엄보통군법회에 회부되어 이원갑 외 1명은 징역 5년 신경 외 2명은 징역 3년 최옥자 부인 등 21명은 징역 3년에 집행유예 5년

108) 이원보, 『한국노동운동사 5』, 지식마당, 2004, 640쪽.
109) 이원보, 『한국노동운동사 5』, 지식마당, 2004, 641쪽.

등을 선고받았다.

사북동원탄좌 노동자들의 투쟁은 막강한 공권력을 밀어내고 짧은 기간이지만 지역점거라는 사상초유의 기록을 남긴 운동으로서 첫째, 생존비 이하의 저임금과 생명을 위협하는 열악한 노동조건 그리고 자본에 기생하는 어용노조의 실태 등 누적된 모순을 적나라하게 폭로한 것이었고 둘째, 4월 25일 동원탄좌 덕대탄광인 성동기업, 영일산업 등의 파업투쟁이나 5월 초 점촌의 삼창광업소, 황지의 한성광업소 등의 다른 탄광 노동자들의 투쟁에 큰 영향을 미쳤다.[110] 셋째, 막강한 힘을 가지고 초기의 투쟁에서 유리한 위치를 확보했지만 자연발생적이고 비조직적인 한계를 보여 주었다.

2) 동국제강 노동자들의 폭력적 파업시위

1980년 4월 26일 부산에 있는 동국제강 노동자들의 대규모투쟁이 폭발했다. 동국제강 노동자들의 투쟁은 대도시에서 일어났다는 점, 투쟁의 강도가 전례 없이 높았다는 점에서 특징적이었다.

동국제강은 국내 굴지의 강철제조공장으로(인천, 부산에 공장을 두고 있음)이 가운데 부산공장은 생산직 노동자 2천 6백여 명을 거느린 대기업이었다. 동국제강의 작업장온도는 38~40도로 땀으로 목욕을 할 만큼 더웠고 노동강도가 높아 신입사원의 경우 하루나 이틀 만에 그만두는 예가 빈번하였으며 임금인상 폭은 저조하여 1978년에는 임금을 15.6% 올리는 데 그쳤고 79년에는 임금을 동결하였다.[111]

80년에 부산시가 임금 15.4% 인상으로 직권조정결정을 하자 노동자

---

110) 이원보, 『한국노동운동사 5』, 지식마당, 2004, 642쪽.
111) 이원보, 『한국노동운동사 5』, 지식마당, 2004, 643~644쪽.

들은 4월 28일 ① 임금은 40% 인상할 것, ② 현행 200%인 생산직 상여금을 관리직과 같은 400%로 인상할 것 등을 내걸고 파업농성에 돌입하였고 노동자들은 밤중에 긴급출동한 기동경찰관 850명에 맞서서 시내진출을 시도했으며 경찰과의 공방전이 계속되고 노동자들은 돌멩이, 쇠파이프, 각목 등으로 대항했다.[112]

4월 30일 노동자들은 각 부서별로 대표 100여 명을 선출하여 협의기구를 만들었다. 그리고 56.5%의 임금인상 및 노조결성 보장 등 9개 항의 요구조건을 내걸고 대항하였다. 이에 대해 회사 측은 30% 임금인상과 함께 다른 요구조건은 모두 수용하겠다는 대안을 제시하였다. 노동자 500명은 회사 측안에 반대하여 다시금 농성에 들어갔고 그 후 경찰은 기물파손과 방화자를 색출한다고 하면서 노동자들에게 위협을 가했으며 노동자들은 결속이 서서히 무너져 내림으로서 마침내 회사 측이 제시한 임금 30% 인상안을 받아들여 투쟁은 종료하였다.

첫째, 동국제강 노동자들의 투쟁은 폭발적 잠재성을 과시하여 투쟁의 강도를 높였지만 자연발생적 투쟁의 한계를 드러내고 실패할 수밖에 없었고 둘째, 회사 측과의 협상에서 아무도 책임자로 나서지 않아무지도부의 한계를 드러냄으로써 임금인상의 좌절, 노동조합의 결성도이루어내지 못하였다.[113]

3) 민주노조의 파괴와 저항

신군부 정권이 12·12쿠데타를 획책하고 5·18 광주민중을 계획적으로 살인한 후에 신군부 정권은 그동안 자주적 민주노동조합운동을 지

---

112) 이원보, 『한국노동운동사 5』, 지식마당, 2004, 644쪽.
113) 이원보, 『한국노동운동사 5』, 지식마당, 2004, 645쪽.

향하여 민주적으로 활동했던 노동조합들에 대한 파괴공작을 철저히 감행했다.

첫째, 청계피복노동조합의 강제해산이 있었다. 노동청은 1980년 9월 간부 4명을 정화시키고 계엄사에서는 12월 간부 9명을 연행하여 수사를 벌여 청계피복지부에 공문을 보내 ① 정화대상자 4명의 사표를 신속히 받을 것 ② 노조 고문인 이소선 여사에 대한 월급지급을 중단할 것 등을 명령하였다. 그러던 중 청계피복노조는 1981년 1월 6일자로 서울시로부터 "노조법 제32조에 의해 노동위원회의 승인을 얻어 즉시해산을 명함"이라는 내용의 공문을 받았고 1월 21일 계엄사 합동수사반 요원들의 해산명령을 받았다. 1월 22일 아침에는 500~600명의 기동경찰이 평화, 동화, 통일상가 주변을 포위하고 노조간부들의 사무실출입을 막았다. 노조간부 21명은 1월 30일 아시아 아메리카 자유노동기구(AAFLI)사무실에 몰려가 농성을 하였지만 경찰은 1월 31일 새벽 0시경 AAFLI 사무실문을 부수고 들어가 전원을 연행, 노조지부장 등 11명을 구속하였고 결국 청계피복노조는 10년 만에 파괴된다.[114]

둘째, 반도상사노조가 민주노조 파괴 작업으로 해산된다.

1980년 8월 2일 계엄사령부는 노조지부장, 지도위원 부지부장을 연행하여 3개월 전 임금인상투쟁과 관련하여 수사를 벌이고 지도위원 장현자에 대하여 포고령 위반으로 구속하는 등의 행위를 하였다. 9월 18일에는 섬유노조로부터 지부장과 지도위원을 정화한다는 통지서가 날아왔고 이러한 정화조치를 거부했지만 회사 측은 이를 근거로 해고하였다. 그 후 계엄사 합동수사본부는 노조간부 5명을 연행하여 수사를 벌이며 사표를 강요했고 노동자들에 대하여 기숙사생들에게 밥 안 주

---

114) 청계피복노조는 84년 9월부터 85년 4월까지 3차에 걸쳐 당국의 탄압을 무릅쓰고 합법성쟁취투쟁을 전개하여 1988년 5월 2일에야 비로소 합법성을 쟁취하기에 이른다.

고 추위에 떨게 하기, 정신 교육하기, 쓰레기장 청소시키기 등의 행위를 자행하여 노동자 300명이 스스로 회사를 떠나도록 하였다.[115] 마침내 2월 3일 회사 측은 구정을 앞두고 휴업을 공고하여 노동자들은 더 이상 견디어 낼 기반을 상실하고 스스로 해산을 결정하게 되었다.

셋째, 다국적 기업 콘트롤 데이터 노조의 해체이다.

한국 콘트롤 데이터 주식회사는 전자제품을 만드는 미국의 손꼽히는 다국적기업의 자회사로 노조가 결성된 것은 1973년 12월 20일이었고 콘트롤 노조는 외국인 투자기업 노동조합 및 노동쟁의에 관한 임시특례법과 유신체제라는 억압적인 상황에서도 대표적인 민주노조로서 활동하고 있었다. 1980년 9월 18일 지부장과 부지부장이 정화대상자로 지목되고 노조는 이에 항의하다가 집행부를 정비하여 두 사람은 현장으로 복귀한다. 이후 노조는 12월 14일 단체협약갱신을 위한 노사협의에 착수하지만 종업원의 징계, 감원, 해고에 관한 사항이 주요 쟁점으로 되어 노조 측이 노동쟁의를 결의했다. 이에 대해 회사 측은 전지부장 등 노조간부 6명을 해고하고 이에 노조는 1982년 4월 1일 조합원총회를 열어 해고자복직을 위해 결사투쟁한다는 결의문을 채택, 저항하지만 전투경찰 200명이 출동하여 노동자 49명이 연행되어 혹독한 조사를 받고 풀려난다. 6월 4일 본사간부들이 미국으로 돌아간 후 회사철수 소문이 퍼지는 가운데, 6월 23일부터 회사 측은 생산을 중단하기 시작했고 이에 조합원은 노동부에 몰려가 "공장철수 반대" 등의 요구를 드러내면서 저항하였으나 마침내 회사 측은 7월 20일 공장철수를 결정했다. 이렇게 콘트롤 데이터 노조는 출발한 지 8년 만에 해체되었다.

넷째, 서통노조의 어용화 획책이다.

1980년대 3월부터 서통노동자들은 노동조합을 결성하려고 움직이고

---

[115] 이원보, 『한국노동운동사 5』, 지식마당, 2004, 656~657쪽.

있었다. 회사 측은 어용노조를 결성하려고 하였지만 실패했고 5월 17일 밤 신군부가 전국적으로 계엄령을 확대하기 2시간 전에 섬유노조 서통지부가 결성된다(지부장 배옥병). 노조가 결성된 후 4달 후에 지부장을 정화조치하겠다고 통보하였고 그에 이어 계엄사령부 합동수사본부는 12월 18일 현장에 복귀한 지부장과 노조간부 5명을 연행하였다. 이후 회사 측의 감시와 탄압이 있었지만 노조는 활발한 활동을 벌였고 다시 경찰은 지부장과 노조간부들을 연행하여 구속시켰다. 탄압은 계속되었고 서울시는 11월 서통노조에 대한 감사를 실시하고 12월 16일 상무집행위원 30명 전원에 대해 임원개선명령을 내렸으며 회사 측은 노조간부 및 열성조합원을 해고하였다. 이렇게 하여 서통노조의 간부들과 핵심조합원들은 제거되었고 노조는 무력화되었다.

다섯째, 원풍모방노조의 파괴를 자행하였다.

신군부의 원풍모방 노조 파괴공작은 1980년 7월 16일 계엄사 합동수사본부가 방용석 지부장을 김대중 내란음모사건과 연관시켜 체포한데서 시작되었고, 이후 신군부 정권은 섬유노조를 통해 지부장과 부지부장을 정화조치대상자로 정하여 섬유노조가 2명을 제명하고 회사 측이 해고 하는 등 탄압을 가했다. [116] 회사 측의 횡포에 대항하여 12월 30일과 1982년 1월 5, 6일에 부당해고 철회, 상여금 100% 지급 등을 요구하고 농성을 벌였고 투쟁태세는 강화되었다. 1982년 5월 12일 회사측은 경비와 남자사원들을 동원해 무차별 폭력을 가했고 9월 26일에는 노조간부와 조합원 4명을 해고하였으며 9월 27일에는 총공격을 가해 정체불명의 남자 100여 명이 노조사무실에 들이닥쳐 조합원들을 폭행하였다.[117] 10월 7일에는 학생들과 시민들이 합세하여 영등포일대에서

116) 이원보, 『한국노동운동사 5』, 지식마당, 2004, 661쪽.
117) 이원보, 『한국노동운동사 5』, 지식마당, 2004, 663쪽.

가두시위를 벌여 경찰은 134명을 연행하였고 회사 측은 다음날 사칙위반으로 38명을 해고하였다.[118] 노동자들은 10월 13일 다시 회사 앞에 모여 출근을 시도했지만 경찰과 회사 측이 무차별 폭력을 가하여 192명의 노동자를 연행하고 11월 12일에는 핵심간부 11명이 전원체포, 5명이 구속되었다.[119] 이렇게 하여 원풍모방노조를 마지막으로 하여 민주노조괴멸공작은 일단락되었다.

신군부 정권의 민주노조파괴 공작은 노동조합의 지부장 등 핵심간부를 정화대상자로 선정하여 지도부의 지위에서 강제적으로 물러나게 하고, 회사 측에서 그들을 사직처리하거나 해고함으로서 지도부를 축출해 내어 노동조합활동을 약화시키는 공작으로부터 시작되었다. 그리고 정화조치는 계엄합동수사본부와 경찰력, 회사 측의 공동 작전하에 폭력적인 탄압과 해고 등을 벌이면서 노동조합을 해체시키는 것으로 완성되었다.

4) 대구, 부산 택시기사의 파업과 시위

1984년 5월 25일 새벽 1시경 100여 명의 택시기사들이 동대구에서 농성을 시작하여 대구시청 앞에 1,000여 명이 운집하면서 파업이 확산되었다. 당시 택시기사들은 사장 마음대로 정한 높은 사납금을 채워 넣기 위해 과속운행과 장시간의 노동에 목숨을 걸고 있었고 과로와 LPG의 유독가스로 인한 시각장애, 만성적 두통에 시달려 84%의 기사들이 신경안정제와 드링크를 복용하였다. 택시회사는 근로조건 개선을 요구하거나 노조결성에 앞장서는 사람에 대해서는 "취업카드"라는 블랙

118) 이원보, 『한국노동운동사 5』, 지식마당, 2004, 664쪽.
119) 이원보, 『한국노동운동사 5』, 지식마당, 2004, 664쪽.

리스트를 만들어 택시기사들은 생존권을 위협받고 있었다.[120]

시위농성이 대구 중심가에서 대구시청으로 확산되어 참가자수는 계속 늘어났고 시민들이 호응하였다. 택시기사들은 대구시장과의 면담과 악명 높은 택시사업조합 이사장이면서 제일택시 사장인 최용찬의 처벌을 요구하였다. 대구 택시기사들의 투쟁은 삽시간에 경산(5월 26일), 구미(5월 29일), 대전(5월 30일) 등지로 번져갔고 포항, 서울, 광주, 영주 등에서도 사납금인하를 요구하는 움직임이 일고 있었으며 마침내 택시기사들의 투쟁은 서울지역으로 번져 6월 7일에는 서울택시운전기사들이 여의도와 시청 앞에 모여 집단시위를 시도하였다.[121]

택시기사들은 절박한 생활상의 요구와 불만을 바탕으로 강고한 투쟁을 벌였고 동료들에 대한 동지애를 발휘하면서 직종별 지역별 연대투쟁의 가능성을 보여주었다. 그 결과 대구의 경우 5·25 파업 당시 12개였던 택시노동조합이 7월 중순에는 50여 개로 늘어났으며 전국적으로는 1984년 4월 말 330개에서 6월 말 현재 423개로 확대되게 되었다.[122]

5) 대우자동차 임금인상 투쟁

대우자동차는 1984년 현재 7,200여 명(사무직 1,500명)의 노동자가 자동차를 만드는 국내 굴지의 재벌기업 사업장으로서 부평, 인천, 부산, 동래정비공장 등 5개로 구성되어 있었다. 근로조건은 임금은 낮고 노동조건은 극히 열악한 대다가 사무직관리직에 비해 생산직 근로자들에 대한 차별이 극심하였다.[123] 1971년 노조결성투쟁, 1979년에는 기능

---

120) 이원보, 『한국노동운동사 5』, 지식마당, 2004, 700~701쪽.
121) 이원보, 『한국노동운동사 5』, 지식마당, 2004, 702쪽.
122) 이원보, 『한국노동운동사 5』, 지식마당, 2004, 703쪽.
123) 이원보, 『한국노동운동사 5』, 지식마당, 2004, 703~704쪽.

직에 대해 통근버스를 이용하게 하지 못하는 것에 대해 1,000여 명의 노동자들이 농성을 벌이기도 하였지만 불만은 누적되어 갔다. 이러한 상태에서 부평공장에 송경평이라는 대학 출신 활동가가 현장에 들어와서 회사 측의 4급사원 발령을 거부하고 불만사항을 개선하기 위한 공개적인 활동을 벌이기 시작한다.[124] 당시의 대우자동차 노조집행부는 군복직자들의 군복무기간을 근속기간으로 인정하지 않고 미온적인 태도를 취하고 있었고 40명의 노동자들은 '군복직자 대책위원회'를 구성하여 유인물을 배포하는 등 독자적인 활동을 벌이는 등 현장활동을 전개하였다. 회사 측과 노조집행부는 노동자들을 억압과 와해공작으로 누르려고 하였다. 노동자들은 12월 18일 노조대의원 선거에서 22명 가운데 12명의 노조민주화파를 당선시키는 등 활동을 강화시켜 나갔고 회사 측은 12월 28일 송경평 등 핵심인물들을 해고하였으며 경찰은 이들을 연행했다. 그리고 1985년 1월 24일에는 대의원대회에서 위원장불신임을 시도했지만 실패로 돌아갔다. 이러한 상황에서 1985년 임금인상 시기가 다가왔다. 노조집행부는 기본급 18.7%의 인상과 최저생계비 부족 부분은 제수당의 인상으로 대체하기로 한다는 내용의 임금인상 요구서를 제출하지만, 회사 측은 교섭연기를 요구하면서 교섭에서는 임금 5.7% 인상과 제수당 5% 이상을 고집했다.[125] 현장에서는 파업의 목소리가 높아갔고 노조위원장은 4월 16일 파업돌입을 선언했다. 4월 21일과 22일 농성장 노동자들에 대한 경찰과 회사 측의 위협이 가중되는 상황하에서 김우중 대우 회장과의 교섭이 이루어졌으나 결렬되고 드디어 23일 홍영표 대의원과 김우중 회장이 단독협상에 들어가서 마침내 24일 합의가 이루어졌다(합의내용은 임금 18.2% 인상, 무주택 직

---

124) 이원보, 『한국노동운동사 5』, 지식마당, 2004, 704쪽.
125) 이원보, 『한국노동운동사 5』, 지식마당, 2004, 705쪽.

원을 위한 주택 및 기숙사건설, 근로복지기금 조성, 위험수당, 위해수당, 고열작업수당 등 6개월 내 개선 등이었다).[126]

대우자동차 노동자들의 투쟁에서 특징은 다음과 같다.

첫째, 대기업 남성노동자들의 투쟁으로서 중공업사업장에서의 운동이었다는 점이다.[127] 1970년대의 노동운동은 대체로 상대적으로 저임금, 장시간 노동 등 열악한 환경에 처해 있는 여성노동자들 중심의 운동이었지만 중공업 사업장 그것도 남성노동자 중심의 운동으로 전환되어 노동운동을 한 차원 높게 끌어올렸고 투쟁의 위력 면에서 볼 때도 현저한 영향력을 미치는 파급효과를 나타냈다.[128]

둘째, 대우자동차에서의 투쟁은 기존노조의 어용성을 공격하고 노조의 민주화를 이룩하려 했다는 점에서 특징적이고 셋째, 투쟁형태 면에서도 특징적인 모습을 나타낸 것으로서, 집단적이고 공개적인 집회와 시위를 가능케 하여 공개적인 시위나 집회가 결코 학생운동의 영역에서만이 아닌 노동운동에서도 일상화될 수 있다는 점을 보여 주었다.[129]

넷째, 대학생 출신 노동자들이 현장에 뿌리박은 모습으로 나타나 학생운동의 초기의 관념적 경험주의적 오류를 극복하고 현장성, 대중성을 획득한 치열한 모습으로 나타나 노동운동을 한 차원 높은 운동으로 발전시켰다.[130]

다섯째, 과거 대규모 노동쟁의가 대부분 자연발생적이었던 것인데

---

126) 이원보, 『한국노동운동사 5』, 지식마당, 2004, 706쪽.
127) 이태호 엮음, 『최근 노동운동의 기록』, 청사, 1986, 483쪽.
128) 이태호 엮음, 『최근 노동운동의 기록』, 청사, 1986, 483쪽.
129) ① 사업장의 공간이 넓다는 측면을 최대한 활용한 것, ② 점심시간이나 일과 후 노동자들이 집단적으로 모일 수 있는 합법적 시간을 통해서도 얼마든지 문제를 제기할 수 있다는 것, ③ 식당 등 전체 노동자들이 모일 수 있는 장소를 가장 효과적으로 이용한 것이 투쟁 형태상의 특징으로 나타났다(이태호 엮음, 『최근 노동운동의 기록』, 청사, 1986, 483쪽).
130) 이태호 엮음, 『최근 노동운동의 기록』, 청사, 1986, 483~484쪽.

비하여 노동쟁의가 사전에 철저히 준비되고 계획되었던 조직적인 쟁의였다.[131]

6) 서울 구로지역 노조연대투쟁

서울 구로공단에 있는 대우 어패럴은 종업원이 2,000여 명 되는 대우 그룹의 의류봉제 수출회사로서, 노동자들은 하루 평균임금이 2,850원 정도의 저임금에 월평균 80~100여 시간에 달하는 잔업과 겨울철에 동상환자가 속출하는 열악한 작업환경, 극심한 관리직과의 차별대우 아래 신음하고 있는 작업장이다.[132]

이러한 열악한 근로조건을 극복하고자 노동자 105명은 1984년 6월 7일 섬유노조연맹에서 노조를 결성했고 조합활동을 지속적으로 전개했다. 1985년 임금인상 때가 돌아왔고 회사 측은 임금인상 외에 여름보너스 20,000원을 추가로 지급하는 양보를 하게 되었으며 이로써 40일여간의 임금인상교섭은 마무리되었다. 그런데 임금인상이 끝난 후인 6월 22일 서울 남부경찰서에서는 임금인상투쟁 때 두 차례 철야농성을 벌였다는 이유로 대우어패럴 노조위원장 등 3명을 연행하여 구속시켰다. 이 소식을 접한 100여 명의 조합원들이 작업을 중단하고 회사 총무과에 몰려가 고발취소를 요구하며 파업을 결정하게 되었다. 이에 대하여 가리봉전자노조, 효성물산노조, 선일섬유 노조간부들은 23일 대책회의를 열어 동맹파업을 결정했다. 이 노조들은 대우어패럴 노조위원장의 구속이 민주노조의 각개격파를 위한 신호탄이라는 인식하에 70년대의 민주노조 파괴 과정을 다시 되풀이해서는 안 된다는 판단하에 연대투

---

131) 이원보, 『한국노동운동사 5』, 지식마당, 2004, 707쪽.
132) 이원보, 『한국노동운동사 5』, 지식마당, 2004, 709쪽.

쟁에 돌입하였다.[133]

구로지역 노조연대투쟁의 과정은 다음과 같다.

① 6월 24일 대우어패럴 노동자 350명이 "회사는 노동자의 피와 고름을 빼먹고 살찌워 가려는 결코 우리와 타협할 수 없는 존재"라고 주장하며 무기한 파업농성 돌입을 선언한다.

② 오후 2시 효성물산 노조원 400명이 파업농성에 돌입하여 마주 보는 건물에 위치한 대우어패럴 노동조합원들과 손을 흔들고 서로의 힘을 북돋워 준다.

③ 가리봉전자 노조 구로공장, 독산공장 조합원 500명과 선일섬유노조도 오후 2시에 농성에 들어갔다. 이날 배포된 '노동조합 탄압저지 결사투쟁선언'에는 "대우어패럴 위원장 등을 비롯한 구속자 전원석방, 민주노조운동을 짓밟는 악법철폐, 부당해고자 전원복직, 정책적인 어용노조 설립 즉각 중단, 노동부장관의 사퇴" 등의 정치적 투쟁사항이 담겨 있었다.[134]

④ 6월 25일 연대투쟁은 인근에 있는 남성전기, 세진전자, 롬코리아 노조로 확산되었다. 이날 구로공단 주변과 주택가에는 6월 26일 오후 8시 30분 가리봉 5거리에서 총집결하여 전두환 정권의 노동자탄압을 규탄하는 궐기대회를 가질 것을 제의하는 "구로지역 20만 노동자여! 다 함께 일어나 싸워나가자!"라는 제목의 유인물이 다량 살포되었다.[135]

⑤ 파업 3일째인 6월 26일 대우어패럴 농성노동자 9명이 허기와 갈증으로 실신, 병원으로 실려 가는 등 실신자가 속출했고 22개 단체 50명이 구로연대투쟁을 지지하기 위해 청계피복 노조사무실에 들어가

133) 이원보, 『한국노동운동사 5』, 지식마당, 2004, 711쪽.
134) 이원보, 『한국노동운동사 5』, 지식마당, 2004, 711쪽.
135) 이원보, 『한국노동운동사 5』, 지식마당, 2004, 711~712쪽.

농성했으며 6월 27일에는 기독교회관, 가톨릭 노동청년회 등이 동맹파업을 지지하는 점거농성을 하였다.[136]

이와 같이 하여 구로연대투쟁은 6일 만에 막을 내렸고 연대투쟁에 참가한 노조는 10개에 약 2,500여 명이었다. 또한 청년, 학생, 재야단체 등 운동세력들은 성명, 농성, 가두시위를 벌여 투쟁 과정에서 43명이 구속, 18명이 불구속입건, 47명이 구류를 받았으며 700여 명에 이르는 노동자들이 해고를 당하였다.[137]

1985년 6월의 구로연대투쟁은 세 가지의 의미에서 연대투쟁이었다.

첫째, 그것은 구로공단과 그 인근지역의 여러 기업체에서 일하는 노동자들의 참여를 이끌어 낸 기업 간 연대투쟁이었고 둘째, 이 투쟁은 정의와 민주주의를 위해 함께 싸우는 노동자, 학생, 반정부집단들 사이의 연대투쟁이었다.[138]

셋째, 구로연대투쟁은 다른 부문의 민중운동에 각성을 촉구하면서 민중운동 내에서 노동운동이 차지하는 위치를 보다 분명히 하여 노동운동을 경제적인 투쟁으로 파악하는 시각, 즉 단지 부문운동으로만 파악하는 시각 등 기존의 인식들을 바꾸는 계기를 마련한 투쟁이었다.[139]

즉, 구로연대투쟁은 산업지역에 있는 조합원들 사이에서 발전된 긴밀한 사회적 연계에 기초한 최초의 기업 간 연대투쟁이었던 점 그리고 구로연대투쟁에서 나타난 유인물의 내용들을 통해 볼 때, 파업이 경제적 불만에 의해 촉발된 것이 아니라 민중운동에 가해진 정치적 억압에 의해 촉발되었다는 점이 주요한 의미를 가지며, 결국 이러한 점에서 구로연대투쟁은 한국노동운동의 주요 전환점인 것이다.[140] 그리고 구로

---

136) 이원보, 『한국노동운동사 5』, 지식마당, 2004, 712쪽.
137) 이원보, 『한국노동운동사 5』, 지식마당, 2004, 713쪽.
138) 구해근, 『한국노동계급의 형성』, 창작과 비평사, 2003, 171쪽.
139) 이원보, 『한국노동운동사 5』, 지식마당, 2004, 714쪽.

연대투쟁은 다가올 노동계급운동의 전조인 1987년 노동자대투쟁을 가져오는 계기가 되었다.

7) 현대노동자들의 투쟁

1987년 노동자대투쟁은 울산의 현대그룹 노동자들의 투쟁에서 시작되었고 현대는 한국에서 가장 큰 재벌그룹이며 가장 큰 자동차공장과 조선소를 가지고 있으면서 산업권력의 핵심을 차지하고 있다. 현대에서 일어난 노동자들의 투쟁은 다음과 같은 투쟁을 일으켰고 그 모습을 통해 한국노동투쟁의 흥미로운 모습을 볼 수 있다.

(1) 현대에서의 노조조직

신군부 정권의 6 · 29 자유화선언 일주일 후인 1987년 7월 5일 약 100여 명의 현대엔진 노동자들이 울산시 중심가 디스코텍에 몰래 모여서 노조를 결성했고 이것은 일정 기간 노조조직을 준비해온 소규모 노동자들[141]의 활동의 결실이었다.[142] 이후 개별 사업장에서의 노조조직운동은 빠르게 현대그룹 차원의 연대투쟁으로 발전하였고 1987년 8월 8일 11개 사업장 노조대표들이 모여서 현대그룹 노동조합 협의회(현노협)를 결성했다.

---

140) 구해근, 『한국노동계급의 형성』, 창작과 비평사, 2003, 186쪽.
141) 소그룹 가운데 권용목이 조직한 고적답사반은 주말에 문화유산을 답사하는 소규모 취미 모임인데, 점차 모임의 관심이 작업장 문제를 토론하는 데로 기울어지면서 노동법과 마르크스주의 문헌들을 공부했으며 1986년 권용목과 동료들은 노사협의회를 장악, 그것을 친경영적인 조직에서 노동자들을 대표하는 조직으로 변화시키는 데 성공한다.
142) 구해근, 『한국노동계급의 형성』, 창작과 비평사, 2003, 236~239쪽.

(2) 현대노동자들의 첫 번째 투쟁

현노협은 두 가지 문제로 경영진과 대립했는데, 하나는 그룹 수준의 임금협상을 요구했고 다른 하나는 현대중공업에서 결성된 민주노조에 관한 것이었다.[143]

현대 경영진은 불법적인 조직과는 협상할 수 없다고 거부했지만 8월 17일 아침 수천 명의 현대그룹 노동자들이 현대 중공업에서 모여 시내를 행진하였고 경상남도 경찰청 국장이 협상을 제의, 4차선 도로 한복판에 경남 경찰청 국장과 권용목이 마주앉아 협상을 하였다. 그 다음날 시위는 더 커지고 좀 더 잘 조직되어 약 4만 명이 8월 18일 새벽 현대중공업에 모였다. 그들은 다시 덤프트럭, 지게차와 다른 중장비를 앞세우고 시내로 향했고 행진 도중 시위대는 450여 명의 전투경찰과 마주쳤으나 경찰은 중장비를 앞세운 4만 명의 시위대를 저지할 수 없었으며 시위대는 공설운동장까지 16킬로미터를 행진하였다(5시간 소요).

공설운동장에서 시위대는 정부대표를 만났고 차관이 발표한 합의내용은 사 측과의 임금협상은 9월 1일까지 타결할 수 있도록 정부가 보장하겠다는 약속 그리고 현대중공업 측의 자주민주노조인정을 포함하는 것이었다.[144] 이것으로 노조 측의 모든 요구사항이 받아들여진 것이었다. 그러나 추후 현대경영진들은 약속을 무시해 버렸고 현대중공업의 새로운 노조지도부와 현노협의 정당성을 부인하였으며 임금협상은 결렬된다.[145]

---

143) 구해근, 『한국노동계급의 형성』, 창작과 비평사, 2003, 241쪽.
144) 구해근, 『한국노동계급의 형성』, 창작과 비평사, 2003, 242~243쪽.
145) 구해근, 『한국노동계급의 형성』, 창작과 비평사, 2003, 243쪽.

(3) 현대노동자들의 두 번째 투쟁

1988년 말 현대중공업에서 일어난 두 번째 투쟁은 단체협약과 4명의 해고 노조지도자들의 복직문제를 둘러싸고 진행되었다. 12월 12일 노조는 파업을 결행했고 128일간의 한국노동사에서 가장 긴 파업을 기록했다. 이 파업이 있기 전 현대중공업 노동자들은 서태수를 새 노조위원장으로 뽑았는데 서태수가 오래 끌어오던 단체협약을 조합원들의 승인 없이 회사 측과 조인해 버렸고 이에 노조가 단체협약의 무효화를 주장하며 노사 간의 갈등이 일어난다(회사 측은 서태수를 제명하고 새로운 노조위원장을 선출한 노조에 대해 비합법적인 행위라고 주장).

노동자들은 현대본사 앞에서 텐트를 치고 농성을 했지만 경찰의 공격을 받고 해산했고 그 후 1989년 1월 8일 무장한 사람들이 현대해고자 복직 실천협의회(현해협)사무실에 난입하여 난동을 부리고 활동가를 구타했다. 이 사건이 공개되자 울산의 노동자들이 분노했고 다른 지역의 3만여 노동자들도 울산집회에 모여 현대 중공업노동자들과 연대투쟁을 벌인다. 현대중공업의 요청으로 경찰이 3월 30일 공장에 진입할 것을 발표한다. 노조원들은 끝까지 싸울 것을 결정한다. 울산 30일 작전이라고 명명된 군사작전이 감행되어 노동자들은 무자비하게 구타당하고 체포당한다. 대규모 시가전으로 발전되고 시가전은 10일 이상 계속되었으며 55명의 지도자들이 구속, 55명의 해고자가 발생됨으로써 4월 18일로 시가전은 막을 내린다.

(4) 현대노동자들의 세 번째 투쟁

1990년 1월 현대중공업노동자들은 제5대 노조집행부를 선출했고 새로 당선된 노조위원장 취임 축하모임을 근무시간에 하고자 노조 측이 회사에 요구했고 회사 측이 거절함에 따라 갈등이 일어난다. 한편 새로운 노조지도자들은 128일간의 파업으로 구속된 노조지도자들의 법원심리에 참여하기 위해 조기 퇴근을 주장하나 거부당하고 회사 측이 경찰에 신고하여 노조지도자들을 체포한다. 구속된 노조지도자들에게 중형이 선고되자 노조 측은 분노를 일으키고 파업을 결정하면서 신문 속보에 "금번 투쟁은 현대중공업 노조만의 싸움이 아니라 이천 오백만 노동자의 의리와 자존심을 건 독재 정권과의 한판 싸움이 될 것이다"라고 주장하며 저항한다.[146] 파업결정 후 노조는 심각한 지도자 공백 문제로 어려움을 겪다가 이갑용이 책임을 맡게 되고 골리앗투쟁이 시작된다.

진압경찰의 기습이 임박했을 때 78명의 파업지도자들이 지상 82미터 위의 거대한 골리앗크레인으로 올라갔고 4월 28일 대규모 군사작전을 방불케 하는 공격이 시작되었다. 한국의 전투적인 노동단체들은 이 투쟁을 억압적인 국가와 자본가를 상대로 한 전체 노동자계급의 정치투쟁으로 보았고 5월 4일 전국적으로 약 146개 사업장 12만 명의 노동자들이 현대중공업노동자 투쟁을 지지하는 총파업에 참여했다. 그러나 지지파업은 며칠 지속되지 못했고 외부 지원이 약화되자 시가전도 수그러들었으며 골리앗 위의 핵심멤버들은 고립되어 5월 10일 마침내 투항하였다.

1987년 노동자대투쟁은 노동자들에게 투쟁에 적극적으로 참여한다는 자각과 함께 투쟁의 승리감을 느끼게 했으며 이러한 체험은 노동자계급에게 긍정적 인식을 바탕으로 한 계급정체성을 형성시킴으로써 권위주의적 노동통제체제에 대한 전면공격으로 발전해 가기에 이르렀다.[147]

146) 구해근, 『한국노동계급의 형성』, 창작과 비평사, 2003, 248쪽.
147) 구해근, 『한국노동계급의 형성』, 창작과 비평사, 2003, 251쪽.

2. 주요 노동운동의 특징

1980년 5월 17일 이후부터 1983년 말까지의 노동운동은 국가권력의 폭력적인 탄압과 자본 측의 억압에 눌려 침체했지만 1983년 말 이후는 노동자들의 투쟁이 격화되었고 1987년 6·29선언 이후에는 노동자들의 투쟁은 다시 격화되어 현대노동자들의 투쟁에서는 계급정체성을 띠고 권위주의적 국가통제에 저항했다.

1980년대 신군부 정권하에서의 주요 노동운동의 특징은 다음과 같다.

첫째, 1987년과 1988년의 격렬한 노동투쟁이 일어난 곳은 노동집약적인 경공업부문이 아니라 중화학공업의 대기업에서 일어났을 뿐만 아니라 노동운동의 중요 행위자들이 여성노동자 중심에서 남성노동자 중심으로 변화했다.[148]

즉, 1970년대가 여성 중심의 경공업노동운동이 중심이라면 1980년대는 남성 중심의 대기업노동운동으로 운동이 전환되었다. 그 전형적인 예는 대우자동차 파업과 현대 노동자들의 투쟁이 그러하다.

둘째, 신군부 정권하에서의 살인적, 폭력적 억압과 통제에 반항하여 경제투쟁뿐만 아니라 노동운동의 정치투쟁적 성격이 강화하였다. 구로연대투쟁에서 구속자 전원 석방, 악법철폐, 어용노조 퇴진, 노동부장관 사퇴 등을 주장하여 대우어패럴 노동조합에 대해 지역사업장이 연대하여 투쟁한 것은 자신의 사용자에 기초한 근로조건 개선요구란 경제투쟁에서 벗어나 다른 사용자나 국가에 대한 투쟁을 드러낸 것으로서 정치투쟁의 성격을 보였다. 한편 현대노동자들의 투쟁도 현대경영자 측에 대한 투쟁과 함께 국가통제에 대한 반항에 기초한 정치투쟁의 성격을 드러내었다.

---

148) 구해근, 『한국노동계급의 형성』, 창작과 비평사, 2003, 233쪽.

셋째, 지식인들의 노동운동의 참여가 두드러져서 야학, 소그룹, 현장 활동 등을 통해 노동자들의 의식계발에 기여하였고 현장에 투신하여 노동자들과 함께 각종 연대활동을 주도해 나갔다.[149] 따라서 노동운동과 학생운동 간의 연대투쟁, 지역 연대투쟁, 각종 파업에 대한 지원 연대투쟁이 강화되었다.

대우자동차 투쟁에서 학생운동세력이 현장 내 활동에 투신하여 임금인상투쟁을 펼친 것이나 구로연대투쟁에서 학생운동, 재야세력이 연대활동을 강화해서 정치투쟁성을 드러낸 것은 이러한 예를 보여 준다.

넷째, 민중운동과 관련하여 노동자계급이 사회변혁의 주체이고 민중운동을 이끌어가는 핵심세력이라는 인식이 확대되었고 이러한 노동운동이 다른 부문운동의 민중운동을 촉진시키는 요소로 성장하였다.[150] 물론 노동운동이 학생운동, 민주화운동, 문화운동 등으로부터 직접 간접인 지원을 받는 일이 많았다. 그러나 1987년 노동자대투쟁은 노동자들이 분연히 일어나서 지난 20년 동안의 눈부신 경제발전을 지탱해 온 혹독한 권위주의적 노동체제에 대한 '대규모 전면공격'을 가했다는 점에서 그리고 노동자들이 투쟁에서 상당한 승리를 쟁취해서 자신의 소속된 집단에 대한 긍정적 인식을 바탕으로 한 계급정체성을 촉진시켰다는 점에서 특징적이었다.[151]

제5절 소결

신군부 정권은 정권찬탈을 목적으로 공수부대를 국가폭력으로 동원,

---

149) 이원보, 『한국노동운동사 5』, 지식마당, 2004, 752쪽.
150) 이원보, 『한국노동운동사 5』, 지식마당, 2004, 752쪽.
151) 구해근, 『한국노동계급의 형성』, 창작과 비평사, 2003, 251쪽.

광주시민을 희생양으로 삼아 5·18 살인극을 벌였다. 따라서 5·18은 계획된 시나리오에 따라 벌인 살인폭력행위였다. 또한 신군부 정권은 삼청교육대라는 범죄의 증거가 없는 사람들을 끌고 가 재판도 없이 무제한 구금, 폭행을 가함으로써 계엄법이 정하는 한계를 벗어난 위법을 자행하였으며 언론통폐합을 자행함으로써 언론의 자유와 경쟁을 제한하였다.

신군부의 이러한 정치적 억압과 통제는 노동의 영역에서도 이루어졌다.

첫째, 노동조합 정화조치를 통해 노동조합의 주요 간부를 정화대상자로 선정하고 노동조합활동에서 제외시키거나 사업장에서 해고시킴으로서 노동조합활동을 탄압하거나 조합원수를 급격하게 하락하게 만들었다.

둘째, 노동법을 개악하여 제3자 개입금지, 기업별 노동조합의 강제, 단체행동권의 제한 등을 함으로써 권위주의적 통제를 가하였다. 제3자 개입금지는 단결자치의 원칙에 위배되고 평등의 원칙에 반하며 제3자의 표현의 자유를 침해하는 위헌적 조항이다. 기업별노동조합의 강제는 단결자치에 위배되고 국가가 노동조합의 설립에 간섭, 강요하는 것으로써 노조자유설립주의에 위반한다. 그 외 행정관청의 요구나 노동위원회에 의한 직권중재 결정은 사전적인 노동쟁의의 제한으로서 헌법상의 단체행동권을 제한한다.

셋째, 신군부 정권은 노조의 주요 활동가를 정화 대상자로 선정하고 이들을 노조활동이나 사업장에서 배재시키는 방법을 통해 민주노조를 적극적으로 파괴했다. 그리고 계엄사령부, 경찰, 사용자라는 3자의 연합된 물리력으로 폭력적으로 통제했다. 그러나 노동자들은 대공업 중심의 남성노동자들이 투쟁의 중심이 되어 광범위한 연대투쟁이나 정치투쟁으로 나서서 국가에 대한 전면공격으로 나서는 등 계급정체성을 강화시켰다.

그런데 1960년대와 1970년대의 박정희 정권하에서의 억압과 통제와 1980년대 신군부 정권의 억압과 통제가 어떤 점에서 차별화되는가가 문제된다.

첫째, 1960년대와 1970년대의 박정희 정권하에서의 노동정책이 폭력과 억압의 본질을 띠었지만 박정희 정권은 합법성의 외피를 두르려고 가장하였다. 그러나 1980년대 신군부 정권에 의한 억압과 통제는 광주 민중을 계획적으로 살인한 것처럼 모든 합법성의 외피조차 벗어버리고 살인적 폭력적 통제를 가하였다.

둘째, 박정희 정권은 산업별 노동조합의 형식을 유지하면서 기업별 노동조합을 통제하려는 외관을 형식적으로 유지했다. 즉, 박정희 정치권력이 노동조합의 상층부를 자신의 권력으로 포섭하려는 어떠한 시도도 없었던 점, 초기의 산업별 노조체제도 순전히 예방적 차원에서 통제하려고 하는 시도에서 나타났을 뿐 이후 1960년대 내내 그들을 권력체제내로 수렴하려는 어떠한 시도도 없었던 점에서 1960년대 박정희 정권의 노동정책이 조합주의적 통제를 하고 있었다고는 볼 수 없다.[152] 그렇다면 1960년대 박정희 정권하의 노동정책은 1970년대와 비교하여 중립적이거나 포섭적 단계로 볼 수 없고 억압적 통제라는 본질하에서의 외피만의 조합주의적 통제를 본질로 한다고 볼 수 있다.[153]

그러나 1980년대 신군부 정권하의 노동정책은 철저하게 산업별 노동조합이나 지역적 노동조합을 해체시키고 국가가 강요하여 기업별 노동조합을 유지시킴으로써 단결자치의 원칙에 위배되고 단결의 정신을

---

152) 유혜경, 「1960년대 박정희정권 시대의 노동운동과 노동법」, 『경희법학』 제54권 제2호, 2019, 285쪽.

153) 유혜경, 「1960년대 박정희정권 시대의 노동운동과 노동법」, 『경희법학』 제54권 제2호, 2019, 285쪽.

철저히 배제시켰다. 그렇다면 신군부 정권하에서의 노동정책은 외형상의 모든 단결자치도 부정하는 철저한 살인적 폭력적 노동정책이라고 할 수 있다.

셋째, 살인적 폭력적 통제로 인해 민중운동이 고양되고 지식인노동자나 학생운동 등의 현장참여로 인해 지역 연대투쟁, 학생운동과 노동운동 간의 연대투쟁이 강화되어, 노동운동의 성격이 대사용자에 대한 저항에 기초한 경제투쟁에서 사용자 이외의 다른 사용자나 국가에 대항한 투쟁이라는 정치투쟁으로 발전하게 된다. 구로연대투쟁이나 1987년 7, 8월의 노동자대투쟁, 현대노동자들의 국가에 대한 전면 공격성은 노동운동의 정치투쟁적 성격을 단적으로 드러내고 있다. 신군부 정권하의 노동운동은 살인적 폭력적 억압과 통제에 대항한 "노동조합의 대규모전면공격"이라고 할 만큼 그 투쟁의 성격이 대사용자에 대항한 것이라기보다는 "국가에 대항한 성격"이 강한 정치투쟁으로서 자유권의 성격을 명확히 보여주었다.

결론적으로 1980년대 신군부 정권하의 노동정책은 모든 단결자치의 원칙을 부정한 것으로써, 1960년대, 1970년대의 박정희 정권하에서의 억압과 통제가 본질적으로 동일한 흐름하에 있었으면서도 질적으로 강도 높은 살인적 폭력적 억압과 통제였다. 살인적, 폭력적 억압, 통제 속에서 노동운동은 "노동조합의 대규모 전면공격"이라고 할 만큼 국가에 대항한 정치투쟁으로서 자유권을 지향하였다.

제9장
김영삼 정권 시기의 노동법과 노동운동

김영삼 정권 시기의 노동법과 노동운동

제1절 3당합당과 김영삼 정권의 성립

1. 노태우, 김영삼, 김종필 3자연합

1990년 1월 22일 대통령이자 민주정의당 총재 노태우, 통일민주당 총재 김영삼, 신민주공화당 총재 김종필 3인의 청와대 회동과 더불어 3당합당 공동발표문이 나왔다. 이들은 "4당으로 갈라진 현재의 구조로는 나라 안팎의 도전을 효율적으로 헤쳐 나라의 앞날을 개척할 수 없고, 자유와 민주의 이념을 함께 나누며 정책노선을 같이 하는 정치세력이 뭉쳐 정책 중심의 정당정치를 실천해서 당파적 이해로 분열, 대결하는 정치에 종지부를 찍기로 하였다"고 선언하였다.[1] 3당합당은 그 주역들에 의해 구국의 결단, 살신성인의 결단, 혁명적 신사고 등으로 예찬되어지고 특히, 김영삼은 자신의 변신을 '신사고에 의한 구국적 결단'이라

---

[1] 강준만, 『한국현대사 산책』(1990년대 편 1권), 인물과사상사, 2017, 16쪽.

고 했으며 '이번의 결단은 위대한 결정이요, 혁명이다'라고 주장했다.

3당합당에 의해 1990년 2월 9일 민주자유당(민자당)이 창당되었고 김영삼과 김종필은 민자당 최고위원이 되었다. 김영삼은 평소 보수연합은 상상할 수 없는 일이라고 외쳐왔기 때문에 그의 3당합당은 새로운 수사학이 필요했고 그게 바로 '신사고'였다. 그는 1990년 2월 19일 저녁 관훈토론 클럽에서 3당합당을 추진케 된 것은 "17, 18세기식 사고방식이 아닌 신사고"에서 비롯된 것임을 누차 강조하였다.

2. 3당합당의 배경과 통일민주당의 내부 갈등

김영삼은 3당합당의 기자회견에서 "나는 고독한 선택을 많이 한 사람이다. 나는 일단 결심하고 나면 뒤돌아보지 않고 앞으로만 가는 사람인데, 3당 통합 때만은 그렇지 않았다. 아침에 결심했다가도 저녁에 마음이 돌아서고 자고 일어나면 마음이 바뀌었다"[2]라고 토로했다고 한다. 민정당 쪽 입장에선 3당합당의 이유 중 하나를 김대중이라고 하였다. 김영삼 쪽의 3당합당 책사였던 황병태는 "DJ가 백마를 타고 달려 들어오는 위급한 상황에서 정권 재창출을 해낼 인물은 YS밖에 없으며 이제 YS를 선택하는 것은 여권 전체의 생존이 걸린 필연적 귀결이다"라고 주장했다.[3]

김영삼의 3당합당으로 통일민주당은 홍역을 치러야 했는데, 결국 수 많은 진보적 정치인들뿐만 아니라 진보적 지식인들까지 김영삼 뒤를 따라 3당합당을 옹호하고 나서게 되었다. 이는 한국의 지도자 추종주의와 줄서기 문화를 여실히 드러낸 것이기도 했고, 3당합당으로 이념

---

2) 강준만, 『한국현대사 산책』(1990년대 편 1권), 인물과 사상사, 2017, 20쪽.
3) 강준만, 『한국현대사 산책』(1990년대 편 1권), 인물과 사상사, 2017, 21쪽.

의 경계선은 모호해졌으며 이념의 실체조차 우연적, 상황적인 것으로 평가되었다.[4]

3. 내각제 파동

1990년 10월 말부터 11월 초까지 이른바 '내각제 각서파동'이 벌어졌는데, 김영삼이 내각제에 합의한 각서의 사본이 중앙일보에 공개된 것이었다. 노태우 측은 이것은 '공작정치가 아니라 단순한 분실사고'였다고 해명했지만 김영삼은 자신을 음해하기 위해 고의로 유출시킨 것이라고 주장했다. 김영삼은 내각제 완전포기와 당대표의 실질적 권한보장을 내걸고 노태우 대통령과의 단독면담을 요구했고 '마산행'으로 이 상황을 역전시켰다. 그는 마산에 내려가 "역대 정권의 불행한 말로를 생각해야 한다며 나는 선택의 길이 많지만 누구는 흑담사로 가게 될 것"이라고 경고했다고 한다. 김영삼의 발언은 자신이 없는 민자당은 차기 대선에서 DJ에게 정권을 넘겨줄 수밖에 없으니 선택하라는 신호였고, 따라서 YS가 내각제 반대선언을 한 배경에는 민정, 공화계로 하여금 YS냐 DJ냐 라는 단순 명료한 선택을 강요한 성격이 깔려 있는 것이었다.[5]

4. 김영삼 정권의 성립

1991년 3월 25일 구, 시, 군(기초)의회의원 선거와 6월 20일 시, 도(광역)의회의원 선거가 실시됨으로써 5 · 16군사정변으로 중단되었던 지방

---

4) 강준만, 『한국현대사 산책』(1990년대 편 1권), 인물과 사상사, 2017, 24쪽.
5) 강준만, 『한국현대사 산책』(1990년대 편 1권), 인물과 사상사, 2017, 33쪽.

자치제가 30년 만에 부활되었다. 유권자들의 정치적 무관심과 금전살포, 상호비방 등 타락선거로 기초의원과 광역의회의원 선거는 각각 55%와 58.9%라는 낮은 투표율을 보였지만, 한국정치의 새로운 장인 지방자치시대를 열었다.

한편 야권의 정치세력 구도에도 변화가 일어났는데, 1987년 11월 창당된 평민당과 신민주연합당(가칭)은 재야세력을 흡수하여 1991년 4월 19일 신민당(신민주연합당)으로 새출발하였다. 이어 9월 10일에는 3당 보수대연합에 반발하여 잔류한 민주당(총재 이기택)과 신민당(총재 김대중)이 당 대 당 합당을 통해 민주당으로 출범하였다.

그리고 정주영 전 현대그룹 명예회장이 주도한 가칭 통일국민당이 1992년 1월 10일 발기인대회를 갖고 창당작업에 들어가 2월 8일 중앙당 창당대회를 갖고 대표최고위원에 정주영, 최고위원에 김동길 교수와 김광일 의원을 선출했다.

1992년 3월 24일 실시된 14대 총선은 3당 보수대연합에 의해 인위적으로 형성된 '거대여당 약소야당' 구조에 대한 국민들의 준엄한 심판이었고, 그 결과 3·24총선은 민주세력의 확장, 국민당과 무소속의 대거진출이라는 특징을 보여주었다.[6] 각 당은 38.5%(민자), 29%(민주), 17.4%(국민), 1.8%(신정) 그리고 무소속 11.5%의 득표율을 보였다(투표율은 역대 총선 중 최저치인 70.1%를 기록했음).

결국 과반수의석 확보에 실패한 민자당은 김영삼 대표와 안기부장의 책임론을 제기했고 김영삼은 탈당의사를 표명하는 등 정면돌파 작전으로 위기를 모면하였다. 이어 전개된 민자당 대통령 후보지명전은 5월 19일 전당대회에서 김영삼 대표 최고위원을 제14대 대통령후보로 선출

---

6) 한국정치외교사학회, 「김영삼정권의 성격과 개혁정치」, 『한국정치외교사논총』 15집, 1997, 320쪽.

하였다(김 후보는 총 투표수 6,660표 중 66.3%인 4,418표를 획득했음).

그리고 그 이후 대통령선거 과정에 금권과 관권의 선거개입 시비가 끊이지 않아 중립내각의 공정성문제가 쟁점으로 부각되었지만[7], 1992년 12월 18일에 실시된 대통령선거에서 민자당 김영삼 후보는 유효투표의 42.0%인 997만 표를 얻어 대통령에 당선되었다. 민주당 김대중 후보는 33.9%인 804만 표, 국민당 정주영 후보는 16.3%인 388만 표를 얻었는데, 김영삼은 3당합당에 기반을 둔 지역주의(영남, 충청지역), '안정론'과 '색깔론'을 강조하는 수구세력의 절대적인 지지, 그리고 부분적인 개혁추구세력의 지지로 승리했다. 김대중은 한국정치의 막대한 영향력을 미쳐왔던 지역주의와 색깔론을 극복하지 못하고 패배하였다. 국민당은 재벌그룹의 거대한 조직과 자금력으로 선전하였지만 재벌의 정치참여라는 부정적 이미지를 극복하지 못하고 패배하였다. 1993년 2월 25일 김영삼 대통령 당선자는 14대 대통령에 취임했다.

제2절 김영삼 정권의 권력행사 정당성 평가

1. 통일기반 조성의 과제

김영삼 정권은 사회주의체제의 붕괴로 인한 세계적 수준의 탈냉전

---

[7] 관권 선거개입의 대표적인 예는 부산 초원복집 기관장 대표회의였다. 14대 대통령선거 운동 막바지이던 1992년 12월 11일 부산지역 주요 기관장들이 김기춘 전법무부장관 주재로 초원복집에 모여 대책회의를 갖고 '김영삼 대통령 만들기'를 숙의하였는데, 이들은 이 자리에서 언론매수와 지역감정 촉발방안 등을 집중적으로 논의하였다(한국정치외교사학회, 「김영삼정권의 성격과 개혁정치」, 『한국정치외교사논총』 15집, 1997, 321~322쪽). 이 모임으로 중립내각의 공정성은 심각한 타격을 받았지만 지역감정의 촉발에 기여하여 김영삼 후보의 압승에 크게 기여하였다.

과 노태우 정권의 남북기본합의서와 한반도 비핵화공동선언의 성과 등으로 조성된 내, 외적인 통일기여적 조건하에서 출범하였고, 따라서 김영삼 정권은 통일시대를 준비해야 하는 정권이다.

김영삼 정권은 그의 취임사에서 "어느 동맹국도 민족보다 나을 수는 없습니다. 어떤 이념이나 어떤 사상도 민족보다 더 큰 행복을 가져다 주지 못합니다"라면서 민족중심성을 명확히 했고 이인모 노인을 송환하는 등 전향적인 모습을 보였다. 그러나 북한의 NPT(핵비확산 조약) 탈퇴를 계기로 초강경 적대정책으로 선회하여 한반도를 일촉즉발의 전쟁위기로 몰아넣었고, 통일시대를 외면하고 북한의 식량위기를 북한 무릎꾸리기의 전술적 수단으로 삼으면서 순수한 인간애와 동포사랑에서 출발한 민간 수준의 북녘동포돕기까지 제동을 걸고, 미국이나 일본의 지원까지도 한미일 공조원칙을 강조하면서 가로막는 등 통일기반 조성을 심각하게 역행하였다.[8]

대북정책과 관련하여, 우리로서는 남북한 간에 전쟁위험을 증가시키는 급속하고 강경한 정책을 추구하기보다는 한·미 동맹에 의거한 핵 억지력을 갖춘 상태에서 북한이 과거 핵활동에 대한 투명성보장과 비핵화선언을 이행할 때까지 조용하면서도 실질적인 측면에서 국제공조에 의한 다양한 압력을 행사하는 것이 보다 타당하다.[9]

김영삼 정권의 반통일적 정책은 김영삼 정권이 겉으로는 흡수통일을 부정하고 있지만 사실상의 기본 방향은 '대북한 봉쇄를 통한 목조르기 → 북한정권의 붕괴 → 남한에 의한 흡수통일 성취'라는 도식을 전제하고 있다는 데서 드러난다.[10]

---

8) 강정구, 「김영삼정권의 민족사적 평가」, 『한국사회학』 34권, 2000, 846쪽.
9) 차영구, 「북핵, 김정일정권의 시한폭탄」, 『신동아』 1994. 8, 298쪽.
10) 강정구, 「김영삼정권의 민족사적 평가」, 『한국사회학』 34권, 2000, 846~847쪽.

김영삼 대통령은 1994년 8월 15일 광복절 경축사를 통해 '통일구상'을 새로 가다듬어 펼쳐보였다. 자유, 평화, 민주의 3원칙을 골자로 한 '민족공동체 통일방안'이란 이 새 구상은 내용 면에서는 '3단계통일방안'과 크게 다르지 않지만 이전과 다른 몇 가지 대목이 눈에 띈다.

　첫째, 김 대통령은 자유민주주의 가치를 지켜나갈 것이라고 힘주어 강조했고, 체제경쟁은 자유민주주의의 승리로 이미 끝났다고 선언하면서 통일한국의 모습을 자유민주주의체제로 분명히 못 박고 있으며 둘째, "흡수통일을 결코 원하지 않지만 통일은 예기치 않은 순간에 갑자기 찾아들 수 있다. 이에 준비를 해야 한다"라고 하여 단계적인 통일을 원하지만 북한이 스스로 무너지거나 하는 상황이 온다면 흡수통일을 할 수도 있다는 해석이 가능하게 되었다.[11]

　결국 김 대통령이 광복절에 밝힌 통일구상은 내용 면에서는 눈에 뜨이는 것이 없으나 태도 면에서는 크게 달라졌는데, 이제 북한에 질질 끌려 다니지 않고 공세적인 입장에서 대북 이니셔티브를 잡아가겠다는 의지로 보이고, 이는 온건과 강경을 오가던 김 대통령이 '확실하게 보수 쪽으로' 물줄기를 잡아간 것으로 평가된다.[12]

　김영삼 정권의 북한 목조르기 정책은 조문파동, 북·미 핵협상 과정에서 '재 뿌리기'라는 북미 이간정책, 10·21 북미협정에 의한 북미관계 개선과 대북제재조치의 해제 등의 약속이행을 지속적으로 방해하는 정책으로 나타났고, 대북 봉쇄정책과 더불어 경제적 위기에 몰린 북한을 마지막 코너에 몰려는 듯 해마다 군사비를 10% 가깝게 증액시켜 군비경쟁을 가속화시킨 것으로 확인된다.[13] 결국 대북 흡수통일을 이루

---

11) 정재영, 「김영삼, 김대중 '통일정치'로 재대결」, 『신동아』, 1994. 9, 319~320쪽.
12) 정재영, 「김영삼, 김대중 '통일정치'로 재대결」, 『신동아』, 1994. 9, 320쪽.
13) 강정구, 「김영삼정권의 민족사적 평가」, 『한국사회학』 34권, 2000, 847쪽.

어 통일대통령으로 기록되려는 과대 망상적인 반민족정책과 반통일정책으로 김영삼 정권은 민족적 핵심과제인 통일기반 조성에 있어서 노태우 정권보다 후퇴시키고 말았다.[14]

2. 민주주의의 확산, 공고화 과제

1993년 2월 25일 30여 년 만의 민간정부로 출범하면서 김영삼 대통령은 취임연설에서 "신한국은 더욱 자유롭고 성숙한 민주사회가 될 것이다. 정의가 이 땅에서 강물처럼 흐르게 될 것이다"라고 말했다. 그러나 김영삼 정부는 문민정부로서 과거의 군부독재 정권과 구별되는 인권정책을 펼치는 데 실패했고 오히려 군부독재 정권이 정권유지를 위해 남용하던 법률과 제도를 그대로 원용하고 있어서 문제가 되었다.

첫째, 과거의 인권침해에 대한 청산작업이다.

과거의 인권침해에 대한 청산작업은 양심수 및 장기수의 전원석방과 사면복권, 학살 의문사 고문 등 인권침해사건에 대한 진상조사와 손해배상 등을 통해 이루어질 수 있다. 김영삼 정부는 양심수 및 장기수 석방 등 원상회복과 관련해 1993년 3월 6일 대사면 조치를 통해 당시 구속 중이던 전체 양심수의 27%에 지나지 않는 1백 44명만을 석방했고, 12·12 및 광주민주화 운동, 삼청교육대 진상조사가 만족할 만한 정도로 이루어지지 않았으며 군부독재하에서 발생한 의문사, 고문 등의 진상 역시 밝혀지지 못했다.[15]

둘째, 반인권적 악법의 개폐작업에서의 문제이다.

반인권적 악법의 개폐작업은 군부쿠데타 후 불법적인 입법기관에

---

14) 강정구, 「김영삼정권의 민족사적 평가」, 『한국사회학』 34권, 2000, 848쪽.
15) 김선수, 「'문민인권' 몇 점인가」, 『신동아』, 1994, 10, 300쪽.

의해 대량 양산돼 인권침해의 근거로 악용되어 온 국가보안법의 폐지와 노동관계법을 국제노동기준에 부합되도록 개정하는 일이다.

94년 2월에 열린 유엔 인권위원회 정기회의에서는 민간 인권단체들이 국가보안법에 의한 한국의 인권침해 사례를 집중 거론하며 국가보안법의 폐지를 요구하였다. 케네디재단은 "문민정부 출범 이후에도 한국에서는 국가보안법에 의한 불법 구금사례가 계속되고 있다. 유엔 인권위원회는 국가보안법에 의한 한국의 인권침해문제를 조사해야 한다"고 촉구했다. 김영삼 정부가 스스로를 과거 군부독재와 구별하고 있다면 그 첫 작업은 국가보안법의 폐지이지만 김영삼 정부는 국가보안법의 폐지에 반대하면서 오히려 국가보안법을 더욱 널리 적용하고 있어서 문제가 되었다.[16]

한편 노동법과 관련해서는 1993년 2월 15일부터 3월 4일까지 개최된 국제노동기구(ILO) 제255차 이사회가 한국정부에 대해서 복수노조금지 조항의 개정, 공무원과 사립 및 공립교사의 단결권 보장, 제3자 개입금지 철폐, 구속 노동자석방, 해고노동자의 복직 등을 내용으로 하는 권고안을 결의했다. 노동법을 국제노동 기준으로 개정하는 것은 더 이상 미룰 수 없는 절박한 과제임에도 불구하고, 김영삼 정부는 집권 초기에 노동법을 개정하겠다고 수차 약속했지만 1년 6개월이 지난 시점까지 구체적인 확정을 하지 못하다가 임기의 마지막 개혁 시도라 할 수 있었던 노개위 활동이 1996년 12월 26일의 노동법개악으로 나타남으로서 끝나버렸다. 노동법의 개악은 신보수주의로 표현되는 노개위의 공익안과 정부안조차 거부하고 파견근로, 정리해고, 변형근로 등 재벌의 요구를 대폭 반영한 것이었다.

셋째, 인권관련 국가기구 개혁의 문제점이다.

16) 김선수, 「문민인권' 몇 점인가」, 『신동아』, 1994, 10, 301쪽.

인권 관련 국가기구로는 경찰, 검찰, 국가안전기획부, 교도소, 구치소, 법원, 헌법재판소 등이 있다. 이 중 특히 안기부를 일례로 들면, 안기부의 경우 법개정을 통해 국회 정보위원회에 의한 예산심의를 받도록 하여 국회의 통제를 확보하고, 수사권 축소, 정치관여죄와 직권남용죄 신설 등의 조치를 취해 상당한 정도의 개혁이 이루어졌지만, 내란죄나 반국가단체구성죄 등 독재 정권이 종래 정보정치의 수단으로 활용했던 죄목에 대한 수사권이 그대로 유지되고 있는 점, 사실상 헌법기관 못지않은 정치적 영향력과 권력을 행사하고 있는 안기부의 설치에 대한 헌법적 근거가 결여되어 있는 점, 안기부장 임명에 대한 국회동의나 인사청문회와 같은 국회의 통제가능성이 제도적으로 강구되지 못하는 점 등 문제점이 그대로 존재하고 있다.[17]

결국 문민정부 출범으로 인해 사라질 것으로 예상했던 시국관련 형사사건과 양심수의 증가, 수사 과정에서의 고문과 가혹행위 및 변호인 접견거부, 생산현장에 대한 공권력의 투입, 노동악법에 의한 노동조합 활동가의 구속, 집회의 원천봉쇄, 최루탄과 경찰봉에 의한 시위의 강제진압 등 인권침해 사례가 과거에 비해 결코 뒤지지 않는 강화된 형태로 존재해왔다. 김영삼 정부는 인권 및 민주주의의 확대, 공고화에 있어서 많은 한계점을 노출하였다.

3. 민중권익 증진과제

민중권익 증진에는 재벌에 대한 민주적 통제가 가능한 구조개혁이 이루어졌는지가 주로 문제로 된다. 이 부분은 경제정책과 직결되기 때문에 김영삼 정권의 경제정책이 주 분석대상이 된다. 김영삼 정권의 경

---

17) 김선수, 「문민인권' 몇 점인가」, 『신동아』, 1994, 10, 303쪽.

제정책은 '신경제정책'으로 일컬어지는데, 이는 재벌개혁과 같은 재벌
구조의 민주적 개혁을 지향하기보다는 세계적인 신자유주의와 세계화
에 대응한 한국적 대응으로서 기존의 재벌체제를 합리화시켜 국제경
쟁력을 높이는 것을 목적으로 하는 것이다.[18]

김영삼 대통령은 '개혁강화'와 '경쟁력 강화'라는 두 가지의 선택에서
'경쟁력강화'를 옹호했는데, 이는 김영삼 대통령이 1993년 7월 21일 신경
제 5개년 계획발표 국민특별담화에서 "폭력으로 집단이기주의를 관철하
려 하거나 국민에게 고통을 주는 집단행동은 결코 용납하지 않을 것"이라
고 밝혔던 점, 1994년 연두기자회견에서 "국제경쟁력 향상의 최대 걸림돌
은 높은 임금"이라고 지목했던 점, 또 1993년 말에서부터 "국제경쟁력 제
고"라는 구호정치를 등장시켰고 1994년의 국정목표를 "국제화"에 두면서
임기 내 선진국 진입의 허황된 그림을 그렸던 점으로부터 확인된다.[19]

우리나라의 재벌지배적 산업구조는 경제개발을 겨냥해 펼쳐진 산업
정책의 직접적인 결과였다. 60년대 경제개발계획을 본격적으로 추진하
기 시작하면서 정부는 제조업투자를 적극 유도하기 위해서 여러 가지
지원방안을 마련하는데, 정부의 제조업 지원정책은 결과적으로 몇몇
선별된 기업만을 차별적으로 집중적으로 지원하는 내용으로 집행되었
다. 즉, 정부는 제조업의 주요 업종에 진출하려는 기업의 숫자를 사전
적으로 제한했고, 이렇게 시장경제를 표방하고 있는 나라임에도 주요
산업에서 기업활동을 펼치기 위해서 '정부의 허가'를 필요로 했다는 것
이 재벌지배적 경제구조의 큰 특징이었다.[20] 정부는 새로운 기업인을
지원함으로써 정책적 지원의 공평성을 꾀하기보다는 안전성을 추구해

18) 강정구, 「김영삼정권의 민족사적 평가」, 『한국사회학』 34권, 2000, 850쪽.
19) 강정구, 「김영삼정권의 민족사적 평가」, 『한국사회학』 34권, 2000, 850쪽.
20) 이승훈, 「재벌의 고삐, 다시 놓아서는 안된다」, 『신동아』, 1994. 6, 230쪽.

당연히 과거의 경제 실적이 양호한 기업들이 사업영역 확장의 형태로 진출하는 것을 지원하는 경향을 보였고, 기업으로서는 정부의 지원이 약속된 만큼 수익전망이 높은 모든 신산업에 진출하고자 하는 의욕을 보였는데, 이렇게 현존하는 재벌지배적 산업조직은 정부와 기업들의 이와 같은 의향이 맞아떨어진 결과였다.[21] 그리고 이러한 재벌지배적 구조의 특징에 대하여, 정부가 특정 기업들에게만 지원을 계속하는 특혜를 베풀어주고 특혜를 받은 재벌들은 그 반대급부로 정치자금을 제공함으로써 이루어지는 정경유착의 관계라고 설명하기도 한다.

현재 우리나라의 재벌지배적 산업조직에 대해서 제기되는 문제는 "첫째, 같은 종류의 상품을 생산하는 데 있어서 규모의 경제가 효율적으로 창달되고 있는가. 둘째, 많은 업종에 걸쳐서 전개되는 다각화가 과연 경제성을 누리고 있는가. 셋째, 재벌기업들이 막강한 시장지배력을 행사해 하도급가격은 낮추고 제품가격은 높여 부당한 독과점이윤을 벌이고 있다는 지적. 넷째, 공룡처럼 거대한 규모에 이른 재벌기업들은 상호지급보증 등의 변태적 방식으로 은행자금을 조달하는 데 부당하게 이점을 누리고 있다는 지적. 다섯째, 재벌기업들의 소유가 재벌총수와 그 가족들에게 지나치게 집중되어 있다는 지적 등"이 있다.[22]

재벌그룹의 국가경제적 비중이 더욱 높아지는 현상은 그 집중적 소유가 충분히 완화되는 현상과 함께 나타날 때에만 국민들에게 별다른 마찰 없이 수용될 수 있다.

김영삼 정권의 '경쟁력강화' 정책은 금융실명제[23], 부동산실명제, 업

---

21) 이승훈, 「재벌의 고삐, 다시 놓아서는 안된다」, 『신동아』, 1994. 6, 230쪽.
22) 이승훈, 「재벌의 고삐, 다시 놓아서는 안된다」, 『신동아』, 1994. 6, 231쪽.
23) 김영삼 정권의 경제개혁에서 가장 돋보였던 금융실명제는 법과 실명거래 원칙은 살아 있지만 그 골자인 무기명 장기채가 허용되고, 실명제의 완성이라 할 수 있는 금융소득 종합과세가 유보되어 실제로 금융실명제는 폐지된 것과 다름없다.

종전문화, 재벌경제 집중력 완화 시책, 노사관계개혁위원회(노개위) 등 일정 정도의 개혁적 내용을 내포한 정책들이 실질적으로 개혁으로 상승되어 민중권익 증진에 기여하지 못했고 제2근대화론, 국제경쟁력제고, 신자유주의 정책들과 결합되어 오히려 친재벌, 반민중적 정책으로 귀결되었다.[24]

4. 광주학살과 5·18내란에 대한 과거청산과제

김영삼 정권에게 부여된 중요한 역사적 책무가 광주학살과 민주주의를 압살한 전두환과 노태우 등에 대한 단죄와 역사청산이었다.

그러나 김영삼 대통령은 1993년 5월 13일 담화에서 "미흡한 부분이 있다면 훗날의 역사에 맡기는 것이 도리이다. … 다시 보복적인 한풀이가 되어서는 안 되고 우리 다 같이 잊지는 말되 과감하게 용서함으로써 새롭게 화해하자"라고 제안했다.

이에 대해 5·18범국민대책위원회, 광주민중항쟁연합 등을 중심으로 한 지속적 투쟁이 있었고, 수만 명의 피해자와 시민의 고소, 고발, 단식농성, 천주교 신부들의 천막농성 등 밑으로부터의 과거청산 투쟁이 지속되었다. 1995년 7월 18일 검찰은 성공한 내란 처벌 불가론을 주장하며 공소권 없다고 불기소 처분하였고[25], 이에 대해 1995년 7월 24일 5·18 쿠데타 주범에 대한 특별법 제정을 위한 헌법소원을 정식 제기하는 등 지속적인 투쟁을 전개하였다. 1995년 11월 특별법수용을 대통령이 표방하면서 역사청산의 작업이 본격적으로 진행되었다.

---

[24] 강정구, 「김영삼정권의 민족사적 평가」, 『한국사회학』 34권, 2000, 850쪽.
[25] 이에 대해 고소인측은 검찰의 판단에 대해 검찰이 12·12사태에 대해 사법적 판단이 아니라 정치적 판단을 했다며 반발하였다(하종대, 「12·12는 기소유예, 5·18은 어떻게」, 『신동아』, 1994. 12, 332쪽).

1997년 4월 17일 대법원 전원합의체는 선고공판에서 전피고인에 대한 검찰의 상고를 기각해 원심형량을 확정했고, 노태우 전 대통령에 대해서도 검찰의 상고를 기각해 징역 17년형을 선고한 원심을 그대로 확정했다.

재판부는 이날 판결문에서 "우리나라의 헌법질서 아래서 폭력에 의해 헌법기관의 권능행사를 불가능하게 하거나 정권을 장악하는 행위는 어떤 경우에도 용납될 수 없다며 피고인들의 정권장악에도 불구하고 결코 새로운 법질서의 수립이라는 이유나 국민의 합의를 내세워 형사책임을 면할 수는 없는 것이라고 밝혔다"[26]

올바른 과거청산은 진상규명, 책임자 및 관련자 사법 및 역사적 처벌, 항쟁주체에 대한 명예회복과 피해배상, 항쟁정신의 계승으로 지속되어야 하고, 또 핵심세력은 물론 관련자 및 민간인 방조자에 이르기까지 철저한 사법적 처리를 해서 역사청산을 완결시켜야 한다.[27]

그러나 사실규명도 채 안된 시점에서 김수환 추기경 등이 '적당한 시기에 사면'이라는 역사청산을 왜곡시켰고, 이후 IMF를 맞아 김 대통령이 무력화되면서 차기 정권인 김대중, 김종필 등의 정략적 행위로 인하여 단죄와 단절을 통한 역사청산이 이루어지지 않아, 급기야 1997년 12월 20일 김영삼 대통령은 김대중 당선자와 협의를 거쳐 전두환, 노태우 두 전직 대통령에 대한 특별사면과 복권을 단행하였다.

결국 김영삼 정권은 12 · 12, 광주학살에 대해 특별사면을 통해 단죄를 통한 역사청산을 제대로 이루지 못했다. 그러나 우리나라 역사에서 친일파청산이 좌절되고 역사청산의 기록이 전무한 상황에서 현대사 처음으로 역사청산이라는 업적을 남겼다고 평가된다.[28]

26) 강준만, 『한국현대사 산책』(1990년대 편 3권), 인물과 사상사, 2017, 112쪽.
27) 강정구, 「김영삼정권의 민족사적 평가」, 『한국사회학』 34권, 2000, 852쪽.
28) 강정구, 「김영삼정권의 민족사적 평가」, 『한국사회학』 34권, 2000, 852쪽.

5. IMF 지배체제

1997년 11월 한국은 6·25 이후 최대의 국난이라고 일컬어지는 IMF 지배체제를 맞이하게 된다. 'IMF 사태'란 IMF구제금융신청을 말한다. IMF사태의 직접적 원인은 유동성 위기였는데, 동남아시아가 위기에 빠지자 외국 투자자들은 국내에서 대출회수에 혈안이 되었고, 1997년 10월부터 12월 IMF구제금융을 받기까지 모든 투자자들이 한국의 대출에 대해 이자와 원금을 모조리 갚을 것을 요구했으며, 일본투자자들은 11월 한 달 동안 70억 달러나 인출해갔다.[29]

IMF지배체제에 이르는 원인은 외인론과 내인론이 결합된 것으로 볼 수 있다. 미국의 세계지배전략에 의해 세계자본주의체제가 이미 금융투기자금이 판치는 '도박판자본주의'로 변신되어 하루에도 세계금융시장에 1조 4천억이 넘는 돈이 투기행각을 벌리고 있는 상황하에서, 미국이 던진 OECD 가입의 미끼를 순진하게 받아들이고 오히려 선진국진입이라는 허세에 빠져 경제기획원을 폐지하고 급속하고 광범위한 개방으로 우리 경제를 미국주도의 도박판 자본주의의 투기에 무방비로 노출시킨 결과였다는 것이다.[30]

더욱 분명한 사실은 이 모든 외인론과 내인론의 기원에는 미국이 존재한다는 것이다. 미국은 직, 간접적으로 행위주체에 개입해서 남한에게 병 주고 약 주는 척하면서 한국을 경제식민화하고 있었다. 동남아 외환위기가 고조되는 상황에서 미국은 일본의 아시아투자기금(Asian Monetary Fund)시도를 저지시켰고, 한국은 '투명성'이 부족하다고 떠벌려 외화유출을 부채질하였으며, IMF와 협약을 체결하는 시점에서는 미국재

---

29) 강준만, 『한국현대사 산책』(1990년대 편 3권), 인물과 사상사, 2017, 90쪽.
30) 강정구, 「김영삼정권의 민족사적 평가」, 『한국사회학』 34권, 2000, 856쪽.

무장관인 루빈은 긴급히 제2의 맥아더라고 불리는 섬머스(Summers) 등
고위관리를 파견시키면서 이들이 미국의 대리인에 불과한 IMF 당국자
를 재끼고 "한국에 대한 구제금융은 단지 IMF프로그램을 준수하는 조
건에서만 제공될 수 있다"고 선언하여 그 가혹한 조건을 강요하는 등의
행위를 하여 한국을 경제식민화했다.[31]

김대중 정권은 IMF지배체제의 초래를 내인구조론과 내인 정책부재론
으로 설명하고 있다. 즉, 비효율적인 박정희식 발전국가의 모순인 재벌경
제, 정경유착, 불공정거래, 지나친 정부의 시장개입 등을 극복 및 전화하
여 시장의 보이지 않는 손에 의해 자동조절 되도록 하는 시장근본주의로
전환하지 못하였고, 또 한보 및 기아사태와 동아시아 외환위기가 나타나
는 시점에서도 이에 대한 적절한 대응정책이 부재했다는 분석이다.[32]

결국 IMF지배체제를 김영삼 정권의 전적인 책임론으로 평가하고 '김
영삼 희생양'으로 삼는 것은 부적절하다고 생각되고, 더욱 주의를 기울
여야 할 것은 IMF지배체제의 내적 구조요인을 형성한 박정희 개발독재
가 IMF를 계기로 '박정희 되살리기'라는 형태로 더욱 기승을 부리는 것
인데, 이를 오히려 엄중 경계할 일이다.

6. 검토

첫째, 김영삼 정권의 대북정책의 기본 방향은 '대북한 봉쇄를 통한
목조르기 → 북한정권 붕괴 → 남한에 의한 흡수통일 성취'라는 도식을
전제하고 있다. 이렇게 대북흡수통일을 전제로 하여 이루어지는 반민
족정책과 반통일정책으로 김영삼 정권은 민족적 핵심과제인 통일기반

---

31) 강정구, 「김영삼정권의 민족사적 평가」, 『한국사회학』 34권, 2000, 857쪽.
32) 강정구, 「김영삼정권의 민족사적 평가」, 『한국사회학』 34권, 2000, 856쪽.

조성에 한계가 있었다.

둘째, 김영삼 정권은 지금 국제화와 국제경쟁력강화를 외치고 있지만, 실질적인 의미의 국제화는 우리나라의 인권 수준을 국제적인 기준으로 만드는 것이고 그러할 때 반인권적인 법제도와 관행을 개선하는 것이 중요하다. 김영삼 정권은 반인권적인 법제도와 관행으로 대표되는 국가보안법을 폐지하지 않고 오히려 국가보안법을 적용하여 양심수를 확대하여 왔고, ILO의 권고안을 받아들이지 않고 노동법을 개악하였다. 결국 문민정부하에서 민주주의의 확대와 공고화는 국가보안법의 폐지거부와 노동법의 개악으로 한계에 봉착하였다.

셋째, 민중권익 증대로 제기되는 재벌개혁에 있어서, 김영삼 정권은 '경쟁력강화'라는 정책의 방향하에 정책의 기본 방향을 잡는다. 소수의 재벌에게 특혜를 주고 재벌기업이 정부의 특혜에 힘입어 선제적으로 제품시장의 지배력을 획득해 기업이익을 얻고, 그에 대응하여 재벌기업이 정부에게 정치자금을 형성해 주는 정부-기업 간의 유착관계가 청산되지 못하고 재벌지배구조는 개선되지 못한다. 그리고 김영삼 정권의 경제개혁에서 가장 돋보였던 금융실명제는 법과 실명거래원칙은 살아있지만, 그 골자인 무기명 장기채가 허용되고 실명제의 완성이라 할 수 있는 금융소득종합과세가 유보되어 실제로 금융실명제는 폐지된 것과 다름 아니게 되었다.

결국 재벌그룹의 집중적 소유가 완화되지 못하고 '국가경쟁력 제고'라는 신자유주의 정책과 결합되어 친재벌, 반민중적 정책으로 귀결되었다.

넷째, 광주학살과 5·18 내란에 대한 과거청산의 과제에 있어서, '적당한 시기의 사면'이라는 형태로 역사청산의 한계가 있었지만 친일파를 청산하지 못하고 역사청산의 기록이 전무한 우리나라 역사에서 처음으로 역사청산이라는 업적을 수행하였다.

다섯째, IMF지배체제는 미국월가의 초국적 금융자본에 의한 세계경제의 도박판 자본주의화라는 외적 요인과 급속하고 광범위한 개방으로 투기에 무방비 노출된 내적 요인이 결합된 것이었다. 따라서 김영삼 정권에게 그 모든 책임론을 지우는 '김영삼 희생론'은 적당하지 않고 오히려 IMF체제의 내적 구조요인을 형성한 박정희 개발독재가 평가되어져야 하고, 따라서 '박정희 되살리기'가 IMF를 계기로 더욱 기승을 부리는 것을 경계해야 한다.

과거의 이승만, 박정희, 전두환 정권은 그 정권이 외세의 힘에 의존하여 대통령이 되거나(이승만의 경우 미군정이라는 외세의 힘에 의존하여 단독정부를 수립하였음) 군부의 쿠데타에 의해 집권함으로써(박정희는 5·16쿠데타에 의해, 전두환은 12·12쿠데타에 의해 집권함) 권력형성의 정통성이 직접 문제가 되었다. 그 정권들은 권력형성의 정통성으로부터 문제가 제기되었고 나아가 권력행사의 정당성도 문제가 되었다.

김영삼 정권은 3당합당으로 창출되었기에 개혁에 어느 정도 한계가 있지만 외세에 힘입어 정권을 창출했던 것도 아니고 군부쿠데타에 의해 집권한 것도 아닌 만큼 최초의 문민정부라는 점에서 권력형성의 정통성은 인정받을 만하다. 그러나 권력행사의 정당성 측면에서 볼 때 상당한 한계가 있었다고 평가된다.

제3절 김영삼 정권의 노동정책과 주요 노동운동

1. 김영삼 정권의 노동정책

1987년 이전의 발전국가 모델은 저임금에 기초한 해외시장에서의 가격경쟁력, 재벌에 의한 대규모 투자와 대량생산, 노동의 저항에 대한

국가의 억압에 기초한 축적체제였고, 이러한 발전국가 모델은 권위주의적 노동체제를 낳았다.[33)]

그러나 1987년 민주화 이행과 노동자대투쟁은 권위주의적 노동체제의 해체를 향한 결정적 계기를 제공했고 발전국가 모델의 위기를 초래하였다. 저임금과 병영적 노동통제를 거부하는 노동조합운동의 도전, 민주화 이후 재벌에 대한 국가규율의 약화는 발전국가 모델의 위기를 초래했던 것이다. 비록 기업 수준이지만 단체교섭제도화는 작업장민주화와 분배개선을 지속적으로 성취해 갈 수 있는 안정된 제도적 틀이 마련되었음을 의미했고, 노동자들의 대규모 동원은 노조의 교섭력을 극대화함으로써 임금 및 근로조건을 획기적으로 개선하였으며, 이는 결국 가격경쟁력을 기초로 한 대량수출에 의존하는 발전모델의 위기를 초래하였던 것이다.[34)]

따라서 민주화 이행과 축적체제의 위기, 노동운동의 도전이라는 변화된 환경 속에서 국가와 자본은 권위주의적 발전모델의 점진적 해체를 통한 새로운 발전모델의 구축을 계획하였다.

1989년 이후 경제침체와 1990년 3당합당이라는 정치적 반동을 통해 국가-재벌연합의 선택은 권위주의적 노동체제를 재구축하고 효율성과 규율이 약화된 발전국가-재벌연합을 지속하는 것이었다. 노태우 정권의 노동통제는 부분적으로 해체된 권위주의적 노동통제의 틀 위에서 한편에서 대기업 노동조합운동의 정치적, 경제적 파급효과를 최대한 억제함으로써 원자화되고 탈정치화된 기업별 노조체제를 정착시키는 것이었고, 다른 한편으로 급진적이고 전투적인 노동운동을 고립화 혹은 무력화시키는 것이었다.[35)]

---

33) 조효래, 『1987년 이후 노동체제의 변동과 노사관계』, 한국노총 중앙연구원, 2002, 15쪽.
34) 조효래, 『1987년 이후 노동체제의 변동과 노사관계』, 한국노총 중앙연구원, 2002, 19쪽.

급진적이고 전투적인 노동운동의 고립화는 두 가지 수준에서 진행되는데, 하나는 경제위기에 대한 노동운동책임론, 사회주의 붕괴에 대한 이념공세, 전투적 노동운동의 과격성과 이념적 급진성에 대한 상징조작을 통해 중간계급으로부터 노동운동의 고립화를 시도하는 것이고, 다른 하나는 전노협[36]으로 대표되는 전투적이고 급진적인 노동운동에 대한 공권력 개입과 전면적 탄압을 통해 노동조합운동 내부의 연대를 차단함으로써 이들을 고립화시키고 물리적으로 무력화하는 것이다.[37]

결과적으로 물리적 억압을 통해 기업별 노조를 정착시키고 전투적 노동운동을 고립화시키는 데 성공한 정부의 노동정책은 1987~1989년 동안 노동운동이 획득한 성과를 역전시키고 본격적으로 자본의 요구에 부응하는 방식으로 권위주의적 노동체제를 재편하는 것으로 옮겨가기 시작했다. 즉, 사업장 수준에서 단체교섭의 제도화, 노동조합의 현장권력과 노동규율의 이완, 급속한 임금인상과 같은 새로운 변화들이 발전모델의 위기와 전환을 압박했지만, 국가와 자본은 정치적 반동을 통해 억압적인 방식으로 권위주의적 노동체제를 최대한 지속시키

---

35) 조효래, 『1987년 이후 노동체제의 변동과 노사관계』, 한국노총 중앙연구원, 2002, 26쪽.
36) 전노협은 1987년 노동자대투쟁 이후 새롭게 등장한 '민주노조'들의 전국적 결집체였지만, 진보정당이 존재하지 않는 당시의 조건에서 부분적으로 노동자 정치운동의 과제까지 수행하였다. 창립식조차 당국의 탄압과 봉쇄를 피해 숨바꼭질 하듯이 치러야 할 정도로 극히 엄혹한 환경 속에서 결성된 전노협은 창립 이후에도 시종 탄압과 극한투쟁을 반복하였다. 노조라는 조직 자체가 일종의 방어적 조직의 성격을 갖고 있지만, 전노협은 사용자 혹은 자본의 막강한 힘에 맞서서 연대를 통해 보호막을 치려했던 신생 민주노조의 희망이었다고 한다. 그러나 사용자 혹은 자본과 대립각을 세우는 민주노조의 성립 자체를 부정하는 한국 자본주의의 조건하에서 전노협이 창립되었다는 것은 이후 노동자가 분단이후 처음으로 중요한 사회세력, 정치세력으로 등장하는 것을 알리는 신호탄이었다.
37) 조효래, 『1987년 이후 노동체제의 변동과 노사관계』, 한국노총 중앙연구원, 2002, 26쪽. 1987년 이후 급진적이고 전투적인 노동운동을 대표했던 전노협이 국가의 물리적 탄압으로 인해 사실상 그 기능이 정지되었고 자율적인 노동조합운동 내부에서의 상대적 지위도 급격히 하락하였다.

려고 했다.[38]

1993년 문민정부 출범 이후 노동체제의 전환을 위한 다양한 실험들이 노, 사, 정 모두에 의해 전개되었다. 김영삼 정권의 집권 초기이자 세계화의 압력이 본격화된 1993-1995년 동안은 노사관계 자유화를 위한 노력의 좌절, 자본의 논리에 부응한 '유연한 노사관계'를 위한 정책적 모색이 이루어졌고, 김영삼 정권의 노동정책은 세 가지의 면에서 특징적이었다.

첫째, 물리적 억압에 주로 의존했던 6공화국과 달리 김영삼 정권의 노동정책은 민간의 자율교섭과 사회적 합의의 형식을 추구했는데, 이러한 대표적 예는 1993년과 1994년에 노총과 경총의 중앙임금합의로 구체화되었다. 1993년 4월의 노총과 경총 간의 중앙임금합의는 임금인상률을 4.78%~8.9%로 합의하는 대신에 정부에 대해 물가안정, 금융실명제 실시, 세제개혁, 준조세의 철폐, 고용보험제의 조기실시 등 5개 항을 촉구하였다. 이러한 단일 임금인상안의 합의는 법적 강제력이 없는 권고의 성격을 갖지만 그 상징적 의미는 큰 것으로써, 노-경총 중앙임금합의는 노동과 자본 간의 계급타협의 일부라기보다는 과도한 국가 개입의 부담을 감소하고 임금압박을 자율교섭에 의해 해결하려는 임금정책 실행방식의 변화에 기인한 것이었고 사실상 정부의 임금 가이드라인을 합의적 형식으로 관철한 것이었다.[39]

둘째, 김영삼 정권의 노동정책은 집단적 노사관계와 개별적 노사관계를 구분하고 양자에 대하여 차별적 전략을 추구했는데, 집단적 노사관계를 협조적인 방향으로 제도화하고 새로운 노동규율을 확립하려고 했던 반면에, 노동시장의 유연화는 고임금과 노동규율의 이완에 대한

---

38) 조효래, 『1987년 이후 노동체제의 변동과 노사관계』, 한국노총 중앙연구원, 2002, 28쪽.
39) 조효래, 『1987년 이후 노동체제의 변동과 노사관계』, 한국노총 중앙연구원, 2002, 31쪽.

자본 측의 역공세로서 자본의 논리가 반영된 것이었다.

권위주의적 노동체제가 지배적이었던 1987년 이전의 상황과 1990년대 초기에 3금 조항인 복수노조금지 조항, 제3자 개입금지 조항, 정치활동금지 조항은 노동자들의 단결권을 제약하는 대표적인 조항이었다. 김영삼 정권은 복수노조 금지 폐지의 원칙하에서 사업장 단위에서의 복수노조 금지 폐지를 유예화하는 조치를 하였고, 제3자 개입금지 조항에서는 제3자 개입금지 규정상 제3자의 범위에서 '총연합단체인 노동조합 또는 당해 노동조합이 가입한 산업별 연합단체를 제외한다'는 조항(1986년 개정됨)을 그대로 두고 제3자 개입금지의 원칙하에서 사업장 내 해고의 효력을 다투는 자의 조합원의 지위를 부당노동행위 구제신청 시 중노위의 재심판정 시까지 유지토록 하는 것으로써 근로자의 단결활동을 보장하였으며, 정치활동 금지조항은 삭제하게 된다. 이렇게 3금 원칙이 완전히 폐지되지는 못했지만, 노동자의 단결자유의 원칙이 확장되었고, 반면에 노동시간의 탄력화와 유연화, 정리해고 시 요건인 '긴박한 경영상의 필요'에 대한 완화(1996년 법에서 긴박한 경영상의 필요를 완화시켜 구조조정, 기술혁신, 업종전환 등도 포함시켰지만 1997년 법에서는 긴박한 경영상의 필요로 다시 제한하였고, 대법원 판례에서 완화적 방침을 수용) 등 개별적 노사관계에서는 자본의 요구를 대폭 수용하는 것으로 되었다.

셋째, 집단적 노사관계의 제도화, 합리화에 대한 모색과 개별적 노사관계에의 유연화에 초점을 둔 노동정책은 새로운 발전모델의 구축으로써 권위주의적 노동체제의 해체와 동시에 합의적 형식을 통한 신자유주의적 요소를 도입하려는 시도였다.[40]

---

40) 조효래, 『1987년 이후 노동체제의 변동과 노사관계』, 한국노총 중앙연구원, 2002, 32~33쪽.

신노사관계 구상은 기본적으로 ILO의 압력과 노동법개정 권고, WTO 출범과 블루라운드 공세, 1996년 OECD 가입을 위한 필요성, 민주노총의 출범 등 집단적 노동관계 개혁과 관련한 노동법개정을 더 이상 지연시킬 수 없었던 대내외적인 상황 변화에 기인한 것으로써, 이것은 더 이상 비효율적이고 대립적 노사관계를 지속할 수 없고 이미 정치적 실체로 존재하는 비제도적 노동운동을 승인하여 사회적 수준에서 노사관계를 제도화할 필요와 함께 세계화에 따라 새로운 축적체제를 정비해야 하는 자본의 요구를 통합한 것이었다.[41]

즉, 노동삼권의 인정을 포함한 집단적 노사관계의 합리화를 추구함과 동시에 이를 노동력 이용의 유연화와 결합시킴으로써 시장규율에 기초한 노동체제를 형성하고자 한 것으로, 결국 유연한 노동시장과 협력적 노사관계의 창출이었다.[42]

한편, 권위주의적 노동체제의 해체 과정은 노동조합의 입장에서 국가통제의 독점적 이익대표체제를 벗어난 기업별 노조들의 연대와 전국적 조직화, 산업별 노동조합으로서 조직형태 전환과 사회적 정치적 수준에서의 노사관계의 확립을 의미한다.[43] 1993년 6월 전국 노동조합 대표자회의(전노대)와 1995년 말의 민주노총의 결성은 1987년 이후 새로운 노동조합운동의 전국적 조직화를 의미하고(이는 권위주의적 노동체제의 재편이 불가피함을 말하는 것임) 전노대와 민주노총의 결성 과정은 외형상 제조업 중소기업 노동자를 대표하는 전노협과 사무직 노동자를 대표하는 업종회의, 재벌기업의 대기업 노조, 공공부문 노동조합 등 노동계급 내부의 다양한 부분들의 수평적 결합이라는 형태로

41) 조효래, 『1987년 이후 노동체제의 변동과 노사관계』, 한국노총 중앙연구원, 2002, 33쪽.
42) 조효래, 『1987년 이후 노동체제의 변동과 노사관계』, 한국노총 중앙연구원, 2002, 33쪽.
43) 조효래, 『1987년 이후 노동체제의 변동과 노사관계』, 한국노총 중앙연구원, 2002, 39쪽.

이루어졌다.[44] 동시에 노총산하 조직의 이탈은 한국노총의 내부개혁을 가속화하는 요인으로 작용하였다.

1993년 전노대의 출범은 노동조합운동 내부에서 전노협으로 대표되는 전투적 흐름의 약화를 조직적으로 표현하고 있고, 정치적 노동운동과 대중적 노동조합운동의 분리, 전투적 조합주의로부터 온건하고 이념적으로 하향 평준화된 대중적 운동노선으로서의 전화를 의미했다.[45] 그리고 1995년 출범한 민주노총은 노사협조주의를 거부하는 민주노조운동의 일관성을 유지하고 있지만, 과거와는 달리 복지, 주택, 교육, 의료와 같은 정책적 사안을 중심으로 '국민생활의 질을 향상시키는' 사회개혁투쟁을 강조함으로써 경제주의를 넘어서고 있다. 민주노총의 노사관계개혁위원회에의 참여는 전국적 수준에서 국가와의 협상을 통해 노사관계의 법적 제도적 틀에 관한 의사결정 과정에 개입하고자 하는 최초의 시도였고 결국 이는 민주노총 스스로 전투적 동원을 넘어서 정치적 협상과 여론에의 호소 등으로 자신의 정체성을 변화시킨 것으로 평가된다.[46]

2. 주요 노동운동

1) 구미택시 취업보증금 관련 분규

택시노련 구미택시 노동조합의 조합원 260명은 1992년 6월 8일 취업비리조사 및 취업보증금 환불, 체불임금, 사고수리비 기사 부담금 환

---

44) 조효래, 『1987년 이후 노동체제의 변동과 노사관계』, 한국노총 중앙연구원, 2002, 40쪽.
45) 조효래, 『1987년 이후 노동체제의 변동과 노사관계』, 한국노총 중앙연구원, 2002, 42쪽.
46) 조효래, 『1987년 이후 노동체제의 변동과 노사관계』, 한국노총 중앙연구원, 2002, 43쪽.

불, 부당징계철회 및 단체협약이행 등을 내걸고 투쟁했다. 구미시청, 노동부, 구미지방사무소, 구미경찰서가 사용주와 결탁하여 문제를 해결해 주지 않자 1992년 5월 29일부터 90명의 조합원들이 한국노총 강당에서 농성에 돌입, 6월 8일에는 김대중 민주당대표 최고의원 비서실에서 농성을 전개했다.[47]

이 사건은 1991년 1월 취임한 구미택시 사주가 신규기사에게 3~4백만 원씩 취업보증금을 받고 취업시킨 것에서부터 발단이 되었는데, 노동자들이 노동탄압 반대 및 경영비리 반대집회를 개최하자 사측은 징계와 해고조치로 맞대응하여 사건이 전개되었다. 노동자들은 구미택시노조 정상화추진위원회를 발족하여 관계기관에 고소, 고발하고 탄원서를 제출하였고 택시노련은 5·12 관련 건에 대해 감사하고자 하였으나 사용자 측의 거부로 무산되었으며, 그 후 5월 21일 구사대가 노조사무실에 난입하여 농성하였다.

조합원 130명은 한국노총으로 상경하여 민자당과 언론사 대상의 홍보활동을 전개하였다. 5월 28일에는 회사의 신, 구사장, 구미경찰서, 구미시, 택시노련, 한국노총관계자들이 대책회의를 가졌고, 6월 2일에는 조합원 100여 명이 민자당 중앙당사 정문 앞에서 항의농성을 하였으며 6월 8일에는 조합원 260명이 김대중 민주당대표 최고의원 비서실에서 농성하였다.[48] 6월 16일부터 6월 19일까지는 조합원 90명이 단식농성에 들어갔다. 6월 17일 한국노총이 구미에서 교섭하여 17개 항에 의견접근을 보고 7월 3일 취업보증금 액수를 제외하고는 합의했다. 그리고 7월 11일부터 7월 12일까지 노동부 구미사무소에서 노사정이 교섭하여 합의했다.

47) 노진귀, 『1987년 노동자대투쟁과 노동운동의 고양』, 한국노총 중앙연구원, 2017, 320쪽.
48) 노진귀, 『1987년 노동자대투쟁과 노동운동의 고양』, 한국노총 중앙연구원, 2017, 321쪽.

2) 한국자동차보험 부당노동행위

한국자동차보험의 부당노동행위 반대투쟁은 1993년도부터 시작되었다. 국내 30대 재벌의 하나인 동부그룹의 김준기 회장이 1993년 임원 관리직 연수회에서 노조원 탈퇴 공작을 지시한 이래 회사 압력에 의해 노조원들이 집단탈퇴하면서 사건이 전개되었다. 사측은 1차로 노조파괴를 목적으로 조합원 탈퇴를 강요하다가 노총 및 노동부의 압력으로 목적을 달성하지 못하자 2차로 노, 노 간 갈등을 유발하여 노조를 파괴하고자 하였다.[49]

이에 한국자동차보험 노조는 투쟁에 돌입하였고 1993년 4월 15일 노총위원장이 국무총리를 면담하고 4월 16일에는 노총사무총장이 청와대회의에서 자보사태에 관하여 문제제기를 하였으며 이에 대통령이 엄단 지시를 내렸다. 1993년 11월에 국회노동위원회에서 이 사건이 집중 거론되었고 김준기 회장 등 임직원의 국회출석 거부에 대해 고발하려는 움직임이 민주당 김말용 의원을 중심으로 일어났다. 동부그룹이 이 사건을 무마하기 위해 김말용 의원에게 돈 봉투를 전달하려고 시도했고 김말용 의원이 이 사실을 국회에서 폭로하여 1994년 2월 검찰이 수사에 착수, 김택기 사장을 비롯한 임원 3명이 위증죄로 구속되었다.[50] 그러나 그런 가운데서도 동부그룹 측의 노조파괴 책동은 계속되었다. 2월 19일에는 '회사정상화를 위한 조합원협의회(정협)'를 개최하여 조합원들이 참여하도록 압력을 가했고, 3월 4일에는 '정협' 핵심들이 노조사무실에 난입하여 강제철거를 시도했으며, 2월 26일부터 노조가 추진한 지역별 '현 사태 해결을 위한 노사공청회'에는 조합원 참여가

---

49) 노진귀, 『1987년 노동자대투쟁과 노동운동의 고양』, 한국노총 중앙연구원, 2017, 327쪽.
50) 노진귀, 『1987년 노동자대투쟁과 노동운동의 고양』, 한국노총 중앙연구원, 2017, 328쪽.

저지되었다.

이에 대응하여 노조 측 집행부 39명은 한국노총에서 6개월이라는 긴 시간동안 항의농성을 전개했고 4월 22일에는 보험노련 간부 10명이 노총강당에서 무기한 단식농성에 돌입하였다. 한국자보 부당노동행위에 대한 한국노총의 지원도 계속 이루어져 특별결의문을 채택하고 부당노동행위 근절을 촉구하는 성명을 발표했다. 5월 11일에는 한국노총 위원장이 남재희 노동부장관을 만나 정부의 미온적 해결 노력으로 분규가 장기화되고 있다고 지적하면서 대규모 규탄집회 등 조직적 투쟁을 전개할 것을 밝혔고, 이에 노동부장관은 집회 등 조직적 행동은 바람직하지 않으므로 노총 부당노동행위 대책위원과 김준기 회장 등 임원진과의 대화를 통해 해결할 것을 제안하였다. 그러나 그러한 모임은 이루어지지 않았고, 한국노총의 투쟁은 계속되어 6월 11일에는 부당노동행위 근절 규탄대회를 개최, 7월 20일에는 서울지검 간부들을 면담하여 동부그룹 부당노동행위의 신속한 수사와 엄정한 법집행을 촉구, 7월 23일에는 청와대에서 박재윤 경제수석을 만나 한국자보 문제 해결을 촉구했다. 그리고 8월 20일부터 9월 2일까지 노사대표가 교섭하였으나 타결되지 못하다가 9월 30일에 타결되었지만 결국 노조를 사수하지 못하는 패배로 귀결되었다. 한국자보 부당노동행위 건은 한국노총 사상 가장 악랄한 노조탄압행위로 기록되었다.

3) 1994년 서울지하철공사 파업

1994년 6월 24일부터 30일까지 1주일 동안 지속되었던 지하철파업은 지하철노조가 공사 측과의 11차례에 걸친 임금협상이 결렬됨에 따라 파업에 돌입한 것으로써, 노조는 총액기준 15.54% 인상과 1백억 원의 사내복지기금 출연 등을 요구했으나 공사 측은 3%의 인상과 30억 원의 복지기금 출연을 제의 합의점을 찾지 못했다. 그리고 당시 파업은 전국기관차협의회가 8시간 노동제와 민주노조결성 등을 요구하며 사무실에서 농성을 벌이다 공권력 투입으로 연행되면서 전국적인 철도파업으로 이어져 사상 유례없는 최악의 교통난을 유발했다.

서울지하철 노동조합은 1, 2호선 군자차량기지에서 노조원들이 대거 결집한 가운데 사실상 준법운행을 선포하고 본격적인 파업과 농성에 돌입하게 되었고, 결국 우려했던 대로 1, 2, 3, 4호선 열차운행을 일부 중단하거나 단축운행하기로 하였다. 이로 인해서 서울지하철 관할 1호선을 비롯하여 2, 3, 4호선 지하철운행이 대부분 단축 운행되어서 30분 간격으로 늦춰져서 열차가 늦게 도착하는 사태가 발생하였다.

결국 정부는 파업철회를 요구하였지만, 노조가 끝내 파업을 강행하자 공권력을 투입하여 파업에 동참했던 노조원들을 수색 및 체포하였고, 경찰은 전투병력을 투입 경희대학교 등 노조원들이 은신하거나 파업 중인 곳에서 노조원과 대학생들을 체포하고 파업을 강제해산시켰다. 함께 파업에 동참한 전기협 노조원들도 기독교회관에서 경찰에 체포되어서 조사 및 구속처리 되었고 파업은 해산되었다.

공사 측은 파업철회 이후 파업 적극 가담자 6백 38명을 직위해제하고 파업주동자 1백 85명을 사직 당국에 고발하는 등 노조원 9천여 명 중 2천 8백 72명을 징계하는 등 최대의 처벌로 대응했다.

4) 1995년 한국통신파업

1994년 5월부터 한국통신 측은 공기업 임금 가이드라인(3% + 성과금 20%)의 철폐를 주장하며 기본급 8만 원과 상여금 인상 등을 요구했고 거기에 더하여 통신시장 개방반대, 대기업 위주의 통신산업 민영화 중지 등을 내걸어 단위사업장 차원에서 정부와의 갈등으로 발전했다. 결국 1995년 들어 갈등이 깊어지자 4월 26일에 사측은 유덕상 노조위원장 등 간부 64명을 고소, 고발하고 5월 16일에 이들에 대한 중징계 방침을 결정, 이에 대응하여 노조는 명동성당과 조계사에 상황실을 설치하고 농성에 들어갔으며 조합원들은 준법투쟁에 돌입했다. 6월 6일 정부는 조계사와 명동성당에 사전 통보도 없이 전격적으로 경찰병력을 투입해 간부들을 모두 연행, 구속했다.

1995년 5월 19일 김영삼 대통령은 IPI 한국위원회 위원장과 21명의 이사진을 청와대로 초청한 자리에서 한국통신 노조사태와 관련해 "한국통신 노조가 불법행위를 계속하여 정보통신 업무를 방해하는 것은 국가전복의 저의가 있지 않고서는 생각할 수 없는 일"이라고 하여 법에 따라 엄중 처리하겠다고 했고, 또한 "정부는 이번 사태를 단순한 노사분규 차원이 아니라 국가의 안전을 위협하는 사태로 보고 있다"면서 "나는 대통령으로서 국가를 지키고 국민생활을 보호해야 하는 헌법상의 책무를 완수하기 위해 최선을 다하겠다. 앞으로 어떤 경우든 법을 어기는 행위는 절대로 용납하지 않겠다"고 강조했다.

한국통신 노조 측이 임금이나 직급문제만이 아니라 개별 사업장 차원에서 해결이 힘든 민영화문제나 통신시장 개방반대 등 경영사항이라 불리는 문제를 들고 나온 것은, 경영사항이 의무적 교섭사항이 될 수 없다는 대법원판례의 태도에 따르면 경영사항을 이유로 한 파업은 불법파업이 된다. 그러나 불법파업으로 평가되면 불법파업으로서의 노조법상의 책임을 물으면 되는 것이지 이에 대하여 노사분규의 차원이 아닌 '국가전복 기도' 운운하는 것은 김영삼 정권의 노동정책이 과거 군부독재 시절의 권위주의적 노동체제와 크게 다르지 않음을 보여주는 것이다.

종교계의 반응도 이러한 김영삼 정권의 안보적 차원의 접근에 대해 비판하는 입장이었다. 명동성당 측은 "종교계가 중재 노력을 하고 있는 가운데 정부가 공권력을 투입해 매우 유감스럽다. 현 정부는 2천 년 동안 지켜온 교회법을 침해했다"면서 "군사독재 시절에 지탄받던 비도덕적 권력의 남용은 현 정부의 모습 역시 다를 바 없다. 앞으로 일어날 사태에 대한 책임은 모두 정부 측에 있다"고 강력히 비판하며 항의했다.

5) 한국합섬 임단협파업과 분신

한국합섬은 1991년에 가동되었는데, 회장 조카를 위원장으로 내세운 유령노조가 건설되었고, 노동자들은 1994년 노총 구미지부 및 재야단체의 지원을 받으면서 노조정상화투쟁을 전개하여 유령노조 위원장 박노창을 퇴진시키고 황영호를 위원장으로 선출하였다.[51] 1995월 4월에는 임금인상을 무교섭으로 타결하는 등 노사관계상의 문제가 없었으나 1995년 12월 산재로 노동자 2명이 사망하면서 노사 간의 갈등이 시작되다가 1996년 임금 42,186원 인상과 손해배상청구 및 징계철회, 성실교섭 등을 내걸고 임단투에 들어갔다. 교섭이 결렬되자 노조는 4월 4일 파업찬반투표를 하여 92%의 찬성으로 파업을 결의, 4월 11일에는 1, 2공장 모두가 전면파업에 돌입했다. 5월 4일에는 전투경찰 150명이 제2공장 입구를 봉쇄했으며, 이 과정에서 노조 이진권 부위원장과 서상준 회계감사가 분신하여 구미 순천향병원으로 후송한 후 다음날 서울 한강성심병원으로 이송하였다.

한국노총은 5월 8일 '분신노동자의 빠른 쾌유를 빌며 정부의 책임 있는 사태해결을 촉구한다'라는 성명을 발표하여 이번 사건이 "기업과 노동부, 경찰이 한편이 되어 노동조합을 궁지에 몰아넣고 항복선언을 받아내려는 노조말살 작전에서 비롯된 것"이라고 규정하며 강력한 투쟁

---

51) 노진귀, 『1987년 노동자대투쟁과 노동운동의 고양』, 한국노총 중앙연구원, 2017, 334쪽.

을 전개해 나갈 것임을 밝혔다. 이에 따라 한국노총은 5월 6일 민주노총과 함께 '한국합섬 분신투쟁 대책위원회'를 구성, 5월 9일에는 대책위원회를 개최하였고 5월 11일에는 가두행진을 조직하였으며, 5월 15일에는 분신자 보상 문제를 합의하였다.

회사는 5월 17일부터 정상 가동되었고 황영호 위원장 등 노조간부 3명은 구속 조치되었다.

주요 합의내용은 "① 1995년 12월 이후 현재까지 발생된 사태와 관련된 형사처벌 대상자는 처벌 전에 근무한 생산부서에 복직시킨다. ② 본 건에 책임을 지고 위원장은 출소와 함께 퇴진한다. ③ 회사는 진행 중인 손해배상 청구건과 징계, 파업기간 중 고소·고발 건은 취하하고 민형사상 책임은 묻지 않는다. ④ 1996년 임금 및 제수당은 지역 동종업체 최고 수준으로 하고 생산성 향상에 최대한 노력한다. ⑤ 분신자에게 위로금 각 1억 원 각 6천만 원을 일시금으로 지급한다"이다.[52]

6) 거평 시그네틱스 해고철회투쟁

거평 시그네틱스는 1995년 5월에 거평그룹이 외국계기업 필립스사로부터 시그네틱스를 인수하여 설립된 회사로 1996년 임금교섭이 개시되었다. 거평 시그네틱스 노조는 해고확정자 징계감량, 고용안정보장, 손해배상청구, 조합비가압류, 고소고발 등 민형사소송 상호 취하, 임금 10.4% 인상 등의 요구를 내걸고 교섭에 들어갔다. 교섭은 5월 20일부터 개시되었는데, 5월 29일 거평이 인수한 후 작업반장에게 잔업 여부와 무관하게 몰래 잔업수당이 지급된 사실이 밝혀져 노사관계는 악화되다가 임금교섭이 결렬되자 노조는 쟁의행위의 신고를 하고 7월 27일부

---

52) 노진귀, 『1987년 노동자대투쟁과 노동운동의 고양』, 한국노총 중앙연구원, 2017, 334쪽.

터 8월 16일까지 부분 파업을 단행했다. 그러자 사측은 직장폐쇄를 하고 외부에서 폭력배를 고용하여 농성노동자를 폭행했다. 노조는 8월 24일까지 회사 정문 앞에서 철야농성을 했고, 8월 24일에 공권력이 투입되어 회사동원의 폭력배와 함께 농성노동자들을 강제해산시켰으며 지원 나갔던 한국노총 차량 2대가 파손되었다.

한국노총은 "문민정부하에서 부동산투기로 급성장한 거평그룹이 시그네틱스를 인수한 이래 부당한 탄압으로 노사관계를 악화시켜 왔으며 7월부터 현장관리자들에게 비밀리에 연장수당을 지급하는 등 지능적인 부당노동행위를 자행해왔고, 공장이전설과 관련하여 고용보장을 요구하는 노조간부들을 징계하고 고소, 고발, 조합비가압류 등 극단적인 노동탄압이 발생하고 있다"고 비판하였다.

사측은 8월 31일 조합원들을 회유, 선별하여 작업을 시켰지만 결국 9월 6일 합의를 하여 분규가 일단락되었다. 합의내용은 "① 임금인상(남자는 5만 원~6만 2천 원, 여자는 4만 6천 원), 품질향상수당 월 5,000원 지급. ② 불법 조업중단사태에 대해 노조는 사측에 서면으로 사과하고 분규관련자 및 노조간부에 대한 징계는 서울지노위의 판정결과에 따른다. ③ 노사는 교섭기간 중의 사안에 대해 민형사책임을 묻지 않으며 고소, 고발과 손해배상청구는 즉시 취하한다"이다.[53]

7) 노동법개악을 반대한 총파업투쟁

1996년 12월 26일 새벽 신한국당이 단독으로 노동법개악안을 기습 날치기 통과시키자 반민주적 폭거에 대항하여 "신한국당의 노동법개악안 기습통과는 원인 무효다. 노동법개악안 날치기 통과한 신한국당은

53) 노진귀, 『1987년 노동자대투쟁과 노동운동의 고양』, 한국노총 중앙연구원, 2017, 335쪽.

해체하고 김영삼 정권은 퇴진하라'라고 주장하며 전국민주노동조합총연맹은 26일 오전부터 산하 전 단위에서 무기한 총파업에 돌입한다.

민주노총의 경우 자체 집계로 총 413개 노동조합과 37만 여 명의 노동자들이 총파업에 돌입했고, 한국노총의 경우는 1997년 1월 15일 시점에서 산업별 1,650개, 40여만 명의 조합원이 파업에 참여하는 등 최대의 파업이 전개되었다.

노동법, 안기부법 날치기 통과 반대를 위한 총파업투쟁은 1950년 한국전쟁 이후 개별 자본가를 상대로 임금인상 등 경제적 이해와 요구를 걸고 투쟁해 왔던 것과 다르게, 국가권력을 상대로 하여 노동관련법 및 민주주의의 확장을 위해 노동악법 및 안기부법 철회를 요구조건으로 파업한 것으로써, 전국적으로 전 산업적으로 전개된 최초의 정치적 총파업투쟁이었다.[54]

민주노총은 '노개투 총파업 보고서'를 통해 1996~1997년 노개투 총파업 투쟁에 대해 자체 평가를 진행했다. 민주노총 위원장은 머리말을 통해 "지난 1년은 모든 역량을 노동법 개정 투쟁에 바친 1년이었고(중략) 1년 내내 계속된 노동법개정 투쟁은 마침내 건국 후 최초의 전국 총파업투쟁(중략)으로 세계 노동계를 뒤흔든 정치 총파업은 너무 장대하고 위대한 투쟁"이라고 평가하고 있다.[55]

그리고 민주노총은 노개투 총파업투쟁의 의의를 "① 날치기 노동법 저지, 법개정 등 정권의 후퇴를 이끌어 냄, ② 민주노총의 조직력을 확대, 강화하고 산별노조 건설토대 구축, ③ 민주노총의 사회적 역할과 위상강화, ④ 조합원 정치의식 강화, 노동자를 민주주의 투사로 각인시켜 정치세력화 토대구축, ⑤ 노동자 총파업투쟁이 범국민적 투쟁을 선

54) 김태균, 「96~97년 노동법개악 저지 대투쟁」, 노동사회과학연구소, 2018, 3쪽.
55) 김태균, 「96~97년 노동법개악 저지 대투쟁」, 노동사회과학연구소, 2018, 6쪽.

도하고 투쟁의 확산을 가져옴"이라고 평가했다.[56]

그러나 1996~1997년 노개투 총파업투쟁은 단지 노동법, 안기부법의 날치기 통과를 저지한다는 점을 넘어서 자본과 정권의 신자유주의 공세에 대한 공세적 대응으로 확장되지 못한 한계가 존재했다. 즉, 1996~1997년 노개투 총파업투쟁 1년 뒤인 1997년 12월 IMF 외환위기와 1998년 김대중 정권에 의한 시장자유주의적 노동체제에 의해서(정리해고제의 요건 완화 및 근로자파견제 입법화 등) 한국노동시장이 '비정규직화'와 '맘대로 해고'가 너무도 당연시되는 상황으로까지 이어지게 되었다.[57]

3. 검토

김영삼 정권 시기의 주요 노동운동을 검토해보면 대표적으로 한국통신 파업에서 보인 김영삼 대통령의 발언을 통해 그의 노동정책이 확인될 수 있다.

"한국통신 노조가 불법행위를 계속하여 정보통신업무를 방해하는 것은 국가전복의 저의가 있지 않고서는 생각할 수 없는 일"이라고 발언하여 명백한 노사분규의 문제에 대하여 '국가전복 기도' 운운한 것은 노사분규를 안보적 차원으로 대응하여 노동운동을 억압하려는 것이었다고 생각된다. 과거 군부독재 정권 시절 노사문제에 대해 안보적 차원으로 대응하여 노동운동 관련자들을 국가보안법으로 대응했던 것과 유사한 태도이고, 종교계가 중재노력을 기울이고 있는 과정에서 정부가 명동성당에 공권력을 투입했던 것은 과거 군부독재 정권하에서도

---

56) 김태균, 「96~97년 노동법개악 저지 대투쟁」, 노동사회과학연구소, 2018, 6쪽.
57) 김태균, 「96~97년 노동법개악 저지 대투쟁」, 노동사회과학연구소, 2018, 7쪽.

없었던 것으로써 정부는 2천 년 동안 지켜온 교회법을 침해했다.

　권위주의적 노동체제의 해체와 합의의 형식을 통한 신자유주의적 요소의 구축이라는 김영삼 정권의 노동정책은 한국통신 사건에서 볼 때, 완전한 의미에서의 권위주의적 노동체제의 해체라고 평가하기에는 어려움이 있다고 보인다.

　그리고 한국자동차보험 부당노동행위 사건에서는 사측의 명백한 부당노동행위에 대하여 노동부장관의 미온적인 태도와 타협적 해결을 정부가 강요하다가 결국 부당노동행위를 자행한 사용자 측을 편들어 주는 것이 되어 노조를 사수하지 못하는 결과로 되었다는 점에서 볼 때 집단적 노사관계에서의 합의와 협조라는 제도의 틀을 공고화하려고 했는지도 의문스럽다.

　한편, 노동자들의 주체적인 투쟁의 성격을 통해서 볼 때 특징적인 것은 1950년 한국전쟁 이후 최초의 전국적인 총파업 투쟁을 이룩함으로써 개별자본가를 상대로 하여 이루어지는 경제적 투쟁에서 나아가 국가권력을 상대로 하는 정치적 투쟁으로 발전하여 자유권으로서의 지향을 분명히 하였다는 점이다.

　노동법개악 저지 투쟁에서 보인 총파업투쟁은 첫째, 1950년 한국전쟁 이후 최초의 전국적 총파업으로서 의의가 있고 둘째, 노동법개악에 반대한 것으로서 임금인상 등 경제적 요구가 아닌 정치적 요구를 목적한 투쟁이었으며 셋째, 개별 사용자에 대응하여 투쟁한 것이 아니라 국가권력을 상대로 한 투쟁으로서 정치투쟁이었다는 것이다.

　노동법 개악 저지 총파업은 8 · 15 해방 이후 미군정 시기의 총파업 이후 두 번째의 전국적 총파업이고 1950년 한국전쟁 이후로는 첫 번째의 전국적 정치적 총파업이었다. 그것은 전국적 정치적 총파업으로서 자유권을 지향하고 있다.

제4절 김영삼 정권의 노동법개정

1. 노사관계개혁위원회(노개위)와 노동법의 개악

1993년 출범한 김영삼 정권은 출범과 동시에 'OECD 조기가입'과 '세계화'의 기치를 내걸며 신경제계획 5개년을 발표했다. OECD 가입원서를 제출하면서 김영삼 정권은 조건부로 대대적인 자본의 규제를 완화하고 국회에서의 '정리해고제' 통과를 내걸었다. 이를 위해 김영삼 정권은 1996년 4월 24일 '노사관계 개혁방안 보고대회'를 통해 신노사관계 5대원칙을 주요 내용으로 하는 '신노사관계구상'을 발표했고, '신노사관계구상'의 내용을 보면 민주노총과 한국노총 그리고 경총이 참여하는 대통령 직속 노개위 발족을 통해, 자본의 대대적인 규제완화 및 정리해고제 등 노동시장유연화에 대한 법제화를 사회적 대타협을 통해 합의하는 것이었다.

1996년 11월 7일 노사관계개혁위원회는 합의사항, 미합의사항, 미합의사항에 대한 공익위원 안을 제출했고 정부도 1996년 11월 12일 노사관계개혁추진위원회를 설치하여 1996년 12월 10일 노동법개정 법률안을 국회에 송부했으며 국회는 1996년 12월 26일 여당 단독으로 정부안을 일부 수정한 법률안을 통과시켰다. 그러나 이 개정법률은 노동자들과 국민들의 반대로 시행되지 못했고 노동자들이 전면적인 파업으로 대응, 다시 국회에서 여당과 야당의 논의를 거쳐 1997년 3월 13일 새로운 모습으로 노동법이 공포되었다.

노동자들의 총파업은 "신한국당의 노동법개악안 기습통과는 무효이다. 노동법개악안 날치기 통과한 신한국당은 해체하고 김영삼 정권은 퇴진하라"라고 주장하면서 전개되어 민주노총의 경우 민주노총 자체

집계로 총 413개 노동조합과 37만 여 명의 노동자들이 총파업에 돌입하였고, 한국노총의 경우 1997년 1월 15일 현재 산업별 1,650개 노동조합의 40여 만 명의 조합원이 파업에 참여하였다.

1996년 12월 26일부터 1997년 2월 말일까지의 노동자들의 노동법, 안기부법 날치기 통과 반대를 위한 총파업투쟁은 1950년 한국전쟁 이후 개별 자본가를 상대로 임금인상 등 경제적 이해와 요구를 걸고 투쟁해온 것과 다르게 국가권력을 상대로 그것도 노동관련법 및 민주주의 확산을 위해 노동악법 및 안기부법 철회를 요구조건으로 파업한 것으로써, 그것은 전국적으로 전 산업적으로 전개된 최초의 정치적 총파업투쟁이었다.[58]

2. 1996년, 1997년 노동법의 개정 내용

1) 근로기준법의 개정 내용

첫째, 정리해고 요건의 완화이다.

1996년 법은 경영상 이유에 의한 해고의 요건을 대폭 완화했다. 즉 사용자는 경영상 이유에 의하여 노동자를 해고하고자 하는 경우에는 계속되는 경영의 악화, 생산성 향상을 위한 구조조정과 기술혁신, 또는 업종의 전환 등 긴박한 경영상의 필요가 있으면 가능하도록 하였다(제27조의2 제1항). 그리고 계속되는 경영악화로 인한 사업의 양도, 합병, 인수의 경우에는 긴박한 경영상의 필요가 있는 것으로 보도록 하였다(제27조의2 제2항). 이 경우 사용자는 해고를 피하기 위한 노력을 다하여야 하며 합리적이고 공정한 해고의 기준을 정하고 이에 따라 그 대

---

58) 김태균, 「96~97년 노동법개악 저지 대투쟁」, 노동사회과학연구소, 2018, 3쪽.

상자를 선정해야 하며(제27조의2 제3항) 일정 규모 이상의 인원을 해고하고자 할 때에는 대통령령이 정하는 바에 따라 노동위원회의 승인을 받아야 하도록 하였다(제27조의2 제4항). 이러한 요건을 갖추어 노동자를 해고한 때에는 제27조 제1항의 규정에 의한 정당한 이유가 있는 해고를 한 것으로 보도록 하였다(제27조의2 제5항).

1997년 법규정은 사용자는 경영상 이유에 의하여 근로자를 해고하고자 하는 경우에는 긴박한 경영상의 필요가 있어야 한다(제31조 제1항). 라고 규정하고 있다.[59]

1996년 법에서는 "계속되는 경영의 악화, 생산성 향상을 위한 구조조정, 기술혁신, 또는 업종의 전환" 등을 긴박한 경영상의 필요에 포함시켜 널리 정리해고가 가능하다고 보았고, 경영악화로 인한 사업의 양도, 인수, 합병의 경우에는 긴박한 경영상의 필요가 있는 것으로 보아서 정리해고의 정당한 사유를 완화했다.

그러나 1997년 법에서는 "긴박한 경영상의 필요"로 정리해고의 정당 사유를 이전처럼 엄격히 규정하였다.

둘째, 정리해고 절차의 규정이다.

사용자는 제27조의2의 규정에 의하여 노동자를 해고하고자 하는 경우에는 해고일 60일 전까지 당해 사업장의 노동조합과 해당 노동자에게 문서 또는 기타의 방법에 의하여 그 사실을 알려야 한다(제27조의3 제1항). 그리고 사용자는 동 사실을 알린 후 해고를 피하기 위한 방법 및 해고의 기준 등에 관하여 당해 사업장에 노동자의 과반수로 조직된 노동조합이 있는 경우에는 그 노동조합, 노동자의 과반수로 조직된 노동조합이 없는 경우에는 노동자의 과반수를 대표하는 자와 성실하게 협의하도록 하였다(제27조의3 제2항).

---

[59] 노동부, 『근로기준법령 제, 개정발자취』, 2006, 37쪽.

셋째, 탄력적 근로시간제의 도입이다.

1990년 법에서는 1주 44시간 1일 8시간의 법정 최장 근로시간 내에서만 근로할 수 있게 되어 있었으나 1996년 법은 탄력적 근로시간제를 도입하여 단위기간을 평균하여 1주 44시간의 범위 내에서 특정 주, 특정 일에 각각 44시간, 8시간을 초과하여 근로할 수 있게 하였다(제42조의2).[60]

넷째, 선택적근로시간제의 내용이다.

1996년 법에서는 1주 또는 1일의 근로시간은 정할 필요가 없고 오직 1월 이내의 정산기간 동안의 총근로시간만 정하면 되며, 노동자는 1주 44시간, 1일 8시간의 근로시간의 제한 없이 자신의 선택에 따라 자유롭게 근무에 종사할 수 있는 선택적 근로시간제를 도입하였다(제42조의3).

다섯째, 간주근로시간제이다.

1996년 법은 실제 근로한 시간을 계산하기 어려운 일정 요건하에 소정근로시간, 업무수행에 통상적으로 필요한 시간 또는 노사가 서면합의한 시간을 근로시간으로 간주하는 간주 근로시간제를 도입하였다. 사업장 밖에서 근로하여 근로시간을 산정할 수 없는 경우 소정근로시간을 근로한 것으로 보고, 통상적으로 소정근로시간을 초과하여 근로하는 경우 그 업무에 통상 필요한 시간을 근로한 것으로 보며, 당해 업무에 관하여 근로자대표와의 서면합의가 있는 경우에는 합의에서 정한 시간을 근로한 것으로 간주하고 있다(제46조의2).[61]

이는 탄력적 근로시간제나 선택적 근로시간제가 근로시간의 형태 변화를 동반하는 것이지만, 간주시간제는 현재 이루어지고 있는 근로시간의 형태에서 근로시간을 계산하는 방법만 편리하게 바꾸는 측면이 있다.[62]

---

[60] 박승두, 『노동법의 역사』, 법률 sos, 2009, 127쪽.
[61] 노동부, 『근로기준법령 제, 개정 발자취』, 2006, 64쪽.

여섯째, 특수한 업종에 있어서의 연장근로의 특례이다.

1990년 법에서는 탄력적 근로시간제가 허용되지 않았고, 따라서 이에 대한 예외규정으로서 특정업무에 대해서 공익 또는 국방상 특히 필요한 경우에 노동부장관의 승인을 얻어 1주 44시간의 범위 내에서 1일 8시간의 근로시간을 제한 없이 초과할 수 있도록 하고 있었다. 그러나 1996년 법에서 모든 업종에 대하여 최장 1월 단위의 탄력적 근로시간제가 허용됨에 따라 구법의 위 규정은 수정이 불가피하게 되었고 결국 특정 업종의 경우 근무형태의 특성을 인정하여 연장근로 및 휴게시간에 관한 특례를 규정하게 된 것이다. 즉, 특정 업종63)에 해당할 경우 1주 12시간을 초과하여 근로할 수 있게 하거나 휴게시간을 변경할 수 있도록 하였다(제47조의2).

일곱째, 퇴직금 중간정산제의 도입이다.

1996년 법은 노동자의 요구가 있는 경우에는 퇴직하기 전에 당해 노동자가 계속 근로한 기간에 대한 퇴직금을 미리 정산하여 지급할 수 있는 퇴직금 중간정산제를 도입하였다(제28조 제3항). 그리고 1996년 법은 "퇴직금에 준하는 제도"를 도입하였는바, 사용자가 노동자를 피보험자로 하여 대통령령이 정하는 퇴직연금보험 기타 이에 준하는 보험에 가입하여 노동자의 퇴직 시에 일시금 또는 연금으로 수령하게 하는 경우에는 퇴직금제도를 설정한 것으로 보도록 하였다(제28조 제4항). 그러나 이 경우 퇴직연금보험에 의한 일시금의 액은 퇴직금의 액보다 적어서는 아니 된다.

---

62) 박승두, 『노동법의 역사』, 법률 sos, 2009, 129쪽.
63) 특정업종은 ① 운수사업, 물품판매 및 보관업, 금융보험업 ② 영화제작 및 흥행업, 통신업, 교육연구 및 조사사업, 광고업 ③ 의료 및 위생사업, 접객업, 소각 및 청소업, 이용업 ④ 기타 공중의 편의 또는 업무의 특성상 필요한 경우로서 대통령령이 정하는 사업 등이다(제47조의2).

여덟째, 연차유급휴가의 상한선의 도입이다.

1996년 법은 연차휴가가 "30일을 초과할 경우에는 그 초과하는 일 수에 대하여는 유급휴가를 주지 아니할 수 있다"라고 규정하여 연차유급휴가의 상한선을 도입하였다. 1997년 법에서는 사용자는 2년 이상 계속 근로한 근로자에 대하여는 1년을 초과하는 계속 근로년수 1년에 대하여 제1항의 휴가에 1일을 가산한 유급휴가를 주어야 한다. 다만, 그 휴가 총 일수가 20일을 초과할 경우에는 그 초과하는 일수에 대하여는 통상임금을 지급하고 유급휴가를 주지 아니할 수 있다(제59조 제2항). 라고 규정하고 있다.[64] 따라서 1996년 법이 연차유급휴가 상한선을 "30일초과시"라고 하고 있는 것에 반하여 1997년 법은 "20일 초과 시 연차유급휴가를 주지 않고 통상임금을 지급할 수도 있다"라고 하여 1997년 법규정이 연차휴가권의 보장을 더 확대하고 있다.

2) 노동조합법의 개정 내용

개정 노동법 중 집단적 노사관계법 영역은 법률의 명칭부터 바뀌는 전면 개정으로 나타나, 기존의 「노동조합법」과 「노동쟁의조정법」은 폐지되고 이를 통합한 「노동조합 및 노동관계조정법(1997년 3월 13일 법률 제5310호)」이 제정되면서 조문체제와 내용상 많은 변화가 있었다.

첫째, 복수노조의 허용이다. 원칙적으로 복수노조설립을 전면 허용하였으며(제5조) 다만, 사업장에 노동조합이 조직되어 있는 경우에는 그 노동조합과 조직대상을 같이하는 새로운 노동조합은 1999년 12월 31일까지는 설립할 수 없도록 하였다(부칙 제6조 본문).

둘째, 노조전임자에 대한 급여지급 금지이다.

---

[64] 노동부, 『근로기준법령 제, 개정 발자취』, 2006, 69쪽.

사용자가 노조전임자의 급여를 지원하는 것을 노조의 자주성을 침해하는 부당노동행위의 하나로 명시하였다(제81조). 다만 노조전임자의 급여지원을 일시에 제한할 경우 노조활동의 어려움이 예상되므로 현재 사용자가 급여를 지원하고 있는 사업장에 한하여 2001년 12월 31일까지 법적용을 유예하여 노조가 사전준비를 할 수 있도록 하였다.

1996년 법과 1997년 법은 모두 "근로자가 노동조합을 조직 또는 운영하는 것을 지배하거나 이에 개입하는 행위와 노조전임자에게 급여를 지원하거나 노동조합의 운영비를 원조하는 행위는 부당노동행위이다"라고 규정하고 있다(제81조 제4호). 그리고 동일하게 노조전임자 규정도 "① 근로자는 단체협약으로 정하거나 사용자의 동의가 있는 경우에는 근로계약 소정의 근로를 제공하지 아니하고 노동조합의 업무에만 종사할 수 있다. ② 제1항의 규정에 의하여 노동조합의 업무에만 종사하는 자(이하 '전임자'라 한다)는 그 전임기간 동안 사용자로부터 어떠한 급여도 지급받아서는 아니 된다"라고 규정하고 있다.[65]

운영비원조를 포함한 지배개입 금지의 목적이 노조의 자주성 확보에 있다면 노조전임자에게 경제적 지원이 있다고 하더라도, 특히나 노조의 적극적 요구 내지 투쟁의 결과로서 얻어진 것이라면 부당노동행위가 될 수 없고, 노조전임자에 대한 급여지급 금지의 예외가 될 수 있다고 해석해야 할 것이다.[66] 즉 노동조합의 자주성을 해할 구체적 위험성이 객관적으로 명백하게 현존하는 경우에 한하여 노조전임자에 대한 급여지급이 금지되고 이러한 급여지급이 부당노동행위에 해당한다고 보고, 다만 구체적 위험성이 없는 경우에까지 노조전임자에 대한 급여지급 금지가 적용되는 것은 아니라고 보아야 하며, 재적 노조전임

65) 노동부, 『노동조합 및 노동관계조정법령 제』, 개정변천사, 2009, 149~150쪽.
66) 김유성, 『노동법 Ⅱ』, 법문사, 1999, 359~360쪽.

자제도에 관한 입법적 결단은 일정한 테두리는 정하되 구체적인 내용은 노사자율, 협약자치에 맡겨 놓는 것이 가장 현명한 길이다.[67]

셋째, 노동조합의 정치활동 허용이다. 노동조합의 정치활동 금지규정을 삭제하되 노조가 정치 단체화하는 것을 방지하기 위하여 "주로 정치운동 또는 사회운동을 목적으로 하는 경우"를 노조의 결격사유로 신설하였다(제2조 제3호 마목).

넷째, 해고자의 조합원 자격이다. 해고자의 조합원 자격 유지기간을 "노동위원회에 부당노동행위 구제신청을 하여 중노위의 재심판정이 있을 때까지"로 제한하였다(제2조 4호 라목). 해고의 효력을 다투는 자는 부당노동행위 구제신청을 한 경우 중노위의 재심판정 시까지는 근로자가 아닌 자로 해석해서는 아니 된다. 즉 중노위의 재심판정 시까지는 근로자로 해석되어 조합활동이 가능하다.

다섯째, 노조대표자의 단체협약체결권 인정이다. 노조대표자가 단체교섭권과 함께 단체협약체결권까지 가지고 있으며(제29조 제1항) 노사가 함께 성실히 단체교섭을 하여야 함을 명시하였다.

여섯째, 임금협약의 유효기간 연장이다. 임금협약의 최장 유효기간을 1년에서 2년으로 연장하였다(제32조 제1항). 과거법은 법률상 일반적인 단체협약의 유효기간은 2년이었으나 임금협약은 그 최장 유효기간을 1년으로 정하고 있었다. 그러나 그동안 노동조합이 매년 임금협상을 위한 임투 등을 통해 노사관계가 악화되자 경영자 측에서 임금협약의 유효기간을 연장해 줄 것을 요구하였고, 이를 수용한 것이다.[68]

일곱 번째, 노동쟁의 조정제도의 변경과 조정기간의 변경이다. 기존의 노동쟁의 조정제도는 알선, 조정, 중재의 3가지였으나, 1996년 법에

---

67) 강희원, 『노사관계법』, 법영사, 2012, 179~186쪽.
68) 박승두, 『노동법의 역사』, 법률 sos, 2009, 307쪽.

서는 알선제도를 폐지하였다. 그리고 1996년 법에는 조정은 조정신청이 있은 날부터 일반 사업에 있어서는 15일 공익사업에 있어서는 20일이내에 종료하여야 한다고 규정하였다(제54조 제1항). 그러나 1997년법에서는 조정은 조정의 신청이 있은 날로부터 일반 사업에 있어서는10일, 공익사업에 있어서는 15일 이내에 종료하여야 한다(제54조 제1항)라고 규정하고 있다. 1997년 법이 조정기간을 단축함으로써 노동자들의 단체행동권 행사를 더 보장하고 있다.

여덟 번째, 무노동 무임금 원칙의 확립이다.

1996년 법에서는 "사용자는 쟁의행위에 참가하여 근로를 제공하지아니한 근로자에 대하여는 그 기간에 대한 임금을 지급하여서는 아니되며, 노동조합은 그 기간에 대한 임금의 지급을 요구하거나 이를 관철할 목적으로 쟁의행위를 하여서는 아니 된다(제44조)"라고 규정하여'임금지급 금지규정'의 형식을 띠었다.

그러나 1997년 법규정에는 ① 사용자는 쟁의행위에 참가하여 근로를제공하지 아니한 근로자에 대하여는 그 기간 중의 임금을 지급할 의무가 없다. ② 노동조합은 쟁의행위 기간에 대한 임금의 지급을 요구하여 이를 관철할 목적으로 쟁의행위를 하여서는 아니 된다(제44조)고 규정하여 쟁의행위 시 임금지급 의무가 없음을 명백히 하였다.[69]

쟁의행위 시 임금상실의 범위와 관련해서는 임금 2분설과 의사해석설이 나누어진다.

임금 2분설은 근로계약이란 '종업원 지위를 설정하는 부분'과 '사용자의 지휘명령하에 매일 구체적인 노무를 제공하는 부분'으로 구성되어 있고, 임금청구권도 전자에 대응하는 '생활보장적 임금'과 후자에 대응하는 '교환적 임금'으로 이분되어 쟁의행위에 의하여 상실되는 임금

---

[69] 노동부, 『노동조합 및 노동관계조정법령 제, 개정 변천사』, 2009, 204~205쪽.

은 원칙적으로 후자에 한정된다는 견해이다.[70]

의사해석설은 임금삭감의 범위는 개별적으로 당해 근로계약의 해석(취업규칙, 단협, 관행 등의 해석)을 통하여 결정해야 한다는 견해로서 지불항목의 구별 없이 전체가 근로의 대상으로 보아야 한다는 주장이다.[71]

임금 2분설의 경우 파업 시 생활보장적 임금을 인정한다는 면에서 근로자를 보호할 수 있지만, 확실히 임금은 모두 근로의 대가이므로 파업참가자에 대하여는 원칙적으로 어떤 명목의 임금이든 삭감할 수 있다.[72] 그러나 파업참가자에 대하여 특정의 임금을 삭감할 수 있는지 여부에 관해 명시적으로 정하지 않은 경우에는 무노동이라는 점에서 파업참가와 성질이 비슷한 평상시의 결근 등에 대하여 특정의 임금을 삭감하도록 되어 있는지는 근로계약(취업규칙이나 관행 포함)의 내용을 유추 적용해야 할 것이고, 근로자가 참가한 파업이 정당한 데도 결근자에게 삭감하지 않은 특정의 임금을 파업참가자에게만 삭감한다면, 이는 정당한 단체행동의 참가를 이유로 한 불이익취급으로서 부당노동행위에 해당한다.[73]

즉, 쟁의행위 시 임금지급 의무가 없다는 것은 다만 법해석에 의하거나 사실력(쟁의행위)에 대하여 임금지급이 강제되지 않는다는 것을 의미할 뿐이지, 사용자가 임의로 지급하는 것까지 금지되는 것은 아니다.[74] 따라서 노무불제공(결근)에 대하여 임금을 지급하는 관행이 있었다면 쟁의행위 시에도 임금지급 의사가 있다고 해석하는 것이 타당

70) 신인령, 『노동판례연구』, 이화여자대학교 출판부, 1995, 489쪽.
71) 신인령, 『노동판례연구』, 이화여자대학교 출판부, 1995, 489쪽.
72) 임종률, 『노동법』, 박영사, 2018, 262쪽.
73) 임종률, 『노동법』, 박영사, 2018, 262쪽.
74) 김유성, 『노동법 Ⅱ』, 법문사, 1999, 304쪽.

하고 그러할 때, 결근 시 제공되는 생활보장적 임금은 쟁의행위 시에도 지급되어야 한다.

아홉 번째, 방위산업체에 종사하는 일반 근로자의 쟁의행위 허용규정이다.

1996년 법에는 "방위산업에 관한 특별 조치법에 의하여 지정된 주요 방위산업체에 종사하는 근로자 중 주요 방산물자의 생산, 전력, 용수, 원부자재 공급 등 이와 직접 관련된 업무에 종사하는 자는 쟁의행위를 할 수 없다(제41조 제2항)"라고 규정하고 있다.[75] 그러나 1997년 법규정에는 "방위산업에 관한 특별조치법에 의하여 지정된 주요 방위산업체에 종사하는 근로자 중 전력, 용수 및 주로 방산물자를 생산하는 업무에 종사하는 자는 쟁의행위를 할 수 없으며 주로 방산물자를 생산하는 업무에 종사하는 자의 범위는 대통령령으로 정한다(제41조 제2항)"라고 규정하고 있다. 따라서 1997년 법규정에서는 "원부자재 공급"이 제외되어 1996년 법규정보다 쟁의행위를 할 수 없는 주요 방위산업체에 종사하는 범위가 더욱 제한되어 있다.

열 번째, 쟁의기간 중 대체근로의 허용범위이다.

1996년 법규정에서는(사용자의 채용제한) "사용자는 쟁의행위 기간 중 그 쟁의행위로 중단된 업무의 수행을 위하여 당해 사업과 관계없는 자를 채용 또는 대체할 수 없다. 다만, 제81조 제2호 단서의 규정에 의한 단체협약이 체결되어 있고 당해 사업 내에 대체할 수 있는 근로자가 없으며 쟁의행위로 인하여 중대한 경영상의 손실이 있는 예상되는 경우에는 일시적으로 기간을 정하여 당해 사업과 관계없는 자를 채용 또는 대체할 수 있다(제43조 제1항)"라고 규정되어 있다.

1997년 법에서는 "① 사용자는 쟁의행위기간 중 그 쟁의행위로 중단

75) 노동부, 『노동조합 및 노동관계조정법령 제, 개정 변천사』, 2009, 193쪽.

된 업무의 수행을 위하여 당해 사업과 관계없는 자를 채용 또는 대체할 수 없다. ② 사용자는 쟁의행위 기간 중 그 쟁의행위로 중단된 업무를 도급 또는 하도급 줄 수 없다(제43조 제1, 2항)"라고 규정하고 있다. 따라서 1997년 법이 일반적으로 "당해 사업과 관련 없는 자의 채용 및 대체를 금지"하고 있고 예외규정(중대한 경영상의 손실이 있는 경우 사업과 관계없는 자의 채용 및 대체를 허용하는 것)을 두고 있지 않은 점에서 노동자들의 쟁의행위를 더 보호하고 있다고 보인다.

열한 번째, 노동부장관의 자료제출 요구권의 내용이다.

1996년 법에서는(자료의 제출) "노동부장관은 다음 각 호의 1에 해당하는 경우에는 노동조합으로부터 재정장부, 회의록 기타 관계서류를 제출받아 조사할 수 있다. 1. 노동조합의 운영에 대하여 시정을 구하는 진정, 고발 등이 있거나 지도할 필요가 있는 경우. 2. 노동조합의 조직간 또 조직 내부에 분규가 발생하여 조정, 지도할 필요가 있는 경우. 3. 제28조 제1항 제4호의 규정에 의한 노동조합의 활동 유무를 조사할 필요가 있는 경우(제27조)"라고 규정하고 있다.[76]

1997년 법규정에는 "노동조합은 노동부장관이 요구하는 경우에는 결산결과와 운영 상황을 보고하여야 한다(제27조)"라고 규정하고 있다. 1997년 노조법은 자료제출의 필요성에 대한 제한을 삭제하여 그 권한 행사가 행정관청의 임의적 판단에 전적으로 맡겨져 있어 문제된다.[77] 행정관청의 자료제출 요구권은 그 대상이 조합재산에 관련된 자료에 한정되지 않고 널리 기타 운영 상황에 대한 자료에까지 미치고 있고 그 권한행사가 행정관청의 임의적 판단에 맡겨져 있어서 조합운영의 자주성을 침해하고 있다.[78]

---

76) 노동부, 『노동조합 및 노동관계조정법령 제, 개정 변천사』, 2009, 156쪽.
77) 김유성, 『노동법 Ⅱ』, 법문사, 1999, 97쪽.

3. 검토

김영삼 정권의 노동법개정 작업은 1996년 12월 26일의 날치기 통과로 노동자들과 국민들의 커다란 저항을 받아, 1997년 3월 13일의 법으로 제정되었다.

1996, 1997년의 법개정은 다음과 같이 평가할 수 있다.

먼저, 근로기준법의 개정인데, 주요하게 정리해고의 입법완화와 탄력적 근로시간제로써 근로시간을 유연화한 것이 주로 문제된다.

첫째, 정리해고의 완화로써 긴박한 경영상의 필요를 널리 인정하여 경영악화, 구조조정, 기술혁신, 업종전환 등도 널리 긴박한 경영상의 필요에 포함시킨 것이 문제로 되었는데, 1997년 법에서 다시 "긴박한 경영상의 필요"로 규정하여 정리해고의 정당사유를 제한하였다.

둘째, 탄력적 근로시간제와 선택적 근로시간제를 도입하여 근로시간을 유연화했는데, 이는 업무의 성격이나 특성 상 집중적으로 근로시간이 이루어지지 않는 사업장에서 엄격한 근로시간의 제한을 배제하여 기업의 효율적 생산을 도모하고자 하는 것으로써 타당한 입법이었다고 생각된다.

셋째, 간주시간 근로제는 근로시간의 계산의 편의를 위한 것으로 합리성이 인정되고 특수한 업종에 있어서의 1주 12시간을 초과한 연장근로와 휴게시간의 변경권을 인정한 것도 사업의 특성 상 근로시간의 제한을 엄격히 받는 것에 문제가 있는 업종(영화제작, 흥행업 등)에 있어서 1주 12시간을 초과한 근로나 휴게시간을 변경하는 것은 합리성이 있어 타당하다.

다음으로「노동조합 및 노동관계조정법」의 개정 내용이다.

---

78) 김유성,『노동법 Ⅱ』, 법문사, 1999, 96~97쪽.

노조법에서 주로 문제되는 것은 다음의 세 가지이다.

첫째, 단위사업 또는 사업장에서 복수노조의 허용 시기를 유보한 것인데, 복수노조 금지원칙이 근로자의 자유로운 단결권을 제한하는 것으로 이를 폐지해야 한다면, 상급단체뿐만 아니라 기업별 차원에서도 일괄적으로 복수노조 금지원칙은 폐지되어야 한다. 교섭창구 단일화 방안이 마련되어 있지 않다고 하여 복수노조 금지 조치를 유예화하는 것은 단결자치의 원칙에 위배된다.

두 번째로, 노조전임자에 대한 급여지급 금지규정이 문제로 된다. 1996, 1997년 개정법은 노조전임자에게 급여를 지급하는 것을 원칙적으로 경비원조로 금지하고 있다. 경비원조가 부당노동행위로 금지되는 것은 노동조합의 자주성을 목적으로 하는 것이다. 자주성침해의 문제가 없는 특히나 노동조합의 투쟁의 결과로 얻은 노조전임자에 대한 급여지급 등은 부당노동행위가 될 수 없다. 노조법 제81조 제4호 단서는 근로자의 후생자금 또는 경제상의 불행 기타 재해방지와 구제 등을 위한 기금의 기부와 최소한 규모의 노동조합의 사무소제공을 경비원조의 예외로 한다고 규정하고 있는 만큼, 자주성 침해가 문제되지 않는 경비원조는 부당노동행위가 되지 않는다. '자주성 침해 여부'의 원칙하에서 노조전임자에 대한 급여지급 문제도 해결해야 할 것이다. 따라서 일반적인 노조전임자에 대한 급여지급 금지규정(일정 기간 이를 유예하고 있더라도)은 문제가 된다.

셋째, 무노동 무임금 원칙이다. 노무가 없는 곳에 임금도 지급될 수 없다는 이 원칙은 사용자에게 임금지급의 의무가 없다는 것이지 임금지급금지의 원칙이 아니다. 따라서 사용자가 임의로 임금을 지급하는 것은 문제가 될 수 없고, 사용자가 합의한 임금의 지급을 거절하는 것은 단체협약 위반이 된다. 그리고 사용자가 노무의 불제공에도 불구하고 임금을 지급해 왔다면, 이는 사용자가 임금의 지급을 약속한 것이기에 그 해당 임금은 쟁의행위 시에도 지급해야 한다. 결근과 쟁의행위 시의 노무불제공을 차별할 수 없으며, 만약 결근과 쟁의행위 시의 노무불제공을 구별한다면 이는 불이익취급으로서 부당노동행위에 해당한다.

1996년 법규정에서는 쟁의행위 시 임금지급 금지원칙을 규정하고 있지만, 1997년 법규정에서는 임금지급 의무가 없다는 규정으로 변화하고 있어 타당하다.

노조법의 개정에서 이러한 주요한 문제가 있음에도 복수노조 금지원칙을 폐기했다는 것(노동조합 자유 설립주의 인정), 주요 방위산업체에 종사하는 일반 근로자의 쟁의행위 제한이 폐지된 것, 사업과 관련 없는 자의 채용 또는 대체의 예외규정을 폐지한 것, 쟁의행위 시 조정기간을 단축하여 단체행동권을 보다 보장한 것, 노동조합의 정치활동을 보장한 것 등은 긍정적으로 평가된다. 단, 1996, 1997년 법개정에서는 공무원과 교원의 단결권을 허용하는 입법화에는 이르지 못하여 추후의 과제를 남기게 되었다(추후 이 문제는 「공무원의 직장협의회의 설립 및 운영에 관한 법률」로서 나아갔지만 직장협의회법은 단결권의 인정이 아닌 노사협의회에 가까워 문제로 되었고 교원의 단결권은 「교원의 노동조합 설립 및 운영에 관한 법률」로서 단결권을 인정받는 것으로 되었다. 나아가서는 6급 이하의 공무원의 단결권도 인정되게 되었다(2005년 현재)).

제5절 소결

과거의 이승만, 박정희, 전두환 정권은 그 정권이 외세의 힘에 의존하여 대통령이 되거나(이승만의 경우 미군정이라는 외세의 힘에 의존하여 남한만의 단독정부를 수립하였음) 군부의 쿠데타에 의해 집권함으로써(박정희는 5·16쿠데타에 의해, 전두환은 12·12쿠데타에 의해 집권함) 권력형성의 정통성이 직접 문제가 되었다.

김영삼 정권은 3당합당으로 창출되었기에 개혁에 어느 정도 한계가 있었지만 외세에 힘입어 정권을 창출했던 것도 아니고 군부쿠데타에 의해 집권한 것도 아닌 만큼 최초의 문민정부라는 점에서 권력형성의 정통성은 인정받을 만했다. 그러나 권력행사의 정당성 측면에서 볼 때 상당한 한계가 있었다.

김영삼 정권의 노동법개정 작업은 1996년 12월 26일의 노동법 날치기 통과로 노동자들과 국민들의 커다란 저항을 받아 1997년 3월 13일 법으로 제정되었다. 1996년, 1997년 법개정의 내용은 첫째, 「근로기준법」의 개정인데, 주요 개정 내용은 정리해고요건의 입법완화와 탄력적 근로시간제로서 근로시간의 유연화이다. 둘째, 「노동조합 및 노동관계조정법」의 주요 개정 내용은 복수노조 금지 폐지와 사업장 단위에서의 복수노조 금지 폐지의 유예, 노조전임자에 대한 급여지급 금지와 노조전임자에 대한 급여지급을 부당노동행위의 하나인 경비원조로 파악하는 내용, 무노동 무임금 원칙의 확립이다(1996년 법규정에서는 쟁의행위 시 임금지급 금지를 규정하였으나 1997년 법규정에서는 임금지급의 무가 없음을 규정함).

김영삼 정권의 노동정책은 1987년의 민주화 이행과 노동자 대투쟁으로부터 권위주의적 노동체제가 해체, 권위주의적 노동체제를 재편하는 것으로 이루어져, 자본의 논리에 부응한 '유연한 노사관계'를 위한 정책적 모색이 이루어졌고 세 가지를 주요한 특징으로 하였다.

첫째, 물리적 억압에 주로 의존했던 6공화국과 달리 민간의 자율교섭과 사회적 합의의 형식을 추구했고 둘째, 집단적 노사관계와 개별적 노사관계를 구분하고 양자에 대한 차별적 전략을 추구하여 집단적 노사관계에서의 협조적인 방향으로 제도화하고 개별적 노사관계에서는 자본 측의 요구를 수용, 정리해고제의 완화와 노동시간의 유연화를 반영하였다. 셋째는 집단적 노사관계에서의 협조와 합리화에 대한 모색과 개별적 노사관계에서의 유연화를 통합해서 권위주의적 노동체제를 해체하고 합의의 형식을 통한 신자유주의적 요소를 도입하는 것이었다. 그러나 김영삼 정권의 신자유주의적 노동정책은 권위주의적 노동정책의 완전한 해체라기보다는 권위주의적 노동체제의 연장이라고 말할 만큼 제한적이었다.

김영삼 정권의 노동정책은 주요 노동운동에 대한 태도로부터 확인된다. 1995년 한국통신사건에서 한국통신 노동자들이 통신시장 개방반대, 대기업위주의 통신산업 민영화 중지 등 단위사업장 차원에서 해결하기 힘든 경영사항에 대하여 요구하자 경영사항이 의무적 교섭사항이 아니라는 판단하에 불법파업으로 판단, 명동성당 및 조계사에서의 농성에 대하여 전격적으로 경찰병력을 투입하여 노조간부들을 연행, 구속했다.

이 사건에서 김영삼 대통령은 "한국통신 노조가 불법행위를 계속하여 정보통신업무를 방해하는 것은 국가전복의 저의가 있지 않고서는 생각할 수 없는 일"이라고 하여 노사관계문제를 '국가전복 기도'로 판단하여 과거의 권위주의적 노동체제하에서 노사문제를 안보적 차원으로 대응하였던 것과 다름이 없었다.

한편 노동자들의 주체적인 투쟁의 성격을 볼 때 특징적인 것은 1950년 한국전쟁 이후 최초의 전국적인 총파업 투쟁을 이룩함으로써 개별자본가를 상대로 하여 이루어지는 경제투쟁과 다른 정치투쟁을 목적으로 하여 그 투쟁이 자유권을 지향하고 있음을 분명히 하였다. 노동법 개악 반대를 위한 총파업투쟁은 첫째, 1950년 한국전쟁 이후 최초의 전국적 총파업으로서 의의가 있고 둘째, 노동법개악에 반대한 것으로서 임금인상 등 경제적 요구가 아닌 정치적 요구를 목적한 투쟁이었으며 셋째, 개별 사용자에 대응하여 투쟁한 것이 아니라 국가권력을 상대로 한 투쟁으로서 정치투쟁이었다.

우리나라 초기 노동운동이 일제강점기의 반일 민족해방투쟁으로서 전개되어 자유권을 분명히 하였고 미군정 시기에는 자주독립국가를 실현하려는 요구투쟁으로 결집되었으며 이승만 정권 시대에는 이승만이 제3자로서 쟁의에 개입하여 쟁의를 종결시키면서 노동운동은 국가권력과 대립되는 자유권을 내포하였다. 1970년대, 1980년대는 군부독재 정권에 대항한 자유와 민주화의 열정으로 노동운동이 전개되어 자유권을 분명히 하였고, 더 나아가 김영삼 정권 시대에도 주요 노동운동이 노동법 개악 반대를 위한 총파업투쟁이라는 정치투쟁으로 전개되어 우리나라 노동운동은 사실의 측면에서 자유권을 지향해 왔음을 보여주었다.

제10장
결 론

제1절 '사실'의 측면에서 본 자유권의 지향

첫째, 일제강점기의 노동운동의 성격에 대해 요약하면, 일제강점기 조선 노동자들의 투쟁은 일제 경찰의 가혹한 탄압을 받는 식민통치하에서는 반제항일투쟁으로서의 성격을 지닐 수밖에 없었다. 즉, 식민통치하에서는 노동자들이 자신의 권익을 실현하기 위한 투쟁에 있어서 민족해방 없이는 결코 자신들의 처지나 근로조건이 근본적으로 개선될 수 없다는 인식을 하게 되고, 따라서 필연적으로 노동투쟁은 항일 민족해방투쟁으로 발전되어 가며 민족해방투쟁과 결합될 수밖에 없었다.

여기서 노동투쟁이 민족해방투쟁과의 필연적 관련성 속에서 정치투쟁이라는 본질적 속성을 발견하게 되고 그 정치투쟁은 자유의 지향을 내포한다.

일제강점기의 대표적인 노동운동인 1920년대의 원산총파업, 1930년대의 신흥의 장풍탄광 노동자파업과 평양의 고무공장 노동자파업에서 노동운동이 폭력화되어 일제식민권력과 대립되었던 것은 이러한 예를 극명하게 보여 준다.

원산총파업은 일제의 간섭과 탄압을 받으면서 일제에 반대하여 진행되어 13개도 53개 지방을 포괄하는 전국적인 광범한 계층의 인민들이 참가한 전국적인 인민적 성격을 띠는 운동이었다. 또한 자연발생적이고 분산적이기는 하나 폭력투쟁으로서의 이행을 실천하는 것이었다. 이것은 반제 민족해방투쟁으로서의 정치투쟁을 잘 보여주고 있다.

신흥 장풍탄광 노동자들의 파업은 애초부터 경제적 요구 투쟁보다는 노동조합의 건설이라는 정치적 성격에 그 초점이 있었다. 이에 대해 사용자 측이 "노동조합 가입 서약자 수가 전체 탄광노동자의 과반수로서 구성되지 못하였기 때문에 탄광의 전체 노동자대중의 이익을 대표하는 단체로서 인정할 수 없다"라고 하며 노동조합의 창건을 승인하려 하지 않자, 노동자들은 격분하였고 일제 식민지 약탈 자본가들에게 주는 타격의 수단은 폭력적 투쟁이라고 판단하면서 전투적 진출로 궐기했다.

한편 평양 고무공장 노동자파업은 임금인하 반대와 벌금제도에 대한 반대로부터 시작되었으나 공장주들이 일제경찰의 비호 아래 노동자들의 요구를 무시하고 신직공을 모집하여 조업을 개시하자, 노동자들이 분노감을 느껴 폭동으로 발전하였다. 폭동의 양상은 습격 연 회수 16차이며 습격 인원수는 5,000명 정도였으며 일제경찰에게 검속당한 인원은 63명이었다.

이렇게 장풍탄광 노동자파업과 평영의 고무공장 노동자파업은 기업주 측을 비호하며 노동자들을 탄압하는 일제 식민권력에 대항하는 반제 민족해방투쟁의 성격을 띠었다. 그러한 정치투쟁은 자유권의 지향을 본질적으로 보여준다.

둘째, 미군정기 노동정책은 '전평궤멸화'와 '대한노총의 적극적 육성'이었다. 미군정은 남한 내에서의 미국의 완전한 주도권 장악을 위해 조선 내의 기층 대중들의 지지를 받는 일체의 세력을 인정하지 않았고, 그들의 완전한 주도권 장악을 위해 친일보수세력과 결탁하게 된다. 따라서 미군정은 8·15 이후 일제잔재 및 친일파척결을 통해 전 민족의 정치적, 경제적, 사회적 기본 요구를 실현하려 했던 조선인민공화국을 부정했고 기층 노동자대중의 지지를 받고 공산당에 의해 주도되었던 전평을 부정하였던 것이다.

미군정기의 대표적 노동운동이었던 9월파업과 10월항쟁, 2·7파업 및 5·8총파업은 그 정치투쟁의 성격이 명확한 파업이었다. 9월총파업은 단순한 고용조건이나 생활 수준을 개선하기 위한 통상적 의미의 파업과는 그 맥을 달리하는 쟁의행위였고 1948년의 2·7파업은 남조선에 단독정부를 수립하기 위한 총선준비를 위해 국제연합 한국위원단이 방한하는 것에 반대하여 1948년 2월 7일 전평이 감행한 정치목적의 파업으로서 처음부터 정치적 요구로 일관된 파업이었다. 그리고 5·8총파업은 국제연합(UN) 총회의 결의에 따라 남조선에 단독정부를 수립하기 위한 5·10 총선거를 반대하기 위해 강행한 파업으로 전평에서는 잔존조직을 총동원하여 단독정부 수립을 저지하고자 하였다.

이렇게 9월파업과 10월항쟁, 2·7파업 및 5·8총파업은 미군정의 대조선 정책에 정면으로 반대하는 전평이 주도한 본질적인 정치파업이었다. 이러한 정치파업은 본질적으로 자유권을 지향한다.

셋째, 이승만 정권은 한국전쟁이라는 비상상황과 냉전에 기반한 반공 이데올로기를 통해서 개인 지배권력과 장기집권을 위한 발판을 마련한다. 따라서 국회 내에서 다수의 반 이승만전선이 형성되었음에도 불구하고 전쟁이라는 비상상황에 기반하여 대통령 직선개헌을 물리적 압력으로 통과시키면서 재집권에 성공했고 계속해서 그의 개인권력을 강화시킬 수 있었다.

이승만의 노동정책은 대한노총의 상층지도부를 그의 '정치부대화'하여 그들을 통해 다수의 노동대중을 집권확보를 위한 국민동원에 연결시켜냄으로서 그의 권력획득의 수단으로 만드는 것이었다. 이승만 정권의 1953년의 노동법 제정은 1945년 8·15 일본패전, 단독정부 수립, 한국전쟁이란 연속된 기간의 총체적 평가의 결과로서 바라보아야 하고, 그러했을 때 8년간의 과정에서 나타난 '총체적인 체제 위기감' 속에서 그 위기감을 극복하고 다수의 노동대중들을 국민으로서 포섭해 내기 위한 고도의 전략 속에서 이해되어야 한다. 결국 1953년 제정된 집단적 노동관계법은 체제이탈화되어 갈 가능성이 있는 노동대중들을 체제 안으로 포섭해 내려 했던 '체제안정화장치'의 결과물로서 이해되어야 한다.

이승만 정권의 전반기의 주요 노동운동은 철도노조의 합법화투쟁, 조선전업노조의 노조결성투쟁, 조선방직쟁의가 대표적이다. 이들 노동운동에서 쟁의가 해결되어 나가는 과정을 평가해보면 노동자들이 자주적, 민주적으로 대사용자와의 투쟁을 통해 쟁의가 해결되는 것이 아니라 이승만이 외부에서 제3자로 개입하여 그의 자의대로 쟁의를 종결시키는 방식을 취했고, 이로써 노동조합활동의 본질인 '자주성'과 '민주성'을 훼손하였다. 이렇게 전반기 노동운동은 이승만이 자의적 개입으로 쟁의가 종결되는 방식으로 되어, 노동운동이 국가권력과 대립되는 전선을 형성하게 되고 그것은 정치투쟁으로서 평가할 수는 없지만 자유의 지향을 내포하게 된다.

이승만 후반기의 사회정치적 상황은 이승만의 일인 독재지배권력의 획득을 위한 노력과 그것의 실패라고 말할 수 있다. 이승만은 일인 독재지배권력을 획득하기 위해 사사오입개헌, 국가보안법 파동, 조봉암에 대한 사법적 살인을 감행했고, 이승만과 자유당정권은 경찰, 군대, 어용단체를 동원하여 일상화된 탄압으로 국민대중을 몰아갔으며 정치적 위기 때마다 물리적 폭력으로 대응하는 등 반민중적 폭력적 본질을 드러내었다.

이렇게 일인 독재지배체제의 구축과 물리적 폭력 앞에서 대한노총 상층지도부의 파벌싸움은 일상화되었다. 대한노총의 상층지도부의 파벌싸움은 특정한 이념이나 운동노선 없이 '자유당의 간부화'라는 권력욕구에 따라 이루어진 것으로 노동조합으로서의 본질을 가지는 것이 아니라 어용적 반공우익단체로서의 본질을 가지는 것이었다.

이승만 정권 후반기의 노동운동의 특성은 쟁의의 유형에서 임금인상, 임금체불 등 생존권의 수호가 그 본질적 특성이 되어 미군정 시기의 노동운동이 주요하게 정치투쟁의 성격을 지니고 전개된 것과 다르게 조합주의적 노동운동의 성격을 보여주었다. 그리고 쟁의의 과정에서 사용자의 부당노동행위가 전형적으로 드러나고 사용자가 노동조합의 쟁의에 대응하여 어용노조를 적극적으로 조직하여 기존 노조를 파괴시키는 모습으로 나타난다. 한편 분쟁에 대해 정부가 사용자를 편드는 것으로 되어 노동운동의 정치적 중립성을 배제하였다.

넷째, 박정희 정권은 억압과 통제를 기본으로 하되 대내외적으로 반공이데올로기를 표방하였기에 '반공주의적 개발동원체제'였고, 국가가 위로부터 사회를 조직, 재편하여 아래로부터 동원을 이끌어가는 체제로서 '국가주도의 개발동원체제'였다.

1960년대의 박정희 정권의 노동정책은 '조합주의적 통제'라는 질적 변화를 배제한 것이었다. 따라서 1960년대는 1970년대의 긴급조치와 국가보안법 등의 초법적 기제를 결합시켜 노조활동을 전면 중단시키거나 억압해 왔던 노동통제방식과 일관된 흐름하에 놓여 있는 것이었다. 이는 박정희 정권의 정치권력이 노동조합의 상층부를 자신의 권력으로 포섭하려는 어떠한 시도도 없었다는 점, 초기의 산업별 노조체제도 순전히 예방적 차원에서 통제하려고 하는 시도에서 나타났을 뿐 이후 1960년대 내내 그들을 권력체제 내로 수렴하려는 어떠한 시도도 없었던 점으로부터 확인된다.

1960년대의 노동운동의 특징은 주요 노동운동에서 행정관청이나 중앙정보부가 직접 나서서 쟁의에 개입함으로써 억압과 통제의 노동정책을 노골화했다는 것이다. 시그네틱 전자쟁의에서 행정관청이 '노조해산에 관한 경고조치'를 한 것이나, 면방쟁의에서 중앙정보부가 직접 쟁의에 개입하여 쟁의를 종결시켰던 것, 조선방직쟁의에서 '긴급조정권'을 발동하여 사후적으로 쟁의를 금지시켰던 것으로부터 행정관청이나 중앙정보부의 개입에 의한 억압과 통제를 확인할 수 있다.

1970년대 유신체제하에서는 박정희 정권은 고문, 폭력, 살인 등의 방법으로 인간의 최소한의 존엄성마저도 보호받을 수 없을 만큼 억압적 통제적 정책을 자행하였다.

1970년대의 주요 노동운동의 특징은 ① 중앙정보부가 쟁의나 노동조합활동에 개입하여 단결권옹호투쟁이나 생존권투쟁을 안보적 차원으로 대응하여 핵심적인 조합활동가를 국가보안법 위반자로 구속하는 등 폭력적, 억압적 노동정책으로 일관했다. ② 도시산업선교회나 가톨릭노동단체의 노동자들에 대한 의식화투쟁 및 노동자들의 생존권투쟁이나 노조수호투쟁에서 이들 단체의 지원투쟁이나 연대투쟁이 확산되어 노동운동이 반독재민주화투쟁과 결합되었다. ③ 경공업 중심의 서울, 인천지역의 여성노동자들이 노조활동의 중심을 이루어 1980년대 노동조합활동의 기틀을 마련했다.

1970년대 주요 노동운동은 YH무역의 노동자투쟁이 특징적이었다. YH무역의 일방적 폐업에 반대하는 노동자들의 투쟁이 신민당사 농성투쟁으로 확산되었고, 이들 신민당사 농성투쟁을 강제로 폭력적으로 탄압하는 과정에서 노동운동은 국가권력의 폭력성에 대항하는 투쟁으로 발전하였다. YH무역 노동자투쟁은 폐업에 반대하고 생존을 위해 투쟁했던 노동운동이 국가권력의 잔인한 진압작전으로 인해 국가권력과 대항하는 것으로 발전되어, 직접 정치투쟁을 목적으로 하지는 않았지만 자유를 지향하는 투쟁의 성격을 보였다.

그 외 한국모방 노동자들의 투쟁, 반도상사 노동자들의 투쟁에서 중앙정보부가 쟁의에 개입하여 노동자들을 연행, 고문하고 산업선교회와의 관련성, 산업선교회의 정체 등에 대해 자백을 강요하는 등 노조민주화투쟁을 안보적 차원으로 대응하여 노동투쟁을 억압, 통제하였다. 따라서 1960년대, 1970년대의 박정희 정권하에서는 중앙정보부에 의한 개입과 억압 및 통제하에서 노동운동은 주로 자유와 민주화를 요구하는 정치투쟁적 성격으로 발전하여 그것이 자유권을 본질로 하고 있음을 보여주었다.

다섯째, 1980년대 신군부 정권은 정권찬탈을 목적으로 공수부대를 국가폭력으로 동원, 광주시민을 희생시켰고, 삼청교육대라는 범죄의 증거가 없는 사람들을 끌고 가 재판도 없이 무제한 구금, 폭행을 가했으며 언론통폐합을 통해 언론의 자유를 억압, 제한하였다. 이렇게 신군부 정권은 폭력적, 살인적 본질을 가지고 있었고, 이러한 폭력적, 살인적 억압하에서 노동정책 또한 억압과 통제를 일관하였다. 신군부 정권은 정화조치를 통해 노동조합의 주요 간부를 정화 대상자로 선정해 노동조합활동에서 제외시키거나 사업장에서 해고시켜 노동조합활동을 탄압했고, 노동법을 개악하여 제3자 개입금지를 통해 노동자들의 연대를 원천적으로 봉쇄하였으며 기업별 노동조합으로 강제하여 단결자치의 원칙을 훼손하였다.

신군부 정권의 노동정책이 박정희 정권과 구별되는 것은 ① 박정희 정권은 합법성의 외피를 두르려고 가장하였으나 신군부 정권은 광주민중을 계획적으로 살인한 것처럼 모든 합법성의 외피를 벗어버리고 살인적, 폭력적 통제를 가했다는 것이다. ② 박정희 정권은 산업별 노동조합을 형식적으로 유지하려고 하였으나 신군부 정권은 국가가 강요하여 산업별, 지역별 노동조합을 해체시키고 기업별노동조합으로 만듦으로써 단결자치의 원칙을 정면으로 위배하였다. 따라서 신군부 정권의 노동정책은 기본적으로 단결자치의 원칙을 부정하는 살인적, 폭력적 노동정책이었다.

신군부 정권하에서의 주요 노동운동의 특징은 살인적 폭력적 통제로 인해 민중운동이 고양되고 지식인노동자나 학생운동 등의 현장참여로 인해 지역 연대투쟁, 학생운동과 노동운동 간의 연대투쟁이 강화되어 노동운동의 성격이 개별 사용자에 대항하는 경제투쟁에서 사용자 이외의 다른 사용자나 국가권력에 대항하는 정치투쟁으로 발전하게 된다. 대표적으로 ① 구로연대투쟁은 구로공단과 그 인근지역 노동자들의 연대투쟁이었고 정의와 민주주의를 위해 함께 싸우는 노동자, 학생, 반정부집단들 사이의 연대투쟁이었다 ② 1987년의 7, 8월의 노동자대투쟁과 현대노동자들의 투쟁은 "노동조합의 대규모 전면공격"이라고 할 만큼 그 투쟁의 성격이 대사용자에 대항한 것이 아니라 "국가에 대항한 성격"이 강한 정치투쟁이었다. 결국 1980년대 신군부 정권하에서의 노동운동은 국가권력에 대항한 정치투쟁으로서 자유권을 지향하고 있다.

여섯째, 김영삼 정권은 3당합당으로 인한 한계가 있지만 권력형성이 외부의 힘에 의해 조직된 것이 아니고 군부쿠데타에 의해 조직된 것이 아닌 만큼 권력형성의 정당성은 있다. 그러나 권력행사의 정당성에서는 상당한 한계가 있다.

김영삼 정권의 노동정책은 1987년의 민주화이행과 노동자대투쟁으로부터 권위주의적 노동체제가 해체, 권위주의적 노동체제를 재편하는 것으로 이루어져 자본의 논리에 부응한 '유연한 노사관계'를 위한 정책적 모색이 이루어졌다.

김영삼 정권의 노동정책은 주요 노동운동에 대한 태도에서 확인되는데, 권위주의적 노동체제의 해체라기보다는 권위주의적 노동체제의 연장이라고 볼 수 있을 만큼 제한적이었다. 김영삼 대통령은 한국통신 파업과 관련하여 "국가전복 기도"라고 보아 안보적 차원으로 대응, 과거의 권위주의적 노동체제와 별반 다름없는 태도를 취하였다.

김영삼 정권 시대의 대표적 노동운동은 '노동법 개악 저지 총파업투쟁'이었다. 노동법 개악 저지 총파업투쟁은 ① 1950년 한국전쟁 이후 최초의 전국적 총파업이고, ② 임금인상 등의 경제적 요구가 아닌 노동법개정을 요구한 정치적 목적의 파업이었으며, ③ 개별사용자에 대항한 것이 아니라 국가권력에 대항한 파업으로서 정치파업이었다. '노동법 개악 저지 총파업'은 의미 있고 중요한 노동운동으로써 '단순한 사실'이 아닌 '역사적 사실'로서 평가되어야 하고 따라서 김영삼 정권 시기의 다른 부당노동행위에 대한 투쟁이나 임금인상투쟁과는 다른 위상을 가지고 있고 그 투쟁은 정치투쟁으로서 자유권을 지향하고 있다.

결론적으로 일제강점기부터 김영삼 정권 시대에 이르기까지 우리나라 노동운동은 '사실'의 측면에서 자유권을 지향하고 있다. 다시 한 번 요약하면 일제강점기에는 반일민족해방투쟁으로서 정치적 성격이 분명한 자유권을 지향했고[1] 미군정 시기에는 자주독립국가수립이라는 열망에서 전국적 총파업이 일어나는 등 직접적인 정치투쟁으로서 자유권을 분명히 했으며[2] 이승만 정권 시기에는 임금인상이나 임금체불 등의 생존권적 요구가 더 강하게 제기되어 조합주의적 요소를 강하게 표방하였지만 이승만 정권이 외부개입에 의한 쟁의의 종결을 강요한 것으로부터 국가권력에 대한 대립전선으로 나타나 노동운동이 자유권

---

[1] 유혜경, 「일제시대의 노동운동과 노동운동의 성격」, 『경희법학』 제56권 제4호, 2021, 512쪽.

[2] 유혜경, 「미군정시기 노동운동과 노동법」, 『노동법학』 제26호, 2008, 288~290쪽.

을 내포하면서 나아가고 있었다고 평가할 수 있다.[3]

박정희 정권 시기의 노동운동은 억압적, 통제적 국가권력하에서 중앙정보부에 의한 노동쟁의의 개입, 노동운동가들의 연행, 고문, 국가보안법의 적용 등으로 노동운동이 경제투쟁으로부터 국가권력과의 대립으로 발전하는 정치투쟁의 본질을 띠었다.[4] YH무역 노동자투쟁처럼 생존의 요구를 위해 싸웠던 노동운동이 국가권력에 의해 잔인하게 강제 진압되면서 자유를 위한 투쟁으로 변모하였다.[5]

80년대 신군부 정권하에서는 "노동조합의 대규모전면공격"이라고 할 만큼 노동운동이 개별사용자에 대항한 투쟁이 아닌 국가권력을 상대로 하는 투쟁으로서 자유권의 본질을 드러내었다.[6] 마지막으로 김영삼 정권 시기의 노동운동은 '노동법 개악 저지 총파업'에서처럼 노동법 개정을 요구하는 직접적인 정치적 목적의 파업으로서 국가권력에 대항한 투쟁으로 나타나 그 본질이 자유권을 지향하였다.

제2절 '가치'의 측면에서 본 자유권적 기본권

노동삼권이 법인화되는 과정과 노동삼권의 성격론과 관련하여 기존의 논의의 한계를 검토하겠다.

---

3) 유혜경, 「이승만정권 후반기의 사회정치적 상황과 노동운동」, 『경희법학』 제53권 제3호, 2018, 309쪽.
4) 유혜경, 「1960년대 박정희정권시대의 노동운동과 노동법」, 『경희법학』 제54권 제2호, 2019, 278~279쪽.
5) 유혜경, 「1970년대 박정희정권시대의 노동운동과 노동법」, 『사회법연구』 제46호, 2022, 235~237쪽.
6) 유혜경, 「1980년대 신군부정권하에서의 노동법과 노동운동」, 『경희법학』 제56권 제3호, 2021, 444쪽.

먼저 노동삼권이 법인화되는 과정을 평가하면 다음과 같다.

자본주의적 상품생산 양식의 전형적 형태는 대공업(기계적 대량생산)이고 이러한 공업제도는 새로운 사회적 의미를 갖게 된다. 다수의 노동자가 일정한 장소에서 일정한 계획에 따라 집단적으로 노동하며 한 종류의 상품을 만들기 위하여 협력하는 특수한 분업현상이 나타나게 되었고 이것은 개개 노동자의 단순한 '힘의 총화' 이상의 힘을 낳게 하였다.[7] 그러나 대공업제는 사용주의 무한한 영리를 목적으로 한 자유경제에 의하여 다수의 노동자들이 예속됨과 동시에 노동자들에 대한 인간 이하의 대우로써 이어져 국민은 한편으로는 경제적 강자인 사용자와 다른 한편으로는 경제적 예속관계에 놓인 노동자의 군으로 나누어지게 되는 사회적 모순을 초래하였다. 즉, 근대사회에 있어서의 노동자들은 봉건제도하에 있어서의 주종(主從)관계와 같이 제도적으로 사용자나 어떤 특수계층에 예속되어 있지 않기 때문에 적어도 법률상으로는 지극히 자유로운 인격자로서 취급되지만 거의 모든 생산수단을 사용자가 장악하고 있는 자본주의제도에 있어서 노동자들은 노동의 기회가 노동자의 수(數)보다는 적다는 환경하에서 사용자에 예속되고, 노동력의 거래조건도 사용자가 미리 정하여 놓은 조건에 따라 거의 획일적으로 정하여지는 것이 보통이기 때문에 그 조건도 열악해지기 마련이어서, 이렇게 볼 때 근대의 노동자들은 인간다운 생활을 영위할 수 없는 문제에 봉착하게 된다.[8] 이러한 근대자본주의의 형식적인 자유와 평등을 해결하고 실질적인 자유와 평등을 인정받고자 노동자들은 근대 노동조합운동으로써 노동삼권을 요구하였고 대부분의 나라에서 노동운동의 격렬한 과정을 통해 노동삼권이 법인화되었다.

---

[7] 김치선, 『노동법 총설』, 서울대학교 출판부, 12쪽.
[8] 김치선, 『노동법 총설』, 서울대학교 출판부, 14쪽.

이렇게 노동삼권은 법인화되었고, 노동삼권의 성격규명과 관련한 기존 논의를 검토해 보면 다음과 같다.

첫째, 생존권설은 보통 사회권설이라 하는데, 자본주의 사회가 갖는 형식적인 자유와 평등이 구체적 실제적인 사회관계에서는 약자인 노동자들의 실질적인 억압과 부자유를 초래하는 한계를 가졌고, 이에 형식적인 자유, 평등에 기반한 시민법원리의 수정으로 실질적인 자유와 평등을 보장해 주기 위하여 국가가 적극적으로 입법이나 정책으로 개입하여 경제적 약자의 지위를 보장해 주어야 함을 강조하는 입장이다.[9]

생존권설은 우리나라 대법원이 주로 취하는 입장으로 대법원은 헌법 제33조 제1항에 선명된 이른바 "노동삼권은 시민법상의 자유주의적 법원칙을 수정한 신시대적 시책으로 등장한 생존권적 기본권이다"라고 하였고, 그리하여 노동삼권 가운데서 단체교섭권을 가장 중핵적인 권리로서 파악하고 생존권이념의 전제하에 사회관념 상 상당한 대상조치(代償措置)가 마련되어 있다고 보여 질 때는 단체행동권을 제한할 수 있다고 하였다(그리하여 중재위원회가 내린 중재재정은 단체교섭을 통해 얻어낼 수 있는 단체협약과 동일하여 이는 단체행동권을 제한하는 대상조치이고 따라서 (구)노동쟁의조정법 제30조 제3호(직권중재조항), 제31조(중재 시 15일간의 쟁의행위 금지규정)의 규정은 헌법 제37조 제2항에 위배되지 않아 합헌이라고 하였다).[10]

생존권론은 노동자의 인간다운 생존을 확보하기 위한 권리가 노동삼권이라는 점에서 단체교섭권이 가장 중핵적 권리이고, 대상조치가 주어지면 노동삼권을 국가가 제한해도 된다는 이론으로 연결된다는 점에서 한계가 있다.

---

9) 유혜경, 『노동법』, 기저출판, 2015, 17쪽.
10) 대법원 1990년 5월 15일, 90도357판결.

둘째, 자유권론인데, 이 입장은 모든 나라에서 단결권 등이 국가로부터의 자유를 그 불가결의 전제로 하는 권리인 점, 노동운동이 단결금지법의 중압을 이겨내고 자력으로 단결자유를 획득하여 온 점을 주장한다.[11] 그리고 노동삼권의 제한이 다른 기본권과의 충돌이나 중대한 국가적 이익(질서유지 등), 공공복리 등의 중대한 필요상 기본권의 조정이라는 측면에서 제한되어진다는 논리라기보다는 노동삼권 자체의 본질 상 제한될 수 있다는 논리로 전개되는 것은 노동삼권의 기본권보장에 있어 그 의의를 삭감시킨다고 주장하면서, 노동삼권의 보장은 그 실질적 측면에서 노동삼권에 대한 국가의 인정이었기에 자유권이라고 파악해야 한다는 입장도 있다.[12]

자유권론은 노동삼권이 법인화되는 과정이 노동자들의 노동운동으로부터 국가에 의하여 승인되는 과정이었기에 '국가로부터의 자유'를 본질로 하고 있다는 점에서 타당하다. 그리고 생존권론의 판단이론에 따르면 생존권론 → 단체교섭권 중심설 → 대상조치론을 통해 노동삼권을 제약하는 논리로 이끌고 나가는데, 자유권론에서는 자유나 자치를 강조하여 국가의 개입을 막을 수 있다는 점에서도 타당하다.

셋째, 혼합권설은 노동삼권이 생존권성과 자유권성을 동시에 갖는다고 주장하는 입장이다. 한편에서 노동삼권은 시민 자본주의 사회가 가지는 형식적인 자유와 평등의 한계를 지적하고 실질적인 자유와 평등으로 가게 하기 위해 국가가 개입하여 노동자들을 보호, 지원해야 한다는 것이고, 다른 한편으로 노동삼권을 능동적으로 보아 국가로부터의 자유나 자치로 이해하여 국가나 제3자에 의하여 부당한 개입이나 간섭을 받지 않을 권리로 이해하는 것이다.

---

11) 유혜경, 『노동법』, 기저출판, 2015, 19쪽.
12) 강희원, 「노동삼권의 법적 성격과 노동단체법」, 『헌법실무연구』 제1권, 2000, 382~384쪽.

최근 헌법재판소는 노동삼권에 대하여 초기에는 사회권적 성격을 더 강조하였으나 최근에는 자유권적 기능을 더 강조하면서 노동삼권을 '사회적 보호기능을 담당하는 자유권' 또는 '사회권적 성격을 띤 자유권'이라고 하여 노동삼권이 사회적 성격과 자유권적 성격을 동시에 가지고 있음을 강조하고 있다.[13]

'가치'의 측면에서 고찰했을 때, 노동삼권의 성격론과 관련하여 생존권론은 단체교섭권 중심주의를 통해 단체협약 유사의 결과물만 보장된다면 단체행동권의 제약도 가능하다는 논리가 되어, 결과적으로 노동삼권의 제약이론으로 둔갑되는 결과가 되었고, 노동삼권이 그 연혁 및 이념의 실현 방식에서 가지는 자유권적 성질을 과소평가하는 단점이 있다.[14] 그리고 노동삼권은 노동자들이 노동운동을 통하여 어쩔 수 없이 국가가 승인하게 된 권리인 점에서 본질적으로 자유권이라고 평가해야 한다.

그리고 현대 자본주의 사회에서 노동삼권은 자유권의 이념을 본질로 하고 자유권을 확장하는 것으로 이해해야 한다.

첫째, 현대 자본주의 사회에서는 국가가 노동시장에 깊이 관여하면서 사용자에 의한 인적 종속에서 '노동시장에 의한 종속노동'으로 변화하게 되고, 자본의 세계화(식민주의 → 제국주의 → 경제발전론 → 세계화)라는 자본의 필연적 운동논리 속에서 노동자가 발 딛고 있는 종속노동은 '총자본에 대한 종속노동'으로 변화됨으로써 노동삼권은 '자유권의 지향'을 더욱 분명히 하게 된다.[15]

둘째, 노동삼권이 진정 보장의 대상으로 하는 것은 '결과'가 아니라

---

13) 헌법재판소 1998년 2월 27일, 94헌바 13, 26
14) 김유성, 『노동법 Ⅱ』, 법문사, 1999, 23~24쪽.
15) 유혜경, 『단체협약법의 이론적 기초에 관한 연구』, 경희대학교 법과대학 대학원 박사학위논문, 2006, 210쪽.

'과정'에서의 자유이고, 따라서 노동삼권은 자유권을 본질로 한다. 노동삼권을 통해 결과적인 근로조건을 개선하게 되지만 결과에서의 근로조건의 향상이 노동삼권의 본질적 목적은 아니다. 오히려 노동삼권은 근로자가 단결하여 종속노동에서 문제되는 모든 영역에 대하여 근로자의 의사가 반영되는 '자치'나 '자유'의 의미에 본질적 목적이 있다.

때문에 노동삼권의 대상은 근로자의 생존과 관련된 직접 근로조건에 관한 문제뿐만 아니라 종속노동에서 문제되는 모든 문제를 대상으로 한다. 그러하기에 그것이 위법적 사항이 아닌 한 단체교섭의 대상에서 절대적으로 제외되는 것은 없다고 보아야 한다. 따라서 경영권을 헌법적 기본권으로 보는 입장은 경영사항을 의무적 단체교섭의 대상사항에서 배제하고 있지만, 종속노동과 관계되어 문제되는 모든 영역에서 근로자는 단결하여 사용자와 교섭할 수 있기에 경영사항을 단체교섭의 의무적 교섭사항에서 배제하는 것은 타당하지 않다. 특히 현대자본주의 사회에서는 사용자의 인적 종속성보다는 경제적 종속성이 강조되므로 노동삼권의 대상은 종속노동과 관계된 모든 문제로 확장된다고 보아야 한다.

셋째, 절대적인 의미에서의 생존을 넘어서고 있는 현대 자본주의 사회에서 노동삼권의 본질은 '자유'나 '자치'의 의미에서 자유권을 본질로 한다. 먹고 살아갈 수 있는 순수한 생존의 문제가 해결된다면 단결권의 의미가 사라지는가가 문제이다. 먹고 살아가는 생존의 문제가 해결된다고 하여도 노동자의 단결의 필요성은 없어지지 않는다. 순수한 생존의 문제가 해결된다고 하여도 종속노동하에서 자본주의 사회의 폐해를 시정해 내는 원리로서 단결의 원리는 유의미하게 작동할 것이다.[16]

---

16) 유혜경, 『단체협약법의 이론적 기초에 관한 연구』, 경희대학교 법과대학 대학원 박사학위논문, 2006, 210쪽.

따라서 절대적 빈곤이라는 생존의 문제를 넘어서고 있는 현대 자본주의 사회에서 노동삼권은 자유권을 본질적 특성으로 하고 자유권의 지향을 점점 확대하여 간다고 보아야 한다.

제3절 '단순한 사실'과 '역사적 사실'

어떤 역사적 시기에 있어서 자유권을 위한 투쟁과 다른 노동운동의 예(부당노동행위에 대항한 투쟁이거나 개별 사업장 차원에서의 임금인상투쟁 등)가 자유권으로서의 투쟁의 본질을 제어하는 것이 아닌가라는 의문이 들 수 있다.

여기서 '역사적 사실'과 '단순한 사실'의 문제가 구분되어야 할 필요성이 있다. 역사가가 사실을 선택하고 배열하여 역사적 사실로 만드는 데서 역사는 시작되고, 역사적 사실과 비역사적 사실 사이의 구별은 고정되어 있는 것이 아니라 그것의 적절성과 중요성이 밝혀지면 단순한 사실이 역사적 사실로서 승인될 수 있다.[17] 결국 역사란 역사적 중요성이라는 측면에서 이루어지는 선택의 과정으로서, 역사가는 끝없는 사실의 바다에서 자신의 목적에 중요한 것을 선택하는 것과 마찬가지로 무수한 인과적 전후관계 중에서 역사적으로 중요한 것을 오직 그런 것만을 추출해 낸다.[18] 그리고 그 역사적 중요성을 가르는 기준이 되는 것은 그 전후관계를 자신의 합리적인 설명과 해석의 모형에 짜맞추는 역사가의 능력이며 그 밖의 다른 인과적 전후관계들은 우연적인 것으로 배제되어야만 한다.[19]

---

17) E. H. 카(김택현 역), 『역사란 무엇인가』, 까치, 2002, 156쪽.
18) E. H. 카(김택현 역), 『역사란 무엇인가』, 까치, 2002, 159~160쪽.

'노동법개악 반대투쟁으로서의 총파업투쟁'은 김영삼 정권 시대의 대표적인 노동운동으로 다른 사실(부당노동행위에 대응한 투쟁이나 임금인상투쟁)들과 구분되는 의미 있는 중요한 것으로써 '단순한 사실'이 아닌 '역사적 사실'로서 승인될 수 있는 것이다. 따라서 노동법개악 반대 총파업투쟁은 역사적 사실로서 평가되어 가치와 결합된다.

마찬가지로 1970년대의 YH무역 노동자들의 투쟁은 그 시기의 다른 현대조선소의 '위임관리제(도급제)'를 폐지할 것을 외친 생존권 투쟁과 구별되는 의미 있고도 중요한 투쟁으로서 단순한 사실이 아닌 역사적 사실로 승격된 것으로 보아야 한다.

각 시대의 주요 노동운동 속에서 그 시기 노동운동이 자유권을 지향했는가, 생존권을 지향했는가의 문제도 이렇게 '단순한 사실'과 '역사적 사실'(의미 있고 중요한 사실)의 구분하에서 이해되어야 하고 역사적 사실은 가치와 결합되어 의미 있는 하나의 체계가 된다.

결론적으로 일제강점기의 원산총파업, 장풍탄광 노동자파업, 평영의 고무공장 노동자파업 그리고 미군정 시기의 9월총파업과 2·7총파업 및 5·8총파업, 이승만 정권 시기의 조선방직쟁의, 박정희 정권 시기의 YH무역 노동자파업, 신군부 정권하에서의 구로연대투쟁, 1987년 7, 8월 노동자투쟁, 현대노동자들의 투쟁, 김영삼 정권 시기의 '노동법개악 반대를 위한 총파업투쟁'은 의미 있고 중요한 사실로서 '단순한 사실'이 아닌 '역사적 사실'로써 승인되어져야 하고, 그 역사적 사실 속에서 자유권의 지향을 발견할 수 있으며, 이러한 역사적 사실은 자유권이라는 가치체계와 결합된다.

본 연구의 목적은 단결권의 성격론과 관련되어, '사실'과 '가치'의 상호의존과 상호작용 속에서 단결권의 성격을 규명하려는 것이다. 그 속

<hr>

19) E. H. 카(김택현 역), 『역사란 무엇인가』, 까치, 2002, 160쪽.

에서 주로 그동안 소홀히 해왔던 '사실'의 측면에서 노동운동과 노동법의 역사를 연구하는 것이 주된 목적이었다.

사실의 측면에서, 우리나라의 일제강점기의 노동운동에서부터 김영삼 정권 시기의 노동법과 노동운동을 고찰했을 때, 노동운동은 개별 사용자에 대항한 경제투쟁에서 나아가 정치적 목적으로 국가권력에 대항하는 정치투쟁으로서 자유권을 본질적 특성으로 하였음을 밝히고자 한다.

더불어 '가치'의 측면에서, 현대 자본주의 사회는 절대적인 생존의 문제를 넘어서고 있고, 생존의 의미를 넘어서도 단결의 의미는 종속노동의 폐해를 시정해 내는 의미에서 유의미하게 작동할 것이라고 생각된다. 따라서 현대 자본주의 사회에서 노동삼권은 본질적으로 자유권적 지향을 갖게 되고 자유의 영역은 더욱 확장되어 간다고 생각된다.

이것으로 본 연구를 마무리하고자 한다.

1. 국내 문헌

강동진, 「일제지배하의 노동자의 노동조건」, 『한국노동문제의 구조』, 광민사, 1978.

강만길, 『고쳐 쓴 한국현대사』, 창작과 비평사, 2005.

강정구, 「김영삼정권의 민족사적 평가」, 『한국사회학』 제34권, 2000.

강준만, 『한국현대사 산책(1970년대 편 1권)』, 인물과 사상사, 2011.

강준만, 『한국현대사 산책(1990년대 편 1권)』, 인물과 사상사, 2017.

강준만, 『한국현대사 산책(1990년대 편 3권)』, 인물과 사상사, 2017.

강현욱, 『항일무장투쟁시기 로동운동』, 조선로동당출판사, 1964.

강희원, 『노사관계법』, 법영사, 2012.

강희원, 「노동삼권의 법적 성격과 노동단체법」, 『헌법실무연구』 제1권, 2000.

구해근, 『한국노동계급의 형성』, 창작과 비평사, 2003.

권의식, 「조선 노동운동 발전에서 조선노동공제회와 조선노동연맹회가 수행한 역할에 대하여」, 『북한학계의 1920, 30년대 노농운동연구』(김경일 편), 창작과 비평사, 1989.

김경일, 『한국노동운동사 2』, 지식마당, 2004.

김경일, 『한국 근대 노동사와 노동운동』, 문학과지성사, 2004.

김경일, 『이재유 나의 시대 나의 혁명』, 푸른역사, 2007.

김경일, 「1950년대 한국의 노동운동에서 대안적 전통」, 『역사비평』 통권 제87호, 역사비평사, 2009.

김경재, 『혁명과 우상 1(김형욱 회고록)』, 전예원, 1991.

김경재, 『혁명과 우상 2(김형욱 회고록)』, 전예원, 1991.

김교숙, 「노동조합의 설립과 자주성」, 『노동법학』 제27호, 한국노동법학회, 2008.

김교숙, 「노동조합의 관리와 자주성」, 『노동법학』 제32호, 한국노동법학회, 2009.

김기진, 『국민보도연맹』, 역사비평사, 2002.

김낙중, 「자유당치하 한국노동운동의 성격」, 『노동문제』 논집 제1집, 고려대학교 노동문제연구소, 1969.

김낙중, 『한국노동운동사(해방후 편)』, 청사, 1982.

김남식, 「박헌영과 8월테제」, 『해방전후사의 인식 2』, 한길사, 2006.

김동춘, 『전쟁과 사회(우리에게 한국전쟁은 무엇이었나)』, 돌베게, 2006.

김대환, 「1950년대 후반기의 경제상황과 경제정책」, 『한국현대사의 재인식 4』, 오름, 1998.

김삼수, 「1960년대 한국의 노동정책과 노사관계」, 『1960년대 한국의 공업화와 경제구조』, 백산서당, 1999.

김삼수, 「박정희시대의 노동정책과 노사관계」, 『개발독재와 박정희시대』, 창작과 비평사, 2012.

김선수, 「제3자 개입금지 조항의 합헌결정에 대하여」, 『법과 사회』 제2권 1호, 법과사회이론연구회, 1990.

김선수, 「『문민인권』 몇 점인가」, 『신동아』 1994. 10.

김수자, 『이승만의 집권초기 권력기반연구』, 경인문화사, 2005.

김영택, 『5월 18일, 광주』, 역사공간, 2011.

김유성, 『노동법 Ⅱ』, 법문사, 1999.

김윤환, 『한국노동운동사 Ⅰ(일제하 편)』, 청사, 1982.

김인호, 『식민지 조선경제의 종말』, 서원신, 2000.

김일영, 「1960년대 정치지형변화」, 『1960년대의 정치사회변동』, 백산서당, 1999.

김삼웅, 『죽산 조봉암 평전』, 시대의 창, 2010.

김 준, 「1950년대 철도노조의 조직과 활동(파벌투쟁 및 정부와의 관계를 중심으로)」, 『산업노동연구』 제13권 제2호, 한국산업노동학회, 2007.

김치선, 『노동법 총설』, 서울대학교 출판부.

김태균, 「96~97년 노동법개악 저지 대투쟁」, 노동사회과학연구소, 2018.

김태일, 「유신체제를 어떻게 볼 것인가」, 『역사비평』 제30호, 1995.

김형태, 「인혁당재건위 사건의 경과와 의미」, 포럼 『진실과 정의』, 2007.

노동부, 『근로기준법령 제, 개정발자취』, 2006.

노동부, 『노동조합 및 노동관계조정법령 제, 개정 변천사』, 2009.

노영기, 「5·16쿠데타 주체세력분석」, 『1960년대 한국의 근대화와 지식인』, 선인, 2004.

노진귀, 『1987년 노동자대투쟁과 노동운동의 고양』, 한국노총 중앙연구원, 2017.

도진순·노영기, 「군부엘리트의 등장과 지배양식의 변화」, 『1960년대 한국의 근대화와 지식인』, 선인, 2004.

리국순, 「1930년대 조선노동계급의 구성에 대하여」, 『북한학계의 1920, 30년대 노농운동연구』(김경일 편), 창작과 비평사, 1989.

리종현, 「1921년 부산 부두노동자들의 총파업」, 『북한학계의 1920, 30년대 노농운동연구』(김경일 편), 창작과 비평사, 1989.

리종현, 「일제 강점하(1920년대) 조선노동계급의 생활실태」, 『북한학계의 1920, 30년대 노농운동연구』(김경일 편), 창작과 비평사, 1989.

마나베 유코 저(김영택 역) 『광주항쟁으로 읽는 현대한국』, 사회문화원, 2001.

박기호, 「한국의 노동쟁의 Ⅰ(현대 한국노동운동의 제양상)」, 『한국자본주의와 임금노동』, 도서출판 화다, 1984.

박명림, 「한국전쟁과 한국정치의 변화」, 『한국전쟁과 사회구조의 변화』, 백산서당, 2002.

박승두, 『노동법의 역사』, 법률 sos, 2009.

박영기·김정한, 『한국노동운동사 3: 미군정기의 노동관계와 노동운동(1945~1948)』, 지식마당, 2004.

박주현, 「제3자 개입금지」, 『노동법연구』 제1권 제1호, 까치, 1991.

박종린, 「광주민중항쟁과 1980년대 전반기 사회운동」, 『한국현대사 4』, 풀빛, 1998.

박태균,「군사정부시기 미국의 개입과 정치변동(1961~1963)」,『박정희시대연구』, 백산서당, 2002.

브루스 커밍스(김주환 역),『한국전쟁의 기원(상)』, 청사, 1986.

브루스 커밍스(김자동 역),『한국전쟁의 기원』, 일월서각, 2001.

브루스 커밍스(김동노 외 역),『브루스 커밍스의 한국현대사』, 창작과 비평사, 2002.

서　승,『서승의 옥중 19년』, 역사비평사, 2004.

서중석,「조봉암, 진보당의 진보성과 정치적 기반」,『역사비평』통권 20호, 역사비평사, 1992.

서중석,「우익의 반탁주장과 좌익의 모스크바 삼상회의 결정지지」,『논쟁으로 본 한국사회 100년』, 역사비평사, 2007.

서중석,『이승만과 제1공화국』, 역사비평사, 2007.

서중석,『대한민국선거이야기』, 역사비평사, 2008.

서중석,『한국현대사 60년』, 역사비평사, 2011.

서중석·김덕련,『서중석의 현대사이야기 16』, 오월의 봄, 2019.

서중석·김덕련,『서중석의 현대사이야기 17』, 오월의 봄, 2019.

서중석·김덕련,『서중석의 현대사이야기 19』, 오월의 봄, 2020.

서중석·김덕련,『서중석의 현대사이야기 20』, 오월의 봄, 2020.

송종래 외,『한국노동운동사 4: 정부수립기의 노동운동(1948~1961)』, 지식마당, 2004.

송지영,「1930년대 평양고무공장 노동자들의 총파업」,『북한학계의 1920, 30년대 노농운동연구』(김경일 편), 창작과 비평사, 1989.

송호근,『한국의 노동정치와 시장』, 나남, 1991.

신용하,『한국 근대의 민족운동과 사회운동』, 문학과 지성사, 2001.

신인령,「한국노동법의 제 문제」,『노동인권과 노동법』, 녹두, 1996.

신인령,『노동법판례연구』, 이화여자대학교 출판부, 1995.

신치호,「박정희정권하의 국가와 노동관계」,『노동연구』제16집, 고려대학교 노동문제연구소, 2008.

심지연,「좌파운동과 진보당사건」,『한국현대사의 인식 4』, 도서출판 오름, 1998.

안　진,『미군정과 한국의 민주주의』, 한울, 2005.

안 진,「미군정기의 국가기구의 형성과 성격」,『해방전후사의 인식 3』, 한길사, 2006.

야마베 겐타로(이현희 역),『일제강점하의 한국근대사』, 삼광출판사, 1998.

양정심,『제주 4·3항쟁(저항과 아픔의 역사)』, 선인, 2018.

역사학연구소,『강좌 한국근현대사』, 풀빛, 2003.

역사학연구소,『함께보는 한국근현대사』, 서해문집, 2004.

오유석,「진보당사건 분석을 통한 1950년대 사회변혁운동연구」,『경제와 사회』 제6권, 한국산업사회학회, 1990.

오유석,「평화통일론과 진보당사건」,『논쟁으로 본 한국사회 100년』, 역사비평사, 2007.

유혜경,『단체협약법의 이론적 기초에 관한 연구』, 경희대학교 대학원 박사학위 논문, 2006.

유혜경,「일제시대의 노동운동과 노동운동의 성격」,『경희법학』제56권 제4호, 2021.

유혜경,「미군정(美軍政)시기 노동운동과 노동법」,『노동법학』제26호, 2008.

유혜경,「이승만정권시기의 노동운동과 노동법」,『노동법학』제30호, 2009.

유혜경,「이승만정권 후반기의 사회정치적 상황과 노동운동」,『경희법학』제53 권 제3호, 2018.

유혜경,「1960년대 박정희정권시대의 노동운동과 노동법」,『경희법학』제54권 제 2호, 2019.

유혜경,「1970년대 박정희정권시대의 노동운동과 노동법」,『사회법연구』제46호, 2022.

유혜경,「1980년대 신군부정권하에서의 노동법과 노동운동」,『경희법학』제56권 제3호, 2021.

유혜경,『노동법』, 기저출판, 2015.

윤용희,「자유당의 기구와 역할」,『한국현대정치론Ⅰ』, 도서출판 오름, 2000.

윤형빈,「1929년 원산노동자들의 총파업과 그 교훈」,『북한학계의 1920, 30년대 노농운동연구』(김경일 편), 창작과 비평사, 1989.

윤해동,「신탁통치 반대운동은 분단, 단정노선」,『바로 잡아야 할 우리역사 37장 면 1』, 역사비평사, 2004.

에릭 홉스봄(강성호 역), 『역사론』, 민음사, 2004.

E. H. 카(김택현 역), 『역사란 무엇인가』, 까치, 2002.

이국영, 「박정희정권의 지배구조」, 『역사비평』 통권 제23호, 1993.

이근호 엮음, 『한국사사전』, 청아출판사, 2003.

이승욱, 「노동조합설립신고제도의 문제점과 대안의 모색」, 『노동정책연구』 제10권 제1호, 한국노동연구원, 2010.

이승훈, 「재벌의 고삐, 다시 놓아서는 안된다」, 『신동아』 1994.6.

이완범, 「1950년대 후반기의 정치위기와 미국의 대응」, 『한국현대사의 재인식 4』, 오름, 1998.

이완범, 「박정희군사정부 5차 헌법개정과정의 권력구조논의와 성격」, 『한국정치학회보』 제34집 제2호, 2000.

이원보, 『한국노동운동사 100년의 기록』, 한국노동사회연구소, 2007.

이원보, 『한국노동운동사 5(경제개발기의 노동운동: 1961~1987)』, 지식마당, 2004.

이애숙, 「이재유그룹의 당재건운동(1933~1936년)」, 『일제하 사회주의운동사』, 한길사, 1991.

이정우, 「개발독재와 빈부격차」, 『개발독재와 박정희시대』, 창작과 비평사, 2012.

이종하, 『노동법』, 청구출판사, 1960.

이재우, 「한국재벌집단의 구조전환과 향후 과제」, 『한국경제론』, 법문사, 2001.

이태호 엮음, 『최근 노동운동기록』, 청사, 1986.

이호중, 「인혁당재건위 재심무죄판결의 의미와 사법과거청산의 과제」, 포럼 『진실과 정의』, 2007.

임경석, 「원산지역의 혁명적 노동조합」, 『일제하 사회주의운동사』, 한길사, 1991.

임상혁, 「삼청교육대의 위법성과 민사상 배상」, 『법과 사회』 제22권, 법과사회이론연구회, 2002.

임송자, 「1950년대 노동조직과 이승만, 자유당권력과의 관계」, 『한국사학보』 제30호, 2008.

임송자, 「1950년대 중, 후반 대한노총 중앙조직의 파벌대립양상과 그 성격」, 『한국근현대사 연구』 제35집, 한국근현대사학회, 2005.

임송자, 『대한민국 노동운동의 보수적 기원』, 선인, 2007.

임종률, 『노동법』, 박영사, 2018.

장상환, 「농지개혁과 농민」, 『한국사시민강좌』 제6집, 일조각, 1990.

장하원, 「1960년대 한국의 개발전략과 산업정책의 형성」, 『1960년대 한국의 공업
화와 경제구조』, 백산서당, 1999.

전재성, 「1965년 한일국교정상화와 베트남파병을 둘러싼 미국의 대한외교정책」,
『한국정치외교사논총』 제26집 제1호, 2004.

정영태, 「노동자의 정치참여 논쟁」, 『논쟁으로 본 한국사회 100년』, 역사비평사,
2007.

정운현 엮음, 『증언 반민특위: 잃어버린 기억의 보고서』, 삼인, 1999.

정용욱, 『미군정 자료연구』, 선인, 2004.

정용욱, 「이승만정부의 붕괴(3.15~4.26)」, 『한국현대사의 재인식 4』, 오름, 1998.

정재영, 「김영삼, 김대중 『통일정치』로 재대결」, 『신동아』 1994.9.

정태영 외 엮음, 『죽산 조봉암 전집 1』, 죽산조봉암선생 기념사업회, 1999.

정태영 외 엮음, 『죽산 조봉암 전집 4』, 죽산조봉암선생 기념사업회, 1999.

정해구, 『전두환과 80년대 민주화운동』, 역사비평사, 2011.

조경배, 「제3자 개입금지 규정에 대한 헌법재판소 합헌해석의 재해석」, 『민주법
학』 제4권 1호, 민주주의법학연구회, 1990.

조 국, 「진보당사건 판결의 법률적 문제점과 조봉암의 명예회복」, 정태영 외 엮
음, 『죽산 조봉암 전집 6』, 죽산조봉암선생 기념사업회, 1999.

조 국, 『양심과 사상의 자유를 위하여』, 책세상, 2009.

조순경·이숙진, 『냉전체제와 생산의 정치: 미군정기의 노동정책과 노동운동』,
이화여자대학교 출판부, 1995.

조영철, 「재벌체제와 발전지배연합」, 『개발독재와 박정희시대』, 창작과 비평사,
2012.

조효래, 『1987년 이후 노동체제의 변동과 노사관계』, 한국노총 중앙연구원, 2002.

조희연, 『박정희와 개발독재시대』, 역사비평사, 2007.

차영구, 「북핵, 김정일정권의 시한폭탄」, 『신동아』 1994.8.

최 식, 『신노동법』, 법학강의총서, 1962.

최장집, 『한국의 노동운동과 국가』, 열음사, 1988.

채환규, 「버림받은 인권 삼청교육대」, 『우리들의 현대침묵사』, 해냄, 2006.

하경효, 『한국노동법제에 관한 사적 고찰』, 고려대학교 대학원 석사학위논문,
1976.

하상조 · 이재우, 「한국의 산업정책」, 『한국경제론』, 법문사, 2001.

하종대, 「12 · 12는 기소유예, 5 · 18은 어떻게」, 『신동아』 1994.12.

한국노동조합총연맹, 『한국노동조합운동사』, 1979.

한국역사연구회 현대사연구반, 「1960, 70년대의 한국경제」, 『한국현대사 3』, 풀
       빛, 1993.

한국역사연구회 현대사연구반, 「유신체제의 성립과 그 전개」, 『한국현대사 3』,
       풀빛, 1993.

한국정치연구회, 『키워드로 읽는 한국현대사』, 이매진, 2007.

한국정치외교사학회, 「김영삼정권의 성격과 개혁정치」, 『한국정치외교사논총』
       15집, 1997.

한상범, 『살아있는 우리 헌법이야기』, 삼인, 2005.

한영해, 「1930년 신흥탄광 노동자들의 전투적 폭동에 대하여」, 『북한학계의 1920,
       30년대 노농운동연구」 (김경일 편)」, 창작과 비평사, 1989.

한인섭, 『거창은 말한다』, 경인문화사, 2007.

한홍구, 『대한민국 史 2』, 한겨레출판, 2006.

한홍구, 『대한민국 史 3』, 한겨레출판, 2006

허 종, 『반민특위의 조직과 활동』, 선인, 2003.

허영선, 『제주 4 · 3을 묻는 너에게』, 서해문집, 2020.

현암사 법전팀 엮음, 『법률용어사전』, 현암사, 2009.

홍석률, 「5 · 16쿠데타의 발발배경과 원인」, 『박정희시대연구』, 백산서당, 2002.

홍영표, 『노동법론』, 법문사, 1962.

홍인숙, 「건국준비위원회의 조직과 활동」, 『해방전후사의 인식 2』, 한길사, 2006.

2. 국외 문헌

金三洙, 『韓国資本主義国家の成立過程: 政治体制, 労働運動, 労働政策』, 東京大
       学出版会, 1993.

文京洙, 『韓国現代史』, 岩波新書, 2010.

木村幹, 『韓国現代史』, 中公新書, 2008.

유혜경

성균관대학교 법과대학 법학과를 졸업하고, 경희대학교 법과대학 법학과 일반 대학원에서 노동법 석사, 노동법 박사학위를 받았다. 2009년 중앙노동위원회 〈차별시정 전문위원〉을 역임했고, 2017년 경희대학교 법학전문대학원에서 〈노 동법 강의〉를 담당하였다.
10년 넘게 우리나라 역사 속에서 노동법의 역사, 노동운동의 역사를 중심으로 연구를 진행하고 있다.
주요 저서로는 『노동법』(2015, 기저출판), 『노동법 사례 연습』(2015, 도서출판 다올), 『노동법 다시 읽기』(2017, 나눔에듀), 『노동법 깊이 읽기』(2017, 나눔에 듀), 『스마트 노동법 사례집』(이윤탁·유혜경 공저, 2020, 나눔에듀)가 있다.